Services
Statistics on
Value Added and
Employment

Services
Statistiques sur
la valeur ajoutée
et l'emploi

2001

ORGANISATION FOR ECONOMIC CO-OPERATION AND DEVELOPMENT

Pursuant to Article 1 of the Convention signed in Paris on 14th December 1960, and which came into force on 30th September 1961, the Organisation for Economic Co-operation and Development (OECD) shall promote policies designed:

- to achieve the highest sustainable economic growth and employment and a rising standard of living in Member countries, while maintaining financial stability, and thus to contribute to the development of the world economy;
- to contribute to sound economic expansion in Member as well as non-member countries in the process of economic development; and
- to contribute to the expansion of world trade on a multilateral, non-discriminatory basis in accordance with international obligations.

The original Member countries of the OECD are Austria, Belgium, Canada, Denmark, France, Germany, Greece, Iceland, Ireland, Italy, Luxembourg, the Netherlands, Norway, Portugal, Spain, Sweden, Switzerland, Turkey, the United Kingdom and the United States. The following countries became Members subsequently through accession at the dates indicated hereafter: Japan (28th April 1964), Finland (28th January 1969), Australia (7th June 1971), New Zealand (29th May 1973), Mexico (18th May 1994), the Czech Republic (21st December 1995), Hungary (7th May 1996), Poland (22nd November 1996), Korea (12th December 1996) and the Slovak Republic (14th December 2000). The Commission of the European Communities takes part in the work of the OECD (Article 13 of the OECD Convention).

ORGANISATION DE COOPÉRATION ET DE DÉVELOPPEMENT ÉCONOMIQUES

En vertu de l'article 1er de la Convention signée le 14 décembre 1960, à Paris, et entrée en vigueur le 30 septembre 1961, l'Organisation de Coopération et de Développement Économiques (OCDE) a pour objectif de promouvoir des politiques visant :

- à réaliser la plus forte expansion de l'économie et de l'emploi et une progression du niveau de vie dans les pays Membres, tout en maintenant la stabilité financière, et à contribuer ainsi au développement de l'économie mondiale ;
- à contribuer à une saine expansion économique dans les pays Membres, ainsi que les pays non membres, en voie de développement économique ;
- à contribuer à l'expansion du commerce mondial sur une base multilatérale et non discriminatoire conformément aux obligations internationales.

Les pays Membres originaires de l'OCDE sont : l'Allemagne, l'Autriche, la Belgique, le Canada, le Danemark, l'Espagne, les États-Unis, la France, la Grèce, l'Irlande, l'Islande, l'Italie, le Luxembourg, la Norvège, les Pays-Bas, le Portugal, le Royaume-Uni, la Suède, la Suisse et la Turquie. Les pays suivants sont ultérieurement devenus Membres par adhésion aux dates indiquées ci-après : le Japon (28 avril 1964), la Finlande (28 janvier 1969), l'Australie (7 juin 1971), la Nouvelle-Zélande (29 mai 1973), le Mexique (18 mai 1994), la République tchèque (21 décembre 1995), la Hongrie (7 mai 1996), la Pologne (22 novembre 1996), la Corée (12 décembre 1996) et la République slovaque (14 décembre 2000). La Commission des Communautés européennes participe aux travaux de l'OCDE (article 13 de la Convention de l'OCDE).

TABLE OF CONTENTS / TABLE DES MATIÈRES

SERVICES : Statistiques sur la valeur ajoutée et l'emploi
© OCDE 2001

FOREWORD / AVANT-PROPOS

This publication contains national accounts based data on value added and employment in service activities. Its purpose is to document the growth and changes in the structure of the service sector in OECD Member countries over the past decade, and to provide basic data for economic analysis in what is now the major economic sector in the OECD area. It also seeks to provide a means of assessing the availability and comparability of data across countries.

Data are derived from Member countries national accounts, and are shown at the most disaggregated activity level available to the OECD Secretariat at the time of publication. The data shown in this report are as far as possible consistent with the data presented in the "National Accounts of OECD Countries", Volume 1 and 2. In addition OECD publishes business survey based data on services activities in the annual publication "Structural Statistics for Industry and Services."

This report is published on the responsibility of the Secretary-General of the OECD.

The Secretariat is very grateful to Member country experts who have kindly provided much information and many comments during the preparatory phase of this publication.

Services Section
National Accounts Division
OECD Statistics Directorate
March 2001

Cette publication présente des statistiques de comptes nationaux sur la valeur ajoutée et l'emploi dans les activités de services. Son objectif est de fournir aux utilisateurs des informations sur la croissance et les changements de structure du secteur des services dans les pays Membres de l'OCDE au cours de la dernière décennie. Elle cherche également à fournir des données de base pour l'analyse économique dans ce qui est actuellement le principal secteur économique de la zone OCDE. Elle représente aussi un outil pour prendre la mesure de la disponibilité et de la comparabilité des données entre pays.

Les données sont extraites des comptes nationaux des pays Membres et sont fournies au niveau d'activité le plus désagrégé dont disposait le Secrétariat de l'OCDE au moment de la publication. Les données présentées dans cet ouvrage sont en général cohérentes avec les données publiées dans la publication « Comptes nationaux des pays de l'OCDE », volumes 1 et 2. En complément l'OCDE publie des données d'enquêtes auprès des entreprises sur les activités de services dans la publication « Statistiques des structures de l'industrie et des services. »

Cet ouvrage est publié sous la responsabilité du Secrétaire général de l'OCDE.

Le Secrétariat exprime sa reconnaissance envers les experts des pays Membres qui ont transmis de nombreuses informations et commentaires durant la phase préparatoire de cette publication.

Section des services
Division des comptes nationaux
OCDE, Direction des statistiques
Mars 2001

For more information on the data in this publication, contact: Stat.contact@oecd.org.

Pour plus d'informations sur les données de cette publication, contacter : Stat.contact@oecd.org.

Part 1: INTRODUCTION

Partie 1 : INTRODUCTION

INTRODUCTION

A. Structure of the Publication

This statistical publication is divided into three parts.

In this first part **(Part 1)**, general explanatory notes are given with respect to the methodologies used by countries to produce the value added and employment by type of services data presented in this publication.

The second part **(Part 2)** consists of analytical tables which set out the evolution of the contribution of services to gross value added and employment within countries as well as the relative growth of selected services industries.

The third and main part **(Part 3)** consists of value added and employment in services country tables. Most OECD countries have recently made the transition from the 1968 System of National Accounts[1] (SNA) to the 1993 SNA[2], but some are not yet in a position to provide full activity detail and historical series in the new System. The publication provides data according to national availability, on the basis of the 1993 SNA. 1993 SNA recommends use of the International Standard Industrial Classification of all Economic Activities, Revision 3[3] (ISIC Rev. 3), while 1968 SNA uses ISIC Rev. 2[4]. Country tables set out activity detail of national data according to the **ISIC Rev. 3**, as shown on the following page. Some ISIC Rev. 2 tables are provided in the historic tables in the electronic edition, where detailed historic series on an ISIC Rev. 3 basis are as yet missing.

Data are given for the years 1989 to 1999. Longer time series back to 1970, where available, appear in the electronic edition of this publication. Regarding a number of countries for which employment data is provided in terms of full-time equivalents in this publication, the electronic edition also shows the number of employed persons and employees.

A. Structure de la publication

Cette publication statistique est divisée en trois parties.

La première partie **(Partie 1)** propose des notes explicatives générales des méthodologies utilisées par les pays afin d'établir les données de valeur ajoutée et d'emploi par type de services présentées dans cette publication.

La deuxième partie **(Partie 2)** consiste en des tableaux analytiques qui montrent l'évolution des contributions nationales du secteur des services dans la valeur ajoutée brute et l'emploi. Elle présente également la croissance relative de certaines industries de services.

La troisième partie **(Partie 3)**, qui est la principale, consiste en des tableaux présentant la valeur ajoutée et l'emploi dans les services pays par pays. La plupart des pays de l'OCDE sont récemment passés du Système de comptabilité nationale (SCN) 1968[1] au SCN 1993[2]. Néanmoins certains pays ne peuvent pas encore fournir un niveau détaillé complet par activité et des séries historiques dans le nouveau système. Cette publication présente des données suivant le SCN de 1993, en fonction de la disponibilité nationale. Le SCN 1993 recommande l'utilisation de la Classification Internationale Type, par Industrie, de toutes les Branches d'Activité Économique, Révision 3[3] (CITI Rév. 3), alors que le SCN 1968 recommandait l'utilisation de la CITI Rév. 2[4]. Les tableaux par pays montrent des données nationales détaillées par type d'activité suivant la **CITI Rév. 3**, comme montré sur la page suivante. Des tableaux construits suivant la CITI Rév. 2 sont fournis dans les tableaux historiques de la version électronique, où des séries historiques suivant la CITI Rév. 3 sont pour le moment manquantes.

Les valeurs sont disponibles pour les années 1989 à 1999. De longues séries temporelles, débutant en 1970 (dépendant de la disponibilité des données nationales) sont présentées dans la version électronique de cette publication. Pour certains pays pour lesquels des données d'emploi en termes d'équivalents plein-temps sont fournies dans cette publication, l'édition électronique montre également le nombre de personnes travaillant et le nombre de salariés.

Australia	Allemagne
Austria	Australie
Belgium	Autriche
Canada	Belgique
Czech Republic	Canada
Denmark	Corée
Finland	Danemark
France	Espagne
Germany	États-Unis
Greece	Finlande
Hungary	France
Iceland	Grèce
Ireland	Hongrie
Italy	Irlande
Japan [*]	Islande
Korea	Italie
Luxembourg	Japon [*]
Mexico	Luxembourg
Netherlands	Mexique
New Zealand [*]	Norvège
Norway	Nouvelle-Zélande [*]
Poland	Pays-Bas
Portugal	Pologne
Slovak Republic	Portugal
Spain	République slovaque
Sweden	République tchèque
Switzerland [*]	Royaume-Uni
Turkey [*]	Suède
United Kingdom	Suisse [*]
United States	Turquie [*]

[*] Compiled according to the
1968 SNA methodology

[*] Calculés suivant la méthodologie
du SCN 1968.

B. Methodological Notes

1. Classification

In **ISIC Rev. 3** services are defined as all activities in the tabulation categories G to Q, which are summarily described as follows:

G — Wholesale and retail trade; repair of motor vehicles, personal and household goods;

H — Hotels and restaurants;
I — Transport, storage and communications;
J — Financial intermediation including insurance;

K — Real estate, renting and business services;

L — Public administration, defence and compulsory social security;
M — Education;
N — Health and social work;
O — Other community, social and personal services;
P — Private households with employed persons;

Q — Extra-territorial organisations.

B. Notes méthodologiques

1. Classification

Dans la **CITI Rév. 3**, les services sont définis comme l'ensemble des activités incluses dans les catégories G à Q, sommairement décrites ci-dessous :

G — Commerce de gros et de détail, réparation de véhicules automobiles, de motocycles et de biens personnels et domestiques ;

H — Hôtels et restaurants ;
I — Transports, entreposage et communications ;
J — Intermédiation financière y compris les activités d'assurances ;

K — Immobilier, locations et activités de services aux entreprises ;

L — Administration publique, défense et sécurité sociale obligatoire ;
M — Enseignement ;
N — Santé et action sociale ;
O — Autres activités de services collectifs, sociaux et personnels ;
P — Ménages privés employant du personnel domestique ;

Q — Organisations extraterritoriales.

In **ISIC Rev. 2** services are defined as all activities in major divisions 6 through 9 described as follows:

6   Wholesale and retail trade and restaurants and hotels;
7   Transport, storage and communication;
8   Financial, insurance, real estate and business services;
9   Community, social and personal services.

The differences between ISIC Rev. 3 and ISIC Rev. 2 are principally:
a) the separate division 50 for wholesale, retail and repairs of motor vehicles and retail sale of automotive fuel;
b) the separate division 63 for all supporting and auxiliary activities to transport regardless of whether it is land, sea or air transport;
c) a separate division 71 for all renting and leasing of equipment. In ISIC Rev 2 these were scattered all over the classification;
d) a separate division 72 for computer related services;
e) a separate division 73 for research and development activities, which were previously classified in social and community services;
f) considerable expansion of the activity detail for services.

2. Market and Non-Market Services

The service sector in this study covers both **market** and **non-market** services. Market services are defined as those services produced for sale on the market at a price intended to cover production costs and to provide a profit to the producer. Non-market services, on the other hand, cover those services provided to the community as a whole free of charge, or to individual consumers either free of charge or at a fee which is well below 50 per cent of production costs. Under the 1993 SNA market and non-market services are not separately reported if they are involved in the same ISIC activity. However the 1968 SNA recommended that market and non-market services be separately identified.

Non-market services may be produced by Government, by private non-profit institutions serving households and by private households who employ domestic staff. In the ISIC Rev. 2 presentation Government non-market services are grouped under the heading "Producers of Government Services"; the other non-market services are grouped under the heading "Other Producers". Though

Dans la **CITI Rév. 2**, les services sont définis comme l'ensemble des activités comprises dans les catégories 6 à 9 :

6   Commerce de gros et de détail et restaurants et hôtels;
7   Transports, entrepôts et communications;
8   Banques, assurances, affaires immobilières et services fournis aux entreprises;
9   Services fournis à la collectivité, services sociaux et services personnels.

Les différences entre la CITI Rév. 3 et la CITI Rév. 2 se résument principalement à :
a) la catégorie à part entière 50 pour le commerce de gros et de détail et les réparations de véhicules automobiles, et la vente de détail de carburants ;
b) la catégorie à part entière 63 pour toutes les activités annexes et auxiliaires des transports, ne distinguant pas si cela se réfère au transports terrestres, maritimes ou aériens ;
c) la catégorie à part entière 71 pour les activités de locations d'équipements. Dans la CITI Rév. 2 ces activités étaient ventilées dans l'ensemble de la classification ;
d) la catégorie à part entière 72 pour les services informatiques ;
e) la catégorie à part entière 73 pour les activités de recherche et développement, précédemment classés dans les services sociaux et collectifs ;
f) un niveau de détail des activités beaucoup plus important pour le secteur des services.

2. Services marchands et non marchands

Le secteur des services dans cette étude couvre à la fois les services **marchands** et **non marchands**. Les services marchands sont définis comme les services produits pour la vente sur le marché à un prix destiné à couvrir les coûts de production et procurer un profit au producteur. En revanche, les services non marchands incluent les services fournis gratuitement à la collectivité dans son ensemble, ou aux consommateurs individuels soit gratuitement soit moyennant le paiement d'un prix bien inférieur à 50 pour cent du coût de production. Selon le SCN de 1993, les services marchands et non marchands ne doivent pas être enregistrés séparément s'ils dépendent de la même activité de la CITI. Le SCN 1968, recommandait quant à lui que les services marchands soient identifiés séparément des services non marchands.

Les services non marchands sont produits par les administrations publiques, les organismes privés à but non lucratif au service des ménages et les ménages qui emploient du personnel domestique. Selon la CITI Rév. 2 les services non marchands produits par les administrations publiques figurent sous l'intitulé « Branches non marchandes des administrations publiques » ; les autres

all countries provide separate data (in ISIC Rev. 2) for general government services, defence and compulsory social security, several do not separate non-market educational, health, social, recreational and cultural services from their market counterparts.

3. Value added

Value added is defined as the difference between the value of output (that is sales plus net increase in stocks of finished goods and work in progress) and the value of intermediate consumption (that is the goods and services consumed in the production process). Estimations of value added shown in this document are **gross**, that is before deduction of consumption of fixed capital.

Gross Value Added (GVA) may be calculated at **basic prices, factor cost, producers' prices** or at **market prices**. The statistical tables indicate which method of valuation is used. The use of different methods in OECD countries limits the comparability of value-added between countries. These valuations are summarised below.

Market prices are those which purchasers pay for the goods and services they acquire, excluding deductible Value Added Tax (VAT). The term market prices however is sometimes restricted to aggregates such as Gross Domestic Product (GDP), whereas the term **purchaser' prices** is used for individual transactions.

Producers' prices are those amounts receivable by the producer for a unit of good or service produced as output less any VAT or similar tax, invoiced to the purchaser. They exclude separately invoiced transport charges.

Basic prices are those amounts receivable by producers from the purchaser for a unit of good or service produced as output less any tax payable, and plus any subsidy receivable, on that unit as a consequence of its production or sale. They exclude transport charges invoiced separately by the producer.

Factor costs may be derived from basic prices by subtracting any other taxes and adding any other subsidies on production that are not related to the number of units produced.

services non marchands sont regroupés sous l'intitulé « Autres producteurs ». Bien que la plupart des pays fournissent des données (en CITI Rév. 2) séparées pour l'administration générale, la défense et la sécurité sociale obligatoire, plusieurs pays ne distinguent pas, en revanche, les services non marchands d'enseignement, de santé, d'action sociale ni les services récréatifs et culturels de leurs équivalents marchands.

3. Valeur ajoutée

La **valeur ajoutée** est définie comme la différence entre la valeur de la production (c'est à dire les ventes et la variation nette de stock de produits finis et d'en-cours de production) et celle de la consommation intermédiaire (c'est à dire les biens et les services consommés au cours du processus de production). Les estimations de la valeur ajoutée, dans ce document, sont montrées en termes **bruts**, c'est à dire avant déduction de la consommation de capital fixe.

La valeur ajoutée brute (VAB) peut être calculée **aux prix de base, au coût des facteurs, aux prix du producteur** ou **aux prix du marché**. La méthode d'évaluation utilisée figure en en-tête des tableaux statistiques. L'utilisation de ces différentes méthodes parmi les pays de l'OCDE limite la comparabilité de la valeur ajoutée entre les pays. Ces méthodes d'évaluation sont résumées ci-dessous :

Les **prix du marché** sont les prix payés par les acquéreurs pour les biens et services achetés. Ils excluent la taxe sur la valeur ajoutée (TVA) déductible. Toutefois, le terme prix du marché est en général restreint aux agrégats tels que le produit intérieur brut (PIB), alors que le terme **prix d'acquisition** est utilisé pour les transactions individuelles.

Les **prix du producteur** sont les montants que le producteur reçoit de l'acquéreur pour une unité de biens ou services produits diminué de la TVA. Ils excluent tout frais de transport facturé séparément.

Les **prix de base** sont les montants que le producteur reçoit de l'acquéreur pour une unité de bien ou de service produite, diminué de tout impôt à payer et augmenté de toute subvention à recevoir, sur cette unité, du fait de sa production ou de sa vente ; ils excluent tout frais de transport facturé séparément par le producteur.

Les **coûts des facteurs** peuvent se dériver des prix de base en soustrayant la valeur de tout autre impôt, augmentés des subventions sur la production qui ne dépendent pas du nombre d'unités produites.

The 1993 SNA recommends valuing output at basic prices or producers' prices. The 1968 SNA used factor costs, producers' prices and market prices.

GVA at basic prices is output valued at basic prices less intermediate consumption valued at purchasers' prices. GVA at producers' prices is output valued at producers' prices less intermediate consumption valued at purchasers' prices.

GVA at market prices is output valued at market prices less intermediate consumption valued at purchasers' prices. GVA at factor cost is GVA at market prices less any indirect taxes plus any subsidies.

Value added at current prices is usually estimated in the same way as it is defined, namely as the difference between current price output and intermediate inputs. **Value added volumes**, whether **at constant prices** or **chained** may also be derived in the same way, when double deflation or other double indicator methods are used. Many countries, however, use various kinds of single indicator methods such as deflation of current price value added by a price index or extrapolation of base year value added by a volume index. With single indicator methods, constant price value added is derived directly, and not as the difference between constant price gross output and constant price intermediate consumption. The OECD publication "Services: Measuring Real Annual Value Added"[5] describes the various methods used in each country in 1996. There has been some evolution since that time, with a few countries investing considerable effort in development of price measures of services supplied to enterprises. The comparability of volume output measures by activity between countries remains an area of concern, and particularly so in the service industries, which calls for renewed investigation.

4. Employment

The 1993 SNA introduces a number of measures of employment in particular:
- number of jobs;
- total hours worked in employee and self-employed jobs; and
- full-time equivalent jobs.

The rationale is to find measures of employment which match output data and hence allow analysis of productivity. The recommended measure is total hours worked,

Le SCN 1993 recommande d'évaluer la production aux prix de base ou aux prix du producteur. Le SCN 1968 recommandait les coûts des facteurs, les prix du producteur et les prix du marché.

La VAB aux prix de base se définit comme la production valorisée aux prix de base moins la consommation intermédiaire valorisée aux prix d'acquisition. La VAB aux prix du producteur se définit comme la production valorisée aux prix du producteur moins la consommation intermédiaire valorisée aux prix d'acquisition.

La VAB aux prix du marché se définit comme la production valorisée aux prix du marché moins la consommation intermédiaire valorisée aux prix d'acquisition. La VAB au coût des facteurs se définit comme la VAB aux prix du marché diminuée de tous les impôts indirects et augmentée de toutes subventions.

La **valeur ajoutée à prix courants** est en général estimée, conformément à sa définition, comme la différence entre la valeur à prix courants de la production et celle de la consommation intermédiaire. **La valeur ajoutée à prix constants** ou **chaînés** peut aussi être estimée de cette manière, lorsque l'on procède à une double déflation ou à une autre méthode à double indicateur. De nombreux pays, cependant, utilisent diverses méthodes à indicateur simple telles que la déflation de la valeur ajoutée à prix courants par un indice de prix ou l'extrapolation de la valeur ajoutée de l'année de base par un indice de volume. La valeur ajoutée à prix constants est obtenue directement par les méthodes à indicateur simple et non comme différence entre la production brute à prix constants et la consommation intermédiaire à prix constants. La publication de l'OCDE « Services : Mesure de la valeur ajoutée annuelle réelle »[5] fournit une description des diverses méthodes utilisées en 1996 par chacun des pays Membres. Il y a eu une évolution certaine depuis 1996, et quelques pays ont investis un effort considérable dans le développement de mesures de prix des services fournis aux entreprises. La comparabilité des mesures de volume de la production par type d'activité entre les pays reste un sujet sensible (et particulièrement dans les industries de service) qui appelle à de nouvelles recherches.

4. Emploi

Le SCN 1993 introduit un certain nombre de mesures de l'emploi, en particulier :
- le nombre d'emplois ;
- le nombre total d'heures travaillées par les salariés et les travailleurs indépendants ; et
- les emplois en équivalent plein-temps.

La logique voudrait que l'on trouve des mesures de l'emploi qui correspondent aux données de production et permettent ainsi l'analyse de la productivité. Le SCN

a second best is full-time equivalent jobs, the third best option is average number of persons employed in employee jobs and self-employed jobs. Currently very few countries are able to provide hours worked data by detailed activity and it has not proved possible for this edition to provide the full complexity of country employment data. On this occasion the hours worked option has been ignored in favour of data on jobs or persons employed.

The SNA recommends the use of a domestic concept of employment in keeping with the domestic concept of production. Total employment includes all persons engaged in the domestic production of a country whether or not they are resident in the country. It covers the working proprietors and unpaid family workers of unincorporated units as well as employees. Employees cover all persons engaged in the activities of business units, government bodies, private non-profit institutions, except the proprietors and their unpaid family workers in the case of unincorporated businesses. Domestic staff employed by private households are also included. Members of the Armed Forces, are classed as employees, irrespective of the duration and type of their service.

The domestic concept of employment is generally used by OECD countries and the categories of employed persons included in employment statistics are usually those recommended by the SNA. The few exceptions are indicated in the **Summary Table**, "Characteristics of employment estimates". This table shows for each country the coverage and type of estimate of employment statistics, as far as information was available to the OECD Secretariat at the time of publication.

C. Structure and Contents of the Country Tables

The **statistical tables** show, for each country, value added at current prices (Tables I.A) and at constant prices or chain volume measures (Tables I.B) and total employment (Tables II.A) and employees (Tables II.B). ISIC major divisions as well as sub-divisions at approximately the **2-digit** level are repeated in each table whether data are available or not. The series shown in the statistical tables at the 1 and 2-digit levels are as far as possible consistent with the data shown in the "National Accounts of OECD Countries", Main Aggregates and Detailed Tables[6] publications. However where countries have more detailed activity or historic data that is not consistent with the annual national accounts publication, OECD has sometimes preferred to show the ac-

recommande en premier lieu le nombre total d'heures travaillées et en second lieu le nombre d'emplois en équivalents plein-temps. La troisième option est le nombre de personnes salariées ou travailleurs indépendants. A l'heure actuelle peu de pays peuvent fournir le nombre d'heures travaillées par type d'activité détaillé, et il n'a pas été possible, pour cette édition de fournir l'ensemble des données nationales d'emploi. C'est pourquoi l'option du nombre d'heures travaillées a été ignorée en faveur du nombre d'emplois ou du nombre de personnes travaillant.

La définition de l'emploi dans le SCN recommande l'utilisation d'un concept intérieur de l'emploi compatible avec le concept intérieur de la production. L'emploi total inclut toutes les personnes participant à la production intérieure d'un pays, qu'elles soient ou non résidentes de ce pays. Il comprend, outre les salariés, les propriétaires des entreprises non constituées en société et les travailleurs familiaux non rémunérés. Les salariés comprennent toutes les personnes travaillant dans les sociétés industrielles et commerciales, les administrations publiques et les institutions privées à but non lucratif au service des ménages. Ils incluent aussi les employés de maison des ménages privés. Les membres des forces armées sont classés comme salariés, quelles que soient la durée et la nature de leur service.

Le concept intérieur de l'emploi est généralement utilisé par l'ensemble des pays de l'OCDE et les catégories de personnes incluses dans les statistiques de l'emploi sont dans la plupart des cas celles recommandées par le SCN. Les quelques exceptions sont signalées dans le **tableau récapitulatif**, « Caractéristiques des estimations de l'emploi ». Ce tableau récapitulatif indique la population de référence et le type d'estimation utilisée pour les statistiques de l'emploi, dans la limite de l'information disponible auprès du Secrétariat de l'OCDE au moment de la publication.

C. Structure et contenu des tableaux par pays

Les **tableaux statistiques** contiennent pour chaque pays la valeur ajoutée à prix courants (Tableaux I.A) et à prix constants ou chaînés (Tableaux I.B), l'emploi total (Tableaux II.A) et les salariés (Tableaux II.B). Les rubriques au niveau 1 la CITI ainsi que les **subdivisions au niveau 2** sont répétées dans chaque tableau, que des données soient disponibles ou non. Les séries figurant dans les tableaux statistiques aux niveaux 1 et 2 de la classification sont en général cohérentes avec les données publiées dans la publication « Comptes nationaux des pays de l'OCDE », Principaux agrégats et Tableaux détaillés[6]. Toutefois, lorsque les pays ont plus de détail par type d'activité (ou des données historiques) qui ne sont pas compatibles avec la publication des comptes

tivity detail. Additional sub-items available for each country are shown on a case by case basis. Consequently country tables are not entirely in a standardised format and vary in length depending on the amount of detail available. As far as possible, statistics are shown from 1989 onwards (longer time series back to 1970, where available, appear in the electronic edition of this publication). Notes at the end of each country section indicate sources of data and definitions of employment, and explanatory notes indicating differences between national classifications and the ISIC.

These tables show that availability of data varies considerably from one country to another and that comparability between countries remains problematic but is improving in part due to the progressive implementation of the 1993 SNA and of the ISIC Rev. 3. No OECD totals are presented even at the ISIC major division level because of differences in classifications between countries. By showing what data exist and where gaps need to be filled, this publication, it is hoped, may help guide statisticians to improve quantity, quality and comparability of statistics in the service sector in future.

nationaux annuels, l'OCDE a certaines fois préféré montrer ce détail par activité (ou les données historiques). Les rubriques autres que les niveaux 1 et 2 de la classification, disponibles pour un pays donné, sont ajoutées aux tableaux au cas par cas. Ceci explique pourquoi les tableaux ne sont pas présentés sous un format standardisé et varient en longueur en fonction des données disponibles. Dans la mesure du possible, les séries débutent en 1989 (de longues séries temporelles, débutant en 1970, dépendant de la disponibilité des données nationales, sont présentées dans la version électronique de cette publication). Les notes, qui se trouvent à la fin de chaque ensemble de tableaux par pays, signalent les sources statistiques et, le cas échéant, les définitions de l'emploi. Des notes explicatives relatives à l'ensemble des tableaux pour un pays et signalant les différences entre les classifications nationales et la CITI sont également fournies.

Ces tableaux montrent que la quantité de données disponibles varie considérablement d'un pays à l'autre et que la comparabilité entre pays est limitée, mais augmente en raison de l'introduction du SCN 1993 et de la CITI Rév. 3. Aucun total OCDE n'est présenté, même au niveau 1 des grandes rubriques de la CITI par manque d'homogénéité entre les classifications nationales. En mettant en évidence les données existantes et les manques à combler, nous espérons que cette publication peut guider les statisticiens pour l'amélioration future de la quantité, de la qualité et de la comparabilité des statistiques dans le secteur des services.

D. Abbreviations and Symbols Used

..	=	Nil or less than half of the final digit shown
	or	Not available
	or	Not separately available but included elsewhere
‖	=	Break in continuity of series, change of definition
n.e.c.	=	Not elsewhere classified
FISIM	=	Financial Intermediation Services Indirectly Measured
GDP	=	Gross Domestic Product
GVA	=	Gross Value Added
ISIC	=	International Standard Industrial Classification of all Economic Activities
Serv.	=	Services
SNA	=	System of National Accounts
VAT	=	Value Added Tax

D. Abréviations et symboles utilisés

..	=	Néant ou moins de la moitié du chiffre final indiqué
	ou	Non disponible
	ou	Non disponible séparément mais inclus ailleurs
‖	=	Rupture de continuité dans la série, changement de définition
n.c.a.	=	Non classés ailleurs
SIFIM	=	Services d'intermédiation financière indirectement mesurés
PIB	=	Produit intérieur brut
VAB	=	Valeur ajoutée brute
CITI	=	Classification Internationale Type, par Industrie, de toutes les Branches d'Activité Économique
Serv.	=	Services
SCN	=	Système de comptabilité nationale
TVA	=	Taxe sur la valeur ajoutée

REFERENCES

(1) United Nations, "A System of National Accounts", Studies in Methods, Series F, No. 2, Rev. 3, New York 1968.

(2) Commission of the European Communities, IMF, OECD, United Nations, World Bank, "System of National Accounts", Brussels/Luxembourg, New York, Paris, Washington DC, 1993.

(3) United Nations, "International Standard Industrial Classification of all Economic Activities", Statistical Papers, Series M No. 4 Rev. 3, New York, 1990.

(4) United Nations, "International Standard Industrial Classification of all Economic Activities", Statistical Papers, Series M No.4, Rev. 2, New York, 1968.

(5) OECD, "Services: Measuring Real Annual Value Added", Paris, 1996.

(6) OECD, "National Accounts of OECD Countries, Main Aggregates, Volume 1, 1988–1999", Paris, 2001.

OECD, "National Accounts of OECD Countries, Detailed Tables, Volume 2, 1988–1998", Paris, 2000.

RÉFÉRENCES

(1) Nations Unies, «Système de comptabilité nationale», études de méthodes, séries F, n° 2, Révision 3, New York, 1968.

(2) Commission des Communautés Européennes, FMI, OCDE, Nations Unies, Banque Mondiale, « Système de comptabilité nationale », Bruxelles/ Luxembourg, New York, Paris, Washington DC, 1993.

(3) Nations Unies, « Classification internationale type par industrie, de toutes les branches d'activité économique », Études Statistiques, Séries M No.4 Rev. 3, New York, 1990.

(4) Nations Unies, « Classification internationale type, par industrie, de toutes les branches d'activité économique », Études Statistiques, Série M No.4, Rév.2, New York, 1968.

(5) OCDE, « Services : Mesure de la valeur ajoutée réelle annuelle », Paris, 1996.

(6) OCDE, « Comptes nationaux des pays de l'OCDE, Principaux agrégats, Volume 1, 1988–1999 », Paris, 2001.
OCDE, « Comptes nationaux des pays de l'OCDE, Tableaux détaillés, Volume 2, 1988–1998 », Paris, 2000.

CHARACTERISTICS OF EMPLOYMENT ESTIMATES *
CARACTÉRISTIQUES DES ESTIMATIONS DE L'EMPLOI *

	Coverage				Estimate					
	Employees	Self-employed	Family workers	Armed forces	Job count	Head count	Full-time equivalent	12 month average	Midyear estimate	Other
Australia / Australie	X	X	X	X	X		X			X (1)
Austria / Autriche	X	X	X	X		X	X	X		
Belgium / Belgique	X	X	X	X		X			X	
Canada	X	X	X	X	X			X		
Czech Republic / République tchèque	X	X				X		X		
Denmark / Danemark	X	X	X	X		X		X		
Finland / Finlande	X	X	X	X		X		X	X	
France	X	X	X	X		X	X	X		
Germany / Allemagne	X	X	X	X		X		X (2)		X (3)
Greece / Grèce	X	X	X			X				
Hungary / Hongrie						X				
Iceland / Islande	X	X	X	X						X (4)
Ireland / Irlande	X	X	X	X		X	X			X (5)
Italy / Italie	X	X	X	X		X	X (6)		X	
Japan / Japon	X	X	X	X	X			X		
Korea / Corée	X	X	X			X	X			
Luxembourg	X	X	X	X		X		X		
Mexico / Mexique						X				
Netherlands / Pays-Bas	X	X	X	X		X	X			
New Zealand / Nouvelle-Zélande	X	X	X			X				X (1)
Norway / Norvège	X	X	X	X		X	X	X		
Poland / Pologne	X	X	X			X	X			
Portugal	X	X	X	X		X	X	X		
Slovak Republic / République slovaque						X	X			
Spain / Espagne	X	X	X	X	X	X	X	X		
Sweden / Suède	X	X	X	X		X		X		
Switzerland / Suisse	X	X	X	X			X	X		
Turkey / Turquie	X	X	X			X				X (7)
United Kingdom / Royaume-Uni	X	X	X	X	X				X	
United States / États-Unis	X	X		X		X	X	X		
	Salariés	Indépen-dants	Travailleurs familiaux	Forces armées	Nombre d'emplois	Nombre de personnes	Équivalent plein-temps	Moyenne sur 12 mois	Estimation en milieu d'année	Autre
	Population de référence				Estimation					

SUMMARY TABLE

TABLEAU RÉCAPITULATIF

General note:

   * This table contains information available to the OECD at the time of publication.

(1) Yearly averages of 4 monthly observations.

(2) Concerns employees liable to social security contributions.

(3) Single annual figure provided by micro census for self-employed, unpaid family workers and civil servants not liable to social security contributions.

(4) Person-years.

(5) Estimates in April each year.

(6) Units of labour.

(7) Yearly averages of 2 survey observations.

Note générale :

   * Ce tableau contient les informations disponibles à l'OCDE à la date de la publication.

(1) Moyennes annuelles de 4 observations mensuelles.

(2) S'applique aux employés assujetis aux cotisations à la sécurité sociale.

(3) Une seule observation annuelle fournie par le "Mikrozensus" pour les travailleurs indépendants, les aides familiaux non rémunérés et les fonctionnaires non assujetis aux cotisations à la sécurité sociale.

(4) Personne-années.

(5) Estimations effectuées au mois d'avril de chaque année.

(6) Unités de travail.

(7) Moyennes annuelles de 2 observations d'enquêtes.

Part 2: ANALYTICAL TABLES

Partie 2 : TABLEAUX ANALYTIQUES

ANALYTICAL TABLES / TABLEAUX ANALYTIQUES

Due to variations in national methodologies the Secretariat has not derived OECD-wide aggregates in this publication (see Part 1). OECD has built a picture of developments in the service sector within countries and tried to document the differences between countries' methodologies.

The analytical tables presented here set out:

- the evolution in the contribution of services to total Gross Value Added (GVA) and Employment over the last decade (tables 1 and 2);

- the growth of particular service activities' value-added and employment relative to the whole economy over the period 1995–99 (tables 3 and 4). This period is both the most recent available and the period for which the data are the most comparable between countries.

Table 1: Evolution of the Share of Services in Total GVA 1989–99

Figures are based on GVA data at current prices. While these shares of services are subject to variations in national methodologies, they show clearly in all but one OECD country reporting on these years (Norway is the exception), that the contribution of services to GVA has increased over the decade 1989–99. The median increase is 4.9% in the countries reporting. However the increase was less in the five years 1994–99 than in the previous five-year period (except for Ireland and Turkey).

Notes:	(1)	1989–97.	(6)	1989–98.
	(2)	1990–99.	(7)	1989–95.
	(3)	1991–99.	(8)	1992–99.
	(4)	1995–99.	(9)	1994–98.
	(5)	1990–97.	(10)	1998.

Table 2: Evolution of the Share of Services in Total Employment 1989–99

This table shows an increase in the services share of total employment in every country reporting, with a median increase of 4.5% over the decade. As with GVA the increase was less in the period 1994–99 than in the previous five years. The exceptions are Belgium, Japan, New Zealand, Poland and Turkey.

Notes:	(1)	1989–98.	(7)	1995–98.
	(2)	1989–96.	(8)	1989–97.
	(3)	1991–99.	(9)	1992–99.
	(4)	1995–99.	(10)	1995–97.
	(5)	1992–98.	(11)	1994–97.
	(6)	1990–97.	(12)	1998.

En raison des différences entre les méthodologies nationales (voir partie 1) le Secrétariat n'a pas dérivé des agrégats pour l'ensemble de l'OCDE dans cette publication. L'OCDE a préféré montrer les développements dans les pays du secteur des services et a également tenté de documenter les différences méthodologiques.

Les tableaux analytiques présentés ici montrent :

- l'évolution de la contribution du secteur des services à la valeur ajoutée brute (VAB) totale et à l'emploi total au cours des dix dernières années (tableaux 1 et 2) ; et

- la croissance relative de certaines activités de services par rapport à l'ensemble de l'économie pour la période 1995–99 (tableaux 3 et 4). Cette période est à la fois la plus récente disponible et la période où la comparabilité des données entre les pays est la plus grande.

Tableau 1 : Évolution de la contribution des services dans la VAB totale 1989–99

Les données sont basées sur la VAB à prix courants. Bien que les parts du secteur des services dépendent des différences de méthodologie nationale, elles montrent clairement que pour tous les pays de l'OCDE qui ont fourni des données pour l'ensemble de la période (à l'exception de la Norvège), la contribution des services à la VAB a augmenté entre 1989 et 1999. La croissance médiane est de 4.9% pour les pays ayant fournis des données. Néanmoins, la croissance était moins importante dans la seconde moitié de la période considérée (à l'exception de l'Irlande et de la Turquie).

Notes :	(1)	1989–97.	(6)	1989–98.
	(2)	1990–99.	(7)	1989–95.
	(3)	1991–99.	(8)	1992–99.
	(4)	1995–99.	(9)	1994–98.
	(5)	1990–97.	(10)	1998.

Tableau 2 : Évolution de la contribution des services dans l'emploi total 1989–99

Ce tableau montre la croissance du secteur des services par rapport à l'emploi total dans tous les pays ayant fournis des données, la moitié des accroissements étant supérieure à 4.5% au cours de la décennie. Comme pour la VAB, la croissance a été moins importante entre 1994 et 1999, excepté pour la Belgique, le Japon, la Nouvelle-Zélande, la Pologne et la Turquie.

Notes :	(1)	1989–98.	(7)	1995–98.
	(2)	1989–96.	(8)	1989–97.
	(3)	1991–99.	(9)	1992–99.
	(4)	1995–99.	(10)	1995–97.
	(5)	1992–98.	(11)	1994–97.
	(6)	1990–97.	(12)	1998.

SERVICES : Statistiques sur la valeur ajoutée et l'emploi
© OCDE 2001

Table 3: Relative Growth of GVA by Service Activity (selected ISIC Rev. 3 codes) 1995–99

Figures are based on data at current prices. The average annual relative growth of GVA for selected service activities is displayed as an index with growth in GVA (all activities) shown as 100. Thus the mean annual relative growth index for activity **i** is:

$$\sqrt[n]{\frac{\dfrac{GVA_{i,1995+n}}{GVA_{i,1995}}}{\dfrac{\sum_i GVA_{i,1995+n}}{\sum_i GVA_{i,1995}}}} \times 100$$

For example, a value of 102 for activity i indicates that since 1995 to the latest year, GVA has expanded on average 2% a year faster in activity i than has total GVA.

For activities J and K (financial, real estate and business services), taking all the countries that have reported data for the period 1995 to 1999, the median of their mean annual relative growth rate indices was 102.1. As an abbreviation we can say that their median annual growth rate was 2.1% faster than total GVA in this period. This is due partly to activities 72 (computer and related activities), which has median annual growth 8.7% faster than total GVA in the countries reporting such figures and 74 (other business services), which has median growth of 3.8% faster.

Notes:
(1)	1995–97.		(3)	1995–98.
(2)	ISIC Rev. 2.		(4)	1997–98.

Table 4: Relative Growth of Employment by Service Activity (selected ISIC Rev. 3 codes) 1995–99

Table 4 sets out a similar analysis to table 3 for employment by activity relative to total employment. A similar pattern emerges but the median annual relative growth in employment for the activities JK is 2.5% faster than for total employment. In activity 72 (computer and related activities) employment has median growth 10.4 % per year faster than total employment in the countries reporting. Activity 74 (other business services) has median growth 5.3% per year faster. On the other hand employment in activity 75 (L: Public administration and defence) has declined relative to total employment since 1995 in 19 of the 27 countries reporting.

Notes:
(1)	1995–98.		(5)	Employees.
(2)	1995–96.		(6)	1997–99.
(3)	1995–97.		(7)	1997–98.
(4)	ISIC Rev. 2.			

Tableau 3 : Croissance relative de la VAB par activité de services (sélection de catégories ISIC Rév. 3) 1995–99

Les données sont basées sur la VAB à prix courants. Le taux de croissance annuel moyen relatif est présenté en indice, la croissance de la VAB (Toutes activités) étant égale à 100. Le taux de croissance annuel moyen relatif pour une activité **i** est calculé comme suit :

$$\sqrt[n]{\frac{\dfrac{GVA_{i,1995+n}}{GVA_{i,1995}}}{\dfrac{\sum_i GVA_{i,1995+n}}{\sum_i GVA_{i,1995}}}} \times 100$$

Par exemple, une valeur de 102 pour une activité i signifie que sur la période 1995–99, la VAB de l'activité a en moyenne augmentée de 2 % plus vite que la VAB totale.

Dans les pays Membres ayant fournis ces données pour la période 1995–99, pour la VAB des activités JK (banques, assurances et services fournis aux entreprises) la médiane des indices de croissance annuelle moyenne est égale à 102.1. En résumé nous pouvons écrire que leur taux de croissance annuel médian est 2.1% plus rapide que celui de la VAB totale sur cette période. Ceci est dû, en particulier, aux activités 72 (services informatiques), qui ont eu une croissance annuelle médiane plus élevée de 8.7% par an que la VAB totale pour les pays qui ont fourni ce type de données, et aux activités 74 (autres services fournis aux entreprises) qui ont une croissance médiane 3.8% plus élevée.

Notes :
(1)	1995–97.		(3)	1995–98.
(2)	ISIC Rév. 2.		(4)	1997–98.

Tableau 4 : Croissance relative de l'emploi par activité de services (sélection de catégories ISIC Rév. 3) 1995–99

Le tableau 4 présente une analyse similaire à celle du tableau 3 pour l'emploi par activité par rapport à l'emploi total. Une évolution semblable est visible, mais la croissance annuelle médiane relative de l'emploi pour les activités JK est 2.5% plus élevée que celle de l'emploi total. Pour les activités 72 (services informatiques) l'emploi a une croissance annuelle médiane 10.4% plus élevée que pour l'emploi total dans les pays ayant fournis des données. L'activité 74 (autres services fournis aux entreprises) a une croissance médiane 5.3% par an plus rapide. Par contre l'emploi dans l'activité 75 (L : Administration publique et défense) a ralenti par rapport à l'emploi total depuis 1995 dans 19 des 27 pays ayant fournis ce type de chiffres.

Notes :
(1)	1995–98.		(5)	Salariés.
(2)	1995–96.		(6)	1997–99.
(3)	1995–97.		(7)	1997–98.
(4)	ISIC Rév. 2.			

Table 1: EVOLUTION OF THE SHARE OF SERVICES IN TOTAL GROSS VALUE ADDED (All activities) at current prices, 1989–99
Tableau 1 : ÉVOLUTION DE LA CONTRIBUTION DES SERVICES DANS LA VALEUR AJOUTÉE BRUTE TOTALE (Toutes activités) à prix courants, 1989–99

OECD COUNTRIES	1989 %	1994 %	1999 %	Difference 1989–94	Difference 1994–99	Difference 1989–99	ISIC Rev. / CITI Rév.	Valuation / Méthodes d'évaluation	FISIM - SIFIM	PAYS OCDE
Australia	66.0	69.3	70.7	3.3	1.3	4.7	3	BP	FA	Australie
Austria	62.2	65.0	64.9	2.8	-0.1	2.7	3	BP	FU	Autriche
Belgium	63.9	68.6	70.8	4.6	2.2	6.8	3	BP	FU	Belgique
Canada (1)	62.9	65.7	64.7	2.7	-1.0	1.7	3	FC	FU	Canada (1)
Czech Republic (2)	42.9	51.1	52.8	8.3	1.7	9.9	3	BP	FU	République tchèque (2)
Denmark	68.2	71.2	71.9	3.1	0.6	3.7	3	BP	FU	Danemark
Finland	57.9	62.8	63.3	5.0	0.5	5.5	3	BP	FU	Finlande
France	65.9	69.5	72.0	3.6	2.5	6.1	3	BP	FU	France
Germany (3)	60.7	64.4	67.7	3.7	3.3	7.0	3	BP	FU	Allemagne (3)
Greece (4)	..	66.8	68.5	..	1.7	..	3	BP	FU	Grèce (4)
Hungary (3)	55.0	60.8	61.4	5.8	..	..	3	BP	FU	Hongrie (3)
Iceland (5)	57.5	59.6	60.5	2.1	0.9	3.0	2	BP	FU	Islande (5)
Ireland (2)	55.4	55.3	60.3	-0.1	5.0	4.9	3	BP		Irlande (2)
Italy	61.5	65.3	67.3	3.8	2.0	5.8	3	BP	FU	Italie
Japan (6)	56.5	59.5	62.2	3.0	2.7	5.7	2	PP	FU	Japon (6)
Korea	45.8	49.1	49.9	3.2	0.8	4.1	3	PP	FU	Corée
Luxembourg (4)	..	73.4	78.4	..	5.0	..	3	BP	FU	Luxembourg (4)
Mexico (6)	62.9	67.4	66.3	4.5	-1.1	3.4	3	BP	FU	Mexique (6)
Netherlands	63.8	67.2	70.4	3.5	..	..	3	BP	FU	Pays-Bas
New Zealand (7)	62.5	63.7	64.5	1.3	0.8	2.0	2	PP	FU	Nouvelle-Zélande (7)
Norway (1)	60.7	63.0	59.6	2.3	-3.4	-1.2	3	BP	FU	Norvège (1)
Poland (8)	49.3	54.9	60.2	5.5	5.4	10.9	3	BP	FU	Pologne (8)
Portugal (4)	..	63.6	65.4	..	1.8	..	3	BP	FU	Portugal (4)
Slovak Republic	..	53.9	60.2	..	6.4	..	3	BP	FU	République slovaque
Spain (4)	..	64.4	65.7	..	1.3	..	3	BP	FU	Espagne (4)
Sweden (9)	..	67.5	68.8	..	1.3	..	3	BP	FU	Suède (9)
Switzerland (10)	..	..	68.1	..	..	..	3	PP	FU	Suisse (10)
Turkey	47.7	49.6	54.8	1.8	5.2	7.0	2	PP	FU	Turquie
United Kingdom	61.8	66.8	70.3	5.1	3.4	8.5	3	BP	FU	Royaume-Uni
United States	71.1	73.5	75.4	2.4	1.9	4.3	2	PP	FA	États-Unis

FC: Factor cost - Coût des facteurs.
BP: Basic prices - Prix de base.
PP: Producer prices - Prix du producteur.

FA: FISIM (Financial Intermediation Services Indirectly Measured) allocated to users of financial intermediation services -
SIFIM (Services d'intermédiation financière indirectement mesurés) alloué aux utilisateurs de services d'intermédiation financière.
FU: FISIM unallocated and treated as a notional activity with negative output within the service sector -
SIFIM non alloué et traité comme une activité fictive de services ayant une production négative.

Les notes se trouvent pages 21 et 22

SERVICES : Statistiques sur la valeur ajoutée et l'emploi
© OCDE 2001

Table 2: EVOLUTION OF THE SHARE OF SERVICES IN TOTAL EMPLOYMENT (All activities), 1989–99

Tableau 2 : ÉVOLUTION DE LA CONTRIBUTION DES SERVICES DANS L'EMPLOI TOTAL (Toutes activités), 1989–99

OECD COUNTRIES	1989 %	1994 %	1999 %	Difference 1989–94	Difference 1994–99	Difference 1989–99	ISIC Rev. - CITI Rév.	Measure - Mesure	PAYS OCDE
Australia (1)	69.2	72.0	73.9	2.8	1.9	4.7	3	Persons - Personnes	Australie (1)
Austria	52.7	56.0	59.2	3.3	3.1	6.4	3	FTE	Autriche
Belgium	70.4	72.0	74.2	1.7	2.2	3.8	3	Persons - Personnes	Belgique
Canada (2)	70.6	74.0	74.1	3.5	0.0	3.5	3	Jobs - Emplois	Canada (2)
Czech Republic	41.9	50.8	54.1	8.8	3.3	12.1	3	Persons - Personnes	République tchèque
Denmark	69.2	71.4	73.0	2.2	1.6	3.8	3	Persons - Personnes	Danemark
Finland	60.5	64.7	65.6	4.2	0.9	5.1	3	Persons - Personnes	Finlande
France (1)	64.8	68.7	70.6	3.9	1.9	5.8	3	FTE	France (1)
Germany (3)	59.2	63.6	67.5	4.4	3.8	8.2	3	Persons - Personnes	Allemagne (3)
Greece (4)	..	55.9	57.6	..	1.7	..	3	Persons - Personnes	Grèce (4)
Hungary (5)	53.7	58.3	58.3	4.6	-0.1	4.5	3	Persons - Personnes	Hongrie (5)
Iceland (6)	59.9	63.9	64.7	4.0	0.8	4.8	2	PY	Islande (6)
Ireland (7)	..	61.5	63.2	..	1.7	..	3	Persons - Personnes	Irlande (7)
Italy	60.1	62.7	64.9	2.6	2.2	4.8	3	LU	Italie
Japan (1)	56.5	58.3	60.5	1.8	2.3	4.1	2	Jobs - Emplois	Japon (1)
Korea	46.0	54.4	61.3	8.4	7.0	15.3	3	FTE	Corée
Luxembourg (4)	..	69.9	73.6	..	3.7	..	3	Persons - Personnes	Luxembourg (4)
Mexico (1)	52.4	54.3	53.9	1.9	-0.4	1.5	3	Employees - Salariés	Mexique (1)
Netherlands	67.7	70.5	72.9	2.7	..	..	3	FTE	Pays-Bas
New Zealand	64.2	64.6	67.5	0.4	2.9	3.3	2 / 3	Persons - Personnes	Nouvelle-Zélande
Norway (8)	67.7	71.2	71.2	3.5	0.0	3.6	3	FTE	Norvège (8)
Poland (9)	41.5	42.2	45.0	0.8	2.8	3.5	3	Pers./FTE	Pologne (9)
Portugal (10)	..	57.3	58.1	..	0.9	..	3	FTE	Portugal (10)
Slovak Republic (11)	..	49.6	51.7	..	2.1	..	3	FTE	Rép. slovaque (11)
Spain (4)	..	63.0	62.6	..	-0.4	..	3	FTE	Espagne (4)
Sweden	..	73.2	73.1	..	-0.1	..	3	Persons - Personnes	Suède
Switzerland (12)	..	..	64.6	..	..	..	3	FTE	Suisse (12)
Turkey (1)	30.4	32.3	34.4	2.0	2.0	4.0	2	Persons - Personnes	Turquie (1)
United Kingdom	68.7	73.3	75.3	4.6	2.0	6.6	3	Jobs - Emplois	Royaume-Uni
United States	73.1	75.2	76.3	2.1	1.1	3.2	2	Pers./FTE	États-Unis

PY: Person-years - Personne-années.

LU: Labour units - Unités de travail.

FTE: Full-time equivalents - Équivalents plein-temps.

Pers./FTE: Persons, including full-time equivalent employees - Personnes, y compris salariés en termes d'équivalents plein-temps.

Table 3: RELATIVE GROWTH OF GROSS VALUE ADDED BY SERVICE ACTIVITY (selected ISIC Rev. 3 codes), current prices, 1995-99
Tableau 3 : CROISSANCE RELATIVE DE LA VALEUR AJOUTÉE BRUTE PAR ACTIVITÉ DE SERVICES (sélection de catégories CITI Rév. 3), prix courants, 1995-99

Growth of GVA (all activities) = 100
Croissance de la VAB (toutes activités) = 100

OECD COUNTRIES	Total Services G-Q	Trade; restaurants and hotels; transport and communication G,H,I — Commerce ; restaurants et hôtels ; transports et communications						Finance, insurance, real estate and business services J,K — Banques, assurances, affaires immobilières et serv. aux entreprises					Other services L,M,N,O,P,Q — Autres services						PAYS OCDE
		Total	G	H	I Total	60-63	64	Total	J	K Total	72	74	Total	L	M	N	O Total	92	
Australia	100.6	99.1	98.5	98.4	99.9	99.1	101.6	102.5	102.3	102.5	..	..	99.7	97.9	100.2	99.3	101.5	100.5	Australie
Austria	100.0	99.7	99.9	100.5	98.9	..	..	101.6	98.5	103.0	..	..	98.1	99.6	99.5	93.0	100.4	..	Autriche
Belgium	100.7	99.6	99.6	100.6	99.3	..	..	102.5	104.0	102.1	..	..	99.5	99.8	98.9	99.4	100.8	..	Belgique
Canada (1)	100.0	101.0	101.8	99.2	100.4	100.6	100.1	102.4	104.1	101.3	..	104.6	97.1	95.0	96.4	97.4	100.9	105.7	Canada (1)
Czech Republic	100.9	100.6	..	..	104.1	..	..	98.5	96.0	99.4	..	..	100.6	..	..	100.4	99.7	..	République tchèque
Denmark	100.5	100.9	99.6	101.0	102.9	102.4	104.1	100.8	101.6	100.6	..	..	99.6	98.9	99.7	100.4	98.8	..	Danemark
Finland	100.5	101.3	101.6	99.0	101.3	99.1	107.9	101.8	98.0	102.6	113.1	103.8	98.1	97.8	98.0	97.9	98.8	98.3	Finlande
France	100.9	100.1	100.0	101.6	99.6	100.8	97.5	101.2	97.8	101.9	..	..	100.3	100.2	100.1	100.2	106.1	..	France
Germany	100.9	99.2	99.3	98.5	99.2	..	..	102.8	100.4	103.3	..	..	99.7	98.5	99.5	99.8	101.4	..	Allemagne
Greece	100.6	101.1	101.5	102.3	98.8	100.2	96.4	100.0	102.6	99.4	95.4	99.1	100.9	98.8	102.0	102.0	101.9	100.9	Grèce
Hungary	100.3	101.0	100.3	96.8	102.8	..	..	99.2	91.5	101.7	..	..	98.5	100.0	97.5	98.6	96.8	..	Hongrie
Iceland (1) (2)	100.8	97.2	98.3	98.4	95.2	92.4	104.8	107.4	108.3	107.1	124.5	99.6	99.4	101.3	..	98.4	93.8	91.3	Islande (1) (2)
Ireland	102.5	101.2	101.1	102.0	101.2	..	..	110.4	98.1	113.2	..	..	95.9	93.9	94.1	99.0	95.9	..	Irlande
Italy	100.8	99.6	99.2	100.2	100.1	98.0	105.6	101.4	99.7	102.0	104.5	102.8	100.6	100.7	100.1	101.4	99.9	101.4	Italie
Japan (2) (3)	101.3	98.6	97.7	..	100.3	99.0	103.7	102.8	99.3	103.6	..	..	101.3	101.4	..	..	..	..	Japon (2) (3)
Korea	100.4	98.4	95.8	99.3	101.6	98.9	107.3	102.1	104.5	100.7	..	..	101.0	99.9	101.0	104.7	100.4	..	Corée
Luxembourg	101.7	100.8	96.7	98.1	106.1	..	..	101.8	105.0	98.2	103.8	102.1	99.3	98.3	96.8	103.2	97.9	96.5	Luxembourg
Mexico (3)	99.9	99.9	98.2	99.5	102.6	103.6	97.4	94.2	76.8	99.6	98.9	105.2	98.8	99.3	99.7	97.2	98.5	101.2	Mexique (3)
Netherlands	101.0	100.0	99.5	101.6	100.5	99.8	102.1	103.5	102.0	103.9	118.9	104.3	99.4	98.1	99.1	99.8	101.3	102.7	Pays-Bas
New Zealand	..	..	..	..	..	..	..	..	..	..	108.8	..	..	..	..	..	..	..	Nouvelle-Zélande
Norway (1)	97.9	97.6	96.8	100.0	98.2	98.0	99.3	97.5	93.3	98.8	..	..	97.9	96.5	97.5	99.3	97.1	94.8	Norvège (1)
Poland	102.7	101.2	101.1	108.6	100.3	95.8	110.7	111.0	119.8	109.8	..	..	100.1	97.7	102.1	99.7	101.4	..	Pologne
Portugal	100.7	99.7	99.3	101.3	100.2	..	..	100.9	102.1	100.3	..	..	101.5	101.1	102.0	99.1	106.0	..	Portugal
Slovak Republic	102.6	100.7	..	..	101.1	..	..	102.2	96.9	105.0	..	..	101.3	..	..	..	..	..	République slovaque
Spain	100.5	100.4	..	..	..	..	..	100.3	..	100.3	..	..	99.7	..	..	..	..	..	Espagne
Sweden (3)	101.2	100.3	98.7	103.9	101.8	101.0	103.3	100.3	92.3	102.0	116.8	..	100.7	..	..	..	..	..	Suède (3)
Switzerland (4)	100.9	99.8	100.1	101.8	98.2	97.1	99.4	103.2	105.1	101.5	108.5	..	98.9	98.3	100.2	100.2	99.8	..	Suisse (4)
Turkey (2)	102.0	99.7	97.5	101.6	102.1	..	..	109.5	110.2	108.5	..	..	106.5	..	..	..	..	..	Turquie (2)
United Kingdom	101.4	101.0	100.2	102.4	101.7	101.3	102.3	103.1	96.5	105.2	..	..	99.5	95.0	99.7	99.5	105.4	..	Royaume-Uni
United States (2)	100.6	100.6	100.7	101.6	100.2	100.6	99.8	102.2	103.8	101.7	..	..	98.5	98.0	100.1	98.5	100.8	101.9	États-Unis (2)

G / 50-52:   Motor, wholesale and retail trade - Commerce d'automobiles, de gros et de détail
H / 55:   Restaurants and hotels - Restaurants et hôtels
I / 60-64:   Transport, storage and communication - Transports, entreposage et communications
60-63:   Transport and storage - Transports et entreposage
64:   Communication - Communications
J / 65-67:   Financial and insurance services - Établissements financiers
K / 70-74:   Real estate and business services - Affaires immobilières et services fournis aux entreprises

72:   Computer and related activities - Activités informatiques
74:   Other business services - Autres services fournis aux entreprises
L / 75:   Public administration and defence - Administration publique et défense
M / 80:   Education - Enseignement
N / 85:   Health and social work - Santé et action sociale
O / 90-93:   Other community, social and personal serv. - Autres activités de serv. collectifs, sociaux et personnels
92:   Recreational and cultural services - Activités récréatives et culturelles

Table 4: RELATIVE GROWTH OF EMPLOYMENT BY SERVICE ACTIVITY (selected ISIC Rev. 3 codes), 1995–99
Tableau 4 : CROISSANCE RELATIVE DE L'EMPLOI PAR ACTIVITÉ DE SERVICES (sélection de catégories CITI Rév. 3), 1995–99

Growth of Total employment (all activities) = 100
Croissance de l'emploi total (toutes activités) = 100

OECD COUNTRIES	Total Services G-Q	Trade; restaurants and hotels; transport and communication — G, H, I (Commerce ; restaurants et hôtels ; transports et communications)						Finance, insurance, real estate and business services — J, K (Banques, assurances, affaires immobilières et serv. aux entreprises)					Other services — L, M, N, O, P, Q (Autres services)					
		Total	G	H	I Total	60-63	64	Total	J	K Total	72	74	Total	L	M	N	O Total	92
Australia (1)	100.6	100.1	100.1	101.2	99.4	..	..	103.0	99.0	104.4	..	..	99.9	97.2	99.6	101.2	101.8	..
Austria	100.9	100.3	100.5	100.1	99.9	..	..	105.3	99.3	108.6	..	..	100.1	101.1	100.4	96.9	101.8	..
Belgium	100.6	99.4	99.2	98.9	100.0	..	..	101.9	99.2	102.7	..	..	100.8	100.6	99.2	101.8	100.2	..
Canada (2)	100.0	100.6	101.1	101.5	98.4	98.6	98.1	102.7	98.4	106.6	..	105.3	98.3	95.4	97.2	97.1	102.5	106.6
Czech Republic	100.9	100.2	98.9	105.0	100.7	..	..	102.3	102.7	102.2	..	..	101.0	104.1	99.8	101.4	99.5	..
Denmark	100.7	100.6	100.9	101.2	99.4	98.8	100.9	102.1	98.0	103.5	..	..	100.3	97.4	100.4	101.7	102.6	..
Finland	100.3	100.6	100.9	102.5	99.5	99.4	99.5	102.5	92.1	105.4	112.5	105.6	99.6	97.9	100.3	99.4	100.9	100.2
France (1)	100.7	100.6	100.8	100.2	100.2	101.3	97.5	102.1	98.6	103.2	107.8	103.5	100.2	99.7	99.9	100.0	101.7	101.6
Germany	101.2	100.3	100.3	103.2	98.2	..	..	104.2	99.6	105.9	..	..	100.7	98.1	100.2	102.5	101.5	..
Greece	100.7	100.2	100.0	101.3	99.7	99.4	101.6	100.2	100.0	100.3	102.9	100.2	101.5	100.6	101.5	102.8	99.0	99.1
Hungary (1)	99.4	99.8	100.7	101.3	98.0	97.6	99.1	104.6	99.7	107.5	109.2	110.1	97.8	97.3	96.8	100.7	96.2	96.0
Iceland (3)(4)	100.4	101.6	101.6	104.7	100.2	101.4	96.9	102.1	99.2	104.1	118.0	102.4	99.0	100.6	100.9	99.2	96.3	95.1
Ireland (1)	100.9	103.8	101.6	105.5	108.1	..	..	105.6	99.6	109.3	..	..	96.1	94.4	95.5	97.3	96.1	..
Italy	100.8	100.3	99.8	101.1	100.8	101.5	97.8	104.0	99.9	105.4	103.7	106.5	99.9	98.5	98.8	100.2	101.7	103.0
Japan (1)(4)	101.0	100.0	100.0	..	100.1	100.1	100.1	100.7	98.3	101.8	..	..	101.8	99.7	99.4	101.3	102.5	..
Korea	102.5	101.6	100.6	103.0	102.7	..	..	104.0	100.1	106.8	..	..	103.7	107.7	102.3	105.8	101.8	..
Luxembourg	101.3	100.3	99.4	98.9	103.2	..	..	103.9	100.1	107.5	114.6	107.1	100.0	97.2	101.1	100.5	100.1	101.2
Mexico (1)(5)	99.0	99.4	99.6	96.8	101.7	102.0	97.9	99.7	98.1	100.2	..	..	98.6	96.4	98.3	100.2	99.5	96.3
Netherlands	100.8	99.8	99.9	99.5	99.5	98.7	102.0	104.3	102.6	104.8	117.9	103.9	99.5	97.2	99.0	100.8	101.7	102.4
New Zealand (6)	100.2	99.8	99.2	98.4	102.5	100.0	107.6	101.7	96.1	103.4	..	..	100.2	..	97.3	104.2	100.2	..
Norway (3)	100.0	99.8	100.1	100.6	99.1	98.9	99.7	102.0	96.4	104.2	111.2	..	99.6	97.4	99.4	101.1	99.2	99.8
Poland	101.3	101.0	102.0	100.6	100.1	..	..	105.7	103.9	106.5	..	..	100.2	103.0	100.1	98.2	102.8	..
Portugal (3)	100.8	101.3	102.1	101.5	98.8	..	..	99.8	99.5	99.9	..	..	100.6	98.6	102.4	100.2	100.4	..
Slovak Republic (3)	100.3	102.3	106.8	100.0	97.3	..	..	92.3	100.6	89.5	..	..	100.4	107.1	97.2	100.5	94.3	..
Spain	99.8	99.7	..	..	97.0	..	..	101.4	..	..	..	..	99.4	..	..	..	..	..
Sweden	100.2	100.2	100.2	101.1	99.9	99.8	100.1	102.6	101.1	102.9	110.4	..	99.5	99.0	100.1	98.2	99.2	..
Switzerland (7)	100.3	100.3	100.1	101.8	99.7	99.6	99.8	101.3	99.6	102.5	108.8	..	99.6	99.6	100.0	99.9	99.1	..
Turkey (1)(4)	102.8	103.1	..	103.6	..	..	..	102.9	..	..	..	..	102.5	..	100.0	..	..	..
United Kingdom	100.5	100.1	..	100.5	100.5	..	..	102.5	..	..	..	..	99.7	99.3	..	100.3	101.8	..
United States (4)	100.3	99.9	99.8	100.5	100.7	100.9	100.0	102.5	100.0	103.5	..	..	99.6	97.6	100.2	100.3	100.8	101.9

PAYS OCDE : Australie (1), Autriche, Belgique, Canada (2), République tchèque, Danemark, Finlande, France (1), Allemagne, Grèce, Hongrie (1), Islande (3)(4), Irlande (1), Italie, Japon (1)(4), Corée, Luxembourg, Mexique (1)(5), Pays-Bas, Nouvelle-Zélande (6), Norvège (3), Pologne, Portugal (3), Rép. slovaque (3), Espagne, Suède, Suisse (7), Turquie (1)(4), Royaume-Uni, États-Unis (4)

G / 50-52: Motor, wholesale and retail trade - Commerce d'automobiles, de gros et de détail
H / 55: Restaurants and hotels - Restaurants et hôtels
I / 60-64: Transport, storage and communication - Transports, entreposage et communications
60-63: Transport and storage - Transports et entreposage
64: Communication - Communications
J / 65-67: Financial and insurance services - Établissements financiers
K / 70-74: Real estate and business services - Affaires immobilières et services fournis aux entreprises

72: Computer and related activities - Activités informatiques
74: Other business services - Autres services fournis aux entreprises
L / 75: Public administration and defence - Administration publique et défense
M / 80: Education - Enseignement
N / 85: Health and social work - Santé et action sociale
O / 90-93: Other community, social and personal serv. - Autres activités de serv. collectifs, sociaux et personnels
92: Recreational and cultural services - Activités récréatives et culturelles

Part 3: COUNTRY TABLES

Partie 3 : TABLEAUX PAR PAYS

Australia – Australie

AUSTRALIA

I. GROSS VALUE ADDED at basic prices *

A. Current prices

Billions of Australian dollars

ISIC Rev. 3			1989	1990	1991	1992	1993	1994
G_I	**50_64**	1. Motor, wholesale and retail trade; restaurants and hotels; transport and communication	81.3	85.1	87.4	90.3	95.4	102.0
G_H	50_55	1.1. Motor, wholesale and retail trade; restaurants and hotels	50.6	53.0	53.5	55.6	59.1	62.4
G	50_52	1.1.1. Motor, wholesale and retail trade	43.3	45.0	45.3	47.2	50.2	52.3
	50	1.1.1.1. Motor trade and repairs (1)	..	..	..	..	..	..
	51	1.1.1.2. Wholesale and commission trade (1)	22.2	23.6	23.4	24.0	25.7	26.5
	52	1.1.1.3. Retail trade and repairs (1)	21.1	21.4	21.9	23.2	24.5	25.8
H	55	1.1.2. Restaurants and hotels	7.3	8.0	8.2	8.4	8.9	10.2
I	60_64	1.2. Transport, storage and communication	30.7	32.1	33.9	34.7	36.3	39.5
	60_63	1.2.1. Transport and storage	21.7	22.2	22.9	23.4	24.6	26.8
	60	1.2.1.1. Land transport, transport via pipelines	..	..	..	..	..	..
		1.2.1.1.1. Road transport	..	..	..	..	..	..
		1.2.1.1.2. Rail, other land transport, pipelines	..	..	..	..	..	..
	61	1.2.1.2. Water transport	..	..	..	..	..	..
	62	1.2.1.3. Air transport	..	..	..	..	..	..
	63	1.2.1.4. Auxiliary transport services, travel agencies	..	..	..	..	..	..
	64	1.2.2. Communication	9.0	9.9	11.0	11.3	11.7	12.7
	641	1.2.2.1. Postal and courier services	..	..	..	..	..	..
	642	1.2.2.2. Telecommunications	..	..	..	..	..	..
J_K	**65_74**	2. Finance, insurance, real estate and business services	89.0	96.2	98.7	104.6	108.3	116.3
J	65_67	2.1. Financial and insurance services	19.7	23.3	24.7	27.1	28.7	28.5
	65	2.1.1. Financial intermediation	..	..	..	..	..	..
	66	2.1.2. Insurance and pension funding	..	..	..	..	..	..
	67	2.1.3. Auxiliary financial services	..	..	..	..	..	..
K	70_74	2.2. Real estate and business services (2)	69.3	72.9	74.0	77.5	79.6	87.8
	70	2.2.1. Real estate services	..	..	..	..	..	..
	71_74	2.2.2. Business services	..	..	..	..	..	..
	71	2.2.2.1. Renting, etc.	..	..	..	..	..	..
	72	2.2.2.2. Computer and related activities	..	..	..	..	..	..
	73	2.2.2.3. Research and development	..	..	..	..	..	..
	74	2.2.2.4. Other business activities	..	..	..	..	..	..
	741	2.2.2.4.1. Legal, accounting services, etc.	..	..	..	..	..	..
	742	2.2.2.4.2. Architect., engineering, other tech. serv.	..	..	..	..	..	..
	743	2.2.2.4.3. Advertising services	..	..	..	..	..	..
	749	2.2.2.4.4. Other business activities n.e.c.	..	..	..	..	..	..
L_Q	**75_99**	3. Other services	63.6	68.6	72.7	76.6	80.6	85.2
L	75	3.1. Public administration and defence (3)	14.6	15.5	16.4	17.0	18.2	19.2
M_Q	80_99	3.2. Education, health, social work related, other community, social and personal services	49.1	53.1	56.3	59.6	62.4	66.1
M	80	3.2.1. Education	16.2	17.4	18.3	19.8	20.9	21.6
N	85	3.2.2. Health and social work	19.8	22.1	23.2	24.0	25.1	26.3
O	90_93	3.2.3. Other community, social and personal services (3)	13.1	13.6	14.8	15.8	16.4	18.1
	90	3.2.3.1. Sanitary and similar services (4)	..	..	..	..	..	..
	91	3.2.3.2. Membership organisations n.e.c. (4)	..	..	..	..	..	..
	92	3.2.3.3. Recreational and cultural services	5.9	6.0	6.4	6.9	7.4	8.1
	93	3.2.3.4. Other personal services (3) (4)	7.1	7.6	8.4	8.9	9.0	10.0
P	95	3.2.4. Private households with employed persons (4)	..	..	..	..	..	..
Q	99	3.2.5. Extra-territorial organisations	..	..	..	..	..	..
		FISIM (Financial Intermediation Services Indirectly Measured) *	..	..	..	..	..	..
G_Q	**50_99**	**TOTAL, SERVICES**	**233.9**	**249.8**	**258.8**	**271.6**	**284.2**	**303.5**
		GROSS VALUE ADDED, All activities, at basic prices	**354.3**	**367.0**	**374.9**	**394.1**	**413.3**	**437.7**
		% of services in gross value added, all activities	66.03	68.06	69.02	68.90	68.78	69.34
		Memorandum items:						
		1. Gross domestic product at market prices	384.2	396.7	406.0	426.7	449.4	473.4
		2. Ownership of dwellings (2)	33.2	35.9	37.1	38.0	39.4	41.7
		3. Property (except ownership of dwellings) and business services (2)	36.1	36.9	36.9	39.5	40.2	46.1

I. VALEUR AJOUTÉE BRUTE aux prix de base *

A. Prix courants

Milliards de dollars australiens

1995	1996	1997	1998	1999			CITI Rév. 3
					1. Commerce d'automobiles, de gros et de détail ; restaurants et hôtels ; transports et communication	**G_I**	**50_64**
109.8	114.6	119.4	126.3	132.7			
66.5	69.0	72.0	75.8	78.6	1.1. Commerce d'automobiles, de gros et de détail ; restaurants et hôtels	G_H	50_55
55.5	57.2	59.6	64.0	65.6	1.1.1. Commerce d'automobiles, de gros et de détail	G	50_52
..	..	..	..	..	1.1.1.1. Commerce et réparations automobiles (1)		50
27.4	28.1	29.4	32.1	32.9	1.1.1.2. Commerce de gros et intermédiaires (1)		51
28.1	29.1	30.2	31.8	32.7	1.1.1.3. Commerce de détail et réparations (1)		52
11.0	11.8	12.4	11.9	13.0	1.1.2. Restaurants et hôtels	H	55
43.3	45.6	47.4	50.5	54.1	1.2. Transports, entreposage et communications	I	60_64
29.2	30.3	30.5	33.4	35.3	1.2.1. Transports et entreposage		60_63
..	..	..	15.7	..	1.2.1.1. Transports terrestres, transports par conduites		60
..	..	..	10.3	..	1.2.1.1.1. Transports routiers		
..	..	..	5.4	..	1.2.1.1.2. Transp. par chemin de fer, autres transports, conduites		
..	..	..	0.8	..	1.2.1.2. Transports par eau		61
..	..	..	4.8	..	1.2.1.3. Transports aériens		62
..	..	..	12.0	..	1.2.1.4. Services auxiliaires des transports, agences de voyages		63
14.1	15.3	16.9	17.1	18.8	1.2.2. Communications		64
..	..	..	..	..	1.2.2.1. Poste et courrier		641
..	..	..	..	..	1.2.2.2. Télécommunications		642
123.8	133.4	146.6	158.7	171.0	2. Banques, assurances, affaires immobilières et services aux entreprises	**J_K**	**65_74**
30.3	32.1	35.9	37.8	41.6	2.1. Établissements financiers	J	65_67
..	..	..	..	..	2.1.1. Intermédiation financière		65
..	..	..	..	..	2.1.2. Assurances et caisses de retraite		66
..	..	..	..	..	2.1.3. Activités financières auxiliaires		67
93.5	101.3	110.7	121.0	129.4	2.2. Affaires immobilières et services fournis aux entreprises (2)	K	70_74
..	..	..	..	..	2.2.1. Affaires immobilières		70
..	..	..	..	..	2.2.2. Services fournis aux entreprises		71_74
..	..	..	..	..	2.2.2.1. Location, etc.		71
..	..	..	..	..	2.2.2.2. Activités informatiques et activités connexes		72
..	..	..	..	..	2.2.2.3. Recherche et développement		73
..	..	..	..	..	2.2.2.4. Autres services fournis aux entreprises		74
..	..	..	..	..	2.2.2.4.1. Activités juridiques, comptables, etc.		741
..	..	..	..	..	2.2.2.4.2. Activ. d'architect., d'ingénierie, aut. serv. tech.		742
..	..	..	..	..	2.2.2.4.3. Publicité		743
..	..	..	..	..	2.2.2.4.4. Autres serv. fournis aux entreprises n.c.a.		749
89.9	96.2	100.3	105.5	111.4	3. Autres services	**L_Q**	**75_99**
20.3	21.9	22.4	22.8	23.3	3.1. Administration publique et défense (3)	L	75
69.7	74.3	77.8	82.7	88.1	3.2. Enseignement, santé, action sociale, autres activités de services collectifs, sociaux et personnels	M_Q	80_99
22.2	23.8	25.1	26.6	28.0	3.2.1. Enseignement	M	80
28.3	30.1	30.9	33.2	34.5	3.2.2. Santé et action sociale	N	85
19.2	20.4	21.9	23.0	25.6	3.2.3. Autres activités de services collectifs, sociaux et personnels (3)	O	90_93
..	..	..	..	..	3.2.3.1. Services sanitaires et analogues (4)		90
..	..	..	..	..	3.2.3.2. Activités associatives diverses (4)		91
8.3	8.6	9.7	10.0	10.6	3.2.3.3. Activités récréatives et culturelles		92
11.0	11.7	12.1	13.0	15.0	3.2.3.4. Autres services personnels (3) (4)		93
..	..	..	..	..	3.2.4. Ménages privés employant du personnel domestique (4)	P	95
..	..	..	..	..	3.2.5. Organisations extraterritoriales	Q	99
..	..	..	..	..	SIFIM (Services d'intermédiation financière indirectement mesurés) *		
323.6	**344.2**	**366.3**	**390.5**	**415.0**	**TOTAL, SERVICES**	**G_Q**	**50_99**
468.5	**493.4**	**524.2**	**551.6**	**587.2**	**VALEUR AJOUTÉE BRUTE, Toutes activités, aux prix de base**		
69.06	69.77	69.89	70.80	70.68	% des services dans la valeur ajoutée brute, toutes activités		
					Pour mémoire :		
507.0	532.2	564.7	595.4	631.8	1. Produit intérieur brut aux prix du marché		
44.1	47.8	51.2	53.4	55.2	2. Propriétaires de logements (2)		
49.4	53.5	59.6	67.6	74.2	3. Affaires immo. (sauf propriétaires de logements), serv. aux entreprises (2)		

AUSTRALIA

I. GROSS VALUE ADDED at basic prices *(cont.)* *

B. Chain volume measures, 1998-99 base **

Billions of Australian dollars

ISIC Rev. 3			1989	1990	1991	1992	1993	1994
G_I	50_64	1. Motor, wholesale and retail trade; restaurants and hotels; transport and communication	88.9	86.9	88.6	90.3	95.6	103.1
G_H	50_55	1.1. Motor, wholesale and retail trade; restaurants and hotels	57.1	54.5	55.1	55.4	58.5	63.1
G	50_52	1.1.1. Motor, wholesale and retail trade	48.0	45.5	46.0	46.5	49.0	52.8
	50	1.1.1.1. Motor trade and repairs (1)	..	..	..	..	..	..
	51	1.1.1.2. Wholesale and commission trade (1)	24.2	22.1	21.8	21.9	23.6	26.2
	52	1.1.1.3. Retail trade and repairs (1)	23.9	23.4	24.3	24.5	25.3	26.6
H	55	1.1.2. Restaurants and hotels	9.1	9.0	9.0	8.9	9.5	10.3
I	60_64	1.2. Transport, storage and communication	31.7	32.4	33.6	34.8	37.1	40.0
	60_63	1.2.1. Transport and storage	24.2	24.5	25.1	25.4	26.8	28.4
	60	1.2.1.1. Land transport, transport via pipelines	11.9	11.7	12.0	11.9	12.5	13.2
		1.2.1.1.1. Road transport	7.5	7.3	7.5	7.3	7.7	8.4
		1.2.1.1.2. Rail, other land transport, pipelines	4.5	4.5	4.5	4.6	4.8	4.8
	61	1.2.1.2. Water transport	0.7	0.7	0.7	0.6	0.7	0.8
	62	1.2.1.3. Air transport	2.3	2.7	3.1	3.4	3.7	4.1
	63	1.2.1.4. Auxiliary transport services, travel agencies	9.3	9.4	9.3	9.4	9.8	10.4
	64	1.2.2. Communication	7.5	7.9	8.5	9.5	10.3	11.6
	641	1.2.2.1. Postal and courier services	..	..	..	..	..	..
	642	1.2.2.2. Telecommunications	..	..	..	..	..	..
J_K	65_74	2. Finance, insurance, real estate and business services	103.9	110.5	109.8	115.6	118.8	125.3
J	65_67	2.1. Financial and insurance services	25.8	26.1	25.1	25.7	26.1	27.6
	65	2.1.1. Financial intermediation	..	..	..	..	..	..
	66	2.1.2. Insurance and pension funding	..	..	..	..	..	..
	67	2.1.3. Auxiliary financial services	..	..	..	..	..	..
K	70_74	2.2. Real estate and business services (2)	78.1	84.4	84.7	89.9	92.7	97.6
	70	2.2.1. Real estate services	..	..	..	..	..	..
	71_74	2.2.2. Business services	..	..	..	..	..	..
	71	2.2.2.1. Renting, etc.	..	..	..	..	..	..
	72	2.2.2.2. Computer and related activities	..	..	..	..	..	..
	73	2.2.2.3. Research and development	..	..	..	..	..	..
	74	2.2.2.4. Other business activities	..	..	..	..	..	..
	741	2.2.2.4.1. Legal, accounting services, etc.	..	..	..	..	..	..
	742	2.2.2.4.2. Architect., engineering, other tech. serv.	..	..	..	..	..	..
	743	2.2.2.4.3. Advertising services	..	..	..	..	..	..
	749	2.2.2.4.4. Other business activities n.e.c.	..	..	..	..	..	..
L_Q	75_99	3. Other services	86.0	87.8	89.7	92.4	95.2	98.6
L	75	3.1. Public administration and defence (3)	19.6	19.9	20.8	21.3	22.2	23.1
M_Q	80_99	3.2. Education, health, social work related, other community, social and personal services	66.4	67.8	68.8	71.1	73.0	75.5
M	80	3.2.1. Education	21.0	21.1	21.5	23.0	24.1	24.7
N	85	3.2.2. Health and social work	26.6	27.9	28.5	29.1	29.8	30.5
O	90_93	3.2.3. Other community, social and personal services (3)	18.8	18.8	18.9	18.9	19.1	20.3
	90	3.2.3.1. Sanitary and similar services (4)	..	..	..	..	..	..
	91	3.2.3.2. Membership organisations n.e.c. (4)	..	..	..	..	..	..
	92	3.2.3.3. Recreational and cultural services	7.9	8.0	8.2	8.3	8.5	9.0
	93	3.2.3.4. Other personal services (3) (4)	10.7	10.8	10.7	10.6	10.6	11.3
P	95	3.2.4. Private households with employed persons (4)	..	..	..	..	..	..
Q	99	3.2.5. Extra-territorial organisations	..	..	..	..	..	..
		FISIM (Financial Intermediation Services Indirectly Measured) *	..	..	..	..	..	..
G_Q	50_99	**TOTAL, SERVICES**	**278.8**	**285.2**	**288.1**	**298.2**	**309.6**	**327.0**
		GROSS VALUE ADDED, All activities, at basic prices	**412.7**	**414.3**	**413.2**	**428.6**	**446.1**	**463.7**
		% of services in gross value added, all activities	67.54	68.82	69.73	69.59	69.40	70.53
		Memorandum items:						
		1. Gross domestic product at market prices	441.4	440.4	442.0	458.0	477.0	498.6
		2. Ownership of dwellings (2)	38.7	40.0	41.1	42.5	44.1	45.8
		3. Property (except ownership of dwellings) and business services (2)	43.9	44.4	43.5	47.4	48.7	51.8

I. VALEUR AJOUTÉE BRUTE aux prix de base *(suite)* *

B. Volumes (prix-chaînés), base 1998-99 **

Milliards de dollars australiens

1995	1996	1997	1998	1999		CITI Rév. 3	
109.4	114.5	120.2	126.3	133.4	1. Commerce d'automobiles, de gros et de détail ; restaurants et hôtels ; transports et communication	**G_I**	**50_64**
66.3	68.7	72.2	75.8	79.4	1.1. Commerce d'automobiles, de gros et de détail ; restaurants et hôtels	G_H	50_55
56.2	58.1	61.2	64.0	66.7	1.1.1. Commerce d'automobiles, de gros et de détail	G	50_52
..	..	..	..	..	1.1.1.1. Commerce et réparations automobiles (1)		50
27.7	28.6	30.4	32.1	33.9	1.1.1.2. Commerce de gros et intermédiaires (1)		51
28.4	29.5	30.8	31.8	32.7	1.1.1.3. Commerce de détail et réparations (1)		52
10.1	10.6	11.0	11.9	12.7	1.1.2. Restaurants et hôtels	H	55
43.1	45.8	48.1	50.5	54.1	1.2. Transports, entreposage et communications	I	60_64
30.5	31.7	32.5	33.4	34.5	1.2.1. Transports et entreposage		60_63
14.4	14.6	15.2	15.7	16.7	1.2.1.1. Transports terrestres, transports par conduites		60
9.2	9.4	9.9	10.3	11.1	1.2.1.1.1. Transports routiers		
5.1	5.1	5.3	5.4	5.6	1.2.1.1.2. Transp. par chemin de fer, autres transports, conduites		
0.8	0.8	0.8	0.8	0.8	1.2.1.2. Transports par eau		61
4.4	4.7	4.7	4.8	5.1	1.2.1.3. Transports aériens		62
11.0	11.6	11.8	12.0	12.0	1.2.1.4. Services auxiliaires des transports, agences de voyages		63
12.6	14.0	15.5	17.1	19.5	1.2.2. Communications		64
..	..	..	..	..	1.2.2.1. Poste et courrier		641
..	..	..	..	..	1.2.2.2. Télécommunications		642
130.7	137.1	146.7	158.7	170.0	2. Banques, assurances, affaires immobilières et services aux entreprises	**J_K**	**65_74**
29.4	30.9	33.2	37.8	41.5	2.1. Établissements financiers	J	65_67
..	..	..	..	..	2.1.1. Intermédiation financière		65
..	..	..	..	..	2.1.2. Assurances et caisses de retraite		66
..	..	..	..	..	2.1.3. Activités financières auxiliaires		67
101.3	106.2	113.5	121.0	128.5	2.2. Affaires immobilières et services fournis aux entreprises (2)	K	70_74
..	..	..	..	..	2.2.1. Affaires immobilières		70
..	..	..	..	..	2.2.2. Services fournis aux entreprises		71_74
..	..	..	..	..	2.2.2.1. Location, etc.		71
..	..	..	..	..	2.2.2.2. Activités informatiques et activités connexes		72
..	..	..	..	..	2.2.2.3. Recherche et développement		73
..	..	..	..	..	2.2.2.4. Autres services fournis aux entreprises		74
..	..	..	..	..	2.2.2.4.1. Activités juridiques, comptables, etc.		741
..	..	..	..	..	2.2.2.4.2. Activ. d'architect., d'ingénierie, aut. serv. tech.		742
..	..	..	..	..	2.2.2.4.3. Publicité		743
..	..	..	..	..	2.2.2.4.4. Autres serv. fournis aux entreprises n.c.a.		749
99.7	102.4	104.4	105.5	105.1	3. Autres services	**L_Q**	**75_99**
23.0	23.5	23.3	22.8	22.7	3.1. Administration publique et défense (3)	L	75
76.7	79.0	81.1	82.7	82.4	3.2. Enseignement, santé, action sociale, autres activités de services collectifs, sociaux et personnels	M_Q	80_99
24.3	25.2	25.9	26.6	26.3	3.2.1. Enseignement	M	80
31.5	32.4	32.7	33.2	32.8	3.2.2. Santé et action sociale	N	85
20.8	21.4	22.5	23.0	23.3	3.2.3. Autres activités de services collectifs, sociaux et personnels (3)	O	90_93
..	..	..	..	..	3.2.3.1. Services sanitaires et analogues (4)		90
..	..	..	..	..	3.2.3.2. Activités associatives diverses (4)		91
9.0	9.2	9.7	10.0	10.1	3.2.3.3. Activités récréatives et culturelles		92
11.8	12.2	12.8	13.0	13.2	3.2.3.4. Autres services personnels (3) (4)		93
..	..	..	..	..	3.2.4. Ménages privés employant du personnel domestique (4)	P	95
..	..	..	..	..	3.2.5. Organisations extraterritoriales	Q	99
..	..	..	..	..	SIFIM (Services d'intermédiation financière indirectement mesurés) *		
339.8	**354.0**	**371.3**	**390.5**	**408.5**	**TOTAL, SERVICES**	**G_Q**	**50_99**
483.8	**502.4**	**525.4**	**551.6**	**575.0**	**VALEUR AJOUTÉE BRUTE, Toutes activités, aux prix de base**		
70.25	70.47	70.67	70.80	71.04	% des services dans la valeur ajoutée brute, toutes activités		
					Pour mémoire :		
520.3	539.1	565.1	595.4	621.0	1. Produit intérieur brut aux prix du marché		
47.4	49.7	51.5	53.4	55.6	2. Propriétaires de logements (2)		
53.9	56.5	61.9	67.6	72.9	3. Affaires immo. (sauf propriétaires de logements), serv. aux entreprises (2)		

AUSTRALIA

II. EMPLOYMENT

A. Total employment *

Thousand persons

ISIC Rev. 3			1989	1990	1991	1992	1993	1994
G_I	50_64	1. Motor, wholesale and retail trade; restaurants and hotels; transport and communication	2 472.9	2 465.8	2 436.3	2 408.3	2 467.5	2 587.7
G_H	50_55	1.1. Motor, wholesale and retail trade; restaurants and hotels	1 939.8	1 930.2	1 921.7	1 927.2	1 972.1	2 057.8
G	50_52	1.1.1. Motor, wholesale and retail trade	1 629.9	1 608.4	1 579.6	1 591.1	1 624.7	1 680.6
	50	1.1.1.1. Motor trade and repairs	..	..	..	..	..	..
	51	1.1.1.2. Wholesale and commission trade	..	..	..	..	..	..
	52	1.1.1.3. Retail trade and repairs	..	..	..	..	..	..
H	55	1.1.2. Restaurants and hotels	309.9	321.8	342.1	336.1	347.4	377.2
I	60_64	1.2. Transport, storage and communication	533.1	535.6	514.6	481.1	495.4	529.9
	60_63	1.2.1. Transport and storage	..	..	..	..	..	..
	60	1.2.1.1. Land transport, transport via pipelines	..	..	..	..	..	..
		1.2.1.1.1. Road transport	..	..	..	..	..	..
		1.2.1.1.2. Rail, other land transport, pipelines	..	..	..	..	..	..
	61	1.2.1.2. Water transport	..	..	..	..	..	..
	62	1.2.1.3. Air transport	..	..	..	..	..	..
	63	1.2.1.4. Auxiliary transport services, travel agencies	..	..	..	..	..	..
	64	1.2.2. Communication	..	..	..	..	..	..
	641	1.2.2.1. Postal and courier services	..	..	..	..	..	..
	642	1.2.2.2. Telecommunications	..	..	..	..	..	..
J_K	65_74	2. Finance, insurance, real estate and business services	983.4	981.1	970.0	951.7	977.4	1 081.2
J	65_67	2.1. Financial and insurance services	360.6	355.3	334.7	318.8	317.5	313.4
	65	2.1.1. Financial intermediation	..	..	..	..	..	..
	66	2.1.2. Insurance and pension funding	..	..	..	..	..	..
	67	2.1.3. Auxiliary financial services	..	..	..	..	..	..
K	70_74	2.2. Real estate and business services	622.8	625.8	635.3	632.9	659.9	767.8
	70	2.2.1. Real estate services	..	..	..	..	..	..
	71_74	2.2.2. Business services	..	..	..	..	..	..
	71	2.2.2.1. Renting, etc.	..	..	..	..	..	..
	72	2.2.2.2. Computer and related activities	..	..	..	..	..	..
	73	2.2.2.3. Research and development	..	..	..	..	..	..
	74	2.2.2.4. Other business activities	..	..	..	..	..	..
	741	2.2.2.4.1. Legal, accounting services, etc.	..	..	..	..	..	..
	742	2.2.2.4.2. Architect., engineering, other tech. serv.	..	..	..	..	..	..
	743	2.2.2.4.3. Advertising services	..	..	..	..	..	..
	749	2.2.2.4.4. Other business activities n.e.c.	..	..	..	..	..	..
L_Q	75_99	3. Other services	1 999.3	2 043.5	2 085.1	2 105.1	2 138.6	2 172.5
L	75	3.1. Public administration and defence (3)	491.9	508.9	499.5	512.8	518.5	498.5
M_Q	80_99	3.2. Education, health, social work related, other community, social and personal services	1 507.4	1 534.6	1 585.6	1 592.3	1 620.1	1 674.0
M	80	3.2.1. Education	520.4	524.3	531.4	548.0	552.5	555.6
N	85	3.2.2. Health and social work	644.3	677.8	693.8	688.8	709.0	720.1
O	90_93	3.2.3. Other community, social and personal services (3)	329.1	318.5	346.6	338.8	344.2	383.2
	90	3.2.3.1. Sanitary and similar services (4)	..	..	..	..	..	..
	91	3.2.3.2. Membership organisations n.e.c. (4)	..	..	..	..	..	..
	92	3.2.3.3. Recreational and cultural services	..	..	..	..	..	..
	93	3.2.3.4. Other personal services (3) (4)	..	..	..	..	..	..
P	95	3.2.4. Private households with employed persons	12.6	13.1	12.8	15.7	13.4	14.1
Q	99	3.2.5. Extra-territorial organisations	1.0	1.0	1.0	1.0	1.0	1.0
G_Q	50_99	TOTAL, SERVICES	5 455.6	5 490.4	5 491.4	5 465.1	5 583.5	5 841.4
		TOTAL EMPLOYMENT, All activities	7 889.3	7 829.2	7 690.0	7 664.8	7 814.3	8 114.4
		% of services in total employment, all activities	69.15	70.13	71.41	71.30	71.45	71.99

II. EMPLOI

A. Emploi total *

Milliers de personnes

1995	1996	1997	1998	1999		CITI Rév. 3	
2 654.3	2 687.2	2 689.9	2 776.7	..	1. Commerce d'automobiles, de gros et de détail ; restaurants et hôtels ; transports et communication	G_I	50_64
2 106.6	2 126.4	2 146.9	2 216.5	..	1.1. Commerce d'automobiles, de gros et de détail ; restaurants et hôtels	G_H	50_55
1 726.5	1 728.5	1 744.0	1 805.3	..	1.1.1. Commerce d'automobiles, de gros et de détail	G	50_52
..	..	..	..	..	1.1.1.1. Commerce et réparations automobiles		50
..	..	..	..	..	1.1.1.2. Commerce de gros et intermédiaires		51
..	..	..	..	..	1.1.1.3. Commerce de détail et réparations		52
380.1	397.9	402.9	411.2	..	1.1.2. Restaurants et hôtels	H	55
547.7	560.8	543.0	560.2	..	1.2. Transports, entreposage et communications	I	60_64
..	..	..	..	..	1.2.1. Transports et entreposage		60_63
..	..	..	..	..	1.2.1.1. Transports terrestres, transports par conduites		60
..	..	..	..	..	1.2.1.1.1. Transports routiers		
..	..	..	..	..	1.2.1.1.2. Transp. par chemin de fer, autres transports, conduites		
..	..	..	..	..	1.2.1.2. Transports par eau		61
..	..	..	..	..	1.2.1.3. Transports aériens		62
..	..	..	..	..	1.2.1.4. Services auxiliaires des transports, agences de voyages		63
..	..	..	..	..	1.2.2. Communications		64
..	..	..	..	..	1.2.2.1. Poste et courrier		641
..	..	..	..	..	1.2.2.2. Télécommunications		642
1 131.7	1 169.7	1 236.1	1 287.7	..	2. Banques, assurances, affaires immobilières et services aux entreprises	J_K	65_74
317.0	318.6	314.4	320.9	..	2.1. Établissements financiers	J	65_67
..	..	..	..	..	2.1.1. Intermédiation financière		65
..	..	..	..	..	2.1.2. Assurances et caisses de retraite		66
..	..	..	..	..	2.1.3. Activités financières auxiliaires		67
814.7	851.1	921.7	966.8	..	2.2. Affaires immobilières et services fournis aux entreprises	K	70_74
..	..	..	..	..	2.2.1. Affaires immobilières		70
..	..	..	..	..	2.2.2. Services fournis aux entreprises		71_74
..	..	..	..	..	2.2.2.1. Location, etc.		71
..	..	..	..	..	2.2.2.2. Activités informatiques et activités connexes		72
..	..	..	..	..	2.2.2.3. Recherche et développement		73
..	..	..	..	..	2.2.2.4. Autres services fournis aux entreprises		74
..	..	..	..	..	2.2.2.4.1. Activités juridiques, comptables, etc.		741
..	..	..	..	..	2.2.2.4.2. Activ. d'architect., d'ingénierie, aut. serv. tech.		742
..	..	..	..	..	2.2.2.4.3. Publicité		743
..	..	..	..	..	2.2.2.4.4. Autres serv. fournis aux entreprises n.c.a.		749
2 271.7	2 273.7	2 303.4	2 361.1	..	3. Autres services	L_Q	75_99
517.4	512.3	488.2	494.8	..	3.1. Administration publique et défense (3)	L	75
1 754.3	1 761.5	1 815.3	1 866.3	..	3.2. Enseignement, santé, action sociale, autres activités de services collectifs, sociaux et personnels	M_Q	80_99
585.6	582.0	583.5	603.5	..	3.2.1. Enseignement	M	80
757.6	771.0	799.4	817.4	..	3.2.2. Santé et action sociale	N	85
395.4	395.7	418.8	434.3	..	3.2.3. Autres activités de services collectifs, sociaux et personnels (3)	O	90_93
..	..	..	..	..	3.2.3.1. Services sanitaires et analogues (4)		90
..	..	..	..	..	3.2.3.2. Activités associatives diverses (4)		91
..	..	..	..	..	3.2.3.3. Activités récréatives et culturelles		92
..	..	..	..	..	3.2.3.4. Autres services personnels (3) (4)		93
14.8	11.7	11.6	10.0	..	3.2.4. Ménages privés employant du personnel domestique	P	95
1.0	1.0	2.0	1.0	..	3.2.5. Organisations extraterritoriales	Q	99
6 057.7	**6 130.6**	**6 229.4**	**6 425.5**	..	**TOTAL, SERVICES**	**G_Q**	**50_99**
8 345.5	**8 411.3**	**8 516.2**	**8 699.3**	..	**EMPLOI TOTAL, Toutes activités**		
72.59	72.89	73.15	73.86	..	% des services dans l'emploi total, toutes activités		

AUSTRALIA

II. EMPLOYMENT *(cont.)*

B. Employees **

Thousand persons

ISIC Rev. 3			1989	1990	1991	1992	1993	1994
G_I	**50_64**	1. Motor, wholesale and retail trade; restaurants and hotels; transport and communication	2 110.1	2 085.0	2 048.1	2 022.0	2 090.3	2 203.8
G_H	50_55	1.1. Motor, wholesale and retail trade; restaurants and hotels	1 645.7	1 623.5	1 607.1	1 612.6	1 668.9	1 747.6
G	50_52	1.1.1. Motor, wholesale and retail trade	1 365.7	1 335.1	1 305.0	1 311.3	1 361.2	1 408.5
	50	1.1.1.1. Motor trade and repairs	..	..	..	..	..	..
	51	1.1.1.2. Wholesale and commission trade	..	..	..	..	..	..
	52	1.1.1.3. Retail trade and repairs	..	..	..	..	..	..
H	55	1.1.2. Restaurants and hotels	280.1	288.5	302.2	301.3	307.6	339.1
I	60_64	1.2. Transport, storage and communication	464.4	461.5	440.9	409.5	421.5	456.2
	60_63	1.2.1. Transport and storage	..	..	..	..	..	..
	60	1.2.1.1. Land transport, transport via pipelines	..	..	..	..	..	..
		1.2.1.1.1. Road transport	..	..	..	..	..	..
		1.2.1.1.2. Rail, other land transport, pipelines	..	..	..	..	..	..
	61	1.2.1.2. Water transport	..	..	..	..	..	..
	62	1.2.1.3. Air transport	..	..	..	..	..	..
	63	1.2.1.4. Auxiliary transport services, travel agencies	..	..	..	..	..	..
	64	1.2.2. Communication	..	..	..	..	..	..
	641	1.2.2.1. Postal and courier services	..	..	..	..	..	..
	642	1.2.2.2. Telecommunications	..	..	..	..	..	..
J_K	**65_74**	2. Finance, insurance, real estate and business services	862.7	844.5	834.6	811.7	833.8	924.2
J	65_67	2.1. Financial and insurance services	345.6	340.0	320.5	305.3	304.4	302.3
	65	2.1.1. Financial intermediation	..	..	..	..	..	..
	66	2.1.2. Insurance and pension funding	..	..	..	..	..	..
	67	2.1.3. Auxiliary financial services	..	..	..	..	..	..
K	70_74	2.2. Real estate and business services	517.1	504.5	514.2	506.5	529.3	621.9
	70	2.2.1. Real estate services	..	..	..	..	..	..
	71_74	2.2.2. Business services	..	..	..	..	..	..
	71	2.2.2.1. Renting, etc.	..	..	..	..	..	..
	72	2.2.2.2. Computer and related activities	..	..	..	..	..	..
	73	2.2.2.3. Research and development	..	..	..	..	..	..
	74	2.2.2.4. Other business activities	..	..	..	..	..	..
	741	2.2.2.4.1. Legal, accounting services, etc.	..	..	..	..	..	..
	742	2.2.2.4.2. Architect., engineering, other tech. serv.	..	..	..	..	..	..
	743	2.2.2.4.3. Advertising services	..	..	..	..	..	..
	749	2.2.2.4.4. Other business activities n.e.c.	..	..	..	..	..	..
L_Q	**75_99**	3. Other services	1 868.2	1 911.5	1 939.5	1 957.5	1 982.4	2 014.5
L	75	3.1. Public administration and defence (3)	489.6	507.0	497.0	510.2	516.0	496.2
M_Q	80_99	3.2. Education, health, social work related, other community, social and personal services	1 378.6	1 404.5	1 442.5	1 447.3	1 466.4	1 518.3
M	80	3.2.1. Education	504.7	507.5	515.3	530.5	533.8	539.3
N	85	3.2.2. Health and social work	612.7	644.1	655.5	651.9	668.4	673.2
O	90_93	3.2.3. Other community, social and personal services (3)	248.5	240.7	259.7	249.5	251.4	292.3
	90	3.2.3.1. Sanitary and similar services (4)	..	..	..	..	..	..
	91	3.2.3.2. Membership organisations n.e.c. (4)	..	..	..	..	..	..
	92	3.2.3.3. Recreational and cultural services	..	..	..	..	..	..
	93	3.2.3.4. Other personal services (3) (4)	..	..	..	..	..	..
P	95	3.2.4. Private households with employed persons	11.7	11.3	11.1	14.4	11.8	12.5
Q	99	3.2.5. Extra-territorial organisations	1.0	1.0	1.0	1.0	1.0	1.0
G_Q	**50_99**	**TOTAL, SERVICES**	**4 841.0**	**4 841.0**	**4 822.2**	**4 791.3**	**4 906.4**	**5 142.5**
		TOTAL EMPLOYEES, All activities	**6 719.7**	**6 632.0**	**6 472.8**	**6 426.8**	**6 559.3**	**6 858.7**
		% of services in total employees, all activities	72.04	72.99	74.50	74.55	74.80	74.98

II. EMPLOI *(suite)*

B. Salariés **

Milliers de personnes

1995	1996	1997	1998	1999		CITI Rév. 3	
2 269.2	2 318.9	2 322.0	2 421.0	..	1. Commerce d'automobiles, de gros et de détail ; restaurants et hôtels ; transports et communication	G_I	50_64
1 801.7	1 834.0	1 861.7	1 941.5	..	1.1. Commerce d'automobiles, de gros et de détail ; restaurants et hôtels	G_H	50_55
1 462.0	1 477.8	1 497.6	1 568.9	..	1.1.1. Commerce d'automobiles, de gros et de détail	G	50_52
..	..	..	..	..	1.1.1.1. Commerce et réparations automobiles		50
..	..	..	..	..	1.1.1.2. Commerce de gros et intermédiaires		51
..	..	..	..	..	1.1.1.3. Commerce de détail et réparations		52
339.7	356.3	364.0	372.6	..	1.1.2. Restaurants et hôtels	H	55
467.5	484.9	460.4	479.5	..	1.2. Transports, entreposage et communications	I	60_64
..	..	..	..	..	1.2.1. Transports et entreposage		60_63
..	..	..	..	..	1.2.1.1. Transports terrestres, transports par conduites		60
..	..	..	..	..	1.2.1.1.1. Transports routiers		
..	..	..	..	..	1.2.1.1.2. Transp. par chemin de fer, autres transports, conduites		
..	..	..	..	..	1.2.1.2. Transports par eau		61
..	..	..	..	..	1.2.1.3. Transports aériens		62
..	..	..	..	..	1.2.1.4. Services auxiliaires des transports, agences de voyages		63
..	..	..	..	..	1.2.2. Communications		64
..	..	..	..	..	1.2.2.1. Poste et courrier		641
..	..	..	..	..	1.2.2.2. Télécommunications		642
967.5	1 013.7	1 053.4	1 114.8	..	2. Banques, assurances, affaires immobilières et services aux entreprises	J_K	65_74
306.7	308.0	301.2	308.7	..	2.1. Établissements financiers	J	65_67
..	..	..	..	..	2.1.1. Intermédiation financière		65
..	..	..	..	..	2.1.2. Assurances et caisses de retraite		66
..	..	..	..	..	2.1.3. Activités financières auxiliaires		67
660.9	705.7	752.2	806.1	..	2.2. Affaires immobilières et services fournis aux entreprises	K	70_74
..	..	..	..	..	2.2.1. Affaires immobilières		70
..	..	..	..	..	2.2.2. Services fournis aux entreprises		71_74
..	..	..	..	..	2.2.2.1. Location, etc.		71
..	..	..	..	..	2.2.2.2. Activités informatiques et activités connexes		72
..	..	..	..	..	2.2.2.3. Recherche et développement		73
..	..	..	..	..	2.2.2.4. Autres services fournis aux entreprises		74
..	..	..	..	..	2.2.2.4.1. Activités juridiques, comptables, etc.		741
..	..	..	..	..	2.2.2.4.2. Activ. d'architect., d'ingénierie, aut. serv. tech.		742
..	..	..	..	..	2.2.2.4.3. Publicité		743
..	..	..	..	..	2.2.2.4.4. Autres serv. fournis aux entreprises n.c.a.		749
2 100.7	2 111.4	2 128.8	2 184.4	..	3. Autres services	L_Q	75_99
514.9	510.6	484.6	492.1	..	3.1. Administration publique et défense (3)	L	75
1 585.8	1 600.8	1 644.2	1 692.3	..	3.2. Enseignement, santé, action sociale, autres activités de services collectifs, sociaux et personnels	M_Q	80_99
567.6	564.8	564.1	582.1	..	3.2.1. Enseignement	M	80
703.8	724.1	748.1	769.9	..	3.2.2. Santé et action sociale	N	85
300.2	300.4	319.5	330.9	..	3.2.3. Autres activités de services collectifs, sociaux et personnels (3)	O	90_93
..	..	..	..	..	3.2.3.1. Services sanitaires et analogues (4)		90
..	..	..	..	..	3.2.3.2. Activités associatives diverses (4)		91
..	..	..	..	..	3.2.3.3. Activités récréatives et culturelles		92
..	..	..	..	..	3.2.3.4. Autres services personnels (3) (4)		93
13.3	10.4	10.5	8.4	..	3.2.4. Ménages privés employant du personnel domestique	P	95
1.0	1.0	2.0	1.0	..	3.2.5. Organisations extraterritoriales	Q	99
5 337.4	**5 444.0**	**5 504.1**	**5 720.1**	**..**	**TOTAL, SERVICES**	**G_Q**	**50_99**
7 057.4	**7 177.8**	**7 237.6**	**7 460.4**	**..**	**EMPLOI SALARIÉ TOTAL, Toutes activités**		
75.63	75.84	76.05	76.67	..	% des services dans l'emploi salarié total, toutes activités		

SERVICES : Statistiques sur la valeur ajoutée et l'emploi
© OCDE 2001

AUSTRALIA

AUSTRALIE

Source:

Value Added:
> "Australian System of National Accounts", catalogue 5204.0, Australian Bureau of Statistics (ABS), Canberra.

Employment:
> "National accounts of OECD countries", OECD, Paris.

General notes:

All the data refer to fiscal years beginning on the 1st July of the year indicated.

Value Added:
> * FISIM (Financial intermediation services indirectly measured) has been allocated to users of financial intermediation services.
>
> ** The Australian Bureau of Statistics has replaced its constant price estimates with annual reweighted chain volume measures (compiled by linking together compounded movements in volume, calculated using the average prices of the previous financial year, and applying the compounded movements to the current price estimates of the reference year). An unavoidable aspect of such measures is that the components do not sum to the chain volume estimates of totals, except for the reference year.

Employment:
> * Employment estimates comprise all labour engaged in the production of goods and services and include not only civilian wage and salary earners but also employers, self-employed persons working one hour or more without pay in a family business or on a farm and members of Australian defence forces. The annual figures are simple averages based on the available observations of employment levels during the year.
>
> ** Employees data include persons who operate his or her own incorporated enterprise with or without hiring employees.

(1) For Value added, Wholesale, and retail trade and repairs of motor vehicles are respectively included in items Wholesale and commission trade and Retail trade and repairs.

(2) For Value added, item Real estate and business services refers to memorandum items Ownership of dwellings and Property (except ownership of dwellings) and business services.

(3) Item Public administration and defence refers to government administration (central and local government administration, justice and foreign government representation) and defence. Public order and safety services are included in item Other personal services.

(4) Item Other personal services refers to personal services, religious organisations, interest groups (business and professional associations, labour associations and other), public order and safety, waste disposal and for Value added only it also includes private households employing staff. It excludes sewage and drainage which is classified in item electricity, gas and water according to the Australian and New Zealand Standard Industrial Classification (ANZSIC).

Source :

Valeur ajoutée :
> "Australian System of National Accounts", catalogue 5204.0, Australian Bureau of Statistics (ABS), Canberra.

Emploi :
> "Comptes nationaux des pays de l'OCDE", OCDE, Paris.

Notes générales :

Toutes les données se réfèrent aux années fiscales commençant le 1er juillet de l'année indiquée.

Valeur ajoutée :
> * Les SIFIM (Services d'intermédiation financière indirectement mesurés) ont été alloués aux utilisateurs de services d'intermédiation financière.
>
> ** L'office statistique australien a remplacé ses estimations à prix constants par des indices-chaînes annuel de volume pondérés (calculés en liant les mouvements de volumes composés, en utilisant les prix moyens de l'année budgétaire précédente et en appliquant les mouvements composés aux estimations à prix courants de l'année de référence). Un aspect inévitable de ces mesures est que les agrégats ne sont pas égaux à la somme de leurs composantes, à l'exception de l'année de référence.

Emploi :
> * Les estimations de l'emploi incluent toutes les personnes qui contribuent à la production de biens et services ; elles comprennent non seulement les employés et salariés civils mais aussi les employeurs, les travailleurs indépendants, les personnes non rémunérées travaillant une heure ou plus dans une entreprise familiale ou dans une exploitation agricole et les membres des forces armées australiennes. Les chiffres annuels sont des moyennes simples fondées sur les observations disponibles des niveaux de l'emploi au cours de l'année.
>
> ** Le nombre de salariés comprend les personnes qui gèrent leur propre entreprise à responsabilité limitée, que ces entreprises aient ou non des salariés.

(1) Pour la valeur ajoutée le commerce de gros, et le commerce de détail et les réparations automobiles sont inclus respectivement dans les rubriques Commerce de gros et intermédiaires et Commerce de détail et réparations.

(2) Pour la valeur ajoutée, la rubrique Affaires immobilières et services fournis aux entreprises se réfère aux rubriques pour mémoire Propriétaires de logements et Affaires immobilières (sauf propriétaires de logements), services fournis aux entreprises.

(3) La rubrique Administration publique et défense se réfère à l'administration gouvernementale (administrations gouvernementales centrale et locale, la justice et les représentations gouvernementales à l'étranger) et la défense. Les activités de police et de protection civile sont incluses dans la rubrique Autres services personnels.

(4) La rubrique Autres services personnels se réfère aux services personnels, aux organisations religieuses, aux groupes d'intérêt (associations professionnelles et économiques, syndicats de salariés et autres), à la police et la protection civile, à l'assainissement et l'enlèvement des ordures et pour la valeur ajoutée uniquement elle inclut également les ménages privés employant du personnel domestique. Elle exclut l'assainissement et l'écoulement des eaux qui sont classés dans la rubrique électricité, gaz et eau suivant la classification industrielle type de l'Australie et de la Nouvelle-Zélande (ANZSIC).

Austria – Autriche

AUSTRIA

I. GROSS VALUE ADDED at basic prices

A. Current prices

Billions of Schilling

ISIC Rev. 3			1989	1990	1991	1992	1993	1994
G_I	**50_64**	1. Motor, wholesale and retail trade; restaurants and hotels; transport and communication	405.1	439.4	474.4	504.4	512.3	529.2
G_H	50_55	1.1. Motor, wholesale and retail trade; restaurants and hotels	281.5	306.4	328.8	346.3	347.1	358.6
G	50_52	1.1.1. Motor, wholesale and retail trade	219.4	240.4	256.0	267.3	264.6	274.4
	50	1.1.1.1. Motor trade and repairs	..	..	..	..	..	..
	51	1.1.1.2. Wholesale and commission trade	..	..	..	..	..	..
	52	1.1.1.3. Retail trade and repairs	..	..	..	..	..	..
H	55	1.1.2. Restaurants and hotels	62.1	66.0	72.8	79.0	82.6	84.2
		1.1.2.1. Restaurants	..	..	..	..	..	..
		1.1.2.2. Hotels and other lodging places	..	..	..	..	..	..
I	60_64	1.2. Transport, storage and communication	123.6	132.9	145.6	158.1	165.2	170.6
	60_63	1.2.1. Transport and storage	..	..	..	..	..	..
	60	1.2.1.1. Land transport, transport via pipelines	..	..	..	..	..	..
	61	1.2.1.2. Water transport	..	..	..	..	..	..
	62	1.2.1.3. Air transport	..	..	..	..	..	..
	63	1.2.1.4. Auxiliary transport services, travel agencies	..	..	..	..	..	..
	64	1.2.2. Communication	..	..	..	..	..	..
	641	1.2.2.1. Postal and courier services	..	..	..	..	..	..
	642	1.2.2.2. Telecommunications	..	..	..	..	..	..
J_K	**65_74**	2. Finance, insurance, real estate and business services	285.4	314.2	341.2	375.8	404.0	429.5
J	65_67	2.1. Financial and insurance services	108.1	117.7	126.2	136.7	148.8	149.8
	65	2.1.1. Financial intermediation	..	..	..	..	..	..
	66	2.1.2. Insurance and pension funding	..	..	..	..	..	..
	67	2.1.3. Auxiliary financial services	..	..	..	..	..	..
K	70_74	2.2. Real estate and business services	177.3	196.6	215.0	239.2	255.2	279.7
	70	2.2.1. Real estate services	..	..	..	..	..	..
	71_74	2.2.2. Business services	..	..	..	..	..	..
	71	2.2.2.1. Renting, etc.	..	..	..	..	..	..
	72	2.2.2.2. Computer and related activities	..	..	..	..	..	..
	73	2.2.2.3. Research and development	..	..	..	..	..	..
	74	2.2.2.4. Other business activities	..	..	..	..	..	..
	741	2.2.2.4.1. Legal and accounting services	..	..	..	..	..	..
	742	2.2.2.4.2. Architect., engineering, other tech. serv.	..	..	..	..	..	..
	743	2.2.2.4.3. Advertising services	..	..	..	..	..	..
	749	2.2.2.4.4. Other business activities n.e.c.	..	..	..	..	..	..
L_Q	**75_99**	3. Other services	328.4	353.0	383.8	415.6	447.0	472.4
L	75	3.1. Public administration and defence	101.9	109.8	119.7	129.6	139.6	148.0
M_Q	80_99	3.2. Education, health, social work related, other community, social and personal services	226.5	243.3	264.1	285.9	307.4	324.4
M	80	3.2.1. Education	92.5	97.3	103.8	109.4	115.1	118.1
N	85	3.2.2. Health and social work	79.3	86.5	95.3	105.7	116.1	126.4
O	90_93	3.2.3. Other community, social and personal services	51.3	55.8	61.1	66.5	71.5	75.0
	90	3.2.3.1. Sanitary and similar services	..	..	..	..	..	..
	91	3.2.3.2. Membership organisations n.e.c.	..	..	..	..	..	..
	92	3.2.3.3. Recreational and cultural services	..	..	..	..	..	..
	93	3.2.3.4. Other personal services	..	..	..	..	..	..
P	95	3.2.4. Private households with employed persons	3.4	3.6	3.9	4.3	4.7	4.9
Q	99	3.2.5. Extra-territorial organisations	0.0	0.0	0.0	0.0	0.0	0.0
		FISIM (Financial Intermediation Services Indirectly Measured)	- 81.8	- 89.7	- 96.5	- 104.0	- 112.7	- 109.2
G_Q	**50_99**	**TOTAL, SERVICES**	**937.2**	**1 016.9**	**1 102.9**	**1 191.8**	**1 250.5**	**1 321.8**
		GROSS VALUE ADDED, All activities, at basic prices	**1 507.6**	**1 636.4**	**1 758.9**	**1 864.6**	**1 925.9**	**2 034.3**
		% of services in gross value added, all activities	62.16	62.14	62.70	63.91	64.93	64.98
		Memorandum item:						
		Gross domestic product at market prices	1 699.1	1 838.4	1 970.9	2 089.2	2 159.5	2 276.1

I. VALEUR AJOUTÉE BRUTE aux prix de base

A. Prix courants

Milliards de Schilling

1995	1996	1997	1998	1999		CITI Rév. 3	
540.4	551.9	564.8	586.9	604.2	1. Commerce d'automobiles, de gros et de détail ; restaurants et hôtels ; transports et communication	**G_I**	**50_64**
374.9	383.7	392.9	408.3	424.9	1.1. Commerce d'automobiles, de gros et de détail ; restaurants et hôtels	G_H	50_55
287.2	294.8	302.8	312.5	323.7	1.1.1. Commerce d'automobiles, de gros et de détail	G	50_52
..	..	..	..	..	1.1.1.1. Commerce et réparations automobiles		50
..	..	..	..	..	1.1.1.2. Commerce de gros et intermédiaires		51
..	..	..	..	..	1.1.1.3. Commerce de détail et réparations		52
87.7	88.9	90.1	95.8	101.2	1.1.2. Restaurants et hôtels	H	55
..	..	..	..	..	1.1.2.1. Restaurants		
..	..	..	..	..	1.1.2.2. Hôtels, hôtels meublés et établissements analogues		
165.6	168.2	171.9	178.6	179.3	1.2. Transports, entreposage et communications	I	60_64
..	..	..	..	..	1.2.1. Transports et entreposage		60_63
..	..	..	..	..	1.2.1.1. Transports terrestres, transports par conduites		60
..	..	..	..	..	1.2.1.2. Transports par eau		61
..	..	..	..	..	1.2.1.3. Transports aériens		62
..	..	..	..	..	1.2.1.4. Services auxiliaires des transports, agences de voyage		63
..	..	..	..	..	1.2.2. Communications		64
..	..	..	..	..	1.2.2.1. Poste et courrier		641
..	..	..	..	..	1.2.2.2. Télécommunications		642
465.3	491.5	527.0	544.9	560.5	2. Banques, assurances, affaires immobilières et services aux entreprises	**J_K**	**65_74**
152.4	157.0	167.6	168.0	162.2	2.1. Établissements financiers	J	65_67
..	..	..	..	..	2.1.1. Intermédiation financière		65
..	..	..	..	..	2.1.2. Assurances et caisses de retraite		66
..	..	..	..	..	2.1.3. Activités financières auxiliaires		67
312.9	334.6	359.4	376.8	398.2	2.2. Affaires immobilières et services fournis aux entreprises	K	70_74
..	..	..	..	..	2.2.1. Affaires immobilières		70
..	..	..	..	..	2.2.2. Services fournis aux entreprises		71_74
..	..	..	..	..	2.2.2.1. Location, etc.		71
..	..	..	..	..	2.2.2.2. Activités informatiques et activités connexes		72
..	..	..	..	..	2.2.2.3. Recherche et développement		73
..	..	..	..	..	2.2.2.4. Autres services fournis aux entreprises		74
..	..	..	..	..	2.2.2.4.1. Activités juridiques et comptables		741
..	..	..	..	..	2.2.2.4.2. Activ. d'architect., d'ingénierie, aut. serv. tech.		742
..	..	..	..	..	2.2.2.4.3. Publicité		743
..	..	..	..	..	2.2.2.4.4. Autres serv. fournis aux entreprises n.c.a.		749
493.9	506.8	484.5	501.2	517.4	3. Autres services	**L_Q**	**75_99**
150.9	154.3	157.3	162.0	168.2	3.1. Administration publique et défense	L	75
					3.2. Enseignement, santé, action sociale, autres activités de services collectifs, sociaux et personnels	M_Q	80_99
343.0	352.5	327.2	339.2	349.2			
121.3	123.2	124.7	129.0	134.3	3.2.1. Enseignement	M	80
130.7	136.1	106.0	109.8	110.4	3.2.2. Santé et action sociale	N	85
85.8	87.9	90.9	94.6	98.8	3.2.3. Autres activités de services collectifs, sociaux et personnels	O	90_93
..	..	..	..	..	3.2.3.1. Services sanitaires et analogues		90
..	..	..	..	..	3.2.3.2. Activités associatives diverses		91
..	..	..	..	..	3.2.3.3. Activités récréatives et culturelles		92
..	..	..	..	..	3.2.3.4. Autres services personnels		93
5.2	5.4	5.5	5.7	5.7	3.2.4. Ménages privés employant du personnel domestique	P	95
0.0	0.0	0.0	0.0	0.0	3.2.5. Organisations extraterritoriales	Q	99
- 114.9	- 116.3	- 125.5	- 124.6	- 116.1	SIFIM (Services d'intermédiation financière indirectement mesurés)		
1 384.8	**1 433.9**	**1 450.9**	**1 508.4**	**1 565.9**	**TOTAL, SERVICES**	**G_Q**	**50_99**
2 133.9	**2 203.2**	**2 241.8**	**2 336.6**	**2 414.2**	**VALEUR AJOUTÉE BRUTE, Toutes activités, aux prix de base**		
64.89	65.08	64.72	64.55	64.86	% des services dans la valeur ajoutée brute, toutes activités		
					Pour mémoire :		
2 370.7	2 450.0	2 513.5	2 614.7	2 712.0	Produit intérieur brut aux prix du marché		

AUSTRIA

I. GROSS VALUE ADDED at basic prices *(cont.)*

B. Constant 1995 prices

Billions of Schilling

ISIC Rev. 3			1989	1990	1991	1992	1993	1994
G_I	50_64	1. Motor, wholesale and retail trade; restaurants and hotels; transport and communication	475.0	498.2	518.8	533.6	529.4	535.0
G_H	50_55	1.1. Motor, wholesale and retail trade; restaurants and hotels	333.4	351.3	364.9	372.3	364.1	366.8
G	50_52	1.1.1. Motor, wholesale and retail trade	250.3	265.7	276.1	280.6	274.5	278.0
	50	1.1.1.1. Motor trade and repairs	..	..	..	..	..	..
	51	1.1.1.2. Wholesale and commission trade	..	..	..	..	..	..
	52	1.1.1.3. Retail trade and repairs	..	..	..	..	..	..
H	55	1.1.2. Restaurants and hotels	83.0	85.6	88.7	91.6	89.6	88.8
		1.1.2.1. Restaurants	..	..	..	..	..	..
		1.1.2.2. Hotels and other lodging places	..	..	..	..	..	..
I	60_64	1.2. Transport, storage and communication	141.6	146.9	153.9	161.3	165.3	168.2
	60_63	1.2.1. Transport and storage	..	..	..	..	..	..
	60	1.2.1.1. Land transport, transport via pipelines	..	..	..	..	..	..
	61	1.2.1.2. Water transport	..	..	..	..	..	..
	62	1.2.1.3. Air transport	..	..	..	..	..	..
	63	1.2.1.4. Auxiliary transport services, travel agencies	..	..	..	..	..	..
	64	1.2.2. Communication	..	..	..	..	..	..
	641	1.2.2.1. Postal and courier services	..	..	..	..	..	..
	642	1.2.2.2. Telecommunications	..	..	..	..	..	..
J_K	65_74	2. Finance, insurance, real estate and business services	368.2	386.8	405.9	427.1	441.0	453.1
J	65_67	2.1. Financial and insurance services	121.8	124.8	130.9	140.4	150.9	153.1
	65	2.1.1. Financial intermediation	..	..	..	..	..	..
	66	2.1.2. Insurance and pension funding	..	..	..	..	..	..
	67	2.1.3. Auxiliary financial services	..	..	..	..	..	..
K	70_74	2.2. Real estate and business services	246.4	262.0	275.0	286.7	290.1	300.0
	70	2.2.1. Real estate services	..	..	..	..	..	..
	71_74	2.2.2. Business services	..	..	..	..	..	..
	71	2.2.2.1. Renting, etc.	..	..	..	..	..	..
	72	2.2.2.2. Computer and related activities	..	..	..	..	..	..
	73	2.2.2.3. Research and development	..	..	..	..	..	..
	74	2.2.2.4. Other business activities	..	..	..	..	..	..
	741	2.2.2.4.1. Legal and accounting services	..	..	..	..	..	..
	742	2.2.2.4.2. Architect., engineering, other tech. serv.	..	..	..	..	..	..
	743	2.2.2.4.3. Advertising services	..	..	..	..	..	..
	749	2.2.2.4.4. Other business activities n.e.c.	..	..	..	..	..	..
L_Q	75_99	3. Other services	434.9	449.9	464.0	475.3	484.7	494.2
L	75	3.1. Public administration and defence	128.6	132.8	136.9	141.8	147.0	151.9
M_Q	80_99	3.2. Education, health, social work related, other community, social and personal services	306.2	317.1	327.1	333.4	337.8	342.3
M	80	3.2.1. Education	118.3	119.4	119.8	120.6	121.9	121.6
N	85	3.2.2. Health and social work	107.9	114.3	120.0	124.1	128.3	133.6
O	90_93	3.2.3. Other community, social and personal services	75.3	78.7	82.5	83.9	82.6	81.9
	90	3.2.3.1. Sanitary and similar services	..	..	..	..	..	..
	91	3.2.3.2. Membership organisations n.e.c.	..	..	..	..	..	..
	92	3.2.3.3. Recreational and cultural services	..	..	..	..	..	..
	93	3.2.3.4. Other personal services	..	..	..	..	..	..
P	95	3.2.4. Private households with employed persons	4.7	4.7	4.8	4.9	5.0	5.1
Q	99	3.2.5. Extra-territorial organisations	0.0	0.0	0.0	0.0	0.0	0.0
		FISIM (Financial Intermediation Services Indirectly Measured)	- 85.4	- 89.2	- 95.6	- 103.8	- 111.8	- 109.1
G_Q	50_99	**TOTAL, SERVICES**	**1 192.7**	**1 245.7**	**1 293.1**	**1 332.2**	**1 343.3**	**1 373.2**
		GROSS VALUE ADDED, All activities, at basic prices	**1 823.8**	**1 913.1**	**1 978.8**	**2 022.8**	**2 028.2**	**2 083.2**
		% of services in gross value added, all activities	65.39	65.12	65.35	65.86	66.23	65.92
		Memorandum item:						
		Gross domestic product at market prices	2 045.5	2 142.0	2 213.2	2 264.2	2 273.6	2 332.9

I. VALEUR AJOUTÉE BRUTE aux prix de base *(suite)*

B. Prix constants de 1995

Milliards de Schilling

1995	1996	1997	1998	1999		CITI Rév. 3	
540.4	556.3	567.3	591.5	609.7	1. Commerce d'automobiles, de gros et de détail ; restaurants et hôtels ; transports et communication	**G_I**	**50_64**
374.9	381.0	387.8	403.6	416.8	1.1. Commerce d'automobiles, de gros et de détail ; restaurants et hôtels	G_H	50_55
287.2	294.2	302.1	314.7	325.0	1.1.1. Commerce d'automobiles, de gros et de détail	G	50_52
..	..	..	..	..	1.1.1.1. Commerce et réparations automobiles		50
..	..	..	..	..	1.1.1.2. Commerce de gros et intermédiaires		51
..	..	..	..	..	1.1.1.3. Commerce de détail et réparations		52
87.7	86.8	85.7	88.9	91.9	1.1.2. Restaurants et hôtels	H	55
..	..	..	..	..	1.1.2.1. Restaurants		
..	..	..	..	..	1.1.2.2. Hôtels, hôtels meublés et établissements analogues		
165.6	175.3	179.6	187.9	192.9	1.2. Transports, entreposage et communications	I	60_64
..	..	..	..	..	1.2.1. Transports et entreposage		60_63
..	..	..	..	..	1.2.1.1. Transports terrestres, transports par conduites		60
..	..	..	..	..	1.2.1.2. Transports par eau		61
..	..	..	..	..	1.2.1.3. Transports aériens		62
..	..	..	..	..	1.2.1.4. Services auxiliaires des transports, agences de voyage		63
..	..	..	..	..	1.2.2. Communications		64
..	..	..	..	..	1.2.2.1. Poste et courrier		641
..	..	..	..	..	1.2.2.2. Télécommunications		642
465.3	470.4	499.7	514.3	516.9	2. Banques, assurances, affaires immobilières et services aux entreprises	**J_K**	**65_74**
152.4	153.0	170.0	174.1	164.9	2.1. Établissements financiers	J	65_67
..	..	..	..	..	2.1.1. Intermédiation financière		65
..	..	..	..	..	2.1.2. Assurances et caisses de retraite		66
..	..	..	..	..	2.1.3. Activités financières auxiliaires		67
312.9	317.4	329.7	340.2	352.0	2.2. Affaires immobilières et services fournis aux entreprises	K	70_74
..	..	..	..	..	2.2.1. Affaires immobilières		70
..	..	..	..	..	2.2.2. Services fournis aux entreprises		71_74
..	..	..	..	..	2.2.2.1. Location, etc.		71
..	..	..	..	..	2.2.2.2. Activités informatiques et activités connexes		72
..	..	..	..	..	2.2.2.3. Recherche et développement		73
..	..	..	..	..	2.2.2.4. Autres services fournis aux entreprises		74
..	..	..	..	..	2.2.2.4.1. Activités juridiques et comptables		741
..	..	..	..	..	2.2.2.4.2. Activ. d'architect., d'ingénierie, aut. serv. tech.		742
..	..	..	..	..	2.2.2.4.3. Publicité		743
..	..	..	..	..	2.2.2.4.4. Autres serv. fournis aux entreprises n.c.a.		749
493.9	497.6	471.2	479.5	484.7	3. Autres services	**L_Q**	**75_99**
150.9	152.4	154.6	157.8	160.3	3.1. Administration publique et défense	L	75
					3.2. Enseignement, santé, action sociale, autres activités de services collectifs, sociaux et personnels	M_Q	80_99
343.0	345.2	316.6	321.7	324.5	3.2.1. Enseignement	M	80
121.3	121.7	122.6	125.3	127.3	3.2.2. Santé et action sociale	N	85
130.7	133.1	102.0	102.8	101.4	3.2.3. Autres activités de services collectifs, sociaux et personnels	O	90_93
85.8	85.1	86.7	88.3	90.3	3.2.3.1. Services sanitaires et analogues		90
..	..	..	..	..	3.2.3.2. Activités associatives diverses		91
..	..	..	..	..	3.2.3.3. Activités récréatives et culturelles		92
..	..	..	..	..	3.2.3.4. Autres services personnels		93
5.2	5.2	5.3	5.4	5.4	3.2.4. Ménages privés employant du personnel domestique	P	95
0.0	0.0	0.0	0.0	0.0	3.2.5. Organisations extraterritoriales	Q	99
- 114.9	- 111.9	- 127.0	- 131.1	- 120.3	SIFIM (Services d'intermédiation financière indirectement mesurés)		
1 384.8	**1 412.4**	**1 411.3**	**1 454.1**	**1 491.2**	**TOTAL, SERVICES**	**G_Q**	**50_99**
2 133.9	**2 179.6**	**2 201.0**	**2 272.5**	**2 326.3**	**VALEUR AJOUTÉE BRUTE, Toutes activités, aux prix de base**		
64.89	64.80	64.12	63.99	64.10	% des services dans la valeur ajoutée brute, toutes activités		
					Pour mémoire :		
2 370.7	2 418.2	2 450.5	2 530.2	2 601.6	Produit intérieur brut aux prix du marché		

SERVICES : Statistiques sur la valeur ajoutée et l'emploi
© OCDE 2001

AUSTRIA

II. EMPLOYMENT

A. Total employment *

Thousand full-time equivalents

ISIC Rev. 3			1989	1990	1991	1992	1993	1994
G_I	50_64	1. Motor, wholesale and retail trade; restaurants and hotels; transport and communication	901.9	930.2	954.0	960.4	960.0	963.1
G_H	50_55	1.1. Motor, wholesale and retail trade; restaurants and hotels	674.5	700.4	719.8	726.3	724.3	728.4
G	50_52	1.1.1. Motor, wholesale and retail trade	479.8	499.5	513.3	513.3	510.0	509.6
	50	1.1.1.1. Motor trade and repairs	..	..	..	..	..	..
	51	1.1.1.2. Wholesale and commission trade	..	..	..	..	..	..
	52	1.1.1.3. Retail trade and repairs	..	..	..	..	..	..
H	55	1.1.2. Restaurants and hotels	194.7	200.9	206.5	213.0	214.3	218.8
		1.1.2.1. Restaurants	..	..	..	..	..	..
		1.1.2.2. Hotels and other lodging places	..	..	..	..	..	..
I	60_64	1.2. Transport, storage and communication	227.4	229.8	234.2	234.1	235.7	234.7
	60_63	1.2.1. Transport and storage	..	..	..	..	..	..
	60	1.2.1.1. Land transport, transport via pipelines	..	..	..	..	..	..
	61	1.2.1.2. Water transport	..	..	..	..	..	..
	62	1.2.1.3. Air transport	..	..	..	..	..	..
	63	1.2.1.4. Auxiliary transport services, travel agencies	..	..	..	..	..	..
	64	1.2.2. Communication	..	..	..	..	..	..
	641	1.2.2.1. Postal and courier services	..	..	..	..	..	..
	642	1.2.2.2. Telecommunications	..	..	..	..	..	..
J_K	65_74	2. Finance, insurance, real estate and business services	261.8	272.0	279.7	286.7	288.2	290.1
J	65_67	2.1. Financial and insurance services	108.2	111.1	113.3	112.7	109.9	108.8
	65	2.1.1. Financial intermediation	..	..	..	..	..	..
	66	2.1.2. Insurance and pension funding	..	..	..	..	..	..
	67	2.1.3. Auxiliary financial services	..	..	..	..	..	..
K	70_74	2.2. Real estate and business services	153.6	160.9	166.4	174.0	178.3	181.3
	70	2.2.1. Real estate services	..	..	..	..	..	..
	71_74	2.2.2. Business services	..	..	..	..	..	..
	71	2.2.2.1. Renting, etc.	..	..	..	..	..	..
	72	2.2.2.2. Computer and related activities	..	..	..	..	..	..
	73	2.2.2.3. Research and development	..	..	..	..	..	..
	74	2.2.2.4. Other business activities	..	..	..	..	..	..
	741	2.2.2.4.1. Legal and accounting services	..	..	..	..	..	..
	742	2.2.2.4.2. Architect., engineering, other tech. serv.	..	..	..	..	..	..
	743	2.2.2.4.3. Advertising services	..	..	..	..	..	..
	749	2.2.2.4.4. Other business activities n.e.c.	..	..	..	..	..	..
L_Q	75_99	3. Other services	753.4	763.4	780.9	799.3	803.6	815.6
L	75	3.1. Public administration and defence	213.4	215.1	218.3	223.8	224.6	228.0
M_Q	80_99	3.2. Education, health, social work related, other community, social and personal services	540.0	548.3	562.6	575.5	579.0	587.6
M	80	3.2.1. Education	217.0	220.5	225.4	236.2	240.9	244.9
N	85	3.2.2. Health and social work	187.6	190.5	197.6	197.1	195.4	198.9
O	90_93	3.2.3. Other community, social and personal services	131.1	133.0	134.3	138.1	138.5	139.6
	90	3.2.3.1. Sanitary and similar services	..	..	..	..	..	..
	91	3.2.3.2. Membership organisations n.e.c.	..	..	..	..	..	..
	92	3.2.3.3. Recreational and cultural services	..	..	..	..	..	..
	93	3.2.3.4. Other personal services	..	..	..	..	..	..
P	95	3.2.4. Private households with employed persons	4.3	4.3	5.3	4.1	4.2	4.2
Q	99	3.2.5. Extra-territorial organisations	0.0	0.0	0.0	0.0	0.0	0.0
G_Q	50_99	**TOTAL, SERVICES**	1 917.1	1 965.6	2 014.6	2 046.4	2 051.8	2 068.8
		TOTAL EMPLOYMENT, All activities	3 635.3	3 691.4	3 745.2	3 751.2	3 701.7	3 692.7
		% of services in total employment, all activities	52.74	53.25	53.79	54.55	55.43	56.02

II. EMPLOI

A. Emploi total *

Milliers d'équivalents plein-temps

1995	1996	1997	1998	1999		CITI Rév. 3
					1. Commerce d'automobiles, de gros et de détail ; restaurants et hôtels ;	**G_I** **50_64**
947.3	943.5	943.5	953.4	962.7	transports et communication	
715.8	715.0	717.1	725.1	730.9	1.1. Commerce d'automobiles, de gros et de détail ; restaurants et hôtels	G_H 50_55
504.9	504.8	506.0	510.6	518.4	1.1.1. Commerce d'automobiles, de gros et de détail	G 50_52
..	..	..	..	..	1.1.1.1. Commerce et réparations automobiles	50
..	..	..	..	..	1.1.1.2. Commerce de gros et intermédiaires	51
..	..	..	..	..	1.1.1.3. Commerce de détail et réparations	52
210.9	210.2	211.1	214.5	212.5	1.1.2. Restaurants et hôtels	H 55
..	..	..	..	..	1.1.2.1. Restaurants	
..	..	..	..	..	1.1.2.2. Hôtels, hôtels meublés et établissements analogues	
231.5	228.5	226.4	228.3	231.8	1.2. Transports, entreposage et communications	I 60_64
..	..	..	..	..	1.2.1. Transports et entreposage	60_63
..	..	..	..	..	1.2.1.1. Transports terrestres, transports par conduites	60
..	..	..	..	..	1.2.1.2. Transports par eau	61
..	..	..	..	..	1.2.1.3. Transports aériens	62
..	..	..	..	..	1.2.1.4. Services auxiliaires des transports, agences de voyage	63
..	..	..	..	..	1.2.2. Communications	64
..	..	..	..	..	1.2.2.1. Poste et courrier	641
..	..	..	..	..	1.2.2.2. Télécommunications	642
287.6	298.7	313.1	332.4	354.6	2. Banques, assurances, affaires immobilières et services aux entreprises	**J_K** **65_74**
111.9	110.1	109.4	109.8	109.2	2.1. Établissements financiers	J 65_67
..	..	..	..	..	2.1.1. Intermédiation financière	65
..	..	..	..	..	2.1.2. Assurances et caisses de retraite	66
..	..	..	..	..	2.1.3. Activités financières auxiliaires	67
175.7	188.6	203.7	222.6	245.4	2.2. Affaires immobilières et services fournis aux entreprises	K 70_74
..	..	..	..	..	2.2.1. Affaires immobilières	70
..	..	..	..	..	2.2.2. Services fournis aux entreprises	71_74
..	..	..	..	..	2.2.2.1. Location, etc.	71
..	..	..	..	..	2.2.2.2. Activités informatiques et activités connexes	72
..	..	..	..	..	2.2.2.3. Recherche et développement	73
..	..	..	..	..	2.2.2.4. Autres services fournis aux entreprises	74
..	..	..	..	..	2.2.2.4.1. Activités juridiques et comptables	741
..	..	..	..	..	2.2.2.4.2. Activ. d'architect., d'ingénierie, aut. serv. tech.	742
..	..	..	..	..	2.2.2.4.3. Publicité	743
..	..	..	..	..	2.2.2.4.4. Autres serv. fournis aux entreprises n.c.a.	749
817.6	817.1	819.3	818.2	824.1	3. Autres services	**L_Q** **75_99**
227.1	231.2	234.9	236.7	238.7	3.1. Administration publique et défense	L 75
					3.2. Enseignement, santé, action sociale, autres activités de services	M_Q 80_99
590.5	585.9	584.4	581.5	585.4	collectifs, sociaux et personnels	
249.2	236.5	242.6	242.3	254.3	3.2.1. Enseignement	M 80
194.3	201.2	185.4	179.2	172.4	3.2.2. Santé et action sociale	N 85
143.3	144.3	152.5	156.2	154.9	3.2.3. Autres activités de services collectifs, sociaux et personnels	O 90_93
..	..	..	..	..	3.2.3.1. Services sanitaires et analogues	90
..	..	..	..	..	3.2.3.2. Activités associatives diverses	91
..	..	..	..	..	3.2.3.3. Activités récréatives et culturelles	92
..	..	..	..	..	3.2.3.4. Autres services personnels	93
3.7	3.9	3.9	3.8	3.8	3.2.4. Ménages privés employant du personnel domestique	P 95
0.0	0.0	0.0	0.0	0.0	3.2.5. Organisations extraterritoriales	Q 99
2 052.5	**2 059.3**	**2 075.9**	**2 104.0**	**2 141.4**	**TOTAL, SERVICES**	**G_Q** **50_99**
3 602.0	**3 584.7**	**3 590.6**	**3 598.0**	**3 619.1**	**EMPLOI TOTAL, Toutes activités**	
56.98	57.45	57.81	58.48	59.17	% des services dans l'emploi total, toutes activités	

AUSTRIA

Thousand full-time equivalents

ISIC Rev. 3			1989	1990	1991	1992	1993	1994
G_I	**50_64**	1. Motor, wholesale and retail trade; restaurants and hotels; transport and communication	781.9	808.2	835.2	845.6	847.9	850.6
G_H	50_55	1.1. Motor, wholesale and retail trade; restaurants and hotels	565.2	589.1	610.9	619.7	621.1	624.9
G	50_52	1.1.1. Motor, wholesale and retail trade	422.9	440.4	454.4	455.5	451.6	451.9
	50	1.1.1.1. Motor trade and repairs	..	..	..	..	..	..
	51	1.1.1.2. Wholesale and commission trade	..	..	..	..	..	..
	52	1.1.1.3. Retail trade and repairs	..	..	..	..	..	..
H	55	1.1.2. Restaurants and hotels	142.3	148.7	156.5	164.2	169.5	173.0
		1.1.2.1. Restaurants	..	..	..	..	..	..
		1.1.2.2. Hotels and other lodging places	..	..	..	..	..	..
I	60_64	1.2. Transport, storage and communication	216.7	219.1	224.3	225.9	226.8	225.7
	60_63	1.2.1. Transport and storage	..	..	..	..	..	..
	60	1.2.1.1. Land transport, transport via pipelines	..	..	..	..	..	..
	61	1.2.1.2. Water transport	..	..	..	..	..	..
	62	1.2.1.3. Air transport	..	..	..	..	..	..
	63	1.2.1.4. Auxiliary transport services, travel agencies	..	..	..	..	..	..
	64	1.2.2. Communication	..	..	..	..	..	..
	641	1.2.2.1. Postal and courier services	..	..	..	..	..	..
	642	1.2.2.2. Telecommunications	..	..	..	..	..	..
J_K	**65_74**	2. Finance, insurance, real estate and business services	240.6	249.1	256.9	262.5	262.5	264.5
J	65_67	2.1. Financial and insurance services	107.2	110.0	112.3	111.9	108.9	107.7
	65	2.1.1. Financial intermediation	..	..	..	..	..	..
	66	2.1.2. Insurance and pension funding	..	..	..	..	..	..
	67	2.1.3. Auxiliary financial services	..	..	..	..	..	..
K	70_74	2.2. Real estate and business services	133.4	139.1	144.6	150.6	153.6	156.8
	70	2.2.1. Real estate services	..	..	..	..	..	..
	71_74	2.2.2. Business services	..	..	..	..	..	..
	71	2.2.2.1. Renting, etc.	..	..	..	..	..	..
	72	2.2.2.2. Computer and related activities	..	..	..	..	..	..
	73	2.2.2.3. Research and development	..	..	..	..	..	..
	74	2.2.2.4. Other business activities	..	..	..	..	..	..
	741	2.2.2.4.1. Legal and accounting services	..	..	..	..	..	..
	742	2.2.2.4.2. Architect., engineering, other tech. serv.	..	..	..	..	..	..
	743	2.2.2.4.3. Advertising services	..	..	..	..	..	..
	749	2.2.2.4.4. Other business activities n.e.c.	..	..	..	..	..	..
L_Q	**75_99**	3. Other services	726.4	736.2	753.9	771.6	774.7	785.2
L	75	3.1. Public administration and defence	213.4	215.1	218.3	223.8	224.6	228.0
M_Q	80_99	3.2. Education, health, social work related, other community, social and personal services	513.0	521.1	535.6	547.8	550.1	557.2
M	80	3.2.1. Education	216.6	220.2	225.0	235.8	240.5	244.5
N	85	3.2.2. Health and social work	173.8	176.9	183.9	183.6	180.6	184.1
O	90_93	3.2.3. Other community, social and personal services	118.3	119.7	121.4	124.3	124.8	124.4
	90	3.2.3.1. Sanitary and similar services	..	..	..	..	..	..
	91	3.2.3.2. Membership organisations n.e.c.	..	..	..	..	..	..
	92	3.2.3.3. Recreational and cultural services	..	..	..	..	..	..
	93	3.2.3.4. Other personal services	..	..	..	..	..	..
P	95	3.2.4. Private households with employed persons	4.3	4.3	5.3	4.1	4.2	4.2
Q	99	3.2.5. Extra-territorial organisations	0.0	0.0	0.0	0.0	0.0	0.0
G_Q	**50_99**	**TOTAL, SERVICES**	**1 748.9**	**1 793.5**	**1 846.0**	**1 879.7**	**1 885.1**	**1 900.3**
		TOTAL EMPLOYEES, All activities	**2 776.2**	**2 839.4**	**2 898.4**	**2 920.6**	**2 898.1**	**2 909.2**
		% of services in total employees, all activities	63.00	63.16	63.69	64.36	65.05	65.32

II. EMPLOI *(suite)*

B. Salariés **

Milliers d'équivalents plein-temps

1995	1996	1997	1998	1999		CITI Rév. 3	
					1. Commerce d'automobiles, de gros et de détail ; restaurants et hôtels ;	**G_I**	**50_64**
838.4	833.8	831.9	841.5	850.9	transports et communication		
616.3	615.2	613.8	620.7	627.9	1.1. Commerce d'automobiles, de gros et de détail ; restaurants et hôtels	G_H	50_55
449.0	449.2	448.3	451.1	455.7	1.1.1. Commerce d'automobiles, de gros et de détail	G	50_52
..	..	..	..	..	1.1.1.1. Commerce et réparations automobiles		50
..	..	..	..	..	1.1.1.2. Commerce de gros et intermédiaires		51
..	..	..	..	..	1.1.1.3. Commerce de détail et réparations		52
167.3	166.0	165.5	169.6	172.2	1.1.2. Restaurants et hôtels	H	55
..	..	..	..	..	1.1.2.1. Restaurants		
..	..	..	..	..	1.1.2.2. Hôtels, hôtels meublés et établissements analogues		
222.1	218.6	218.1	220.8	223.0	1.2. Transports, entreposage et communications	I	60_64
..	..	..	..	..	1.2.1. Transports et entreposage		60_63
..	..	..	..	..	1.2.1.1. Transports terrestres, transports par conduites		60
..	..	..	..	..	1.2.1.2. Transports par eau		61
..	..	..	..	..	1.2.1.3. Transports aériens		62
..	..	..	..	..	1.2.1.4. Services auxiliaires des transports, agences de voyage		63
..	..	..	..	..	1.2.2. Communications		64
..	..	..	..	..	1.2.2.1. Poste et courrier		641
..	..	..	..	..	1.2.2.2. Télécommunications		642
264.4	272.7	281.7	292.5	310.8	2. Banques, assurances, affaires immobilières et services aux entreprises	**J_K**	**65_74**
111.0	108.9	108.0	108.3	108.1	2.1. Établissements financiers	J	65_67
..	..	..	..	..	2.1.1. Intermédiation financière		65
..	..	..	..	..	2.1.2. Assurances et caisses de retraite		66
..	..	..	..	..	2.1.3. Activités financières auxiliaires		67
153.4	163.8	173.7	184.2	202.7	2.2. Affaires immobilières et services fournis aux entreprises	K	70_74
..	..	..	..	..	2.2.1. Affaires immobilières		70
..	..	..	..	..	2.2.2. Services fournis aux entreprises		71_74
..	..	..	..	..	2.2.2.1. Location, etc.		71
..	..	..	..	..	2.2.2.2. Activités informatiques et activités connexes		72
..	..	..	..	..	2.2.2.3. Recherche et développement		73
..	..	..	..	..	2.2.2.4. Autres services fournis aux entreprises		74
..	..	..	..	..	2.2.2.4.1. Activités juridiques et comptables		741
..	..	..	..	..	2.2.2.4.2. Activ. d'architect., d'ingénierie, aut. serv. tech.		742
..	..	..	..	..	2.2.2.4.3. Publicité		743
..	..	..	..	..	2.2.2.4.4. Autres serv. fournis aux entreprises n.c.a.		749
788.1	787.5	790.6	788.3	793.1	3. Autres services	**L_Q**	**75_99**
227.1	231.2	234.9	236.7	238.7	3.1. Administration publique et défense	L	75
					3.2. Enseignement, santé, action sociale, autres activités de services	M_Q	80_99
561.0	556.3	555.7	551.6	554.4	collectifs, sociaux et personnels		
248.9	236.2	242.3	242.0	253.8	3.2.1. Enseignement	M	80
180.3	187.2	170.1	162.8	155.0	3.2.2. Santé et action sociale	N	85
128.1	129.0	139.4	143.0	141.8	3.2.3. Autres activités de services collectifs, sociaux et personnels	O	90_93
..	..	..	..	..	3.2.3.1. Services sanitaires et analogues		90
..	..	..	..	..	3.2.3.2. Activités associatives diverses		91
..	..	..	..	..	3.2.3.3. Activités récréatives et culturelles		92
..	..	..	..	..	3.2.3.4. Autres services personnels		93
3.7	3.9	3.9	3.8	3.8	3.2.4. Ménages privés employant du personnel domestique	P	95
0.0	0.0	0.0	0.0	0.0	3.2.5. Organisations extraterritoriales	Q	99
1 890.9	**1 894.0**	**1 904.2**	**1 922.3**	**1 954.8**	**TOTAL, SERVICES**	**G_Q**	**50_99**
2 886.3	**2 873.1**	**2 880.9**	**2 895.2**	**2 917.1**	**EMPLOI SALARIÉ TOTAL, Toutes activités**		
65.51	65.92	66.10	66.40	67.01	% des services dans l'emploi salarié total, toutes activités		

Sources:

National Accounts Division, Statistik Österreich, Vienna, data sent directly. Employment estimates are derived from the Household Labour Force Survey.

General notes:

It has not proved possible for this edition to provide the complete set of revised Austrian value added and employment figures.

Employment:

    * Total employment includes employees, self employed persons and unpaid family workers. Estimates are annual averages.

    ** Employees are persons engaged on the basis of a work contract and subject to a compulsory social scheme. Estimates are annual averages.

Sources :

Division des comptes nationaux, Statistik Österreich, Vienne, données transmises directement. Les estimations de l'emploi proviennent de l'enquête auprès des ménages sur la population active.

Notes générales :

Il n'a pas été possible pour cette édition de présenter l'ensemble des données révisées autrichiennes de valeur ajoutée et d'emploi.

Emploi :

    * L'emploi total inclut les employés, les travailleurs indépendants et les travailleurs familiaux non rémunérés. Les estimations sont des moyennes annuelles.

    ** Les employés sont des personnes engagées sur la base d'un contrat de travail et soumises au régime de la sécurité sociale obligatoire. Les estimations sont des moyennes annuelles.

Belgium – Belgique

BELGIUM

I. GROSS VALUE ADDED at basic prices

A. Current prices

Billions of Belgian francs

ISIC Rev. 3			1989	1990	1991	1992	1993	1994
G_I	**50_64**	1. Motor, wholesale and retail trade; restaurants and hotels; transport and communication	1 199.0	1 334.5	1 450.5	1 519.2	1 535.5	1 578.6
G_H	50_55	1.1. Motor, wholesale and retail trade; restaurants and hotels	..	..	..	..	..	..
G	50_52	1.1.1. Motor, wholesale and retail trade	..	..	..	..	..	..
	50	1.1.1.1. Motor trade and repairs	..	..	..	..	..	..
	51	1.1.1.2. Wholesale and commission trade	..	..	..	..	..	..
	52	1.1.1.3. Retail trade and repairs	..	..	..	..	..	..
H	55	1.1.2. Restaurants and hotels	..	..	..	..	..	..
I	60_64	1.2. Transport, storage and communication	..	..	..	..	..	..
	60_63	1.2.1. Transport and storage	..	..	..	..	..	..
	60	1.2.1.1. Land transport, transport via pipelines	..	..	..	..	..	..
	61	1.2.1.2. Water transport	..	..	..	..	..	..
	62	1.2.1.3. Air transport	..	..	..	..	..	..
	63	1.2.1.4. Auxiliary transport services, travel agencies	..	..	..	..	..	..
	64	1.2.2. Communication	..	..	..	..	..	..
	641	1.2.2.1. Postal and courier services	..	..	..	..	..	..
	642	1.2.2.2. Telecommunications	..	..	..	..	..	..
J_K	**65_74**	2. Finance, insurance, real estate and business services	1 327.5	1 371.0	1 497.0	1 652.1	1 687.4	1 782.5
J	65_67	2.1. Financial and insurance services	..	..	..	..	..	..
	65	2.1.1. Financial intermediation	..	..	..	..	..	..
	66	2.1.2. Insurance and pension funding	..	..	..	..	..	..
	67	2.1.3. Auxiliary financial services	..	..	..	..	..	..
K	70_74	2.2. Real estate and business services	..	..	..	..	..	..
	70	2.2.1. Real estate services	..	..	..	..	..	..
	71_74	2.2.2. Business services	..	..	..	..	..	..
	71	2.2.2.1. Renting, etc.	..	..	..	..	..	..
	72	2.2.2.2. Computer and related activities	..	..	..	..	..	..
	73	2.2.2.3. Research and development	..	..	..	..	..	..
	74	2.2.2.4. Other business activities	..	..	..	..	..	..
	741	2.2.2.4.1. Legal, accounting services, etc.	..	..	..	..	..	..
	742	2.2.2.4.2. Architect., engineering, other tech. serv.	..	..	..	..	..	..
	743	2.2.2.4.3. Advertising services	..	..	..	..	..	..
	749	2.2.2.4.4. Other business activities n.e.c.	..	..	..	..	..	..
L_Q	**75_99**	3. Other services	1 310.2	1 383.6	1 484.8	1 549.1	1 644.5	1 716.1
L	75	3.1. Public administration and defence	..	..	..	..	..	..
M_Q	80_99	3.2. Education, health, social work related, other community, social and personal services	..	..	..	..	..	..
M	80	3.2.1. Education	..	..	..	..	..	..
N	85	3.2.2. Health and social work	..	..	..	..	..	..
O	90_93	3.2.3. Other community, social and personal services	..	..	..	..	..	..
	90	3.2.3.1. Sanitary and similar services	..	..	..	..	..	..
	91	3.2.3.2. Membership organisations n.e.c.	..	..	..	..	..	..
	92	3.2.3.3. Recreational and cultural services	..	..	..	..	..	..
	93	3.2.3.4. Other personal services	..	..	..	..	..	..
P	95	3.2.4. Private households with employed persons	..	..	..	..	..	..
Q	99	3.2.5. Extra-territorial organisations	..	..	..	..	..	..
		FISIM (Financial Intermediation Services Indirectly Measured)	- 259.6	- 243.7	- 262.8	- 280.4	- 285.9	- 292.3
G_Q	**50_99**	**TOTAL, SERVICES**	**3 577.1**	**3 845.4**	**4 169.5**	**4 439.9**	**4 581.5**	**4 785.0**
		GROSS VALUE ADDED, All activities, at basic prices	**5 595.4**	**5 938.9**	**6 235.1**	**6 555.8**	**6 678.7**	**6 978.7**
		% of services in gross value added, all activities	63.93	64.75	66.87	67.72	68.60	68.57
		Memorandum item:						
		Gross domestic product at market prices	6 231.1	6 595.0	6 908.9	7 273.7	7 430.4	7 792.8

I. VALEUR AJOUTÉE BRUTE aux prix de base

A. Prix courants

Milliards de francs belges

1995	1996	1997	1998	1999		CITI Rév. 3	
1 577.7	1 576.1	1 642.1	1 704.5	1 777.3	1. Commerce d'automobiles, de gros et de détail ; restaurants et hôtels ; transports et communication	G_I	50_64
1 042.1	1 044.1	1 082.7	1 120.4	1 180.6	1.1. Commerce d'automobiles, de gros et de détail ; restaurants et hôtels	G_H	50_55
919.3	919.7	956.5	985.4	1 036.2	1.1.1. Commerce d'automobiles, de gros et de détail	G	50_52
..	..	..	..	..	1.1.1.1. Commerce et réparations automobiles		50
..	..	..	..	..	1.1.1.2. Commerce de gros et intermédiaires		51
..	..	..	..	..	1.1.1.3. Commerce de détail et réparations		52
122.8	124.4	126.2	135.0	144.3	1.1.2. Restaurants et hôtels	H	55
535.6	531.9	559.4	584.0	596.7	1.2. Transports, entreposage et communications	I	60_64
..	..	..	..	..	1.2.1. Transports et entreposage		60_63
..	..	..	..	..	1.2.1.1. Transports terrestres, transports par conduites		60
..	..	..	..	..	1.2.1.2. Transports par eau		61
..	..	..	..	..	1.2.1.3. Transports aériens		62
..	..	..	..	..	1.2.1.4. Services auxiliaires des transports, agences de voyages		63
..	..	..	..	..	1.2.2. Communications		64
..	..	..	..	..	1.2.2.1. Poste et courrier		641
..	..	..	..	..	1.2.2.2. Télécommunications		642
1 952.9	2 060.0	2 163.7	2 341.1	2 473.4	2. Banques, assurances, affaires immobilières et services aux entreprises	J_K	65_74
477.7	522.3	536.5	587.1	639.3	2.1. Établissements financiers	J	65_67
..	..	..	..	..	2.1.1. Intermédiation financière		65
..	..	..	..	..	2.1.2. Assurances et caisses de retraite		66
..	..	..	..	..	2.1.3. Activités financières auxiliaires		67
1 475.2	1 537.6	1 627.2	1 754.0	1 834.1	2.2. Affaires immobilières et services fournis aux entreprises	K	70_74
..	..	..	..	..	2.2.1. Affaires immobilières		70
..	..	..	..	..	2.2.2. Services fournis aux entreprises		71_74
..	..	..	..	..	2.2.2.1. Location, etc.		71
..	..	..	..	..	2.2.2.2. Activités informatiques et activités connexes		72
..	..	..	..	..	2.2.2.3. Recherche et développement		73
..	..	..	..	..	2.2.2.4. Autres services fournis aux entreprises		74
..	..	..	..	..	2.2.2.4.1. Activités juridiques, comptables, etc.		741
..	..	..	..	..	2.2.2.4.2. Activ. d'architect., d'ingénierie, aut. serv. tech.		742
..	..	..	..	..	2.2.2.4.3. Publicité		743
..	..	..	..	..	2.2.2.4.4. Autres serv. fournis aux entreprises n.c.a.		749
1 840.8	1 885.9	1 928.2	1 996.9	2 071.2	3. Autres services	L_Q	75_99
613.6	627.3	652.1	669.6	698.6	3.1. Administration publique et défense	L	75
1 227.1	1 258.6	1 276.0	1 327.2	1 372.6	3.2. Enseignement, santé, action sociale, autres activités de services collectifs, sociaux et personnels	M_Q	80_99
514.0	522.4	536.0	551.6	562.9	3.2.1. Enseignement	M	80
479.1	505.7	499.9	516.4	535.6	3.2.2. Santé et action sociale	N	85
191.7	187.6	196.1	213.4	226.7	3.2.3. Autres activités de services collectifs, sociaux et personnels	O	90_93
..	..	..	..	..	3.2.3.1. Services sanitaires et analogues		90
..	..	..	..	..	3.2.3.2. Activités associatives diverses		91
..	..	..	..	..	3.2.3.3. Activités récréatives et culturelles		92
..	..	..	..	..	3.2.3.4. Autres services personnels		93
42.3	43.0	44.0	45.8	47.4	3.2.4. Ménages privés employant du personnel domestique	P	95
..	..	..	..	..	3.2.5. Organisations extraterritoriales	Q	99
- 336.8	- 364.3	- 349.6	- 374.5	- 388.5	SIFIM (Services d'intermédiation financière indirectement mesurés)		
5 034.5	**5 157.7**	**5 384.4**	**5 667.9**	**5 933.4**	**TOTAL, SERVICES**	**G_Q**	**50_99**
7 315.8	**7 454.8**	**7 793.3**	**8 109.0**	**8 384.9**	**VALEUR AJOUTÉE BRUTE, Toutes activités, aux prix de base**		
68.82	69.19	69.09	69.90	70.76	% des services dans la valeur ajoutée brute, toutes activités		
					Pour mémoire :		
8 133.8	8 327.8	8 727.0	9 081.5	9 423.3	Produit intérieur brut aux prix du marché		

BELGIUM

I. GROSS VALUE ADDED at basic prices *(cont.)*

B. Constant 1995 prices

Billions of Belgian francs

ISIC Rev. 3			1989	1990	1991	1992	1993	1994
G_I	**50_64**	1. Motor, wholesale and retail trade; restaurants and hotels; transport and communication	1 473.8	1 537.7	1 603.6	1 611.0	1 572.2	1 589.4
G_H	50_55	1.1. Motor, wholesale and retail trade; restaurants and hotels	..	..	..	..	..	..
G	50_52	1.1.1. Motor, wholesale and retail trade	..	..	..	..	..	..
	50	1.1.1.1. Motor trade and repairs	..	..	..	..	..	..
	51	1.1.1.2. Wholesale and commission trade	..	..	..	..	..	..
	52	1.1.1.3. Retail trade and repairs	..	..	..	..	..	..
H	55	1.1.2. Restaurants and hotels	..	..	..	..	..	..
I	60_64	1.2. Transport, storage and communication	..	..	..	..	..	..
	60_63	1.2.1. Transport and storage	..	..	..	..	..	..
	60	1.2.1.1. Land transport, transport via pipelines	..	..	..	..	..	..
	61	1.2.1.2. Water transport	..	..	..	..	..	..
	62	1.2.1.3. Air transport	..	..	..	..	..	..
	63	1.2.1.4. Auxiliary transport services, travel agencies	..	..	..	..	..	..
	64	1.2.2. Communication	..	..	..	..	..	..
	641	1.2.2.1. Postal and courier services	..	..	..	..	..	..
	642	1.2.2.2. Telecommunications	..	..	..	..	..	..
J_K	**65_74**	2. Finance, insurance, real estate and business services	1 579.3	1 606.8	1 682.7	1 774.3	1 745.6	1 806.9
J	65_67	2.1. Financial and insurance services	..	..	..	..	..	..
	65	2.1.1. Financial intermediation	..	..	..	..	..	..
	66	2.1.2. Insurance and pension funding	..	..	..	..	..	..
	67	2.1.3. Auxiliary financial services	..	..	..	..	..	..
K	70_74	2.2. Real estate and business services	..	..	..	..	..	..
	70	2.2.1. Real estate services	..	..	..	..	..	..
	71_74	2.2.2. Business services	..	..	..	..	..	..
	71	2.2.2.1. Renting, etc.	..	..	..	..	..	..
	72	2.2.2.2. Computer and related activities	..	..	..	..	..	..
	73	2.2.2.3. Research and development	..	..	..	..	..	..
	74	2.2.2.4. Other business activities	..	..	..	..	..	..
	741	2.2.2.4.1. Legal, accounting services, etc.	..	..	..	..	..	..
	742	2.2.2.4.2. Architect., engineering, other tech. serv.	..	..	..	..	..	..
	743	2.2.2.4.3. Advertising services	..	..	..	..	..	..
	749	2.2.2.4.4. Other business activities n.e.c.	..	..	..	..	..	..
L_Q	**75_99**	3. Other services	1 667.7	1 696.0	1 723.6	1 727.0	1 732.8	1 764.6
L	75	3.1. Public administration and defence	..	..	..	..	..	..
M_Q	80_99	3.2. Education, health, social work related, other community, social and personal services	..	..	..	..	..	..
M	80	3.2.1. Education	..	..	..	..	..	..
N	85	3.2.2. Health and social work	..	..	..	..	..	..
O	90_93	3.2.3. Other community, social and personal services	..	..	..	..	..	..
	90	3.2.3.1. Sanitary and similar services	..	..	..	..	..	..
	91	3.2.3.2. Membership organisations n.e.c.	..	..	..	..	..	..
	92	3.2.3.3. Recreational and cultural services	..	..	..	..	..	..
	93	3.2.3.4. Other personal services	..	..	..	..	..	..
P	95	3.2.4. Private households with employed persons	..	..	..	..	..	..
Q	99	3.2.5. Extra-territorial organisations	..	..	..	..	..	..
		FISIM (Financial Intermediation Services Indirectly Measured)	- 225.9	- 226.5	- 246.5	- 263.5	- 285.5	- 287.6
G_Q	**50_99**	**TOTAL, SERVICES**	**4 494.8**	**4 614.0**	**4 763.5**	**4 848.8**	**4 765.0**	**4 873.3**
		GROSS VALUE ADDED, All activities, at basic prices	**6 668.1**	**6 855.7**	**6 991.5**	**7 072.5**	**6 919.7**	**7 099.0**
		% of services in gross value added, all activities	67.41	67.30	68.13	68.56	68.86	68.65
		Memorandum item:						
		Gross domestic product at market prices	7 350.3	7 552.5	7 698.3	7 820.6	7 701.6	7 930.7

I. VALEUR AJOUTÉE BRUTE aux prix de base *(suite)*

B. Prix constants de 1995

Milliards de francs belges

1995	1996	1997	1998	1999		CITI Rév. 3	
1 577.7	1 523.5	1 534.7	1 543.7	1 543.4	1. Commerce d'automobiles, de gros et de détail ; restaurants et hôtels ; transports et communication	G_I	50_64
1 042.1	995.3	1 006.3	1 002.4	963.3	1.1. Commerce d'automobiles, de gros et de détail ; restaurants et hôtels	G_H	50_55
919.3	874.4	886.2	879.1	838.6	1.1.1. Commerce d'automobiles, de gros et de détail	G	50_52
..	..	..	..	..	1.1.1.1. Commerce et réparations automobiles		50
..	..	..	..	..	1.1.1.2. Commerce de gros et intermédiaires		51
..	..	..	..	..	1.1.1.3. Commerce de détail et réparations		52
122.8	121.0	120.1	123.3	124.6	1.1.2. Restaurants et hôtels	H	55
535.6	528.2	528.4	541.3	580.1	1.2. Transports, entreposage et communications	I	60_64
..	..	..	..	..	1.2.1. Transports et entreposage		60_63
..	..	..	..	..	1.2.1.1. Transports terrestres, transports par conduites		60
..	..	..	..	..	1.2.1.2. Transports par eau		61
..	..	..	..	..	1.2.1.3. Transports aériens		62
..	..	..	..	..	1.2.1.4. Services auxiliaires des transports, agences de voyages		63
..	..	..	..	..	1.2.2. Communications		64
..	..	..	..	..	1.2.2.1. Poste et courrier		641
..	..	..	..	..	1.2.2.2. Télécommunications		642
1 952.9	2 011.2	2 120.6	2 236.4	2 327.3	2. Banques, assurances, affaires immobilières et services aux entreprises	J_K	65_74
477.7	503.1	555.0	571.1	618.8	2.1. Établissements financiers	J	65_67
..	..	..	..	..	2.1.1. Intermédiation financière		65
..	..	..	..	..	2.1.2. Assurances et caisses de retraite		66
..	..	..	..	..	2.1.3. Activités financières auxiliaires		67
1 475.2	1 508.1	1 565.6	1 665.3	1 708.6	2.2. Affaires immobilières et services fournis aux entreprises	K	70_74
..	..	..	..	..	2.2.1. Affaires immobilières		70
..	..	..	..	..	2.2.2. Services fournis aux entreprises		71_74
..	..	..	..	..	2.2.2.1. Location, etc.		71
..	..	..	..	..	2.2.2.2. Activités informatiques et activités connexes		72
..	..	..	..	..	2.2.2.3. Recherche et développement		73
..	..	..	..	..	2.2.2.4. Autres services fournis aux entreprises		74
..	..	..	..	..	2.2.2.4.1. Activités juridiques, comptables, etc.		741
..	..	..	..	..	2.2.2.4.2. Activ. d'architect., d'ingénierie, aut. serv. tech.		742
..	..	..	..	..	2.2.2.4.3. Publicité		743
..	..	..	..	..	2.2.2.4.4. Autres serv. fournis aux entreprises n.c.a.		749
1 840.8	1 857.1	1 852.6	1 876.3	1 916.9	3. Autres services	L_Q	75_99
613.6	624.1	627.8	636.9	650.3	3.1. Administration publique et défense	L	75
1 227.1	1 232.9	1 224.8	1 239.4	1 266.6	3.2. Enseignement, santé, action sociale, autres activités de services collectifs, sociaux et personnels	M_Q	80_99
514.0	521.6	521.9	528.4	534.7	3.2.1. Enseignement	M	80
479.1	485.1	471.7	463.4	472.7	3.2.2. Santé et action sociale	N	85
191.7	183.6	188.3	203.6	214.4	3.2.3. Autres activités de services collectifs, sociaux et personnels	O	90_93
..	..	..	..	..	3.2.3.1. Services sanitaires et analogues		90
..	..	..	..	..	3.2.3.2. Activités associatives diverses		91
..	..	..	..	..	3.2.3.3. Activités récréatives et culturelles		92
..	..	..	..	..	3.2.3.4. Autres services personnels		93
42.3	42.6	42.9	44.0	44.8	3.2.4. Ménages privés employant du personnel domestique	P	95
..	..	..	..	..	3.2.5. Organisations extraterritoriales	Q	99
- 336.8	- 351.2	- 375.9	- 367.4	- 381.4	SIFIM (Services d'intermédiation financière indirectement mesurés)		
5 034.5	**5 040.5**	**5 132.0**	**5 289.0**	**5 406.2**	**TOTAL, SERVICES**	**G_Q**	**50_99**
7 315.8	**7 367.7**	**7 600.9**	**7 785.0**	**7 969.6**	**VALEUR AJOUTÉE BRUTE, Toutes activités, aux prix de base**		
68.82	68.41	67.52	67.94	67.83	% des services dans la valeur ajoutée brute, toutes activités		
					Pour mémoire :		
8 133.8	8 229.9	8 510.9	8 717.5	8 955.9	Produit intérieur brut aux prix du marché		

BELGIUM

II. EMPLOYMENT

A. Total employment

Thousand persons

ISIC Rev. 3			1989	1990	1991	1992	1993	1994
G_I	**50_64**	1. Motor, wholesale and retail trade; restaurants and hotels; transport and communication	878.0	884.0	889.0	883.0	875.0	868.0
G_H	50_55	1.1. Motor, wholesale and retail trade; restaurants and hotels	..	..	..	..	..	..
G	50_52	1.1.1. Motor, wholesale and retail trade	..	..	..	..	..	..
	50	1.1.1.1. Motor trade and repairs	..	..	..	..	..	..
	51	1.1.1.2. Wholesale and commission trade	..	..	..	..	..	..
	52	1.1.1.3. Retail trade and repairs	..	..	..	..	..	..
H	55	1.1.2. Restaurants and hotels	..	..	..	..	..	..
I	60_64	1.2. Transport, storage and communication	..	..	..	..	..	..
	60_63	1.2.1. Transport and storage	..	..	..	..	..	..
	60	1.2.1.1. Land transport, transport via pipelines	..	..	..	..	..	..
	61	1.2.1.2. Water transport	..	..	..	..	..	..
	62	1.2.1.3. Air transport	..	..	..	..	..	..
	63	1.2.1.4. Auxiliary transport services, travel agencies	..	..	..	..	..	..
	64	1.2.2. Communication	..	..	..	..	..	..
	641	1.2.2.1. Postal and courier services	..	..	..	..	..	..
	642	1.2.2.2. Telecommunications	..	..	..	..	..	..
J_K	**65_74**	2. Finance, insurance, real estate and business services	444.0	461.0	473.0	483.0	486.0	502.0
J	65_67	2.1. Financial and insurance services	..	..	..	..	..	..
	65	2.1.1. Financial intermediation	..	..	..	..	..	..
	66	2.1.2. Insurance and pension funding	..	..	..	..	..	..
	67	2.1.3. Auxiliary financial services	..	..	..	..	..	..
K	70_74	2.2. Real estate and business services	..	..	..	..	..	..
	70	2.2.1. Real estate services	..	..	..	..	..	..
	71_74	2.2.2. Business services	..	..	..	..	..	..
	71	2.2.2.1. Renting, etc.	..	..	..	..	..	..
	72	2.2.2.2. Computer and related activities	..	..	..	..	..	..
	73	2.2.2.3. Research and development	..	..	..	..	..	..
	74	2.2.2.4. Other business activities	..	..	..	..	..	..
	741	2.2.2.4.1. Legal, accounting services, etc.	..	..	..	..	..	..
	742	2.2.2.4.2. Architect., engineering, other tech. serv.	..	..	..	..	..	..
	743	2.2.2.4.3. Advertising services	..	..	..	..	..	..
	749	2.2.2.4.4. Other business activities n.e.c.	..	..	..	..	..	..
L_Q	**75_99**	3. Other services	1 289.0	1 294.0	1 289.0	1 287.0	1 290.0	1 287.0
L	75	3.1. Public administration and defence	..	..	..	..	..	..
M_Q	80_99	3.2. Education, health, social work related, other community, social and personal services	..	..	..	..	..	..
M	80	3.2.1. Education	..	..	..	..	..	..
N	85	3.2.2. Health and social work	..	..	..	..	..	..
O	90_93	3.2.3. Other community, social and personal services	..	..	..	..	..	..
	90	3.2.3.1. Sanitary and similar services	..	..	..	..	..	..
	91	3.2.3.2. Membership organisations n.e.c.	..	..	..	..	..	..
	92	3.2.3.3. Recreational and cultural services	..	..	..	..	..	..
	93	3.2.3.4. Other personal services	..	..	..	..	..	..
P	95	3.2.4. Private households with employed persons	..	..	..	..	..	..
Q	99	3.2.5. Extra-territorial organisations	..	..	..	..	..	..
G_Q	**50_99**	**TOTAL, SERVICES**	**2 611.0**	**2 639.0**	**2 651.0**	**2 653.0**	**2 651.0**	**2 657.0**
		TOTAL EMPLOYMENT, All activities	**3 711.0**	**3 744.0**	**3 748.0**	**3 731.0**	**3 703.0**	**3 689.0**
		% of services in total employment, all activities	70.36	70.49	70.73	71.11	71.59	72.02

II. EMPLOI

A. Emploi total

Milliers de personnes

1995	1996	1997	1998	1999		CITI Rév. 3	
					1. Commerce d'automobiles, de gros et de détail ; restaurants et hôtels ; transports et communication	**G_I**	**50_64**
868.8	865.9	865.3	866.5	879.2			
612.9	608.7	606.8	605.0	613.7	1.1. Commerce d'automobiles, de gros et de détail ; restaurants et hôtels	G_H	50_55
507.9	503.7	501.7	500.1	509.5	1.1.1. Commerce d'automobiles, de gros et de détail	G	50_52
..	..	..	..	..	1.1.1.1. Commerce et réparations automobiles		50
..	..	..	..	..	1.1.1.2. Commerce de gros et intermédiaires		51
..	..	..	..	..	1.1.1.3. Commerce de détail et réparations		52
105.0	105.0	105.1	104.9	104.2	1.1.2. Restaurants et hôtels	H	55
255.9	257.2	258.5	261.5	265.5	1.2. Transports, entreposage et communications	I	60_64
..	..	..	..	..	1.2.1. Transports et entreposage		60_63
..	..	..	..	..	1.2.1.1. Transports terrestres, transports par conduites		60
..	..	..	..	..	1.2.1.2. Transports par eau		61
..	..	..	..	..	1.2.1.3. Transports aériens		62
..	..	..	..	..	1.2.1.4. Services auxiliaires des transports, agences de voyages		63
..	..	..	..	..	1.2.2. Communications		64
..	..	..	..	..	1.2.2.1. Poste et courrier		641
..	..	..	..	..	1.2.2.2. Télécommunications		642
520.1	536.7	557.1	572.8	581.2	2. Banques, assurances, affaires immobilières et services aux entreprises	**J_K**	**65_74**
129.5	131.7	130.3	130.4	130.0	2.1. Établissements financiers	J	65_67
..	..	..	..	..	2.1.1. Intermédiation financière		65
..	..	..	..	..	2.1.2. Assurances et caisses de retraite		66
..	..	..	..	..	2.1.3. Activités financières auxiliaires		67
390.6	405.0	426.8	442.4	451.2	2.2. Affaires immobilières et services fournis aux entreprises	K	70_74
..	..	..	..	..	2.2.1. Affaires immobilières		70
..	..	..	..	..	2.2.2. Services fournis aux entreprises		71_74
..	..	..	..	..	2.2.2.1. Location, etc.		71
..	..	..	..	..	2.2.2.2. Activités informatiques et activités connexes		72
..	..	..	..	..	2.2.2.3. Recherche et développement		73
..	..	..	..	..	2.2.2.4. Autres services fournis aux entreprises		74
..	..	..	..	..	2.2.2.4.1. Activités juridiques, comptables, etc.		741
..	..	..	..	..	2.2.2.4.2. Activ. d'architect., d'ingénierie, aut. serv. tech.		742
..	..	..	..	..	2.2.2.4.3. Publicité		743
..	..	..	..	..	2.2.2.4.4. Autres serv. fournis aux entreprises n.c.a.		749
1 301.7	1 321.2	1 345.2	1 370.7	1 395.9	3. Autres services	**L_Q**	**75_99**
390.9	395.4	402.3	407.2	415.4	3.1. Administration publique et défense	L	75
					3.2. Enseignement, santé, action sociale, autres activités de services collectifs, sociaux et personnels	M_Q	80_99
910.8	925.8	942.9	963.5	980.5			
305.3	304.8	305.6	305.7	306.8	3.2.1. Enseignement	M	80
373.1	382.2	391.6	405.4	415.3	3.2.2. Santé et action sociale	N	85
143.3	145.1	145.9	146.3	149.5	3.2.3. Autres activités de services collectifs, sociaux et personnels	O	90_93
..	..	..	..	..	3.2.3.1. Services sanitaires et analogues		90
..	..	..	..	..	3.2.3.2. Activités associatives diverses		91
..	..	..	..	..	3.2.3.3. Activités récréatives et culturelles		92
..	..	..	..	..	3.2.3.4. Autres services personnels		93
89.1	93.7	99.8	106.1	108.9	3.2.4. Ménages privés employant du personnel domestique	P	95
..	..	..	..	..	3.2.5. Organisations extraterritoriales	Q	99
2 690.6	**2 723.8**	**2 767.6**	**2 810.0**	**2 856.3**	**TOTAL, SERVICES**	**G_Q**	**50_99**
3 713.8	**3 728.4**	**3 756.5**	**3 802.3**	**3 850.6**	**EMPLOI TOTAL, Toutes activités**		
72.45	73.06	73.67	73.90	74.18	% des services dans l'emploi total, toutes activités		

BELGIUM

B. Employees

Thousand persons

ISIC Rev. 3			1989	1990	1991	1992	1993	1994
G_I	**50_64**	1. Motor, wholesale and retail trade; restaurants and hotels; transport and communication	649.0	655.0	662.0	660.0	654.0	651.0
G_H	50_55	1.1. Motor, wholesale and retail trade; restaurants and hotels	..	..	..	..	..	..
G	50_52	1.1.1. Motor, wholesale and retail trade	..	..	..	..	..	..
	50	1.1.1.1. Motor trade and repairs	..	..	..	..	..	..
	51	1.1.1.2. Wholesale and commission trade	..	..	..	..	..	..
	52	1.1.1.3. Retail trade and repairs	..	..	..	..	..	..
H	55	1.1.2. Restaurants and hotels	..	..	..	..	..	..
I	60_64	1.2. Transport, storage and communication	..	..	..	..	..	..
	60_63	1.2.1. Transport and storage	..	..	..	..	..	..
	60	1.2.1.1. Land transport, transport via pipelines	..	..	..	..	..	..
	61	1.2.1.2. Water transport	..	..	..	..	..	..
	62	1.2.1.3. Air transport	..	..	..	..	..	..
	63	1.2.1.4. Auxiliary transport services, travel agencies	..	..	..	..	..	..
	64	1.2.2. Communication	..	..	..	..	..	..
	641	1.2.2.1. Postal and courier services	..	..	..	..	..	..
	642	1.2.2.2. Telecommunications	..	..	..	..	..	..
J_K	**65_74**	2. Finance, insurance, real estate and business services	258.0	268.0	273.0	277.0	273.0	281.0
J	65_67	2.1. Financial and insurance services	..	..	..	..	..	..
	65	2.1.1. Financial intermediation	..	..	..	..	..	..
	66	2.1.2. Insurance and pension funding	..	..	..	..	..	..
	67	2.1.3. Auxiliary financial services	..	..	..	..	..	..
K	70_74	2.2. Real estate and business services	..	..	..	..	..	..
	70	2.2.1. Real estate services	..	..	..	..	..	..
	71_74	2.2.2. Business services	..	..	..	..	..	..
	71	2.2.2.1. Renting, etc.	..	..	..	..	..	..
	72	2.2.2.2. Computer and related activities	..	..	..	..	..	..
	73	2.2.2.3. Research and development	..	..	..	..	..	..
	74	2.2.2.4. Other business activities	..	..	..	..	..	..
	741	2.2.2.4.1. Legal, accounting services, etc.	..	..	..	..	..	..
	742	2.2.2.4.2. Architect., engineering, other tech. serv.	..	..	..	..	..	..
	743	2.2.2.4.3. Advertising services	..	..	..	..	..	..
	749	2.2.2.4.4. Other business activities n.e.c.	..	..	..	..	..	..
L_Q	**75_99**	3. Other services	1 183.0	1 184.0	1 176.0	1 170.0	1 170.0	1 172.0
L	75	3.1. Public administration and defence	..	..	..	..	..	..
M_Q	80_99	3.2. Education, health, social work related, other community, social and personal services	..	..	..	..	..	..
M	80	3.2.1. Education	..	..	..	..	..	..
N	85	3.2.2. Health and social work	..	..	..	..	..	..
O	90_93	3.2.3. Other community, social and personal services	..	..	..	..	..	..
	90	3.2.3.1. Sanitary and similar services	..	..	..	..	..	..
	91	3.2.3.2. Membership organisations n.e.c.	..	..	..	..	..	..
	92	3.2.3.3. Recreational and cultural services	..	..	..	..	..	..
	93	3.2.3.4. Other personal services	..	..	..	..	..	..
P	95	3.2.4. Private households with employed persons	..	..	..	..	..	..
Q	99	3.2.5. Extra-territorial organisations	..	..	..	..	..	..
G_Q	**50_99**	**TOTAL, SERVICES**	**2 090.0**	**2 107.0**	**2 111.0**	**2 107.0**	**2 097.0**	**2 104.0**
		TOTAL EMPLOYEES, All activities	**3 046.0**	**3 069.0**	**3 065.0**	**3 044.0**	**3 006.0**	**2 993.0**
		% of services in total employees, all activities	68.61	68.65	68.87	69.22	69.76	70.30

II. EMPLOI *(suite)*

B. Salariés

Milliers de personnes

1995	1996	1997	1998	1999		CITI Rév. 3	
					1. Commerce d'automobiles, de gros et de détail ; restaurants et hôtels ;	**G_I**	**50_64**
655.3	657.4	665.0	674.0	688.2	transports et communication		
407.8	408.7	414.9	421.0	431.2	1.1. Commerce d'automobiles, de gros et de détail ; restaurants et hôtels	G_H	50_55
347.0	347.0	351.6	356.6	367.2	1.1.1. Commerce d'automobiles, de gros et de détail	G	50_52
..	..	..	..	..	1.1.1.1. Commerce et réparations automobiles		50
..	..	..	..	..	1.1.1.2. Commerce de gros et intermédiaires		51
..	..	..	..	..	1.1.1.3. Commerce de détail et réparations		52
60.8	61.7	63.3	64.4	64.0	1.1.2. Restaurants et hôtels	H	55
247.5	248.7	250.1	253.0	257.0	1.2. Transports, entreposage et communications	I	60_64
..	..	..	..	..	1.2.1. Transports et entreposage		60_63
..	..	..	..	..	1.2.1.1. Transports terrestres, transports par conduites		60
..	..	..	..	..	1.2.1.2. Transports par eau		61
..	..	..	..	..	1.2.1.3. Transports aériens		62
..	..	..	..	..	1.2.1.4. Services auxiliaires des transports, agences de voyages		63
..	..	..	..	..	1.2.2. Communications		64
..	..	..	..	..	1.2.2.1. Poste et courrier		641
..	..	..	..	..	1.2.2.2. Télécommunications		642
294.4	303.8	319.0	332.6	341.2	2. Banques, assurances, affaires immobilières et services aux entreprises	**J_K**	**65_74**
123.6	125.2	124.3	125.0	124.6	2.1. Établissements financiers	J	65_67
..	..	..	..	..	2.1.1. Intermédiation financière		65
..	..	..	..	..	2.1.2. Assurances et caisses de retraite		66
..	..	..	..	..	2.1.3. Activités financières auxiliaires		67
170.8	178.6	194.7	207.6	216.6	2.2. Affaires immobilières et services fournis aux entreprises	K	70_74
..	..	..	..	..	2.2.1. Affaires immobilières		70
..	..	..	..	..	2.2.2. Services fournis aux entreprises		71_74
..	..	..	..	..	2.2.2.1. Location, etc.		71
..	..	..	..	..	2.2.2.2. Activités informatiques et activités connexes		72
..	..	..	..	..	2.2.2.3. Recherche et développement		73
..	..	..	..	..	2.2.2.4. Autres services fournis aux entreprises		74
..	..	..	..	..	2.2.2.4.1. Activités juridiques, comptables, etc.		741
..	..	..	..	..	2.2.2.4.2. Activ. d'architect., d'ingénierie, aut. serv. tech.		742
..	..	..	..	..	2.2.2.4.3. Publicité		743
..	..	..	..	..	2.2.2.4.4. Autres serv. fournis aux entreprises n.c.a.		749
1 185.9	1 202.7	1 223.3	1 246.8	1 272.1	3. Autres services	**L_Q**	**75_99**
390.9	395.4	402.3	407.2	415.4	3.1. Administration publique et défense	L	75
					3.2. Enseignement, santé, action sociale, autres activités de services	M_Q	80_99
795.0	807.3	821.0	839.6	856.7	collectifs, sociaux et personnels		
301.3	300.6	300.5	300.1	301.2	3.2.1. Enseignement	M	80
306.8	313.4	319.5	331.6	341.5	3.2.2. Santé et action sociale	N	85
97.8	99.6	101.2	101.8	105.1	3.2.3. Autres activités de services collectifs, sociaux et personnels	O	90_93
..	..	..	..	..	3.2.3.1. Services sanitaires et analogues		90
..	..	..	..	..	3.2.3.2. Activités associatives diverses		91
..	..	..	..	..	3.2.3.3. Activités récréatives et culturelles		92
..	..	..	..	..	3.2.3.4. Autres services personnels		93
89.1	93.7	99.8	106.1	108.9	3.2.4. Ménages privés employant du personnel domestique	P	95
..	..	..	..	..	3.2.5. Organisations extraterritoriales	Q	99
2 135.6	**2 163.9**	**2 207.3**	**2 253.4**	**2 301.5**	**TOTAL, SERVICES**	**G_Q**	**50_99**
3 014.6	**3 025.7**	**3 057.1**	**3 109.0**	**3 159.7**	**EMPLOI SALARIÉ TOTAL, Toutes activités**		
70.84	71.52	72.20	72.48	72.84	% des services dans l'emploi salarié total, toutes activités		

Sources:

Institut des Comptes nationaux, Banque Nationale de Belgique, Brussels and data sent directly.

Sources :

Institut des Comptes nationaux, Banque Nationale de Belgique, Bruxelles et données transmises directement.

Canada

CANADA

I. GROSS VALUE ADDED at factor cost

A. Current prices

Billions of Canadian dollars

ISIC Rev. 3			1989	1990	1991	1992	1993	1994
G_I	50_64	1. Motor, wholesale and retail trade; restaurants and hotels; transport and communication	126.3	129.2	127.6	127.7	130.1	138.7
G_H	50_55	1.1. Motor, wholesale and retail trade; restaurants and hotels	84.0	86.1	83.3	82.1	83.6	88.8
G	50_52	1.1.1. Motor, wholesale and retail trade	68.4	69.7	67.8	66.2	67.3	71.6
	50	1.1.1.1. Motor trade and repairs (1)	..	..	..	..	..	..
	51	1.1.1.2. Wholesale and commission trade (1)	32.3	32.7	31.7	30.9	31.5	34.3
	52	1.1.1.3. Retail trade and repairs (1)	36.1	37.1	36.2	35.3	35.8	37.3
H	55	1.1.2. Restaurants and hotels	15.6	16.4	15.4	16.0	16.3	17.1
		1.1.2.1. Food and beverage services	..	..	..	10.6	..	..
		1.1.2.2. Accommodation services	..	..	..	5.4	..	..
I	60_64	1.2. Transport, storage and communication	42.3	43.2	44.3	45.6	46.5	50.0
	60_63	1.2.1. Transport and storage	25.6	25.5	25.7	26.1	27.2	30.0
	60	1.2.1.1. Land transport, transport via pipelines	19.4	19.3	19.4	20.2	20.9	23.2
		1.2.1.1.1. Railway transport and related services	4.0	3.8	3.9	3.8	3.7	4.1
		1.2.1.1.2. Truck transport	7.2	7.2	6.7	6.8	7.4	8.6
		1.2.1.1.3. Urban transit systems	1.8	1.8	1.9	2.1	2.1	2.3
		1.2.1.1.4. Interurban and rural transit systems	0.2	0.2	0.2	0.2	0.2	0.2
		1.2.1.1.5. Miscellaneous transport services	4.0	4.2	4.2	4.5	4.7	4.9
		1.2.1.1.5.1. School and other bus operations	..	..	..	0.9	..	..
		1.2.1.1.5.2. Other transp., serv. incidental	..	..	..	3.6	..	..
		1.2.1.1.6. Transport via pipelines	2.1	2.2	2.5	2.8	2.8	3.0
		1.2.1.1.6.1. Natural gas pipeline transp.	..	..	..	2.2	..	..
		1.2.1.1.6.2. Crude oil, other pipeline transp.	..	..	..	0.6	..	..
	61	1.2.1.2. Water transport (2)	1.9	1.8	2.1	1.9	2.0	2.0
	62	1.2.1.3. Air transport (3)	3.5	3.6	3.4	3.2	3.5	4.0
	63	1.2.1.4. Auxiliary transport services, travel agencies (4)	0.7	0.8	0.8	0.8	0.7	0.8
		1.2.1.4.1. Grain elevator industries	..	..	..	0.4	..	..
		1.2.1.4.2. Other storage and warehousing	..	..	..	0.4	..	..
	64	1.2.2. Communication	16.7	17.6	18.6	19.5	19.3	20.0
	641	1.2.2.1. Postal and courier services	3.3	3.4	3.5	3.6	3.4	3.6
	642	1.2.2.2. Telecommunications	13.4	14.2	15.1	15.9	15.9	16.4
		1.2.2.2.1. Telecommunication broadcasting	2.9	3.0	3.2	3.3	3.4	3.5
		1.2.2.2.1.1. Cable television	..	..	..	1.1	..	..
		1.2.2.2.1.2. Radio, television broadcast.	..	..	..	2.2	..	..
		1.2.2.2.2. Telecommunication carriers	10.6	11.2	12.0	12.6	12.5	12.9
J_K	65_74	2. Finance, insurance, real estate and business services	109.3	115.2	122.3	125.4	131.8	138.1
J	65_67	2.1. Financial and insurance services	48.0	49.1	52.9	53.8	56.5	58.0
	65	2.1.1. Financial intermediation (5)	41.0	41.3	45.1	46.1	47.9	49.0
		2.1.1.1. Deposit accepting intermediary	..	..	..	17.2	..	..
		2.1.1.1.1. Central bank,banks,other deposit instit.	..	..	..	15.7	..	..
		2.1.1.1.2. Credit unions	..	..	..	1.6	..	..
		2.1.1.2. Other financial intermediary	..	..	..	5.0	..	..
		2.1.1.3. Real estate operator	..	..	..	19.2	..	..
		2.1.1.4. Insurance and real estate agents	..	..	..	4.7	..	..
	66	2.1.2. Insurance and pension funding	7.0	7.8	7.8	7.7	8.6	8.9
	67	2.1.3. Auxiliary financial services	..	..	..	..	..	..
K	70_74	2.2. Real estate and business services	61.3	66.1	69.4	71.6	75.3	80.2
	70	2.2.1. Real estate services (5)	35.8	38.8	41.6	43.8	45.8	48.8
	71_74	2.2.2. Business services (6) (7)	25.5	27.4	27.8	27.8	29.4	31.3
	71	2.2.2.1. Renting, etc. (4)	..	..	..	..	..	..
	72	2.2.2.2. Computer and related activities (6)	..	..	..	3.4	..	..
	73	2.2.2.3. Research and development	..	..	..	..	..	..
	74	2.2.2.4. Other business activities (7)	14.3	15.2	15.7	15.6	15.7	16.7
	741	2.2.2.4.1. Legal , accounting services, etc. (7)	..	..	..	7.4	..	..
	742	2.2.2.4.2. Architect., engineering, other tech. serv. (7)	..	..	..	6.6	..	..
	743	2.2.2.4.3. Advertising services	1.5	1.4	1.5	1.6	1.6	1.6
	749	2.2.2.4.4. Other business activities n.e.c. (6)	..	..	..	..	..	..
L_Q	75_99	3. Other services	129.0	139.9	149.7	157.1	160.4	163.5
L	75	3.1. Public administration and defence	37.9	41.3	43.6	45.4	45.8	46.1
		3.1.1. Federal government services	17.4	18.9	19.8	20.3	20.3	20.5
		3.1.1.1. Defence	5.5	6.0	6.1	6.3	6.2	6.2
		3.1.1.2. Other federal government services	11.9	13.0	13.7	14.1	14.1	14.3
		3.1.2. Provincial and territorial government services	11.2	12.1	12.9	13.5	13.6	13.4
		3.1.3. Local government services	9.3	10.2	10.9	11.6	11.9	12.2
M_Q	80_99	3.2. Education, health, social work related, other community, social and personal services	91.0	98.6	106.0	111.7	114.6	117.4
M	80	3.2.1. Education	31.5	34.2	37.1	39.6	40.7	41.2
		3.2.1.1. University education	6.1	6.6	7.1	7.5	7.7	7.8
		3.2.1.2. Other educational services	25.4	27.6	30.0	32.0	32.9	33.3

CANADA

I. VALEUR AJOUTÉE BRUTE au coût des facteurs

A. Prix courants

Milliards de dollars canadiens

1995	1996	1997	1998	1999		CITI Rév. 3	
					1. Commerce d'automobiles, de gros et de détail ; restaurants et hôtels ;	**G_I**	**50_64**
145.9	149.4	161.8	..	..	transports et communication		
93.6	95.7	104.4	..	..	1.1. Commerce d'automobiles, de gros et de détail ; restaurants et hôtels	G_H	50_55
75.4	77.5	84.9	..	..	1.1.1. Commerce d'automobiles, de gros et de détail	G	50_52
..	..	..	..	..	1.1.1.1. Commerce et réparations automobiles (1)		50
37.2	38.8	43.2	..	..	1.1.1.2. Commerce de gros et intermédiaires (1)		51
38.1	38.7	41.8	..	..	1.1.1.3. Commerce de détail et réparations (1)		52
18.2	18.2	19.5	..	..	1.1.2. Restaurants et hôtels	H	55
..	..	..	..	..	1.1.2.1. Restauration		
..	..	..	..	..	1.1.2.2. Hébergement		
52.3	53.8	57.4	..	..	1.2. Transports, entreposage et communications	I	60_64
31.5	31.7	34.7	..	..	1.2.1. Transports et entreposage		60_63
24.1	24.1	25.8	..	..	1.2.1.1. Transports terrestres, transports par conduites		60
3.4	3.4	4.1	..	..	1.2.1.1.1. Transports par chemin de fer et services relatifs		
9.6	9.3	10.1	..	..	1.2.1.1.2. Transports par camions		
2.3	2.6	2.7	..	..	1.2.1.1.3. Transports en commun urbains		
0.2	0.2	0.2	..	..	1.2.1.1.4. Transports en commun interurbains et ruraux		
5.1	5.0	5.0	..	..	1.2.1.1.5. Services de transport divers		
..	..	..	..	..	1.2.1.1.5.1. Transports scolaires, autres serv. d'autobus		
..	..	..	..	..	1.2.1.1.5.2. Autres serv. de transp., serv. relatifs		
3.5	3.6	3.7	..	..	1.2.1.1.6. Transport par conduites		
..	..	..	..	..	1.2.1.1.6.1. Gaz naturel par gazoducs		
..	..	..	..	..	1.2.1.1.6.2. Pétrole brut et autres produits		
2.0	2.0	2.0	..	..	1.2.1.2. Transports par eau (2)		61
4.4	4.6	5.8	..	..	1.2.1.3. Transports aériens (3)		62
0.9	1.0	1.1	..	..	1.2.1.4. Services auxiliaires des transports, agences de voyage (4)		63
..	..	..	..	..	1.2.1.4.1. Silos à grain		
..	..	..	..	..	1.2.1.4.2. Autre entreposage et emmagasinage		
20.9	22.1	22.8	..	..	1.2.2. Communications		64
4.1	4.5	4.7	..	..	1.2.2.1. Poste et courrier		641
16.8	17.5	18.1	..	..	1.2.2.2. Télécommunications		642
3.6	3.7	3.9	..	..	1.2.2.2.1. Diffusion des télécommunications		
..	..	..	..	..	1.2.2.2.1.1. Télédistribution		
..	..	..	..	..	1.2.2.2.1.2. Radio et télédiffusion		
13.1	13.8	14.2	..	..	1.2.2.2.2. Transmission des télécommunications		
145.1	152.8	165.6	..	..	2. Banques, assurances, affaires immobilières et services aux entreprises	**J_K**	**65_74**
59.3	63.0	69.9	..	..	2.1. Établissements financiers	J	65_67
49.2	52.6	58.6	..	..	2.1.1. Intermédiation financière (5)		65
..	..	..	..	..	2.1.1.1. Intermédiaires financiers de dépôts		
..	..	..	..	..	2.1.1.1.1. Banque centrale, banques, autres inter. fin. de dépôts		
..	..	..	..	..	2.1.1.1.2. Caisses d'épargne et de crédits		
..	..	..	..	..	2.1.1.2. Autres intermédiaires financiers		
..	..	..	..	..	2.1.1.3. Services immobiliers		
..	..	..	..	..	2.1.1.4. Services immobiliers et agents d'assurances		
10.2	10.4	11.3	..	..	2.1.2. Assurances et caisses de retraite		66
..	..	..	..	..	2.1.3. Activités financières auxiliaires		67
85.8	89.8	95.7	..	..	2.2. Affaires immobilières et services fournis aux entreprises	K	70_74
51.5	52.9	54.1	..	..	2.2.1. Affaires immobilières (5)		70
34.3	36.9	41.6	..	..	2.2.2. Services fournis aux entreprises (6) (7)		71_74
..	..	..	..	..	2.2.2.1. Location, etc. (4)		71
..	..	..	..	..	2.2.2.2. Activités informatiques et activités connexes (6)		72
..	..	..	..	..	2.2.2.3. Recherche et développement		73
17.3	18.0	20.6	..	..	2.2.2.4. Autres services fournis aux entreprises (7)		74
..	..	..	..	..	2.2.2.4.1. Activités juridiques, comptables, etc. (7)		741
..	..	..	..	..	2.2.2.4.2. Activ. d'architect., d'ingénierie, aut. serv. tech. (7)		742
1.7	1.9	2.1	..	..	2.2.2.4.3. Publicité		743
..	..	..	..	..	2.2.2.4.4. Autres serv. fournis aux entreprises n.c.a. (6)		749
165.8	167.1	170.1	..	..	3. Autres services	**L_Q**	**75_99**
46.6	46.0	45.8	..	..	3.1. Administration publique et défense	L	75
20.7	19.9	19.5	..	..	3.1.1. Administration fédérale		
6.2	5.7	5.6	..	..	3.1.1.1. Défense		
14.5	14.2	13.9	..	..	3.1.1.2. Autres services de l'administration fédérale		
13.5	13.4	13.3	..	..	3.1.2. Administrations provinciales et territoriales		
12.4	12.7	12.9	..	..	3.1.3. Administrations locales		
119.2	121.0	124.3	..	..	3.2. Enseignement, santé, action sociale, autres activités de services collectifs, sociaux et personnels	M_Q	80_99
41.3	41.9	41.8	..	..	3.2.1. Enseignement	M	80
8.0	7.9	8.0	..	..	3.2.1.1. Enseignement universitaire		
33.4	34.0	33.8	..	..	3.2.1.2. Autres services d'enseignement		

Les notes se trouvent à la fin du pays

SERVICES : Statistiques sur la valeur ajoutée et l'emploi
© OCDE 2001

I. GROSS VALUE ADDED at factor cost *(cont.)*

A. Current prices

Billions of Canadian dollars

ISIC Rev. 3			1989	1990	1991	1992	1993	1994
N	85	3.2.2. Health and social work	37.2	40.9	44.6	47.1	48.5	49.3
		3.2.2.1. Hospitals	16.6	17.8	19.3	20.0	20.7	20.3
		3.2.2.2. Other health and social services	20.6	23.1	25.3	27.1	27.7	29.0
O	90_93	3.2.3. Other community, social and personal services (4)	22.3	23.5	24.3	25.0	25.5	27.0
	90	3.2.3.1. Sanitary and similar services	..	..	..	..	..	..
	91	3.2.3.2. Membership organisations n.e.c. (4)	..	..	..	4.9	..	..
	92	3.2.3.3. Recreational and cultural services	5.1	5.5	5.7	6.0	6.1	6.6
		3.2.3.3.1. Motion picture and video (8)	0.9	0.9	1.0	1.0	1.2	1.2
		3.2.3.3.1.1. Prod. and distribution (8)	..	..	..	0.8	..	..
		3.2.3.3.1.2. Motion picture exhibition	..	..	..	0.2	..	..
		3.2.3.3.2. Other amusement, recreational serv.	4.3	4.6	4.8	5.0	5.0	5.4
		3.2.3.3.2.1. Gambling operations	..	..	..	0.4	..	..
		3.2.3.3.2.2. Other	..	..	..	4.6	..	..
	93	3.2.3.4. Other personal services	5.1	5.3	5.2	5.3	5.4	5.6
		3.2.3.4.1. Laundries and cleaners	0.9	1.0	0.9	0.9	0.9	1.0
		3.2.3.4.2. Other	4.2	4.3	4.3	4.4	4.5	4.7
P	95	3.2.4. Private households with employed persons	..	..	..	..	..	..
Q	99	3.2.5. Extra-territorial organisations	..	..	..	..	..	..
		FISIM (Financial Intermediation Services Indirectly Measured)	- 9.7	- 10.0	- 10.7	- 11.2	- 11.6	- 11.8
G_Q	50_99	**TOTAL, SERVICES**	**354.8**	**374.4**	**388.9**	**399.1**	**410.7**	**428.6**
		GROSS VALUE ADDED, All activities, at factor cost	**563.8**	**581.8**	**582.9**	**593.1**	**614.1**	**652.6**
		% of services in gross value added, all activities	62.93	64.35	66.73	67.29	66.88	65.67
		Memorandum items:						
		1. Gross domestic product at market prices	646.4	668.2	672.5	687.4	713.4	755.7
		2. Professional business services (7)	12.8	13.8	14.2	14.0	14.1	15.1
		3. Other business services (6)	11.2	12.1	12.1	12.2	13.7	14.6
		4. Membership organisations and other services n.e.c. (4)	12.0	12.7	13.3	13.8	13.9	14.7

I. VALEUR AJOUTÉE BRUTE au coût des facteurs *(suite)*

A. Prix courants

Milliards de dollars canadiens

1995	1996	1997	1998	1999		CITI Rév. 3	
49.6	49.7	51.2	..	..	3.2.2. Santé et action sociale	N	85
19.7	19.4	19.4	..	..	3.2.2.1. Hôpitaux		
29.8	30.4	31.8	..	..	3.2.2.2. Autres services de santé et sociaux		
28.3	29.4	31.3	..	..	3.2.3. Autres activités de services collectifs, sociaux et personnels (4)	O	90_93
..	..	..	..	..	3.2.3.1. Services sanitaires et analogues		90
..	..	..	..	..	3.2.3.2. Activités associatives diverses (4)		91
6.8	7.6	8.3	..	..	3.2.3.3. Activités récréatives et culturelles		92
1.3	1.4	1.6	..	..	3.2.3.3.1. Cinéma et audiovisuel (8)		
..	..	..	..	..	3.2.3.3.1.1. Production et distribution (8)		
..	..	..	..	..	3.2.3.3.1.2. Projections de films cinématogra.		
5.5	6.2	6.7	..	..	3.2.3.3.2. Autres services de divertissement et de loisir		
..	..	..	..	..	3.2.3.3.2.1. Loteries et jeux de hasard		
..	..	..	..	..	3.2.3.3.2.2. Autres		
5.8	5.9	6.1	..	..	3.2.3.4. Autres services personnels		93
1.0	1.0	1.0	..	..	3.2.3.4.1. Blanchissage et nettoyage à sec		
4.8	4.9	5.1	..	..	3.2.3.4.2. Autres		
..	..	..	..	..	3.2.4. Ménages privés employant du personnel domestique	P	95
..	..	..	..	..	3.2.5. Organisations extraterritoriales	Q	99
- 12.1	- 12.8	- 13.7	..	..	SIFIM (Services d'intermédiation financière indirectement mesurés)		
444.7	**456.5**	**483.9**	**..**	**..**	**TOTAL, SERVICES**	**G_Q**	**50_99**
687.6	**710.0**	**748.1**	**..**	**..**	**VALEUR AJOUTÉE BRUTE, Toutes activités, au coût des facteurs**		
64.67	64.30	64.68	..	..	% des services dans la valeur ajoutée brute, toutes activités		
					Pour mémoire :		
795.0	820.2	864.2	..	..	1. Produit intérieur brut aux prix du marché		
15.6	16.2	18.6	..	..	2. Services professionnels aux entreprises (7)		
16.9	18.9	20.9	..	..	3. Autres services aux entreprises (6)		
15.7	16.0	16.9	..	..	4. Associations et autres services (4)		

CANADA

I. GROSS VALUE ADDED at factor cost *(cont.)*

B. Constant 1992 prices *

Billions of Canadian dollars

ISIC Rev. 3			1989	1990	1991	1992	1993	1994
G_I	50_64	1. Motor, wholesale and retail trade; restaurants and hotels; transport and communication	131.2	130.1	124.0	127.7	130.5	139.3
G_H	50_55	1.1. Motor, wholesale and retail trade; restaurants and hotels	87.4	85.4	80.3	82.1	84.3	90.1
G	50_52	1.1.1. Motor, wholesale and retail trade	69.2	67.0	64.4	66.2	68.0	73.0
		1.1.1.1. Motor trade and repairs (1)	..	..	..	..	..	..
		1.1.1.2. Wholesale and commission trade (1)	30.1	29.8	29.4	30.9	31.4	34.2
		1.1.1.3. Retail trade and repairs (1)	39.1	37.1	34.9	35.3	36.5	38.8
H	55	1.1.2. Restaurants and hotels	18.2	18.4	15.9	16.0	16.4	17.1
		1.1.2.1. Food and beverage services	12.7	12.8	10.6	10.6	10.9	11.3
		1.1.2.2. Accommodation services	5.6	5.7	5.3	5.4	5.5	5.8
I	60_64	1.2. Transport, storage and communication	43.8	44.7	43.8	45.6	46.2	49.3
	60_63	1.2.1. Transport and storage	26.5	26.4	24.8	26.1	27.1	29.4
	60	1.2.1.1. Land transport, transport via pipelines	20.2	20.1	19.3	20.2	21.3	23.2
		1.2.1.1.1. Railway transport and related services	3.7	3.5	3.7	3.8	3.8	4.3
		1.2.1.1.2. Truck transport	6.9	7.1	6.6	6.8	7.6	8.6
		1.2.1.1.3. Urban transit systems	2.6	2.5	2.3	2.1	2.0	2.1
		1.2.1.1.4. Interurban and rural transit systems	0.4	0.3	0.3	0.2	0.2	0.2
		1.2.1.1.5. Miscellaneous transport services	4.4	4.6	4.2	4.5	4.6	4.7
		1.2.1.1.5.1. School and other bus operations	..	..	..	0.9	0.9	1.0
		1.2.1.1.5.2. Other transp., serv. incidental	..	..	..	3.6	3.7	3.7
		1.2.1.1.6. Transport via pipelines	2.1	2.0	2.3	2.8	3.0	3.3
		1.2.1.1.6.1. Natural gas pipeline transp.	1.6	1.5	1.8	2.2	2.4	2.7
		1.2.1.1.6.2. Crude oil, other pipeline transp.	0.6	0.6	0.5	0.6	0.6	0.6
	61	1.2.1.2. Water transport (2)	2.2	2.2	2.1	1.9	2.0	2.1
	62	1.2.1.3. Air transport (3)	4.2	4.2	2.9	3.2	3.1	3.3
	63	1.2.1.4. Auxiliary transport services, travel agencies (4)	0.7	0.7	0.7	0.8	0.7	0.8
		1.2.1.4.1. Grain elevator industries	..	..	..	0.4	0.4	0.4
		1.2.1.4.2. Other storage and warehousing	..	..	..	0.4	0.4	0.4
	64	1.2.2. Communication	17.3	18.3	19.0	19.5	19.1	19.9
	641	1.2.2.1. Postal and courier services	3.5	3.6	3.5	3.6	3.3	3.5
	642	1.2.2.2. Telecommunications	14.0	14.8	15.5	15.9	15.8	16.4
		1.2.2.2.1. Telecommunication broadcasting	3.2	3.2	3.3	3.3	3.4	3.5
		1.2.2.2.1.1. Cable television	1.1	1.0	1.1	1.1	1.1	1.1
		1.2.2.2.1.2. Radio, television broadcast.	2.2	2.1	2.2	2.2	2.3	2.4
		1.2.2.2.2. Telecommunication carriers	10.8	11.6	12.2	12.6	12.5	12.9
J_K	65_74	2. Finance, insurance, real estate and business services	117.6	120.9	124.7	125.4	129.8	136.1
J	65_67	2.1. Financial and insurance services	50.4	51.2	53.0	53.8	55.3	58.5
	65	2.1.1. Financial intermediation (5)	43.7	44.2	45.7	46.1	47.3	50.4
		2.1.1.1. Deposit accepting intermediary	16.2	17.1	17.0	17.2	17.7	19.6
		2.1.1.1.1. Central bank,banks,other deposit instit.	14.9	15.7	15.6	15.7	16.1	17.9
		2.1.1.1.2. Credit unions	1.4	1.4	1.5	1.6	1.6	1.6
		2.1.1.2. Other financial intermediary	5.3	4.1	4.6	5.0	5.5	5.8
		2.1.1.3. Real estate operator	17.2	17.5	18.8	19.2	19.4	20.4
		2.1.1.4. Insurance and real estate agents	5.4	5.1	5.1	4.7	4.7	4.7
	66	2.1.2. Insurance and pension funding	6.7	7.1	7.4	7.7	7.9	8.0
	67	2.1.3. Auxiliary financial services	..	..	..	..	..	..
K	70_74	2.2. Real estate and business services	67.3	69.7	71.7	71.6	74.5	77.6
	70	2.2.1. Real estate services (5)	38.6	40.4	42.5	43.8	45.3	46.7
	71_74	2.2.2. Business services (6) (7)	28.7	29.3	29.1	27.8	29.2	30.9
	71	2.2.2.1. Renting, etc. (4)	..	..	..	..	..	..
	72	2.2.2.2. Computer and related activities (6)	2.9	3.2	3.4	3.4	4.7	5.6
	73	2.2.2.3. Research and development	..	..	..	..	..	..
	74	2.2.2.4. Other business activities (7)	17.0	16.7	16.5	15.6	15.5	15.8
	741	2.2.2.4.1. Legal , accounting services, etc. (7)	..	..	..	7.4	7.2	7.2
	742	2.2.2.4.2. Architect., engineering, other tech. serv. (7)	..	..	..	6.6	6.7	7.0
	743	2.2.2.4.3. Advertising services	2.0	1.8	1.7	1.6	1.5	1.6
	749	2.2.2.4.4. Other business activities n.e.c. (6)	..	..	..	..	..	..
L_Q	75_99	3. Other services	149.6	152.2	155.0	157.1	157.9	159.4
L	75	3.1. Public administration and defence	42.5	43.4	44.9	45.4	45.4	45.7
		3.1.1. Federal government services	18.6	19.3	20.1	20.3	20.2	20.3
		3.1.1.1. Defence	6.2	6.3	6.3	6.3	6.2	6.1
		3.1.1.2. Other federal government services	12.5	13.0	13.8	14.1	14.0	14.3
		3.1.2. Provincial and territorial government services	13.2	13.2	13.4	13.5	13.3	13.2
		3.1.3. Local government services	10.7	10.9	11.5	11.6	11.9	12.1
M_Q	80_99	3.2. Education, health, social work related, other community, social and personal services	107.1	108.7	110.1	111.7	112.5	113.7
M	80	3.2.1. Education	38.0	38.2	39.0	39.6	40.0	40.1
		3.2.1.1. University education	..	..	..	7.5	7.8	8.0
		3.2.1.2. Other educational services	..	..	..	32.0	32.2	32.2

I. VALEUR AJOUTÉE BRUTE au coût des facteurs *(suite)*

B. Prix constants de 1992 *

Milliards de dollars canadiens

1995	1996	1997	1998	1999		CITI Rév. 3	
143.6	147.2	156.6	165.7	178.2	1. Commerce d'automobiles, de gros et de détail ; restaurants et hôtels ; transports et communication	**G_I**	**50_64**
92.6	94.9	101.9	108.4	116.2	1.1. Commerce d'automobiles, de gros et de détail ; restaurants et hôtels	G_H	50_55
75.0	77.2	83.4	88.5	95.9	1.1.1. Commerce d'automobiles, de gros et de détail	G	50_52
..	..	..	..	..	1.1.1.1. Commerce et réparations automobiles (1)		50
34.7	36.1	39.7	42.8	47.9	1.1.1.2. Commerce de gros et intermédiaires (1)		51
40.3	41.0	43.7	45.7	48.0	1.1.1.3. Commerce de détail et réparations (1)		52
17.7	17.7	18.5	19.9	20.3	1.1.2. Restaurants et hôtels	H	55
11.8	11.9	12.6	13.7	14.1	1.1.2.1. Restauration		
5.8	5.8	6.0	6.2	6.2	1.1.2.2. Hébergement		
51.0	52.3	54.7	57.4	62.0	1.2. Transports, entreposage et communications	I	60_64
30.4	31.2	32.6	33.5	34.9	1.2.1. Transports et entreposage		60_63
23.9	24.4	25.6	26.3	27.7	1.2.1.1. Transports terrestres, transports par conduites		60
3.9	4.1	4.6	4.5	4.7	1.2.1.1.1. Transports par chemin de fer et services relatifs		
9.5	10.1	10.6	11.4	12.5	1.2.1.1.2. Transports par camions		
2.1	2.0	2.2	2.2	2.3	1.2.1.1.3. Transports en commun urbains		
0.2	0.2	0.1	0.1	0.1	1.2.1.1.4. Transports en commun interurbains et ruraux		
4.8	4.7	4.6	4.5	4.6	1.2.1.1.5. Services de transport divers		
1.0	0.9	0.9	0.9	0.9	1.2.1.1.5.1. Transports scolaires, autres serv. d'autobus		
3.8	3.8	3.7	3.6	3.7	1.2.1.1.5.2. Autres serv. de transp., serv. relatifs		
3.4	3.4	3.5	3.6	3.5	1.2.1.1.6. Transport par conduites		
2.7	2.7	2.8	2.9	2.9	1.2.1.1.6.1. Gaz naturel par gazoducs		
0.7	0.7	0.7	0.7	0.6	1.2.1.1.6.2. Pétrole brut et autres produits		
2.1	2.2	2.3	2.3	2.4	1.2.1.2. Transports par eau (2)		61
3.6	3.7	3.8	3.9	3.8	1.2.1.3. Transports aériens (3)		62
0.8	0.9	0.9	1.0	1.0	1.2.1.4. Services auxiliaires des transports, agences de voyage (4)		63
0.4	0.3	0.4	0.3	0.3	1.2.1.4.1. Silos à grain		
0.5	0.5	0.6	0.7	0.7	1.2.1.4.2. Autre entreposage et emmagasinage		
20.6	21.1	22.0	23.9	27.1	1.2.2. Communications		64
3.8	4.0	4.1	4.4	4.5	1.2.2.1. Poste et courrier		641
16.8	17.1	17.9	19.5	22.6	1.2.2.2. Télécommunications		642
3.5	3.3	3.3	3.5	3.7	1.2.2.2.1. Diffusion des télécommunications		
1.0	1.0	1.0	1.0	1.1	1.2.2.2.1.1. Télédistribution		
2.4	2.3	2.3	2.5	2.6	1.2.2.2.1.2. Radio et télédiffusion		
13.4	13.8	14.6	16.0	19.0	1.2.2.2.2. Transmission des télécommunications		
141.6	145.3	153.7	160.1	166.5	2. Banques, assurances, affaires immobilières et services aux entreprises	J_K	65_74
60.2	61.6	65.3	67.1	68.5	2.1. Établissements financiers	J	65_67
51.6	53.4	57.3	59.2	60.7	2.1.1. Intermédiation financière (5)		65
20.4	22.0	24.9	26.2	26.4	2.1.1.1. Intermédiaires financiers de dépôts		
18.8	20.4	23.3	24.5	24.7	2.1.1.1.1. Banque centrale, banques, autres inter. fin. de dépôts		
1.5	1.6	1.6	1.7	1.7	2.1.1.1.2. Caisses d'épargne et de crédits		
5.8	5.7	5.8	6.2	6.6	2.1.1.2. Autres intermédiaires financiers		
20.6	20.4	21.1	21.6	22.2	2.1.1.3. Services immobiliers		
4.9	5.3	5.5	5.2	5.5	2.1.1.4. Services immobiliers et agents d'assurances		
8.5	8.2	8.0	7.9	7.9	2.1.2. Assurances et caisses de retraite		66
..	..	..	..	..	2.1.3. Activités financières auxiliaires		67
81.4	83.7	88.4	93.0	98.0	2.2. Affaires immobilières et services fournis aux entreprises	K	70_74
48.0	49.1	50.2	51.5	52.9	2.2.1. Affaires immobilières (5)		70
33.4	34.6	38.3	41.5	45.1	2.2.2. Services fournis aux entreprises (6) (7)		71_74
..	..	..	..	..	2.2.2.1. Location, etc. (4)		71
6.5	7.0	8.0	9.4	11.6	2.2.2.2. Activités informatiques et activités connexes (6)		72
..	..	..	..	..	2.2.2.3. Recherche et développement		73
16.3	16.4	18.1	19.0	18.9	2.2.2.4. Autres services fournis aux entreprises (7)		74
7.1	7.0	7.4	7.3	7.3	2.2.2.4.1. Activités juridiques, comptables, etc. (7)		741
7.5	7.6	8.9	9.6	9.6	2.2.2.4.2. Activ. d'architect., d'ingénierie, aut. serv. tech. (7)		742
1.7	1.7	1.9	2.0	2.0	2.2.2.4.3. Publicité		743
..	..	..	..	..	2.2.2.4.4. Autres serv. fournis aux entreprises n.c.a. (6)		749
160.5	159.0	159.3	160.9	162.3	3. Autres services	L_Q	75_99
45.6	44.7	44.4	45.0	46.0	3.1. Administration publique et défense	L	75
20.0	19.5	18.9	19.0	19.5	3.1.1. Administration fédérale		
5.8	5.5	5.0	5.0	5.0	3.1.1.1. Défense		
14.2	14.0	13.9	14.0	14.4	3.1.1.2. Autres services de l'administration fédérale		
13.3	12.8	12.6	12.7	13.0	3.1.2. Administrations provinciales et territoriales		
12.3	12.5	13.0	13.2	13.6	3.1.3. Administrations locales		
114.8	114.3	114.9	115.9	116.3	3.2. Enseignement, santé, action sociale, autres activités de services collectifs, sociaux et personnels	M_Q	80_99
40.5	40.6	40.6	40.7	40.7	3.2.1. Enseignement	M	80
8.0	7.9	7.9	8.0	7.9	3.2.1.1. Enseignement universitaire		
32.5	32.7	32.7	32.8	32.8	3.2.1.2. Autres services d'enseignement		

CANADA

I. GROSS VALUE ADDED at factor cost *(cont.)*

B. Constant 1992 prices *

Billions of Canadian dollars

ISIC Rev. 3			1989	1990	1991	1992	1993	1994
N	85	3.2.2. Health and social work	43.8	45.2	46.4	47.1	47.1	47.3
		3.2.2.1. Hospitals	18.8	19.2	19.8	20.0	20.0	19.5
		3.2.2.2. Other health and social services	25.0	26.0	26.6	27.1	27.2	27.9
O	90_93	3.2.3. Other community, social and personal services (4)	25.2	25.4	24.7	25.0	25.4	26.2
	90	3.2.3.1. Sanitary and similar services	..	..	..	..	..	..
	91	3.2.3.2. Membership organisations n.e.c. (4)	..	..	..	4.9	5.0	5.1
	92	3.2.3.3. Recreational and cultural services	6.1	6.1	5.9	6.0	6.0	6.5
		3.2.3.3.1. Motion picture and video (8)	0.9	1.0	1.0	1.0	1.2	1.2
		3.2.3.3.1.1. Prod. and distribution (8)	0.7	0.8	0.8	0.8	1.0	1.0
		3.2.3.3.1.2. Motion picture exhibition	0.2	0.2	0.2	0.2	0.2	0.2
		3.2.3.3.2. Other amusement, recreational serv.	5.1	5.1	4.9	5.0	4.9	5.3
		3.2.3.3.2.1. Gambling operations	..	..	..	0.4	0.5	0.8
		3.2.3.3.2.2. Other	..	..	..	4.6	4.4	4.5
	93	3.2.3.4. Other personal services	5.9	5.8	5.5	5.3	5.3	5.4
		3.2.3.4.1. Laundries and cleaners	1.1	1.1	1.0	0.9	0.9	0.9
		3.2.3.4.2. Other	4.8	4.8	4.5	4.4	4.4	4.4
P	95	3.2.4. Private households with employed persons	..	..	..	..	..	..
Q	99	3.2.5. Extra-territorial organisations	..	..	..	..	..	..
		FISIM (Financial Intermediation Services Indirectly Measured)	- 10.9	- 11.0	- 11.1	- 11.2	- 11.4	- 11.9
G_Q	50_99	**TOTAL, SERVICES**	**387.6**	**392.1**	**392.6**	**399.1**	**406.8**	**422.9**
		GROSS VALUE ADDED, All activities, at factor cost	**596.7**	**598.2**	**588.9**	**593.1**	**607.0**	**634.1**
		% of services in gross value added, all activities	64.96	65.55	66.67	67.29	67.02	66.70
		Memorandum items:						
		1. Gross domestic product at market prices	692.7	694.4	681.2	687.4	703.2	736.4
		2. Professional business services (7)	15.0	15.0	14.8	14.0	13.9	14.2
		3. Other business services (6)	11.9	12.6	12.6	12.2	13.8	15.0
		4. Membership organisations and other services n.e.c. (4)	13.3	13.5	13.3	13.8	14.1	14.4

I. VALEUR AJOUTÉE BRUTE au coût des facteurs *(suite)*

B. Prix constants de 1992 *

Milliards de dollars canadiens

1995	1996	1997	1998	1999		CITI Rév. 3	
47.4	46.5	46.0	46.4	46.2	3.2.2. Santé et action sociale	N	85
19.0	18.7	17.8	17.7	17.5	3.2.2.1. Hôpitaux		
28.4	27.8	28.2	28.7	28.7	3.2.2.2. Autres services de santé et sociaux		
26.9	27.2	28.2	28.9	29.4	3.2.3. Autres activités de services collectifs, sociaux et personnels (4)	O	90_93
..	..	..	..	..	3.2.3.1. Services sanitaires et analogues		90
5.2	5.4	5.4	5.5	5.5	3.2.3.2. Activités associatives diverses (4)		91
6.7	6.9	7.2	7.5	7.7	3.2.3.3. Activités récréatives et culturelles		92
1.3	1.4	1.5	1.7	1.8	3.2.3.3.1. Cinéma et audiovisuel (8)		
1.2	1.2	1.4	1.5	1.6	3.2.3.3.1.1. Production et distribution (8)		
0.2	0.1	0.2	0.2	0.2	3.2.3.3.1.2. Projections de films cinématogra.		
5.4	5.5	5.7	5.8	5.9	3.2.3.3.2. Autres services de divertissement et de loisir		
0.9	1.0	1.2	1.3	1.3	3.2.3.3.2.1. Loteries et jeux de hasard		
4.5	4.5	4.5	4.5	4.6	3.2.3.3.2.2. Autres		
5.5	5.5	5.6	5.7	5.8	3.2.3.4. Autres services personnels		93
0.9	0.9	0.9	1.0	1.0	3.2.3.4.1. Blanchissage et nettoyage à sec		
4.5	4.6	4.7	4.7	4.8	3.2.3.4.2. Autres		
..	..	..	..	..	3.2.4. Ménages privés employant du personnel domestique	P	95
..	..	..	..	..	3.2.5. Organisations extraterritoriales	Q	99
- 12.5	- 12.7	- 13.1	- 13.6	- 13.8	SIFIM (Services d'intermédiation financière indirectement mesurés)		
433.2	**438.8**	**456.5**	**473.2**	**493.2**	**TOTAL, SERVICES**	**G_Q**	**50_99**
650.6	**660.1**	**686.9**	**708.3**	**739.2**	**VALEUR AJOUTÉE BRUTE, Toutes activités, au coût des facteurs**		
66.59	66.48	66.45	66.81	66.71	% des services dans la valeur ajoutée brute, toutes activités		
					Pour mémoire :		
756.6	768.2	801.9	828.4	866.4	1. Produit intérieur brut aux prix du marché		
14.6	14.7	16.3	16.9	16.9	2. Services professionnels aux entreprises (7)		
17.1	18.2	20.2	22.6	26.2	3. Autres services aux entreprises (6)		
14.7	14.8	15.4	15.6	15.8	4. Associations et autres services (4)		

CANADA

II. EMPLOYMENT

A. Total employment *

Thousand jobs

ISIC Rev. 3			1989	1990	1991	1992	1993	1994
G_I	50_64	1. Motor, wholesale and retail trade; restaurants and hotels; transport and communication	4 048.8	4 116.9	4 005.7	3 992.8	4 016.9	4 116.7
G_H	50_55	1.1. Motor, wholesale and retail trade; restaurants and hotels	3 149.7	3 212.2	3 125.7	3 120.3	3 131.3	3 202.0
G	50_52	1.1.1. Motor, wholesale and retail trade	2 315.4	2 366.9	2 310.7	2 302.3	2 294.5	2 358.7
		1.1.1.1. Motor trade and repairs (1)	..	..	..	..	..	..
		1.1.1.2. Wholesale and commission trade (1)	651.6	668.9	650.1	640.2	635.8	648.9
		1.1.1.3. Retail trade and repairs (1)	1 663.9	1 698.0	1 660.6	1 662.1	1 658.7	1 709.8
H	55	1.1.2. Restaurants and hotels	834.3	845.4	815.0	818.0	836.8	843.3
		1.1.2.1. Food and beverage services	..	..	..	..	..	..
		1.1.2.2. Accommodation services	..	..	..	..	..	..
I	60_64	1.2. Transport, storage and communication	899.1	904.6	880.0	872.5	885.6	914.7
	60_63	1.2.1. Transport and storage	618.7	619.0	591.6	592.6	608.5	627.7
	60	1.2.1.1. Land transport, transport via pipelines	490.7	491.7	470.7	479.7	493.2	510.3
		1.2.1.1.1. Railway transport and related services	64.1	58.1	54.9	54.5	52.4	56.5
		1.2.1.1.2. Truck transport	201.3	192.9	186.1	183.5	198.2	210.8
		1.2.1.1.3. Urban transit systems	32.4	33.9	33.5	33.0	32.0	33.0
		1.2.1.1.4. Interurban and rural transit systems	4.4	4.7	4.8	4.5	4.0	4.2
		1.2.1.1.5. Miscellaneous transport services	181.1	194.4	184.2	196.2	199.0	196.7
		1.2.1.1.5.1. School and other bus operations	..	..	..	..	..	..
		1.2.1.1.5.2. Other transp., serv. incidental	..	..	..	..	..	..
		1.2.1.1.6. Transport via pipelines	7.4	7.6	7.2	7.9	7.6	9.2
		1.2.1.1.6.1. Natural gas pipeline transp.	..	..	..	..	..	..
		1.2.1.1.6.2. Crude oil, other pipeline transp.	..	..	..	..	..	..
	61	1.2.1.2. Water transport (2)	35.4	34.8	33.3	32.2	32.5	30.3
	62	1.2.1.3. Air transport (3)	72.8	74.0	70.2	64.8	66.1	69.4
	63	1.2.1.4. Auxiliary transport services, travel agencies (4)	19.9	18.5	17.3	16.0	16.7	17.7
		1.2.1.4.1. Grain elevator industries	..	..	..	..	..	..
		1.2.1.4.2. Other storage and warehousing	..	..	..	..	..	..
	64	1.2.2. Communication	280.4	285.6	288.4	279.9	277.1	287.0
	641	1.2.2.1. Postal and courier services	113.2	118.3	122.8	117.9	118.0	126.9
	642	1.2.2.2. Telecommunications	167.2	167.4	165.6	162.0	159.1	160.1
		1.2.2.2.1. Telecommunication broadcasting	55.0	54.0	52.7	51.4	52.1	53.4
		1.2.2.2.1.1. Cable television	..	..	..	..	..	..
		1.2.2.2.1.2. Radio, television broadcast.	..	..	..	..	..	..
		1.2.2.2.2. Telecommunication carriers	112.2	113.4	112.8	110.6	107.0	106.6
J_K	65_74	2. Finance, insurance, real estate and business services	1 510.0	1 536.0	1 574.8	1 545.9	1 595.7	1 616.0
J	65_67	2.1. Financial and insurance services	754.9	776.8	790.9	784.6	796.7	790.5
	65	2.1.1. Financial intermediation (5)	661.2	677.3	683.8	675.3	679.8	678.9
		2.1.1.1. Deposit accepting intermediary	..	..	..	..	..	..
		2.1.1.1.1. Central bank,banks,other deposit instit.	..	..	..	..	..	..
		2.1.1.1.2. Credit unions	..	..	..	..	..	..
		2.1.1.2. Other financial intermediary	..	..	..	..	..	..
		2.1.1.3. Real estate operator	..	..	..	..	..	..
		2.1.1.4. Insurance and real estate agents	..	..	..	..	..	..
	66	2.1.2. Insurance and pension funding	93.7	99.5	107.2	109.3	116.9	111.6
	67	2.1.3. Auxiliary financial services	..	..	..	..	..	..
K	70_74	2.2. Real estate and business services	755.2	759.2	783.9	761.3	799.0	825.5
	70	2.2.1. Real estate services (5)	0.0	0.0	0.0	0.0	0.0	0.0
	71_74	2.2.2. Business services (6) (7)	755.2	759.2	783.9	761.3	799.0	825.5
	71	2.2.2.1. Renting, etc. (4)	..	..	..	..	..	..
	72	2.2.2.2. Computer and related activities (6)	..	..	..	..	..	..
	73	2.2.2.3. Research and development	..	..	..	..	..	..
	74	2.2.2.4. Other business activities (7)	377.6	382.3	398.4	383.8	379.3	391.7
	741	2.2.2.4.1. Legal , accounting services, etc. (7)	..	..	..	..	..	..
	742	2.2.2.4.2. Architect., engineering, other tech. serv. (7)	..	..	..	..	..	..
	743	2.2.2.4.3. Advertising services	45.6	48.1	49.2	48.0	48.5	48.9
	749	2.2.2.4.4. Other business activities n.e.c. (6)	..	..	..	..	..	..
L_Q	75_99	3. Other services	3 852.6	3 949.4	4 045.5	4 091.0	4 194.6	4 240.2
L	75	3.1. Public administration and defence	741.6	749.6	765.7	772.9	768.3	760.0
		3.1.1. Federal government services	322.1	326.8	329.9	331.7	333.8	330.2
		3.1.1.1. Defence	124.6	124.2	122.7	117.6	112.9	108.4
		3.1.1.2. Other federal government services	197.5	202.6	207.2	214.1	220.8	221.7
		3.1.2. Provincial and territorial government services	202.1	204.6	213.9	214.9	212.7	208.1
		3.1.3. Local government services	217.4	218.2	221.9	226.3	221.8	221.7
M_Q	80_99	3.2. Education, health, social work related, other community, social and personal services	3 111.0	3 199.8	3 279.7	3 318.1	3 426.3	3 480.2
M	80	3.2.1. Education	887.3	914.1	943.3	951.2	976.6	989.6
		3.2.1.1. University education	180.0	183.9	188.5	191.3	191.2	192.7
		3.2.1.2. Other educational services	707.3	730.2	754.8	759.9	785.3	796.9

SERVICES: Statistics on Value Added and Employment
© OECD 2001

68

For notes see end of country

II. EMPLOI

A. Emploi total *

Milliers d'emplois

1995	1996	1997	1998	1999		CITI Rév. 3
4 194.7	4 258.6	..	..	..	1. Commerce d'automobiles, de gros et de détail ; restaurants et hôtels ; transports et communication	**G_I** **50_64**
3 269.2	3 339.3	..	..	..	1.1. Commerce d'automobiles, de gros et de détail ; restaurants et hôtels	G_H 50_55
2 411.6	2 460.6	..	..	..	1.1.1. Commerce d'automobiles, de gros et de détail	G 50_52
..	..	..	..	..	1.1.1.1. Commerce et réparations automobiles (1)	50
687.5	715.6	..	..	..	1.1.1.2. Commerce de gros et intermédiaires (1)	51
1 724.1	1 745.0	..	..	..	1.1.1.3. Commerce de détail et réparations (1)	52
857.6	878.7	..	..	..	1.1.2. Restaurants et hôtels	H 55
..	..	..	..	..	1.1.2.1. Restauration	
..	..	..	..	..	1.1.2.2. Hébergement	
925.5	919.3	..	..	..	1.2. Transports, entreposage et communications	I 60_64
633.7	630.5	..	..	..	1.2.1. Transports et entreposage	60_63
507.7	506.4	..	..	..	1.2.1.1. Transports terrestres, transports par conduites	60
52.1	44.3	..	..	..	1.2.1.1.1. Transports par chemin de fer et services relatifs	
215.0	227.3	..	..	..	1.2.1.1.2. Transports par camions	
32.5	31.8	..	..	..	1.2.1.1.3. Transports en commun urbains	
3.5	3.8	..	..	..	1.2.1.1.4. Transports en commun interurbains et ruraux	
194.8	190.9	..	..	..	1.2.1.1.5. Services de transport divers	
..	..	..	..	..	1.2.1.1.5.1. Transports scolaires, autres serv. d'autobus	
..	..	..	..	..	1.2.1.1.5.2. Autres serv. de transp., serv. relatifs	
9.8	8.4	..	..	..	1.2.1.1.6. Transport par conduites	
..	..	..	..	..	1.2.1.1.6.1. Gaz naturel par gazoducs	
..	..	..	..	..	1.2.1.1.6.2. Pétrole brut et autres produits	
31.5	28.0	..	..	..	1.2.1.2. Transports par eau (2)	61
75.0	78.1	..	..	..	1.2.1.3. Transports aériens (3)	62
19.5	18.0	..	..	..	1.2.1.4. Services auxiliaires des transports, agences de voyage (4)	63
..	..	..	..	..	1.2.1.4.1. Silos à grain	
..	..	..	..	..	1.2.1.4.2. Autre entreposage et emmagasinage	
291.8	288.9	..	..	..	1.2.2. Communications	64
131.2	133.3	..	..	..	1.2.2.1. Poste et courrier	641
160.6	155.5	..	..	..	1.2.2.2. Télécommunications	642
49.9	47.4	..	..	..	1.2.2.2.1. Diffusion des télécommunications	
..	..	..	..	..	1.2.2.2.1.1. Télédistribution	
..	..	..	..	..	1.2.2.2.1.2. Radio et télédiffusion	
110.7	108.2	..	..	..	1.2.2.2.2. Transmission des télécommunications	
1 689.1	1 750.4	..	..	..	2. Banques, assurances, affaires immobilières et services aux entreprises	J_K 65_74
802.5	796.7	..	..	..	2.1. Établissements financiers	J 65_67
691.8	688.4	..	..	..	2.1.1. Intermédiation financière (5)	65
..	..	..	..	..	2.1.1.1. Intermédiaires financiers de dépôts	
..	..	..	..	..	2.1.1.1.1. Banque centrale, banques, autres inter. fin. de dépôts	
..	..	..	..	..	2.1.1.1.2. Caisses d'épargne et de crédits	
..	..	..	..	..	2.1.1.2. Autres intermédiaires financiers	
..	..	..	..	..	2.1.1.3. Services immobiliers	
..	..	..	..	..	2.1.1.4. Services immobiliers et agents d'assurances	
110.8	108.3	..	..	..	2.1.2. Assurances et caisses de retraite	66
..	..	..	..	..	2.1.3. Activités financières auxiliaires	67
886.5	953.7	..	..	..	2.2. Affaires immobilières et services fournis aux entreprises	K 70_74
0.0	0.0	..	..	..	2.2.1. Affaires immobilières (5)	70
886.5	953.7	..	..	..	2.2.2. Services fournis aux entreprises (6) (7)	71_74
..	..	..	..	..	2.2.2.1. Location, etc. (4)	71
..	..	..	..	..	2.2.2.2. Activités informatiques et activités connexes (6)	72
..	..	..	..	..	2.2.2.3. Recherche et développement	73
406.5	431.9	..	..	..	2.2.2.4. Autres services fournis aux entreprises (7)	74
..	..	..	..	..	2.2.2.4.1. Activités juridiques, comptables, etc. (7)	741
..	..	..	..	..	2.2.2.4.2. Activ. d'architect., d'ingénierie, aut. serv. tech. (7)	742
50.5	56.9	..	..	..	2.2.2.4.3. Publicité	743
..	..	..	..	..	2.2.2.4.4. Autres serv. fournis aux entreprises n.c.a. (6)	749
4 261.0	4 225.9	..	..	..	3. Autres services	L_Q 75_99
746.6	718.6	..	..	..	3.1. Administration publique et défense	L 75
324.1	319.7	..	..	..	3.1.1. Administration fédérale	
100.0	91.8	..	..	..	3.1.1.1. Défense	
224.1	227.9	..	..	..	3.1.1.2. Autres services de l'administration fédérale	
208.7	194.3	..	..	..	3.1.2. Administrations provinciales et territoriales	
213.7	204.7	..	..	..	3.1.3. Administrations locales	
3 514.5	3 507.2	..	..	..	3.2. Enseignement, santé, action sociale, autres activités de services collectifs, sociaux et personnels	M_Q 80_99
1 001.6	982.1	..	..	..	3.2.1. Enseignement	M 80
193.9	191.9	..	..	..	3.2.1.1. Enseignement universitaire	
807.6	790.1	..	..	..	3.2.1.2. Autres services d'enseignement	

CANADA

Thousand jobs

ISIC Rev. 3			1989	1990	1991	1992	1993	1994
N	85	3.2.2. Health and social work	1 179.6	1 227.3	1 274.3	1 295.1	1 330.8	1 338.8
		3.2.2.1. Hospitals	556.7	570.8	580.9	579.2	580.5	557.7
		3.2.2.2. Other health and social services	622.9	656.6	693.4	716.0	750.3	781.2
O	90_93	3.2.3. Other community, social and personal services (4)	1 044.1	1 058.3	1 062.2	1 071.8	1 118.9	1 151.7
	90	3.2.3.1. Sanitary and similar services	..	..	..	..	..	..
	91	3.2.3.2. Membership organisations n.e.c. (4)	462.9	473.4	471.6	478.0	501.4	525.5
	92	3.2.3.3. Recreational and cultural services	230.4	231.2	236.6	245.4	253.3	258.8
		3.2.3.3.1. Motion picture and video (8)	27.1	27.1	27.7	27.5	30.2	31.9
		3.2.3.3.1.1. Prod. and distribution (8)	..	..	..	..	..	..
		3.2.3.3.1.2. Motion picture exhibition	..	..	..	..	..	..
		3.2.3.3.2. Other amusement, recreational serv.	203.4	204.0	209.0	217.9	223.1	226.8
		3.2.3.3.2.1. Gambling operations	..	..	..	..	..	..
		3.2.3.3.2.2. Other	..	..	..	..	..	..
	93	3.2.3.4. Other personal services	284.4	286.9	287.3	281.6	295.1	297.3
		3.2.3.4.1. Laundries and cleaners	47.5	48.9	46.7	44.1	43.2	44.4
		3.2.3.4.2. Other	236.8	238.0	240.6	237.4	252.0	252.9
P	95	3.2.4. Private households with employed persons	..	..	..	..	..	..
Q	99	3.2.5. Extra-territorial organisations	..	..	..	..	..	..
G_Q	50_99	**TOTAL, SERVICES**	**9 411.5**	**9 602.3**	**9 626.0**	**9 629.6**	**9 807.1**	**9 972.9**
		TOTAL EMPLOYMENT, All activities	**13 333.6**	**13 416.5**	**13 177.4**	**13 084.5**	**13 229.1**	**13 469.9**
		% of services in total employment, all activities	70.58	71.57	73.05	73.60	74.13	74.04
		Memorandum items:						
		1. Professional business services (7)	331.9	334.2	349.2	335.8	330.8	342.7
		2. Other business services (6)	377.6	376.9	385.4	377.5	419.6	433.8
		3. Membership organisations and other services n.e.c. (4)	529.3	540.2	538.2	544.8	570.4	595.7

II. EMPLOI *(suite)*

A. Emploi total *

Milliers d'emplois

1995	1996	1997	1998	1999		CITI Rév. 3	
1 346.9	1 319.5	..	..	..	3.2.2. Santé et action sociale	N	85
542.8	524.4	..	..	..	3.2.2.1. Hôpitaux		
804.0	795.1	..	..	..	3.2.2.2. Autres services de santé et sociaux		
1 166.1	1 205.7	..	..	..	3.2.3. Autres activités de services collectifs, sociaux et personnels (4)	O	90_93
..	..	..	..	..	3.2.3.1. Services sanitaires et analogues		90
530.2	548.4	..	..	..	3.2.3.2. Activités associatives diverses (4)		91
266.0	286.1	..	..	..	3.2.3.3. Activités récréatives et culturelles		92
34.1	38.3	..	..	..	3.2.3.3.1. Cinéma et audiovisuel (8)		
..	..	..	..	..	3.2.3.3.1.1. Production et distribution (8)		
..	..	..	..	..	3.2.3.3.1.2. Projections de films cinématogra.		
231.9	247.8	..	..	..	3.2.3.3.2. Autres services de divertissement et de loisir		
..	..	..	..	..	3.2.3.3.2.1. Loteries et jeux de hasard		
..	..	..	..	..	3.2.3.3.2.2. Autres		
298.4	297.5	..	..	..	3.2.3.4. Autres services personnels		93
46.1	42.3	..	..	..	3.2.3.4.1. Blanchissage et nettoyage à sec		
252.3	255.2	..	..	..	3.2.3.4.2. Autres		
..	..	..	..	..	3.2.4. Ménages privés employant du personnel domestique	P	95
..	..	..	..	..	3.2.5. Organisations extraterritoriales	Q	99
10 144.9	**10 234.9**	**..**	**..**	**..**	**TOTAL, SERVICES**	**G_Q**	**50_99**
13 692.8	**13 816.0**	**14 113.3**	**14 448.2**	**14 856.9**	**EMPLOI TOTAL, Toutes activités**		
74.09	74.08	..	..	..	% des services dans l'emploi total, toutes activités		
					Pour mémoire :		
356.0	375.0	..	..	..	1. Services professionnels aux entreprises (7)		
480.1	521.8	..	..	..	2. Autres services aux entreprises (6)		
601.7	622.1	..	..	..	3. Associations et autres services (4)		

CANADA

B. Employees **

Thousand jobs

ISIC Rev. 3			1989	1990	1991	1992	1993	1994
G_I	**50_64**	1. Motor, wholesale and retail trade; restaurants and hotels; transport and communication	3 734.0	3 796.9	3 681.0	3 666.1	3 671.9	3 747.8
G_H	50_55	1.1. Motor, wholesale and retail trade; restaurants and hotels	2 892.1	2 952.5	2 863.8	2 857.0	2 853.1	2 904.7
G	50_52	1.1.1. Motor, wholesale and retail trade	2 114.7	2 161.4	2 101.6	2 094.2	2 075.4	2 122.5
		1.1.1.1. Motor trade and repairs (1)	..	..	..	..	..	..
		1.1.1.2. Wholesale and commission trade (1)	618.8	636.7	616.6	605.6	598.3	606.7
		1.1.1.3. Retail trade and repairs (1)	1 495.9	1 524.8	1 485.0	1 488.6	1 477.1	1 515.8
H	55	1.1.2. Restaurants and hotels	777.4	791.1	762.2	762.8	777.7	782.1
		1.1.2.1. Food and beverage services	..	..	..	..	..	..
		1.1.2.2. Accommodation services	..	..	..	..	..	..
I	60_64	1.2. Transport, storage and communication	841.9	844.4	817.2	809.1	818.8	843.1
	60_63	1.2.1. Transport and storage	569.9	568.4	539.0	539.6	552.8	568.4
	60	1.2.1.1. Land transport, transport via pipelines	443.6	442.8	419.9	428.4	439.3	453.2
		1.2.1.1.1. Railway transport and related services	64.1	58.1	54.9	54.5	52.4	56.5
		1.2.1.1.2. Truck transport	173.6	163.4	155.0	151.6	164.0	174.6
		1.2.1.1.3. Urban transit systems	31.1	33.1	32.6	32.1	31.0	31.9
		1.2.1.1.4. Interurban and rural transit systems	4.2	4.6	4.7	4.4	3.9	4.1
		1.2.1.1.5. Miscellaneous transport services	163.5	176.3	165.7	178.1	180.6	177.1
		1.2.1.1.5.1. School and other bus operations	..	..	..	..	..	..
		1.2.1.1.5.2. Other transp., serv. incidental	..	..	..	..	..	..
		1.2.1.1.6. Transport via pipelines	7.2	7.4	7.0	7.7	7.5	9.0
		1.2.1.1.6.1. Natural gas pipeline transp.	..	..	..	..	..	..
		1.2.1.1.6.2. Crude oil, other pipeline transp.	..	..	..	..	..	..
	61	1.2.1.2. Water transport (2)	34.4	34.0	32.5	31.5	31.9	29.6
	62	1.2.1.3. Air transport (3)	72.2	73.4	69.5	64.0	65.2	68.3
	63	1.2.1.4. Auxiliary transport services, travel agencies (4)	19.6	18.2	17.1	15.7	16.4	17.3
		1.2.1.4.1. Grain elevator industries	..	..	..	..	..	..
		1.2.1.4.2. Other storage and warehousing	..	..	..	..	..	..
	64	1.2.2. Communication	272.0	276.0	278.1	269.5	266.0	274.7
	641	1.2.2.1. Postal and courier services	106.3	110.9	114.8	109.8	109.3	117.6
	642	1.2.2.2. Telecommunications	165.7	165.1	163.3	159.7	156.7	157.1
		1.2.2.2.1. Telecommunication broadcasting	54.1	52.6	51.4	50.1	50.9	51.9
		1.2.2.2.1.1. Cable television	..	..	..	..	..	..
		1.2.2.2.1.2. Radio, television broadcast.	..	..	..	..	..	..
		1.2.2.2.2. Telecommunication carriers	111.6	112.5	111.9	109.6	105.8	105.2
J_K	**65_74**	2. Finance, insurance, real estate and business services	1 357.6	1 371.6	1 386.1	1 346.3	1 366.2	1 384.9
J	65_67	2.1. Financial and insurance services	729.5	749.6	759.6	748.5	752.8	746.8
	65	2.1.1. Financial intermediation (5)	636.6	650.6	652.4	639.2	635.9	635.2
		2.1.1.1. Deposit accepting intermediary	..	..	..	..	..	..
		2.1.1.1.1. Central bank,banks,other deposit instit.	..	..	..	..	..	..
		2.1.1.1.2. Credit unions	..	..	..	..	..	..
		2.1.1.2. Other financial intermediary	..	..	..	..	..	..
		2.1.1.3. Real estate operator	..	..	..	..	..	..
		2.1.1.4. Insurance and real estate agents	..	..	..	..	..	..
	66	2.1.2. Insurance and pension funding	92.9	99.1	107.2	109.3	116.9	111.6
	67	2.1.3. Auxiliary financial services	..	..	..	..	..	..
K	70_74	2.2. Real estate and business services	628.1	622.0	626.6	597.8	613.4	638.1
	70	2.2.1. Real estate services (5)	0.0	0.0	0.0	0.0	0.0	0.0
	71_74	2.2.2. Business services (6) (7)	628.1	622.0	626.6	597.8	613.4	638.1
	71	2.2.2.1. Renting, etc. (4)	..	..	..	..	..	..
	72	2.2.2.2. Computer and related activities (6)	..	..	..	..	..	..
	73	2.2.2.3. Research and development	..	..	..	..	..	..
	74	2.2.2.4. Other business activities (7)	302.0	299.7	304.7	289.0	274.3	285.4
	741	2.2.2.4.1. Legal , accounting services, etc. (7)	..	..	..	..	..	..
	742	2.2.2.4.2. Architect., engineering, other tech. serv. (7)	..	..	..	..	..	..
	743	2.2.2.4.3. Advertising services	38.3	39.7	40.4	38.0	36.7	35.4
	749	2.2.2.4.4. Other business activities n.e.c. (6)	..	..	..	..	..	..
L_Q	**75_99**	3. Other services	3 532.7	3 622.1	3 709.6	3 737.0	3 790.2	3 832.6
L	75	3.1. Public administration and defence	741.6	749.6	765.7	772.9	768.3	760.0
		3.1.1. Federal government services	322.1	326.8	329.9	331.7	333.8	330.2
		3.1.1.1. Defence	124.6	124.2	122.7	117.6	112.9	108.4
		3.1.1.2. Other federal government services	197.5	202.6	207.2	214.1	220.8	221.7
		3.1.2. Provincial and territorial government services	202.1	204.6	213.9	214.9	212.7	208.1
		3.1.3. Local government services	217.4	218.2	221.9	226.3	221.8	221.7
M_Q	80_99	3.2. Education, health, social work related, other community, social and personal services	2 791.1	2 872.5	2 943.8	2 964.1	3 021.9	3 072.6
M	80	3.2.1. Education	869.2	894.7	923.1	929.7	949.8	964.1
		3.2.1.1. University education	180.0	183.9	188.5	191.3	191.2	192.7
		3.2.1.2. Other educational services	689.2	710.8	734.7	738.4	758.5	771.4

II. EMPLOI *(suite)*

B. Salariés **

Milliers d'emplois

1995	1996	1997	1998	1999		CITI Rév. 3	
3 836.0	3 888.2	..	..	..	1. Commerce d'automobiles, de gros et de détail ; restaurants et hôtels ; transports et communication	**G_I**	**50_64**
2 980.4	3 039.1	..	..	..	1.1. Commerce d'automobiles, de gros et de détail ; restaurants et hôtels	G_H	50_55
2 180.6	2 222.1	..	..	..	1.1.1. Commerce d'automobiles, de gros et de détail	G	50_52
..	..	..	..	..	1.1.1.1. Commerce et réparations automobiles (1)		50
643.7	667.8	..	..	..	1.1.1.2. Commerce de gros et intermédiaires (1)		51
1 536.8	1 554.2	..	..	..	1.1.1.3. Commerce de détail et réparations (1)		52
799.8	817.1	..	..	..	1.1.2. Restaurants et hôtels	H	55
					1.1.2.1. Restauration		
					1.1.2.2. Hébergement		
855.7	849.0	..	..	..	1.2. Transports, entreposage et communications	I	60_64
576.0	572.5	..	..	..	1.2.1. Transports et entreposage		60_63
452.2	451.1	..	..	..	1.2.1.1. Transports terrestres, transports par conduites		60
52.1	44.3	..	..	..	1.2.1.1.1. Transports par chemin de fer et services relatifs		
179.8	192.0	..	..	..	1.2.1.1.2. Transports par camions		
31.5	30.8	..	..	..	1.2.1.1.3. Transports en commun urbains		
3.4	3.6	..	..	..	1.2.1.1.4. Transports en commun interurbains et ruraux		
175.7	172.2	..	..	..	1.2.1.1.5. Services de transport divers		
..	..	..	..	..	1.2.1.1.5.1. Transports scolaires, autres serv. d'autobus		
9.6	8.2	..	..	..	1.2.1.1.5.2. Autres serv. de transp., serv. relatifs		
..	..	..	..	..	1.2.1.1.6. Transport par conduites		
					1.2.1.1.6.1. Gaz naturel par gazoducs		
..	..	..	..	..	1.2.1.1.6.2. Pétrole brut et autres produits		
30.8	27.3	..	..	..	1.2.1.2. Transports par eau (2)		61
73.9	76.5	..	..	..	1.2.1.3. Transports aériens (3)		62
19.1	17.5	..	..	..	1.2.1.4. Services auxiliaires des transports, agences de voyage (4)		63
..	..	..	..	..	1.2.1.4.1. Silos à grain		
279.7	276.5	..	..	..	1.2.1.4.2. Autre entreposage et emmagasinage		64
122.2	124.3	..	..	..	1.2.2. Communications		641
157.6	152.2	..	..	..	1.2.2.1. Poste et courrier		642
48.4	45.7	..	..	..	1.2.2.2. Télécommunications		
..	..	..	..	..	1.2.2.2.1. Diffusion des télécommunications		
109.2	106.5	..	..	..	1.2.2.2.1.1. Télédistribution		
					1.2.2.2.1.2. Radio et télédiffusion		
					1.2.2.2.2. Transmission des télécommunications		
1 438.8	1 465.4	..	..	..	2. Banques, assurances, affaires immobilières et services aux entreprises	J_K	65_74
755.2	742.5	..	..	..	2.1. Établissements financiers	J	65_67
644.5	634.2	..	..	..	2.1.1. Intermédiation financière (5)		65
..	..	..	..	..	2.1.1.1. Intermédiaires financiers de dépôts		
..	..	..	..	..	2.1.1.1.1. Banque centrale, banques, autres inter. fin. de dépôts		
..	..	..	..	..	2.1.1.1.2. Caisses d'épargne et de crédits		
..	..	..	..	..	2.1.1.2. Autres intermédiaires financiers		
..	..	..	..	..	2.1.1.3. Services immobiliers		
..	..	..	..	..	2.1.1.4. Services immobiliers et agents d'assurances		
110.8	108.3	..	..	..	2.1.2. Assurances et caisses de retraite		66
683.5	722.9	..	..	..	2.1.3. Activités financières auxiliaires		67
0.0	0.0	..	..	..	2.2. Affaires immobilières et services fournis aux entreprises	K	70_74
683.5	722.9	..	..	..	2.2.1. Affaires immobilières (5)		70
..	..	..	..	..	2.2.2. Services fournis aux entreprises (6) (7)		71_74
..	..	..	..	..	2.2.2.1. Location, etc. (4)		71
292.9	302.3	..	..	..	2.2.2.2. Activités informatiques et activités connexes (6)		72
..	..	..	..	..	2.2.2.3. Recherche et développement		73
34.6	36.4	..	..	..	2.2.2.4. Autres services fournis aux entreprises (7)		74
					2.2.2.4.1. Activités juridiques, comptables, etc. (7)		741
					2.2.2.4.2. Activ. d'architect., d'ingénierie, aut. serv. tech. (7)		742
					2.2.2.4.3. Publicité		743
					2.2.2.4.4. Autres serv. fournis aux entreprises n.c.a. (6)		749
3 855.8	3 792.4	..	..	..	3. Autres services	L_Q	75_99
746.6	718.6	..	..	..	3.1. Administration publique et défense	L	75
324.1	319.7	..	..	..	3.1.1. Administration fédérale		
100.0	91.8	..	..	..	3.1.1.1. Défense		
224.1	227.9	..	..	..	3.1.1.2. Autres services de l'administration fédérale		
208.7	194.3	..	..	..	3.1.2. Administrations provinciales et territoriales		
213.7	204.7	..	..	..	3.1.3. Administrations locales		
3 109.2	3 073.7	..	..	..	3.2. Enseignement, santé, action sociale, autres activités de services collectifs, sociaux et personnels	M_Q	80_99
974.1	954.1	..	..	..	3.2.1. Enseignement	M	80
193.9	191.9	..	..	..	3.2.1.1. Enseignement universitaire		
780.2	762.2	..	..	..	3.2.1.2. Autres services d'enseignement		

SERVICES : Statistiques sur la valeur ajoutée et l'emploi
© OCDE 2001

II. EMPLOYMENT *(cont.)*

B. Employees **

Thousand jobs

ISIC Rev. 3			1989	1990	1991	1992	1993	1994
N	85	3.2.2. Health and social work	1 120.4	1 158.2	1 201.4	1 218.0	1 239.6	1 245.2
		3.2.2.1. Hospitals	556.7	570.8	580.9	579.2	580.5	557.7
		3.2.2.2. Other health and social services	563.7	587.5	620.5	638.9	659.1	687.5
O	90_93	3.2.3. Other community, social and personal services (4)	801.5	819.5	819.3	816.3	832.5	863.3
	90	3.2.3.1. Sanitary and similar services	..	..	..	..	..	..
	91	3.2.3.2. Membership organisations n.e.c. (4)	373.1	383.2	381.9	379.3	386.7	404.5
	92	3.2.3.3. Recreational and cultural services	191.2	194.4	197.8	202.6	203.0	209.1
		3.2.3.3.1. Motion picture and video (8)	23.0	22.9	23.3	22.0	23.2	24.1
		3.2.3.3.1.1. Prod. and distribution (8)	..	..	..	..	..	..
		3.2.3.3.1.2. Motion picture exhibition	..	..	..	..	..	..
		3.2.3.3.2. Other amusement, recreational serv.	168.2	171.6	174.5	180.6	179.8	185.0
		3.2.3.3.2.1. Gambling operations	..	..	..	..	..	..
		3.2.3.3.2.2. Other	..	..	..	..	..	..
	93	3.2.3.4. Other personal services	170.8	175.0	172.9	167.6	173.8	179.5
		3.2.3.4.1. Laundries and cleaners	40.3	41.5	39.3	36.3	34.5	35.8
		3.2.3.4.2. Other	130.5	133.5	133.6	131.3	139.2	143.7
P	95	3.2.4. Private households with employed persons	..	..	..	..	..	..
Q	99	3.2.5. Extra-territorial organisations	..	..	..	..	..	..
G_Q	50_99	**TOTAL, SERVICES**	**8 624.2**	**8 790.6**	**8 776.7**	**8 749.3**	**8 828.3**	**8 965.3**
		TOTAL EMPLOYEES, All activities	**12 016.8**	**12 081.0**	**11 827.0**	**11 703.9**	**11 745.6**	**11 955.9**
		% of services in total employees, all activities	71.77	72.76	74.21	74.76	75.16	74.99
		Memorandum items:						
		1. Professional business services (7)	263.7	259.9	264.3	251.0	237.6	250.0
		2. Other business services (6)	326.2	322.4	321.8	308.8	339.1	352.7
		3. Membership organisations and other services n.e.c. (4)	439.5	450.1	448.6	446.2	455.7	474.7

II. EMPLOI *(suite)*

B. Salariés **

Milliers d'emplois

1995	1996	1997	1998	1999		CITI Rév. 3	
1 252.6	1 218.9	..	..	..	3.2.2. Santé et action sociale	N	85
542.8	524.4	..	..	..	3.2.2.1. Hôpitaux		
709.7	694.5	..	..	..	3.2.2.2. Autres services de santé et sociaux		
882.5	900.7	..	..	..	3.2.3. Autres activités de services collectifs, sociaux et personnels (4)	O	90_93
..	..	..	..	..	3.2.3.1. Services sanitaires et analogues		90
406.4	409.4	..	..	..	3.2.3.2. Activités associatives diverses (4)		91
217.7	234.5	..	..	..	3.2.3.3. Activités récréatives et culturelles		92
25.4	28.6	..	..	..	3.2.3.3.1. Cinéma et audiovisuel (8)		
..	..	..	..	..	3.2.3.3.1.1. Production et distribution (8)		
..	..	..	..	..	3.2.3.3.1.2. Projections de films cinématogra.		
192.3	206.0	..	..	..	3.2.3.3.2. Autres services de divertissement et de loisir		
..	..	..	..	..	3.2.3.3.2.1. Loteries et jeux de hasard		
..	..	..	..	..	3.2.3.3.2.2. Autres		
186.9	183.1	..	..	..	3.2.3.4. Autres services personnels		93
37.7	33.2	..	..	..	3.2.3.4.1. Blanchissage et nettoyage à sec		
149.2	149.9	..	..	..	3.2.3.4.2. Autres		
..	..	..	..	..	3.2.4. Ménages privés employant du personnel domestique	P	95
..	..	..	..	..	3.2.5. Organisations extraterritoriales	Q	99
9 130.6	**9 145.9**	**..**	**..**	**..**	**TOTAL, SERVICES**	**G_Q**	**50_99**
12 181.0	**12 218.7**	**12 436.5**	**12 698.9**	**13 119.6**	**EMPLOI SALARIÉ TOTAL, Toutes activités**		
74.96	74.85	..	..	..	% des services dans l'emploi salarié total, toutes activités		
					Pour mémoire :		
258.4	265.9	..	..	..	1. Services professionnels aux entreprises (7)		
390.6	420.6	..	..	..	2. Autres services aux entreprises (6)		
477.9	483.1	..	..	..	3. Associations et autres services (4)		

CANADA

CANADA

Sources:

Value Added:

Statistics Canada, Ottawa, data sent directly. Special aggregations derived from Cansim matrices 4765 and 4677.

Employment:

Statistics Canada, Ottawa, data sent directly. Special aggregations derived from Cansim matrices 9461, 9469 and 9473.

General notes:

Value Added:

* Aggregate services constant prices value-added do not always correspond to the sum of the elements before 1992 to protect historic aggregate growth rates.

Employment:

* Total employment includes all employees jobs, self-employment jobs and unpaid family worker jobs of the civilian and military population aged 15 and over.

** Employees exclude unpaid family jobs.

(1) Items Wholesale and commission trade and Retail trade and repairs include respectively wholesale trade and retail trade (and repairs) of motor vehicles.

(2) Item Water transport refers to water transport and related services.

(3) Item Air transport refers to air transport and related services.

(4) Travel agencies activities and machinery and equipment rental are included in memorandum item Membership organisations and other services n.e.c. This memorandum item is included in item Other community, social and personal services. For Employment item Membership organisations n.e.c. is separately available and for Value added at constant prices it is separately available from 1992.

(5) Item Financial intermediation refers to finance and real estate. Item Real estate services refers to owner occupied dwellings.

(6) Memorandum item Other business services refers to item Computer and related services and to miscellaneous business services. It is included in item Business services. For Value added at constant prices, item Computer and related services is separately available from 1981.

(7) Memorandum item Professional business services refers to items Legal, accounting services, etc. and Architectural, engineering and other technical services. It is included in item Other business activities. For Value added at constant prices, items Legal and accounting services and Architectural, engineering and other technical services are separately available from 1992.

(8) Item Motion picture and video, Production and distribution includes audio production and distribution.

Sources :

Valeur ajoutée :

Statistique Canada, Ottawa, données envoyées directement. Agrégations spéciales dérivées des matrices Cansim numéros 4765 et 4677.

Emploi :

Statistique Canada, Ottawa, données envoyées directement. Agrégations spéciales dérivées des matrices Cansim numéros 9461, 9469 et 9473.

Notes générales :

Valeur ajoutée :

* Les agrégats de valeur ajoutée à prix constants dans le secteur des services ne sont pas toujours égaux à la somme de leurs composantes avant 1992 afin de conserver les taux de croissance historiques.

Emploi :

* L'emploi total inclut tous les emplois salariés, les emplois indépendants et les travailleurs familiaux non rémunérés de la population civile et militaire âgée de 15 ans et plus.

** Les salariés excluent les travailleurs familiaux non rémunérés.

(1) Les rubriques Commerce de gros et intermédiaires et Commerce de détail et réparations comprend respectivement le commerce de gros et de détail (y compris les réparations) de véhicules automobiles.

(2) La rubrique Transports par eau se réfère aux transports par eau et aux services relatifs.

(3) La rubrique Transports aériens se réfère aux transports aériens et aux services relatifs.

(4) Les agences de voyages et la location de machines et d'équipements sont inclus dans la rubrique pour mémoire Associations et autres services. Cette rubrique pour mémoire est incluse dans la rubrique Autres activités de services collectifs, sociaux et personnels. Pour l'emploi la rubrique Activités associatives diverses est disponible séparément et pour la valeur ajoutée à prix constants, elle est disponible séparément à partir de 1992.

(5) La rubrique Intermédiation financière se réfère aux finances et aux affaires immobilières. La rubrique Affaires immobilières se réfère aux logements occupés par leur propriétaire.

(6) La rubrique pour mémoire Autres services aux entreprises se réfère à la rubrique Activités informatiques et activités connexes et aux services divers aux entreprises. Elle est incluse dans la rubrique Services fournis aux entreprises. Pour la valeur ajoutée à prix constants la rubrique Activités informatiques et activités connexes est disponible séparément à partir de 1981.

(7) La rubrique pour mémoire Services professionnels aux entreprises se réfère aux rubriques Activités juridiques, comptables, etc. et Activités d'architecture, d'ingénierie, autres services techniques. Elle est incluse dans la rubrique Autres services fournis aux entreprises. Pour la valeur ajoutée à prix constants les rubriques Activités juridiques, comptables, etc. et Activités d'architecture, d'ingénierie, autres services techniques sont disponibles séparément à partir de 1992.

(8) La rubrique Cinéma et audiovisuel, Production et distribution inclut la production et distribution de produits audiovisuels.

Czech Republic – République tchèque

CZECH REPUBLIC

I. GROSS VALUE ADDED at basic prices

A. Current prices

Billions of Czech koruny

ISIC Rev. 3			1989	1990	1991	1992	1993	1994
G_I	50_64	1. Motor, wholesale and retail trade; restaurants and hotels; transport and communication	..	94.2	125.5	161.3	214.5	249.3
G_H	50_55	1.1. Motor, wholesale and retail trade; restaurants and hotels	..	72.1	96.1	112.5	131.2	155.6
G	50_52	1.1.1. Motor, wholesale and retail trade	..	66.4	85.6	98.9	112.6	126.1
	50	1.1.1.1. Motor trade and repairs	..	6.8	7.3	13.1	19.0	19.3
		1.1.1.1.1. Sale of motor vehicles	..	..	..	..	..	..
		1.1.1.1.2. Maintenance, repair of motor vehicles	..	..	..	..	..	..
		1.1.1.1.3. Sale of motor vehicle parts	..	..	..	..	..	..
		1.1.1.1.4. Sale, repair of motorcycles	..	..	..	..	..	..
		1.1.1.1.5. Retail sale of automotive fuel	..	..	..	..	..	..
	51	1.1.1.2. Wholesale and commission trade	..	19.1	28.9	24.3	38.9	49.4
		1.1.1.2.1. Wholesale on fee or contract basis	..	..	..	..	..	..
		1.1.1.2.2. Agricultural raw material, live animals	..	..	..	..	..	..
		1.1.1.2.3. Food, beverages and tobacco	..	..	..	..	..	..
		1.1.1.2.4. Household goods	..	..	..	..	..	..
		1.1.1.2.5. Non-agri. intermediate products, waste	..	..	..	..	..	..
		1.1.1.2.6. Machinery, equipment and supplies	..	..	..	..	..	..
		1.1.1.2.7. Other wholesale	..	..	..	..	..	..
	52	1.1.1.3. Retail trade and repairs	..	40.5	49.3	61.5	54.7	57.5
		1.1.1.3.1. Retail sale in non-specialised stores	..	..	..	..	..	..
		1.1.1.3.2. Food, beverages, tobacco	..	..	..	..	..	..
		1.1.1.3.3. Pharma., medical, cosmetic goods	..	..	..	..	..	..
		1.1.1.3.4. Other new goods in specialised stores	..	..	..	..	..	..
		1.1.1.3.5. Second-hand goods in stores	..	..	..	..	..	..
		1.1.1.3.6. Retail sale not in stores	..	..	..	..	..	..
		1.1.1.3.7. Repair of pers. and household goods	..	..	..	..	..	..
H	55	1.1.2. Restaurants and hotels	..	5.7	10.6	13.7	18.6	29.5
		1.1.2.1. Restaurants	..	..	..	..	..	..
		1.1.2.2. Bars	..	..	..	..	..	..
		1.1.2.3. Canteens	..	..	..	..	..	..
		1.1.2.4. Hotels	..	..	..	..	..	..
		1.1.2.5. Camping sites, other short-stay accomodation	..	..	..	..	..	..
I	60_64	1.2. Transport, storage and communication	..	22.1	29.3	48.8	83.3	93.7
	60_63	1.2.1. Transport and storage	..	11.3	17.9	37.0	64.9	72.0
	60	1.2.1.1. Land transport, transport via pipelines	..	5.3	8.3	28.9	45.5	51.8
		1.2.1.1.1. Transport via railways	..	..	..	..	..	..
		1.2.1.1.2. Other land transport	..	..	..	..	..	..
		1.2.1.1.3. Transport via pipelines	..	..	..	..	..	..
	61	1.2.1.2. Water transport	..	0.5	0.8	0.9	1.3	1.4
		1.2.1.2.1. Sea and coastal water transport	..	..	..	..	..	..
		1.2.1.2.2. Inland water transport	..	..	..	..	..	..
	62	1.2.1.3. Air transport	..	2.3	2.3	- 0.2	2.5	1.9
		1.2.1.3.1. Scheduled air transport	..	..	..	..	..	..
		1.2.1.3.2. Non-scheduled air transport	..	..	..	..	..	..
		1.2.1.3.3. Space transport	..	..	..	..	..	..
	63	1.2.1.4. Auxiliary transport services, travel agencies	..	3.1	6.5	7.4	15.5	16.9
		1.2.1.4.1. Cargo handling and storage	..	..	..	..	..	..
		1.2.1.4.2. Other supporting transport activities	..	..	..	..	..	..
		1.2.1.4.3. Travel agencies, tourist assist. n.e.c.	..	..	..	..	..	..
		1.2.1.4.4. Activities of other transport agencies	..	..	..	..	..	..
	64	1.2.2. Communication	..	10.8	11.5	11.8	18.4	21.8
	641	1.2.2.1. Postal and courier services	..	..	..	..	..	..
	642	1.2.2.2. Telecommunications	..	..	..	..	..	..
J_K	65_74	2. Finance, insurance, real estate and business services	..	96.4	132.0	136.2	177.0	202.3
J	65_67	2.1. Financial and insurance services	..	26.6	53.5	52.4	62.1	64.7
	65	2.1.1. Financial intermediation	..	23.8	49.7	46.9	57.3	60.9
		2.1.1.1. Monetary intermediation	..	..	..	..	..	..
		2.1.1.2. Other financial intermediation	..	..	..	..	..	..
	66	2.1.2. Insurance and pension funding	..	2.1	2.5	2.0	2.5	2.9
	67	2.1.3. Auxiliary financial services	..	0.8	1.3	3.5	2.4	0.9
		2.1.3.1. Auxiliary serv. to financial intermediation	..	..	..	..	..	..
		2.1.3.2. Auxiliary serv. to insurance and pension funding	..	..	..	..	..	..
K	70_74	2.2. Real estate and business services	..	69.8	78.5	83.7	114.9	137.6
	70	2.2.1. Real estate services	..	31.5	35.1	36.6	50.0	59.5
		2.2.1.1. Real estate activities with own or leased property	..	..	..	..	..	..
		2.2.1.2. Letting of own property	..	..	..	..	..	..
		2.2.1.3. Real estate activities on a fee or contract basis	..	..	..	..	..	..

RÉPUBLIQUE TCHÈQUE

I. VALEUR AJOUTÉE BRUTE aux prix de base

A. Prix courants

Milliards de couronnes tchèques

1995	1996	1997	1998*	1999*		CITI Rév. 3	
					1. Commerce d'automobiles, de gros et de détail ; restaurants et hôtels ;	G_I	50_64
299.0	353.2	338.4	385.7	405.0	transports et communication		
194.1	236.7	217.6	230.7	242.0	1.1. Commerce d'automobiles, de gros et de détail ; restaurants et hôtels	G_H	50_55
147.9	191.7	179.6	..	..	1.1.1. Commerce d'automobiles, de gros et de détail	G	50_52
20.0	29.8	25.7	..	..	1.1.1.1. Commerce et réparations automobiles		50
9.6	9.1	6.7	..	..	1.1.1.1.1. Commerce de véhicules automobiles		
5.8	13.8	8.8	..	..	1.1.1.1.2. Entretien, réparation de véhicules automobiles		
0.7	1.1	3.1	..	..	1.1.1.1.3. Commerce d'équipements automobiles		
0.0	0.0	1.5	..	..	1.1.1.1.4. Commerce et réparation de motocycles		
3.9	5.8	5.7	..	..	1.1.1.1.5. Commerce de détail de carburants		
65.5	87.6	92.7	..	..	1.1.1.2. Commerce de gros et intermédiaires		51
19.7	22.2	10.0	..	..	1.1.1.2.1. Intermédiaires du commerce de gros		
2.2	4.8	2.0	..	..	1.1.1.2.2. Matières premières agricoles, animaux vivants		
4.5	5.7	10.1	..	..	1.1.1.2.3. Denrées, boissons, tabac		
13.0	15.9	17.8	..	..	1.1.1.2.4. Biens de consommation		
7.3	12.5	23.7	..	..	1.1.1.2.5. Biens intermédiaires non-agricoles, déchets		
7.1	10.5	14.8	..	..	1.1.1.2.6. Gros équipements industriels		
11.7	16.1	14.3	..	..	1.1.1.2.7. Autres commerces de gros		
62.4	74.3	61.1	..	..	1.1.1.3. Commerce de détail et réparations		52
27.9	33.8	23.2	..	..	1.1.1.3.1. Commerce de détail en magasin non spécialisé		
4.1	4.7	5.1	..	..	1.1.1.3.2. Denrées, boissons, tabac		
3.2	2.7	3.7	..	..	1.1.1.3.3. Produits pharmaceutiques et parfumerie		
16.0	17.3	22.4	..	..	1.1.1.3.4. Autres commerces de détail en magasin spécialisé		
0.2	0.1	0.6	..	..	1.1.1.3.5. Biens d'occasion en magasin		
9.3	8.4	4.2	..	..	1.1.1.3.6. Commerce de détail hors magasin		
1.6	7.3	1.9	..	..	1.1.1.3.7. Réparation d'articles personnels et domestiques		
46.2	45.0	38.0	..	..	1.1.2. Restaurants et hôtels	H	55
19.9	20.1	17.8	..	..	1.1.2.1. Restaurants		
1.0	0.8	3.5	..	..	1.1.2.2. Cafés		
4.3	4.4	4.6	..	..	1.1.2.3. Cantines		
16.0	14.6	9.7	..	..	1.1.2.4. Hôtels		
5.1	5.0	2.5	..	..	1.1.2.5. Camping et autres moyens d'hébergement de courte durée		
104.9	116.5	120.8	155.0	163.0	1.2. Transports, entreposage et communications	I	60_64
75.6	86.7	79.4	..	..	1.2.1. Transports et entreposage		60_63
53.1	58.3	54.4	..	..	1.2.1.1. Transports terrestres, transports par conduites		60
15.5	16.9	14.3	..	..	1.2.1.1.1. Transports par chemin de fer		
33.1	36.4	36.1	..	..	1.2.1.1.2. Autres transports terrestres		
4.5	5.1	4.0	..	..	1.2.1.1.3. Transports par conduites		
1.5	0.8	0.7	..	..	1.2.1.2. Transports par eau		61
0.4	0.4	0.1	..	..	1.2.1.2.1. Transports maritimes et côtiers		
1.1	0.4	0.5	..	..	1.2.1.2.2. Transports fluviaux		
3.2	3.2	4.4	..	..	1.2.1.3. Transports aériens		62
2.9	3.1	4.2	..	..	1.2.1.3.1. Transports aériens réguliers		
0.4	0.1	0.2	..	..	1.2.1.3.2. Transports aériens non réguliers		
0.0	0.0	0.0	..	..	1.2.1.3.3. Transports spatiaux		
17.9	24.4	20.0	..	..	1.2.1.4. Services auxiliaires des transports, agences de voyages		63
0.4	4.3	1.5	..	..	1.2.1.4.1. Manutention et entreposage		
9.0	13.2	10.3	..	..	1.2.1.4.2. Gestion d'infrastructures de transports		
4.7	3.0	3.5	..	..	1.2.1.4.3. Agences de voyage		
3.8	3.9	4.8	..	..	1.2.1.4.4. Organisation du transport de fret		
29.2	29.8	41.4	..	..	1.2.2. Communications		64
9.9	7.4	8.1	..	..	1.2.2.1. Poste et courrier		641
19.3	22.4	33.3	..	..	1.2.2.2. Télécommunications		642
210.7	227.6	255.4	262.1	262.1	2. Banques, assurances, affaires immobilières et services aux entreprises	J_K	65_74
60.9	59.1	64.2	78.9	68.5	2.1. Établissements financiers	J	65_67
56.7	55.6	58.0	..	..	2.1.1. Intermédiation financière		65
58.5	50.7	57.4	..	..	2.1.1.1. Intermédiation monétaire		
- 1.9	4.9	0.6	..	..	2.1.1.2. Autres intermédiations financières		
4.4	3.3	6.0	..	..	2.1.2. Assurances et caisses de retraite		66
- 0.1	0.3	0.2	..	..	2.1.3. Activités financières auxiliaires		67
- 0.2	0.3	- 0.6	..	..	2.1.3.1. Auxiliaires financiers		
0.0	0.0	0.8	..	..	2.1.3.2. Auxiliaires d'assurance		
149.8	168.5	191.2	183.2	193.6	2.2. Affaires immobilières et services fournis aux entreprises	K	70_74
67.6	74.6	90.4	..	..	2.2.1. Affaires immobilières		70
1.7	1.6	15.3	..	..	2.2.1.1. Activités immobilières pour compte propre		
62.6	69.1	70.8	..	..	2.2.1.2. Location de biens immobiliers		
3.3	3.8	4.3	..	..	2.2.1.3. Activités immobilières pour compte de tiers		

Les notes se trouvent à la fin du pays

SERVICES : Statistiques sur la valeur ajoutée et l'emploi
© OCDE 2001

I. GROSS VALUE ADDED at basic prices *(cont.)*

A. Current prices

Billions of Czech koruny

ISIC Rev. 3			1989	1990	1991	1992	1993	1994
	71_74	2.2.2. Business services	..	38.3	43.4	47.1	64.9	78.1
	71	2.2.2.1. Renting, etc.	..	1.7	2.2	2.4	2.9	3.2
		2.2.2.1.1. Automobiles	..	..	..	..	..	..
		2.2.2.1.2. Other transport equipment	..	..	..	..	..	..
		2.2.2.1.3. Other machinery and equipment	..	..	..	..	..	..
		2.2.2.1.4. Personal and household goods n.e.c.	..	..	..	..	..	..
	72	2.2.2.2. Computer and related activities	..	2.8	4.9	6.5	7.1	8.3
		2.2.2.2.1. Hardware consultancy	..	..	..	..	..	..
		2.2.2.2.2. Software consultancy and supply	..	..	..	..	..	..
		2.2.2.2.3. Data processing	..	..	..	..	..	..
		2.2.2.2.4. Data base activities	..	..	..	..	..	..
		2.2.2.2.5. Repair of office,accounting,computing machinery	..	..	..	..	..	..
		2.2.2.2.6. Other computer related activities	..	..	..	..	..	..
	73	2.2.2.3. Research and development	..	8.9	6.5	4.4	4.7	4.5
		2.2.2.3.1. Natural sciences and engineering	..	..	..	..	..	..
		2.2.2.3.2. Social sciences and humanities	..	..	..	..	..	..
	74	2.2.2.4. Other business activities	..	24.9	29.8	33.8	50.2	62.2
	741	2.2.2.4.1. Legal, accounting services, etc.	..	..	..	..	..	..
	742	2.2.2.4.2. Architect., engineering, other tech. serv.	..	..	..	..	..	..
		2.2.2.4.2.1. Architecture, engineering	..	..	..	..	..	..
		2.2.2.4.2.2. Technical testing, analysis	..	..	..	..	..	..
	743	2.2.2.4.3. Advertising services	..	..	..	..	..	..
	749	2.2.2.4.4. Other business activities n.e.c.	..	..	..	..	..	..
		2.2.2.4.4.1. Labour recruitment, prov. of pers.	..	..	..	..	..	..
		2.2.2.4.4.2. Investigation, security serv.	..	..	..	..	..	..
		2.2.2.4.4.3. Building-cleaning activities	..	..	..	..	..	..
		2.2.2.4.4.4. Other	..	..	..	..	..	..
L_Q	75_99	3. Other services	..	71.1	88.0	92.5	124.9	153.6
L	75	3.1. Public administration and defence	..	22.3	25.3	29.7	42.4	46.9
		3.1.1. State, and economic and social policy of the community	..	..	..	..	..	..
		3.1.2. Provision of services to the community as a whole	..	..	..	..	..	..
		3.1.3. Compulsory social security	..	..	..	..	..	..
M_Q	80_99	3.2. Education, health, social work related, other community, social and personal services	..	48.8	62.7	62.7	82.5	106.7
M	80	3.2.1. Education	..	15.9	21.1	20.2	29.2	38.4
		3.2.1.1. Primary education	..	..	..	..	..	..
		3.2.1.2. Secondary education	..	..	..	..	..	..
		3.2.1.3. Higher education	..	..	..	..	..	..
		3.2.1.4. Adult and other education	..	..	..	..	..	..
N	85	3.2.2. Health and social work	..	16.7	19.8	22.8	29.2	38.2
		3.2.2.1. Health	..	..	..	..	..	..
		3.2.2.2. Veterinary activities	..	..	..	..	..	..
		3.2.2.3. Social work	..	..	..	..	..	..
O	90_93	3.2.3. Other community, social and personal services	..	16.2	21.8	19.7	24.2	30.1
	90	3.2.3.1. Sanitary and similar services	..	1.4	3.5	1.3	3.4	5.2
	91	3.2.3.2. Membership organisations n.e.c.	..	4.7	5.1	4.8	2.9	2.6
		3.2.3.2.1. Business, employers, professional org.	..	..	..	..	..	..
		3.2.3.2.2. Trade unions	..	..	..	..	..	..
		3.2.3.2.3. Other membership organisations	..	..	..	..	..	..
	92	3.2.3.3. Recreational and cultural services	..	7.3	9.5	10.5	13.6	15.9
		3.2.3.3.1. Motion picture and video activities	..	..	..	..	..	..
		3.2.3.3.2. Radio and television activities	..	..	..	..	..	..
		3.2.3.3.3. Other entertainment activities	..	..	..	..	..	..
		3.2.3.3.4. News agency activities	..	..	..	..	..	..
		3.2.3.3.5. Library, archives, museums, other cultural serv.	..	..	..	..	..	..
		3.2.3.3.6. Sporting activities	..	..	..	..	..	..
		3.2.3.3.7. Other recreational activities	..	..	..	..	..	..
	93	3.2.3.4. Other personal services	..	2.9	3.7	3.2	4.3	6.3
P	95	3.2.4. Private households with employed persons	..	..	..	..	..	..
Q	99	3.2.5. Extra-territorial organisations	..	..	..	..	..	..
		FISIM (Financial Intermediation Services Indirectly Measured)	..	- 15.7	- 45.3	- 49.0	- 62.0	- 68.7
G_Q	50_99	**TOTAL, SERVICES**	..	**245.9**	**300.2**	**341.0**	**454.4**	**536.5**
		GROSS VALUE ADDED, All activities, at basic prices	..	**573.9**	**667.6**	**745.1**	**901.9**	**1 049.6**
		% of services in gross value added, all activities	..	42.85	44.96	45.77	50.39	51.12
		Memorandum item:						
		Gross domestic product at market prices	..	626.2	753.8	842.6	1 020.3	1 182.8

I. VALEUR AJOUTÉE BRUTE aux prix de base *(suite)*

A. Prix courants

Milliards de couronnes tchèques

1995	1996	1997	1998*	1999*		CITI Rév. 3	
82.2	93.9	100.8	..	..	2.2.2. Services fournis aux entreprises		71_74
4.4	3.7	3.1	..	..	2.2.2.1. Location, etc.		71
1.4	1.9	0.8	..	..	2.2.2.1.1. Véhicules automobiles		
0.1	0.1	0.2	..	..	2.2.2.1.2. Autres matériels de transport		
1.4	1.3	1.5	..	..	2.2.2.1.3. Autres machines et équipements		
1.5	0.4	0.6	..	..	2.2.2.1.4. Biens personnels et domestiques n.c.a.		
9.5	11.6	15.2	..	..	2.2.2.2. Activités informatiques et activités connexes		72
0.3	1.6	0.9	..	..	2.2.2.2.1. Conseil en systèmes informatiques		
5.0	5.2	9.5	..	..	2.2.2.2.2. Réalisation de logiciels		
2.8	3.4	2.3	..	..	2.2.2.2.3. Traitement de données		
0.0	0.0	0.1	..	..	2.2.2.2.4. Activités de banques de données		
0.7	0.6	1.2	..	..	2.2.2.2.5. Réparation de machines de bureau, matériel		
0.7	0.7	1.3	..	..	2.2.2.2.6. Autres activités rattachées à l'informatique		
4.9	5.6	5.2	..	..	2.2.2.3. Recherche et développement		73
4.8	5.4	5.0	..	..	2.2.2.3.1. Sciences naturelles et physiques		
0.1	0.2	0.2	..	..	2.2.2.3.2. Sciences sociales et humaines		
63.4	73.1	77.3	..	..	2.2.2.4. Autres services fournis aux entreprises		74
8.9	29.5	17.4	..	..	2.2.2.4.1. Activités juridiques, comptables, etc.		741
23.9	18.6	26.1	..	..	2.2.2.4.2. Activ. d'architect., d'ingénierie, aut. serv. tech.		742
22.4	17.1	23.2	..	..	2.2.2.4.2.1. Architecture et ingénierie		
1.5	1.6	2.9	..	..	2.2.2.4.2.2. Tests techniques, analyses		
7.8	6.1	5.1	..	..	2.2.2.4.3. Publicité		743
22.8	18.8	28.7	..	..	2.2.2.4.4. Autres serv. fournis aux entreprises n.c.a.		749
1.3	1.4	2.7	..	..	2.2.2.4.4.1. Sélection et fourniture de personnel		
3.5	3.9	6.5	..	..	2.2.2.4.4.2. Enquêtes et sécurité		
3.8	2.6	4.7	..	..	2.2.2.4.4.3. Nettoyage de bâtiments		
14.1	10.8	14.9	..	..	2.2.2.4.4.4. Autres		
179.5	210.6	217.7	222.8	243.4	3. Autres services	L_Q	75_99
56.6	68.2	69.7	..	..	3.1. Administration publique et défense	L	75
19.2	25.9	26.7	..	..	3.1.1. Administration générale, économique et sociale		
35.5	40.0	39.1	..	..	3.1.2. Services de prérogatives publiques		
1.9	2.3	3.9	..	..	3.1.3. Sécurité sociale obligatoire		
					3.2. Enseignement, santé, action sociale, autres activités de services	M_Q	80_99
122.8	142.4	148.0	..	..	collectifs, sociaux et personnels		
42.3	50.5	52.8	..	..	3.2.1. Enseignement	M	80
18.8	23.0	23.4	..	..	3.2.1.1. Enseignement primaire		
13.7	16.0	15.8	..	..	3.2.1.2. Enseignement secondaire		
5.9	7.1	8.2	..	..	3.2.1.3. Enseignement supérieur		
3.9	4.5	5.3	..	..	3.2.1.4. Formation permanente et autres activités d'enseignement		
44.4	46.8	55.3	..	..	3.2.2. Santé et action sociale	N	85
37.3	39.7	46.8	..	..	3.2.2.1. Santé		
2.1	0.9	1.6	..	..	3.2.2.2. Activités vétérinaires		
5.0	6.1	6.9	..	..	3.2.2.3. Action sociale		
36.1	45.1	40.0	..	..	3.2.3. Autres activités de services collectifs, sociaux et personnels	O	90_93
7.1	8.3	8.7	..	..	3.2.3.1. Services sanitaires et analogues		90
2.8	2.5	2.2	..	..	3.2.3.2. Activités associatives diverses		91
0.3	0.3	0.3	..	..	3.2.3.2.1. Organisations patronales, consulaires et profess.		
0.2	0.1	0.5	..	..	3.2.3.2.2. Syndicats de salariés		
2.2	2.2	1.4	..	..	3.2.3.2.3. Autres organisations associatives		
19.2	24.2	19.7	..	..	3.2.3.3. Activités récréatives et culturelles		92
1.9	3.7	1.4	..	..	3.2.3.3.1. Activités cinématographiques et vidéo		
1.5	1.8	1.5	..	..	3.2.3.3.2. Activités de radio et de télévision		
4.1	3.6	4.2	..	..	3.2.3.3.3. Autres activités de spectacle		
0.4	0.4	0.3	..	..	3.2.3.3.4. Agences de presse		
2.6	2.9	3.1	..	..	3.2.3.3.5. Bibliothèques, archives, musées, autres services culturels		
2.0	2.8	3.3	..	..	3.2.3.3.6. Activités sportives		
6.7	9.0	5.9	..	..	3.2.3.3.7. Autres activités récréatives		
6.9	10.0	9.4	..	..	3.2.3.4. Autres services personnels		93
..	..	..	..	..	3.2.4. Ménages privés employant du personnel domestique	P	95
..	..	..	..	..	3.2.5. Organisations extraterritoriales	Q	99
- 66.9	- 60.4	- 69.4	- 73.6	- 56.6	SIFIM (Services d'intermédiation financière indirectement mesurés)		
622.3	**731.0**	**742.1**	**797.0**	**853.9**	**TOTAL, SERVICES**	**G_Q**	**50_99**
1 223.7	**1 390.6**	**1 479.5**	**1 598.5**	**1 617.7**	**VALEUR AJOUTÉE BRUTE, Toutes activités, aux prix de base**		
50.86	52.57	50.16	49.86	52.78	% des services dans la valeur ajoutée brute, toutes activités		
					Pour mémoire :		
1 381.0	1 572.3	1 668.8	1 798.3	1 833.0	Produit intérieur brut aux prix du marché		

CZECH REPUBLIC

I. GROSS VALUE ADDED at basic prices *(cont.)*

B. Constant 1995 prices

Billions of Czech koruny

ISIC Rev. 3			1989	1990	1991	1992	1993	1994
G_I	50_64	1. Motor, wholesale and retail trade; restaurants and hotels; transport and communication	..	236.8	243.4	248.4	270.1	283.4
G_H	50_55	1.1. Motor, wholesale and retail trade; restaurants and hotels	..	159.0	158.6	159.0	166.0	180.2
G	50_52	1.1.1. Motor, wholesale and retail trade	..	151.1	147.3	148.0	143.8	148.2
	50	1.1.1.1. Motor trade and repairs	..	22.9	13.7	17.7	23.8	23.1
		1.1.1.1.1. Sale of motor vehicles	..	..	..	..	..	..
		1.1.1.1.2. Maintenance, repair of motor vehicles	..	..	..	..	..	..
		1.1.1.1.3. Sale of motor vehicle parts	..	..	..	..	..	..
		1.1.1.1.4. Sale, repair of motorcycles	..	..	..	..	..	..
		1.1.1.1.5. Retail sale of automotive fuel	..	..	..	..	..	..
	51	1.1.1.2. Wholesale and commission trade	..	12.6	38.2	28.7	40.9	51.9
		1.1.1.2.1. Wholesale on fee or contract basis	..	..	..	..	..	..
		1.1.1.2.2. Agricultural raw material, live animals	..	..	..	..	..	..
		1.1.1.2.3. Food, beverages and tobacco	..	..	..	..	..	..
		1.1.1.2.4. Household goods	..	..	..	..	..	..
		1.1.1.2.5. Non-agri. intermediate products, waste	..	..	..	..	..	..
		1.1.1.2.6. Machinery, equipment and supplies	..	..	..	..	..	..
		1.1.1.2.7. Other wholesale	..	..	..	..	..	..
	52	1.1.1.3. Retail trade and repairs	..	115.5	95.4	101.6	79.2	73.2
		1.1.1.3.1. Retail sale in non-specialised stores	..	..	..	..	..	..
		1.1.1.3.2. Food, beverages, tobacco	..	..	..	..	..	..
		1.1.1.3.3. Pharma., medical, cosmetic goods	..	..	..	..	..	..
		1.1.1.3.4. Other new goods in specialised stores	..	..	..	..	..	..
		1.1.1.3.5. Second-hand goods in stores	..	..	..	..	..	..
		1.1.1.3.6. Retail sale not in stores	..	..	..	..	..	..
		1.1.1.3.7. Repair of pers. and household goods	..	..	..	..	..	..
H	55	1.1.2. Restaurants and hotels	..	8.0	11.3	11.0	22.2	32.1
		1.1.2.1. Restaurants	..	..	..	..	..	..
		1.1.2.2. Bars	..	..	..	..	..	..
		1.1.2.3. Canteens	..	..	..	..	..	..
		1.1.2.4. Hotels	..	..	..	..	..	..
		1.1.2.5. Camping sites, other short-stay accomodation	..	..	..	..	..	..
I	60_64	1.2. Transport, storage and communication	..	77.8	84.8	89.4	104.1	103.2
	60_63	1.2.1. Transport and storage	..	57.8	62.3	67.5	81.0	78.4
	60	1.2.1.1. Land transport, transport via pipelines	..	39.8	37.9	46.0	54.7	56.6
		1.2.1.1.1. Transport via railways	..	..	..	..	..	..
		1.2.1.1.2. Other land transport	..	..	..	..	..	..
		1.2.1.1.3. Transport via pipelines	..	..	..	..	..	..
	61	1.2.1.2. Water transport	..	0.7	1.0	1.0	1.6	1.6
		1.2.1.2.1. Sea and coastal water transport	..	..	..	..	..	..
		1.2.1.2.2. Inland water transport	..	..	..	..	..	..
	62	1.2.1.3. Air transport	..	3.3	1.2	- 2.3	1.8	1.1
		1.2.1.3.1. Scheduled air transport	..	..	..	..	..	..
		1.2.1.3.2. Non-scheduled air transport	..	..	..	..	..	..
		1.2.1.3.3. Space transport	..	..	..	..	..	..
	63	1.2.1.4. Auxiliary transport services, travel agencies	..	13.9	22.1	22.8	22.9	19.2
		1.2.1.4.1. Cargo handling and storage	..	..	..	..	..	..
		1.2.1.4.2. Other supporting transport activities	..	..	..	..	..	..
		1.2.1.4.3. Travel agencies, tourist assist. n.e.c.	..	..	..	..	..	..
		1.2.1.4.4. Activities of other transport agencies	..	..	..	..	..	..
	64	1.2.2. Communication	..	20.0	22.5	21.9	23.1	24.8
	641	1.2.2.1. Postal and courier services	..	..	..	..	..	..
	642	1.2.2.2. Telecommunications	..	..	..	..	..	..
J_K	65_74	2. Finance, insurance, real estate and business services	..	178.2	194.7	183.8	209.6	211.6
J	65_67	2.1. Financial and insurance services	..	51.0	48.3	45.9	51.6	55.5
	65	2.1.1. Financial intermediation	..	40.3	38.5	35.9	44.6	50.6
		2.1.1.1. Monetary intermediation	..	..	..	..	..	..
		2.1.1.2. Other financial intermediation	..	..	..	..	..	..
	66	2.1.2. Insurance and pension funding	..	7.2	6.2	4.4	3.5	3.6
	67	2.1.3. Auxiliary financial services	..	3.4	3.5	5.6	3.5	1.4
		2.1.3.1. Auxiliary serv. to financial intermediation	..	..	..	..	..	..
		2.1.3.2. Auxiliary serv. to insurance and pension funding	..	..	..	..	..	..
K	70_74	2.2. Real estate and business services	..	127.3	146.4	137.8	158.0	156.1
	70	2.2.1. Real estate services	..	58.0	58.9	55.0	65.7	64.2
		2.2.1.1. Real estate activities with own or leased property	..	..	..	..	..	..
		2.2.1.2. Letting of own property	..	..	..	..	..	..
		2.2.1.3. Real estate activities on a fee or contract basis	..	..	..	..	..	..

I. VALEUR AJOUTÉE BRUTE aux prix de base *(suite)*

B. Prix constants de 1995

Milliards de couronnes tchèques

1995	1996	1997	1998*	1999*		CITI Rév. 3	
					1. Commerce d'automobiles, de gros et de détail ; restaurants et hôtels ;	G_I	50_64
299.0	326.5	299.5	314.6	330.7	transports et communication		
194.1	223.1	192.9	190.3	198.1	1.1. Commerce d'automobiles, de gros et de détail ; restaurants et hôtels	G_H	50_55
147.9	187.1	158.8	168.0	174.2	1.1.1. Commerce d'automobiles, de gros et de détail	G	50_52
20.0	..	..	..	..	1.1.1.1. Commerce et réparations automobiles		50
9.6	..	..	..	..	1.1.1.1.1. Commerce de véhicules automobiles		
5.8	..	..	..	..	1.1.1.1.2. Entretien, réparation de véhicules automobiles		
0.7	..	..	..	..	1.1.1.1.3. Commerce d'équipements automobiles		
0.0	..	..	..	..	1.1.1.1.4. Commerce et réparation de motocycles		
3.9	..	..	..	..	1.1.1.1.5. Commerce de détail de carburants		
65.5	..	..	..	..	1.1.1.2. Commerce de gros et intermédiaires		51
19.7	..	..	..	..	1.1.1.2.1. Intermédiaires du commerce de gros		
2.2	..	..	..	..	1.1.1.2.2. Matières premières agricoles, animaux vivants		
4.5	..	..	..	..	1.1.1.2.3. Denrées, boissons, tabac		
13.0	..	..	..	..	1.1.1.2.4. Biens de consommation		
7.3	..	..	..	..	1.1.1.2.5. Biens intermédiaires non-agricoles, déchets		
7.1	..	..	..	..	1.1.1.2.6. Gros équipements industriels		
11.7	..	..	..	..	1.1.1.2.7. Autres commerces de gros		
62.4	..	..	..	..	1.1.1.3. Commerce de détail et réparations		52
27.9	..	..	..	..	1.1.1.3.1. Commerce de détail en magasin non spécialisé		
4.1	..	..	..	..	1.1.1.3.2. Denrées, boissons, tabac		
3.2	..	..	..	..	1.1.1.3.3. Produits pharmaceutiques et parfumerie		
16.0	..	..	..	..	1.1.1.3.4. Autres commerces de détail en magasin spécialisé		
0.2	..	..	..	..	1.1.1.3.5. Biens d'occasion en magasin		
9.3	..	..	..	..	1.1.1.3.6. Commerce de détail hors magasin		
1.6	..	..	..	..	1.1.1.3.7. Réparation d'articles personnels et domestiques		
46.2	36.0	34.1	22.3	23.9	1.1.2. Restaurants et hôtels	H	55
19.9	..	..	..	..	1.1.2.1. Restaurants		
1.0	..	..	..	..	1.1.2.2. Cafés		
4.3	..	..	..	..	1.1.2.3. Cantines		
16.0	..	..	..	..	1.1.2.4. Hôtels		
5.1	..	..	..	..	1.1.2.5. Camping et autres moyens d'hébergement de courte durée		
104.9	103.4	106.6	124.3	132.6	1.2. Transports, entreposage et communications	I	60_64
75.6	..	..	..	..	1.2.1. Transports et entreposage		60_63
53.1	..	..	..	..	1.2.1.1. Transports terrestres, transports par conduites		60
15.5	..	..	..	..	1.2.1.1.1. Transports par chemin de fer		
33.1	..	..	..	..	1.2.1.1.2. Autres transports terrestres		
4.5	..	..	..	..	1.2.1.1.3. Transports par conduites		
1.5	..	..	..	..	1.2.1.2. Transports par eau		61
0.4	..	..	..	..	1.2.1.2.1. Transports maritimes et côtiers		
1.1	..	..	..	..	1.2.1.2.2. Transports fluviaux		
3.2	..	..	..	..	1.2.1.3. Transports aériens		62
2.9	..	..	..	..	1.2.1.3.1. Transports aériens réguliers		
0.4	..	..	..	..	1.2.1.3.2. Transports aériens non réguliers		
0.0	..	..	..	..	1.2.1.3.3. Transports spatiaux		
17.9	..	..	..	..	1.2.1.4. Services auxiliaires des transports, agences de voyages		63
0.4	..	..	..	..	1.2.1.4.1. Manutention et entreposage		
9.0	..	..	..	..	1.2.1.4.2. Gestion d'infrastructures de transports		
4.7	..	..	..	..	1.2.1.4.3. Agences de voyage		
3.8	..	..	..	..	1.2.1.4.4. Organisation du transport de fret		
29.2	..	..	..	..	1.2.2. Communications		64
9.9	..	..	..	..	1.2.2.1. Poste et courrier		641
19.3	..	..	..	..	1.2.2.2. Télécommunications		642
210.7	239.6	238.2	226.1	237.1	2. Banques, assurances, affaires immobilières et services aux entreprises	J_K	65_74
60.9	80.3	77.2	77.5	85.7	2.1. Établissements financiers	J	65_67
56.7	..	..	..	..	2.1.1. Intermédiation financière		65
58.5	..	..	..	..	2.1.1.1. Intermédiation monétaire		
- 1.9	..	..	..	..	2.1.1.2. Autres intermédiations financières		
4.4	..	..	..	..	2.1.2. Assurances et caisses de retraite		66
- 0.1	..	..	..	..	2.1.3. Activités financières auxiliaires		67
- 0.2	..	..	..	..	2.1.3.1. Auxiliaires financiers		
0.0	..	..	..	..	2.1.3.2. Auxiliaires d'assurance		
149.8	159.3	161.0	148.6	151.4	2.2. Affaires immobilières et services fournis aux entreprises	K	70_74
67.6	..	..	..	..	2.2.1. Affaires immobilières		70
1.7	..	..	..	..	2.2.1.1. Activités immobilières pour compte propre		
62.6	..	..	..	..	2.2.1.2. Location de biens immobiliers		
3.3	..	..	..	..	2.2.1.3. Activités immobilières pour compte de tiers		

CZECH REPUBLIC

B. Constant 1995 prices

Billions of Czech koruny

ISIC Rev. 3			1989	1990	1991	1992	1993	1994
	71_74	2.2.2. Business services	..	69.3	87.5	82.9	92.3	91.9
	71	2.2.2.1. Renting, etc.	..	4.4	5.5	4.7	4.0	3.5
		2.2.2.1.1. Automobiles	..	..	..	..	..	..
		2.2.2.1.2. Other transport equipment	..	..	..	..	..	..
		2.2.2.1.3. Other machinery and equipment	..	..	..	..	..	..
		2.2.2.1.4. Personal and household goods n.e.c.	..	..	..	..	..	..
	72	2.2.2.2. Computer and related activities	..	6.9	10.3	12.1	10.1	9.4
		2.2.2.2.1. Hardware consultancy	..	..	..	..	..	..
		2.2.2.2.2. Software consultancy and supply	..	..	..	..	..	..
		2.2.2.2.3. Data processing	..	..	..	..	..	..
		2.2.2.2.4. Data base activities	..	..	..	..	..	..
		2.2.2.2.5. Repair of office,accounting,computing machinery	..	..	..	..	..	..
		2.2.2.2.6. Other computer related activities	..	..	..	..	..	..
	73	2.2.2.3. Research and development	..	13.6	11.0	5.1	6.4	5.2
		2.2.2.3.1. Natural sciences and engineering	..	..	..	..	..	..
		2.2.2.3.2. Social sciences and humanities	..	..	..	..	..	..
	74	2.2.2.4. Other business activities	..	44.3	60.7	61.1	71.8	73.9
	741	2.2.2.4.1. Legal, accounting services, etc.	..	..	..	..	..	..
	742	2.2.2.4.2. Architect., engineering, other tech. serv.	..	..	..	..	..	..
		2.2.2.4.2.1. Architecture, engineering	..	..	..	..	..	..
		2.2.2.4.2.2. Technical testing, analysis	..	..	..	..	..	..
	743	2.2.2.4.3. Advertising services	..	..	..	..	..	..
	749	2.2.2.4.4. Other business activities n.e.c.	..	..	..	..	..	..
		2.2.2.4.4.1. Labour recruitment, prov. of pers.	..	..	..	..	..	..
		2.2.2.4.4.2. Investigation, security serv.	..	..	..	..	..	..
		2.2.2.4.4.3. Building-cleaning activities	..	..	..	..	..	..
		2.2.2.4.4.4. Other	..	..	..	..	..	..
L_Q	75_99	3. Other services	..	149.8	178.8	165.2	170.4	176.6
L	75	3.1. Public administration and defence	..	49.3	51.0	56.9	56.8	54.9
		3.1.1. State, and economic and social policy of the community	..	..	..	..	..	..
		3.1.2. Provision of services to the community as a whole	..	..	..	..	..	..
		3.1.3. Compulsory social security	..	..	..	..	..	..
M_Q	80_99	3.2. Education, health, social work related, other community, social and personal services	..	100.5	127.8	108.3	113.6	121.7
M	80	3.2.1. Education	..	35.6	43.7	37.9	43.4	44.2
		3.2.1.1. Primary education	..	..	..	..	..	..
		3.2.1.2. Secondary education	..	..	..	..	..	..
		3.2.1.3. Higher education	..	..	..	..	..	..
		3.2.1.4. Adult and other education	..	..	..	..	..	..
N	85	3.2.2. Health and social work	..	35.9	43.5	40.2	38.3	43.9
		3.2.2.1. Health	..	..	..	..	..	..
		3.2.2.2. Veterinary activities	..	..	..	..	..	..
		3.2.2.3. Social work	..	..	..	..	..	..
O	90_93	3.2.3. Other community, social and personal services	..	29.0	40.6	30.2	31.9	33.7
	90	3.2.3.1. Sanitary and similar services	..	2.1	10.4	5.2	4.9	5.5
	91	3.2.3.2. Membership organisations n.e.c.	..	11.3	12.6	8.1	5.1	3.0
		3.2.3.2.1. Business, employers, professional org.	..	..	..	..	..	..
		3.2.3.2.2. Trade unions	..	..	..	..	..	..
		3.2.3.2.3. Other membership organisations	..	..	..	..	..	..
	92	3.2.3.3. Recreational and cultural services	..	9.4	11.9	11.1	16.5	18.1
		3.2.3.3.1. Motion picture and video activities	..	..	..	..	..	..
		3.2.3.3.2. Radio and television activities	..	..	..	..	..	..
		3.2.3.3.3. Other entertainment activities	..	..	..	..	..	..
		3.2.3.3.4. News agency activities	..	..	..	..	..	..
		3.2.3.3.5. Library, archives, museums, other cultural serv.	..	..	..	..	..	..
		3.2.3.3.6. Sporting activities	..	..	..	..	..	..
		3.2.3.3.7. Other recreational activities	..	..	..	..	..	..
	93	3.2.3.4. Other personal services	..	6.2	5.8	5.7	5.4	7.1
P	95	3.2.4. Private households with employed persons	..	..	..	..	..	..
Q	99	3.2.5. Extra-territorial organisations	..	..	..	..	..	..
		FISIM (Financial Intermediation Services Indirectly Measured)	..	- 12.2	- 28.8	- 40.0	- 50.8	- 60.1
G_Q	50_99	**TOTAL, SERVICES**	..	**552.7**	**588.1**	**557.3**	**599.3**	**611.6**
		GROSS VALUE ADDED, All activities, at basic prices	..	**1 290.9**	**1 151.9**	**1 143.7**	**1 147.1**	**1 167.3**
		% of services in gross value added, all activities	..	42.81	51.06	48.73	52.24	52.39
		Memorandum item:						
		Gross domestic product at market prices	..	1 449.4	1 281.1	1 274.5	1 275.3	1 303.6

I. VALEUR AJOUTÉE BRUTE aux prix de base *(suite)*

B. Prix constants de 1995

Milliards de couronnes tchèques

1995	1996	1997	1998*	1999*		CITI Rév. 3	
82.2	..	..	..	..	2.2.2. Services fournis aux entreprises	71_74	
4.4	..	..	..	..	2.2.2.1. Location, etc.	71	
1.4	..	..	..	..	2.2.2.1.1. Véhicules automobiles		
0.1	..	..	..	..	2.2.2.1.2. Autres matériels de transport		
1.4	..	..	..	..	2.2.2.1.3. Autres machines et équipements		
1.5	..	..	..	..	2.2.2.1.4. Biens personnels et domestiques n.c.a.		
9.5	..	..	..	..	2.2.2.2. Activités informatiques et activités connexes	72	
0.3	..	..	..	..	2.2.2.2.1. Conseil en systèmes informatiques		
5.0	..	..	..	..	2.2.2.2.2. Réalisation de logiciels		
2.8	..	..	..	..	2.2.2.2.3. Traitement de données		
0.0	..	..	..	..	2.2.2.2.4. Activités de banques de données		
0.7	..	..	..	..	2.2.2.2.5. Réparation de machines de bureau, matériel		
0.7	..	..	..	..	2.2.2.2.6. Autres activités rattachées à l'informatique		
4.9	..	..	..	..	2.2.2.3. Recherche et développement	73	
4.8	..	..	..	..	2.2.2.3.1. Sciences naturelles et physiques		
0.1	..	..	..	..	2.2.2.3.2. Sciences sociales et humaines		
63.4	..	..	..	..	2.2.2.4. Autres services fournis aux entreprises	74	
8.9	..	..	..	..	2.2.2.4.1. Activités juridiques, comptables, etc.	741	
23.9	..	..	..	..	2.2.2.4.2. Activ. d'architect., d'ingénierie, aut. serv. tech.	742	
22.4	..	..	..	..	2.2.2.4.2.1. Architecture et ingénierie		
1.5	..	..	..	..	2.2.2.4.2.2. Tests techniques, analyses		
7.8	..	..	..	..	2.2.2.4.3. Publicité	743	
22.8	..	..	..	..	2.2.2.4.4. Autres serv. fournis aux entreprises n.c.a.	749	
1.3	..	..	..	..	2.2.2.4.4.1. Sélection et fourniture de personnel		
3.5	..	..	..	..	2.2.2.4.4.2. Enquêtes et sécurité		
3.8	..	..	..	..	2.2.2.4.4.3. Nettoyage de bâtiments		
14.1	..	..	..	..	2.2.2.4.4.4. Autres		
179.5	157.7	155.1	137.3	133.5	3. Autres services	L_Q	75_99
56.6	..	..	..	..	3.1. Administration publique et défense	L	75
19.2	..	..	..	..	3.1.1. Administration générale, économique et sociale		
35.5	..	..	..	..	3.1.2. Services de prérogatives publiques		
1.9	..	..	..	..	3.1.3. Sécurité sociale obligatoire		
	..	..	..	..	3.2. Enseignement, santé, action sociale, autres activités de services	M_Q	80_99
122.8	..	..	..	..	collectifs, sociaux et personnels		
42.3	..	..	..	..	3.2.1. Enseignement	M	80
18.8	..	..	..	..	3.2.1.1. Enseignement primaire		
13.7	..	..	..	..	3.2.1.2. Enseignement secondaire		
5.9	..	..	..	..	3.2.1.3. Enseignement supérieur		
3.9	..	..	..	..	3.2.1.4. Formation permanente et autres activités d'enseignement		
44.4	..	..	..	..	3.2.2. Santé et action sociale	N	85
37.3	..	..	..	..	3.2.2.1. Santé		
2.1	..	..	..	..	3.2.2.2. Activités vétérinaires		
5.0	..	..	..	..	3.2.2.3. Action sociale		
36.1	..	..	..	..	3.2.3. Autres activités de services collectifs, sociaux et personnels	O	90_93
7.1	..	..	..	..	3.2.3.1. Services sanitaires et analogues	90	
2.8	..	..	..	..	3.2.3.2. Activités associatives diverses	91	
0.3	..	..	..	..	3.2.3.2.1. Organisations patronales, consulaires et profess.		
0.2	..	..	..	..	3.2.3.2.2. Syndicats de salariés		
2.2	..	..	..	..	3.2.3.2.3. Autres organisations associatives		
19.2	..	..	..	..	3.2.3.3. Activités récréatives et culturelles	92	
1.9	..	..	..	..	3.2.3.3.1. Activités cinématographiques et vidéo		
1.5	..	..	..	..	3.2.3.3.2. Activités de radio et de télévision		
4.1	..	..	..	..	3.2.3.3.3. Autres activités de spectacle		
0.4	..	..	..	..	3.2.3.3.4. Agences de presse		
2.6	..	..	..	..	3.2.3.3.5. Bibliothèques, archives, musées, autres services culturels		
2.0	..	..	..	..	3.2.3.3.6. Activités sportives		
6.7	..	..	..	..	3.2.3.3.7. Autres activités récréatives		
6.9	..	..	..	..	3.2.3.4. Autres services personnels	93	
..	..	..	..	..	3.2.4. Ménages privés employant du personnel domestique	P	95
					3.2.5. Organisations extraterritoriales	Q	99
- 66.9	- 78.0	- 83.0	- 84.1	- 90.2	SIFIM (Services d'intermédiation financière indirectement mesurés)		
622.3	**645.8**	**609.8**	**593.9**	**611.1**	**TOTAL, SERVICES**	**G_Q**	**50_99**
1 223.7	**1 279.5**	**1 262.6**	**1 231.1**	**1 218.9**	**VALEUR AJOUTÉE BRUTE, Toutes activités, aux prix de base**		
50.86	50.47	48.30	48.24	50.14	% des services dans la valeur ajoutée brute, toutes activités		
					Pour mémoire :		
1 381.0	1 447.7	1 432.8	1 401.3	1 390.6	Produit intérieur brut aux prix du marché		

CZECH REPUBLIC

II. EMPLOYMENT

A. Total employment **

Thousand persons

ISIC Rev. 3			1989	1990	1991	1992	1993	1994
G_I	**50_64**	1. Motor, wholesale and retail trade; restaurants and hotels; transport and communication	970.9	984.7	939.0	1 010.2	1 105.1	1 191.7
G_H	**50_55**	1.1. Motor, wholesale and retail trade; restaurants and hotels	620.3	613.3	571.1	644.4	720.4	838.8
G	**50_52**	1.1.1. Motor, wholesale and retail trade	525.1	523.8	483.6	543.8	608.7	701.7
	50	1.1.1.1. Motor trade and repairs	..	..	..	..	..	..
		1.1.1.1.1. Sale of motor vehicles	..	..	..	..	..	..
		1.1.1.1.2. Maintenance, repair of motor vehicles	..	..	..	..	..	..
		1.1.1.1.3. Sale of motor vehicle parts	..	..	..	..	..	..
		1.1.1.1.4. Sale, repair of motorcycles	..	..	..	..	..	..
		1.1.1.1.5. Retail sale of automotive fuel	..	..	..	..	..	..
	51	1.1.1.2. Wholesale and commission trade	..	..	..	..	..	..
		1.1.1.2.1. Wholesale on fee or contract basis	..	..	..	..	..	..
		1.1.1.2.2. Agricultural raw material, live animals	..	..	..	..	..	..
		1.1.1.2.3. Food, beverages and tobacco	..	..	..	..	..	..
		1.1.1.2.4. Household goods	..	..	..	..	..	..
		1.1.1.2.5. Non-agri. intermediate products, waste	..	..	..	..	..	..
		1.1.1.2.6. Machinery, equipment and supplies	..	..	..	..	..	..
		1.1.1.2.7. Other wholesale	..	..	..	..	..	..
	52	1.1.1.3. Retail trade and repairs	..	..	..	..	..	..
		1.1.1.3.1. Retail sale in non-specialised stores	..	..	..	..	..	..
		1.1.1.3.2. Food, beverages, tobacco	..	..	..	..	..	..
		1.1.1.3.3. Pharma., medical, cosmetic goods	..	..	..	..	..	..
		1.1.1.3.4. Other new goods in specialised stores	..	..	..	..	..	..
		1.1.1.3.5. Second-hand goods in stores	..	..	..	..	..	..
		1.1.1.3.6. Retail sale not in stores	..	..	..	..	..	..
		1.1.1.3.7. Repair of pers. and household goods	..	..	..	..	..	..
H	55	1.1.2. Restaurants and hotels	95.2	89.5	87.5	100.6	111.7	137.1
		1.1.2.1. Restaurants	..	..	..	..	..	..
		1.1.2.2. Bars	..	..	..	..	..	..
		1.1.2.3. Canteens	..	..	..	..	..	..
		1.1.2.4. Hotels	..	..	..	..	..	..
		1.1.2.5. Camping sites, other short-stay accomodation	..	..	..	..	..	..
I	60_64	1.2. Transport, storage and communication	350.6	371.4	367.9	365.8	384.7	352.9
	60_63	1.2.1. Transport and storage	..	..	..	..	..	..
	60	1.2.1.1. Land transport, transport via pipelines	..	..	..	..	..	..
		1.2.1.1.1. Transport via railways	..	..	..	..	..	..
		1.2.1.1.2. Other land transport	..	..	..	..	..	..
		1.2.1.1.3. Transport via pipelines	..	..	..	..	..	..
	61	1.2.1.2. Water transport	..	..	..	..	..	..
		1.2.1.2.1. Sea and coastal water transport	..	..	..	..	..	..
		1.2.1.2.2. Inland water transport	..	..	..	..	..	..
	62	1.2.1.3. Air transport	..	..	..	..	..	..
		1.2.1.3.1. Scheduled air transport	..	..	..	..	..	..
		1.2.1.3.2. Non-scheduled air transport	..	..	..	..	..	..
		1.2.1.3.3. Space transport	..	..	..	..	..	..
	63	1.2.1.4. Auxiliary transport services, travel agencies	..	..	..	..	..	..
		1.2.1.4.1. Cargo handling and storage	..	..	..	..	..	..
		1.2.1.4.2. Other supporting transport activities	..	..	..	..	..	..
		1.2.1.4.3. Travel agencies, tourist assist. n.e.c.	..	..	..	..	..	..
		1.2.1.4.4. Activities of other transport agencies	..	..	..	..	..	..
	64	1.2.2. Communication	..	..	..	..	..	..
	641	1.2.2.1. Postal and courier services	..	..	..	..	..	..
	642	1.2.2.2. Telecommunications	..	..	..	..	..	..
J_K	**65_74**	2. Finance, insurance, real estate and business services	415.1	409.6	388.3	389.9	367.9	416.6
J	65_67	2.1. Financial and insurance services	25.3	27.7	37.4	50.9	64.6	76.1
	65	2.1.1. Financial intermediation	..	..	..	..	..	..
		2.1.1.1. Monetary intermediation	..	..	..	..	..	..
		2.1.1.2. Other financial intermediation	..	..	..	..	..	..
	66	2.1.2. Insurance and pension funding	..	..	..	..	..	..
	67	2.1.3. Auxiliary financial services	..	..	..	..	..	..
		2.1.3.1. Auxiliary serv. to financial intermediation	..	..	..	..	..	..
		2.1.3.2. Auxiliary serv. to insurance and pension funding	..	..	..	..	..	..
K	70_74	2.2. Real estate and business services	389.8	381.9	350.9	338.9	303.3	340.5
	70	2.2.1. Real estate services	..	..	..	..	..	..
		2.2.1.1. Real estate activities with own or leased property	..	..	..	..	..	..
		2.2.1.2. Letting of own property	..	..	..	..	..	..
		2.2.1.3. Real estate activities on a fee or contract basis	..	..	..	..	..	..

RÉPUBLIQUE TCHÈQUE

II. EMPLOI

A. Emploi total **

Milliers de personnes

1995	1996	1997	1998*	1999*		CITI Rév. 3	
					1. Commerce d'automobiles, de gros et de détail ; restaurants et hôtels ;	**G_I**	**50_64**
1 245.7	1 293.8	1 237.8	1 211.4	1 173.7	transports et communication		
890.5	930.6	884.8	867.6	832.1	1.1. Commerce d'automobiles, de gros et de détail ; restaurants et hôtels	G_H	50_55
748.6	775.2	731.3	705.1	670.5	1.1.1. Commerce d'automobiles, de gros et de détail	G	50_52
..	..	..	..	..	1.1.1.1. Commerce et réparations automobiles		50
..	..	..	..	..	1.1.1.1.1. Commerce de véhicules automobiles		
..	..	..	..	..	1.1.1.1.2. Entretien, réparation de véhicules automobiles		
..	..	..	..	..	1.1.1.1.3. Commerce d'équipements automobiles		
..	..	..	..	..	1.1.1.1.4. Commerce et réparation de motocycles		
..	..	..	..	..	1.1.1.1.5. Commerce de détail de carburants		
..	..	..	..	..	1.1.1.2. Commerce de gros et intermédiaires		51
..	..	..	..	..	1.1.1.2.1. Intermédiaires du commerce de gros		
..	..	..	..	..	1.1.1.2.2. Matières premières agricoles, animaux vivants		
..	..	..	..	..	1.1.1.2.3. Denrées, boissons, tabac		
..	..	..	..	..	1.1.1.2.4. Biens de consommation		
..	..	..	..	..	1.1.1.2.5. Biens intermédiaires non-agricoles, déchets		
..	..	..	..	..	1.1.1.2.6. Gros équipements industriels		
..	..	..	..	..	1.1.1.2.7. Autres commerces de gros		
..	..	..	..	..	1.1.1.3. Commerce de détail et réparations		52
..	..	..	..	..	1.1.1.3.1. Commerce de détail en magasin non spécialisé		
..	..	..	..	..	1.1.1.3.2. Denrées, boissons, tabac		
..	..	..	..	..	1.1.1.3.3. Produits pharmaceutiques et parfumerie		
..	..	..	..	..	1.1.1.3.4. Autres commerces de détail en magasin spécialisé		
..	..	..	..	..	1.1.1.3.5. Biens d'occasion en magasin		
..	..	..	..	..	1.1.1.3.6. Commerce de détail hors magasin		
..	..	..	..	..	1.1.1.3.7. Réparation d'articles personnels et domestiques		
141.9	155.5	153.6	162.5	161.7	1.1.2. Restaurants et hôtels	H	55
..	..	..	..	..	1.1.2.1. Restaurants		
..	..	..	..	..	1.1.2.2. Cafés		
..	..	..	..	..	1.1.2.3. Cantines		
..	..	..	..	..	1.1.2.4. Hôtels		
..	..	..	..	..	1.1.2.5. Camping et autres moyens d'hébergement de courte durée		
355.2	363.1	352.9	343.8	341.6	1.2. Transports, entreposage et communications	I	60_64
..	..	..	..	..	1.2.1. Transports et entreposage		60_63
..	..	..	..	..	1.2.1.1. Transports terrestres, transports par conduites		60
..	..	..	..	..	1.2.1.1.1. Transports par chemin de fer		
..	..	..	..	..	1.2.1.1.2. Autres transports terrestres		
..	..	..	..	..	1.2.1.1.3. Transports par conduites		
..	..	..	..	..	1.2.1.2. Transports par eau		61
..	..	..	..	..	1.2.1.2.1. Transports maritimes et côtiers		
..	..	..	..	..	1.2.1.2.2. Transports fluviaux		
..	..	..	..	..	1.2.1.3. Transports aériens		62
..	..	..	..	..	1.2.1.3.1. Transports aériens réguliers		
..	..	..	..	..	1.2.1.3.2. Transports aériens non réguliers		
..	..	..	..	..	1.2.1.3.3. Transports spatiaux		
..	..	..	..	..	1.2.1.4. Services auxiliaires des transports, agences de voyages		63
..	..	..	..	..	1.2.1.4.1. Manutention et entreposage		
..	..	..	..	..	1.2.1.4.2. Gestion d'infrastructures de transports		
..	..	..	..	..	1.2.1.4.3. Agences de voyage		
..	..	..	..	..	1.2.1.4.4. Organisation du transport de fret		
..	..	..	..	..	1.2.2. Communications		64
..	..	..	..	..	1.2.2.1. Poste et courrier		641
..	..	..	..	..	1.2.2.2. Télécommunications		642
473.8	471.1	481.8	488.5	486.3	2. Banques, assurances, affaires immobilières et services aux entreprises	**J_K**	**65_74**
84.8	89.0	89.4	89.1	88.3	2.1. Établissements financiers	J	65_67
..	..	..	..	..	2.1.1. Intermédiation financière		65
..	..	..	..	..	2.1.1.1. Intermédiation monétaire		
..	..	..	..	..	2.1.1.2. Autres intermédiations financières		
..	..	..	..	..	2.1.2. Assurances et caisses de retraite		66
..	..	..	..	..	2.1.3. Activités financières auxiliaires		67
..	..	..	..	..	2.1.3.1. Auxiliaires financiers		
..	..	..	..	..	2.1.3.2. Auxiliaires d'assurance		
389.0	382.1	392.3	399.4	397.9	2.2. Affaires immobilières et services fournis aux entreprises	K	70_74
..	..	..	..	..	2.2.1. Affaires immobilières		70
..	..	..	..	..	2.2.1.1. Activités immobilières pour compte propre		
..	..	..	..	..	2.2.1.2. Location de biens immobiliers		
..	..	..	..	..	2.2.1.3. Activités immobilières pour compte de tiers		

Les notes se trouvent à la fin du pays

SERVICES : Statistiques sur la valeur ajoutée et l'emploi

CZECH REPUBLIC

II. EMPLOYMENT *(cont.)*

A. Total employment **

Thousand persons

ISIC Rev. 3			1989	1990	1991	1992	1993	1994
	71_74	2.2.2. Business services	..	..	..	..	..	..
	71	2.2.2.1. Renting, etc.	..	..	..	..	..	..
		2.2.2.1.1. Automobiles	..	..	..	..	..	..
		2.2.2.1.2. Other transport equipment	..	..	..	..	..	..
		2.2.2.1.3. Other machinery and equipment	..	..	..	..	..	..
		2.2.2.1.4. Personal and household goods n.e.c.	..	..	..	..	..	..
	72	2.2.2.2. Computer and related activities	..	..	..	..	..	..
		2.2.2.2.1. Hardware consultancy	..	..	..	..	..	..
		2.2.2.2.2. Software consultancy and supply	..	..	..	..	..	..
		2.2.2.2.3. Data processing	..	..	..	..	..	..
		2.2.2.2.4. Data base activities	..	..	..	..	..	..
		2.2.2.2.5. Repair of office,accounting,computing machinery	..	..	..	..	..	..
		2.2.2.2.6. Other computer related activities	..	..	..	..	..	..
	73	2.2.2.3. Research and development	..	..	..	..	..	..
		2.2.2.3.1. Natural sciences and engineering	..	..	..	..	..	..
		2.2.2.3.2. Social sciences and humanities	..	..	..	..	..	..
	74	2.2.2.4. Other business activities	..	..	..	..	..	..
	741	2.2.2.4.1. Legal, accounting services, etc.	..	..	..	..	..	..
	742	2.2.2.4.2. Architect., engineering, other tech. serv.	..	..	..	..	..	..
		2.2.2.4.2.1. Architecture, engineering	..	..	..	..	..	..
		2.2.2.4.2.2. Technical testing, analysis	..	..	..	..	..	..
	743	2.2.2.4.3. Advertising services	..	..	..	..	..	..
	749	2.2.2.4.4. Other business activities n.e.c.	..	..	..	..	..	..
		2.2.2.4.4.1. Labour recruitment, prov. of pers.	..	..	..	..	..	..
		2.2.2.4.4.2. Investigation, security serv.	..	..	..	..	..	..
		2.2.2.4.4.3. Building-cleaning activities	..	..	..	..	..	..
		2.2.2.4.4.4. Other	..	..	..	..	..	..
L_Q	75_99	3. Other services	880.0	896.4	869.0	894.0	878.5	872.6
L	75	3.1. Public administration and defence (1)	91.9	95.7	99.1	123.4	132.7	146.3
		3.1.1. State, and economic and social policy of the community	..	..	..	..	..	..
		3.1.2. Provision of services to the community as a whole	..	..	..	..	..	..
		3.1.3. Compulsory social security	..	..	..	..	..	..
M_Q	80_99	3.2. Education, health, social work related, other community, social and personal services	788.1	800.6	769.9	770.5	745.8	726.3
M	80	3.2.1. Education	309.1	316.8	323.6	326.3	323.9	321.5
		3.2.1.1. Primary education	..	..	..	..	..	..
		3.2.1.2. Secondary education	..	..	..	..	..	..
		3.2.1.3. Higher education	..	..	..	..	..	..
		3.2.1.4. Adult and other education	..	..	..	..	..	..
N	85	3.2.2. Health and social work	275.7	279.5	268.1	268.3	263.3	258.3
		3.2.2.1. Health	..	..	..	..	..	..
		3.2.2.2. Veterinary activities	..	..	..	..	..	..
		3.2.2.3. Social work	..	..	..	..	..	..
O	90_93	3.2.3. Other community, social and personal services	203.3	204.3	178.3	175.9	158.7	146.6
	90	3.2.3.1. Sanitary and similar services	..	..	..	..	..	..
	91	3.2.3.2. Membership organisations n.e.c.	..	..	..	..	..	..
		3.2.3.2.1. Business, employers, professional org.	..	..	..	..	..	..
		3.2.3.2.2. Trade unions	..	..	..	..	..	..
		3.2.3.2.3. Other membership organisations	..	..	..	..	..	..
	92	3.2.3.3. Recreational and cultural services	..	..	..	..	..	..
		3.2.3.3.1. Motion picture and video activities	..	..	..	..	..	..
		3.2.3.3.2. Radio and television activities	..	..	..	..	..	..
		3.2.3.3.3. Other entertainment activities	..	..	..	..	..	..
		3.2.3.3.4. News agency activities	..	..	..	..	..	..
		3.2.3.3.5. Library, archives, museums, other cultural serv.	..	..	..	..	..	..
		3.2.3.3.6. Sporting activities	..	..	..	..	..	..
		3.2.3.3.7. Other recreational activities	..	..	..	..	..	..
	93	3.2.3.4. Other personal services	..	..	..	..	..	..
P	95	3.2.4. Private households with employed persons	..	..	..	..	..	..
Q	99	3.2.5. Extra-territorial organisations	..	..	..	..	..	..
G_Q	50_99	**TOTAL, SERVICES**	**2 266.0**	**2 290.6**	**2 196.3**	**2 294.1**	**2 351.5**	**2 480.8**
		TOTAL EMPLOYMENT, All activities	**5 402.5**	**5 351.2**	**5 058.6**	**4 927.1**	**4 848.3**	**4 884.8**
		% of services in total employment, all activities	41.94	42.81	43.42	46.56	48.50	50.79

RÉPUBLIQUE TCHÈQUE

II. EMPLOI *(suite)*

A. Emploi total **

Milliers de personnes

1995	1996	1997	1998*	1999*		CITI Rév. 3
..	..	..	..	..	2.2.2. Services fournis aux entreprises	71_74
..	..	..	..	..	2.2.2.1. Location, etc.	71
..	..	..	..	..	2.2.2.1.1. Véhicules automobiles	
..	..	..	..	..	2.2.2.1.2. Autres matériels de transport	
..	..	..	..	..	2.2.2.1.3. Autres machines et équipements	
..	..	..	..	..	2.2.2.1.4. Biens personnels et domestiques n.c.a.	
..	..	..	..	..	2.2.2.2. Activités informatiques et activités connexes	72
..	..	..	..	..	2.2.2.2.1. Conseil en systèmes informatiques	
..	..	..	..	..	2.2.2.2.2. Réalisation de logiciels	
..	..	..	..	..	2.2.2.2.3. Traitement de données	
..	..	..	..	..	2.2.2.2.4. Activités de banques de données	
..	..	..	..	..	2.2.2.2.5. Réparation de machines de bureau, matériel	
..	..	..	..	..	2.2.2.2.6. Autres activités rattachées à l'informatique	
..	..	..	..	..	2.2.2.3. Recherche et développement	73
..	..	..	..	..	2.2.2.3.1. Sciences naturelles et physiques	
..	..	..	..	..	2.2.2.3.2. Sciences sociales et humaines	
..	..	..	..	..	2.2.2.4. Autres services fournis aux entreprises	74
..	..	..	..	..	2.2.2.4.1. Activités juridiques, comptables, etc.	741
..	..	..	..	..	2.2.2.4.2. Activ. d'architect., d'ingénierie, aut. serv. tech.	742
..	..	..	..	..	2.2.2.4.2.1. Architecture et ingénierie	
..	..	..	..	..	2.2.2.4.2.2. Tests techniques, analyses	
..	..	..	..	..	2.2.2.4.3. Publicité	743
..	..	..	..	..	2.2.2.4.4. Autres serv. fournis aux entreprises n.c.a.	749
..	..	..	..	..	2.2.2.4.4.1. Sélection et fourniture de personnel	
..	..	..	..	..	2.2.2.4.4.2. Enquêtes et sécurité	
..	..	..	..	..	2.2.2.4.4.3. Nettoyage de bâtiments	
..	..	..	..	..	2.2.2.4.4.4. Autres	
900.0	910.0	900.1	892.6	877.9	3. Autres services	L_Q 75_99
161.6	167.9	175.5	177.0	177.8	3.1. Administration publique et défense (1)	L 75
..	..	..	..	..	3.1.1. Administration générale, économique et sociale	
..	..	..	..	..	3.1.2. Services de prérogatives publiques	
..	..	..	..	..	3.1.3. Sécurité sociale obligatoire	
738.3	742.0	724.6	715.7	700.1	3.2. Enseignement, santé, action sociale, autres activités de services collectifs, sociaux et personnels	M_Q 80_99
321.6	321.8	308.6	304.1	298.3	3.2.1. Enseignement	M 80
..	..	..	..	..	3.2.1.1. Enseignement primaire	
..	..	..	..	..	3.2.1.2. Enseignement secondaire	
..	..	..	..	..	3.2.1.3. Enseignement supérieur	
..	..	..	..	..	3.2.1.4. Formation permanente et autres activités d'enseignement	
262.5	268.2	267.2	262.7	260.0	3.2.2. Santé et action sociale	N 85
..	..	..	..	..	3.2.2.1. Santé	
..	..	..	..	..	3.2.2.2. Activités vétérinaires	
..	..	..	..	..	3.2.2.3. Action sociale	
154.3	152.0	148.8	148.8	141.8	3.2.3. Autres activités de services collectifs, sociaux et personnels	O 90_93
..	..	..	..	..	3.2.3.1. Services sanitaires et analogues	90
..	..	..	..	..	3.2.3.2. Activités associatives diverses	91
..	..	..	..	..	3.2.3.2.1. Organisations patronales, consulaires et profess.	
..	..	..	..	..	3.2.3.2.2. Syndicats de salariés	
..	..	..	..	..	3.2.3.2.3. Autres organisations associatives	
..	..	..	..	..	3.2.3.3. Activités récréatives et culturelles	92
..	..	..	..	..	3.2.3.3.1. Activités cinématographiques et vidéo	
..	..	..	..	..	3.2.3.3.2. Activités de radio et de télévision	
..	..	..	..	..	3.2.3.3.3. Autres activités de spectacle	
..	..	..	..	..	3.2.3.3.4. Agences de presse	
..	..	..	..	..	3.2.3.3.5. Bibliothèques, archives, musées, autres services culturels	
..	..	..	..	..	3.2.3.3.6. Activités sportives	
..	..	..	..	..	3.2.3.3.7. Autres activités récréatives	
..	..	..	..	..	3.2.3.4. Autres services personnels	93
..	..	..	..	..	3.2.4. Ménages privés employant du personnel domestique	P 95
..	..	..	..	..	3.2.5. Organisations extraterritoriales	Q 99
2 619.5	2 674.9	2 619.6	2 592.6	2 537.9	**TOTAL, SERVICES**	G_Q 50_99
5 011.6	5 044.4	4 946.6	4 869.2	4 693.1	**EMPLOI TOTAL, Toutes activités**	
52.27	53.03	52.96	53.24	54.08	% des services dans l'emploi total, toutes activités	

SERVICES : Statistiques sur la valeur ajoutée et l'emploi
© OCDE 2001

CZECH REPUBLIC

B. Employees ***

Thousand persons

ISIC Rev. 3			1989	1990	1991	1992	1993	1994
G_I	50_64	1. Motor, wholesale and retail trade; restaurants and hotels; transport and communication	958.3	940.4	726.8	561.9	514.1	532.6
G_H	50_55	1.1. Motor, wholesale and retail trade; restaurants and hotels	610.3	572.3	387.5	250.7	211.9	240.5
G	50_52	1.1.1. Motor, wholesale and retail trade	525.1	482.8	305.9	213.2	181.5	205.8
	50	1.1.1.1. Motor trade and repairs	..	..	..	..	..	..
		1.1.1.1.1. Sale of motor vehicles	..	..	..	..	..	..
		1.1.1.1.2. Maintenance, repair of motor vehicles	..	..	..	..	..	..
		1.1.1.1.3. Sale of motor vehicle parts	..	..	..	..	..	..
		1.1.1.1.4. Sale, repair of motorcycles	..	..	..	..	..	..
		1.1.1.1.5. Retail sale of automotive fuel	..	..	..	..	..	..
	51	1.1.1.2. Wholesale and commission trade	..	..	..	..	..	..
		1.1.1.2.1. Wholesale on fee or contract basis	..	..	..	..	..	..
		1.1.1.2.2. Agricultural raw material, live animals	..	..	..	..	..	..
		1.1.1.2.3. Food, beverages and tobacco	..	..	..	..	..	..
		1.1.1.2.4. Household goods	..	..	..	..	..	..
		1.1.1.2.5. Non-agri. intermediate products, waste	..	..	..	..	..	..
		1.1.1.2.6. Machinery, equipment and supplies	..	..	..	..	..	..
		1.1.1.2.7. Other wholesale	..	..	..	..	..	..
	52	1.1.1.3. Retail trade and repairs	..	..	..	..	..	..
		1.1.1.3.1. Retail sale in non-specialised stores	..	..	..	..	..	..
		1.1.1.3.2. Food, beverages, tobacco	..	..	..	..	..	..
		1.1.1.3.3. Pharma., medical, cosmetic goods	..	..	..	..	..	..
		1.1.1.3.4. Other new goods in specialised stores	..	..	..	..	..	..
		1.1.1.3.5. Second-hand goods in stores	..	..	..	..	..	..
		1.1.1.3.6. Retail sale not in stores	..	..	..	..	..	..
		1.1.1.3.7. Repair of pers. and household goods	..	..	..	..	..	..
H	55	1.1.2. Restaurants and hotels	85.2	89.5	81.6	37.6	30.4	34.7
		1.1.2.1. Restaurants	..	..	..	..	..	..
		1.1.2.2. Bars	..	..	..	..	..	..
		1.1.2.3. Canteens	..	..	..	..	..	..
		1.1.2.4. Hotels	..	..	..	..	..	..
		1.1.2.5. Camping sites, other short-stay accomodation	..	..	..	..	..	..
I	60_64	1.2. Transport, storage and communication	348.0	368.2	339.3	311.1	302.2	292.0
	60_63	1.2.1. Transport and storage	..	..	..	..	..	..
	60	1.2.1.1. Land transport, transport via pipelines	..	..	..	..	..	..
		1.2.1.1.1. Transport via railways	..	..	..	..	..	..
		1.2.1.1.2. Other land transport	..	..	..	..	..	..
		1.2.1.1.3. Transport via pipelines	..	..	..	..	..	..
	61	1.2.1.2. Water transport	..	..	..	..	..	..
		1.2.1.2.1. Sea and coastal water transport	..	..	..	..	..	..
		1.2.1.2.2. Inland water transport	..	..	..	..	..	..
	62	1.2.1.3. Air transport	..	..	..	..	..	..
		1.2.1.3.1. Scheduled air transport	..	..	..	..	..	..
		1.2.1.3.2. Non-scheduled air transport	..	..	..	..	..	..
		1.2.1.3.3. Space transport	..	..	..	..	..	..
	63	1.2.1.4. Auxiliary transport services, travel agencies	..	..	..	..	..	..
		1.2.1.4.1. Cargo handling and storage	..	..	..	..	..	..
		1.2.1.4.2. Other supporting transport activities	..	..	..	..	..	..
		1.2.1.4.3. Travel agencies, tourist assist. n.e.c.	..	..	..	..	..	..
		1.2.1.4.4. Activities of other transport agencies	..	..	..	..	..	..
	64	1.2.2. Communication	..	..	..	..	..	..
	641	1.2.2.1. Postal and courier services	..	..	..	..	..	..
	642	1.2.2.2. Telecommunications	..	..	..	..	..	..
J_K	65_74	2. Finance, insurance, real estate and business services	405.5	382.8	289.5	206.6	195.3	210.2
J	65_67	2.1. Financial and insurance services	25.3	27.7	36.5	49.9	62.6	72.7
	65	2.1.1. Financial intermediation	..	..	..	..	..	..
		2.1.1.1. Monetary intermediation	..	..	..	..	..	..
		2.1.1.2. Other financial intermediation	..	..	..	..	..	..
	66	2.1.2. Insurance and pension funding	..	..	..	..	..	..
	67	2.1.3. Auxiliary financial services	..	..	..	..	..	..
		2.1.3.1. Auxiliary serv. to financial intermediation	..	..	..	..	..	..
		2.1.3.2. Auxiliary serv. to insurance and pension funding	..	..	..	..	..	..
K	70_74	2.2. Real estate and business services	380.2	355.1	253.0	156.7	132.7	137.5
	70	2.2.1. Real estate services	..	..	..	..	..	..
		2.2.1.1. Real estate activities with own or leased property	..	..	..	..	..	..
		2.2.1.2. Letting of own property	..	..	..	..	..	..
		2.2.1.3. Real estate activities on a fee or contract basis	..	..	..	..	..	..

II. EMPLOI *(suite)*

B. Salariés ***

Milliers de personnes

1995	1996	1997	1998*	1999*		CITI Rév. 3	
					1. Commerce d'automobiles, de gros et de détail ; restaurants et hôtels ; transports et communication	**G_I**	**50_64**
450.0	446.6	604.3	574.3	552.7			
161.8	158.8	313.4	296.7	279.7	1.1. Commerce d'automobiles, de gros et de détail ; restaurants et hôtels	G_H	50_55
134.7	131.6	261.6	250.1	236.8	1.1.1. Commerce d'automobiles, de gros et de détail	G	50_52
10.4	9.0	30.6	29.5	29.3	1.1.1.1. Commerce et réparations automobiles		50
..	..	..	..	..	1.1.1.1.1. Commerce de véhicules automobiles		
..	..	..	..	..	1.1.1.1.2. Entretien, réparation de véhicules automobiles		
..	..	..	..	..	1.1.1.1.3. Commerce d'équipements automobiles		
..	..	..	..	..	1.1.1.1.4. Commerce et réparation de motocycles		
..	..	..	..	..	1.1.1.1.5. Commerce de détail de carburants		
48.7	47.9	97.8	89.9	88.9	1.1.1.2. Commerce de gros et intermédiaires		51
..	..	..	..	..	1.1.1.2.1. Intermédiaires du commerce de gros		
..	..	..	..	..	1.1.1.2.2. Matières premières agricoles, animaux vivants		
..	..	..	..	..	1.1.1.2.3. Denrées, boissons, tabac		
..	..	..	..	..	1.1.1.2.4. Biens de consommation		
..	..	..	..	..	1.1.1.2.5. Biens intermédiaires non-agricoles, déchets		
..	..	..	..	..	1.1.1.2.6. Gros équipements industriels		
..	..	..	..	..	1.1.1.2.7. Autres commerces de gros		
75.6	74.6	133.2	130.8	118.6	1.1.1.3. Commerce de détail et réparations		52
..	..	..	..	..	1.1.1.3.1. Commerce de détail en magasin non spécialisé		
..	..	..	..	..	1.1.1.3.2. Denrées, boissons, tabac		
..	..	..	..	..	1.1.1.3.3. Produits pharmaceutiques et parfumerie		
..	..	..	..	..	1.1.1.3.4. Autres commerces de détail en magasin spécialisé		
..	..	..	..	..	1.1.1.3.5. Biens d'occasion en magasin		
..	..	..	..	..	1.1.1.3.6. Commerce de détail hors magasin		
..	..	..	..	..	1.1.1.3.7. Réparation d'articles personnels et domestiques		
27.1	27.2	51.8	46.6	42.9	1.1.2. Restaurants et hôtels	H	55
..	..	..	..	..	1.1.2.1. Restaurants		
..	..	..	..	..	1.1.2.2. Cafés		
..	..	..	..	..	1.1.2.3. Cantines		
..	..	..	..	..	1.1.2.4. Hôtels		
..	..	..	..	..	1.1.2.5. Camping et autres moyens d'hébergement de courte durée		
288.2	287.8	290.9	277.6	273.1	1.2. Transports, entreposage et communications	I	60_64
208.8	207.7	211.7	204.8	202.9	1.2.1. Transports et entreposage		60_63
181.3	180.0	179.3	171.9	170.0	1.2.1.1. Transports terrestres, transports par conduites		60
..	..	..	..	..	1.2.1.1.1. Transports par chemin de fer		
..	..	..	..	..	1.2.1.1.2. Autres transports terrestres		
..	..	..	..	..	1.2.1.1.3. Transports par conduites		
3.3	2.6	1.9	1.5	1.4	1.2.1.2. Transports par eau		61
..	..	..	..	..	1.2.1.2.1. Transports maritimes et côtiers		
..	..	..	..	..	1.2.1.2.2. Transports fluviaux		
4.9	4.8	4.5	4.7	4.5	1.2.1.3. Transports aériens		62
..	..	..	..	..	1.2.1.3.1. Transports aériens réguliers		
..	..	..	..	..	1.2.1.3.2. Transports aériens non réguliers		
..	..	..	..	..	1.2.1.3.3. Transports spatiaux		
19.3	20.4	26.1	26.7	27.0	1.2.1.4. Services auxiliaires des transports, agences de voyages		63
..	..	..	..	..	1.2.1.4.1. Manutention et entreposage		
..	..	..	..	..	1.2.1.4.2. Gestion d'infrastructures de transports		
..	..	..	..	..	1.2.1.4.3. Agences de voyage		
..	..	..	..	..	1.2.1.4.4. Organisation du transport de fret		
79.5	80.1	79.2	72.8	70.2	1.2.2. Communications		64
..	..	..	..	..	1.2.2.1. Poste et courrier		641
..	..	..	..	..	1.2.2.2. Télécommunications		642
223.8	227.0	266.1	263.4	261.1	2. Banques, assurances, affaires immobilières et services aux entreprises	**J_K**	**65_74**
80.3	83.8	82.0	79.5	75.9	2.1. Établissements financiers	J	65_67
64.6	65.9	62.9	60.2	57.1	2.1.1. Intermédiation financière		65
..	..	..	..	..	2.1.1.1. Intermédiation monétaire		
..	..	..	..	..	2.1.1.2. Autres intermédiations financières		
13.7	15.3	16.4	16.8	16.5	2.1.2. Assurances et caisses de retraite		66
1.9	2.5	2.7	2.6	2.3	2.1.3. Activités financières auxiliaires		67
..	..	..	..	..	2.1.3.1. Auxiliaires financiers		
..	..	..	..	..	2.1.3.2. Auxiliaires d'assurance		
143.5	143.2	184.2	183.9	185.2	2.2. Affaires immobilières et services fournis aux entreprises	K	70_74
23.2	22.3	25.7	25.2	25.0	2.2.1. Affaires immobilières		70
..	..	..	..	..	2.2.1.1. Activités immobilières pour compte propre		
..	..	..	..	..	2.2.1.2. Location de biens immobiliers		
..	..	..	..	..	2.2.1.3. Activités immobilières pour compte de tiers		

Thousand persons

ISIC Rev. 3			1989	1990	1991	1992	1993	1994
	71_74	2.2.2. Business services	..	..	..	..	..	..
	71	2.2.2.1. Renting, etc.	..	..	..	..	..	..
		2.2.2.1.1. Automobiles	..	..	..	..	..	..
		2.2.2.1.2. Other transport equipment	..	..	..	..	..	..
		2.2.2.1.3. Other machinery and equipment	..	..	..	..	..	..
		2.2.2.1.4. Personal and household goods n.e.c.	..	..	..	..	..	..
	72	2.2.2.2. Computer and related activities	..	..	..	..	..	..
		2.2.2.2.1. Hardware consultancy	..	..	..	..	..	..
		2.2.2.2.2. Software consultancy and supply	..	..	..	..	..	..
		2.2.2.2.3. Data processing	..	..	..	..	..	..
		2.2.2.2.4. Data base activities	..	..	..	..	..	..
		2.2.2.2.5. Repair of office,accounting,computing machinery	..	..	..	..	..	..
		2.2.2.2.6. Other computer related activities	..	..	..	..	..	..
	73	2.2.2.3. Research and development	..	..	..	..	..	..
		2.2.2.3.1. Natural sciences and engineering	..	..	..	..	..	..
		2.2.2.3.2. Social sciences and humanities	..	..	..	..	..	..
	74	2.2.2.4. Other business activities	..	..	..	..	..	..
	741	2.2.2.4.1. Legal, accounting services, etc.	..	..	..	..	..	..
	742	2.2.2.4.2. Architect., engineering, other tech. serv.	..	..	..	..	..	..
		2.2.2.4.2.1. Architecture, engineering	..	..	..	..	..	..
		2.2.2.4.2.2. Technical testing, analysis	..	..	..	..	..	..
	743	2.2.2.4.3. Advertising services	..	..	..	..	..	..
	749	2.2.2.4.4. Other business activities n.e.c.	..	..	..	..	..	..
		2.2.2.4.4.1. Labour recruitment, prov. of pers.	..	..	..	..	..	..
		2.2.2.4.4.2. Investigation, security serv.	..	..	..	..	..	..
		2.2.2.4.4.3. Building-cleaning activities	..	..	..	..	..	..
		2.2.2.4.4.4. Other	..	..	..	..	..	..
L_Q	75_99	3. Other services	838.5	839.0	799.7	804.3	782.3	777.0
L	75	3.1. Public administration and defence (1)	87.0	91.7	94.8	118.6	131.2	146.3
		3.1.1. State, and economic and social policy of the community	..	..	..	..	..	..
		3.1.2. Provision of services to the community as a whole	..	..	..	..	..	..
		3.1.3. Compulsory social security	..	..	..	..	..	..
M_Q	80_99	3.2. Education, health, social work related, other community, social and personal services	751.5	747.3	704.9	685.6	651.1	630.8
M	80	3.2.1. Education	309.1	316.8	320.9	314.6	313.9	312.0
		3.2.1.1. Primary education	..	..	..	..	..	..
		3.2.1.2. Secondary education	..	..	..	..	..	..
		3.2.1.3. Higher education	..	..	..	..	..	..
		3.2.1.4. Adult and other education	..	..	..	..	..	..
N	85	3.2.2. Health and social work	275.7	279.5	267.7	262.8	238.0	220.3
		3.2.2.1. Health	..	..	..	..	..	..
		3.2.2.2. Veterinary activities	..	..	..	..	..	..
		3.2.2.3. Social work	..	..	..	..	..	..
O	90_93	3.2.3. Other community, social and personal services	166.7	151.0	116.3	108.2	99.2	98.5
	90	3.2.3.1. Sanitary and similar services	..	..	..	..	..	..
	91	3.2.3.2. Membership organisations n.e.c.	..	..	..	..	..	..
		3.2.3.2.1. Business, employers, professional org.	..	..	..	..	..	..
		3.2.3.2.2. Trade unions	..	..	..	..	..	..
		3.2.3.2.3. Other membership organisations	..	..	..	..	..	..
	92	3.2.3.3. Recreational and cultural services	..	..	..	..	..	..
		3.2.3.3.1. Motion picture and video activities	..	..	..	..	..	..
		3.2.3.3.2. Radio and television activities	..	..	..	..	..	..
		3.2.3.3.3. Other entertainment activities	..	..	..	..	..	..
		3.2.3.3.4. News agency activities	..	..	..	..	..	..
		3.2.3.3.5. Library, archives, museums, other cultural serv.	..	..	..	..	..	..
		3.2.3.3.6. Sporting activities	..	..	..	..	..	..
		3.2.3.3.7. Other recreational activities	..	..	..	..	..	..
	93	3.2.3.4. Other personal services	..	..	..	..	..	..
P	95	3.2.4. Private households with employed persons	..	..	..	..	..	..
Q	99	3.2.5. Extra-territorial organisations	..	..	..	..	..	..
G_Q	50_99	**TOTAL, SERVICES**	**2 202.3**	**2 162.3**	**1 816.0**	**1 572.7**	**1 491.7**	**1 519.8**
		TOTAL EMPLOYEES, All activities	**5 286.7**	**5 091.2**	**4 303.7**	**3 709.7**	**3 433.6**	**3 368.6**
		% of services in total employees, all activities	41.66	42.47	42.20	42.40	43.44	45.12

II. EMPLOI *(suite)*

B. Salariés ***

Milliers de personnes

1995	1996	1997	1998*	1999*		CITI Rév. 3
120.3	120.9	158.5	158.7	160.1	2.2.2. Services fournis aux entreprises	71_74
1.8	1.4	5.7	2.4	2.4	2.2.2.1. Location, etc.	71
..	..	..	..	..	2.2.2.1.1. Véhicules automobiles	
..	..	..	..	..	2.2.2.1.2. Autres matériels de transport	
..	..	..	..	..	2.2.2.1.3. Autres machines et équipements	
..	..	..	..	..	2.2.2.1.4. Biens personnels et domestiques n.c.a.	
10.4	10.7	14.6	15.2	16.8	2.2.2.2. Activités informatiques et activités connexes	72
..	..	..	..	..	2.2.2.2.1. Conseil en systèmes informatiques	
..	..	..	..	..	2.2.2.2.2. Réalisation de logiciels	
..	..	..	..	..	2.2.2.2.3. Traitement de données	
..	..	..	..	..	2.2.2.2.4. Activités de banques de données	
..	..	..	..	..	2.2.2.2.5. Réparation de machines de bureau, matériel	
..	..	..	..	..	2.2.2.2.6. Autres activités rattachées à l'informatique	
24.0	23.1	22.0	21.4	20.1	2.2.2.3. Recherche et développement	73
..	..	..	..	..	2.2.2.3.1. Sciences naturelles et physiques	
..	..	..	..	..	2.2.2.3.2. Sciences sociales et humaines	
84.1	85.7	116.2	119.8	120.8	2.2.2.4. Autres services fournis aux entreprises	74
..	..	..	..	..	2.2.2.4.1. Activités juridiques, comptables, etc.	741
..	..	..	..	..	2.2.2.4.2. Activ. d'architect., d'ingénierie, aut. serv. tech.	742
..	..	..	..	..	2.2.2.4.2.1. Architecture et ingénierie	
..	..	..	..	..	2.2.2.4.2.2. Tests techniques, analyses	
..	..	..	..	..	2.2.2.4.3. Publicité	743
..	..	..	..	..	2.2.2.4.4. Autres serv. fournis aux entreprises n.c.a.	749
..	..	..	..	..	2.2.2.4.4.1. Sélection et fourniture de personnel	
..	..	..	..	..	2.2.2.4.4.2. Enquêtes et sécurité	
..	..	..	..	..	2.2.2.4.4.3. Nettoyage de bâtiments	
..	..	..	..	..	2.2.2.4.4.4. Autres	
796.6	799.4	789.7	782.6	774.7	3. Autres services	L_Q 75_99
160.8	167.0	172.1	174.2	175.1	3.1. Administration publique et défense (1)	L 75
..	..	..	..	..	3.1.1. Administration générale, économique et sociale	
..	..	..	..	..	3.1.2. Services de prérogatives publiques	
..	..	..	..	..	3.1.3. Sécurité sociale obligatoire	
					3.2. Enseignement, santé, action sociale, autres activités de services	M_Q 80_99
635.7	632.5	617.6	608.4	599.6	collectifs, sociaux et personnels	
308.9	308.4	298.3	292.6	287.0	3.2.1. Enseignement	M 80
..	..	..	..	..	3.2.1.1. Enseignement primaire	
..	..	..	..	..	3.2.1.2. Enseignement secondaire	
..	..	..	..	..	3.2.1.3. Enseignement supérieur	
..	..	..	..	..	3.2.1.4. Formation permanente et autres activités d'enseignement	
220.3	218.5	215.0	210.6	212.6	3.2.2. Santé et action sociale	N 85
..	..	..	..	..	3.2.2.1. Santé	
..	..	..	..	..	3.2.2.2. Activités vétérinaires	
..	..	..	..	..	3.2.2.3. Action sociale	
106.5	105.6	104.3	105.2	99.9	3.2.3. Autres activités de services collectifs, sociaux et personnels	O 90_93
25.3	26.0	23.5	22.4	22.8	3.2.3.1. Services sanitaires et analogues	90
15.8	16.9	17.2	19.0	17.6	3.2.3.2. Activités associatives diverses	91
..	..	..	..	..	3.2.3.2.1. Organisations patronales, consulaires et profess.	
..	..	..	..	..	3.2.3.2.2. Syndicats de salariés	
..	..	..	..	..	3.2.3.2.3. Autres organisations associatives	
57.8	56.2	55.9	56.0	52.4	3.2.3.3. Activités récréatives et culturelles	92
..	..	..	..	..	3.2.3.3.1. Activités cinématographiques et vidéo	
..	..	..	..	..	3.2.3.3.2. Activités de radio et de télévision	
..	..	..	..	..	3.2.3.3.3. Autres activités de spectacle	
..	..	..	..	..	3.2.3.3.4. Agences de presse	
..	..	..	..	..	3.2.3.3.5. Bibliothèques, archives, musées, autres services culturels	
..	..	..	..	..	3.2.3.3.6. Activités sportives	
..	..	..	..	..	3.2.3.3.7. Autres activités récréatives	
7.6	6.5	7.7	7.7	7.1	3.2.3.4. Autres services personnels	93
..	..	..	..	..	3.2.4. Ménages privés employant du personnel domestique	P 95
..	..	..	..	..	3.2.5. Organisations extraterritoriales	Q 99
1 470.4	**1 473.0**	**1 660.1**	**1 620.4**	**1 588.5**	**TOTAL, SERVICES**	**G_Q 50_99**
3 123.1	**3 029.8**	**3 462.9**	**3 352.7**	**3 203.9**	**EMPLOI SALARIÉ TOTAL, Toutes activités**	
47.08	48.62	47.94	48.33	49.58	% des services dans l'emploi salarié total, toutes activités	

Sources:

Value Added:
> National Accounts, Czech Statistical Office (CSO), Prague, data sent directly.

Employment:
> "Statistical yearbook of the Czech Republic", CSO, Prague and data sent directly.

General notes:

Value Added:
> * Provisional data derived from quarterly national accounts.

Employment:

> * Provisional data.

> ** Persons employed (annual average number) include employees, permanently employed members of farming and other co-operatives, and private entrepreneurs (single and second job holders) excluding the armed forces and including foreign nationals. Figures are obtained from business surveys and censuses, and from administrative sources. Figures estimated according to the activity prevailing in the establishment up to 1992, and since 1993 according to the activity prevailing in the whole enterprise.

> *** Employees (annual average number) exclude armed forces. Figures are obtained from business surveys and censuses, and from administrative sources. Figures estimated according to the activity prevailing in the establishment up to 1992, and since 1993 according to the activity prevailing in the whole enterprise.

> (1) For Employment item Public Administration and defence excludes the armed forces.

Sources :

Valeur ajoutée :
> Comptes nationaux, Czech Statistical Office (CSO), Prague, données transmises directement.

Emploi :
> "Statistical Yearbook of the Czech Republic", CSO, Prague et données transmises directement.

Notes générales :

Valeur ajoutée :
> * Données provisoires dérivées des comptes nationaux trimestriels.

Emploi :

> * Données provisoires.

> ** L'emploi total (nombre annuel moyen) inclut les salariés, les employés permanents des exploitations agricoles et autres coopératives et les entrepreneurs privés (travailleurs ayant un ou deux emplois) à l'exclusion des forces armées et y compris les travailleurs étrangers. Les données sont obtenues à partir d'enquêtes et de recensements auprès des entreprises ainsi que de sources administratives. Les données sont estimées suivant l'activité principale de l'établissement jusqu'en 1992 et suivant l'activité principale de l'entreprise dans son ensemble à partir de 1993.

> *** Le nombre de salariés (nombre annuel moyen) exclut les forces armées. Les données sont obtenues à partir d'enquêtes et de recensements auprès des entreprises ainsi que de sources administratives. Les données sont estimées suivant l'activité principale de l'établissement jusqu'en 1992 et suivant l'activité principale de l'entreprise dans son ensemble à partir de 1993.

> (1) Pour l'emploi la rubrique Administration publique et défense exclut les forces armées.

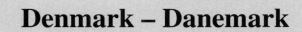

Denmark – Danemark

DENMARK

I. GROSS VALUE ADDED at basic prices

A. Current prices

Billions of Danish kroner

ISIC Rev. 3			1989	1990	1991	1992	1993	1994
G_I	**50_64**	1. Motor, wholesale and retail trade; restaurants and hotels; transport and communication	149.1	161.3	171.4	178.8	178.9	192.8
G_H	50_55	1.1. Motor, wholesale and retail trade; restaurants and hotels	95.5	104.6	113.1	117.0	117.2	127.0
G	50_52	1.1.1. Motor, wholesale and retail trade	85.2	93.5	101.6	105.1	103.0	111.9
	50	1.1.1.1. Motor trade and repairs	9.4	10.3	11.3	11.9	12.1	14.3
		1.1.1.1.1. Sale of motor vehicles	4.8	5.4	6.1	6.4	5.8	9.0
		1.1.1.1.2. Repair of motor vehicles	4.0	4.2	4.4	4.7	5.2	4.0
		1.1.1.1.3. Service stations	0.6	0.7	0.8	0.8	1.1	1.3
	51	1.1.1.2. Wholesale and commission trade	47.5	50.8	55.8	56.6	55.0	59.7
	52	1.1.1.3. Retail trade and repairs	28.4	32.5	34.4	36.6	36.0	37.9
		1.1.1.3.1. Food	10.5	11.7	13.0	14.6	13.0	14.0
		1.1.1.3.2. Department stores	2.9	4.7	4.4	5.0	4.8	4.2
		1.1.1.3.3. Pharmaceutical goods, cosmetic	1.4	1.4	1.6	1.7	1.9	2.0
		1.1.1.3.4. Clothing, footwear	3.2	3.6	3.9	3.9	3.6	4.1
		1.1.1.3.5. Other retail trade and repairs	10.3	11.0	11.5	11.5	12.7	13.6
H	55	1.1.2. Restaurants and hotels	10.3	11.1	11.6	11.9	14.2	15.1
		1.1.2.1. Restaurants	6.9	7.7	8.1	8.3	11.2	12.3
		1.1.2.2. Hotels	3.4	3.4	3.5	3.7	3.0	2.9
I	60_64	1.2. Transport, storage and communication	53.6	56.7	58.3	61.8	61.7	65.8
	60_63	1.2.1. Transport and storage	39.4	40.9	42.3	44.1	44.1	47.1
	60	1.2.1.1. Land transport, transport via pipelines	19.5	19.9	20.9	21.7	22.0	24.0
		1.2.1.1.1. Transport via railways	3.6	4.6	5.2	5.5	6.4	7.9
		1.2.1.1.2. Other scheduled land passenger transp.	3.7	2.5	2.6	2.6	1.4	1.5
		1.2.1.1.3. Taxi and coach services	1.9	2.0	2.0	2.1	3.0	3.3
		1.2.1.1.4. Freight transport by road, pipelines	10.3	10.8	11.0	11.4	11.3	11.4
	61	1.2.1.2. Water transport	6.9	7.4	8.4	8.8	9.4	8.7
	62	1.2.1.3. Air transport	4.2	4.2	3.6	4.0	3.0	3.5
	63	1.2.1.4. Auxiliary transport services, travel agencies	8.8	9.5	9.4	9.6	9.7	10.8
		1.2.1.4.1. Cargo handling, etc., travel agencies	5.4	5.7	6.0	5.8	5.6	6.1
		1.2.1.4.2. Other transport agencies	3.4	3.8	3.4	3.8	4.1	4.7
	64	1.2.2. Communication	14.2	15.8	16.0	17.7	17.6	18.7
	641	1.2.2.1. Postal and courier services	..	..	..	..	..	..
	642	1.2.2.2. Telecommunications	..	..	..	..	..	..
J_K	**65_74**	2. Finance, insurance, real estate and business services	162.6	170.2	176.2	179.3	189.7	202.3
J	65_67	2.1. Financial and insurance services	38.7	38.5	37.3	36.9	41.1	45.4
	65	2.1.1. Financial intermediation	29.1	29.4	28.9	28.5	34.7	37.9
		2.1.1.1. Monetary intermediation	25.1	27.0	24.9	24.3	27.3	29.3
		2.1.1.2. Other financial intermediation	4.1	2.4	4.0	4.2	7.4	8.6
	66	2.1.2. Insurance and pension funding	7.5	6.5	5.2	5.3	3.5	5.6
		2.1.2.1. Life insurance and pension funding	1.6	1.6	1.8	1.7	1.6	1.5
		2.1.2.2. Non-life insurance	5.9	4.9	3.4	3.6	1.9	4.2
	67	2.1.3. Auxiliary financial services	2.0	2.5	3.2	3.1	2.9	1.9
K	70_74	2.2. Real estate and business services	123.9	131.7	138.9	142.4	148.6	156.9
	70	2.2.1. Real estate services	75.7	81.7	85.9	89.3	92.2	95.5
		2.2.1.1. Real estate agents	1.4	1.9	2.0	2.1	1.7	2.4
		2.2.1.2. Dwellings	61.8	65.7	69.0	71.6	73.9	75.0
		2.2.1.3. Letting of non-residential buildings	12.4	14.2	14.9	15.6	16.5	18.1
	71_74	2.2.2. Business services	48.2	50.0	53.0	53.1	56.4	61.4
	71	2.2.2.1. Renting, etc.	2.4	0.7	1.4	- 0.2	3.7	5.1
	72	2.2.2.2. Computer and related activities	8.1	8.8	9.2	9.2	9.5	10.6
		2.2.2.2.1. Computer serv. (excluding software)	3.3	3.6	3.7	3.6	4.2	4.6
		2.2.2.2.2. Software consultancy and supply	4.8	5.3	5.6	5.6	5.3	6.1
	73	2.2.2.3. Research and development	3.2	3.4	3.6	3.3	2.4	2.4
	74	2.2.2.4. Other business activities	34.6	37.0	38.7	40.8	40.8	43.2
	741	2.2.2.4.1. Legal, accounting services, etc.	9.9	11.2	11.9	11.6	11.4	11.0
		2.2.2.4.1.1. Legal services	3.9	4.2	4.5	4.4	4.5	4.2
		2.2.2.4.1.2. Accounting,book-keeping,auditing	6.0	7.0	7.4	7.2	6.9	6.9
	742	2.2.2.4.2. Architect., engineering, other tech. serv.	11.7	12.8	13.3	13.2	14.6	15.2
	743	2.2.2.4.3. Advertising services	3.5	3.4	3.7	4.2	3.4	3.2
	749	2.2.2.4.4. Other business activities n.e.c.	9.5	9.6	9.8	11.7	11.5	13.8
		2.2.2.4.4.1. Industrial cleaning	2.7	2.9	3.0	3.2	4.2	4.5
		2.2.2.4.4.2. Other business services	6.8	6.8	6.8	8.5	7.3	9.3
L_Q	**75_99**	3. Other services	180.7	192.3	200.5	208.7	221.7	231.5
L	75	3.1. Public administration and defence	49.0	50.5	52.5	56.5	59.5	62.5
		3.1.1. General (overall) public services	12.0	11.8	12.6	14.4	15.4	16.0
		3.1.2. Regulation of public serv. (excluding for business)	9.2	9.7	10.4	12.1	13.1	12.8
		3.1.3. Regulation and support of economic activities	10.9	11.4	11.5	12.4	12.6	13.3
		3.1.4. Provision of services to the community as a whole	16.9	17.6	18.0	17.7	18.5	20.4

I. VALEUR AJOUTÉE BRUTE aux prix de base

A. Prix courants

Milliards de couronnes danoises

1995	1996	1997	1998*	1999*		CITI Rév. 3	
					1. Commerce d'automobiles, de gros et de détail ; restaurants et hôtels ;	**G_I**	**50_64**
202.6	213.5	222.6	232.6	252.2	transports et communication		
134.1	140.3	144.7	150.6	159.9	1.1. Commerce d'automobiles, de gros et de détail ; restaurants et hôtels	G_H	50_55
118.2	124.3	127.3	131.9	140.0	1.1.1. Commerce d'automobiles, de gros et de détail	G	50_52
15.4	16.0	16.3	16.9	17.8	1.1.1.1. Commerce et réparations automobiles		50
9.5	9.2	9.5	..	..	1.1.1.1.1. Commerce automobile		
4.5	5.5	5.5	..	..	1.1.1.1.2. Réparations automobiles		
1.4	1.3	1.2	..	..	1.1.1.1.3. Stations services		
63.9	70.4	72.1	73.4	79.1	1.1.1.2. Commerce de gros et intermédiaires		51
38.9	37.9	38.9	41.6	43.0	1.1.1.3. Commerce de détail et réparations		52
14.5	14.3	14.1	..	..	1.1.1.3.1. Produits alimentaires		
3.9	4.0	4.2	..	..	1.1.1.3.2. Grands magasins		
2.1	2.0	2.1	..	..	1.1.1.3.3. Produits pharmaceutiques, de beauté		
4.2	4.1	4.2	..	..	1.1.1.3.4. Habillement, chaussures		
14.1	13.4	14.3	..	..	1.1.1.3.5. Autres commerces de détail et réparations		
15.9	16.0	17.4	18.6	20.0	1.1.2. Restaurants et hôtels	H	55
12.3	12.7	13.4	..	..	1.1.2.1. Restaurants		
3.6	3.4	3.9	..	..	1.1.2.2. Hôtels		
68.4	73.2	78.0	82.1	92.2	1.2. Transports, entreposage et communications	I	60_64
50.2	51.2	55.4	57.0	66.5	1.2.1. Transports et entreposage		60_63
24.4	24.2	25.1	..	..	1.2.1.1. Transports terrestres, transports par conduites		60
7.2	7.0	7.3	..	..	1.2.1.1.1. Transports par chemin de fer		
1.8	2.1	1.7	..	..	1.2.1.1.2. Autres transp. terrestres réguliers de passagers		
3.3	3.1	3.4	..	..	1.2.1.1.3. Taxis et autobus		
12.1	12.1	12.7	..	..	1.2.1.1.4. Transports de marchandises routiers, conduites		
10.5	11.4	14.9	..	..	1.2.1.2. Transports par eau		61
3.8	4.3	4.3	..	..	1.2.1.3. Transports aériens		62
11.5	11.4	11.1	..	..	1.2.1.4. Services auxiliaires des transports, agences de voyages		63
6.5	6.4	6.1	..	..	1.2.1.4.1. Manutention, etc., agences de voyage		
5.0	5.0	5.0	..	..	1.2.1.4.2. Autres agences de transport		
18.2	22.0	22.6	25.1	25.7	1.2.2. Communications		64
..	..	..	..	..	1.2.2.1. Poste et courrier		641
..	..	..	..	..	1.2.2.2. Télécommunications		642
203.1	207.9	220.8	236.2	252.2	2. Banques, assurances, affaires immobilières et services aux entreprises	**J_K**	**65_74**
42.3	43.8	44.5	51.3	54.2	2.1. Établissements financiers	J	65_67
33.6	33.1	33.5	..	..	2.1.1. Intermédiation financière		65
27.3	26.9	28.0	..	..	2.1.1.1. Intermédiation monétaire		
6.3	6.2	5.5	..	..	2.1.1.2. Autre intermédiation financière		
6.0	8.7	9.6	..	..	2.1.2. Assurances et caisses de retraite		66
1.8	2.2	2.3	..	..	2.1.2.1. Assurances vies et caisses de retraite		
4.2	6.5	7.3	..	..	2.1.2.2. Assurances autres que sur la vie		
2.6	2.0	1.5	..	..	2.1.3. Activités financières auxiliaires		67
160.9	164.1	176.2	184.9	198.0	2.2. Affaires immobilières et services fournis aux entreprises	K	70_74
98.3	102.6	105.8	..	..	2.2.1. Affaires immobilières		70
2.3	2.4	2.5	..	..	2.2.1.1. Agents immobiliers		
77.9	80.9	83.0	..	..	2.2.1.2. Logements		
18.1	19.3	20.3	..	..	2.2.1.3. Location de bâtiments non résidentiels		
62.6	61.5	70.5	..	..	2.2.2. Services fournis aux entreprises		71_74
4.9	5.5	4.6	..	..	2.2.2.1. Location, etc.		71
11.9	8.0	11.5	..	..	2.2.2.2. Activités informatiques et activités connexes		72
4.8	3.9	5.9	..	..	2.2.2.2.1. Activités informatiques (logiciels exclus)		
7.1	4.1	5.6	..	..	2.2.2.2.2. Production de logiciels		
2.2	2.6	2.6	..	..	2.2.2.3. Recherche et développement		73
43.6	45.3	51.8	..	..	2.2.2.4. Autres services fournis aux entreprises		74
11.0	11.2	11.9	..	..	2.2.2.4.1. Activités juridiques, comptables, etc.		741
4.1	4.3	4.4	..	..	2.2.2.4.1.1. Activités juridiques		
6.9	7.0	7.5	..	..	2.2.2.4.1.2. Activités comptables et audit		
13.8	15.1	18.8	..	..	2.2.2.4.2. Activ. d'architect., d'ingénierie, aut. serv. tech.		742
3.6	3.7	3.8	..	..	2.2.2.4.3. Publicité		743
15.1	15.3	17.3	..	..	2.2.2.4.4. Autres serv. fournis aux entreprises n.c.a.		749
5.0	5.4	5.7	..	..	2.2.2.4.4.1. Nettoyage industriel		
10.2	9.8	11.6	..	..	2.2.2.4.4.2. Autres services aux entreprises		
240.1	250.4	260.8	273.1	284.5	3. Autres services	**L_Q**	**75_99**
67.2	68.8	71.1	74.7	77.3	3.1. Administration publique et défense	L	75
17.3	18.0	18.5	..	..	3.1.1. Administration publique générale		
15.1	15.6	16.1	..	..	3.1.2. Tutelle des services publiques (entreprises exclues)		
13.7	13.3	13.6	..	..	3.1.3. Tutelle et soutien des activités économiques		
21.1	21.8	23.0	..	..	3.1.4. Services fournis à la collectivité dans son ensemble		

DENMARK

A. Current prices

Billions of Danish kroner

ISIC Rev. 3			1989	1990	1991	1992	1993	1994
M_Q	80_99	3.2. Education, health, social work related, other community, social and personal services	131.7	141.9	148.0	152.2	162.2	168.9
M	80	3.2.1. Education	38.2	38.8	40.9	42.0	45.1	47.9
		3.2.1.1. Primary education	21.4	21.2	21.8	22.5	23.2	24.5
		3.2.1.2. Secondary education	7.7	8.0	8.7	9.2	9.9	10.1
		3.2.1.3. Higher education	5.4	5.8	6.3	6.3	6.9	7.2
		3.2.1.4. Adult and other education	3.7	3.7	4.1	4.0	5.2	6.0
N	85	3.2.2. Health and social work	71.4	75.3	78.0	80.4	83.8	84.8
		3.2.2.1. Health services	30.4	32.6	33.9	34.6	37.1	38.0
		3.2.2.1.1. Hospitals	21.4	22.7	23.2	23.2	23.8	24.5
		3.2.2.1.2. Other health services	9.0	9.9	10.8	11.5	13.3	13.5
		3.2.2.2. Social institutions	41.0	42.6	44.1	45.8	46.6	46.8
		3.2.2.2.1. Social institutions for children	12.3	13.4	15.5	15.7	17.0	17.3
		3.2.2.2.2. Social institutions for adults	28.7	29.2	28.6	30.1	29.6	29.5
O	90_93	3.2.3. Other community, social and personal services (1)	21.1	26.7	27.9	28.7	32.1	35.0
	90	3.2.3.1. Sanitary and similar services	4.9	5.9	6.3	6.5	5.1	4.9
		3.2.3.1.1. Sewage removal and disposal	2.3	2.6	2.9	3.0	2.5	2.4
		3.2.3.1.2. Refuse collection and sanitation	2.0	2.6	2.7	2.8	2.0	2.0
		3.2.3.1.3. Refuse dumps and disposal plants	0.5	0.7	0.7	0.7	0.5	0.6
	91	3.2.3.2. Membership organisations n.e.c.	4.7	7.5	7.8	8.2	9.6	10.9
	92	3.2.3.3. Recreational and cultural services	8.8	10.5	10.9	11.0	13.7	15.3
	93	3.2.3.4. Other personal services	2.7	2.8	3.0	3.0	3.6	3.9
P	95	3.2.4. Private households with employed persons (1)	1.1	1.1	1.1	1.1	1.2	1.2
Q	99	3.2.5. Extra-territorial organisations	..	..	..	..	..	..
		FISIM (Financial Intermediation Services Indirectly Measured)	- 33.1	- 33.8	- 31.7	- 30.4	- 32.0	- 32.2
G_Q	50_99	**TOTAL, SERVICES**	**459.3**	**490.0**	**516.4**	**536.4**	**558.3**	**594.4**
		GROSS VALUE ADDED, All activities, at basic prices	**673.7**	**710.1**	**740.8**	**768.2**	**783.6**	**834.4**
		% of services in gross value added, all activities	68.17	69.00	69.71	69.82	71.25	71.23
		Memorandum item:						
		Gross domestic product at market prices	788.6	825.3	857.7	887.9	900.2	965.7

I. VALEUR AJOUTÉE BRUTE aux prix de base *(suite)*

A. Prix courants

Milliards de couronnes danoises

1995	1996	1997	1998*	1999*		CITI Rév. 3	
172.9	181.6	189.8	198.4	207.1	3.2. Enseignement, santé, action sociale, autres activités de services collectifs, sociaux et personnels	M_Q	80_99
47.1	50.0	51.6	54.1	56.2	3.2.1. Enseignement	M	80
22.9	24.4	24.9	..	..	3.2.1.1. Enseignement primaire		
10.4	10.8	12.0	..	..	3.2.1.2. Enseignement secondaire		
7.8	8.3	8.2	..	..	3.2.1.3. Enseignement supérieur		
6.1	6.6	6.4	..	..	3.2.1.4. Formation permanente et autres		
88.1	93.0	98.7	103.8	107.7	3.2.2. Santé et action sociale	N	85
38.5	40.2	41.6	43.8	45.3	3.2.2.1. Services de santé		
25.1	26.5	27.4	..	..	3.2.2.1.1. Hôpitaux		
13.4	13.7	14.2	..	..	3.2.2.1.2. Autres services de santé		
49.6	52.8	57.1	60.1	62.4	3.2.2.2. Action sociale		
17.9	19.7	20.7	..	..	3.2.2.2.1. Action sociale pour enfants		
31.8	33.1	36.4	..	..	3.2.2.2.1. Action sociale pour adultes		
36.4	37.3	38.2	40.5	43.3	3.2.3. Autres activités de services collectifs, sociaux et personnels (1)	O	90_93
5.4	5.4	5.7	..	..	3.2.3.1. Services sanitaires et analogues		90
2.5	2.4	2.4	..	..	3.2.3.1.1. Enlèvement et traitement des eaux usées		
2.3	2.3	2.4	..	..	3.2.3.1.2. Enlèvement des déchets et voirie		
0.6	0.7	0.9	..	..	3.2.3.1.3. Dépotoirs		
11.2	11.7	11.7	..	..	3.2.3.2. Activités associatives diverses		91
15.9	16.1	16.5	..	..	3.2.3.3. Activités récréatives et culturelles		92
3.9	4.1	4.3	..	..	3.2.3.4. Autres services personnels		93
1.2	1.3	1.3	..	..	3.2.4. Ménages privés employant du personnel domestique (1)	P	95
..	..	..	..	..	3.2.5. Organisations extraterritoriales	Q	99
- 31.4	- 31.2	- 31.1	- 32.5	- 35.1	SIFIM (Services d'intermédiation financière indirectement mesurés)		
614.4	**640.6**	**673.2**	**709.4**	**753.7**	**TOTAL, SERVICES**	G_Q	50_99
871.3	**909.8**	**954.6**	**993.9**	**1 048.6**	**VALEUR AJOUTÉE BRUTE, Toutes activités, aux prix de base**		
70.51	70.41	70.52	71.38	71.88	% des services dans la valeur ajoutée brute, toutes activités		
					Pour mémoire :		
1 009.8	1 060.9	1 116.3	1 169.0	1 229.6	Produit intérieur brut aux prix du marché		

DENMARK

B. Constant 1995 prices

Billions of Danish kroner

ISIC Rev. 3			1989	1990	1991	1992	1993	1994
G_I	**50_64**	1. Motor, wholesale and retail trade; restaurants and hotels; transport and communication	174.1	181.1	186.5	189.0	182.9	191.4
G_H	50_55	1.1. Motor, wholesale and retail trade; restaurants and hotels	114.9	119.1	126.2	124.6	124.4	128.3
G	50_52	1.1.1. Motor, wholesale and retail trade	101.8	105.8	113.4	111.4	110.3	112.8
	50	1.1.1.1. Motor trade and repairs	12.6	12.9	13.1	13.7	13.0	15.3
		1.1.1.1.1. Sale of motor vehicles	5.5	6.2	6.6	7.1	6.2	9.3
		1.1.1.1.2. Repair of motor vehicles	6.5	6.1	5.7	5.8	5.8	4.8
		1.1.1.1.3. Service stations	0.6	0.6	0.7	0.8	1.0	1.2
	51	1.1.1.2. Wholesale and commission trade	58.1	58.2	64.4	61.4	60.9	59.9
	52	1.1.1.3. Retail trade and repairs	31.1	34.7	35.8	36.3	36.4	37.5
		1.1.1.3.1. Food	13.2	14.1	15.0	16.0	14.3	14.7
		1.1.1.3.2. Department stores	2.6	4.4	4.1	4.4	4.5	4.0
		1.1.1.3.3. Pharmaceutical goods, cosmetic	1.3	1.2	1.4	1.2	1.6	1.7
		1.1.1.3.4. Clothing, footwear	3.4	4.0	4.1	3.9	3.6	3.9
		1.1.1.3.5. Other retail trade and repairs	10.6	11.1	11.3	10.8	12.4	13.2
H	55	1.1.2. Restaurants and hotels	13.1	13.2	12.8	13.3	14.1	15.5
		1.1.2.1. Restaurants	8.3	8.7	8.7	9.0	11.0	12.6
		1.1.2.2. Hotels	4.8	4.5	4.1	4.3	3.1	2.9
I	60_64	1.2. Transport, storage and communication	59.2	62.1	60.3	64.4	58.5	63.1
	60_63	1.2.1. Transport and storage	44.3	46.1	44.3	46.9	41.1	44.6
	60	1.2.1.1. Land transport, transport via pipelines	25.9	24.3	24.1	23.7	22.4	24.2
		1.2.1.1.1. Transport via railways	4.8	5.6	5.8	5.9	6.4	7.8
		1.2.1.1.2. Other scheduled land passenger transp.	4.6	3.0	3.0	2.7	1.5	1.5
		1.2.1.1.3. Taxi and coach services	2.4	2.4	2.4	2.5	3.3	3.5
		1.2.1.1.4. Freight transport by road, pipelines	14.0	13.3	12.9	12.5	11.2	11.4
	61	1.2.1.2. Water transport	0.6	4.3	5.0	7.9	5.0	5.5
	62	1.2.1.3. Air transport	6.6	6.4	4.3	4.8	3.4	3.7
	63	1.2.1.4. Auxiliary transport services, travel agencies	11.2	11.1	10.8	10.6	10.3	11.2
		1.2.1.4.1. Cargo handling, etc., travel agencies	6.8	6.4	6.8	6.3	5.8	6.2
		1.2.1.4.2. Other transport agencies	4.3	4.7	4.0	4.2	4.4	5.0
	64	1.2.2. Communication	14.9	15.9	16.0	17.5	17.4	18.5
	641	1.2.2.1. Postal and courier services	..	..	..	..	..	..
	642	1.2.2.2. Telecommunications	..	..	..	..	..	..
J_K	**65_74**	2. Finance, insurance, real estate and business services	200.4	203.7	203.3	198.2	201.4	205.7
J	65_67	2.1. Financial and insurance services	53.1	53.4	51.9	46.4	45.6	46.5
	65	2.1.1. Financial intermediation	41.9	40.3	39.3	35.8	36.9	37.5
		2.1.1.1. Monetary intermediation	35.8	36.7	33.6	30.4	29.0	28.7
		2.1.1.2. Other financial intermediation	6.1	3.6	5.7	5.4	7.9	8.8
	66	2.1.2. Insurance and pension funding	8.5	9.9	8.7	7.1	5.7	7.3
		2.1.2.1. Life insurance and pension funding	1.8	2.5	2.9	2.3	2.3	2.0
		2.1.2.2. Non-life insurance	6.7	7.4	5.8	4.8	3.4	5.4
	67	2.1.3. Auxiliary financial services	2.6	3.2	3.9	3.6	3.0	1.7
K	70_74	2.2. Real estate and business services	147.3	150.3	151.3	151.8	155.8	159.2
	70	2.2.1. Real estate services	96.0	98.2	98.0	98.6	97.0	96.7
		2.2.1.1. Real estate agents	2.9	3.6	2.7	3.3	2.1	2.3
		2.2.1.2. Dwellings	78.3	78.6	78.8	78.6	77.2	75.6
		2.2.1.3. Letting of non-residential buildings	14.8	16.0	16.5	16.7	17.6	18.8
	71_74	2.2.2. Business services	51.3	52.1	53.3	53.2	58.8	62.5
	71	2.2.2.1. Renting, etc.	- 0.1	- 2.1	- 1.5	- 2.3	3.7	5.0
	72	2.2.2.2. Computer and related activities	5.5	6.4	6.0	7.6	8.7	10.0
		2.2.2.2.1. Computer serv. (excluding software)	3.4	3.6	3.6	3.7	4.2	4.5
		2.2.2.2.2. Software consultancy and supply	2.1	2.7	2.5	3.9	4.5	5.4
	73	2.2.2.3. Research and development	3.7	3.8	3.9	3.5	2.5	2.5
	74	2.2.2.4. Other business activities	42.2	44.1	44.9	44.4	43.9	45.0
	741	2.2.2.4.1. Legal, accounting services, etc.	12.6	14.1	14.6	13.3	12.4	11.4
		2.2.2.4.1.1. Legal services	5.3	5.6	5.9	5.5	5.2	4.2
		2.2.2.4.1.2. Accounting,book-keeping,auditing	7.3	8.4	8.7	7.8	7.2	7.1
	742	2.2.2.4.2. Architect., engineering, other tech. serv.	14.2	15.0	15.1	14.2	15.6	15.8
	743	2.2.2.4.3. Advertising services	3.8	3.5	3.9	4.0	3.6	3.4
	749	2.2.2.4.4. Other business activities n.e.c.	11.6	11.4	11.3	12.9	12.4	14.4
		2.2.2.4.4.1. Industrial cleaning	3.4	3.5	3.5	3.6	4.5	4.7
		2.2.2.4.4.2. Other business services	8.3	8.0	7.8	9.3	7.8	9.7
L_Q	**75_99**	3. Other services	211.4	217.8	218.3	219.1	229.6	236.4
L	75	3.1. Public administration and defence	56.2	56.4	56.9	58.4	61.7	63.8
		3.1.1. General (overall) public services	14.0	13.5	13.7	15.1	15.9	16.3
		3.1.2. Regulation of public serv. (excluding for business)	10.7	10.8	11.0	12.5	13.8	13.1
		3.1.3. Regulation and support of economic activities	12.1	12.2	12.7	12.5	13.0	13.6
		3.1.4. Provision of services to the community as a whole	19.3	20.0	19.5	18.3	19.0	20.8

I. VALEUR AJOUTÉE BRUTE aux prix de base *(suite)*

B. Prix constants de 1995

Milliards de couronnes danoises

1995	1996	1997	1998*	1999*		CITI Rév. 3	
202.6	217.2	218.2	221.2	233.7	1. Commerce d'automobiles, de gros et de détail ; restaurants et hôtels ; transports et communication	G_I	50_64
134.1	144.2	143.4	143.8	148.2	1.1. Commerce d'automobiles, de gros et de détail ; restaurants et hôtels	G_H	50_55
118.2	129.0	127.4	127.4	131.5	1.1.1. Commerce d'automobiles, de gros et de détail	G	50_52
15.4	15.3	14.9	15.1	15.2	1.1.1.1. Commerce et réparations automobiles		50
9.5	9.3	9.2	..	..	1.1.1.1.1. Commerce automobile		
4.5	4.8	4.7	..	..	1.1.1.1.2. Réparations automobiles		
1.4	1.1	1.0	..	..	1.1.1.1.3. Stations services		
63.9	75.4	72.5	70.5	73.7	1.1.1.2. Commerce de gros et intermédiaires		51
38.9	38.3	40.0	41.8	42.6	1.1.1.3. Commerce de détail et réparations		52
14.5	14.1	14.0	..	..	1.1.1.3.1. Produits alimentaires		
3.9	4.1	4.5	..	..	1.1.1.3.2. Grands magasins		
2.1	2.2	2.2	..	..	1.1.1.3.3. Produits pharmaceutiques, de beauté		
4.2	4.3	4.5	..	..	1.1.1.3.4. Habillement, chaussures		
14.1	13.7	14.8	..	..	1.1.1.3.5. Autres commerces de détail et réparations		
15.9	15.2	16.0	16.4	16.7	1.1.2. Restaurants et hôtels	H	55
12.3	12.0	12.4	..	..	1.1.2.1. Restaurants		
3.6	3.2	3.6	..	..	1.1.2.2. Hôtels		
68.4	73.0	74.9	77.4	85.6	1.2. Transports, entreposage et communications	I	60_64
50.2	51.0	52.0	53.4	60.4	1.2.1. Transports et entreposage		60_63
24.4	23.1	23.5	..	..	1.2.1.1. Transports terrestres, transports par conduites		60
7.2	6.4	6.6	..	..	1.2.1.1.1. Transports par chemin de fer		
1.8	2.0	1.7	..	..	1.2.1.1.2. Autres transp. terrestres réguliers de passagers		
3.3	2.9	3.1	..	..	1.2.1.1.3. Taxis et autobus		
12.1	11.7	12.0	..	..	1.2.1.1.4. Transports de marchandises routiers, conduites		
10.5	12.4	14.0	..	..	1.2.1.2. Transports par eau		61
3.8	4.4	4.2	..	..	1.2.1.3. Transports aériens		62
11.5	11.1	10.4	..	..	1.2.1.4. Services auxiliaires des transports, agences de voyages		63
6.5	6.3	5.8	..	..	1.2.1.4.1. Manutention, etc., agences de voyage		
5.0	4.8	4.6	..	..	1.2.1.4.2. Autres agences de transport		
18.2	22.1	22.8	24.0	25.2	1.2.2. Communications		64
..	..	..	..	..	1.2.2.1. Poste et courrier		641
..	..	..	..	..	1.2.2.2. Télécommunications		642
203.1	204.8	215.2	226.5	239.2	2. Banques, assurances, affaires immobilières et services aux entreprises	J_K	65_74
42.3	43.8	45.2	49.6	49.3	2.1. Établissements financiers	J	65_67
33.6	34.6	35.8	..	..	2.1.1. Intermédiation financière		65
27.3	28.3	30.1	..	..	2.1.1.1. Intermédiation monétaire		
6.3	6.4	5.6	..	..	2.1.1.2. Autre intermédiation financière		
6.0	7.4	8.1	..	..	2.1.2. Assurances et caisses de retraite		66
1.8	1.8	1.9	..	..	2.1.2.1. Assurances vies et caisses de retraite		
4.2	5.6	6.2	..	..	2.1.2.2. Assurances autres que sur la vie		
2.6	1.7	1.4	..	..	2.1.3. Activités financières auxiliaires		67
160.9	161.0	170.0	176.9	189.9	2.2. Affaires immobilières et services fournis aux entreprises	K	70_74
98.3	100.4	100.7	..	..	2.2.1. Affaires immobilières		70
2.3	2.3	2.2	..	..	2.2.1.1. Agents immobiliers		
77.9	79.6	79.8	..	..	2.2.1.2. Logements		
18.1	18.5	18.7	..	..	2.2.1.3. Location de bâtiments non résidentiels		
62.6	60.6	69.3	..	..	2.2.2. Services fournis aux entreprises		71_74
4.9	5.6	4.7	..	..	2.2.2.1. Location, etc.		71
11.9	8.6	13.3	..	..	2.2.2.2. Activités informatiques et activités connexes		72
4.8	4.1	6.6	..	..	2.2.2.2.1. Activités informatiques (logiciels exclus)		
7.1	4.5	6.7	..	..	2.2.2.2.2. Production de logiciels		
2.2	2.5	2.4	..	..	2.2.2.3. Recherche et développement		73
43.6	43.9	48.8	..	..	2.2.2.4. Autres services fournis aux entreprises		74
11.0	10.7	11.0	..	..	2.2.2.4.1. Activités juridiques, comptables, etc.		741
4.1	4.0	4.0	..	..	2.2.2.4.1.1. Activités juridiques		
6.9	6.7	7.0	..	..	2.2.2.4.1.2. Activités comptables et audit		
13.8	14.6	17.7	..	..	2.2.2.4.2. Activ. d'architect., d'ingénierie, aut. serv. tech.		742
3.6	3.9	4.1	..	..	2.2.2.4.3. Publicité		743
15.1	14.6	16.0	..	..	2.2.2.4.4. Autres serv. fournis aux entreprises n.c.a.		749
5.0	5.2	5.3	..	..	2.2.2.4.4.1. Nettoyage industriel		
10.2	9.4	10.7	..	..	2.2.2.4.4.2. Autres services aux entreprises		
240.1	244.7	248.2	253.9	255.0	3. Autres services	L_Q	75_99
67.2	67.2	67.8	69.2	69.2	3.1. Administration publique et défense	L	75
17.3	17.6	17.6	..	..	3.1.1. Administration publique générale		
15.1	15.2	15.3	..	..	3.1.2. Tutelle des services publiques (entreprises exclues)		
13.7	13.1	13.1	..	..	3.1.3. Tutelle et soutien des activités économiques		
21.1	21.3	21.9	..	..	3.1.4. Services fournis à la collectivité dans son ensemble		

DENMARK

Billions of Danish kroner

ISIC Rev. 3			1989	1990	1991	1992	1993	1994
M_Q	80_99	3.2. Education, health, social work related, other community, social and personal services	155.2	161.4	161.3	160.7	167.9	172.6
M	80	3.2.1. Education	44.6	43.8	44.4	43.8	46.7	48.8
		3.2.1.1. Primary education	25.0	23.9	23.6	23.4	24.1	25.0
		3.2.1.2. Secondary education	9.0	9.1	9.5	9.6	10.1	10.3
		3.2.1.3. Higher education	6.3	6.5	6.8	6.6	7.1	7.4
		3.2.1.4. Adult and other education	4.3	4.2	4.5	4.3	5.4	6.2
N	85	3.2.2. Health and social work	83.0	85.0	84.3	84.2	85.7	86.3
		3.2.2.1. Health services	34.8	36.6	36.9	36.4	38.0	38.5
		3.2.2.1.1. Hospitals	24.9	25.6	24.7	24.5	24.3	24.8
		3.2.2.1.2. Other health services	9.9	10.9	12.1	11.9	13.7	13.7
		3.2.2.2. Social institutions	48.2	48.4	47.5	47.8	47.7	47.9
		3.2.2.2.1. Social institutions for children	14.4	15.3	16.7	16.4	17.4	17.9
		3.2.2.2.2. Social institutions for adults	33.8	33.2	30.8	31.5	30.2	29.9
O	90_93	3.2.3. Other community, social and personal services (1)	26.4	31.4	31.4	31.4	34.3	36.2
	90	3.2.3.1. Sanitary and similar services	6.9	7.6	7.6	7.6	5.6	5.3
		3.2.3.1.1. Sewage removal and disposal	3.4	3.7	3.9	3.9	2.9	2.7
		3.2.3.1.2. Refuse collection and sanitation	2.8	3.1	3.0	3.0	2.1	2.0
		3.2.3.1.3. Refuse dumps and disposal plants	0.7	0.8	0.7	0.7	0.6	0.6
	91	3.2.3.2. Membership organisations n.e.c.	5.7	8.5	8.7	9.0	10.3	11.3
	92	3.2.3.3. Recreational and cultural services	10.4	11.8	11.6	11.4	14.5	15.6
	93	3.2.3.4. Other personal services	3.4	3.5	3.5	3.4	4.0	4.1
P	95	3.2.4. Private households with employed persons (1)	1.2	1.2	1.2	1.2	1.2	1.2
Q	99	3.2.5. Extra-territorial organisations	..	..	..	..	..	..
		FISIM (Financial Intermediation Services Indirectly Measured)	- 44.9	- 43.3	- 40.4	- 36.2	- 34.0	- 31.6
G_Q	50_99	**TOTAL, SERVICES**	**541.0**	**559.3**	**567.5**	**570.1**	**579.9**	**601.9**
		GROSS VALUE ADDED, All activities, at basic prices	**783.7**	**794.5**	**801.8**	**805.0**	**805.6**	**845.3**
		% of services in gross value added, all activities	69.04	70.39	70.79	70.82	71.98	71.21
		Memorandum item:						
		Gross domestic product at market prices	907.2	915.9	926.1	931.8	931.8	982.7

I. VALEUR AJOUTÉE BRUTE aux prix de base *(suite)*

B. Prix constants de 1995

Milliards de couronnes danoises

1995	1996	1997	1998*	1999*		CITI Rév. 3	
					3.2. Enseignement, santé, action sociale, autres activités de services	M_Q	80_99
172.9	177.5	180.4	184.7	185.8	collectifs, sociaux et personnels		
47.1	48.9	49.1	50.2	50.4	3.2.1. Enseignement	M	80
22.9	23.8	23.7	..	..	3.2.1.1. Enseignement primaire		
10.4	10.5	11.4	..	..	3.2.1.2. Enseignement secondaire		
7.8	8.1	7.8	..	..	3.2.1.3. Enseignement supérieur		
6.1	6.4	6.1	..	..	3.2.1.4. Formation permanente et autres		
88.1	90.7	93.8	95.9	96.3	3.2.2. Santé et action sociale	N	85
38.5	39.2	39.6	40.4	40.4	3.2.2.1. Services de santé		
25.1	25.9	26.0	..	..	3.2.2.1.1. Hôpitaux		
13.4	13.3	13.5	..	..	3.2.2.1.2. Autres services de santé		
49.6	51.5	54.3	55.5	55.9	3.2.2.2. Action sociale		
17.9	19.2	19.7	..	..	3.2.2.2.1. Action sociale pour enfants		
31.8	32.3	34.6	..	..	3.2.2.2.1. Action sociale pour adultes		
36.4	36.7	36.2	38.6	39.1	3.2.3. Autres activités de services collectifs, sociaux et personnels (1)	O	90_93
5.4	5.5	5.2	..	..	3.2.3.1. Services sanitaires et analogues		90
2.5	2.5	2.3	..	..	3.2.3.1.1. Enlèvement et traitement des eaux usées		
2.3	2.3	2.1	..	..	3.2.3.1.2. Enlèvement des déchets et voirie		
0.6	0.7	0.7	..	..	3.2.3.1.3. Dépotoirs		
11.2	11.3	11.0	..	..	3.2.3.2. Activités associatives diverses		91
15.9	16.0	16.2	..	..	3.2.3.3. Activités récréatives et culturelles		92
3.9	3.9	3.9	..	..	3.2.3.4. Autres services personnels		93
1.2	1.2	1.3	..	..	3.2.4. Ménages privés employant du personnel domestique (1)	P	95
..	..	..	..	..	3.2.5. Organisations extraterritoriales	Q	99
- 31.4	- 32.6	- 33.6	- 34.0	- 35.1	SIFIM (Services d'intermédiation financière indirectement mesurés)		
614.4	**634.1**	**648.0**	**667.7**	**692.9**	**TOTAL, SERVICES**	**G_Q**	**50_99**
871.3	**891.1**	**916.7**	**939.9**	**963.0**	**VALEUR AJOUTÉE BRUTE, Toutes activités, aux prix de base**		
70.51	71.16	70.69	71.04	71.95	% des services dans la valeur ajoutée brute, toutes activités		
					Pour mémoire :		
1 009.8	1 035.2	1 065.9	1 095.3	1 118.6	Produit intérieur brut aux prix du marché		

DENMARK

Thousand persons

ISIC Rev. 3			1989	1990	1991	1992	1993	1994
G_I	**50_64**	1. Motor, wholesale and retail trade; restaurants and hotels; transport and communication	652.5	649.7	647.3	645.0	630.1	633.6
G_H	50_55	1.1. Motor, wholesale and retail trade; restaurants and hotels	471.1	469.4	466.3	463.2	456.7	461.1
G	50_52	1.1.1. Motor, wholesale and retail trade	406.1	403.2	399.4	395.9	389.4	391.4
	50	1.1.1.1. Motor trade and repairs	60.0	59.5	61.6	60.8	61.4	62.3
		1.1.1.1.1. Sale of motor vehicles	30.7	30.9	32.2	31.3	30.2	30.4
		1.1.1.1.2. Repair of motor vehicles	19.3	18.6	18.6	18.8	20.6	21.8
		1.1.1.1.3. Service stations	10.0	10.0	10.8	10.7	10.6	10.1
	51	1.1.1.2. Wholesale and commission trade	163.1	162.6	160.4	158.6	153.8	154.2
	52	1.1.1.3. Retail trade and repairs	183.0	181.1	177.4	176.5	174.2	174.9
		1.1.1.3.1. Food	62.0	60.2	61.6	64.6	64.4	64.3
		1.1.1.3.2. Department stores	16.0	22.7	19.5	20.9	21.5	24.0
		1.1.1.3.3. Pharmaceutical goods, cosmetic	10.6	9.6	10.0	9.4	8.7	7.9
		1.1.1.3.4. Clothing, footwear	23.4	22.9	22.3	21.2	20.7	20.7
		1.1.1.3.5. Other retail trade and repairs	71.0	65.7	64.0	60.3	58.9	58.0
H	55	1.1.2. Restaurants and hotels	65.0	66.3	66.9	67.3	67.2	69.7
		1.1.2.1. Restaurants	45.8	47.9	48.8	48.5	48.0	49.4
		1.1.2.2. Hotels	19.2	18.4	18.2	18.8	19.3	20.2
I	60_64	1.2. Transport, storage and communication	181.4	180.3	181.0	181.8	173.4	172.5
	60_63	1.2.1. Transport and storage	126.0	126.5	126.9	127.2	122.5	122.1
	60	1.2.1.1. Land transport, transport via pipelines	73.6	72.4	72.0	72.2	69.2	68.9
		1.2.1.1.1. Transport via railways	12.4	15.3	14.5	14.8	14.0	12.7
		1.2.1.1.2. Other scheduled land passenger transp. (3)	17.8	13.9	13.7	13.3	11.3	11.9
		1.2.1.1.3. Taxi and coach services	8.3	8.3	8.3	8.5	9.9	10.1
		1.2.1.1.4. Freight transport by road, pipelines	35.1	34.9	35.5	35.6	34.1	34.1
	61	1.2.1.2. Water transport	16.4	17.6	18.2	19.6	20.0	19.5
	62	1.2.1.3. Air transport	9.4	9.8	10.3	8.8	7.6	7.6
	63	1.2.1.4. Auxiliary transport services, travel agencies	26.7	26.7	26.4	26.6	25.7	26.1
		1.2.1.4.1. Cargo handling, etc., travel agencies	16.2	15.8	16.6	15.8	15.4	15.6
		1.2.1.4.2. Other transport agencies	10.4	11.0	9.7	10.8	10.2	10.4
	64	1.2.2. Communication	55.3	53.7	54.1	54.6	50.9	50.4
	641	1.2.2.1. Postal and courier services	..	..	..	..	..	..
	642	1.2.2.2. Telecommunications	..	..	..	..	..	..
J_K	**65_74**	2. Finance, insurance, real estate and business services	288.8	281.9	283.4	279.4	275.2	275.0
J	65_67	2.1. Financial and insurance services	87.7	86.2	84.3	80.7	77.3	74.3
	65	2.1.1. Financial intermediation	64.2	62.5	62.1	58.8	56.2	54.3
		2.1.1.1. Monetary intermediation	53.7	52.3	51.9	49.3	47.5	45.7
		2.1.1.2. Other financial intermediation	10.5	10.2	10.1	9.6	8.7	8.5
	66	2.1.2. Insurance and pension funding	19.1	19.4	17.9	17.7	17.6	17.2
		2.1.2.1. Life insurance and pension funding	1.5	1.7	1.9	2.3	2.3	2.3
		2.1.2.2. Non-life insurance	17.7	17.7	16.0	15.4	15.3	15.0
	67	2.1.3. Auxiliary financial services	4.4	4.2	4.4	4.2	3.5	2.8
K	70_74	2.2. Real estate and business services	201.1	195.8	199.1	198.7	197.9	200.8
	70	2.2.1. Real estate services	33.0	32.1	32.0	32.7	32.0	30.7
		2.2.1.1. Real estate agents	6.8	7.0	7.5	7.5	7.1	7.1
		2.2.1.2. Dwellings	20.3	19.6	19.3	19.6	19.3	18.3
		2.2.1.3. Letting of non-residential buildings	5.9	5.6	5.3	5.6	5.7	5.4
	71_74	2.2.2. Business services	168.1	163.6	167.0	166.0	165.9	170.0
	71	2.2.2.1. Renting, etc.	6.6	6.4	6.5	6.1	5.6	5.9
	72	2.2.2.2. Computer and related activities	23.4	23.5	24.0	22.6	23.0	24.1
		2.2.2.2.1. Computer serv. (excluding software)	8.5	8.5	8.5	7.8	7.9	8.6
		2.2.2.2.2. Software consultancy and supply	14.9	14.9	15.5	14.8	15.1	15.5
	73	2.2.2.3. Research and development	9.9	10.0	10.4	9.2	7.3	6.8
	74	2.2.2.4. Other business activities	128.1	123.7	126.1	128.1	130.0	133.2
	741	2.2.2.4.1. Legal, accounting services, etc.	28.6	29.3	29.7	28.4	28.2	27.6
		2.2.2.4.1.1. Legal services	10.4	10.1	10.4	10.4	10.2	10.2
		2.2.2.4.1.2. Accounting,book-keeping,auditing	18.2	19.2	19.3	18.0	18.0	17.4
	742	2.2.2.4.2. Architect., engineering, other tech. serv.	34.5	35.0	34.8	33.3	33.7	33.7
	743	2.2.2.4.3. Advertising services	9.6	9.2	9.0	9.6	9.2	9.5
	749	2.2.2.4.4. Other business activities n.e.c.	55.5	50.3	52.7	56.8	58.8	62.4
		2.2.2.4.4.1. Industrial cleaning	26.7	25.7	28.0	28.3	28.2	28.7
		2.2.2.4.4.2. Other business services	28.8	24.6	24.7	28.5	30.6	33.7
L_Q	**75_99**	3. Other services	876.3	880.3	884.6	885.8	892.0	891.4
L	75	3.1. Public administration and defence	194.1	191.9	191.2	199.8	198.2	203.0
		3.1.1. General (overall) public services	65.8	62.2	63.9	70.2	69.0	70.1
		3.1.2. Regulation of public serv. (excluding for business)	22.9	23.3	23.4	25.5	26.0	24.7
		3.1.3. Regulation and support of economic activities	36.9	38.3	36.5	40.6	41.0	40.6
		3.1.4. Provision of services to the community as a whole	68.6	68.2	67.4	63.5	62.2	67.6

II. EMPLOI

A. Emploi total **

Milliers de personnes

1995	1996	1997	1998*	1999*		CITI Rév. 3	
					1. Commerce d'automobiles, de gros et de détail ; restaurants et hôtels ; transports et communication	**G_I**	**50_64**
641.4	664.5	673.4	682.9	688.5			
471.0	493.1	500.6	508.9	514.1	1.1. Commerce d'automobiles, de gros et de détail ; restaurants et hôtels	G_H	50_55
398.9	418.4	424.2	431.0	434.7	1.1.1. Commerce d'automobiles, de gros et de détail	G	50_52
63.9	65.0	67.0	67.2	68.4	1.1.1.1. Commerce et réparations automobiles		50
30.6	30.9	33.8	..	..	1.1.1.1.1. Commerce automobile		
23.2	24.2	22.8			1.1.1.1.2. Réparations automobiles		
10.1	9.8	10.4	..	..	1.1.1.1.3. Stations services		
156.8	169.4	171.2	175.9	178.1	1.1.1.2. Commerce de gros et intermédiaires		51
178.1	184.0	185.9	187.9	188.2	1.1.1.3. Commerce de détail et réparations		52
64.9	67.5	68.0	..	..	1.1.1.3.1. Produits alimentaires		
25.6	25.9	25.4	..	..	1.1.1.3.2. Grands magasins		
7.8	8.1	8.3	..	..	1.1.1.3.3. Produits pharmaceutiques, de beauté		
20.9	21.1	21.0	..	..	1.1.1.3.4. Habillement, chaussures		
59.0	61.5	63.2			1.1.1.3.5. Autres commerces de détail et réparations		
72.2	74.8	76.4	77.9	79.3	1.1.2. Restaurants et hôtels	H	55
51.4	53.5	55.0			1.1.2.1. Restaurants		
20.8	21.3	21.4	..	..	1.1.2.2. Hôtels		
170.3	171.4	172.9	174.0	174.4	1.2. Transports, entreposage et communications	I	60_64
122.9	122.4	122.2	122.4	122.7	1.2.1. Transports et entreposage		60_63
68.8	69.8	70.1	..	..	1.2.1.1. Transports terrestres, transports par conduites		60
12.1	11.8	11.0	..	..	1.2.1.1.1. Transports par chemin de fer		
12.2	12.4	12.9	..	..	1.2.1.1.2. Autres transp. terrestres réguliers de passagers		
10.4	11.0	11.4	..	..	1.2.1.1.3. Taxis et autobus		
34.0	34.6	34.8	..	..	1.2.1.1.4. Transports de marchandises routiers, conduites		
19.1	15.9	15.1	..	..	1.2.1.2. Transports par eau		61
7.6	8.0	8.2	..	..	1.2.1.3. Transports aériens		62
27.4	28.8	28.8	..	..	1.2.1.4. Services auxiliaires des transports, agences de voyages		63
16.4	17.5	17.4	..	..	1.2.1.4.1. Manutention, etc., agences de voyage		
11.0	11.3	11.5	..	..	1.2.1.4.2. Autres agences de transport		
47.5	49.0	50.6	51.6	51.7	1.2.2. Communications		64
..	..	..	..	..	1.2.2.1. Poste et courrier		641
..	..	..	..	..	1.2.2.2. Télécommunications		642
273.6	273.6	284.0	297.1	312.3	2. Banques, assurances, affaires immobilières et services aux entreprises	**J_K**	**65_74**
74.7	74.2	72.3	72.5	72.5	2.1. Établissements financiers	J	65_67
55.1	54.1	52.3	..	..	2.1.1. Intermédiation financière		65
46.7	45.8	44.0	..	..	2.1.1.1. Intermédiation monétaire		
8.4	8.3	8.2	..	..	2.1.1.2. Autre intermédiation financière		
16.5	16.3	16.3	..	..	2.1.2. Assurances et caisses de retraite		66
2.3	2.5	2.6	..	..	2.1.2.1. Assurances vies et caisses de retraite		
14.1	13.8	13.7	..	..	2.1.2.2. Assurances autres que sur la vie		
3.2	3.9	3.7	..	..	2.1.3. Activités financières auxiliaires		67
198.9	199.4	211.7	224.7	239.8	2.2. Affaires immobilières et services fournis aux entreprises	K	70_74
29.7	30.3	30.8	..	..	2.2.1. Affaires immobilières		70
6.8	7.2	7.6	..	..	2.2.1.1. Agents immobiliers		
18.0	18.0	17.8	..	..	2.2.1.2. Logements		
5.0	5.1	5.4	..	..	2.2.1.3. Location de bâtiments non résidentiels		
169.2	169.2	180.9	..	..	2.2.2. Services fournis aux entreprises		71_74
6.2	6.6	6.6	..	..	2.2.2.1. Location, etc.		71
23.8	17.8	24.1	..	..	2.2.2.2. Activités informatiques et activités connexes		72
8.0	6.9	11.7	..	..	2.2.2.2.1. Activités informatiques (logiciels exclus)		
15.8	11.0	12.4	..	..	2.2.2.2.2. Production de logiciels		
6.5	6.8	7.1	..	..	2.2.2.3. Recherche et développement		73
132.7	137.9	143.0	..	..	2.2.2.4. Autres services fournis aux entreprises		74
26.9	26.9	26.9	..	..	2.2.2.4.1. Activités juridiques, comptables, etc.		741
10.0	9.9	9.8	..	..	2.2.2.4.1.1. Activités juridiques		
16.9	17.0	17.0	..	..	2.2.2.4.1.2. Activités comptables et audit		
34.2	35.5	36.6	..	..	2.2.2.4.2. Activ. d'architect., d'ingénierie, aut. serv. tech.		742
9.7	9.7	10.1	..	..	2.2.2.4.3. Publicité		743
62.0	65.7	69.4	..	..	2.2.2.4.4. Autres serv. fournis aux entreprises n.c.a.		749
27.0	28.9	29.6	..	..	2.2.2.4.4.1. Nettoyage industriel		
35.0	36.9	39.8	..	..	2.2.2.4.4.2. Autres services aux entreprises		
891.2	904.4	922.4	934.1	945.6	3. Autres services	**L_Q**	**75_99**
208.4	204.0	203.2	194.6	196.9	3.1. Administration publique et défense	L	75
70.7	70.9	71.6	..	..	3.1.1. Administration publique générale		
29.0	28.6	26.4	..	..	3.1.2. Tutelle des services publiques (entreprises exclues)		
42.9	39.4	39.9	..	..	3.1.3. Tutelle et soutien des activités économiques		
65.8	65.1	65.3	..	..	3.1.4. Services fournis à la collectivité dans son ensemble		

DENMARK

Thousand persons

ISIC Rev. 3			1989	1990	1991	1992	1993	1994
M_Q	80_99	3.2. Education, health, social work related, other community, social and personal services	682.1	688.4	693.4	686.0	693.7	688.4
M	80	3.2.1. Education	187.4	182.6	183.7	178.8	185.7	190.8
		3.2.1.1. Primary education	98.5	95.3	95.2	92.7	92.3	94.0
		3.2.1.2. Secondary education	38.5	37.6	37.6	36.9	38.6	37.9
		3.2.1.3. Higher education	27.1	26.5	26.5	25.8	26.9	27.3
		3.2.1.4. Adult and other education	23.3	23.1	24.3	23.4	27.9	31.5
N	85	3.2.2. Health and social work	386.7	394.7	394.9	391.9	389.0	375.4
		3.2.2.1. Health services	145.5	151.1	153.6	152.7	154.6	149.4
		3.2.2.1.1. Hospitals	93.2	96.7	96.6	94.4	92.4	91.3
		3.2.2.1.2. Other health services	52.4	54.4	57.0	58.3	62.2	58.1
		3.2.2.2. Social institutions	241.2	243.6	241.2	239.2	234.5	226.0
		3.2.2.2.1. Social institutions for children	107.7	110.7	112.8	104.9	103.5	100.2
		3.2.2.2.2. Social institutions for adults	133.5	132.9	128.5	134.3	131.0	125.9
O	90_93	3.2.3. Other community, social and personal services (1)	97.3	100.2	103.8	104.2	107.8	110.8
	90	3.2.3.1. Sanitary and similar services	6.5	7.3	7.8	7.6	7.6	7.2
		3.2.3.1.1. Sewage removal and disposal	1.8	1.9	2.2	2.2	2.1	1.9
		3.2.3.1.2. Refuse collection and sanitation	2.8	3.3	3.5	3.4	3.4	3.1
		3.2.3.1.3. Refuse dumps and disposal plants	1.8	2.1	2.2	2.1	2.2	2.3
	91	3.2.3.2. Membership organisations n.e.c.	28.6	32.3	32.7	33.3	36.7	41.3
	92	3.2.3.3. Recreational and cultural services	39.8	39.4	40.2	41.5	42.0	42.3
	93	3.2.3.4. Other personal services	22.5	21.1	23.0	21.7	21.4	20.0
P	95	3.2.4. Private households with employed persons (1)	10.8	10.9	11.0	11.1	11.2	11.4
Q	99	3.2.5. Extra-territorial organisations	..	..	..	..	..	..
G_Q	50_99	**TOTAL, SERVICES**	**1 817.6**	**1 811.9**	**1 815.3**	**1 810.2**	**1 797.3**	**1 800.0**
		TOTAL EMPLOYMENT, All activities	**2 626.1**	**2 605.7**	**2 590.8**	**2 568.1**	**2 530.7**	**2 520.7**
		% of services in total employment, all activities	69.21	69.54	70.07	70.49	71.02	71.41

II. EMPLOI *(suite)*

A. Emploi total **

Milliers de personnes

1995	1996	1997	1998*	1999*		CITI Rév. 3	
682.7	700.4	719.2	739.5	748.8	3.2. Enseignement, santé, action sociale, autres activités de services collectifs, sociaux et personnels	M_Q	80_99
180.7	185.8	187.3	190.8	193.1	3.2.1. Enseignement	M	80
84.7	88.3	88.6	..	..	3.2.1.1. Enseignement primaire		
37.6	37.4	41.3	..	..	3.2.1.2. Enseignement secondaire		
27.8	28.4	27.0	..	..	3.2.1.3. Enseignement supérieur		
30.6	31.7	30.3	..	..	3.2.1.4. Formation permanente et autres		
381.5	391.5	407.7	423.2	428.8	3.2.2. Santé et action sociale	N	85
145.6	147.4	148.9	149.8	152.1	3.2.2.1. Services de santé		
90.0	92.1	92.9	..	..	3.2.2.1.1. Hôpitaux		
55.6	55.3	56.0	..	..	3.2.2.1.2. Autres services de santé		
235.9	244.1	258.7	273.4	276.7	3.2.2.2. Action sociale		
97.0	104.1	109.0	..	..	3.2.2.2.1. Action sociale pour enfants		
138.9	140.0	149.7	..	..	3.2.2.2.1. Action sociale pour adultes		
109.0	111.4	112.4	125.6	126.8	3.2.3. Autres activités de services collectifs, sociaux et personnels (1)	O	90_93
6.9	7.6	8.1	..	..	3.2.3.1. Services sanitaires et analogues		90
1.7	1.9	2.1	..	..	3.2.3.1.1. Enlèvement et traitement des eaux usées		
2.9	3.3	3.6	..	..	3.2.3.1.2. Enlèvement des déchets et voirie		
2.3	2.3	2.4	..	..	3.2.3.1.3. Dépotoirs		
40.4	40.4	39.5	..	..	3.2.3.2. Activités associatives diverses		91
42.2	44.0	45.2	..	..	3.2.3.3. Activités récréatives et culturelles		92
19.5	19.5	19.6	..	..	3.2.3.4. Autres services personnels		93
11.5	11.7	11.9	..	..	3.2.4. Ménages privés employant du personnel domestique (1)	P	95
..	..	..	..	..	3.2.5. Organisations extraterritoriales	Q	99
1 806.2	**1 842.6**	**1 879.8**	**1 914.2**	**1 946.4**	**TOTAL, SERVICES**	**G_Q**	**50_99**
2 538.8	**2 572.7**	**2 606.8**	**2 642.6**	**2 665.2**	**EMPLOI TOTAL, Toutes activités**		
71.14	71.62	72.11	72.43	73.03	% des services dans l'emploi total, toutes activités		

SERVICES : Statistiques sur la valeur ajoutée et l'emploi
© OCDE 2001

II. EMPLOYMENT *(cont.)*

B. Employees ***

Thousand persons

ISIC Rev. 3			1989	1990	1991	1992	1993	1994
G_I	50_64	1. Motor, wholesale and retail trade; restaurants and hotels; transport and communication	578.6	580.4	577.5	573.5	559.0	564.0
G_H	50_55	1.1. Motor, wholesale and retail trade; restaurants and hotels	411.6	413.7	409.9	405.1	399.0	404.8
G	50_52	1.1.1. Motor, wholesale and retail trade	355.0	356.0	351.5	346.9	340.7	344.2
	50	1.1.1.1. Motor trade and repairs	51.1	51.0	52.4	51.2	51.9	52.2
		1.1.1.1.1. Sale of motor vehicles	28.1	28.4	29.6	28.8	28.0	28.3
		1.1.1.1.2. Repair of motor vehicles	14.3	13.8	13.4	13.1	14.7	15.1
		1.1.1.1.3. Service stations	8.7	8.7	9.4	9.3	9.1	8.8
	51	1.1.1.2. Wholesale and commission trade	153.1	153.0	150.7	148.2	143.2	143.9
	52	1.1.1.3. Retail trade and repairs	150.8	152.0	148.4	147.4	145.6	148.0
		1.1.1.3.1. Food	52.0	51.0	52.1	54.4	54.6	55.2
		1.1.1.3.2. Department stores	16.0	22.7	19.5	20.9	21.5	24.0
		1.1.1.3.3. Pharmaceutical goods, cosmetic	9.3	8.4	8.8	8.3	7.7	7.1
		1.1.1.3.4. Clothing, footwear	18.5	18.3	17.8	16.8	16.7	17.0
		1.1.1.3.5. Other retail trade and repairs	55.0	51.5	50.2	47.0	45.1	44.8
H	55	1.1.2. Restaurants and hotels	56.6	57.7	58.4	58.3	58.3	60.7
		1.1.2.1. Restaurants	38.6	40.4	41.3	40.7	40.2	41.6
		1.1.2.2. Hotels	18.0	17.3	17.1	17.6	18.1	19.1
I	60_64	1.2. Transport, storage and communication	167.1	166.7	167.5	168.3	160.0	159.1
	60_63	1.2.1. Transport and storage	112.1	113.4	113.9	114.3	109.7	109.5
	60	1.2.1.1. Land transport, transport via pipelines	61.3	60.7	60.4	60.7	57.7	57.4
		1.2.1.1.1. Transport via railways	12.4	15.3	14.5	14.8	14.0	12.7
		1.2.1.1.2. Other scheduled land passenger transp. (3)	17.5	13.7	13.4	13.1	11.0	11.6
		1.2.1.1.3. Taxi and coach services	5.6	5.8	5.8	6.0	6.8	7.2
		1.2.1.1.4. Freight transport by road, pipelines	25.8	26.0	26.6	26.8	25.9	25.8
	61	1.2.1.2. Water transport	15.9	17.2	18.1	19.5	19.8	19.4
	62	1.2.1.3. Air transport	9.3	9.8	10.3	8.7	7.6	7.6
	63	1.2.1.4. Auxiliary transport services, travel agencies	25.6	25.7	25.3	25.4	24.6	25.0
		1.2.1.4.1. Cargo handling, etc., travel agencies	15.4	15.0	15.8	14.9	14.6	14.8
		1.2.1.4.2. Other transport agencies	10.1	10.7	9.5	10.5	10.0	10.2
	64	1.2.2. Communication	55.0	53.4	53.6	54.0	50.3	49.7
	641	1.2.2.1. Postal and courier services	..	..	..	..	..	..
	642	1.2.2.2. Telecommunications	..	..	..	..	..	..
J_K	65_74	2. Finance, insurance, real estate and business services	255.3	251.0	252.6	246.1	242.8	243.2
J	65_67	2.1. Financial and insurance services	87.4	86.0	84.2	80.5	77.2	74.1
	65	2.1.1. Financial intermediation	64.2	62.5	62.1	58.8	56.2	54.3
		2.1.1.1. Monetary intermediation	53.7	52.3	51.9	49.3	47.5	45.7
		2.1.1.2. Other financial intermediation	10.5	10.2	10.1	9.6	8.7	8.5
	66	2.1.2. Insurance and pension funding	19.0	19.3	17.8	17.6	17.6	17.2
		2.1.2.1. Life insurance and pension funding	1.4	1.7	1.8	2.3	2.3	2.3
		2.1.2.2. Non-life insurance	17.5	17.6	15.9	15.4	15.3	15.0
	67	2.1.3. Auxiliary financial services	4.3	4.2	4.3	4.1	3.4	2.6
K	70_74	2.2. Real estate and business services	167.8	165.0	168.4	165.5	165.6	169.1
	70	2.2.1. Real estate services	25.0	24.6	24.8	24.8	24.0	23.4
		2.2.1.1. Real estate agents	4.5	4.7	5.0	4.9	4.5	4.9
		2.2.1.2. Dwellings	17.4	17.0	16.9	17.0	16.7	15.9
		2.2.1.3. Letting of non-residential buildings	3.1	2.9	2.9	2.9	2.8	2.6
	71_74	2.2.2. Business services	142.9	140.4	143.6	140.7	141.7	145.7
	71	2.2.2.1. Renting, etc.	3.6	3.6	3.7	3.3	3.1	3.6
	72	2.2.2.2. Computer and related activities	21.6	21.8	22.2	20.8	21.2	22.3
		2.2.2.2.1. Computer serv. (excluding software)	8.4	8.5	8.4	7.7	7.7	8.4
		2.2.2.2.2. Software consultancy and supply	13.2	13.3	13.7	13.1	13.4	13.9
	73	2.2.2.3. Research and development	8.8	8.9	9.2	7.7	6.1	5.5
	74	2.2.2.4. Other business activities	108.8	106.1	108.5	108.9	111.3	114.3
	741	2.2.2.4.1. Legal, accounting services, etc.	24.9	25.6	26.0	24.5	24.2	23.5
		2.2.2.4.1.1. Legal services	9.5	9.3	9.6	9.4	9.1	9.2
		2.2.2.4.1.2. Accounting,book-keeping,auditing	15.3	16.3	16.4	15.2	15.0	14.4
	742	2.2.2.4.2. Architect., engineering, other tech. serv.	30.7	31.4	31.2	29.6	30.0	30.1
	743	2.2.2.4.3. Advertising services	7.1	6.9	6.8	7.0	7.2	7.5
	749	2.2.2.4.4. Other business activities n.e.c.	46.2	42.2	44.5	47.7	49.9	53.3
		2.2.2.4.4.1. Industrial cleaning	22.6	21.8	23.9	24.1	24.3	24.7
		2.2.2.4.4.2. Other business services	23.6	20.5	20.5	23.6	25.6	28.5
L_Q	75_99	3. Other services	858.5	862.9	865.4	865.3	872.0	872.7
L	75	3.1. Public administration and defence	194.0	191.8	191.1	199.7	198.1	202.9
		3.1.1. General (overall) public services	65.8	62.2	63.9	70.2	69.0	70.1
		3.1.2. Regulation of public serv. (excluding for business)	22.9	23.3	23.4	25.5	26.0	24.7
		3.1.3. Regulation and support of economic activities	36.9	38.3	36.5	40.6	41.0	40.6
		3.1.4. Provision of services to the community as a whole	68.5	68.1	67.3	63.4	62.2	67.5

II. EMPLOI *(suite)*

B. Salariés ***

Milliers de personnes

1995	1996	1997	1998*	1999*		CITI Rév. 3	
574.4	598.4	608.6	620.5	627.5	1. Commerce d'automobiles, de gros et de détail ; restaurants et hôtels ; transports et communication	**G_I**	**50_64**
416.3	439.4	447.8	458.4	464.5	1.1. Commerce d'automobiles, de gros et de détail ; restaurants et hôtels	G_H	50_55
353.1	373.6	380.5	389.6	394.3	1.1.1. Commerce d'automobiles, de gros et de détail	G	50_52
53.3	54.4	56.4	57.3	58.4	1.1.1.1. Commerce et réparations automobiles		50
28.6	28.9	31.8	..	..	1.1.1.1.1. Commerce automobile		
16.0	17.0	15.3	..	..	1.1.1.1.2. Réparations automobiles		
8.8	8.6	9.3	..	..	1.1.1.1.3. Stations services		
147.0	159.9	162.2	167.4	169.4	1.1.1.2. Commerce de gros et intermédiaires		51
152.8	159.3	162.0	164.9	166.5	1.1.1.3. Commerce de détail et réparations		52
56.5	59.5	60.5	..	..	1.1.1.3.1. Produits alimentaires		
25.6	25.9	25.4	..	..	1.1.1.3.2. Grands magasins		
7.1	7.4	7.7	..	..	1.1.1.3.3. Produits pharmaceutiques, de beauté		
17.4	17.7	17.8	..	..	1.1.1.3.4. Habillement, chaussures		
46.2	48.8	50.8	..	..	1.1.1.3.5. Autres commerces de détail et réparations		
63.2	65.7	67.3	68.8	70.1	1.1.2. Restaurants et hôtels	H	55
43.5	45.6	47.0	..	..	1.1.2.1. Restaurants		
19.7	20.2	20.3	..	..	1.1.2.2. Hôtels		
158.1	159.1	160.7	162.1	163.0	1.2. Transports, entreposage et communications	I	60_64
111.3	110.8	110.8	111.2	112.0	1.2.1. Transports et entreposage		60_63
58.3	59.4	59.8	..	..	1.2.1.1. Transports terrestres, transports par conduites		60
12.1	11.8	11.0	..	..	1.2.1.1.1. Transports par chemin de fer		
12.0	12.2	12.8	..	..	1.2.1.1.2. Autres transp. terrestres réguliers de passagers		
7.6	8.1	8.5	..	..	1.2.1.1.3. Taxis et autobus		
26.6	27.3	27.6	..	..	1.2.1.1.4. Transports de marchandises routiers, conduites		
19.0	15.7	14.9	..	..	1.2.1.2. Transports par eau		61
7.6	7.9	8.2	..	..	1.2.1.3. Transports aériens		62
26.4	27.8	27.9	..	..	1.2.1.4. Services auxiliaires des transports, agences de voyages		63
15.6	16.8	16.7	..	..	1.2.1.4.1. Manutention, etc., agences de voyage		
10.8	11.1	11.2	..	..	1.2.1.4.2. Autres agences de transport		
46.8	48.2	49.9	50.9	51.0	1.2.2. Communications		64
..	..	..	..	..	1.2.2.1. Poste et courrier		641
..	..	..	..	..	1.2.2.2. Télécommunications		642
243.3	242.6	252.8	265.9	280.4	2. Banques, assurances, affaires immobilières et services aux entreprises	**J_K**	**65_74**
74.6	74.0	72.1	72.3	72.3	2.1. Établissements financiers	J	65_67
55.1	54.1	52.3	..	..	2.1.1. Intermédiation financière		65
46.7	45.8	44.0	..	..	2.1.1.1. Intermédiation monétaire		
8.4	8.3	8.2	..	..	2.1.1.2. Autre intermédiation financière		
16.5	16.3	16.3	..	..	2.1.2. Assurances et caisses de retraite		66
2.3	2.5	2.6	..	..	2.1.2.1. Assurances vies et caisses de retraite		
14.1	13.8	13.7	..	..	2.1.2.2. Assurances autres que sur la vie		
3.0	3.7	3.5	..	..	2.1.3. Activités financières auxiliaires		67
168.7	168.5	180.6	193.6	208.1	2.2. Affaires immobilières et services fournis aux entreprises	K	70_74
23.7	24.5	25.2	..	..	2.2.1. Affaires immobilières		70
5.4	5.9	6.3	..	..	2.2.1.1. Agents immobiliers		
15.8	16.0	16.0	..	..	2.2.1.2. Logements		
2.4	2.6	2.9	..	..	2.2.1.3. Location de bâtiments non résidentiels		
145.0	144.1	155.4	..	..	2.2.2. Services fournis aux entreprises		71_74
3.9	4.4	4.4	..	..	2.2.2.1. Location, etc.		71
21.9	15.8	21.8	..	..	2.2.2.2. Activités informatiques et activités connexes		72
7.7	6.5	11.2	..	..	2.2.2.2.1. Activités informatiques (logiciels exclus)		
14.1	9.3	10.6	..	..	2.2.2.2.2. Production de logiciels		
5.0	5.3	5.6	..	..	2.2.2.3. Recherche et développement		73
114.2	118.6	123.6	..	..	2.2.2.4. Autres services fournis aux entreprises		74
22.9	23.0	22.9	..	..	2.2.2.4.1. Activités juridiques, comptables, etc.		741
9.0	8.9	8.9	..	..	2.2.2.4.1.1. Activités juridiques		
14.0	14.1	14.1	..	..	2.2.2.4.1.2. Activités comptables et audit		
30.6	31.9	33.1	..	..	2.2.2.4.2. Activ. d'architect., d'ingénierie, aut. serv. tech.		742
8.0	8.0	8.4	..	..	2.2.2.4.3. Publicité		743
52.7	55.7	59.2	..	..	2.2.2.4.4. Autres serv. fournis aux entreprises n.c.a.		749
23.0	24.5	25.2	..	..	2.2.2.4.4.1. Nettoyage industriel		
29.7	31.2	33.9	..	..	2.2.2.4.4.2. Autres services aux entreprises		
873.8	887.0	905.0	916.7	927.8	3. Autres services	**L_Q**	**75_99**
208.4	203.9	203.2	194.5	196.8	3.1. Administration publique et défense	L	75
70.7	70.9	71.6	..	..	3.1.1. Administration publique générale		
29.0	28.6	26.4	..	..	3.1.2. Tutelle des services publiques (entreprises exclues)		
42.9	39.4	39.9	..	..	3.1.3. Tutelle et soutien des activités économiques		
65.7	65.1	65.3	..	..	3.1.4. Services fournis à la collectivité dans son ensemble		

DENMARK

Thousand persons

ISIC Rev. 3			1989	1990	1991	1992	1993	1994
M_Q	80_99	3.2. Education, health, social work related, other community, social and personal services	664.4	671.1	674.3	665.6	673.9	669.7
M	80	3.2.1. Education	186.6	181.8	182.7	177.8	184.5	189.6
		3.2.1.1. Primary education	98.5	95.3	95.2	92.7	92.3	94.0
		3.2.1.2. Secondary education	38.5	37.6	37.6	36.9	38.6	37.9
		3.2.1.3. Higher education	27.1	26.5	26.5	25.8	26.9	27.3
		3.2.1.4. Adult and other education	22.4	22.3	23.3	22.3	26.7	30.3
N	85	3.2.2. Health and social work	380.7	388.7	387.9	383.8	381.7	368.7
		3.2.2.1. Health services	139.6	145.1	146.7	144.6	147.2	142.7
		3.2.2.1.1. Hospitals	93.1	96.7	96.6	94.4	92.4	91.3
		3.2.2.1.2. Other health services	46.4	48.4	50.1	50.2	54.8	51.4
		3.2.2.2. Social institutions	241.2	243.6	241.2	239.2	234.5	226.0
		3.2.2.2.1. Social institutions for children	107.7	110.7	112.8	104.9	103.5	100.2
		3.2.2.2.2. Social institutions for adults	133.5	132.9	128.5	134.3	131.0	125.9
O	90_93	3.2.3. Other community, social and personal services (1)	86.3	89.7	92.6	93.0	96.4	100.1
	90	3.2.3.1. Sanitary and similar services	6.3	7.1	7.6	7.5	7.4	7.0
		3.2.3.1.1. Sewage removal and disposal	1.8	1.8	2.1	2.1	2.0	1.8
		3.2.3.1.2. Refuse collection and sanitation	2.8	3.2	3.4	3.3	3.3	3.0
		3.2.3.1.3. Refuse dumps and disposal plants	1.8	2.1	2.2	2.1	2.2	2.3
	91	3.2.3.2. Membership organisations n.e.c.	28.5	32.3	32.7	33.3	36.7	41.3
	92	3.2.3.3. Recreational and cultural services	38.5	38.2	38.7	39.6	40.3	40.7
	93	3.2.3.4. Other personal services	12.9	12.1	13.6	12.7	11.9	11.0
P	95	3.2.4. Private households with employed persons (1)	10.8	10.9	11.0	11.1	11.2	11.4
Q	99	3.2.5. Extra-territorial organisations	..	..	..	..	..	..
G_Q	50_99	**TOTAL, SERVICES**	**1 692.4**	**1 694.3**	**1 695.5**	**1 684.8**	**1 673.8**	**1 679.8**
		TOTAL EMPLOYEES, All activities	**2 371.0**	**2 366.4**	**2 352.7**	**2 325.9**	**2 293.8**	**2 296.0**
		% of services in total employees, all activities	71.38	71.60	72.07	72.44	72.97	73.16

II. EMPLOI *(suite)*

B. Salariés ***

Milliers de personnes

1995	1996	1997	1998*	1999*		CITI Rév. 3	
					3.2. Enseignement, santé, action sociale, autres activités de services	M_Q	80_99
665.4	683.0	701.8	722.1	731.0	collectifs, sociaux et personnels		
179.6	184.6	186.0	189.4	191.7	3.2.1. Enseignement	M	80
84.7	88.3	88.6	..	..	3.2.1.1. Enseignement primaire		
37.6	37.4	41.3	..	..	3.2.1.2. Enseignement secondaire		
27.8	28.4	27.0	..	..	3.2.1.3. Enseignement supérieur		
29.4	30.5	29.0	..	..	3.2.1.4. Formation permanente et autres		
375.6	385.5	401.7	417.1	422.2	3.2.2. Santé et action sociale	N	85
139.7	141.4	142.9	143.7	145.5	3.2.2.1. Services de santé		
90.0	92.1	92.9	..	..	3.2.2.1.1. Hôpitaux		
49.7	49.3	50.0	..	..	3.2.2.1.2. Autres services de santé		
235.9	244.1	258.7	273.4	276.7	3.2.2.2. Action sociale		
97.0	104.1	109.0	..	..	3.2.2.2.1. Action sociale pour enfants		
138.9	140.0	149.7	..	..	3.2.2.2.1. Action sociale pour adultes		
98.7	101.2	102.3	115.6	117.0	3.2.3. Autres activités de services collectifs, sociaux et personnels (1)	O	90_93
6.7	7.4	8.0	..	..	3.2.3.1. Services sanitaires et analogues		90
1.6	1.8	2.0	..	..	3.2.3.1.1. Enlèvement et traitement des eaux usées		
2.8	3.2	3.5	..	..	3.2.3.1.2. Enlèvement des déchets et voirie		
2.3	2.3	2.4	..	..	3.2.3.1.3. Dépotoirs		
40.4	40.3	39.5	..	..	3.2.3.2. Activités associatives diverses		91
40.5	42.1	43.3	..	..	3.2.3.3. Activités récréatives et culturelles		92
11.1	11.3	11.6	..	..	3.2.3.4. Autres services personnels		93
11.5	11.7	11.9	..	..	3.2.4. Ménages privés employant du personnel domestique (1)	P	95
..	..	..	..	..	3.2.5. Organisations extraterritoriales	Q	99
1 691.4	**1 728.0**	**1 766.3**	**1 803.1**	**1 835.7**	**TOTAL, SERVICES**	**G_Q**	**50_99**
2 323.5	**2 361.3**	**2 400.4**	**2 442.7**	**2 468.2**	**EMPLOI SALARIÉ TOTAL, Toutes activités**		
72.80	73.18	73.58	73.82	74.37	% des services dans l'emploi salarié total, toutes activités		

Source:

"Nationalregnskabsstatistik", Danmarks Statistik, Copenhagen.

General notes:

    * Provisional data.

Employment:

  ** Total employment covers employees, the self-employed, unpaid family workers and the armed forces. Each person counts as one unit irrespective of the number of jobs he or she occupies. Wage and salary earners temporarily on leave are not included.

 *** Each person counts as one unit irrespective of the number of jobs he or she occupies. Wage and salary earners temporarily on leave are not included.

(1) From 1998, item Other community, social and personal services includes item Private households with employed persons.

Source :

"Nationalregnskabsstatistik", Danmarks Statistik, Copenhague.

Notes générales :

    * Données provisoires.

Emploi :

  ** L'emploi total inclut les salariés, les travailleurs indépendants, les aides familiaux non rémunérés et les forces armées. Chaque personne compte pour une unité quel que soit le nombre d'emplois qu'elle occupe. Les personnes, percevant un salaire ou un traitement, temporairement absent ne sont pas inclus.

 *** Chaque personne compte pour une unité quel que soit le nombre d'emplois qu'elle occupe. Les personnes, percevant un salaire ou un traitement, temporairement absent ne sont pas inclus.

(1) A partir de 1998, la rubrique Autres activités de services collectifs, sociaux et personnels inclut la rubrique Ménages privés employant du personnel domestique.

Finland – Finlande

FINLAND

I. GROSS VALUE ADDED at basic prices

A. Current prices

Billions of markkaa

ISIC Rev. 3			1989	1990	1991	1992	1993	1994
G_I	50_64	1. Motor, wholesale and retail trade; restaurants and hotels; transport and communication	96.6	101.9	96.6	91.9	92.6	99.3
G_H	50_55	1.1. Motor, wholesale and retail trade; restaurants and hotels	58.7	60.5	55.1	50.1	49.7	53.9
G	50_52	1.1.1. Motor, wholesale and retail trade	50.8	52.0	47.1	42.9	43.0	47.0
	50	1.1.1.1. Motor trade and repairs	8.4	8.4	6.4	5.6	5.6	6.3
		1.1.1.1.1. Sale of motor vehicles,service stations	..	6.4	4.7	4.1	4.2	4.7
		1.1.1.1.2. Maintenance, repair of motor vehicles	..	1.9	1.7	1.5	1.3	1.6
	51	1.1.1.2. Wholesale and commission trade	24.8	25.7	23.5	21.3	22.5	25.1
	52	1.1.1.3. Retail trade and repairs	17.6	17.9	17.2	16.0	14.9	15.6
		1.1.1.3.1. Retail sale	..	17.6	16.9	15.7	14.7	15.3
		1.1.1.3.2. Repair of household goods	..	0.3	0.3	0.3	0.3	0.3
H	55	1.1.2. Restaurants and hotels	7.9	8.5	8.0	7.2	6.7	7.0
		1.1.2.1. Restaurants	5.1	5.6	5.3	4.8	4.4	4.7
		1.1.2.2. Hotels	2.8	2.9	2.6	2.4	2.2	2.3
I	60_64	1.2. Transport, storage and communication	37.9	41.4	41.5	41.9	42.9	45.4
	60_63	1.2.1. Transport and storage	28.7	31.4	31.2	31.2	32.5	35.0
	60	1.2.1.1. Land transport, transport via pipelines	16.3	18.0	17.5	17.2	17.0	17.7
		1.2.1.1.1. Transport via railways	2.6	2.7	2.5	2.4	2.5	2.5
		1.2.1.1.2. Other land transport	13.5	15.0	14.6	14.6	14.2	15.0
		1.2.1.1.2.1. Bus, tram and metro	2.7	3.0	3.1	3.2	3.1	2.9
		1.2.1.1.2.2. Taxi operation	1.3	1.5	1.5	1.4	1.2	1.4
		1.2.1.1.2.3. Freight transport by road	9.5	10.5	10.0	10.0	9.9	10.6
		1.2.1.1.3. Transport via pipelines	0.3	0.3	0.4	0.3	0.3	0.3
	61	1.2.1.2. Water transport	2.4	2.4	2.5	2.6	3.5	3.3
	62	1.2.1.3. Air transport	2.0	2.1	2.2	1.9	2.2	2.9
	63	1.2.1.4. Auxiliary transport services, travel agencies	7.9	8.9	9.0	9.5	9.8	11.1
		1.2.1.4.1. Railway maintenance (1)	..	0.3	0.4	0.4	0.4	0.4
		1.2.1.4.2. Road maintenance (1)	3.2	3.4	3.7	3.6	3.7	4.0
		1.2.1.4.3. Supporting air transport activities	0.3	0.4	0.5	0.5	0.4	0.5
		1.2.1.4.4. Other supporting transport activities	4.4	4.7	4.5	5.0	5.3	6.1
	64	1.2.2. Communication	9.2	10.0	10.4	10.6	10.4	10.4
	641	1.2.2.1. Postal and courier services	3.8	4.1	4.3	4.4	4.2	4.2
	642	1.2.2.2. Telecommunications	5.4	5.9	6.1	6.2	6.2	6.1
J_K	65_74	2. Finance, insurance, real estate and business services	72.5	81.5	83.5	81.1	88.9	92.0
J	65_67	2.1. Financial and insurance services	17.5	21.7	19.2	14.9	18.8	18.0
	65	2.1.1. Financial intermediation	15.7	18.9	16.3	12.1	15.2	15.4
	66	2.1.2. Insurance and pension funding	1.2	2.5	2.5	2.5	3.2	1.8
	67	2.1.3. Auxiliary financial services	0.6	0.3	0.4	0.3	0.5	0.7
K	70_74	2.2. Real estate and business services	55.0	59.7	64.3	66.3	70.1	74.0
	70	2.2.1. Real estate services	35.4	38.2	43.9	47.0	50.3	51.9
		2.2.1.1. Real estate with own property	3.0	3.0	2.5	1.8	1.2	1.3
		2.2.1.2. Letting and operation of property	28.2	30.8	36.6	40.4	44.1	45.5
		2.2.1.2.1. Letting and operation of dwellings	23.7	25.9	31.6	36.3	40.6	42.2
		2.2.1.2.2. Letting and operation of real estate	4.5	4.9	4.9	4.1	3.5	3.3
		2.2.1.3. Real estate activities on a fee or contract basis	4.2	4.4	4.7	4.9	5.0	5.1
		2.2.1.3.1. Real estate agencies	1.0	0.8	0.6	0.6	0.7	0.7
		2.2.1.3.2. Management of real estate	3.3	3.7	4.1	4.3	4.3	4.4
	71_74	2.2.2. Business services	19.6	21.5	20.4	19.3	19.8	22.2
	71	2.2.2.1. Renting, etc.	1.2	1.3	1.1	1.1	1.0	1.1
	72	2.2.2.2. Computer and related activities	3.7	4.0	4.0	4.0	4.1	4.4
	73	2.2.2.3. Research and development	1.6	1.9	2.1	2.1	2.0	2.0
	74	2.2.2.4. Other business activities	13.0	14.4	13.2	12.0	12.7	14.7
	741	2.2.2.4.1. Legal, accounting services, etc.	1.9	2.2	2.7	2.9	3.4	4.1
	742	2.2.2.4.2. Architect., engineering, other tech. serv.	5.2	5.9	4.8	4.1	4.6	5.4
	743	2.2.2.4.3. Advertising services	1.4	1.3	1.0	0.8	0.8	1.0
	749	2.2.2.4.4. Other business activities n.e.c.	4.6	5.0	4.7	4.2	3.9	4.3
		2.2.2.4.4.1. Industrial cleaning	1.6	1.7	1.6	1.5	1.3	1.4
		2.2.2.4.4.2. Other business services	3.0	3.3	3.1	2.7	2.6	2.9
L_Q	75_99	3. Other services	91.7	102.8	111.9	112.4	107.7	109.2
L	75	3.1. Public administration and defence	22.0	24.2	27.2	27.0	25.3	25.8
		3.1.1. Public administration	19.8	21.8	24.6	24.4	22.8	23.2
		3.1.2. Defence equipment and conscripts	0.4	0.5	0.5	0.5	0.5	0.5
		3.1.3. Compulsory social security	1.8	1.9	2.1	2.1	2.0	2.1
		3.1.3.1. Employment pension insurance	0.8	0.9	1.0	1.0	1.0	1.0
		3.1.3.2. Other compulsory social security	0.9	1.0	1.1	1.1	1.0	1.1

I. VALEUR AJOUTÉE BRUTE aux prix de base

A. Prix courants

Milliards de marks finlandais

1995	1996	1997	1998	1999*		CITI Rév. 3	
					1. Commerce d'automobiles, de gros et de détail ; restaurants et hôtels ;	**G_I**	**50_64**
105.7	111.7	123.5	134.2	141.4	transports et communication		
57.6	60.8	68.2	73.3	77.0	1.1. Commerce d'automobiles, de gros et de détail ; restaurants et hôtels	G_H	50_55
49.9	53.0	60.1	64.2	67.5	1.1.1. Commerce d'automobiles, de gros et de détail	G	50_52
7.2	8.0	9.2	10.4	11.0	1.1.1.1. Commerce et réparations automobiles		50
5.3	6.0	7.2	8.3	8.8	1.1.1.1.1. Commerce automobile, stations services		
1.8	1.9	2.0	2.2	2.2	1.1.1.1.2. Entretien et réparations automobiles		
25.1	26.3	31.3	32.9	34.7	1.1.1.2. Commerce de gros et intermédiaires		51
17.7	18.7	19.6	20.9	21.8	1.1.1.3. Commerce de détail et réparations		52
17.4	18.4	19.3	20.5	21.4	1.1.1.3.1. Commerce de détail		
0.3	0.3	0.3	0.4	0.4	1.1.1.3.2. Réparation d'articles domestiques		
7.7	7.8	8.1	9.1	9.5	1.1.2. Restaurants et hôtels	H	55
5.2	5.2	5.3	6.1	6.4	1.1.2.1. Restaurants		
2.5	2.6	2.8	2.9	3.1	1.1.2.2. Hôtels		
48.1	50.9	55.3	60.9	64.4	1.2. Transports, entreposage et communications	I	60_64
37.1	38.5	41.5	44.5	45.4	1.2.1. Transports et entreposage		60_63
18.9	19.6	20.7	22.2	22.9	1.2.1.1. Transports terrestres, transports par conduites		60
2.4	2.3	2.4	2.4	2.3	1.2.1.1.1. Transports par chemin de fer		
16.0	16.7	17.8	19.0	19.6	1.2.1.1.2. Autres transp. terrestres		
3.0	2.9	2.9	3.0	3.1	1.2.1.1.2.1. Bus, tramway et métro		
1.5	1.8	1.9	2.1	2.2	1.2.1.1.2.2. Taxis		
11.5	12.0	12.9	13.9	14.3	1.2.1.1.2.3. Transports de marchandises routiers		
0.5	0.6	0.6	0.8	1.0	1.2.1.1.3. Transports par conduites		
3.2	3.2	3.7	4.2	4.3	1.2.1.2. Transports par eau		61
3.0	3.1	3.5	3.9	3.8	1.2.1.3. Transports aériens		62
12.0	12.6	13.6	14.2	14.4	1.2.1.4. Services auxiliaires des transports, agences de voyages		63
0.5	0.5	0.5	0.6	0.6	1.2.1.4.1. Entretien des chemins de fer (1)		
4.4	4.4	4.6	4.7	4.8	1.2.1.4.2. Entretien des routes (1)		
0.6	0.6	0.7	0.8	0.8	1.2.1.4.3. Services aéroportuaires		
6.6	7.0	7.8	8.2	8.1	1.2.1.4.4. Autres services auxiliaires des transports		
11.0	12.4	13.8	16.4	19.0	1.2.2. Communications		64
4.5	4.9	5.1	5.4	5.6	1.2.2.1. Poste et courrier		641
6.6	7.5	8.7	11.0	13.4	1.2.2.2. Télécommunications		642
97.8	106.3	113.7	123.1	133.4	2. Banques, assurances, affaires immobilières et services aux entreprises	**J_K**	**65_74**
18.8	21.3	20.2	21.0	22.0	2.1. Établissements financiers	J	65_67
15.1	15.6	17.2	16.7	18.5	2.1.1. Intermédiation financière		65
3.2	5.1	2.1	3.0	2.0	2.1.2. Assurances et caisses de retraite		66
0.5	0.6	0.9	1.3	1.5	2.1.3. Activités financières auxiliaires		67
79.0	85.0	93.5	102.2	111.4	2.2. Affaires immobilières et services fournis aux entreprises	K	70_74
54.2	57.2	62.6	67.0	72.0	2.2.1. Affaires immobilières		70
1.6	1.8	2.3	2.7	2.8	2.2.1.1. Activités immobilières pour compte propre		
48.1	51.0	55.9	59.3	63.8	2.2.1.2. Location et exploitation de biens immobiliers		
43.8	46.6	51.4	54.3	57.4	2.2.1.2.1. Location et exploitation de logements		
4.3	4.4	4.5	5.0	6.4	2.2.1.2.2. Location et exploitation d'immeubles		
4.5	4.4	4.4	5.0	5.3	2.2.1.3. Activités immobilières à forfait ou sous contrat		
0.6	0.7	0.8	1.1	1.3	2.2.1.3.1. Agences immobilières		
3.9	3.7	3.5	3.9	4.1	2.2.1.3.2. Gestion de biens immobiliers		
24.9	27.8	30.9	35.2	39.5	2.2.2. Services fournis aux entreprises		71_74
1.1	1.2	1.4	1.5	1.8	2.2.2.1. Location, etc.		71
4.6	5.1	6.0	8.2	9.5	2.2.2.2. Activités informatiques et activités connexes		72
2.2	2.4	2.7	2.9	3.1	2.2.2.3. Recherche et développement		73
17.0	19.1	20.8	22.5	25.1	2.2.2.4. Autres services fournis aux entreprises		74
4.5	5.2	6.4	6.7	7.4	2.2.2.4.1. Activités juridiques, comptables, etc.		741
6.4	6.7	6.5	7.1	7.6	2.2.2.4.2. Activ. d'architect., d'ingénierie, aut. serv. tech.		742
1.2	1.4	1.7	1.9	2.1	2.2.2.4.3. Publicité		743
4.9	5.7	6.2	6.8	8.0	2.2.2.4.4. Autres serv. fournis aux entreprises n.c.a.		749
1.7	2.2	2.3	2.5	2.9	2.2.2.4.4.1. Nettoyage industriel		
3.2	3.5	3.9	4.4	5.1	2.2.2.4.4.2. Autres services aux entreprises		
115.1	121.2	124.6	130.3	135.3	3. Autres services	**L_Q**	**75_99**
26.9	28.3	29.3	30.2	31.3	3.1. Administration publique et défense	L	75
24.2	25.6	26.5	27.3	28.2	3.1.1. Administration publique		
0.6	0.5	0.5	0.4	0.5	3.1.2. Défense (équipements et conscrits)		
2.2	2.2	2.3	2.5	2.6	3.1.3. Sécurité sociale obligatoire		
1.1	1.1	1.2	1.3	1.3	3.1.3.1. Assurance retraite		
1.1	1.1	1.1	1.2	1.2	3.1.3.2. Autre sécurité sociale obligatoire		

FINLAND

A. Current prices

Billions of markkaa

ISIC Rev. 3			1989	1990	1991	1992	1993	1994
M_Q	80_99	3.2. Education, health, social work related, other community, social and personal services	69.7	78.6	84.7	85.4	82.5	83.4
M	80	3.2.1. Education	21.2	23.2	24.9	25.1	24.9	25.2
N	85	3.2.2. Health and social work	33.1	38.0	41.8	42.0	39.9	39.8
		3.2.2.1. Health (2)	20.5	23.4	25.8	25.8	24.7	24.6
		3.2.2.2. Veterinary services (2)	..	0.2	0.2	0.2	0.2	0.2
		3.2.2.3. Social work	12.6	14.4	15.8	16.0	15.0	15.0
O	90_93	3.2.3. Other community, social and personal services	15.1	17.1	17.7	18.1	17.4	18.0
	90	3.2.3.1. Sanitary and similar services	1.6	1.8	1.9	2.1	2.1	2.3
	91	3.2.3.2. Membership organisations n.e.c.	4.3	4.8	5.1	5.1	5.1	5.1
		3.2.3.2.1. Business, employers, professional org.	1.4	1.5	1.6	1.6	1.6	1.6
		3.2.3.2.2. Other membership organisations	2.9	3.2	3.5	3.5	3.5	3.5
		3.2.3.2.2.1. Religious organisations	2.3	2.6	2.8	2.8	2.8	2.8
		3.2.3.2.2.2. Other organisations	0.6	0.7	0.7	0.7	0.7	0.8
	92	3.2.3.3. Recreational and cultural services	7.6	8.8	8.9	9.1	8.6	8.8
	93	3.2.3.4. Other personal services	1.6	1.8	1.9	1.8	1.6	1.8
		3.2.3.4.1. Washing and dry cleaning	..	0.6	0.6	0.6	0.6	0.6
		3.2.3.4.2. Other	..	1.2	1.2	1.1	1.0	1.3
P	95	3.2.4. Private households with employed persons	0.3	0.3	0.3	0.3	0.3	0.3
Q	99	3.2.5. Extra-territorial organisations	..	..	..	..	..	..
		FISIM (Financial Intermediation Services Indirectly Measured)	- 14.9	- 17.0	- 15.3	- 10.5	- 14.2	- 14.4
G_Q	50_99	**TOTAL, SERVICES**	**245.8**	**269.2**	**276.7**	**274.9**	**275.0**	**286.1**
		GROSS VALUE ADDED, All activities, at basic prices	**424.9**	**452.1**	**432.1**	**422.4**	**428.5**	**455.2**
		% of services in gross value added, all activities	57.85	59.53	64.02	65.09	64.17	62.84
		Memorandum item:						
		Gross domestic product at market prices	496.0	523.0	499.4	486.9	492.6	522.3

I. VALEUR AJOUTÉE BRUTE aux prix de base *(suite)*

A. Prix courants

Milliards de marks finlandais

1995	1996	1997	1998	1999*		CITI Rév. 3	
88.2	92.9	95.3	100.1	104.1	3.2. Enseignement, santé, action sociale, autres activités de services collectifs, sociaux et personnels	M_Q	80_99
26.6	27.7	28.3	30.0	31.2	3.2.1. Enseignement	M	80
42.3	44.7	45.7	47.8	49.3	3.2.2. Santé et action sociale	N	85
25.7	27.0	27.3	28.3	29.2	3.2.2.1. Santé (2)		
0.2	0.2	0.2	0.2	0.3	3.2.2.2. Services vétérinaires (2)		
16.4	17.5	18.2	19.2	19.9	3.2.2.3. Action sociale		
18.8	20.0	20.7	21.6	22.7	3.2.3. Autres activités de services collectifs, sociaux et personnels	O	90_93
2.3	2.5	2.6	2.7	3.0	3.2.3.1. Services sanitaires et analogues		90
5.3	5.5	5.8	6.1	6.5	3.2.3.2. Activités associatives diverses		91
1.6	1.6	1.7	1.8	1.9	3.2.3.2.1. Organisations patronales, consulaires, prof		
3.7	3.9	4.1	4.3	4.5	3.2.3.2.2. Autres organisations associatives		
3.0	3.1	3.2	3.4	3.5	3.2.3.2.2.1. Organisations religieuses		
0.8	0.8	0.8	0.9	1.0	3.2.3.2.2.2. Autres organisations		
9.5	10.0	10.4	10.9	11.2	3.2.3.3. Activités récréatives et culturelles		92
1.7	1.9	1.9	2.0	2.1	3.2.3.4. Autres services personnels		93
0.6	0.6	0.6	0.6	0.7	3.2.3.4.1. Lavage et nettoyage à sec		
1.2	1.3	1.3	1.3	1.4	3.2.3.4.2. Autres		
0.5	0.5	0.6	0.7	0.8	3.2.4. Ménages privés employant du personnel domestique	P	95
..	..	..	..	..	3.2.5. Organisations extraterritoriales	Q	99
- 14.1	- 13.3	- 14.9	- 14.4	- 15.5	SIFIM (Services d'intermédiation financière indirectement mesurés)		
304.5	**325.9**	**346.9**	**373.2**	**394.6**	**TOTAL, SERVICES**	**G_Q**	**50_99**
490.7	**509.7**	**547.9**	**595.3**	**623.2**	**VALEUR AJOUTÉE BRUTE, Toutes activités, aux prix de base**		
62.06	63.93	63.32	62.69	63.31	% des services dans la valeur ajoutée brute, toutes activités		
					Pour mémoire :		
564.6	585.9	635.5	689.5	722.0	Produit intérieur brut aux prix du marché		

Billions of markkaa

ISIC Rev. 3			1989	1990	1991	1992	1993	1994
G_I	**50_64**	1. Motor, wholesale and retail trade; restaurants and hotels; transport and communication	113.1	113.9	104.1	95.6	94.6	99.6
G_H	50_55	1.1. Motor, wholesale and retail trade; restaurants and hotels	70.7	69.4	61.4	52.9	50.7	54.0
G	50_52	1.1.1. Motor, wholesale and retail trade	62.4	60.8	53.5	45.6	43.8	46.8
	50	1.1.1.1. Motor trade and repairs	8.8	8.4	6.8	5.6	5.8	6.2
		1.1.1.1.1. Sale of motor vehicles,service stations	..	6.5	5.3	4.3	4.7	5.0
		1.1.1.1.2. Maintenance, repair of motor vehicles	..	1.9	1.5	1.2	1.1	1.2
	51	1.1.1.2. Wholesale and commission trade	33.7	32.8	27.7	23.4	22.2	24.4
	52	1.1.1.3. Retail trade and repairs	19.9	19.7	19.0	16.6	15.8	16.2
		1.1.1.3.1. Retail sale	..	19.4	18.8	16.3	15.5	15.9
		1.1.1.3.2. Repair of household goods	..	0.3	0.2	0.2	0.3	0.3
H	55	1.1.2. Restaurants and hotels	8.3	8.6	7.9	7.3	6.9	7.2
		1.1.2.1. Restaurants	5.5	5.7	5.2	4.8	4.6	4.7
		1.1.2.2. Hotels	2.8	2.9	2.7	2.5	2.4	2.4
I	60_64	1.2. Transport, storage and communication	42.4	44.4	42.7	42.7	43.9	45.6
	60_63	1.2.1. Transport and storage	33.6	35.2	33.2	33.0	34.1	35.4
	60	1.2.1.1. Land transport, transport via pipelines	19.1	19.8	18.2	17.6	17.9	18.2
		1.2.1.1.1. Transport via railways	2.1	2.2	2.1	2.1	2.3	2.4
		1.2.1.1.2. Other land transport	16.7	17.2	15.8	15.1	15.2	15.3
		1.2.1.1.2.1. Bus, tram and metro	3.8	3.9	3.6	3.8	3.3	3.0
		1.2.1.1.2.2. Taxi operation	1.8	1.9	1.8	1.7	1.5	1.4
		1.2.1.1.2.3. Freight transport by road	11.0	11.4	10.4	9.7	10.3	10.9
		1.2.1.1.3. Transport via pipelines	0.3	0.4	0.4	0.4	0.4	0.5
	61	1.2.1.2. Water transport	2.2	2.4	2.3	2.4	2.8	3.1
	62	1.2.1.3. Air transport	2.3	2.4	2.3	2.1	2.3	2.6
	63	1.2.1.4. Auxiliary transport services, travel agencies	9.9	10.6	10.5	10.9	11.0	11.4
		1.2.1.4.1. Railway maintenance (1)	..	0.4	0.4	0.4	0.4	0.5
		1.2.1.4.2. Road maintenance (1)	3.9	4.0	4.1	4.2	4.2	4.3
		1.2.1.4.3. Supporting air transport activities	0.5	0.6	0.6	0.6	0.5	0.5
		1.2.1.4.4. Other supporting transport activities	5.5	5.6	5.4	5.7	5.9	6.2
	64	1.2.2. Communication	8.8	9.3	9.4	9.7	9.9	10.2
	641	1.2.2.1. Postal and courier services	4.2	4.3	4.2	4.1	4.1	4.3
	642	1.2.2.2. Telecommunications	4.6	5.0	5.3	5.6	5.8	6.0
J_K	**65_74**	2. Finance, insurance, real estate and business services	96.7	98.7	92.5	87.9	94.2	94.1
J	65_67	2.1. Financial and insurance services	26.1	27.0	20.9	16.7	21.5	18.2
	65	2.1.1. Financial intermediation	22.0	22.8	16.9	12.7	18.3	15.2
	66	2.1.2. Insurance and pension funding	3.5	3.8	3.5	3.8	2.7	2.3
	67	2.1.3. Auxiliary financial services	0.7	0.4	0.5	0.3	0.5	0.7
K	70_74	2.2. Real estate and business services	70.6	71.7	71.7	71.2	72.7	75.9
	70	2.2.1. Real estate services	45.4	46.5	49.1	50.2	51.2	52.5
		2.2.1.1. Real estate with own property	3.1	3.0	2.5	1.9	1.4	1.4
		2.2.1.2. Letting and operation of property	37.9	39.1	41.9	43.4	44.7	45.9
		2.2.1.2.1. Letting and operation of dwellings	35.4	36.4	38.6	40.5	42.0	42.8
		2.2.1.2.2. Letting and operation of real estate	2.5	2.7	3.3	2.9	2.7	3.1
		2.2.1.3. Real estate activities on a fee or contract basis	4.4	4.4	4.7	4.9	5.1	5.1
		2.2.1.3.1. Real estate agencies	0.5	0.4	0.4	0.5	0.7	0.7
		2.2.1.3.2. Management of real estate	3.9	4.0	4.3	4.3	4.4	4.5
	71_74	2.2.2. Business services	25.2	25.2	22.6	21.0	21.5	23.4
	71	2.2.2.1. Renting, etc.	1.6	1.5	1.2	1.2	1.1	1.1
	72	2.2.2.2. Computer and related activities	4.9	4.8	4.6	4.5	4.5	4.7
	73	2.2.2.3. Research and development	2.1	2.2	2.3	2.2	2.0	2.1
	74	2.2.2.4. Other business activities	16.6	16.8	14.5	13.1	13.8	15.6
	741	2.2.2.4.1. Legal, accounting services, etc.	2.4	2.5	2.9	3.1	3.7	4.3
	742	2.2.2.4.2. Architect., engineering, other tech. serv.	6.6	6.9	5.4	4.6	5.0	5.8
	743	2.2.2.4.3. Advertising services	1.9	1.7	1.2	0.9	0.9	1.0
	749	2.2.2.4.4. Other business activities n.e.c.	5.7	5.7	5.1	4.5	4.2	4.5
		2.2.2.4.4.1. Industrial cleaning	1.9	1.9	1.7	1.6	1.4	1.4
		2.2.2.4.4.2. Other business services	3.8	3.8	3.4	2.9	2.8	3.1
L_Q	**75_99**	3. Other services	118.3	120.5	120.3	117.8	112.8	112.7
L	75	3.1. Public administration and defence	27.7	27.7	28.2	27.6	26.5	26.7
		3.1.1. Public administration	25.2	25.2	25.6	25.0	23.9	24.1
		3.1.2. Defence equipment and conscripts	0.5	0.5	0.5	0.5	0.5	0.5
		3.1.3. Compulsory social security	2.1	2.0	2.1	2.1	2.1	2.1
		3.1.3.1. Employment pension insurance	1.0	1.0	1.1	1.1	1.1	1.0
		3.1.3.2. Other compulsory social security	1.1	1.0	1.0	1.1	1.1	1.1

I. VALEUR AJOUTÉE BRUTE aux prix de base *(suite)*

B. Prix constants de 1995

Milliards de marks finlandais

1995	1996	1997	1998	1999*		CITI Rév. 3	
					1. Commerce d'automobiles, de gros et de détail ; restaurants et hôtels ;	**G_I**	**50_64**
105.7	110.6	117.8	127.3	133.0	transports et communication		
57.6	59.6	62.8	67.7	70.4	1.1. Commerce d'automobiles, de gros et de détail ; restaurants et hôtels	G_H	50_55
49.9	52.0	55.0	58.7	61.3	1.1.1. Commerce d'automobiles, de gros et de détail	G	50_52
7.2	7.5	8.1	8.9	9.4	1.1.1.1. Commerce et réparations automobiles		50
5.3	5.5	6.1	7.0	7.4	1.1.1.1.1. Commerce automobile, stations services		
1.8	2.1	1.9	1.9	2.0	1.1.1.1.2. Entretien et réparations automobiles		
25.1	26.0	27.8	29.7	31.0	1.1.1.2. Commerce de gros et intermédiaires		51
17.7	18.4	19.1	20.1	20.9	1.1.1.3. Commerce de détail et réparations		52
17.4	18.1	18.9	19.9	20.6	1.1.1.3.1. Commerce de détail		
0.3	0.3	0.2	0.2	0.2	1.1.1.3.2. Réparation d'articles domestiques		
7.7	7.7	7.8	8.9	9.1	1.1.2. Restaurants et hôtels	H	55
5.2	5.1	5.1	5.8	5.9	1.1.2.1. Restaurants		
2.5	2.5	2.7	3.2	3.3	1.1.2.2. Hôtels		
48.1	51.0	55.0	59.6	62.6	1.2. Transports, entreposage et communications	I	60_64
37.1	38.7	40.8	42.9	43.5	1.2.1. Transports et entreposage		60_63
18.9	20.0	20.9	21.8	22.2	1.2.1.1. Transports terrestres, transports par conduites		60
2.4	2.4	2.6	2.6	2.6	1.2.1.1.1. Transports par chemin de fer		
16.0	17.0	17.8	18.6	19.0	1.2.1.1.2. Autres transp. terrestres		
3.0	3.0	3.0	3.0	3.1	1.2.1.1.2.1. Bus, tramway et métro		
1.5	1.8	1.8	2.0	2.1	1.2.1.1.2.2. Taxis		
11.5	12.3	12.9	13.7	13.9	1.2.1.1.2.3. Transports de marchandises routiers		
0.5	0.5	0.5	0.6	0.6	1.2.1.1.3. Transports par conduites		
3.2	3.1	3.4	3.7	3.8	1.2.1.2. Transports par eau		61
3.0	3.1	3.4	3.7	3.7	1.2.1.3. Transports aériens		62
12.0	12.5	13.2	13.7	13.9	1.2.1.4. Services auxiliaires des transports, agences de voyages		63
0.5	0.5	0.5	0.5	0.6	1.2.1.4.1. Entretien des chemins de fer (1)		
4.4	4.4	4.5	4.5	4.5	1.2.1.4.2. Entretien des routes (1)		
0.6	0.6	0.7	0.8	0.9	1.2.1.4.3. Services aéroportuaires		
6.6	7.0	7.5	7.8	7.9	1.2.1.4.4. Autres services auxiliaires des transports		
11.0	12.3	14.1	16.8	19.0	1.2.2. Communications		64
4.5	4.7	5.0	5.1	5.1	1.2.2.1. Poste et courrier		641
6.6	7.6	9.2	11.6	14.0	1.2.2.2. Télécommunications		642
97.8	103.9	108.9	112.3	119.4	2. Banques, assurances, affaires immobilières et services aux entreprises	**J_K**	**65_74**
18.8	21.3	22.5	21.1	23.2	2.1. Établissements financiers	J	65_67
15.1	16.7	17.9	17.4	18.9	2.1.1. Intermédiation financière		65
3.2	3.9	3.7	2.4	2.9	2.1.2. Assurances et caisses de retraite		66
0.5	0.6	0.9	1.3	1.4	2.1.3. Activités financières auxiliaires		67
79.0	82.7	86.4	91.2	96.1	2.2. Affaires immobilières et services fournis aux entreprises	K	70_74
54.2	55.7	57.3	59.2	61.4	2.2.1. Affaires immobilières		70
1.6	1.9	2.3	2.7	2.7	2.2.1.1. Activités immobilières pour compte propre		
48.1	49.3	50.6	51.9	54.1	2.2.1.2. Location et exploitation de biens immobiliers		
43.8	44.6	45.8	46.9	48.3	2.2.1.2.1. Location et exploitation de logements		
4.3	4.7	4.8	5.0	5.9	2.2.1.2.2. Location et exploitation d'immeubles		
4.5	4.6	4.4	4.5	4.5	2.2.1.3. Activités immobilières à forfait ou sous contrat		
0.6	0.8	0.7	0.7	0.7	2.2.1.3.1. Agences immobilières		
3.9	3.8	3.7	3.8	3.8	2.2.1.3.2. Gestion de biens immobiliers		
24.9	27.0	29.1	32.0	34.7	2.2.2. Services fournis aux entreprises		71_74
1.1	1.2	1.4	1.5	1.7	2.2.2.1. Location, etc.		71
4.6	5.0	5.7	7.6	8.5	2.2.2.2. Activités informatiques et activités connexes		72
2.2	2.4	2.6	2.7	2.8	2.2.2.3. Recherche et développement		73
17.0	18.3	19.4	20.2	21.7	2.2.2.4. Autres services fournis aux entreprises		74
4.5	5.0	6.1	6.5	7.0	2.2.2.4.1. Activités juridiques, comptables, etc.		741
6.4	6.5	6.2	6.1	6.2	2.2.2.4.2. Activ. d'architect., d'ingénierie, aut. serv. tech.		742
1.2	1.3	1.4	1.7	1.8	2.2.2.4.3. Publicité		743
4.9	5.5	5.7	6.0	6.7	2.2.2.4.4. Autres serv. fournis aux entreprises n.c.a.		749
1.7	2.1	2.1	2.2	2.6	2.2.2.4.4.1. Nettoyage industriel		
3.2	3.4	3.6	3.8	4.1	2.2.2.4.4.2. Autres services aux entreprises		
115.1	118.4	121.5	122.8	124.7	3. Autres services	**L_Q**	**75_99**
26.9	27.3	28.4	28.1	28.5	3.1. Administration publique et défense	L	75
24.2	24.7	25.7	25.5	25.8	3.1.1. Administration publique		
0.6	0.5	0.5	0.4	0.4	3.1.2. Défense (équipements et conscrits)		
2.2	2.2	2.2	2.2	2.3	3.1.3. Sécurité sociale obligatoire		
1.1	1.1	1.1	1.2	1.2	3.1.3.1. Assurance retraite		
1.1	1.1	1.1	1.1	1.1	3.1.3.2. Autre sécurité sociale obligatoire		

FINLAND

I. GROSS VALUE ADDED at basic prices *(cont.)*

B. Constant 1995 prices

Billions of markkaa

ISIC Rev. 3			1989	1990	1991	1992	1993	1994
M_Q	80_99	3.2. Education, health, social work related, other community, social and personal services	90.6	92.8	92.1	90.2	86.3	86.0
M	80	3.2.1. Education	26.0	26.4	26.4	26.0	25.7	25.8
N	85	3.2.2. Health and social work	45.2	46.3	46.2	44.9	42.2	41.6
		3.2.2.1. Health (2)	28.3	28.7	28.4	27.5	26.0	25.6
		3.2.2.2. Veterinary services (2)	..	0.2	0.2	0.2	0.2	0.2
		3.2.2.3. Social work	17.0	17.4	17.6	17.2	16.0	15.9
O	90_93	3.2.3. Other community, social and personal services	19.1	19.8	19.1	19.0	18.1	18.3
	90	3.2.3.1. Sanitary and similar services	2.4	2.5	2.4	2.3	2.2	2.3
	91	3.2.3.2. Membership organisations n.e.c.	5.6	5.8	5.4	5.5	5.4	5.2
		3.2.3.2.1. Business, employers, professional org.	1.7	1.8	1.7	1.7	1.7	1.6
		3.2.3.2.2. Other membership organisations	3.9	4.0	3.7	3.9	3.8	3.6
		3.2.3.2.2.1. Religious organisations	3.2	3.3	3.2	3.2	3.1	2.9
		3.2.3.2.2.2. Other organisations	0.6	0.7	0.6	0.7	0.7	0.7
	92	3.2.3.3. Recreational and cultural services	9.2	9.7	9.4	9.4	8.9	9.0
	93	3.2.3.4. Other personal services	1.9	1.9	1.9	1.7	1.6	1.8
		3.2.3.4.1. Washing and dry cleaning	..	0.7	0.7	0.7	0.6	0.6
		3.2.3.4.2. Other	..	1.2	1.2	1.1	1.0	1.3
P	95	3.2.4. Private households with employed persons	0.3	0.3	0.3	0.3	0.3	0.3
Q	99	3.2.5. Extra-territorial organisations	..	..	..	..	..	..
		FISIM (Financial Intermediation Services Indirectly Measured)	- 16.7	- 17.8	- 14.1	- 10.9	- 17.4	- 14.3
G_Q	50_99	**TOTAL, SERVICES**	**311.4**	**315.3**	**302.9**	**290.4**	**284.2**	**292.0**
		GROSS VALUE ADDED, All activities, at basic prices	**497.1**	**500.6**	**468.4**	**454.1**	**451.0**	**472.5**
		% of services in gross value added, all activities	62.65	62.98	64.67	63.95	63.02	61.80
		Memorandum item:						
		Gross domestic product at market prices	583.8	584.0	547.4	529.2	523.2	543.8

I. VALEUR AJOUTÉE BRUTE aux prix de base *(suite)*

B. Prix constants de 1995

Milliards de marks finlandais

1995	1996	1997	1998	1999*		CITI Rév. 3	
					3.2. Enseignement, santé, action sociale, autres activités de services	M_Q	80_99
88.2	91.1	93.1	94.7	96.2	collectifs, sociaux et personnels		
26.6	27.2	27.6	28.4	29.0	3.2.1. Enseignement	M	80
42.3	43.5	44.3	44.6	44.9	3.2.2. Santé et action sociale	N	85
25.7	26.2	26.3	26.4	26.5	3.2.2.1. Santé (2)		
0.2	0.2	0.2	0.2	0.2	3.2.2.2. Services vétérinaires (2)		
16.4	17.1	17.8	18.0	18.2	3.2.2.3. Action sociale		
18.8	19.8	20.6	21.0	21.6	3.2.3. Autres activités de services collectifs, sociaux et personnels	O	90_93
2.3	2.2	2.6	2.6	2.8	3.2.3.1. Services sanitaires et analogues		90
5.3	5.8	6.0	6.1	6.3	3.2.3.2. Activités associatives diverses		91
1.6	1.6	1.7	1.7	1.7	3.2.3.2.1. Organisations patronales, consulaires, prof		
3.7	4.2	4.3	4.4	4.5	3.2.3.2.2. Autres organisations associatives		
3.0	3.4	3.5	3.5	3.6	3.2.3.2.2.1. Organisations religieuses		
0.8	0.8	0.8	0.9	1.0	3.2.3.2.2.2. Autres organisations		
9.5	9.9	10.2	10.4	10.6	3.2.3.3. Activités récréatives et culturelles		92
1.7	1.9	1.9	1.9	1.9	3.2.3.4. Autres services personnels		93
0.6	0.6	0.6	0.6	0.6	3.2.3.4.1. Lavage et nettoyage à sec		
1.2	1.3	1.3	1.3	1.3	3.2.3.4.2. Autres		
0.5	0.5	0.6	0.7	0.8	3.2.4. Ménages privés employant du personnel domestique	P	95
..	..	..	..	..	3.2.5. Organisations extraterritoriales	Q	99
- 14.1	- 14.6	- 15.4	- 15.1	- 16.4	SIFIM (Services d'intermédiation financière indirectement mesurés)		
304.5	**318.4**	**332.8**	**347.3**	**360.7**	**TOTAL, SERVICES**	**G_Q**	**50_99**
490.7	**511.9**	**544.0**	**572.9**	**598.2**	**VALEUR AJOUTÉE BRUTE, Toutes activités, aux prix de base**		
62.06	62.20	61.17	60.63	60.29	% des services dans la valeur ajoutée brute, toutes activités		
					Pour mémoire :		
564.6	587.2	624.1	657.4	684.8	Produit intérieur brut aux prix du marché		

FINLAND

II. EMPLOYMENT

A. Total employment

Thousand persons

ISIC Rev. 3			1989	1990	1991	1992	1993	1994
G_I	50_64	1. Motor, wholesale and retail trade; restaurants and hotels; transport and communication	584.6	583.6	534.8	488.8	464.7	454.8
G_H	50_55	1.1. Motor, wholesale and retail trade; restaurants and hotels	401.7	400.4	362.7	324.7	307.4	299.3
G	50_52	1.1.1. Motor, wholesale and retail trade	324.5	322.9	292.9	260.8	247.4	240.9
	50	1.1.1.1. Motor trade and repairs	54.1	52.6	46.1	40.5	36.1	35.1
		1.1.1.1.1. Sale of motor vehicles,service stations	..	31.6	29.7	25.7	22.0	20.4
		1.1.1.1.2. Maintenance, repair of motor vehicles	..	21.0	16.4	14.8	14.1	14.7
	51	1.1.1.2. Wholesale and commission trade	94.3	93.3	85.9	77.1	74.6	76.6
	52	1.1.1.3. Retail trade and repairs	176.1	177.0	160.9	143.2	136.7	129.2
		1.1.1.3.1. Retail sale	..	174.3	157.2	140.0	133.9	126.4
		1.1.1.3.2. Repair of household goods	..	2.7	3.7	3.2	2.8	2.8
H	55	1.1.2. Restaurants and hotels	77.2	77.5	69.8	63.9	60.0	58.4
		1.1.2.1. Restaurants	59.1	59.3	53.4	49.3	45.9	44.2
		1.1.2.2. Hotels	18.1	18.2	16.4	14.6	14.1	14.2
I	60_64	1.2. Transport, storage and communication	182.9	183.2	172.1	164.1	157.3	155.5
	60_63	1.2.1. Transport and storage	130.0	130.8	121.4	116.3	112.1	111.7
	60	1.2.1.1. Land transport, transport via pipelines	87.6	87.2	80.4	75.7	72.4	71.3
		1.2.1.1.1. Transport via railways	16.0	15.6	14.5	14.0	13.8	12.3
		1.2.1.1.2. Other land transport	71.6	71.6	65.9	61.7	58.6	59.0
		1.2.1.1.2.1. Bus, tram and metro	14.9	14.8	14.3	13.2	12.6	12.1
		1.2.1.1.2.2. Taxi operation	9.3	9.4	8.5	8.7	7.8	7.8
		1.2.1.1.2.3. Freight transport by road	47.4	47.4	43.1	39.8	38.2	39.1
		1.2.1.1.3. Transport via pipelines	0.0	0.0	0.0	0.0	0.0	0.0
	61	1.2.1.2. Water transport	10.5	10.8	10.7	10.6	10.6	10.4
	62	1.2.1.3. Air transport	5.3	5.6	5.2	5.1	5.0	5.1
	63	1.2.1.4. Auxiliary transport services, travel agencies	26.6	27.2	25.1	24.9	24.1	24.9
		1.2.1.4.1. Railway maintenance (1)	..	..	..	..	..	..
		1.2.1.4.2. Road maintenance (1)	3.7	3.5	3.3	3.3	3.3	3.1
		1.2.1.4.3. Supporting air transport activities	1.6	1.6	1.7	1.7	1.7	1.8
		1.2.1.4.4. Other supporting transport activities	21.3	22.1	20.1	19.9	19.1	20.0
	64	1.2.2. Communication	52.9	52.4	50.7	47.8	45.2	43.8
	641	1.2.2.1. Postal and courier services	34.1	34.1	32.7	30.3	28.6	27.7
	642	1.2.2.2. Telecommunications	18.8	18.3	18.0	17.5	16.6	16.1
J_K	65_74	2. Finance, insurance, real estate and business services	219.7	221.3	210.5	194.3	184.3	185.1
J	65_67	2.1. Financial and insurance services	70.0	66.1	62.0	57.2	52.8	51.5
	65	2.1.1. Financial intermediation	57.7	54.0	50.0	45.4	41.3	40.1
	66	2.1.2. Insurance and pension funding	10.9	10.6	10.3	10.2	9.9	10.1
	67	2.1.3. Auxiliary financial services	1.4	1.5	1.7	1.6	1.6	1.3
K	70_74	2.2. Real estate and business services	149.7	155.2	148.5	137.1	131.5	133.6
	70	2.2.1. Real estate services	31.4	31.2	30.5	29.8	29.3	28.6
		2.2.1.1. Real estate with own property	3.5	3.6	2.9	2.0	1.9	1.8
		2.2.1.2. Letting and operation of property	2.4	2.5	2.5	2.7	2.7	2.9
		2.2.1.2.1. Letting and operation of dwellings	..	..	..	..	..	..
		2.2.1.2.2. Letting and operation of real estate	..	..	..	..	..	..
		2.2.1.3. Real estate activities on a fee or contract basis	25.5	25.1	25.1	25.1	24.7	23.9
		2.2.1.3.1. Real estate agencies	3.6	3.8	3.4	3.1	3.1	3.3
		2.2.1.3.2. Management of real estate	21.9	21.3	21.7	22.0	21.6	20.6
	71_74	2.2.2. Business services	118.3	124.0	118.0	107.3	102.2	105.0
	71	2.2.2.1. Renting, etc.	3.6	3.9	3.4	3.0	2.8	2.8
	72	2.2.2.2. Computer and related activities	17.6	17.7	17.2	15.9	16.7	16.3
	73	2.2.2.3. Research and development	9.9	10.3	10.4	10.1	9.3	9.4
	74	2.2.2.4. Other business activities	87.2	92.1	87.0	78.3	73.4	76.5
	741	2.2.2.4.1. Legal, accounting services, etc.	11.2	12.8	14.9	14.3	14.5	15.9
	742	2.2.2.4.2. Architect., engineering, other tech. serv.	32.0	34.1	30.8	25.4	23.1	23.8
	743	2.2.2.4.3. Advertising services	5.8	5.7	5.7	5.5	5.4	6.0
	749	2.2.2.4.4. Other business activities n.e.c.	38.2	39.5	35.6	33.1	30.4	30.8
		2.2.2.4.4.1. Industrial cleaning	16.3	16.4	16.2	15.8	14.5	15.4
		2.2.2.4.4.2. Other business services	21.9	23.1	19.4	17.3	15.9	15.4
L_Q	75_99	3. Other services	701.7	707.7	710.3	693.9	658.4	660.4
L	75	3.1. Public administration and defence	164.3	164.1	168.1	163.8	157.1	156.9
		3.1.1. Public administration	133.2	133.1	134.8	130.7	124.1	124.1
		3.1.2. Defence equipment and conscripts	22.3	22.2	24.5	24.3	24.3	24.0
		3.1.3. Compulsory social security	8.8	8.8	8.8	8.8	8.7	8.8
		3.1.3.1. Employment pension insurance	2.8	2.8	2.8	2.8	2.7	2.5
		3.1.3.2. Other compulsory social security	6.0	6.0	6.0	6.0	6.0	6.3

II. EMPLOI

A. Emploi total

Milliers de personnes

1995	1996	1997	1998	1999*		CITI Rév. 3	
460.9	473.9	492.4	505.9	515.8	1. Commerce d'automobiles, de gros et de détail ; restaurants et hôtels ; transports et communication	G_I	50_64
303.3	313.8	328.7	338.0	347.4	1.1. Commerce d'automobiles, de gros et de détail ; restaurants et hôtels	G_H	50_55
243.6	251.9	262.9	269.9	275.6	1.1.1. Commerce d'automobiles, de gros et de détail	G	50_52
36.9	41.1	43.2	45.3	45.5	1.1.1.1. Commerce et réparations automobiles		50
21.6	25.8	27.3	27.8	27.9	1.1.1.1.1. Commerce automobile, stations services		
15.3	15.3	15.9	17.5	17.6	1.1.1.1.2. Entretien et réparations automobiles		
78.6	82.7	86.5	87.7	88.8	1.1.1.2. Commerce de gros et intermédiaires		51
128.1	128.1	133.2	136.9	141.3	1.1.1.3. Commerce de détail et réparations		52
125.5	125.4	129.9	133.5	137.5	1.1.1.3.1. Commerce de détail		
2.6	2.7	3.3	3.4	3.8	1.1.1.3.2. Réparation d'articles domestiques		
59.7	61.9	65.8	68.1	71.8	1.1.2. Restaurants et hôtels	H	55
45.8	47.8	50.0	51.9	54.4	1.1.2.1. Restaurants		
13.9	14.1	15.8	16.2	17.4	1.1.2.2. Hôtels		
157.6	160.1	163.7	167.9	168.4	1.2. Transports, entreposage et communications	I	60_64
112.8	115.0	118.0	120.6	120.4	1.2.1. Transports et entreposage		60_63
71.3	73.6	74.8	76.7	76.8	1.2.1.1. Transports terrestres, transports par conduites		60
11.8	10.4	10.3	10.2	10.0	1.2.1.1.1. Transports par chemin de fer		
59.5	63.2	64.5	66.5	66.8	1.2.1.1.2. Autres transp. terrestres		
12.4	12.3	12.3	12.6	12.6	1.2.1.1.2.1. Bus, tramway et métro		
8.2	8.8	9.1	9.7	10.1	1.2.1.1.2.2. Taxis		
38.9	42.1	43.1	44.2	44.1	1.2.1.1.2.3. Transports de marchandises routiers		
0.0	0.0	0.0	0.0	0.0	1.2.1.1.3. Transports par conduites		
11.2	10.7	10.9	11.2	11.2	1.2.1.2. Transports par eau		61
5.2	5.4	5.8	6.1	6.3	1.2.1.3. Transports aériens		62
25.1	25.3	26.5	26.6	26.1	1.2.1.4. Services auxiliaires des transports, agences de voyages		63
..	0.1	0.1	0.1	0.1	1.2.1.4.1. Entretien des chemins de fer (1)		
3.1	3.0	3.0	2.7	2.1	1.2.1.4.2. Entretien des routes (1)		
1.8	1.8	1.9	2.0	2.0	1.2.1.4.3. Services aéroportuaires		
20.2	20.4	21.5	21.8	21.9	1.2.1.4.4. Autres services auxiliaires des transports		
44.8	45.1	45.7	47.3	48.0	1.2.2. Communications		64
28.4	28.4	28.3	28.7	27.5	1.2.2.1. Poste et courrier		641
16.4	16.7	17.4	18.6	20.5	1.2.2.2. Télécommunications		642
185.9	193.8	201.4	212.8	223.6	2. Banques, assurances, affaires immobilières et services aux entreprises	J_K	65_74
48.2	44.6	42.8	41.0	37.8	2.1. Établissements financiers	J	65_67
36.2	32.7	30.6	29.0	26.0	2.1.1. Intermédiation financière		65
10.6	10.3	10.2	9.9	9.4	2.1.2. Assurances et caisses de retraite		66
1.4	1.6	2.0	2.1	2.4	2.1.3. Activités financières auxiliaires		67
137.7	149.2	158.6	171.8	185.8	2.2. Affaires immobilières et services fournis aux entreprises	K	70_74
25.8	25.6	27.0	27.4	28.1	2.2.1. Affaires immobilières		70
2.0	2.0	2.1	2.2	2.2	2.2.1.1. Activités immobilières pour compte propre		
4.3	3.5	3.8	3.7	3.8	2.2.1.2. Location et exploitation de biens immobiliers		
..	..	..	..	..	2.2.1.2.1. Location et exploitation de logements		
..	..	..	..	..	2.2.1.2.2. Location et exploitation d'immeubles		
19.5	20.1	21.1	21.5	22.1	2.2.1.3. Activités immobilières à forfait ou sous contrat		
3.0	3.2	3.7	4.0	4.4	2.2.1.3.1. Agences immobilières		
16.5	16.9	17.4	17.5	17.7	2.2.1.3.2. Gestion de biens immobiliers		
111.9	123.6	131.6	144.4	157.7	2.2.2. Services fournis aux entreprises		71_74
2.9	3.0	3.1	3.3	3.6	2.2.2.1. Location, etc.		71
17.0	18.7	20.8	25.9	29.7	2.2.2.2. Activités informatiques et activités connexes		72
10.0	11.0	12.0	12.5	13.1	2.2.2.3. Recherche et développement		73
82.0	90.9	95.7	102.7	111.3	2.2.2.4. Autres services fournis aux entreprises		74
16.5	17.9	19.5	20.6	21.3	2.2.2.4.1. Activités juridiques, comptables, etc.		741
24.5	25.5	26.4	28.3	29.4	2.2.2.4.2. Activ. d'architect., d'ingénierie, aut. serv. tech.		742
6.7	7.5	7.6	8.2	8.9	2.2.2.4.3. Publicité		743
34.3	40.0	42.2	45.6	51.7	2.2.2.4.4. Autres serv. fournis aux entreprises n.c.a.		749
18.3	21.9	21.9	23.7	27.3	2.2.2.4.4.1. Nettoyage industriel		
16.0	18.1	20.3	21.9	24.4	2.2.2.4.4.2. Autres services aux entreprises		
674.2	685.5	704.3	711.8	722.8	3. Autres services	L_Q	75_99
161.2	161.3	165.0	160.3	161.5	3.1. Administration publique et défense	L	75
124.7	126.2	131.4	130.0	131.8	3.1.1. Administration publique		
27.4	26.1	24.6	21.3	20.5	3.1.2. Défense (équipements et conscrits)		
9.1	9.0	9.0	9.0	9.2	3.1.3. Sécurité sociale obligatoire		
2.5	2.6	2.6	2.6	2.7	3.1.3.1. Assurance retraite		
6.6	6.4	6.4	6.4	6.5	3.1.3.2. Autre sécurité sociale obligatoire		

SERVICES : Statistiques sur la valeur ajoutée et l'emploi
© OCDE 2001

Les notes se trouvent à la fin du pays

FINLAND

Thousand persons

ISIC Rev. 3			1989	1990	1991	1992	1993	1994
M_Q	80_99	3.2. Education, health, social work related, other community, social and personal services	537.4	543.6	542.2	530.1	501.3	503.5
M	80	3.2.1. Education	133.2	135.1	134.5	131.8	128.2	130.1
N	85	3.2.2. Health and social work	306.7	309.5	309.6	301.0	281.2	281.0
		3.2.2.1. Health (2)	159.0	160.5	160.6	156.2	146.1	146.5
		3.2.2.2. Veterinary services (2)	..	0.9	0.9	0.9	0.9	0.9
		3.2.2.3. Social work	147.7	148.1	148.1	143.9	134.2	133.6
O	90_93	3.2.3. Other community, social and personal services	92.8	94.8	93.9	93.1	88.0	88.3
	90	3.2.3.1. Sanitary and similar services	5.2	5.2	5.2	5.4	5.1	5.7
	91	3.2.3.2. Membership organisations n.e.c.	31.0	31.7	31.0	31.4	31.0	30.2
		3.2.3.2.1. Business, employers, professional org.	7.6	8.0	7.9	7.9	7.6	6.9
		3.2.3.2.2. Other membership organisations	23.4	23.7	23.1	23.5	23.4	23.3
		3.2.3.2.2.1. Religious organisations	18.5	18.7	18.9	18.6	18.1	17.7
		3.2.3.2.2.2. Other organisations	4.9	5.0	4.2	4.9	5.3	5.6
	92	3.2.3.3. Recreational and cultural services	45.5	46.4	46.0	45.3	41.4	41.7
	93	3.2.3.4. Other personal services	11.1	11.5	11.7	11.0	10.5	10.7
		3.2.3.4.1. Washing and dry cleaning	..	3.1	3.2	3.0	2.8	2.8
		3.2.3.4.2. Other	..	8.4	8.5	8.0	7.7	7.9
P	95	3.2.4. Private households with employed persons	4.7	4.2	4.2	4.2	3.9	4.1
Q	99	3.2.5. Extra-territorial organisations	..	..	..	..	..	..
G_Q	50_99	**TOTAL, SERVICES**	**1 506.0**	**1 512.6**	**1 455.6**	**1 377.0**	**1 307.4**	**1 300.3**
		TOTAL EMPLOYMENT, All activities	**2 489.9**	**2 476.8**	**2 337.1**	**2 168.2**	**2 032.8**	**2 009.9**
		% of services in total employment, all activities	60.48	61.07	62.28	63.51	64.32	64.69

II. EMPLOI *(suite)*

A. Emploi total

Milliers de personnes

1995	1996	1997	1998	1999*		CITI Rév. 3	
					3.2. Enseignement, santé, action sociale, autres activités de services	M_Q	80_99
513.0	524.2	539.3	551.5	561.3	collectifs, sociaux et personnels		
133.9	137.2	140.9	145.5	148.2	3.2.1. Enseignement	M	80
282.8	286.4	293.2	297.1	301.0	3.2.2. Santé et action sociale	N	85
147.0	148.6	150.7	151.1	152.2	3.2.2.1. Santé (2)		
1.0	1.1	1.2	1.2	1.3	3.2.2.2. Services vétérinaires (2)		
134.8	136.7	141.3	144.8	147.5	3.2.2.3. Action sociale		
89.8	93.3	96.7	99.3	101.7	3.2.3. Autres activités de services collectifs, sociaux et personnels	O	90_93
5.8	5.7	6.2	6.5	7.0	3.2.3.1. Services sanitaires et analogues		90
30.4	31.6	32.7	33.5	34.6	3.2.3.2. Activités associatives diverses		91
6.7	6.8	6.9	7.1	7.4	3.2.3.2.1. Organisations patronales, consulaires, prof		
23.7	24.8	25.8	26.4	27.2	3.2.3.2.2. Autres organisations associatives		
17.9	18.7	19.3	19.5	19.9	3.2.3.2.2.1. Organisations religieuses		
5.8	6.1	6.5	6.9	7.3	3.2.3.2.2.2. Autres organisations		
42.8	44.4	45.7	46.6	47.1	3.2.3.3. Activités récréatives et culturelles		92
10.8	11.6	12.1	12.7	13.0	3.2.3.4. Autres services personnels		93
2.9	3.1	3.1	3.2	3.4	3.2.3.4.1. Lavage et nettoyage à sec		
7.9	8.5	9.0	9.5	9.6	3.2.3.4.2. Autres		
6.5	7.3	8.5	9.6	10.4	3.2.4. Ménages privés employant du personnel domestique	P	95
..	..	..	..	..	3.2.5. Organisations extraterritoriales	Q	99
1 321.0	**1 353.2**	**1 398.1**	**1 430.5**	**1 462.2**	**TOTAL, SERVICES**	**G_Q**	**50_99**
2 042.3	**2 071.3**	**2 138.9**	**2 183.6**	**2 229.3**	**EMPLOI TOTAL, Toutes activités**		
64.68	65.33	65.37	65.51	65.59	% des services dans l'emploi total, toutes activités		

FINLAND

B. Employees

Thousand persons

ISIC Rev. 3			1989	1990	1991	1992	1993	1994
G_I	**50_64**	**1. Motor, wholesale and retail trade; restaurants and hotels; transport and communication**	522.5	522.4	474.7	431.5	408.2	398.1
G_H	50_55	1.1. Motor, wholesale and retail trade; restaurants and hotels	360.6	359.9	323.5	288.1	271.7	263.2
G	50_52	1.1.1. Motor, wholesale and retail trade	291.9	290.9	261.3	231.9	220.6	212.8
50		1.1.1.1. Motor trade and repairs	48.0	46.6	39.9	34.8	31.5	29.6
		1.1.1.1.1. Sale of motor vehicles,service stations	..	29.1	27.0	23.5	20.0	17.6
		1.1.1.1.2. Maintenance, repair of motor vehicles	..	17.5	12.9	11.3	11.5	12.0
51		1.1.1.2. Wholesale and commission trade	88.7	87.7	80.4	71.8	69.1	71.4
52		1.1.1.3. Retail trade and repairs	155.2	156.6	141.0	125.3	120.0	111.8
		1.1.1.3.1. Retail sale	..	154.8	139.2	123.5	118.5	110.3
		1.1.1.3.2. Repair of household goods	..	1.8	1.8	1.8	1.5	1.5
H	55	1.1.2. Restaurants and hotels	68.7	69.0	62.2	56.2	51.1	50.4
		1.1.2.1. Restaurants	51.5	51.7	46.3	42.4	38.2	37.3
		1.1.2.2. Hotels	17.2	17.3	15.9	13.8	12.9	13.1
I	60_64	1.2. Transport, storage and communication	161.9	162.5	151.2	143.4	136.5	134.9
	60_63	1.2.1. Transport and storage	109.0	110.1	100.5	95.7	91.4	91.2
60		1.2.1.1. Land transport, transport via pipelines	67.1	67.1	60.1	55.5	52.2	51.5
		1.2.1.1.1. Transport via railways	16.0	15.6	14.5	14.0	13.8	12.3
		1.2.1.1.2. Other land transport	51.1	51.5	45.6	41.5	38.4	39.2
		1.2.1.1.2.1. Bus, tram and metro	14.7	14.6	14.1	13.0	12.4	11.9
		1.2.1.1.2.2. Taxi operation	3.6	3.9	3.0	2.8	2.4	2.4
		1.2.1.1.2.3. Freight transport by road	32.8	33.0	28.5	25.7	23.6	24.9
		1.2.1.1.3. Transport via pipelines	0.0	0.0	0.0	0.0	0.0	0.0
61		1.2.1.2. Water transport	10.2	10.5	10.4	10.4	10.4	10.2
62		1.2.1.3. Air transport	5.3	5.6	5.2	5.1	5.0	5.1
63		1.2.1.4. Auxiliary transport services, travel agencies	26.4	26.9	24.8	24.7	23.8	24.4
		1.2.1.4.1. Railway maintenance (1)	..	..	..	..	..	..
		1.2.1.4.2. Road maintenance (1)	3.7	3.5	3.3	3.3	3.3	3.1
		1.2.1.4.3. Supporting air transport activities	1.6	1.6	1.7	1.7	1.7	1.8
		1.2.1.4.4. Other supporting transport activities	21.1	21.8	19.8	19.7	18.8	19.5
64		1.2.2. Communication	52.9	52.4	50.7	47.7	45.1	43.7
641		1.2.2.1. Postal and courier services	34.1	34.1	32.7	30.2	28.5	27.6
642		1.2.2.2. Telecommunications	18.8	18.3	18.0	17.5	16.6	16.1
J_K	**65_74**	**2. Finance, insurance, real estate and business services**	212.6	214.0	202.5	185.1	172.7	171.5
J	65_67	2.1. Financial and insurance services	70.0	66.1	62.0	57.2	52.8	51.5
65		2.1.1. Financial intermediation	57.7	54.0	50.0	45.4	41.3	40.1
66		2.1.2. Insurance and pension funding	10.9	10.6	10.3	10.2	9.9	10.1
67		2.1.3. Auxiliary financial services	1.4	1.5	1.7	1.6	1.6	1.3
K	70_74	2.2. Real estate and business services	142.6	147.9	140.5	127.9	119.9	120.0
70		2.2.1. Real estate services	29.9	29.6	28.9	28.0	26.8	26.0
		2.2.1.1. Real estate with own property	3.4	3.5	2.8	1.9	1.8	1.7
		2.2.1.2. Letting and operation of property	1.8	1.9	1.9	2.1	2.1	2.2
		2.2.1.2.1. Letting and operation of dwellings	..	..	..	..	..	..
		2.2.1.2.2. Letting and operation of real estate	..	..	..	..	..	..
		2.2.1.3. Real estate activities on a fee or contract basis	24.7	24.2	24.2	24.0	22.9	22.1
		2.2.1.3.1. Real estate agencies	3.3	3.5	3.1	2.8	2.6	2.7
		2.2.1.3.2. Management of real estate	21.4	20.7	21.1	21.2	20.3	19.4
71_74		2.2.2. Business services	112.7	118.3	111.6	99.9	93.1	94.0
71		2.2.2.1. Renting, etc.	3.1	3.4	2.9	2.5	2.3	2.3
72		2.2.2.2. Computer and related activities	17.3	17.4	16.8	15.3	15.6	15.0
73		2.2.2.3. Research and development	9.9	10.3	10.4	10.1	9.3	9.4
74		2.2.2.4. Other business activities	82.4	87.2	81.5	72.0	65.9	67.3
741		2.2.2.4.1. Legal, accounting services, etc.	9.7	11.3	13.0	12.2	12.1	12.5
742		2.2.2.4.2. Architect., engineering, other tech. serv.	30.7	32.6	29.2	23.8	21.1	21.5
743		2.2.2.4.3. Advertising services	5.4	5.3	5.2	4.7	4.6	5.0
749		2.2.2.4.4. Other business activities n.e.c.	36.6	38.0	34.1	31.3	28.1	28.3
		2.2.2.4.4.1. Industrial cleaning	15.8	16.0	15.7	15.2	13.6	14.5
		2.2.2.4.4.2. Other business services	20.8	22.0	18.4	16.1	14.5	13.8
L_Q	**75_99**	**3. Other services**	670.5	679.0	683.5	668.2	633.7	635.4
L	75	3.1. Public administration and defence	164.3	164.1	168.1	163.8	157.1	156.9
		3.1.1. Public administration	133.2	133.1	134.8	130.7	124.1	124.1
		3.1.2. Defence equipment and conscripts	22.3	22.2	24.5	24.3	24.3	24.0
		3.1.3. Compulsory social security	8.8	8.8	8.8	8.8	8.7	8.8
		3.1.3.1. Employment pension insurance	2.8	2.8	2.8	2.8	2.7	2.5
		3.1.3.2. Other compulsory social security	6.0	6.0	6.0	6.0	6.0	6.3

II. EMPLOI *(suite)*

B. Salariés

Milliers de personnes

1995	1996	1997	1998	1999*		CITI Rév. 3	
					1. Commerce d'automobiles, de gros et de détail ; restaurants et hôtels ; transports et communication	G_I	50_64
404.6	413.1	427.1	442.8	451.4			
268.2	274.9	285.2	296.2	304.5	1.1. Commerce d'automobiles, de gros et de détail ; restaurants et hôtels	G_H	50_55
216.3	221.2	229.6	238.7	244.8	1.1.1. Commerce d'automobiles, de gros et de détail	G	50_52
31.7	33.5	35.1	37.5	37.9	1.1.1.1. Commerce et réparations automobiles		50
19.1	21.3	21.9	22.5	22.7	1.1.1.1.1. Commerce automobile, stations services		
12.6	12.2	13.2	15.0	15.2	1.1.1.1.2. Entretien et réparations automobiles		
73.4	76.1	80.0	82.1	83.4	1.1.1.2. Commerce de gros et intermédiaires		51
111.2	111.6	114.5	119.1	123.5	1.1.1.3. Commerce de détail et réparations		52
110.0	110.0	112.8	117.4	121.8	1.1.1.3.1. Commerce de détail		
1.2	1.6	1.7	1.7	1.7	1.1.1.3.2. Réparation d'articles domestiques		
51.9	53.7	55.6	57.5	59.7	1.1.2. Restaurants et hôtels	H	55
38.7	40.3	41.1	42.9	44.3	1.1.2.1. Restaurants		
13.2	13.4	14.5	14.6	15.4	1.1.2.2. Hôtels		
136.4	138.2	141.9	146.6	146.9	1.2. Transports, entreposage et communications	I	60_64
91.7	93.4	96.5	99.6	99.2	1.2.1. Transports et entreposage		60_63
50.9	52.7	54.0	56.4	56.3	1.2.1.1. Transports terrestres, transports par conduites		60
11.8	10.4	10.3	10.2	10.0	1.2.1.1.1. Transports par chemin de fer		
39.1	42.3	43.7	46.2	46.3	1.2.1.1.2. Autres transp. terrestres		
12.2	12.1	12.1	12.4	12.4	1.2.1.1.2.1. Bus, tramway et métro		
2.6	3.1	3.4	3.8	4.1	1.2.1.1.2.2. Taxis		
24.3	27.1	28.2	30.0	29.8	1.2.1.1.2.3. Transports de marchandises routiers		
0.0	0.0	0.0	0.0	0.0	1.2.1.1.3. Transports par conduites		
11.0	10.5	10.7	11.0	11.0	1.2.1.2. Transports par eau		61
5.2	5.4	5.8	6.1	6.3	1.2.1.3. Transports aériens		62
24.6	24.8	26.0	26.1	25.6	1.2.1.4. Services auxiliaires des transports, agences de voyages		63
..	0.1	0.1	0.1	0.1	1.2.1.4.1. Entretien des chemins de fer (1)		
3.1	3.0	3.0	2.7	2.1	1.2.1.4.2. Entretien des routes (1)		
1.8	1.8	1.9	2.0	2.0	1.2.1.4.3. Services aéroportuaires		
19.7	19.9	21.0	21.3	21.4	1.2.1.4.4. Autres services auxiliaires des transports		
44.7	44.8	45.4	47.0	47.7	1.2.2. Communications		64
28.3	28.1	28.0	28.4	27.2	1.2.2.1. Poste et courrier		641
16.4	16.7	17.4	18.6	20.5	1.2.2.2. Télécommunications		642
171.8	177.9	184.1	194.9	203.8	2. Banques, assurances, affaires immobilières et services aux entreprises	J_K	65_74
48.2	44.6	42.8	41.0	37.8	2.1. Établissements financiers	J	65_67
36.2	32.7	30.6	29.0	26.0	2.1.1. Intermédiation financière		65
10.6	10.3	10.2	9.9	9.4	2.1.2. Assurances et caisses de retraite		66
1.4	1.6	2.0	2.1	2.4	2.1.3. Activités financières auxiliaires		67
123.6	133.3	141.3	153.9	166.0	2.2. Affaires immobilières et services fournis aux entreprises	K	70_74
22.9	22.2	23.5	24.0	24.4	2.2.1. Affaires immobilières		70
1.9	1.9	2.0	2.1	2.1	2.2.1.1. Activités immobilières pour compte propre		
3.7	2.6	3.0	2.9	2.9	2.2.1.2. Location et exploitation de biens immobiliers		
..	..	..	..	..	2.2.1.2.1. Location et exploitation de logements		
..	..	..	..	..	2.2.1.2.2. Location et exploitation d'immeubles		
17.3	17.7	18.5	19.0	19.4	2.2.1.3. Activités immobilières à forfait ou sous contrat		
2.3	2.4	2.8	3.1	3.4	2.2.1.3.1. Agences immobilières		
15.0	15.3	15.7	15.9	16.0	2.2.1.3.2. Gestion de biens immobiliers		
100.7	111.1	117.8	129.9	141.6	2.2.2. Services fournis aux entreprises		71_74
2.4	2.5	2.5	2.7	3.1	2.2.2.1. Location, etc.		71
15.6	17.1	19.0	24.0	27.5	2.2.2.2. Activités informatiques et activités connexes		72
10.0	11.0	12.0	12.4	12.9	2.2.2.3. Recherche et développement		73
72.7	80.5	84.3	90.8	98.1	2.2.2.4. Autres services fournis aux entreprises		74
13.2	14.3	15.6	16.5	17.1	2.2.2.4.1. Activités juridiques, comptables, etc.		741
22.3	23.1	23.7	25.8	26.7	2.2.2.4.2. Activ. d'architect., d'ingénierie, aut. serv. tech.		742
5.5	6.2	6.3	6.8	7.2	2.2.2.4.3. Publicité		743
31.7	36.9	38.7	41.7	47.1	2.2.2.4.4. Autres serv. fournis aux entreprises n.c.a.		749
17.3	20.6	20.3	21.8	24.9	2.2.2.4.4.1. Nettoyage industriel		
14.4	16.3	18.4	19.9	22.2	2.2.2.4.4.2. Autres services aux entreprises		
648.4	658.8	677.3	682.5	692.1	3. Autres services	L_Q	75_99
161.2	161.3	165.0	160.3	161.5	3.1. Administration publique et défense	L	75
124.7	126.2	131.4	130.0	131.8	3.1.1. Administration publique		
27.4	26.1	24.6	21.3	20.5	3.1.2. Défense (équipements et conscrits)		
9.1	9.0	9.0	9.0	9.2	3.1.3. Sécurité sociale obligatoire		
2.5	2.6	2.6	2.6	2.7	3.1.3.1. Assurance retraite		
6.6	6.4	6.4	6.4	6.5	3.1.3.2. Autre sécurité sociale obligatoire		

FINLAND

B. Employees

Thousand persons

ISIC Rev. 3			1989	1990	1991	1992	1993	1994
M_Q	80_99	3.2. Education, health, social work related, other community, social and personal services	506.2	514.9	515.4	504.4	476.6	478.5
M	80	3.2.1. Education	133.0	134.9	134.4	131.6	128.0	129.8
N	85	3.2.2. Health and social work	280.6	286.3	288.3	281.1	262.5	262.7
		3.2.2.1. Health (2)	154.2	155.6	155.5	151.1	141.2	141.6
		3.2.2.2. Veterinary services (2)	..	0.6	0.6	0.6	0.6	0.6
		3.2.2.3. Social work	126.4	130.1	132.2	129.4	120.7	120.5
O	90_93	3.2.3. Other community, social and personal services	87.9	89.5	88.5	87.5	82.2	81.9
	90	3.2.3.1. Sanitary and similar services	4.9	4.9	4.9	5.0	4.7	5.2
	91	3.2.3.2. Membership organisations n.e.c.	31.0	31.7	31.0	31.4	31.0	30.2
		3.2.3.2.1. Business, employers, professional org.	7.6	8.0	7.9	7.9	7.6	6.9
		3.2.3.2.2. Other membership organisations	23.4	23.7	23.1	23.5	23.4	23.3
		3.2.3.2.2.1. Religious organisations	18.5	18.7	18.9	18.6	18.1	17.7
		3.2.3.2.2.2. Other organisations	4.9	5.0	4.2	4.9	5.3	5.6
	92	3.2.3.3. Recreational and cultural services	44.5	45.3	44.9	44.2	40.3	40.5
	93	3.2.3.4. Other personal services	7.5	7.6	7.7	6.9	6.2	6.0
		3.2.3.4.1. Washing and dry cleaning	..	2.4	2.5	2.4	2.3	2.3
		3.2.3.4.2. Other	..	5.2	5.2	4.5	3.9	3.7
P	95	3.2.4. Private households with employed persons	4.7	4.2	4.2	4.2	3.9	4.1
Q	99	3.2.5. Extra-territorial organisations	..	..	..	..	..	..
G_Q	50_99	**TOTAL, SERVICES**	**1 405.6**	**1 415.4**	**1 360.7**	**1 284.8**	**1 214.6**	**1 205.0**
		TOTAL EMPLOYEES, All activities	**2 162.7**	**2 158.8**	**2 035.8**	**1 881.6**	**1 761.3**	**1 739.9**
		% of services in total employees, all activities	64.99	65.56	66.84	68.28	68.96	69.26

II. EMPLOI *(suite)*

B. Salariés

Milliers de personnes

1995	1996	1997	1998	1999*		CITI Rév. 3	
487.2	497.5	512.3	522.2	530.6	3.2. Enseignement, santé, action sociale, autres activités de services collectifs, sociaux et personnels	M_Q	80_99
133.5	136.7	140.3	144.8	147.5	3.2.1. Enseignement	M	80
264.2	267.6	274.7	276.9	279.5	3.2.2. Santé et action sociale	N	85
141.6	142.9	145.0	145.3	146.2	3.2.2.1. Santé (2)		
0.6	0.6	0.7	0.7	0.7	3.2.2.2. Services vétérinaires (2)		
122.0	124.1	129.0	130.9	132.6	3.2.2.3. Action sociale		
83.0	85.9	88.8	90.9	93.2	3.2.3. Autres activités de services collectifs, sociaux et personnels	O	90_93
5.3	5.2	5.7	6.0	6.4	3.2.3.1. Services sanitaires et analogues		90
30.4	31.6	32.7	33.5	34.6	3.2.3.2. Activités associatives diverses		91
6.7	6.8	6.9	7.1	7.4	3.2.3.2.1. Organisations patronales, consulaires, prof		
23.7	24.8	25.8	26.4	27.2	3.2.3.2.2. Autres organisations associatives		
17.9	18.7	19.3	19.5	19.9	3.2.3.2.2.1. Organisations religieuses		
5.8	6.1	6.5	6.9	7.3	3.2.3.2.2.2. Autres organisations		
41.6	42.9	44.0	44.5	44.9	3.2.3.3. Activités récréatives et culturelles		92
5.7	6.2	6.4	6.9	7.3	3.2.3.4. Autres services personnels		93
2.4	2.6	2.7	2.8	2.9	3.2.3.4.1. Lavage et nettoyage à sec		
3.3	3.6	3.7	4.1	4.4	3.2.3.4.2. Autres		
6.5	7.3	8.5	9.6	10.4	3.2.4. Ménages privés employant du personnel domestique	P	95
..	..	..	..	..	3.2.5. Organisations extraterritoriales	Q	99
1 224.8	**1 249.8**	**1 288.5**	**1 320.2**	**1 347.3**	**TOTAL, SERVICES**	**G_Q**	**50_99**
1 780.4	**1 807.2**	**1 868.5**	**1 926.2**	**1 965.5**	**EMPLOI SALARIÉ TOTAL, Toutes activités**		
68.79	69.16	68.96	68.54	68.55	% des services dans l'emploi salarié total, toutes activités		

SERVICES : Statistiques sur la valeur ajoutée et l'emploi
© OCDE 2001

FINLAND

FINLANDE

Source:

Statistics Finland, Helsinki, data sent directly.

General note:

    * Provisional data.

(1) Prior to 1990 for Value added and prior to 1996 for Employment, item railway maintenance is included in item road maintenance.

(2) Prior to 1990, item Veterinary services is included in item Human health services.

Source :

Statistics Finland, Helsinki, données transmises directement.

Note générale :

    * Données provisoires.

(1) Avant 1990 pour la valeur ajoutée et avant 1996 pour l'emploi, la rubrique entretien des chemins de fer est incluse dans la rubrique entretien des routes.

(2) Avant 1990, la rubrique services vétérinaires est incluse dans la rubrique services de santé.

France

FRANCE

I. GROSS VALUE ADDED at basic prices

A. Current prices

Billions of French francs

ISIC Rev. 3			1989	1990	1991	1992	1993	1994
G_I	**50_64**	1. Motor, wholesale and retail trade; restaurants and hotels; transport and communication	1 153.0	1 234.6	1 291.7	1 306.9	1 351.3	1 360.5
G_H	50_55	1.1. Motor, wholesale and retail trade; restaurants and hotels	774.2	841.1	877.6	875.4	901.1	920.5
G	50_52	1.1.1. Motor, wholesale and retail trade	625.2	675.1	699.5	691.0	712.1	727.3
	50	1.1.1.1. Motor trade and repairs	103.2	111.2	114.0	108.7	124.0	123.8
	51	1.1.1.2. Wholesale and commission trade	244.3	262.8	273.3	272.1	282.5	277.3
	52	1.1.1.3. Retail trade and repairs	277.7	301.1	312.2	310.3	305.5	326.1
H	55	1.1.2. Restaurants and hotels	149.0	166.0	178.1	184.4	189.1	193.2
I	60_64	1.2. Transport, storage and communication	378.8	393.5	414.1	431.5	450.2	439.9
	60_63	1.2.1. Transport and storage	249.7	256.5	264.4	275.8	268.6	282.3
	60	1.2.1.1. Land transport, transport via pipelines	..	149.4	153.7	161.8	156.8	163.2
		1.2.1.1.1. Transport via railways	..	37.1	35.7	38.8	34.5	37.0
		1.2.1.1.2. Road passenger transport	..	43.3	45.1	46.5	47.6	49.4
		1.2.1.1.3. Freight transport by road, pipelines	..	69.0	72.8	76.6	74.7	76.8
	61	1.2.1.2. Water transport	..	8.6	8.2	7.4	7.2	7.5
	62	1.2.1.3. Air transport	..	25.6	25.6	26.0	24.2	27.9
	63	1.2.1.4. Auxiliary transport services, travel agencies	..	72.9	76.9	80.6	80.4	83.7
		1.2.1.4.1. Cargo handling, storage, warehousing	..	45.7	48.5	50.4	51.4	53.4
		1.2.1.4.2. Travel agencies	..	7.8	8.3	8.9	9.2	9.8
		1.2.1.4.3. Other transport	..	19.4	20.1	21.3	19.9	20.6
	64	1.2.2. Communication	129.1	137.0	149.7	155.7	181.6	157.6
	641	1.2.2.1. Postal and courier services	..	..	..	..	..	..
	642	1.2.2.2. Telecommunications	..	..	..	..	..	..
J_K	**65_74**	2. Finance, insurance, real estate and business services	1 565.7	1 656.7	1 726.1	1 826.3	1 867.4	1 949.2
J	65_67	2.1. Financial and insurance services	330.4	327.5	323.9	331.7	347.7	379.5
	65	2.1.1. Financial intermediation	265.3	268.1	261.6	267.9	278.2	298.7
	66	2.1.2. Insurance and pension funding (1)	65.1	24.5	27.9	26.3	25.9	38.1
	67	2.1.3. Auxiliary financial services (1)	..	34.9	34.4	37.5	43.6	42.7
K	70_74	2.2. Real estate and business services	1 235.3	1 329.2	1 402.2	1 494.6	1 519.7	1 569.7
	70	2.2.1. Real estate services	618.3	664.5	706.6	764.6	797.1	826.3
		2.2.1.1. Agencies, management and development	68.8	73.2	69.2	77.0	63.2	53.1
		2.2.1.2. Letting of property	549.5	591.2	637.4	687.6	733.9	773.2
	71_74	2.2.2. Business services	617.0	664.7	695.7	730.0	722.7	743.4
	71	2.2.2.1. Renting, etc.	..	59.6	64.4	71.1	66.3	65.3
	72	2.2.2.2. Computer and related activities	..	75.6	81.6	86.4	85.4	87.9
	73	2.2.2.3. Research and development	78.6	86.0	92.4	96.0	98.2	98.0
	74	2.2.2.4. Other business activities	..	443.5	457.2	476.5	472.8	492.2
	741	2.2.2.4.1. Legal, accounting services, etc.	..	151.5	155.0	168.1	167.2	181.2
		2.2.2.4.1.1. Professional services (2)	..	98.8	104.3	111.0	117.8	124.6
		2.2.2.4.1.2. Business consultancy	..	52.7	50.7	57.2	49.4	56.5
	742	2.2.2.4.2. Architect., engineering, other tech. serv.	..	73.1	80.2	83.8	88.7	83.3
	743	2.2.2.4.3. Advertising services	..	36.6	36.5	37.8	35.5	35.1
	749	2.2.2.4.4. Other business activities n.e.c.	..	182.4	185.6	186.8	181.5	192.7
		2.2.2.4.4.1. Labour recruitment, prov. of pers.	..	56.8	56.9	51.7	45.5	56.5
		2.2.2.4.4.2. Security,cleaning serv.,etc.	..	125.6	128.7	135.1	136.0	136.2
L_Q	**75_99**	3. Other services	1 230.0	1 312.5	1 380.5	1 460.0	1 560.0	1 625.3
L	75	3.1. Public administration and defence	467.1	485.9	515.5	546.2	569.2	596.0
M_Q	80_99	3.2. Education, health, social work related, other community, social and personal services	762.8	826.6	865.0	913.8	990.8	1 029.3
M	80	3.2.1. Education	246.4	268.5	288.0	305.0	323.6	332.1
N	85	3.2.2. Health and social work	336.6	366.9	376.2	395.6	435.3	452.5
		3.2.2.1. Health and veterinary services	294.5	318.9	327.5	345.6	380.1	395.2
		3.2.2.1.1. Health	..	314.9	323.4	340.9	375.2	389.9
		3.2.2.1.2. Veterinary services	..	4.0	4.2	4.7	5.0	5.3
		3.2.2.2. Social work	42.1	48.0	48.7	50.0	55.1	57.3
O	90_93	3.2.3. Other community, social and personal services	179.8	161.1	167.6	177.2	193.7	203.7
	90	3.2.3.1. Sanitary and similar services	16.1	16.0	16.9	18.7	20.5	22.0
	91	3.2.3.2. Membership organisations n.e.c.	13.3	14.2	14.7	15.7	20.5	20.3
	92	3.2.3.3. Recreational and cultural services	87.1	93.6	95.7	102.1	109.0	118.3
		3.2.3.3.1. Audiovisual activities	..	31.4	32.7	35.5	36.1	38.6
		3.2.3.3.2. Other recreational and cultural services	..	62.1	63.0	66.6	72.9	79.7
	93	3.2.3.4. Other personal services (3)	63.3	37.3	40.3	40.6	43.7	43.2
P	95	3.2.4. Private households with employed persons (3)	..	30.1	33.2	36.0	38.3	41.0
Q	99	3.2.5. Extra-territorial organisations	..	..	..	..	..	..
		FISIM (Financial Intermediation Services Indirectly Measured)	- 268.9	- 274.1	- 268.0	- 269.3	- 264.9	- 275.8

I. VALEUR AJOUTÉE BRUTE aux prix de base

A. Prix courants

Milliards de francs français

1995	1996	1997	1998	1999		CITI Rév. 3	
1 386.9	1 375.8	1 435.0	1 524.9	1 574.6	1. Commerce d'automobiles, de gros et de détail ; restaurants et hôtels ; transports et communication	G_I	50_64
943.3	925.8	965.0	1 044.4	1 080.5	1.1. Commerce d'automobiles, de gros et de détail ; restaurants et hôtels	G_H	50_55
757.6	735.6	767.4	831.4	856.4	1.1.1. Commerce d'automobiles, de gros et de détail	G	50_52
125.2	117.6	124.7	138.5	141.7	1.1.1.1. Commerce et réparations automobiles		50
301.5	293.7	311.0	339.0	353.3	1.1.1.2. Commerce de gros et intermédiaires		51
330.9	324.3	331.7	353.8	361.4	1.1.1.3. Commerce de détail et réparations		52
185.7	190.2	197.7	213.0	224.1	1.1.2. Restaurants et hôtels	H	55
443.6	450.0	470.0	480.5	494.1	1.2. Transports, entreposage et communications	I	60_64
280.9	284.2	307.0	319.6	327.7	1.2.1. Transports et entreposage		60_63
162.0	167.5	167.0	172.0	..	1.2.1.1. Transports terrestres, transports par conduites		60
34.2	37.8	34.0	34.2	..	1.2.1.1.1. Transports par chemin de fer		
48.0	52.6	51.1	56.8	..	1.2.1.1.2. Transports routiers de voyageurs		
79.9	77.2	82.0	81.1	..	1.2.1.1.3. Transp. de marchandises routiers, par conduites		
6.1	5.8	6.1	6.0	..	1.2.1.2. Transports par eau		61
25.1	23.8	27.5	27.0	..	1.2.1.3. Transports aériens		62
87.8	87.0	106.3	114.6	..	1.2.1.4. Services auxiliaires des transports, agences de voyages		63
54.9	56.0	72.8	78.3	..	1.2.1.4.1. Manutention,entreposage,gestion d'infrastructure		
9.8	9.0	9.6	11.0	..	1.2.1.4.2. Agences de voyage		
23.1	22.1	24.0	25.3	..	1.2.1.4.3. Autres transports		
162.7	165.8	163.1	160.9	166.3	1.2.2. Communications		64
..	..	..	..	..	1.2.2.1. Poste et courrier		641
..	..	..	..	..	1.2.2.2. Télécommunications		642
1 989.9	2 090.4	2 167.1	2 257.8	2 363.3	2. Banques, assurances, affaires immobilières et services aux entreprises	J_K	65_74
363.5	377.7	384.6	368.4	376.4	2.1. Établissements financiers	J	65_67
272.9	283.6	273.6	265.2	264.6	2.1.1. Intermédiation financière		65
43.7	46.3	54.6	43.1	111.8	2.1.2. Assurances et caisses de retraite (1)		66
46.8	47.8	56.3	60.0	..	2.1.3. Activités financières auxiliaires (1)		67
1 626.4	1 712.7	1 782.5	1 889.4	1 986.9	2.2. Affaires immobilières et services fournis aux entreprises	K	70_74
854.7	884.5	917.7	958.3	989.7	2.2.1. Affaires immobilières		70
59.5	58.7	59.0	67.9	67.9	2.2.1.1. Promotion, gestion immobilière		
795.3	825.8	858.7	890.4	921.8	2.2.1.2. Location immobilière		
771.6	828.2	864.8	931.2	997.2	2.2.2. Services fournis aux entreprises		71_74
64.0	67.2	72.3	76.9	..	2.2.2.1. Location, etc.		71
93.5	100.4	111.4	129.8	..	2.2.2.2. Activités informatiques et activités connexes		72
99.2	107.0	103.9	104.5	108.8	2.2.2.3. Recherche et développement		73
514.9	553.6	577.2	620.0	..	2.2.2.4. Autres services fournis aux entreprises		74
186.9	214.6	229.2	242.1	..	2.2.2.4.1. Activités juridiques, comptables, etc.		741
126.7	133.7	139.8	148.6	..	2.2.2.4.1.1. Services professionnels (2)		
60.2	80.9	89.4	93.5	..	2.2.2.4.1.2. Administration d'entreprise		
82.5	83.2	81.2	80.0	..	2.2.2.4.2. Activ. d'architect., d'ingénierie, aut. serv. tech.		742
35.3	38.1	40.0	43.7	..	2.2.2.4.3. Publicité		743
210.2	217.7	226.8	254.2	..	2.2.2.4.4. Autres serv. fournis aux entreprises n.c.a.		749
68.7	67.8	79.6	102.9	..	2.2.2.4.4.1. Sélection et fourniture de personnel		
141.5	150.0	147.1	151.3	..	2.2.2.4.4.2. Sécurité, nettoyage et autres		
1 685.5	1 752.5	1 801.6	1 872.4	1 933.7	3. Autres services	L_Q	75_99
606.5	643.8	655.1	676.2	693.0	3.1. Administration publique et défense	L	75
1 079.0	1 108.6	1 146.5	1 196.2	1 240.7	3.2. Enseignement, santé, action sociale, autres activités de services collectifs, sociaux et personnels	M_Q	80_99
358.1	361.5	376.5	390.9	407.5	3.2.1. Enseignement	M	80
472.6	487.7	502.6	523.7	539.9	3.2.2. Santé et action sociale	N	85
406.7	424.6	434.8	453.9	466.0	3.2.2.1. Activités sanitaires et vétérinaires		
401.6	419.2	429.0	447.6	..	3.2.2.1.1. Santé		
5.1	5.4	5.8	6.2	..	3.2.2.1.2. Activités vétérinaires		
65.9	63.1	67.8	69.8	73.9	3.2.2.2. Action sociale		
204.1	210.6	214.3	225.1	293.3	3.2.3. Autres activités de services collectifs, sociaux et personnels	O	90_93
23.5	25.3	27.6	28.4	29.1	3.2.3.1. Services sanitaires et analogues		90
22.0	22.1	23.7	25.2	27.2	3.2.3.2. Activités associatives diverses		91
117.3	120.3	119.5	125.8	131.6	3.2.3.3. Activités récréatives et culturelles		92
42.4	43.1	41.9	47.7	..	3.2.3.3.1. Activités audiovisuelles		
74.9	77.2	77.7	78.0	..	3.2.3.3.2. Autres activités récréatives et culturelles		
41.4	42.9	43.5	45.8	105.4	3.2.3.4. Autres services personnels (3)		93
44.1	48.8	53.1	56.4	..	3.2.4. Ménages privés employant du personnel domestique (3)	P	95
..	..	..	..	..	3.2.5. Organisations extraterritoriales	Q	99
- 259.1	- 262.1	- 238.9	- 230.2	- 227.3	SIFIM (Services d'intermédiation financière indirectement mesurés)		

I. GROSS VALUE ADDED at basic prices *(cont.)*

A. Current prices

Billions of French francs

ISIC Rev. 3		1989	1990	1991	1992	1993	1994
G_Q 50_99	**TOTAL, SERVICES**	**3 679.7**	**3 929.7**	**4 130.2**	**4 324.0**	**4 513.8**	**4 659.2**
	GROSS VALUE ADDED, All activities, at basic prices	**5 584.7**	**5 911.7**	**6 158.8**	**6 408.7**	**6 503.2**	**6 706.0**
	% of services in gross value added, all activities	65.89	66.47	67.06	67.47	69.41	69.48
	Memorandum item:						
	Gross domestic product at market prices	6 270.3	6 620.9	6 884.1	7 126.0	7 226.5	7 499.7

I. VALEUR AJOUTÉE BRUTE aux prix de base *(suite)*

A. Prix courants

Milliards de francs français

1995	1996	1997	1998	1999		CITI Rév. 3
4 803.1	**4 956.5**	**5 164.8**	**5 425.0**	**5 644.3**	**TOTAL, SERVICES**	**G_Q 50_99**
6 924.6	**7 068.5**	**7 304.7**	**7 593.7**	**7 839.2**	**VALEUR AJOUTÉE BRUTE, Toutes activités, aux prix de base**	
69.36	70.12	70.71	71.44	72.00	% des services dans la valeur ajoutée brute, toutes activités	
					Pour mémoire :	
7 752.4	7 951.4	8 207.1	8 536.3	8 818.8	Produit intérieur brut aux prix du marché	

SERVICES : Statistiques sur la valeur ajoutée et l'emploi
© OCDE 2001

I. GROSS VALUE ADDED at basic prices *(cont.)*

B. Chain volume measures, 1995 base *

Billions of French francs

ISIC Rev. 3			1989	1990	1991	1992	1993	1994
G_I	**50_64**	1. Motor, wholesale and retail trade; restaurants and hotels; transport and communication	1 283.7	1 346.0	1 359.9	1 354.6	1 371.7	1 374.7
G_H	50_55	1.1. Motor, wholesale and retail trade; restaurants and hotels	887.0	937.2	939.7	919.8	919.1	934.8
G	50_52	1.1.1. Motor, wholesale and retail trade	681.8	727.0	729.4	715.4	722.0	737.1
	50	1.1.1.1. Motor trade and repairs	132.5	139.3	134.5	121.9	134.0	128.5
	51	1.1.1.2. Wholesale and commission trade	254.1	272.2	275.6	274.8	280.6	279.1
	52	1.1.1.3. Retail trade and repairs	297.5	317.5	320.5	318.4	308.1	329.7
H	55	1.1.2. Restaurants and hotels	207.9	211.3	211.2	205.2	197.3	197.8
I	60_64	1.2. Transport, storage and communication	397.6	410.3	421.3	435.1	452.4	440.0
	60_63	1.2.1. Transport and storage	261.9	264.7	266.1	276.4	269.8	284.9
	60	1.2.1.1. Land transport, transport via pipelines	..	..	157.5	162.2	155.6	161.1
		1.2.1.1.1. Transport via railways	..	..	39.0	41.2	35.2	38.2
		1.2.1.1.2. Road passenger transport	..	..	50.8	52.5	51.5	51.2
		1.2.1.1.3. Freight transport by road, pipelines	..	..	68.8	69.8	69.7	72.4
	61	1.2.1.2. Water transport	..	..	6.6	6.5	6.8	7.6
	62	1.2.1.3. Air transport	..	..	20.0	22.1	22.5	27.8
	63	1.2.1.4. Auxiliary transport services, travel agencies	..	..	82.8	86.1	85.4	88.4
		1.2.1.4.1. Cargo handling, storage, warehousing	..	..	52.6	54.2	53.9	55.1
		1.2.1.4.2. Travel agencies	..	..	9.9	10.2	10.3	11.1
		1.2.1.4.3. Other transport	..	..	20.3	21.7	21.2	22.3
	64	1.2.2. Communication	135.5	145.4	155.2	158.7	182.8	155.2
	641	1.2.2.1. Postal and courier services	..	..	..	..	..	..
	642	1.2.2.2. Telecommunications	..	..	..	..	..	..
J_K	**65_74**	2. Finance, insurance, real estate and business services	1 930.8	1 946.4	1 943.3	1 983.8	1 961.9	1 988.2
J	65_67	2.1. Financial and insurance services	419.9	396.5	380.6	380.4	376.1	386.3
	65	2.1.1. Financial intermediation	337.0	315.9	298.9	292.2	289.4	299.2
	66	2.1.2. Insurance and pension funding (1)	81.2	78.9	45.6	51.9	40.1	43.2
	67	2.1.3. Auxiliary financial services (1)	..	..	38.3	40.3	45.5	43.5
K	70_74	2.2. Real estate and business services	1 512.6	1 550.7	1 562.9	1 603.2	1 585.6	1 601.9
	70	2.2.1. Real estate services	777.4	793.3	806.3	834.4	839.3	845.7
		2.2.1.1. Agencies, management and development	72.7	69.8	63.9	72.1	60.3	51.2
		2.2.1.2. Letting of property	700.8	720.4	741.2	759.6	778.5	794.9
	71_74	2.2.2. Business services	734.3	756.4	755.8	768.4	746.3	756.3
	71	2.2.2.1. Renting, etc.	..	..	67.5	72.4	66.6	65.0
	72	2.2.2.2. Computer and related activities	..	..	80.9	86.6	86.8	89.2
	73	2.2.2.3. Research and development	92.3	100.3	101.6	100.4	99.3	99.7
	74	2.2.2.4. Other business activities	..	..	506.3	508.9	493.4	502.3
	741	2.2.2.4.1. Legal, accounting services, etc.	..	..	171.0	178.3	174.6	184.2
		2.2.2.4.1.1. Professional services (2)	..	..	117.9	119.2	122.8	126.6
		2.2.2.4.1.2. Business consultancy	..	..	53.1	58.9	51.8	57.6
	742	2.2.2.4.2. Architect., engineering, other tech. serv.	..	..	90.1	90.7	94.2	85.4
	743	2.2.2.4.3. Advertising services	..	..	35.2	37.6	35.3	35.7
	749	2.2.2.4.4. Other business activities n.e.c.	..	..	210.8	202.3	189.5	197.0
		2.2.2.4.4.1. Labour recruitment, prov. of pers.	..	..	63.8	55.7	47.6	57.7
		2.2.2.4.4.2. Security,cleaning serv.,etc.	..	..	146.8	146.5	141.9	139.2
L_Q	**75_99**	3. Other services	1 486.9	1 525.3	1 561.8	1 601.6	1 650.1	1 679.4
L	75	3.1. Public administration and defence	538.2	547.8	572.4	587.3	594.1	611.2
M_Q	80_99	3.2. Education, health, social work related, other community, social and personal services	948.7	977.7	989.1	1 014.1	1 056.1	1 068.1
M	80	3.2.1. Education	313.4	318.0	323.2	336.7	340.8	339.5
N	85	3.2.2. Health and social work	410.1	426.3	427.3	436.6	465.7	473.3
		3.2.2.1. Health and veterinary services	351.9	368.3	371.2	381.2	406.7	414.2
		3.2.2.1.1. Health	..	..	366.5	376.1	401.5	408.8
		3.2.2.1.2. Veterinary services	..	..	4.7	5.1	5.2	5.5
		3.2.2.2. Social work	58.8	58.2	56.3	55.5	59.1	59.1
O	90_93	3.2.3. Other community, social and personal services	225.7	233.8	201.0	201.3	208.6	212.8
	90	3.2.3.1. Sanitary and similar services	22.3	23.1	23.2	24.9	23.9	23.9
	91	3.2.3.2. Membership organisations n.e.c.	13.0	13.9	15.4	15.9	20.4	20.7
	92	3.2.3.3. Recreational and cultural services	109.9	114.4	115.0	115.5	117.5	123.6
		3.2.3.3.1. Audiovisual activities	..	..	39.8	40.4	39.6	40.2
		3.2.3.3.2. Other recreational and cultural services	..	..	75.2	75.2	78.0	83.4
	93	3.2.3.4. Other personal services (3)	81.6	83.3	47.9	45.7	46.8	44.6
P	95	3.2.4. Private households with employed persons (3)	..	..	38.2	39.7	41.2	42.9
Q	99	3.2.5. Extra-territorial organisations	..	..	..	..	..	..
		FISIM (Financial Intermediation Services Indirectly Measured)	- 324.1	- 313.5	- 297.8	- 288.5	- 274.1	- 277.2

I. VALEUR AJOUTÉE BRUTE aux prix de base *(suite)*

B. Volumes (prix chaînés), base 1995 *

Milliards de francs français

1995	1996	1997	1998	1999		CITI Rév. 3	
1 386.9	1 375.6	1 438.6	1 529.4	1 586.2	1. Commerce d'automobiles, de gros et de détail ; restaurants et hôtels ; transports et communication	G_I	50_64
943.3	914.1	947.9	1 021.7	1 057.5	1.1. Commerce d'automobiles, de gros et de détail ; restaurants et hôtels	G_H	50_55
757.6	731.0	760.4	825.9	856.9	1.1.1. Commerce d'automobiles, de gros et de détail	G	50_52
125.2	115.2	122.0	132.2	133.0	1.1.1.1. Commerce et réparations automobiles		50
301.5	293.7	310.4	341.5	361.4	1.1.1.2. Commerce de gros et intermédiaires		51
330.9	322.2	328.0	352.3	362.8	1.1.1.3. Commerce de détail et réparations		52
185.7	183.1	187.5	196.1	201.2	1.1.2. Restaurants et hôtels	H	55
443.6	461.5	491.0	507.2	528.7	1.2. Transports, entreposage et communications	I	60_64
280.9	292.9	313.2	320.3	332.6	1.2.1. Transports et entreposage		60_63
162.0	172.3	171.5	175.5	..	1.2.1.1. Transports terrestres, transports par conduites		60
34.2	37.7	33.6	34.1	..	1.2.1.1.1. Transports par chemin de fer		
48.0	52.8	52.8	58.2	..	1.2.1.1.2. Transports routiers de voyageurs		
79.9	81.8	85.5	83.3	..	1.2.1.1.3. Transp. de marchandises routiers, par conduites		
6.1	6.2	6.7	7.6	..	1.2.1.2. Transports par eau		61
25.1	27.7	31.0	28.4	..	1.2.1.3. Transports aériens		62
87.8	86.6	103.7	108.3	..	1.2.1.4. Services auxiliaires des transports, agences de voyages		63
54.9	55.9	71.6	75.8	..	1.2.1.4.1. Manutention,entreposage,gestion d'infrastructure		
9.8	9.1	9.5	10.4	..	1.2.1.4.2. Agences de voyage		
23.1	21.7	22.6	22.2	..	1.2.1.4.3. Autres transports		
162.7	168.6	177.9	187.1	196.6	1.2.2. Communications		64
..	..	..	..	..	1.2.2.1. Poste et courrier		641
..	..	..	..	..	1.2.2.2. Télécommunications		642
1 989.9	2 041.4	2 056.1	2 108.6	2 172.9	2. Banques, assurances, affaires immobilières et services aux entreprises	J_K	65_74
363.5	361.3	351.2	338.3	353.5	2.1. Établissements financiers	J	65_67
272.9	274.2	258.0	244.3	245.9	2.1.1. Intermédiation financière		65
43.7	40.1	40.2	39.0	106.5	2.1.2. Assurances et caisses de retraite (1)		66
46.8	46.9	52.8	54.9	..	2.1.3. Activités financières auxiliaires (1)		67
1 626.4	1 680.2	1 705.3	1 771.6	1 820.8	2.2. Affaires immobilières et services fournis aux entreprises	K	70_74
854.7	867.3	878.0	899.0	912.6	2.2.1. Affaires immobilières		70
59.5	59.0	58.1	66.0	64.7	2.2.1.1. Promotion, gestion immobilière		
795.3	808.2	819.8	833.2	848.0	2.2.1.2. Location immobilière		
771.6	812.9	827.3	872.6	908.1	2.2.2. Services fournis aux entreprises		71_74
64.0	66.7	71.7	74.9	..	2.2.2.1. Location, etc.		71
93.5	98.6	106.6	121.3	..	2.2.2.2. Activités informatiques et activités connexes		72
99.2	103.1	97.9	96.6	97.7	2.2.2.3. Recherche et développement		73
514.9	544.5	551.3	580.1	..	2.2.2.4. Autres services fournis aux entreprises		74
186.9	210.6	219.4	227.9	..	2.2.2.4.1. Activités juridiques, comptables, etc.		741
126.7	131.3	133.4	139.3	..	2.2.2.4.1.1. Services professionnels (2)		
60.2	79.3	85.9	88.5	..	2.2.2.4.1.2. Administration d'entreprise		
82.5	81.6	77.2	74.1	..	2.2.2.4.2. Activ. d'architect., d'ingénierie, aut. serv. tech.		742
35.3	38.6	39.4	42.1	..	2.2.2.4.3. Publicité		743
210.2	213.6	215.3	236.1	..	2.2.2.4.4. Autres serv. fournis aux entreprises n.c.a.		749
68.7	66.3	75.3	95.0	..	2.2.2.4.4.1. Sélection et fourniture de personnel		
141.5	147.4	140.0	141.0	..	2.2.2.4.4.2. Sécurité, nettoyage et autres		
1 685.5	1 718.0	1 741.8	1 777.8	1 805.9	3. Autres services	L_Q	75_99
606.5	635.3	639.5	649.9	657.6	3.1. Administration publique et défense	L	75
					3.2. Enseignement, santé, action sociale, autres activités de services	M_Q	80_99
1 079.0	1 082.6	1 102.3	1 127.9	1 148.2	collectifs, sociaux et personnels		
358.1	351.9	360.4	368.2	377.8	3.2.1. Enseignement	M	80
472.6	479.7	486.9	500.0	506.6	3.2.2. Santé et action sociale	N	85
406.7	417.9	423.8	436.1	442.2	3.2.2.1. Activités sanitaires et vétérinaires		
401.6	412.6	418.1	430.1	..	3.2.2.1.1. Santé		
5.1	5.3	5.7	6.0	..	3.2.2.1.2. Activités vétérinaires		
65.9	61.7	63.1	63.9	64.4	3.2.2.2. Action sociale		
204.1	203.9	205.4	208.8	263.7	3.2.3. Autres activités de services collectifs, sociaux et personnels	O	90_93
23.5	23.1	24.3	24.0	23.6	3.2.3.1. Services sanitaires et analogues		90
22.0	22.1	23.4	24.6	26.1	3.2.3.2. Activités associatives diverses		91
117.3	116.6	116.1	117.2	119.3	3.2.3.3. Activités récréatives et culturelles		92
42.4	42.3	41.1	44.9	..	3.2.3.3.1. Activités audiovisuelles		
74.9	74.3	74.9	72.4	..	3.2.3.3.2. Autres activités récréatives et culturelles		
41.4	42.1	41.6	43.1	94.9	3.2.3.4. Autres services personnels (3)		93
44.1	47.2	49.5	50.9	..	3.2.4. Ménages privés employant du personnel domestique (3)	P	95
..	..	..	..	..	3.2.5. Organisations extraterritoriales	Q	99
- 259.1	- 254.8	- 228.4	- 215.7	- 213.4	SIFIM (Services d'intermédiation financière indirectement mesurés)		

FRANCE

I. GROSS VALUE ADDED at basic prices *(cont.)*

B. Chain volume measures, 1995 base *

Billions of French francs

ISIC Rev. 3	1989	1990	1991	1992	1993	1994
G_Q 50_99 TOTAL, SERVICES	**4 299.2**	**4 458.1**	**4 538.4**	**4 629.8**	**4 687.7**	**4 736.4**
GROSS VALUE ADDED, All activities, at basic prices	**6 381.2**	**6 554.6**	**6 628.7**	**6 753.0**	**6 692.6**	**6 807.8**
% of services in gross value added, all activities	67.37	68.01	68.47	68.56	70.04	69.57
Memorandum item:						
Gross domestic product at market prices	7 166.6	7 353.6	7 426.8	7 537.6	7 470.7	7 625.1

I. VALEUR AJOUTÉE BRUTE aux prix de base *(suite)*

B. Volumes (prix chaînés), base 1995 *

Milliards de francs français

1995	1996	1997	1998	1999		CITI Rév. 3
4 803.1	**4 894.6**	**5 038.4**	**5 258.3**	**5 405.0**	**TOTAL, SERVICES**	**G_Q 50_99**
6 924.6	**7 001.2**	**7 143.4**	**7 359.7**	**7 565.4**	**VALEUR AJOUTÉE BRUTE, Toutes activités, aux prix de base**	
69.36	69.91	70.53	71.45	71.44	% des services dans la valeur ajoutée brute, toutes activités	
					Pour mémoire :	
7 752.4	7 837.9	7 987.2	8 232.7	8 473.4	Produit intérieur brut aux prix du marché	

SERVICES : Statistiques sur la valeur ajoutée et l'emploi
© OCDE 2001

FRANCE

II. EMPLOYMENT

A. Total employment *

Thousand full-time equivalents

ISIC Rev. 3			1989	1990	1991	1992	1993	1994
G_I	50_64	1. Motor, wholesale and retail trade; restaurants and hotels; transport and communication	4 859.7	4 891.2	4 875.5	4 851.4	4 761.3	4 733.8
G_H	50_55	1.1. Motor, wholesale and retail trade; restaurants and hotels	3 559.7	3 575.2	3 550.2	3 516.4	3 441.0	3 413.8
G	50_52	1.1.1. Motor, wholesale and retail trade	2 937.0	2 949.7	2 913.4	2 870.3	2 799.9	2 781.8
	50	1.1.1.1. Motor trade and repairs	454.4	458.7	451.4	445.4	439.4	439.8
	51	1.1.1.2. Wholesale and commission trade	976.0	992.6	986.6	967.3	932.6	909.9
	52	1.1.1.3. Retail trade and repairs	1 506.6	1 498.4	1 475.4	1 457.6	1 427.9	1 432.1
H	55	1.1.2. Restaurants and hotels	622.7	625.5	636.8	646.1	641.1	632.0
I	60_64	1.2. Transport, storage and communication	1 300.0	1 316.0	1 325.3	1 335.0	1 320.3	1 320.0
	60_63	1.2.1. Transport and storage	896.8	917.3	924.2	930.4	921.7	920.3
	60	1.2.1.1. Land transport, transport via pipelines	..	616.4	627.7	630.9	625.0	629.2
		1.2.1.1.1. Transport via railways	..	134.0	128.3	125.8	121.8	120.7
		1.2.1.1.2. Road passenger transport	..	199.2	205.7	208.3	209.1	210.2
		1.2.1.1.3. Freight transport by road, pipelines	..	283.2	293.7	296.8	294.1	298.3
	61	1.2.1.2. Water transport	..	30.3	28.6	28.6	27.4	21.7
	62	1.2.1.3. Air transport	..	51.4	51.0	50.7	49.4	48.9
	63	1.2.1.4. Auxiliary transport services, travel agencies	..	219.2	216.9	220.2	219.9	220.5
		1.2.1.4.1. Cargo handling, storage, warehousing	..	74.2	74.7	81.8	87.6	90.9
		1.2.1.4.2. Travel agencies	..	31.0	31.0	31.9	32.7	33.8
		1.2.1.4.3. Other transport	..	114.0	111.2	106.5	99.6	95.8
	64	1.2.2. Communication	403.2	398.7	401.1	404.6	398.6	399.7
	641	1.2.2.1. Postal and courier services	..	..	..	..	..	..
	642	1.2.2.2. Telecommunications	..	..	..	..	..	..
J_K	65_74	2. Finance, insurance, real estate and business services	2 782.1	2 923.0	2 967.5	2 973.7	2 949.3	3 011.6
J	65_67	2.1. Financial and insurance services	758.9	764.5	763.6	751.8	736.3	733.6
	65	2.1.1. Financial intermediation	495.7	495.0	491.6	482.5	473.9	471.5
	66	2.1.2. Insurance and pension funding (1)	263.2	127.4	128.7	126.4	122.1	121.9
	67	2.1.3. Auxiliary financial services (1)		142.1	143.3	142.9	140.3	140.2
K	70_74	2.2. Real estate and business services	2 023.2	2 158.5	2 203.9	2 221.9	2 213.0	2 278.0
	70	2.2.1. Real estate services	285.6	313.1	305.4	303.0	312.6	308.2
		2.2.1.1. Agencies, management and development	196.9	196.4	183.5	182.2	186.1	177.8
		2.2.1.2. Letting of property	88.7	116.7	121.9	120.8	126.5	130.4
	71_74	2.2.2. Business services	1 737.6	1 845.4	1 898.5	1 918.9	1 900.4	1 969.8
	71	2.2.2.1. Renting, etc.	..	57.3	58.8	59.6	58.4	58.1
	72	2.2.2.2. Computer and related activities	..	180.5	188.6	189.4	184.1	186.4
	73	2.2.2.3. Research and development	253.8	257.5	259.8	263.7	263.8	266.6
	74	2.2.2.4. Other business activities	..	1 350.1	1 391.3	1 406.2	1 394.1	1 458.7
	741	2.2.2.4.1. Legal, accounting services, etc.	..	332.1	349.0	373.7	401.1	422.5
		2.2.2.4.1.1. Professional services (2)	..	301.2	311.6	313.3	312.0	317.5
		2.2.2.4.1.2. Business consultancy	..	30.9	37.4	60.4	89.1	105.0
	742	2.2.2.4.2. Architect., engineering, other tech. serv.	..	245.9	253.1	247.9	237.8	232.8
	743	2.2.2.4.3. Advertising services	..	130.5	133.1	127.9	124.0	128.6
	749	2.2.2.4.4. Other business activities n.e.c.	..	641.6	656.1	656.7	631.2	674.8
		2.2.2.4.4.1. Labour recruitment, prov. of pers.	..	243.8	234.2	220.2	195.0	218.0
		2.2.2.4.4.2. Security, cleaning serv., etc.	..	397.8	421.9	436.5	436.2	456.8
L_Q	75_99	3. Other services	6 590.1	6 608.0	6 727.6	6 846.3	6 948.4	7 039.8
L	75	3.1. Public administration and defence	2 508.7	2 468.7	2 541.9	2 586.0	2 589.8	2 622.3
M_Q	80_99	3.2. Education, health, social work related, other community, social and personal services	4 081.4	4 139.3	4 185.7	4 260.3	4 358.6	4 417.5
M	80	3.2.1. Education	1 372.4	1 386.5	1 407.3	1 446.7	1 475.6	1 495.1
N	85	3.2.2. Health and social work	1 708.1	1 759.4	1 779.7	1 800.8	1 816.1	1 841.4
		3.2.2.1. Health and veterinary services	1 368.6	1 393.1	1 419.5	1 417.0	1 416.0	1 425.8
		3.2.2.1.1. Health	..	1 377.9	1 404.4	1 402.0	1 400.8	1 410.3
		3.2.2.1.2. Veterinary services	..	15.2	15.1	15.0	15.2	15.5
		3.2.2.2. Social work	339.5	366.3	360.2	383.8	400.1	415.6
O	90_93	3.2.3. Other community, social and personal services	1 000.9	723.0	718.8	728.8	770.4	779.7
	90	3.2.3.1. Sanitary and similar services	34.3	37.7	40.6	42.9	43.4	45.4
	91	3.2.3.2. Membership organisations n.e.c.	121.9	116.5	113.5	112.9	139.1	143.4
	92	3.2.3.3. Recreational and cultural services	336.3	339.0	334.9	348.7	362.9	369.9
		3.2.3.3.1. Audiovisual activities	..	45.2	39.3	40.3	44.9	49.8
		3.2.3.3.2. Other recreational and cultural services	..	293.8	295.6	308.4	318.0	320.1
	93	3.2.3.4. Other personal services (3)	508.4	229.8	229.8	224.3	225.0	221.0
P	95	3.2.4. Private households with employed persons (3)	..	270.4	279.9	284.0	296.5	301.3
Q	99	3.2.5. Extra-territorial organisations	..	..	..	..	..	..
G_Q	50_99	TOTAL, SERVICES	14 231.9	14 422.2	14 570.6	14 671.4	14 659.0	14 785.2
		TOTAL EMPLOYMENT, All activities	21 973.5	22 164.9	22 153.2	21 987.4	21 611.9	21 536.8
		% of services in total employment, all activities	64.77	65.07	65.77	66.73	67.83	68.65

II. EMPLOI

A. Emploi total *

Milliers d'équivalents plein-temps

1995	1996	1997	1998	1999		CITI Rév. 3	
					1. Commerce d'automobiles, de gros et de détail ; restaurants et hôtels ;	**G_I**	**50_64**
4 812.2	4 810.3	4 869.5	4 962.1	..	transports et communication		
3 490.7	3 492.8	3 551.0	3 614.8	..	1.1. Commerce d'automobiles, de gros et de détail ; restaurants et hôtels	G_H	50_55
2 824.1	2 839.7	2 890.3	2 934.5	..	1.1.1. Commerce d'automobiles, de gros et de détail	G	50_52
447.8	469.3	499.5	502.7	..	1.1.1.1. Commerce et réparations automobiles		50
935.8	951.1	977.9	989.6	..	1.1.1.2. Commerce de gros et intermédiaires		51
1 440.5	1 419.3	1 412.9	1 442.2	..	1.1.1.3. Commerce de détail et réparations		52
666.6	653.1	660.7	680.3	..	1.1.2. Restaurants et hôtels	H	55
1 321.5	1 317.5	1 318.5	1 347.3	..	1.2. Transports, entreposage et communications	I	60_64
928.5	942.6	951.1	978.3	..	1.2.1. Transports et entreposage		60_63
628.4	646.4	644.3	664.4	..	1.2.1.1. Transports terrestres, transports par conduites		60
116.4	117.6	114.1	114.2	..	1.2.1.1.1. Transports par chemin de fer		
205.7	217.4	220.1	224.9	..	1.2.1.1.2. Transports routiers de voyageurs		
306.3	311.4	310.1	325.3	..	1.2.1.1.3. Transp. de marchandises routiers, par conduites		
21.1	22.3	22.3	22.2	..	1.2.1.2. Transports par eau		61
47.6	47.8	43.7	41.8	..	1.2.1.3. Transports aériens		62
231.4	226.1	240.8	249.9	..	1.2.1.4. Services auxiliaires des transports, agences de voyages		63
92.6	97.3	107.0	111.0	..	1.2.1.4.1. Manutention,entreposage,gestion d'infrastructure		
34.8	35.4	36.3	37.8	..	1.2.1.4.2. Agences de voyage		
104.0	93.4	97.5	101.1	..	1.2.1.4.3. Autres transports		
393.0	374.9	367.4	369.0	..	1.2.2. Communications		64
..	..	..	..	..	1.2.2.1. Poste et courrier		641
..	..	..	..	..	1.2.2.2. Télécommunications		642
3 021.9	3 045.3	3 144.4	3 261.3	..	2. Banques, assurances, affaires immobilières et services aux entreprises	**J_K**	**65_74**
734.4	724.7	719.6	713.9	..	2.1. Établissements financiers	J	65_67
472.0	462.1	452.9	447.7	..	2.1.1. Intermédiation financière		65
125.5	128.2	126.4	124.7	..	2.1.2. Assurances et caisses de retraite (1)		66
136.9	134.4	140.3	141.5	..	2.1.3. Activités financières auxiliaires (1)		67
2 287.5	2 320.6	2 424.8	2 547.4	..	2.2. Affaires immobilières et services fournis aux entreprises	K	70_74
303.9	309.3	311.2	310.8	..	2.2.1. Affaires immobilières		70
176.4	170.3	161.0	161.9	..	2.2.1.1. Promotion, gestion immobilière		
127.5	139.0	150.2	148.9	..	2.2.1.2. Location immobilière		
1 983.6	2 011.3	2 113.6	2 236.6	..	2.2.2. Services fournis aux entreprises		71_74
58.5	61.0	69.8	72.6	..	2.2.2.1. Location, etc.		71
193.7	194.8	217.2	246.0	..	2.2.2.2. Activités informatiques et activités connexes		72
264.0	258.3	267.7	270.7	..	2.2.2.3. Recherche et développement		73
1 467.4	1 497.2	1 558.9	1 647.3	..	2.2.2.4. Autres services fournis aux entreprises		74
414.0	418.3	436.1	453.9	..	2.2.2.4.1. Activités juridiques, comptables, etc.		741
310.7	312.3	323.0	336.4	..	2.2.2.4.1.1. Services professionnels (2)		
103.3	106.0	113.1	117.5	..	2.2.2.4.1.2. Administration d'entreprise		
232.3	229.0	218.5	230.7	..	2.2.2.4.2. Activ. d'architect., d'ingénierie, aut. serv. tech.		742
133.1	135.9	139.5	145.6	..	2.2.2.4.3. Publicité		743
688.0	714.0	764.8	817.1	..	2.2.2.4.4. Autres serv. fournis aux entreprises n.c.a.		749
232.0	231.5	271.4	298.3	..	2.2.2.4.4.1. Sélection et fourniture de personnel		
456.0	482.5	493.4	518.8	..	2.2.2.4.4.2. Sécurité, nettoyage et autres		
7 106.8	7 154.0	7 182.7	7 249.0	..	3. Autres services	**L_Q**	**75_99**
2 564.4	2 569.4	2 564.6	2 572.4	..	3.1. Administration publique et défense	L	75
					3.2. Enseignement, santé, action sociale, autres activités de services	M_Q	80_99
4 542.4	4 584.6	4 618.1	4 676.6	..	collectifs, sociaux et personnels		
1 533.3	1 531.4	1 533.9	1 547.2	..	3.2.1. Enseignement	M	80
1 867.0	1 884.8	1 885.1	1 894.3	..	3.2.2. Santé et action sociale	N	85
1 434.6	1 445.7	1 445.0	1 448.8	..	3.2.2.1. Activités sanitaires et vétérinaires		
1 418.6	1 429.3	1 428.4	1 431.8	..	3.2.2.1.1. Santé		
16.0	16.4	16.6	17.0	..	3.2.2.1.2. Activités vétérinaires		
432.4	439.1	440.1	445.5	..	3.2.2.2. Action sociale		
812.0	821.8	851.4	865.8	..	3.2.3. Autres activités de services collectifs, sociaux et personnels	O	90_93
45.2	45.9	50.5	52.4	..	3.2.3.1. Services sanitaires et analogues		90
148.9	157.1	170.2	169.5	..	3.2.3.2. Activités associatives diverses		91
390.8	394.8	407.5	414.8	..	3.2.3.3. Activités récréatives et culturelles		92
56.9	57.7	65.1	66.8	..	3.2.3.3.1. Activités audiovisuelles		
333.9	337.1	342.4	348.0	..	3.2.3.3.2. Autres activités récréatives et culturelles		
227.1	224.0	223.2	229.1	..	3.2.3.4. Autres services personnels (3)		93
330.1	346.6	347.7	369.3	..	3.2.4. Ménages privés employant du personnel domestique (3)	P	95
..	..	..	..	..	3.2.5. Organisations extraterritoriales	Q	99
14 940.9	**15 009.6**	**15 196.6**	**15 472.4**	..	**TOTAL, SERVICES**	**G_Q**	**50_99**
21 640.1	**21 596.2**	**21 650.6**	**21 927.0**	..	**EMPLOI TOTAL, Toutes activités**		
69.04	69.50	70.19	70.56	..	% des services dans l'emploi total, toutes activités		

FRANCE

B. Employees **

Thousand full-time equivalents

ISIC Rev. 3			1989	1990	1991	1992	1993	1994
G_I	**50_64**	1. Motor, wholesale and retail trade; restaurants and hotels; transport and communication	4 094.3	4 127.6	4 120.9	4 110.8	4 032.2	4 012.6
G_H	50_55	1.1. Motor, wholesale and retail trade; restaurants and hotels	2 865.6	2 883.0	2 867.7	2 847.8	2 783.3	2 763.9
G	50_52	1.1.1. Motor, wholesale and retail trade	2 425.7	2 442.3	2 415.6	2 385.1	2 324.7	2 313.6
	50	1.1.1.1. Motor trade and repairs	379.9	382.2	376.3	372.6	370.3	374.1
	51	1.1.1.2. Wholesale and commission trade	921.6	940.0	935.1	916.5	883.1	861.5
	52	1.1.1.3. Retail trade and repairs	1 124.2	1 120.1	1 104.2	1 096.0	1 071.3	1 078.0
H	55	1.1.2. Restaurants and hotels	439.9	440.7	452.1	462.7	458.6	450.3
I	60_64	1.2. Transport, storage and communication	1 228.7	1 244.6	1 253.2	1 263.0	1 248.9	1 248.7
	60_63	1.2.1. Transport and storage	826.8	846.7	853.1	859.6	851.7	850.7
	60	1.2.1.1. Land transport, transport via pipelines	..	553.5	564.3	567.8	562.6	567.1
		1.2.1.1.1. Transport via railways	..	133.9	128.2	125.7	121.7	120.6
		1.2.1.1.2. Road passenger transport	..	171.2	177.6	180.3	181.4	182.7
		1.2.1.1.3. Freight transport by road, pipelines	..	248.4	258.5	261.8	259.5	263.8
	61	1.2.1.2. Water transport	..	27.4	25.7	25.7	24.6	18.9
	62	1.2.1.3. Air transport	..	51.3	50.9	50.6	49.3	48.8
	63	1.2.1.4. Auxiliary transport services, travel agencies	..	214.5	212.2	215.5	215.2	215.9
		1.2.1.4.1. Cargo handling, storage, warehousing	..	72.7	73.2	80.3	86.1	89.5
		1.2.1.4.2. Travel agencies	..	29.8	29.8	30.7	31.5	32.6
		1.2.1.4.3. Other transport	..	112.0	109.2	104.5	97.6	93.8
	64	1.2.2. Communication	401.9	397.9	400.1	403.4	397.2	398.0
	641	1.2.2.1. Postal and courier services	..	..	..	..	..	..
	642	1.2.2.2. Telecommunications	..	..	..	..	..	..
J_K	**65_74**	2. Finance, insurance, real estate and business services	2 542.3	2 669.2	2 704.6	2 714.5	2 695.3	2 759.3
J	65_67	2.1. Financial and insurance services	733.9	735.4	735.1	725.5	711.9	709.4
	65	2.1.1. Financial intermediation	495.7	495.0	491.6	482.5	473.9	471.5
	66	2.1.2. Insurance and pension funding (1)	238.2	127.4	128.7	126.4	122.1	121.9
	67	2.1.3. Auxiliary financial services (1)	..	113.0	114.8	116.6	115.9	116.0
K	70_74	2.2. Real estate and business services	1 808.4	1 933.8	1 969.5	1 989.0	1 983.4	2 049.9
	70	2.2.1. Real estate services	238.1	264.4	260.8	265.0	279.8	278.7
		2.2.1.1. Agencies, management and development	173.9	171.3	160.5	162.7	169.3	162.8
		2.2.1.2. Letting of property	64.2	93.1	100.3	102.3	110.5	115.9
	71_74	2.2.2. Business services	1 570.3	1 669.4	1 708.7	1 724.0	1 703.6	1 771.2
	71	2.2.2.1. Renting, etc.	..	51.9	52.9	53.4	52.2	51.7
	72	2.2.2.2. Computer and related activities	..	167.3	174.6	175.1	169.8	172.0
	73	2.2.2.3. Research and development	253.6	257.2	259.5	263.5	263.6	266.4
	74	2.2.2.4. Other business activities	..	1 193.0	1 221.7	1 232.0	1 218.0	1 281.1
	741	2.2.2.4.1. Legal, accounting services, etc.	..	281.3	294.7	318.4	345.2	366.0
		2.2.2.4.1.1. Professional services (2)	..	255.6	262.8	263.6	261.8	266.8
		2.2.2.4.1.2. Business consultancy	..	25.7	31.9	54.8	83.4	99.2
	742	2.2.2.4.2. Architect., engineering, other tech. serv.	..	207.9	212.4	206.5	196.0	190.6
	743	2.2.2.4.3. Advertising services	..	116.9	118.7	113.3	109.2	113.7
	749	2.2.2.4.4. Other business activities n.e.c.	..	586.9	595.9	593.8	567.6	610.8
		2.2.2.4.4.1. Labour recruitment, prov. of pers.	..	242.3	232.5	218.4	193.2	216.2
		2.2.2.4.4.2. Security,cleaning serv.,etc.	..	344.6	363.4	375.4	374.4	394.6
L_Q	**75_99**	3. Other services	6 151.0	6 174.4	6 297.9	6 428.0	6 534.5	6 624.6
L	75	3.1. Public administration and defence	2 508.7	2 468.7	2 541.9	2 586.0	2 589.8	2 622.3
M_Q	80_99	3.2. Education, health, social work related, other community, social and personal services	3 642.3	3 705.7	3 756.0	3 842.0	3 944.7	4 002.3
M	80	3.2.1. Education	1 331.7	1 346.9	1 366.8	1 406.2	1 435.0	1 453.3
N	85	3.2.2. Health and social work	1 480.2	1 529.5	1 554.3	1 582.2	1 600.9	1 626.4
		3.2.2.1. Health and veterinary services	1 143.2	1 165.8	1 196.7	1 200.9	1 203.3	1 213.3
		3.2.2.1.1. Health	..	1 158.1	1 188.9	1 193.0	1 195.1	1 204.7
		3.2.2.1.2. Veterinary services	..	7.7	7.8	7.9	8.2	8.6
		3.2.2.2. Social work	337.0	363.7	357.6	381.3	397.6	413.1
O	90_93	3.2.3. Other community, social and personal services	830.4	558.9	555.0	569.6	612.3	621.3
	90	3.2.3.1. Sanitary and similar services	31.8	35.1	37.7	39.8	40.2	42.2
	91	3.2.3.2. Membership organisations n.e.c.	119.9	113.8	111.0	110.6	137.0	141.5
	92	3.2.3.3. Recreational and cultural services	281.4	285.2	280.1	293.8	308.2	316.6
		3.2.3.3.1. Audiovisual activities	..	42.4	36.4	37.4	42.0	47.0
		3.2.3.3.2. Other recreational and cultural services	..	242.8	243.7	256.4	266.2	269.6
	93	3.2.3.4. Other personal services (3)	397.3	124.8	126.2	125.4	126.9	121.0
P	95	3.2.4. Private households with employed persons (3)	..	270.4	279.9	284.0	296.5	301.3
Q	99	3.2.5. Extra-territorial organisations	..	..	..	..	..	..
G_Q	**50_99**	**TOTAL, SERVICES**	**12 787.6**	**12 971.2**	**13 123.4**	**13 253.3**	**13 262.0**	**13 396.5**
		TOTAL EMPLOYEES, All activities	**18 760.0**	**19 014.4**	**19 082.3**	**19 025.0**	**18 755.0**	**18 744.2**
		% of services in total employees, all activities	68.16	68.22	68.77	69.66	70.71	71.47

II. EMPLOI (suite)

B. Salariés **

Milliers d'équivalents plein-temps

1995	1996	1997	1998	1999		CITI Rév. 3	
4 099.4	4 110.6	4 173.4	4 265.0	..	1. Commerce d'automobiles, de gros et de détail ; restaurants et hôtels ; transports et communication	G_I	50_64
2 851.3	2 867.7	2 929.3	2 992.8	..	1.1. Commerce d'automobiles, de gros et de détail ; restaurants et hôtels	G_H	50_55
2 359.7	2 384.0	2 439.5	2 485.9	2 543.8	1.1.1. Commerce d'automobiles, de gros et de détail	G	50_52
381.2	401.9	433.7	438.0	..	1.1.1.1. Commerce et réparations automobiles		50
887.1	901.8	928.4	940.8	..	1.1.1.2. Commerce de gros et intermédiaires		51
1 091.4	1 080.3	1 077.4	1 107.1	..	1.1.1.3. Commerce de détail et réparations		52
491.6	483.7	489.8	506.9	..	1.1.2. Restaurants et hôtels	H	55
1 248.1	1 242.9	1 244.1	1 272.2	..	1.2. Transports, entreposage et communications	I	60_64
856.8	869.5	878.2	904.7	938.7	1.2.1. Transports et entreposage		60_63
564.4	581.1	579.2	598.8	..	1.2.1.1. Transports terrestres, transports par conduites		60
116.3	117.5	114.0	114.1	..	1.2.1.1.1. Transports par chemin de fer		
177.3	188.4	191.2	195.9	..	1.2.1.1.2. Transports routiers de voyageurs		
270.8	275.2	274.0	288.8	..	1.2.1.1.3. Transp. de marchandises routiers, par conduites		
18.2	19.3	19.3	19.2	..	1.2.1.2. Transports par eau		61
47.5	47.7	43.6	41.7	..	1.2.1.3. Transports aériens		62
226.7	221.4	236.1	245.0	..	1.2.1.4. Services auxiliaires des transports, agences de voyages		63
91.1	95.8	105.5	109.5	..	1.2.1.4.1. Manutention,entreposage,gestion d'infrastructure		
33.6	34.2	35.1	36.5	..	1.2.1.4.2. Agences de voyage		
102.0	91.4	95.5	99.0	..	1.2.1.4.3. Autres transports		
391.3	373.4	365.9	367.5	..	1.2.2. Communications		64
..	..	..	..	..	1.2.2.1. Poste et courrier		641
..	..	..	..	..	1.2.2.2. Télécommunications		642
2 773.1	2 793.6	2 886.8	2 994.4	..	2. Banques, assurances, affaires immobilières et services aux entreprises	J_K	65_74
710.2	700.9	696.4	691.1	693.8	2.1. Établissements financiers	J	65_67
472.0	462.1	452.9	447.7	..	2.1.1. Intermédiation financière		65
125.5	128.2	126.4	124.7	..	2.1.2. Assurances et caisses de retraite (1)		66
112.7	110.6	117.1	118.7	..	2.1.3. Activités financières auxiliaires (1)		67
2 062.9	2 092.7	2 190.4	2 303.3	..	2.2. Affaires immobilières et services fournis aux entreprises	K	70_74
275.8	280.3	282.7	282.8	285.0	2.2.1. Affaires immobilières		70
162.0	155.5	146.4	147.5	..	2.2.1.1. Promotion, gestion immobilière		
113.8	124.8	136.3	135.3	..	2.2.1.2. Location immobilière		
1 787.1	1 812.4	1 907.7	2 020.5	..	2.2.2. Services fournis aux entreprises		71_74
52.3	54.8	63.3	65.7	..	2.2.2.1. Location, etc.		71
179.2	180.0	201.7	229.1	..	2.2.2.2. Activités informatiques et activités connexes		72
263.8	258.1	267.5	270.5	..	2.2.2.3. Recherche et développement		73
1 291.8	1 319.5	1 375.2	1 455.2	..	2.2.2.4. Autres services fournis aux entreprises		74
358.1	361.9	378.5	394.1	..	2.2.2.4.1. Activités juridiques, comptables, etc.		741
260.5	261.7	271.3	282.7	..	2.2.2.4.1.1. Services professionnels (2)		
97.6	100.2	107.2	111.4	..	2.2.2.4.1.2. Administration d'entreprise		
190.6	186.9	175.4	186.1	..	2.2.2.4.2. Activ. d'architect., d'ingénierie, aut. serv. tech.		742
118.3	121.0	124.3	129.8	..	2.2.2.4.3. Publicité		743
624.8	649.7	697.0	745.2	..	2.2.2.4.4. Autres serv. fournis aux entreprises n.c.a.		749
230.2	229.7	269.5	296.2	..	2.2.2.4.4.1. Sélection et fourniture de personnel		
394.6	420.0	427.5	449.0	..	2.2.2.4.4.2. Sécurité, nettoyage et autres		
6 691.3	6 738.5	6 766.7	6 831.2	..	3. Autres services	L_Q	75_99
2 564.4	2 569.4	2 564.6	2 572.4	..	3.1. Administration publique et défense	L	75
4 126.9	4 169.1	4 202.1	4 258.8	..	3.2. Enseignement, santé, action sociale, autres activités de services collectifs, sociaux et personnels	M_Q	80_99
1 492.0	1 490.7	1 493.4	1 506.8	..	3.2.1. Enseignement	M	80
1 650.9	1 668.6	1 671.0	1 682.3	..	3.2.2. Santé et action sociale	N	85
1 221.0	1 232.0	1 233.4	1 239.2	..	3.2.2.1. Activités sanitaires et vétérinaires		
1 212.0	1 222.6	1 223.7	1 229.1	..	3.2.2.1.1. Santé		
9.0	9.4	9.7	10.1	..	3.2.2.1.2. Activités vétérinaires		
429.9	436.6	437.6	443.1	..	3.2.2.2. Action sociale		
653.9	663.2	690.0	700.4	..	3.2.3. Autres activités de services collectifs, sociaux et personnels	O	90_93
41.9	42.6	47.0	48.8	..	3.2.3.1. Services sanitaires et analogues		90
147.1	155.3	168.4	167.7	..	3.2.3.2. Activités associatives diverses		91
336.6	338.3	350.0	355.6	..	3.2.3.3. Activités récréatives et culturelles		92
54.0	54.7	62.0	63.6	..	3.2.3.3.1. Activités audiovisuelles		
282.6	283.6	288.0	292.0	..	3.2.3.3.2. Autres activités récréatives et culturelles		
128.3	127.0	124.6	128.3	..	3.2.3.4. Autres services personnels (3)		93
330.1	346.6	347.7	369.3	..	3.2.4. Ménages privés employant du personnel domestique (3)	P	95
..	..	..	..	..	3.2.5. Organisations extraterritoriales	Q	99
13 563.8	**13 642.7**	**13 826.9**	**14 090.6**	**14 454.1**	**TOTAL, SERVICES**	**G_Q**	**50_99**
18 894.8	**18 900.4**	**18 991.2**	**19 258.7**	**19 641.5**	**EMPLOI SALARIÉ TOTAL, Toutes activités**		
71.79	72.18	72.81	73.16	73.59	% des services dans l'emploi salarié total, toutes activités		

Sources:

"Comptes de la nation", Institut national de la statistique et des études économiques (INSEE) and data sent directly.

General notes:

Value Added:

* Previous year prices, chained. An unavoidable aspect of such measures is that the components do not sum to the chain volume estimates of totals, except for the reference year.

Employment:

* Employment figures include all physical persons, resident or non resident, working in a resident unit of production. Estimates are annual averages where each person counts as one unit in his/her main activity. All types of employment are taken into account including interim, and fixed term jobs.

** Employees include resident or non-resident persons employed in a resident unit of production, each person counting for one unit in his/her main activity. All types of employment (full time, part time, fixed term, interim) are counted.

(1) Prior to 1990 and for 1999 for Value added at current prices, prior to 1991 and for 1999 for Value added volume measures, and prior to 1990 for Employment, item Insurance and pension funding includes items Auxiliary financial services.

(2) Item Professional services refers to legal, accounting and management consultancy services.

(3) Prior to 1990 and for 1999 for Value added at current prices, prior to 1991 and for 1999 for Value added volume measures, and prior to 1990 for Employment, item Other personal services includes item Private households with employed persons.

Sources :

"Comptes de la nation", Institut national de la statistique et des études économiques (INSEE) et données fournies directement.

Notes générales :

Valeur ajoutée :

* Prix de l'année précédente, chaînés. Un aspect inévitable de ces mesures est que les agrégats ne sont pas égaux à la somme de leurs composantes, à l'exception de l'année de référence.

Emploi :

* L'emploi total comprend toutes les personnes physiques, résidentes ou non, ayant un emploi dans une unité de production résidente. Les estimations sont des moyennes annuelles où chaque personne compte pour une unité dans le cadre de son activité principale. Tous les types d'emplois sont pris en compte, y compris les emplois intérimaires et ceux à durée déterminée.

** Les employés incluent les personnes, résidentes ou non, ayant un emploi salarié dans une unité de production résidente. Chaque salarié compte pour une unité dans le cadre de son activité principale. Tous les types d'emplois salariés (plein temps, temps partiel, durée déterminée, intérimaire) sont pris en compte.

(1) Avant 1990 et pour 1999 pour la valeur ajoutée à prix courants, avant 1991 et pour 1999 pour la valeur ajoutée en volume et avant 1990 pour l'emploi, la rubrique Assurances et caisses de retraite inclut la rubrique Activités financières auxiliaires.

(2) La rubrique Services professionnels se réfère aux services juridiques, comptables et de conseil pour les affaires et la gestion.

(3) Avant 1990 et pour 1999 pour la valeur ajoutée à prix courants, avant 1991 et pour 1999 pour la valeur ajoutée en volume et avant 1990 pour l'emploi, la rubrique Autres services personnels inclut la rubrique Ménages privés employant du personnel domestique.

Germany – Allemagne

GERMANY

I. GROSS VALUE ADDED at basic prices

A. Current prices

Billions of Deutsche Mark

ISIC Rev. 3			1989	1990	1991	1992	1993	1994
G_I	**50_64**	1. Motor, wholesale and retail trade; restaurants and hotels; transport and communication	..	..	490.4	518.3	531.3	560.2
G_H	50_55	1.1. Motor, wholesale and retail trade; restaurants and hotels	..	..	329.2	346.9	355.3	379.1
G	50_52	1.1.1. Motor, wholesale and retail trade	..	..	291.1	305.9	313.6	335.9
	50	1.1.1.1. Motor trade and repairs	..	..	43.8	46.5	40.0	43.9
	51	1.1.1.2. Wholesale and commission trade	..	..	132.5	139.6	151.8	166.9
	52	1.1.1.3. Retail trade and repairs	..	..	114.8	119.8	121.8	125.1
H	55	1.1.2. Restaurants and hotels	..	..	38.1	41.0	41.8	43.2
I	60_64	1.2. Transport, storage and communication	..	..	161.2	171.4	175.9	181.1
	60_63	1.2.1. Transport and storage	..	..	95.7	99.1	99.2	101.7
	60	1.2.1.1. Land transport, transport via pipelines	..	..	60.4	61.2	57.9	56.7
	61	1.2.1.2. Water transport	..	..	4.4	4.2	4.4	4.6
	62	1.2.1.3. Air transport	..	..	8.6	9.0	9.4	9.6
	63	1.2.1.4. Auxiliary transport services, travel agencies	..	..	22.3	24.7	27.6	30.8
	64	1.2.2. Communication	..	..	65.5	72.3	76.7	79.4
	641	1.2.2.1. Postal and courier services	..	..	..	..	..	..
	642	1.2.2.2. Telecommunications	..	..	..	..	..	..
J_K	**65_74**	2. Finance, insurance, real estate and business services	..	..	664.0	740.6	805.4	843.8
J	65_67	2.1. Financial and insurance services	..	..	131.6	142.9	154.6	157.9
	65	2.1.1. Financial intermediation	..	..	92.8	102.8	110.4	112.4
	66	2.1.2. Insurance and pension funding	..	..	24.3	26.0	29.0	29.6
	67	2.1.3. Auxiliary financial services	..	..	14.5	14.1	15.1	15.8
K	70_74	2.2. Real estate and business services	..	..	532.4	597.7	650.8	685.9
	70	2.2.1. Real estate services	..	..	258.5	291.8	320.1	347.0
	71_74	2.2.2. Business services	..	..	273.9	305.9	330.7	339.0
	71	2.2.2.1. Renting, etc.	..	..	40.1	43.9	45.3	47.6
	72	2.2.2.2. Computer and related activities	..	..	25.7	27.7	30.7	32.3
	73	2.2.2.3. Research and development	..	..	6.8	7.5	8.2	8.6
	74	2.2.2.4. Other business activities	..	..	201.3	226.9	246.6	250.6
	741	2.2.2.4.1. Legal, accounting services, etc.	..	..	..	..	..	..
	742	2.2.2.4.2. Architect., engineering, other tech. serv.	..	..	..	..	..	..
	743	2.2.2.4.3. Advertising services	..	..	..	..	..	..
	749	2.2.2.4.4. Other business activities n.e.c.	..	..	..	..	..	..
L_Q	**75_99**	3. Other services	..	..	560.4	620.6	652.3	681.1
L	75	3.1. Public administration and defence	..	..	182.1	197.7	206.5	211.4
M_Q	80_99	3.2. Education, health, social work related, other community, social and personal services	..	..	378.3	422.9	445.9	469.7
M	80	3.2.1. Education	..	..	109.8	122.0	129.4	133.5
N	85	3.2.2. Health and social work	..	..	145.7	166.2	174.0	187.9
O	90_93	3.2.3. Other community, social and personal services	..	..	119.7	131.4	139.0	144.5
	90	3.2.3.1. Sanitary and similar services	..	..	18.6	20.4	21.6	22.5
	91	3.2.3.2. Membership organisations n.e.c.	..	..	19.7	22.0	23.3	25.0
	92	3.2.3.3. Recreational and cultural services	..	..	46.6	51.4	53.3	55.0
	93	3.2.3.4. Other personal services	..	..	34.9	37.8	40.8	42.0
P	95	3.2.4. Private households with employed persons	..	..	3.2	3.4	3.5	3.8
Q	99	3.2.5. Extra-territorial organisations	..	..	..	..	..	..
		FISIM (Financial Intermediation Services Indirectly Measured)	..	..	- 100.7	- 111.1	- 117.7	- 121.6
G_Q	**50_99**	**TOTAL, SERVICES**	..	..	**1 614.1**	**1 768.5**	**1 871.3**	**1 963.5**
		GROSS VALUE ADDED, All activities, at basic prices	..	..	**2 658.9**	**2 853.1**	**2 918.0**	**3 048.4**
		% of services in gross value added, all activities	..	..	60.71	61.98	64.13	64.41
		Memorandum item:						
		Gross domestic product at market prices	..	..	2 938.0	3 155.2	3 235.4	3 394.4

I. VALEUR AJOUTÉE BRUTE aux prix de base

A. Prix courants

Milliards de Deutsche Mark

1995	1996	1997	1998	1999		CITI Rév. 3
					1. Commerce d'automobiles, de gros et de détail ; restaurants et hôtels ; transports et communication	**G_I** 50_64
585.8	582.3	599.2	623.3	621.5		
395.9	396.8	403.5	420.6	420.0	1.1. Commerce d'automobiles, de gros et de détail ; restaurants et hôtels	G_H 50_55
352.9	354.4	360.1	376.4	375.6	1.1.1. Commerce d'automobiles, de gros et de détail	G 50_52
48.7	49.3	50.7	52.4	..	1.1.1.1. Commerce et réparations automobiles	50
166.1	157.7	160.6	173.3	..	1.1.1.2. Commerce de gros et intermédiaires	51
138.1	147.5	148.7	150.7	..	1.1.1.3. Commerce de détail et réparations	52
43.0	42.4	43.4	44.2	44.4	1.1.2. Restaurants et hôtels	H 55
189.9	185.5	195.8	202.7	201.5	1.2. Transports, entreposage et communications	I 60_64
107.8	107.1	113.1	116.5	..	1.2.1. Transports et entreposage	60_63
57.8	54.5	55.3	55.8	..	1.2.1.1. Transports terrestres, transports par conduites	60
4.6	4.9	5.5	5.7	..	1.2.1.2. Transports par eau	61
11.9	13.3	14.8	15.2	..	1.2.1.3. Transports aériens	62
33.6	34.4	37.5	39.9	..	1.2.1.4. Services auxiliaires des transports, agences de voyages	63
82.1	78.4	82.7	86.1	..	1.2.2. Communications	64
..	..	..	..	..	1.2.2.1. Poste et courrier	641
..	..	..	..	..	1.2.2.2. Télécommunications	642
893.1	947.8	990.3	1 034.2	1 093.4	2. Banques, assurances, affaires immobilières et services aux entreprises	**J_K** 65_74
155.7	161.2	170.2	169.5	173.5	2.1. Établissements financiers	J 65_67
108.5	111.0	117.2	116.8	..	2.1.1. Intermédiation financière	65
31.1	33.2	35.2	34.2	..	2.1.2. Assurances et caisses de retraite	66
16.1	17.0	17.8	18.5	..	2.1.3. Activités financières auxiliaires	67
737.4	786.6	820.1	864.7	920.0	2.2. Affaires immobilières et services fournis aux entreprises	K 70_74
377.7	405.8	419.3	436.0	..	2.2.1. Affaires immobilières	70
359.7	380.8	400.8	428.7	..	2.2.2. Services fournis aux entreprises	71_74
49.9	53.3	56.1	59.2	..	2.2.2.1. Location, etc.	71
34.6	38.7	43.5	53.2	..	2.2.2.2. Activités informatiques et activités connexes	72
9.1	9.4	9.9	11.2	..	2.2.2.3. Recherche et développement	73
266.2	279.4	291.2	305.2	..	2.2.2.4. Autres services fournis aux entreprises	74
..	..	..	..	..	2.2.2.4.1. Activités juridiques, comptables, etc.	741
..	..	..	..	..	2.2.2.4.2. Activ. d'architect., d'ingénierie, aut. serv. tech.	742
..	..	..	..	..	2.2.2.4.3. Publicité	743
..	..	..	..	..	2.2.2.4.4. Autres serv. fournis aux entreprises n.c.a.	749
713.6	731.8	743.5	760.2	773.3	3. Autres services	**L_Q** 75_99
218.4	221.8	222.3	223.1	225.0	3.1. Administration publique et défense	L 75
					3.2. Enseignement, santé, action sociale, autres activités de services collectifs, sociaux et personnels	M_Q 80_99
495.1	510.0	521.2	537.1	548.3		
139.7	142.8	145.4	147.1	149.8	3.2.1. Enseignement	M 80
200.6	207.1	210.1	216.8	218.5	3.2.2. Santé et action sociale	N 85
150.8	155.9	161.2	168.5	175.1	3.2.3. Autres activités de services collectifs, sociaux et personnels	O 90_93
23.3	23.5	23.8	24.3	..	3.2.3.1. Services sanitaires et analogues	90
26.5	27.8	28.1	28.4	..	3.2.3.2. Activités associatives diverses	91
57.8	60.1	63.7	68.7	..	3.2.3.3. Activités récréatives et culturelles	92
43.2	44.6	45.6	47.1	..	3.2.3.4. Autres services personnels	93
4.1	4.2	4.5	4.7	5.0	3.2.4. Ménages privés employant du personnel domestique	P 95
..	..	..	..	..	3.2.5. Organisations extraterritoriales	Q 99
- 118.9	- 122.7	- 128.3	- 130.5	- 131.1	SIFIM (Services d'intermédiation financière indirectement mesurés)	
2 073.6	**2 139.1**	**2 204.7**	**2 287.2**	**2 357.1**	**TOTAL, SERVICES**	**G_Q** 50_99
3 176.6	**3 237.6**	**3 312.7**	**3 417.1**	**3 481.5**	**VALEUR AJOUTÉE BRUTE, Toutes activités, aux prix de base**	
65.28	66.07	66.55	66.93	67.70	% des services dans la valeur ajoutée brute, toutes activités	
					Pour mémoire :	
3 523.0	3 586.5	3 666.5	3 784.4	3 877.2	Produit intérieur brut aux prix du marché	

GERMANY

Billions of Deutsche Mark

ISIC Rev. 3			1989	1990	1991	1992	1993	1994
G_I	**50_64**	1. Motor, wholesale and retail trade; restaurants and hotels; transport and communication	..	..	551.2	573.1	565.4	574.2
G_H	50_55	1.1. Motor, wholesale and retail trade; restaurants and hotels	..	..	383.2	400.6	392.2	392.6
G	50_52	1.1.1. Motor, wholesale and retail trade	..	..	335.4	352.1	346.2	347.3
	50	1.1.1.1. Motor trade and repairs	..	..	56.7	55.4	45.5	47.2
	51	1.1.1.2. Wholesale and commission trade	..	..	148.4	160.7	166.4	164.9
	52	1.1.1.3. Retail trade and repairs	..	..	130.4	136.1	134.4	135.3
H	55	1.1.2. Restaurants and hotels	..	..	47.8	48.6	45.9	45.3
I	60_64	1.2. Transport, storage and communication	..	..	167.9	172.5	173.3	181.6
	60_63	1.2.1. Transport and storage	..	..	97.9	98.2	96.0	102.4
	60	1.2.1.1. Land transport, transport via pipelines	..	..	63.0	60.8	56.2	56.5
	61	1.2.1.2. Water transport	..	..	3.7	3.9	4.5	4.8
	62	1.2.1.3. Air transport	..	..	6.3	7.4	7.6	10.0
	63	1.2.1.4. Auxiliary transport services, travel agencies	..	..	24.9	26.1	27.7	31.1
	64	1.2.2. Communication	..	..	70.0	74.3	77.3	79.3
	641	1.2.2.1. Postal and courier services	..	..	..	..	..	..
	642	1.2.2.2. Telecommunications	..	..	..	..	..	..
J_K	**65_74**	2. Finance, insurance, real estate and business services	..	..	779.6	807.5	834.3	849.9
J	65_67	2.1. Financial and insurance services	..	..	141.9	142.2	150.4	153.7
	65	2.1.1. Financial intermediation	..	..	97.7	98.1	103.1	105.2
	66	2.1.2. Insurance and pension funding	..	..	27.3	28.5	31.3	32.4
	67	2.1.3. Auxiliary financial services	..	..	16.9	15.6	16.0	16.1
K	70_74	2.2. Real estate and business services	..	..	637.7	665.4	683.9	696.1
	70	2.2.1. Real estate services	..	..	327.8	338.2	341.9	354.9
	71_74	2.2.2. Business services	..	..	309.9	327.2	342.0	341.2
	71	2.2.2.1. Renting, etc.	..	..	44.7	46.4	46.0	46.7
	72	2.2.2.2. Computer and related activities	..	..	27.6	28.4	31.2	32.3
	73	2.2.2.3. Research and development	..	..	7.8	8.2	8.7	9.0
	74	2.2.2.4. Other business activities	..	..	229.8	244.2	256.1	253.2
	741	2.2.2.4.1. Legal, accounting services, etc.	..	..	..	..	..	..
	742	2.2.2.4.2. Architect., engineering, other tech. serv.	..	..	..	..	..	..
	743	2.2.2.4.3. Advertising services	..	..	..	..	..	..
	749	2.2.2.4.4. Other business activities n.e.c.	..	..	..	..	..	..
L_Q	**75_99**	3. Other services	..	..	653.2	677.8	686.8	700.7
L	75	3.1. Public administration and defence	..	..	212.1	215.9	215.5	217.9
M_Q	80_99	3.2. Education, health, social work related, other community, social and personal services	..	..	441.2	461.9	471.3	482.7
M	80	3.2.1. Education	..	..	129.4	134.9	136.4	138.4
N	85	3.2.2. Health and social work	..	..	162.3	174.7	180.9	190.9
O	90_93	3.2.3. Other community, social and personal services	..	..	145.9	148.7	150.5	149.6
	90	3.2.3.1. Sanitary and similar services	..	..	30.4	28.7	26.1	24.6
	91	3.2.3.2. Membership organisations n.e.c.	..	..	22.4	23.9	24.7	25.6
	92	3.2.3.3. Recreational and cultural services	..	..	52.1	54.7	56.6	56.7
	93	3.2.3.4. Other personal services	..	..	41.1	41.4	43.1	42.8
P	95	3.2.4. Private households with employed persons	..	..	3.5	3.6	3.6	3.9
Q	99	3.2.5. Extra-territorial organisations	..	..	..	..	..	..
		FISIM (Financial Intermediation Services Indirectly Measured)	..	..	- 102.6	- 104.9	- 109.3	- 114.7
G_Q	**50_99**	**TOTAL, SERVICES**	..	..	**1 881.4**	**1 953.6**	**1 977.3**	**2 010.1**
		GROSS VALUE ADDED, All activities, at basic prices	..	..	**3 014.2**	**3 083.6**	**3 048.0**	**3 112.1**
		% of services in gross value added, all activities	..	..	62.42	63.35	64.87	64.59
		Memorandum item:						
		Gross domestic product at market prices	..	..	3 346.0	3 421.0	3 383.8	3 463.2

I. VALEUR AJOUTÉE BRUTE aux prix de base *(suite)*

B. Prix constants de 1995

Milliards de Deutsche Mark

1995	1996	1997	1998	1999		CITI Rév. 3	
					1. Commerce d'automobiles, de gros et de détail ; restaurants et hôtels ;	**G_I**	**50_64**
585.8	591.8	598.6	615.2	626.8	transports et communication		
395.9	393.6	391.8	398.6	398.6	1.1. Commerce d'automobiles, de gros et de détail ; restaurants et hôtels	G_H	50_55
352.9	353.5	351.3	359.3	360.1	1.1.1. Commerce d'automobiles, de gros et de détail	G	50_52
48.7	49.8	50.1	50.0	..	1.1.1.1. Commerce et réparations automobiles		50
166.1	165.3	163.3	169.8	..	1.1.1.2. Commerce de gros et intermédiaires		51
138.1	138.4	138.0	139.5	..	1.1.1.3. Commerce de détail et réparations		52
43.0	40.1	40.5	39.3	38.5	1.1.2. Restaurants et hôtels	H	55
189.9	198.2	206.7	216.7	228.3	1.2. Transports, entreposage et communications	I	60_64
107.8	111.8	114.1	116.9	..	1.2.1. Transports et entreposage		60_63
57.8	58.8	57.1	57.2	..	1.2.1.1. Transports terrestres, transports par conduites		60
4.6	5.4	6.0	6.6	..	1.2.1.2. Transports par eau		61
11.9	13.4	14.1	14.2	..	1.2.1.3. Transports aériens		62
33.6	34.2	37.0	39.0	..	1.2.1.4. Services auxiliaires des transports, agences de voyages		63
82.1	86.4	92.6	99.8	..	1.2.2. Communications		64
..	..	..	..	..	1.2.2.1. Poste et courrier		641
..	..	..	..	..	1.2.2.2. Télécommunications		642
893.1	935.3	971.0	1 023.8	1 075.8	2. Banques, assurances, affaires immobilières et services aux entreprises	**J_K**	**65_74**
155.7	164.5	175.0	181.6	193.6	2.1. Établissements financiers	J	65_67
108.5	117.3	128.9	138.7	..	2.1.1. Intermédiation financière		65
31.1	30.4	29.0	25.3	..	2.1.2. Assurances et caisses de retraite		66
16.1	16.8	17.1	17.5	..	2.1.3. Activités financières auxiliaires		67
737.4	770.7	796.0	842.2	882.2	2.2. Affaires immobilières et services fournis aux entreprises	K	70_74
377.7	397.2	403.8	422.6	..	2.2.1. Affaires immobilières		70
359.7	373.5	392.2	419.6	..	2.2.2. Services fournis aux entreprises		71_74
49.9	53.4	57.3	61.2	..	2.2.2.1. Location, etc.		71
34.6	38.9	44.4	55.4	..	2.2.2.2. Activités informatiques et activités connexes		72
9.1	9.3	9.8	10.9	..	2.2.2.3. Recherche et développement		73
266.2	271.9	280.7	292.2	..	2.2.2.4. Autres services fournis aux entreprises		74
..	..	..	..	..	2.2.2.4.1. Activités juridiques, comptables, etc.		741
..	..	..	..	..	2.2.2.4.2. Activ. d'architect., d'ingénierie, aut. serv. tech.		742
..	..	..	..	..	2.2.2.4.3. Publicité		743
..	..	..	..	..	2.2.2.4.4. Autres serv. fournis aux entreprises n.c.a.		749
713.6	726.5	731.6	737.6	736.5	3. Autres services	**L_Q**	**75_99**
218.4	219.9	218.4	217.4	215.5	3.1. Administration publique et défense	L	75
					3.2. Enseignement, santé, action sociale, autres activités de services	M_Q	80_99
495.1	506.6	513.2	520.3	521.0	collectifs, sociaux et personnels		
139.7	141.0	141.8	141.7	141.7	3.2.1. Enseignement	M	80
200.6	209.4	214.5	216.8	213.8	3.2.2. Santé et action sociale	N	85
150.8	152.0	152.6	157.2	161.0	3.2.3. Autres activités de services collectifs, sociaux et personnels	O	90_93
23.3	22.4	21.6	20.7	..	3.2.3.1. Services sanitaires et analogues		90
26.5	27.4	27.4	27.5	..	3.2.3.2. Activités associatives diverses		91
57.8	58.7	59.8	64.6	..	3.2.3.3. Activités récréatives et culturelles		92
43.2	43.5	43.8	44.4	..	3.2.3.4. Autres services personnels		93
4.1	4.2	4.3	4.5	4.5	3.2.4. Ménages privés employant du personnel domestique	P	95
..	..	..	..	..	3.2.5. Organisations extraterritoriales	Q	99
- 118.9	- 129.1	- 140.7	- 153.5	- 166.3	SIFIM (Services d'intermédiation financière indirectement mesurés)		
2 073.6	**2 124.5**	**2 160.5**	**2 223.1**	**2 272.8**	**TOTAL, SERVICES**	**G_Q**	**50_99**
3 176.6	**3 202.9**	**3 254.0**	**3 325.0**	**3 372.9**	**VALEUR AJOUTÉE BRUTE, Toutes activités, aux prix de base**		
65.28	66.33	66.39	66.86	67.39	% des services dans la valeur ajoutée brute, toutes activités		
					Pour mémoire :		
3 523.0	3 550.0	3 599.6	3 673.5	3 730.7	Produit intérieur brut aux prix du marché		

GERMANY

II. EMPLOYMENT

A. Total employment *

Thousand persons

ISIC Rev. 3			1989	1990	1991	1992	1993	1994
G_I	**50_64**	1. Motor, wholesale and retail trade; restaurants and hotels; transport and communication	..	..	9 333	9 356	9 341	9 313
G_H	50_55	1.1. Motor, wholesale and retail trade; restaurants and hotels	..	..	6 910	6 983	7 022	7 075
G	50_52	1.1.1. Motor, wholesale and retail trade	..	..	5 636	5 667	5 672	5 705
	50	1.1.1.1. Motor trade and repairs	..	..	791	779	772	771
	51	1.1.1.2. Wholesale and commission trade	..	..	1 739	1 751	1 742	1 709
	52	1.1.1.3. Retail trade and repairs	..	..	3 106	3 137	3 158	3 225
H	55	1.1.2. Restaurants and hotels	..	..	1 274	1 316	1 350	1 370
I	60_64	1.2. Transport, storage and communication	..	..	2 423	2 373	2 319	2 238
	60_63	1.2.1. Transport and storage	..	..	1 701	1 664	1 621	1 571
	60	1.2.1.1. Land transport, transport via pipelines	..	..	1 142	1 102	1 061	1 018
	61	1.2.1.2. Water transport	..	..	36	34	31	28
	62	1.2.1.3. Air transport	..	..	52	53	51	50
	63	1.2.1.4. Auxiliary transport services, travel agencies	..	..	471	475	478	475
	64	1.2.2. Communication	..	..	722	709	698	667
	641	1.2.2.1. Postal and courier services	..	..	..	..	..	..
	642	1.2.2.2. Telecommunications	..	..	..	..	..	..
J_K	**65_74**	2. Finance, insurance, real estate and business services	..	..	3 707	3 909	4 054	4 248
J	65_67	2.1. Financial and insurance services	..	..	1 202	1 243	1 266	1 271
	65	2.1.1. Financial intermediation	..	..	751	771	785	792
	66	2.1.2. Insurance and pension funding	..	..	240	250	252	250
	67	2.1.3. Auxiliary financial services	..	..	211	222	229	229
K	70_74	2.2. Real estate and business services	..	..	2 505	2 666	2 788	2 977
	70	2.2.1. Real estate services	..	..	238	256	276	297
	71_74	2.2.2. Business services	..	..	2 267	2 410	2 512	2 680
	71	2.2.2.1. Renting, etc.	..	..	60	65	67	68
	72	2.2.2.2. Computer and related activities	..	..	206	221	231	242
	73	2.2.2.3. Research and development	..	..	99	104	107	109
	74	2.2.2.4. Other business activities	..	..	1 902	2 020	2 107	2 261
	741	2.2.2.4.1. Legal, accounting services, etc.	..	..	..	..	..	..
	742	2.2.2.4.2. Architect., engineering, other tech. serv.	..	..	..	..	..	..
	743	2.2.2.4.3. Advertising services	..	..	..	..	..	..
	749	2.2.2.4.4. Other business activities n.e.c.	..	..	..	..	..	..
L_Q	**75_99**	3. Other services	..	..	9 742	9 916	9 991	10 177
L	75	3.1. Public administration and defence	..	..	3 142	3 111	3 035	2 996
M_Q	80_99	3.2. Education, health, social work related, other community, social and personal services	..	..	6 600	6 805	6 956	7 181
M	80	3.2.1. Education	..	..	1 832	1 873	1 925	1 939
N	85	3.2.2. Health and social work	..	..	2 836	2 942	3 021	3 158
O	90_93	3.2.3. Other community, social and personal services	..	..	1 560	1 602	1 620	1 668
	90	3.2.3.1. Sanitary and similar services	..	..	163	163	162	164
	91	3.2.3.2. Membership organisations n.e.c.	..	..	371	394	408	432
	92	3.2.3.3. Recreational and cultural services	..	..	501	519	513	530
	93	3.2.3.4. Other personal services	..	..	525	526	537	542
P	95	3.2.4. Private households with employed persons	..	..	372	388	390	416
Q	99	3.2.5. Extra-territorial organisations	..	..	..	..	..	..
G_Q	**50_99**	**TOTAL, SERVICES**	..	..	**22 782**	**23 181**	**23 386**	**23 738**
		TOTAL EMPLOYMENT, All activities	..	..	**38 454**	**37 878**	**37 365**	**37 304**
		% of services in total employment, all activities	..	..	59.24	61.20	62.59	63.63

II. EMPLOI

A. Emploi total *

Milliers de personnes

1995	1996	1997	1998	1999		CITI Rév. 3	
					1. Commerce d'automobiles, de gros et de détail ; restaurants et hôtels ;	**G_I**	**50_64**
9 309	9 326	9 344	9 450	9 554	transports et communication		
7 150	7 228	7 318	7 419	7 519	1.1. Commerce d'automobiles, de gros et de détail ; restaurants et hôtels	G_H	50_55
5 742	5 776	5 828	5 866	5 899	1.1.1. Commerce d'automobiles, de gros et de détail	G	50_52
768	781	801	821	..	1.1.1.1. Commerce et réparations automobiles		50
1 715	1 718	1 715	1 711	..	1.1.1.2. Commerce de gros et intermédiaires		51
3 259	3 277	3 312	3 334	..	1.1.1.3. Commerce de détail et réparations		52
1 408	1 452	1 490	1 553	1 620	1.1.2. Restaurants et hôtels	H	55
2 159	2 098	2 026	2 031	2 035	1.2. Transports, entreposage et communications	I	60_64
1 538	1 516	1 483	1 507	..	1.2.1. Transports et entreposage		60_63
1 001	975	930	942	..	1.2.1.1. Transports terrestres, transports par conduites		60
27	25	25	25	..	1.2.1.2. Transports par eau		61
46	46	47	47	..	1.2.1.3. Transports aériens		62
464	470	481	493	..	1.2.1.4. Services auxiliaires des transports, agences de voyages		63
621	582	543	524	..	1.2.2. Communications		64
..	..	..	..	..	1.2.2.1. Poste et courrier		641
					1.2.2.2. Télécommunications		642
4 404	4 566	4 728	4 979	5 268	2. Banques, assurances, affaires immobilières et services aux entreprises	**J_K**	**65_74**
1 256	1 244	1 247	1 256	1 253	2.1. Établissements financiers	J	65_67
793	787	782	780	..	2.1.1. Intermédiation financière		65
244	241	239	239	..	2.1.2. Assurances et caisses de retraite		66
219	216	226	237	..	2.1.3. Activités financières auxiliaires		67
3 148	3 322	3 481	3 723	4 015	2.2. Affaires immobilières et services fournis aux entreprises	K	70_74
312	324	345	369	..	2.2.1. Affaires immobilières		70
2 836	2 998	3 136	3 354	..	2.2.2. Services fournis aux entreprises		71_74
65	68	69	73	..	2.2.2.1. Location, etc.		71
252	262	272	300	..	2.2.2.2. Activités informatiques et activités connexes		72
113	116	115	127	..	2.2.2.3. Recherche et développement		73
2 406	2 552	2 680	2 854	..	2.2.2.4. Autres services fournis aux entreprises		74
..	..	..	..	..	2.2.2.4.1. Activités juridiques, comptables, etc.		741
..	..	..	..	..	2.2.2.4.2. Activ. d'architect., d'ingénierie, aut. serv. tech.		742
..	..	..	..	..	2.2.2.4.3. Publicité		743
..	..	..	..	..	2.2.2.4.4. Autres serv. fournis aux entreprises n.c.a.		749
10 326	10 499	10 546	10 618	10 777	3. Autres services	**L_Q**	**75_99**
2 957	2 935	2 864	2 813	2 781	3.1. Administration publique et défense	L	75
					3.2. Enseignement, santé, action sociale, autres activités de services	M_Q	80_99
7 369	7 564	7 682	7 805	7 996	collectifs, sociaux et personnels		
1 944	1 954	1 947	1 947	1 990	3.2.1. Enseignement	M	80
3 278	3 428	3 529	3 593	3 674	3.2.2. Santé et action sociale	N	85
1 711	1 732	1 738	1 784	1 843	3.2.3. Autres activités de services collectifs, sociaux et personnels	O	90_93
163	160	155	149	..	3.2.3.1. Services sanitaires et analogues		90
446	458	457	464	..	3.2.3.2. Activités associatives diverses		91
548	565	569	586	..	3.2.3.3. Activités récréatives et culturelles		92
554	549	557	585	..	3.2.3.4. Autres services personnels		93
436	450	468	481	489	3.2.4. Ménages privés employant du personnel domestique	P	95
..	..	..	..	..	3.2.5. Organisations extraterritoriales	Q	99
24 039	**24 391**	**24 618**	**25 047**	**25 599**	**TOTAL, SERVICES**	**G_Q**	**50_99**
37 382	**37 270**	**37 194**	**37 540**	**37 942**	**EMPLOI TOTAL, Toutes activités**		
64.31	65.44	66.19	66.72	67.47	% des services dans l'emploi total, toutes activités		

GERMANY

Thousand persons

ISIC Rev. 3			1989	1990	1991	1992	1993	1994
G_I	**50_64**	1. Motor, wholesale and retail trade; restaurants and hotels; transport and communication	..	..	8 143	8 150	8 125	8 059
G_H	50_55	1.1. Motor, wholesale and retail trade; restaurants and hotels	..	..	5 854	5 912	5 947	5 968
G	50_52	1.1.1. Motor, wholesale and retail trade	..	..	4 909	4 925	4 925	4 935
	50	1.1.1.1. Motor trade and repairs	..	..	714	698	694	689
	51	1.1.1.2. Wholesale and commission trade	..	..	1 588	1 603	1 597	1 572
	52	1.1.1.3. Retail trade and repairs	..	..	2 607	2 624	2 634	2 674
H	55	1.1.2. Restaurants and hotels	..	..	945	987	1 022	1 033
I	60_64	1.2. Transport, storage and communication	..	..	2 289	2 238	2 178	2 091
	60_63	1.2.1. Transport and storage	..	..	1 582	1 545	1 498	1 440
	60	1.2.1.1. Land transport, transport via pipelines	..	..	1 102	1 062	1 020	970
	61	1.2.1.2. Water transport	..	..	33	31	28	25
	62	1.2.1.3. Air transport	..	..	52	53	51	50
	63	1.2.1.4. Auxiliary transport services, travel agencies	..	..	395	399	399	395
	64	1.2.2. Communication	..	..	707	693	680	651
	641	1.2.2.1. Postal and courier services	..	..	..	..	..	..
	642	1.2.2.2. Telecommunications	..	..	..	..	..	..
J_K	**65_74**	2. Finance, insurance, real estate and business services	..	..	3 229	3 398	3 514	3 666
J	65_67	2.1. Financial and insurance services	..	..	1 095	1 128	1 149	1 154
	65	2.1.1. Financial intermediation	..	..	751	771	785	792
	66	2.1.2. Insurance and pension funding	..	..	240	250	252	250
	67	2.1.3. Auxiliary financial services	..	..	104	107	112	112
K	70_74	2.2. Real estate and business services	..	..	2 134	2 270	2 365	2 512
	70	2.2.1. Real estate services	..	..	190	204	221	238
	71_74	2.2.2. Business services	..	..	1 944	2 066	2 144	2 274
	71	2.2.2.1. Renting, etc.	..	..	52	56	57	58
	72	2.2.2.2. Computer and related activities	..	..	187	198	204	211
	73	2.2.2.3. Research and development	..	..	92	97	100	101
	74	2.2.2.4. Other business activities	..	..	1 613	1 715	1 783	1 904
	741	2.2.2.4.1. Legal, accounting services, etc.	..	..	..	..	..	..
	742	2.2.2.4.2. Architect., engineering, other tech. serv.	..	..	..	..	..	..
	743	2.2.2.4.3. Advertising services	..	..	..	..	..	..
	749	2.2.2.4.4. Other business activities n.e.c.	..	..	..	..	..	..
L_Q	**75_99**	3. Other services	..	..	9 209	9 369	9 412	9 561
L	75	3.1. Public administration and defence	..	..	3 142	3 111	3 035	2 996
M_Q	80_99	3.2. Education, health, social work related, other community, social and personal services	..	..	6 067	6 258	6 377	6 565
M	80	3.2.1. Education	..	..	1 783	1 824	1 869	1 878
N	85	3.2.2. Health and social work	..	..	2 617	2 711	2 772	2 892
O	90_93	3.2.3. Other community, social and personal services	..	..	1 295	1 335	1 346	1 379
	90	3.2.3.1. Sanitary and similar services	..	..	160	160	159	160
	91	3.2.3.2. Membership organisations n.e.c.	..	..	371	394	408	432
	92	3.2.3.3. Recreational and cultural services	..	..	404	417	410	415
	93	3.2.3.4. Other personal services	..	..	360	364	369	372
P	95	3.2.4. Private households with employed persons	..	..	372	388	390	416
Q	99	3.2.5. Extra-territorial organisations	..	..	..	..	..	..
G_Q	**50_99**	**TOTAL, SERVICES**	..	..	**20 581**	**20 917**	**21 051**	**21 286**
		TOTAL EMPLOYEES, All activities	..	..	**34 874**	**34 236**	**33 676**	**33 516**
		% of services in total employees, all activities	..	..	59.02	61.10	62.51	63.51

II. EMPLOI *(suite)*

B. Salariés **

Milliers de personnes

1995	1996	1997	1998	1999		CITI Rév. 3	
8 035	8 048	8 056	8 160	8 285	1. Commerce d'automobiles, de gros et de détail ; restaurants et hôtels ; transports et communication	G_I	50_64
6 012	6 086	6 173	6 279	6 404	1.1. Commerce d'automobiles, de gros et de détail ; restaurants et hôtels	G_H	50_55
4 954	4 993	5 040	5 091	5 142	1.1.1. Commerce d'automobiles, de gros et de détail	G	50_52
683	694	711	722	..	1.1.1.1. Commerce et réparations automobiles		50
1 567	1 564	1 552	1 539	..	1.1.1.2. Commerce de gros et intermédiaires		51
2 704	2 735	2 777	2 830	..	1.1.1.3. Commerce de détail et réparations		52
1 058	1 093	1 133	1 188	1 262	1.1.2. Restaurants et hôtels	H	55
2 023	1 962	1 883	1 881	1 881	1.2. Transports, entreposage et communications	I	60_64
1 412	1 390	1 353	1 373	..	1.2.1. Transports et entreposage		60_63
943	915	868	868	..	1.2.1.1. Transports terrestres, transports par conduites		60
24	22	22	22	..	1.2.1.2. Transports par eau		61
46	46	47	47	..	1.2.1.3. Transports aériens		62
399	407	416	436	..	1.2.1.4. Services auxiliaires des transports, agences de voyages		63
611	572	530	508	..	1.2.2. Communications		64
..	..	..	..	..	1.2.2.1. Poste et courrier		641
..	..	..	..	..	1.2.2.2. Télécommunications		642
3 799	3 926	4 034	4 257	4 548	2. Banques, assurances, affaires immobilières et services aux entreprises	J_K	65_74
1 140	1 128	1 124	1 127	1 123	2.1. Établissements financiers	J	65_67
793	787	782	780	..	2.1.1. Intermédiation financière		65
244	241	239	239	..	2.1.2. Assurances et caisses de retraite		66
103	100	103	108	..	2.1.3. Activités financières auxiliaires		67
2 659	2 798	2 910	3 130	3 425	2.2. Affaires immobilières et services fournis aux entreprises	K	70_74
253	265	278	298	..	2.2.1. Affaires immobilières		70
2 406	2 533	2 632	2 832	..	2.2.2. Services fournis aux entreprises		71_74
57	59	60	63	..	2.2.2.1. Location, etc.		71
216	221	223	248	..	2.2.2.2. Activités informatiques et activités connexes		72
104	105	106	120	..	2.2.2.3. Recherche et développement		73
2 029	2 148	2 243	2 401	..	2.2.2.4. Autres services fournis aux entreprises		74
..	..	..	..	..	2.2.2.4.1. Activités juridiques, comptables, etc.		741
..	..	..	..	..	2.2.2.4.2. Activ. d'architect., d'ingénierie, aut. serv. tech.		742
..	..	..	..	..	2.2.2.4.3. Publicité		743
..	..	..	..	..	2.2.2.4.4. Autres serv. fournis aux entreprises n.c.a.		749
9 675	9 815	9 837	9 882	10 032	3. Autres services	L_Q	75_99
2 957	2 935	2 864	2 813	2 781	3.1. Administration publique et défense	L	75
6 718	6 880	6 973	7 069	7 251	3.2. Enseignement, santé, action sociale, autres activités de services collectifs, sociaux et personnels	M_Q	80_99
1 880	1 882	1 869	1 867	1 908	3.2.1. Enseignement	M	80
3 003	3 140	3 229	3 283	3 356	3.2.2. Santé et action sociale	N	85
1 399	1 408	1 407	1 438	1 498	3.2.3. Autres activités de services collectifs, sociaux et personnels	O	90_93
159	155	150	144	..	3.2.3.1. Services sanitaires et analogues		90
446	458	457	464	..	3.2.3.2. Activités associatives diverses		91
417	418	418	434	..	3.2.3.3. Activités récréatives et culturelles		92
377	377	382	396	..	3.2.3.4. Autres services personnels		93
436	450	468	481	489	3.2.4. Ménages privés employant du personnel domestique	P	95
..	..	..	..	..	3.2.5. Organisations extraterritoriales	Q	99
21 509	**21 789**	**21 927**	**22 299**	**22 865**	**TOTAL, SERVICES**	G_Q	50_99
33 550	**33 431**	**33 280**	**33 561**	**34 002**	**EMPLOI SALARIÉ TOTAL, Toutes activités**		
64.11	65.18	65.89	66.44	67.25	% des services dans l'emploi salarié total, toutes activités		

Source:

Statistiches Bundensamt, Wiesbaden, data sent directly.

General notes:

Employment:

* Total employment includes all persons pursuing one or several activities regardless of the number of hours actually worked. It includes soldiers or persons performing basic military service. It excludes persons in their capacity as owners of real estate, dwellings or as holders of securities and similar assets.

** Employees include wage and salary earners pursuing one or several activities regardless of the number of hours actually worked. They include soldiers or persons performing basic military service, apprentices/trainees, and home workers.

Source :

Statistiches Bundensamt, Wiesbaden, données transmises directement.

Notes générales :

Emploi :

* L'emploi total inclut toutes les personnes exerçant une ou plusieurs activités, quel que soit le nombre d'heures effectivement travaillées. Les militaires, y compris ceux du contingent, sont inclus. Les personnes en leur seule qualité de propriétaires de biens immobiliers ou de détenteurs d'actifs financiers sont exclues.

** Les salariés comprennent les personnes recevant un salaire dans le cadre d'une ou plusieurs activités, quel que soit le nombre d'heures effectivement travaillées. Les militaires, y compris ceux du contingent, les apprentis et les stagiaires, et les travailleurs à domicile sont inclus.

Greece – Grèce

GREECE

I. GROSS VALUE ADDED at basic prices

A. Current prices

Billions of drachmas

ISIC Rev. 3			1989	1990	1991	1992	1993	1994
G_I	50_64	1. Motor, wholesale and retail trade; restaurants and hotels; transport and communication	..	..	..	..	..	..
G_H	50_55	1.1. Motor, wholesale and retail trade; restaurants and hotels	..	..	..	..	..	..
G	50_52	1.1.1. Motor, wholesale and retail trade	..	..	..	..	..	..
	50	1.1.1.1. Motor trade and repairs	..	..	..	..	..	..
	51	1.1.1.2. Wholesale and commission trade	..	..	..	..	..	..
	52	1.1.1.3. Retail trade and repairs	..	..	..	..	..	..
H	55	1.1.2. Restaurants and hotels	..	..	..	..	..	..
		1.1.2.1. Restaurants	..	..	..	..	..	..
		1.1.2.2. Hotels	..	..	..	..	..	..
I	60_64	1.2. Transport, storage and communication	..	..	..	..	..	..
	60_63	1.2.1. Transport and storage	..	..	..	..	..	..
	60	1.2.1.1. Land transport, transport via pipelines	..	..	..	..	..	..
	61	1.2.1.2. Water transport	..	..	..	..	..	..
	62	1.2.1.3. Air transport	..	..	..	..	..	..
	63	1.2.1.4. Auxiliary transport services, travel agencies	..	..	..	..	..	..
	64	1.2.2. Communication	..	..	..	..	..	..
	641	1.2.2.1. Postal and courier services	..	..	..	..	..	..
	642	1.2.2.2. Telecommunications	..	..	..	..	..	..
J_K	65_74	2. Finance, insurance, real estate and business services	..	..	..	..	..	..
J	65_67	2.1. Financial and insurance services	..	..	..	..	..	..
	65	2.1.1. Financial intermediation	..	..	..	..	..	..
	66	2.1.2. Insurance and pension funding	..	..	..	..	..	..
	67	2.1.3. Auxiliary financial services	..	..	..	..	..	..
K	70_74	2.2. Real estate and business services	..	..	..	..	..	..
	70	2.2.1. Real estate services	..	..	..	..	..	..
	71_74	2.2.2. Business services	..	..	..	..	..	..
	71	2.2.2.1. Renting, etc.	..	..	..	..	..	..
	72	2.2.2.2. Computer and related activities	..	..	..	..	..	..
	73	2.2.2.3. Research and development	..	..	..	..	..	..
	74	2.2.2.4. Other business activities	..	..	..	..	..	..
	741	2.2.2.4.1. Legal, accounting services, etc.	..	..	..	..	..	..
	742	2.2.2.4.2. Architect., engineering, other tech. serv.	..	..	..	..	..	..
	743	2.2.2.4.3. Advertising services	..	..	..	..	..	..
	749	2.2.2.4.4. Other business activities n.e.c.	..	..	..	..	..	..
L_Q	75_99	3. Other services	..	..	..	..	..	..
L	75	3.1. Public administration and defence	..	..	..	..	..	..
M_Q	80_99	3.2. Education, health, social work related, other community, social and personal services	..	..	..	..	..	..
M	80	3.2.1. Education	..	..	..	..	..	..
N	85	3.2.2. Health and social work	..	..	..	..	..	..
O	90_93	3.2.3. Other community, social and personal services	..	..	..	..	..	..
	90	3.2.3.1. Sanitary and similar services	..	..	..	..	..	..
	91	3.2.3.2. Membership organisations n.e.c.	..	..	..	..	..	..
	92	3.2.3.3. Recreational and cultural services	..	..	..	..	..	..
	93	3.2.3.4. Other personal services	..	..	..	..	..	..
P	95	3.2.4. Private households with employed persons	..	..	..	..	..	..
Q	99	3.2.5. Extra-territorial organisations	..	..	..	..	..	..
		FISIM (Financial Intermediation Services Indirectly Measured)	..	..	..	..	..	..
G_Q	50_99	**TOTAL, SERVICES**	..	..	..	..	..	..
		GROSS VALUE ADDED, All activities, at basic prices	..	..	..	..	..	..
		% of services in gross value added, all activities	..	..	..	..	..	..
		Memorandum item:						
		Gross domestic product at market prices	..	..	..	..	..	..

I. VALEUR AJOUTÉE BRUTE aux prix de base

A. Prix courants

Milliards de drachmes

1995	1996	1997*	1998*	1999*		CITI Rév. 3	
6 752.7	7 591.0	8 371.1	9 232.7	9 633.4	1. Commerce d'automobiles, de gros et de détail ; restaurants et hôtels ; transports et communication	G_I	50_64
5 056.4	5 892.5	6 476.9	7 124.2	7 427.4	1.1. Commerce d'automobiles, de gros et de détail ; restaurants et hôtels	G_H	50_55
3 413.7	3 973.4	4 364.8	4 742.3	4 963.2	1.1.1. Commerce d'automobiles, de gros et de détail	G	50_52
669.6	721.8	790.9	886.7	1 001.6	1.1.1.1. Commerce et réparations automobiles		50
901.9	1 090.6	1 215.9	1 306.5	1 341.5	1.1.1.2. Commerce de gros et intermédiaires		51
1 842.3	2 161.0	2 358.1	2 549.2	2 620.1	1.1.1.3. Commerce de détail et réparations		52
1 642.7	1 919.1	2 112.0	2 381.9	2 464.2	1.1.2. Restaurants et hôtels	H	55
1 332.1	1 581.0	..	..	..	1.1.2.1. Restaurants		
310.6	338.1	..	..	..	1.1.2.2. Hôtels		
1 696.3	1 698.4	1 894.2	2 108.5	2 206.0	1.2. Transports, entreposage et communications	I	60_64
1 010.7	1 037.0	1 124.6	1 281.4	1 395.8	1.2.1. Transports et entreposage		60_63
627.8	631.9	699.6	780.6	819.3	1.2.1.1. Transports terrestres, transports par conduites		60
110.2	119.5	130.9	162.9	180.7	1.2.1.2. Transports par eau		61
109.6	114.3	113.6	132.6	150.8	1.2.1.3. Transports aériens		62
163.1	171.3	180.4	205.3	244.9	1.2.1.4. Services auxiliaires des transports, agences de voyages		63
685.6	661.4	769.6	827.1	810.3	1.2.2. Communications		64
..	..	..	..	..	1.2.2.1. Poste et courrier		641
..	..	..	..	..	1.2.2.2. Télécommunications		642
5 346.0	6 025.0	6 495.9	6 981.1	7 316.1	2. Banques, assurances, affaires immobilières et services aux entreprises	J_K	65_74
1 060.4	1 257.6	1 335.2	1 445.9	1 604.3	2.1. Établissements financiers	J	65_67
949.2	1 112.3	1 175.4	1 268.9	1 424.8	2.1.1. Intermédiation financière		65
45.2	70.8	81.6	91.5	88.5	2.1.2. Assurances et caisses de retraite		66
66.0	74.4	78.2	85.5	90.9	2.1.3. Activités financières auxiliaires		67
4 285.6	4 767.4	5 160.7	5 535.2	5 711.8	2.2. Affaires immobilières et services fournis aux entreprises	K	70_74
3 463.1	3 913.7	4 257.9	4 542.7	4 618.5	2.2.1. Affaires immobilières		70
822.5	853.7	902.8	992.5	1 093.3	2.2.2. Services fournis aux entreprises		71_74
79.4	97.8	107.4	114.9	113.6	2.2.2.1. Location, etc.		71
19.4	16.8	20.6	20.3	22.0	2.2.2.2. Activités informatiques et activités connexes		72
13.3	14.5	20.4	19.2	20.1	2.2.2.3. Recherche et développement		73
710.5	724.6	754.4	838.1	937.6	2.2.2.4. Autres services fournis aux entreprises		74
..	..	..	..	..	2.2.2.4.1. Activités juridiques, comptables, etc.		741
..	..	..	..	..	2.2.2.4.2. Activ. d'architect., d'ingénierie, aut. serv. tech.		742
..	..	..	..	..	2.2.2.4.3. Publicité		743
..	..	..	..	..	2.2.2.4.4. Autres serv. fournis aux entreprises n.c.a.		749
4 949.5	5 243.2	6 065.1	6 610.9	7 014.2	3. Autres services	L_Q	75_99
1 808.8	1 849.7	2 100.7	2 243.6	2 355.4	3.1. Administration publique et défense	L	75
					3.2. Enseignement, santé, action sociale, autres activités de services collectifs, sociaux et personnels	M_Q	80_99
3 140.7	3 393.5	3 964.4	4 367.2	4 658.8			
1 123.8	1 190.1	1 448.0	1 580.8	1 661.4	3.2.1. Enseignement	M	80
1 313.7	1 401.7	1 604.9	1 797.0	1 947.3	3.2.2. Santé et action sociale	N	85
647.7	729.0	830.1	902.0	953.8	3.2.3. Autres activités de services collectifs, sociaux et personnels	O	90_93
88.5	106.3	129.7	141.5	149.4	3.2.3.1. Services sanitaires et analogues		90
74.7	82.3	88.4	94.5	101.9	3.2.3.2. Activités associatives diverses		91
357.9	401.6	451.8	483.6	507.6	3.2.3.3. Activités récréatives et culturelles		92
126.6	138.8	160.2	182.5	194.8	3.2.3.4. Autres services personnels		93
55.4	72.7	81.4	87.4	96.3	3.2.4. Ménages privés employant du personnel domestique	P	95
..	..	..	..	..	3.2.5. Organisations extraterritoriales	Q	99
- 741.3	- 832.3	- 894.1	- 987.2	- 1 083.5	SIFIM (Services d'intermédiation financière indirectement mesurés)		
16 306.9	**18 026.9**	**20 037.9**	**21 837.4**	**22 880.1**	**TOTAL, SERVICES**	G_Q	50_99
24 425.8	**26 656.8**	**29 275.5**	**31 648.8**	**33 402.1**	**VALEUR AJOUTÉE BRUTE, Toutes activités, aux prix de base**		
66.76	67.63	68.45	69.00	68.50	% des services dans la valeur ajoutée brute, toutes activités		
					Pour mémoire :		
27 235.2	29 935.1	33 103.8	35 872.5	38 147.2	Produit intérieur brut aux prix du marché		

GREECE

I. GROSS VALUE ADDED at basic prices *(cont.)*

B. Chain volume measures, 1995 base **

Billions of drachmas

ISIC Rev. 3			1989	1990	1991	1992	1993	1994
G_I	**50_64**	1. Motor, wholesale and retail trade; restaurants and hotels; transport and communication	..	..	..	..	..	..
G_H	50_55	1.1. Motor, wholesale and retail trade; restaurants and hotels	..	..	..	..	..	..
G	50_52	1.1.1. Motor, wholesale and retail trade	..	..	..	..	..	..
	50	1.1.1.1. Motor trade and repairs	..	..	..	..	..	..
	51	1.1.1.2. Wholesale and commission trade	..	..	..	..	..	..
	52	1.1.1.3. Retail trade and repairs	..	..	..	..	..	..
H	55	1.1.2. Restaurants and hotels	..	..	..	..	..	..
		1.1.2.1. Restaurants	..	..	..	..	..	..
		1.1.2.2. Hotels	..	..	..	..	..	..
I	60_64	1.2. Transport, storage and communication	..	..	..	..	..	..
	60_63	1.2.1. Transport and storage	..	..	..	..	..	..
	60	1.2.1.1. Land transport, transport via pipelines	..	..	..	..	..	..
	61	1.2.1.2. Water transport	..	..	..	..	..	..
	62	1.2.1.3. Air transport	..	..	..	..	..	..
	63	1.2.1.4. Auxiliary transport services, travel agencies	..	..	..	..	..	..
	64	1.2.2. Communication	..	..	..	..	..	..
	641	1.2.2.1. Postal and courier services	..	..	..	..	..	..
	642	1.2.2.2. Telecommunications	..	..	..	..	..	..
J_K	**65_74**	2. Finance, insurance, real estate and business services	..	..	..	..	..	..
J	65_67	2.1. Financial and insurance services	..	..	..	..	..	..
	65	2.1.1. Financial intermediation	..	..	..	..	..	..
	66	2.1.2. Insurance and pension funding	..	..	..	..	..	..
	67	2.1.3. Auxiliary financial services	..	..	..	..	..	..
K	70_74	2.2. Real estate and business services	..	..	..	..	..	..
	70	2.2.1. Real estate services	..	..	..	..	..	..
	71_74	2.2.2. Business services	..	..	..	..	..	..
	71	2.2.2.1. Renting, etc.	..	..	..	..	..	..
	72	2.2.2.2. Computer and related activities	..	..	..	..	..	..
	73	2.2.2.3. Research and development	..	..	..	..	..	..
	74	2.2.2.4. Other business activities	..	..	..	..	..	..
	741	2.2.2.4.1. Legal, accounting services, etc.	..	..	..	..	..	..
	742	2.2.2.4.2. Architect., engineering, other tech. serv.	..	..	..	..	..	..
	743	2.2.2.4.3. Advertising services	..	..	..	..	..	..
	749	2.2.2.4.4. Other business activities n.e.c.	..	..	..	..	..	..
L_Q	**75_99**	3. Other services	..	..	..	..	..	..
L	75	3.1. Public administration and defence	..	..	..	..	..	..
M_Q	80_99	3.2. Education, health, social work related, other community, social and personal services	..	..	..	..	..	..
M	80	3.2.1. Education	..	..	..	..	..	..
N	85	3.2.2. Health and social work	..	..	..	..	..	..
O	90_93	3.2.3. Other community, social and personal services	..	..	..	..	..	..
	90	3.2.3.1. Sanitary and similar services	..	..	..	..	..	..
	91	3.2.3.2. Membership organisations n.e.c.	..	..	..	..	..	..
	92	3.2.3.3. Recreational and cultural services	..	..	..	..	..	..
	93	3.2.3.4. Other personal services	..	..	..	..	..	..
P	95	3.2.4. Private households with employed persons	..	..	..	..	..	..
Q	99	3.2.5. Extra-territorial organisations	..	..	..	..	..	..
		FISIM (Financial Intermediation Services Indirectly Measured)	..	..	..	..	..	..
G_Q	**50_99**	**TOTAL, SERVICES**	..	..	..	..	..	..
		GROSS VALUE ADDED, All activities, at basic prices	..	..	..	..	..	..
		% of services in gross value added, all activities	..	..	..	..	..	..
		Memorandum item:						
		Gross domestic product at market prices	..	..	..	..	..	..

I. VALEUR AJOUTÉE BRUTE aux prix de base *(suite)*

B. Volumes (prix chaînés), base 1995 **

Milliards de drachmes

1995	1996	1997*	1998*	1999*		CITI Rév. 3	
6 752.7	6 924.3	7 262.4	7 689.8	7 951.1	1. Commerce d'automobiles, de gros et de détail ; restaurants et hôtels ; transports et communication	G_I	50_64
5 056.4	5 322.9	5 573.4	5 973.6	6 147.5	1.1. Commerce d'automobiles, de gros et de détail ; restaurants et hôtels	G_H	50_55
3 413.7	3 613.9	3 781.0	3 998.4	4 168.5	1.1.1. Commerce d'automobiles, de gros et de détail	G	50_52
669.6	691.0	704.8	767.7	838.4	1.1.1.1. Commerce et réparations automobiles		50
901.9	973.5	1 034.5	1 084.4	1 116.9	1.1.1.2. Commerce de gros et intermédiaires		51
1 842.3	1 949.5	2 040.5	2 145.8	2 214.0	1.1.1.3. Commerce de détail et réparations		52
1 642.7	1 708.9	1 792.3	1 974.0	1 978.7	1.1.2. Restaurants et hôtels	H	55
1 332.1	1 387.0	..	..	..	1.1.2.1. Restaurants		
310.6	322.0	..	..	..	1.1.2.2. Hôtels		
1 696.3	1 601.4	1 689.5	1 714.0	1 800.4	1.2. Transports, entreposage et communications	I	60_64
1 010.7	1 008.5	1 027.9	1 034.1	1 108.9	1.2.1. Transports et entreposage		60_63
627.8	617.3	632.3	629.8	659.0	1.2.1.1. Transports terrestres, transports par conduites		60
110.2	108.6	110.0	110.0	126.9	1.2.1.2. Transports par eau		61
109.6	116.2	118.1	118.4	125.4	1.2.1.3. Transports aériens		62
163.1	166.4	167.6	176.1	196.3	1.2.1.4. Services auxiliaires des transports, agences de voyages		63
685.6	592.9	658.7	676.4	687.7	1.2.2. Communications		64
..	..	..	..	..	1.2.2.1. Poste et courrier		641
..	..	..	..	..	1.2.2.2. Télécommunications		642
5 346.0	5 507.4	5 602.6	5 716.9	5 814.9	2. Banques, assurances, affaires immobilières et services aux entreprises	J_K	65_74
1 060.4	1 147.4	1 181.7	1 217.0	1 249.6	2.1. Établissements financiers	J	65_67
949.2	1 022.9	1 051.6	1 080.0	1 118.9	2.1.1. Intermédiation financière		65
45.2	55.1	57.8	62.5	55.6	2.1.2. Assurances et caisses de retraite		66
66.0	69.4	72.1	73.5	76.2	2.1.3. Activités financières auxiliaires		67
4 285.6	4 360.0	4 420.8	4 500.2	4 566.1	2.2. Affaires immobilières et services fournis aux entreprises	K	70_74
3 463.1	3 526.1	3 578.9	3 643.0	3 660.7	2.2.1. Affaires immobilières		70
822.5	833.9	841.6	856.9	907.9	2.2.2. Services fournis aux entreprises		71_74
79.4	89.7	92.2	94.5	91.6	2.2.2.1. Location, etc.		71
19.4	25.7	28.2	28.5	29.4	2.2.2.2. Activités informatiques et activités connexes		72
13.3	13.8	17.2	20.2	20.1	2.2.2.3. Recherche et développement		73
710.5	704.6	704.7	714.0	766.7	2.2.2.4. Autres services fournis aux entreprises		74
..	..	..	..	..	2.2.2.4.1. Activités juridiques, comptables, etc.		741
..	..	..	..	..	2.2.2.4.2. Activ. d'architect., d'ingénierie, aut. serv. tech.		742
..	..	..	..	..	2.2.2.4.3. Publicité		743
..	..	..	..	..	2.2.2.4.4. Autres serv. fournis aux entreprises n.c.a.		749
4 949.5	5 026.5	5 192.3	5 264.0	5 323.2	3. Autres services	L_Q	75_99
1 808.8	1 935.1	1 910.3	1 919.2	1 901.1	3.1. Administration publique et défense	L	75
3 140.7	3 091.4	3 270.5	3 331.6	3 404.4	3.2. Enseignement, santé, action sociale, autres activités de services collectifs, sociaux et personnels	M_Q	80_99
1 123.8	1 102.0	1 135.8	1 151.6	1 165.1	3.2.1. Enseignement	M	80
1 313.7	1 264.0	1 375.9	1 407.7	1 433.8	3.2.2. Santé et action sociale	N	85
647.7	661.6	692.0	703.9	733.2	3.2.3. Autres activités de services collectifs, sociaux et personnels	O	90_93
88.5	102.8	123.6	126.5	130.6	3.2.3.1. Services sanitaires et analogues		90
74.7	75.9	77.3	79.0	83.2	3.2.3.2. Activités associatives diverses		91
357.9	353.2	356.9	360.7	377.9	3.2.3.3. Activités récréatives et culturelles		92
126.6	129.7	135.4	139.3	143.1	3.2.3.4. Autres services personnels		93
55.4	63.8	66.1	68.1	72.8	3.2.4. Ménages privés employant du personnel domestique	P	95
..	..	..	..	..	3.2.5. Organisations extraterritoriales	Q	99
- 741.3	- 765.4	- 872.4	- 936.4	- 1 008.7	SIFIM (Services d'intermédiation financière indirectement mesurés)		
16 306.9	**16 685.7**	**17 178.2**	**17 729.5**	**18 077.0**	**TOTAL, SERVICES**	G_Q	50_99
24 425.8	**24 854.6**	**25 723.6**	**26 550.4**	**27 271.4**	**VALEUR AJOUTÉE BRUTE, Toutes activités, aux prix de base**		
66.76	67.13	66.78	66.78	66.29	% des services dans la valeur ajoutée brute, toutes activités		
					Pour mémoire :		
27 235.2	27 877.5	28 857.5	29 738.2	30 737.2	Produit intérieur brut aux prix du marché		

159

GREECE

Thousand persons

ISIC Rev. 3			1989	1990	1991	1992	1993	1994
G_I	**50_64**	1. Motor, wholesale and retail trade; restaurants and hotels; transport and communication	..	..	..	..	..	..
G_H	50_55	1.1. Motor, wholesale and retail trade; restaurants and hotels	..	..	..	..	..	..
G	50_52	1.1.1. Motor, wholesale and retail trade	..	..	..	..	..	..
	50	1.1.1.1. Motor trade and repairs	..	..	..	..	..	..
	51	1.1.1.2. Wholesale and commission trade	..	..	..	..	..	..
	52	1.1.1.3. Retail trade and repairs	..	..	..	..	..	..
H	55	1.1.2. Restaurants and hotels	..	..	..	..	..	..
		1.1.2.1. Restaurants	..	..	..	..	..	..
		1.1.2.2. Hotels	..	..	..	..	..	..
I	60_64	1.2. Transport, storage and communication	..	..	..	..	..	..
	60_63	1.2.1. Transport and storage	..	..	..	..	..	..
	60	1.2.1.1. Land transport, transport via pipelines	..	..	..	..	..	..
	61	1.2.1.2. Water transport	..	..	..	..	..	..
	62	1.2.1.3. Air transport	..	..	..	..	..	..
	63	1.2.1.4. Auxiliary transport services, travel agencies	..	..	..	..	..	..
	64	1.2.2. Communication	..	..	..	..	..	..
	641	1.2.2.1. Postal and courier services	..	..	..	..	..	..
	642	1.2.2.2. Telecommunications	..	..	..	..	..	..
J_K	**65_74**	2. Finance, insurance, real estate and business services	..	..	..	..	..	..
J	65_67	2.1. Financial and insurance services	..	..	..	..	..	..
	65	2.1.1. Financial intermediation	..	..	..	..	..	..
	66	2.1.2. Insurance and pension funding	..	..	..	..	..	..
	67	2.1.3. Auxiliary financial services	..	..	..	..	..	..
K	70_74	2.2. Real estate and business services	..	..	..	..	..	..
	70	2.2.1. Real estate services	..	..	..	..	..	..
	71_74	2.2.2. Business services	..	..	..	..	..	..
	71	2.2.2.1. Renting, etc.	..	..	..	..	..	..
	72	2.2.2.2. Computer and related activities	..	..	..	..	..	..
	73	2.2.2.3. Research and development	..	..	..	..	..	..
	74	2.2.2.4. Other business activities	..	..	..	..	..	..
	741	2.2.2.4.1. Legal, accounting services, etc.	..	..	..	..	..	..
	742	2.2.2.4.2. Architect., engineering, other tech. serv.	..	..	..	..	..	..
	743	2.2.2.4.3. Advertising services	..	..	..	..	..	..
	749	2.2.2.4.4. Other business activities n.e.c.	..	..	..	..	..	..
L_Q	**75_99**	3. Other services	..	..	..	..	..	..
L	75	3.1. Public administration and defence	..	..	..	..	..	..
M_Q	80_99	3.2. Education, health, social work related, other community, social and personal services	..	..	..	..	..	..
M	80	3.2.1. Education	..	..	..	..	..	..
N	85	3.2.2. Health and social work	..	..	..	..	..	..
O	90_93	3.2.3. Other community, social and personal services	..	..	..	..	..	..
	90	3.2.3.1. Sanitary and similar services	..	..	..	..	..	..
	91	3.2.3.2. Membership organisations n.e.c.	..	..	..	..	..	..
	92	3.2.3.3. Recreational and cultural services	..	..	..	..	..	..
	93	3.2.3.4. Other personal services	..	..	..	..	..	..
P	95	3.2.4. Private households with employed persons	..	..	..	..	..	..
Q	99	3.2.5. Extra-territorial organisations	..	..	..	..	..	..
G_Q	**50_99**	**TOTAL, SERVICES**	..	..	..	..	..	..
		TOTAL EMPLOYMENT, All activities	..	..	..	..	..	..
		% of services in total employment, all activities	..	..	..	..	..	..

II. EMPLOI

A. Emploi total **

Milliers de personnes

1995	1996	1997*	1998*	1999*		CITI Rév. 3	
					1. Commerce d'automobiles, de gros et de détail ; restaurants et hôtels ;	**G_I**	**50_64**
1 040.7	1 026.7	1 036.6	1 070.9	1 070.4	transports et communication		
777.1	764.8	776.6	804.6	804.4	1.1. Commerce d'automobiles, de gros et de détail ; restaurants et hôtels	G_H	50_55
553.4	540.5	546.7	572.3	564.4	1.1.1. Commerce d'automobiles, de gros et de détail	G	50_52
94.4	93.2	93.9	107.3	97.5	1.1.1.1. Commerce et réparations automobiles		50
97.7	95.0	95.3	104.5	105.6	1.1.1.2. Commerce de gros et intermédiaires		51
361.3	352.3	357.5	360.5	361.3	1.1.1.3. Commerce de détail et réparations		52
223.7	224.3	229.9	232.4	239.9	1.1.2. Restaurants et hôtels	H	55
163.8	164.4	168.5	170.1	..	1.1.2.1. Restaurants		
59.9	59.9	61.4	62.3	..	1.1.2.2. Hôtels		
263.7	261.9	260.0	266.3	266.0	1.2. Transports, entreposage et communications	I	60_64
221.9	217.2	215.1	219.7	220.7	1.2.1. Transports et entreposage		60_63
143.3	143.5	140.4	142.7	143.6	1.2.1.1. Transports terrestres, transports par conduites		60
13.0	12.5	12.0	12.3	12.9	1.2.1.2. Transports par eau		61
11.4	11.0	10.5	10.5	10.5	1.2.1.3. Transports aériens		62
54.2	50.1	52.3	54.2	53.8	1.2.1.4. Services auxiliaires des transports, agences de voyages		63
41.7	44.7	44.9	46.6	45.3	1.2.2. Communications		64
..	..	..	..	..	1.2.2.1. Poste et courrier		641
..	..	..	..	..	1.2.2.2. Télécommunications		642
265.9	254.4	263.4	272.7	273.5	2. Banques, assurances, affaires immobilières et services aux entreprises	**J_K**	**65_74**
82.3	76.4	79.5	82.1	83.9	2.1. Établissements financiers	J	65_67
55.9	52.0	55.2	56.1	55.2	2.1.1. Intermédiation financière		65
8.6	8.1	8.1	8.5	8.9	2.1.2. Assurances et caisses de retraite		66
17.8	16.3	16.2	17.5	19.8	2.1.3. Activités financières auxiliaires		67
183.6	178.0	183.8	190.6	189.7	2.2. Affaires immobilières et services fournis aux entreprises	K	70_74
1.9	2.1	2.1	2.8	1.7	2.2.1. Affaires immobilières		70
181.7	175.9	181.7	187.8	187.9	2.2.2. Services fournis aux entreprises		71_74
4.2	3.8	3.3	5.0	3.6	2.2.2.1. Location, etc.		71
3.4	3.2	3.5	3.8	3.9	2.2.2.2. Activités informatiques et activités connexes		72
3.3	3.5	4.0	4.5	4.7	2.2.2.3. Recherche et développement		73
170.8	165.5	170.9	174.5	175.8	2.2.2.4. Autres services fournis aux entreprises		74
..	..	..	..	..	2.2.2.4.1. Activités juridiques, comptables, etc.		741
..	..	..	..	..	2.2.2.4.2. Activ. d'architect., d'ingénierie, aut. serv. tech.		742
..	..	..	..	..	2.2.2.4.3. Publicité		743
..	..	..	..	..	2.2.2.4.4. Autres serv. fournis aux entreprises n.c.a.		749
828.8	848.9	856.6	902.2	897.0	3. Autres services	**L_Q**	**75_99**
272.3	276.3	279.3	280.8	284.8	3.1. Administration publique et défense	L	75
					3.2. Enseignement, santé, action sociale, autres activités de services	M_Q	80_99
556.5	572.7	577.3	621.4	612.2	collectifs, sociaux et personnels		
220.0	224.3	230.0	241.0	238.1	3.2.1. Enseignement	M	80
163.1	170.5	170.0	185.0	185.8	3.2.2. Santé et action sociale	N	85
139.3	138.6	135.6	140.4	136.4	3.2.3. Autres activités de services collectifs, sociaux et personnels	O	90_93
15.3	15.5	14.6	15.8	15.4	3.2.3.1. Services sanitaires et analogues		90
24.2	22.3	22.1	23.2	20.0	3.2.3.2. Activités associatives diverses		91
56.6	57.4	56.0	58.2	55.6	3.2.3.3. Activités récréatives et culturelles		92
43.2	43.4	42.9	43.2	45.4	3.2.3.4. Autres services personnels		93
34.1	39.3	41.7	55.0	51.9	3.2.4. Ménages privés employant du personnel domestique	P	95
..	..	..	..	..	3.2.5. Organisations extraterritoriales	Q	99
2 135.4	**2 130.0**	**2 156.5**	**2 245.9**	**2 240.9**	**TOTAL, SERVICES**	**G_Q**	**50_99**
3 820.2	**3 805.0**	**3 792.3**	**3 921.1**	**3 893.3**	**EMPLOI TOTAL, Toutes activités**		
55.90	55.98	56.87	57.28	57.56	% des services dans l'emploi total, toutes activités		

GREECE

Thousand persons

ISIC Rev. 3			1989	1990	1991	1992	1993	1994
G_I	**50_64**	1. Motor, wholesale and retail trade; restaurants and hotels; transport and communication	..	..	..	..	..	..
G_H	50_55	1.1. Motor, wholesale and retail trade; restaurants and hotels	..	..	..	..	..	..
G	50_52	1.1.1. Motor, wholesale and retail trade	..	..	..	..	..	..
	50	1.1.1.1. Motor trade and repairs	..	..	..	..	..	..
	51	1.1.1.2. Wholesale and commission trade	..	..	..	..	..	..
	52	1.1.1.3. Retail trade and repairs	..	..	..	..	..	..
H	55	1.1.2. Restaurants and hotels	..	..	..	..	..	..
		1.1.2.1. Restaurants	..	..	..	..	..	..
		1.1.2.2. Hotels	..	..	..	..	..	..
I	60_64	1.2. Transport, storage and communication	..	..	..	..	..	..
	60_63	1.2.1. Transport and storage	..	..	..	..	..	..
	60	1.2.1.1. Land transport, transport via pipelines	..	..	..	..	..	..
	61	1.2.1.2. Water transport	..	..	..	..	..	..
	62	1.2.1.3. Air transport	..	..	..	..	..	..
	63	1.2.1.4. Auxiliary transport services, travel agencies	..	..	..	..	..	..
	64	1.2.2. Communication	..	..	..	..	..	..
	641	1.2.2.1. Postal and courier services	..	..	..	..	..	..
	642	1.2.2.2. Telecommunications	..	..	..	..	..	..
J_K	**65_74**	2. Finance, insurance, real estate and business services	..	..	..	..	..	..
J	65_67	2.1. Financial and insurance services	..	..	..	..	..	..
	65	2.1.1. Financial intermediation	..	..	..	..	..	..
	66	2.1.2. Insurance and pension funding	..	..	..	..	..	..
	67	2.1.3. Auxiliary financial services	..	..	..	..	..	..
K	70_74	2.2. Real estate and business services	..	..	..	..	..	..
	70	2.2.1. Real estate services	..	..	..	..	..	..
	71_74	2.2.2. Business services	..	..	..	..	..	..
	71	2.2.2.1. Renting, etc.	..	..	..	..	..	..
	72	2.2.2.2. Computer and related activities	..	..	..	..	..	..
	73	2.2.2.3. Research and development	..	..	..	..	..	..
	74	2.2.2.4. Other business activities	..	..	..	..	..	..
	741	2.2.2.4.1. Legal, accounting services, etc.	..	..	..	..	..	..
	742	2.2.2.4.2. Architect., engineering, other tech. serv.	..	..	..	..	..	..
	743	2.2.2.4.3. Advertising services	..	..	..	..	..	..
	749	2.2.2.4.4. Other business activities n.e.c.	..	..	..	..	..	..
L_Q	**75_99**	3. Other services	..	..	..	..	..	..
L	75	3.1. Public administration and defence	..	..	..	..	..	..
M_Q	80_99	3.2. Education, health, social work related, other community, social and personal services	..	..	..	..	..	..
M	80	3.2.1. Education	..	..	..	..	..	..
N	85	3.2.2. Health and social work	..	..	..	..	..	..
O	90_93	3.2.3. Other community, social and personal services	..	..	..	..	..	..
	90	3.2.3.1. Sanitary and similar services	..	..	..	..	..	..
	91	3.2.3.2. Membership organisations n.e.c.	..	..	..	..	..	..
	92	3.2.3.3. Recreational and cultural services	..	..	..	..	..	..
	93	3.2.3.4. Other personal services	..	..	..	..	..	..
P	95	3.2.4. Private households with employed persons	..	..	..	..	..	..
Q	99	3.2.5. Extra-territorial organisations	..	..	..	..	..	..
G_Q	**50_99**	**TOTAL, SERVICES**	..	..	..	..	..	..
		TOTAL EMPLOYEES, All activities	..	..	..	..	..	..
		% of services in total employees, all activities	..	..	..	..	..	..

II. EMPLOI *(suite)*

B. Salariés ***

Milliers de personnes

1995	1996	1997*	1998*	1999*		CITI Rév. 3	
					1. Commerce d'automobiles, de gros et de détail ; restaurants et hôtels ;	**G_I**	**50_64**
444.9	439.2	442.7	460.1	476.6	transports et communication		
269.5	265.2	269.1	281.8	297.4	1.1. Commerce d'automobiles, de gros et de détail ; restaurants et hôtels	G_H	50_55
183.2	178.8	180.5	192.1	200.4	1.1.1. Commerce d'automobiles, de gros et de détail	G	50_52
34.8	34.3	34.6	39.6	37.7	1.1.1.1. Commerce et réparations automobiles		50
63.8	62.0	62.2	68.2	71.9	1.1.1.2. Commerce de gros et intermédiaires		51
84.6	82.4	83.7	84.4	90.8	1.1.1.3. Commerce de détail et réparations		52
86.3	86.5	88.6	89.7	97.1	1.1.2. Restaurants et hôtels	H	55
41.4	41.6	42.6	43.0	..	1.1.2.1. Restaurants		
44.8	44.9	46.0	46.6	..	1.1.2.2. Hôtels		
175.4	174.0	173.6	178.3	179.1	1.2. Transports, entreposage et communications	I	60_64
133.6	129.3	128.7	131.7	133.8	1.2.1. Transports et entreposage		60_63
63.5	63.5	62.1	63.1	65.0	1.2.1.1. Transports terrestres, transports par conduites		60
12.7	12.2	11.7	12.0	12.6	1.2.1.2. Transports par eau		61
11.4	11.0	10.5	10.5	10.5	1.2.1.3. Transports aériens		62
46.1	42.6	44.5	46.1	45.8	1.2.1.4. Services auxiliaires des transports, agences de voyages		63
41.7	44.7	44.9	46.6	45.3	1.2.2. Communications		64
..	..	..	..	..	1.2.2.1. Poste et courrier		641
..	..	..	..	..	1.2.2.2. Télécommunications		642
158.6	151.6	157.4	162.5	166.8	2. Banques, assurances, affaires immobilières et services aux entreprises	**J_K**	**65_74**
73.1	68.0	71.2	73.1	74.0	2.1. Établissements financiers	J	65_67
55.9	52.0	55.2	56.1	55.2	2.1.1. Intermédiation financière		65
8.6	8.1	8.1	8.5	8.9	2.1.2. Assurances et caisses de retraite		66
8.6	7.8	7.8	8.5	10.0	2.1.3. Activités financières auxiliaires		67
85.6	83.6	86.2	89.4	92.7	2.2. Affaires immobilières et services fournis aux entreprises	K	70_74
0.6	0.7	0.7	0.9	0.6	2.2.1. Affaires immobilières		70
84.9	82.9	85.5	88.5	92.1	2.2.2. Services fournis aux entreprises		71_74
1.3	1.2	1.1	1.6	1.1	2.2.2.1. Location, etc.		71
2.4	2.8	2.5	2.7	3.4	2.2.2.2. Activités informatiques et activités connexes		72
3.3	3.5	4.0	4.5	4.7	2.2.2.3. Recherche et développement		73
77.9	75.5	78.0	79.6	83.0	2.2.2.4. Autres services fournis aux entreprises		74
..	..	..	..	..	2.2.2.4.1. Activités juridiques, comptables, etc.		741
..	..	..	..	..	2.2.2.4.2. Activ. d'architect., d'ingénierie, aut. serv. tech.		742
..	..	..	..	..	2.2.2.4.3. Publicité		743
..	..	..	..	..	2.2.2.4.4. Autres serv. fournis aux entreprises n.c.a.		749
731.9	750.2	757.6	799.1	799.2	3. Autres services	**L_Q**	**75_99**
272.3	276.3	279.3	280.8	284.8	3.1. Administration publique et défense	L	75
					3.2. Enseignement, santé, action sociale, autres activités de services	M_Q	80_99
459.6	473.9	478.3	518.3	514.5	collectifs, sociaux et personnels		
184.6	188.2	193.0	202.2	203.2	3.2.1. Enseignement	M	80
144.1	150.7	150.2	163.5	166.7	3.2.2. Santé et action sociale	N	85
96.8	95.7	93.4	97.6	92.6	3.2.3. Autres activités de services collectifs, sociaux et personnels	O	90_93
15.2	15.4	14.5	15.7	15.4	3.2.3.1. Services sanitaires et analogues		90
24.2	22.3	22.1	23.2	20.0	3.2.3.2. Activités associatives diverses		91
48.2	48.8	47.6	49.5	47.3	3.2.3.3. Activités récréatives et culturelles		92
9.2	9.2	9.1	9.2	10.0	3.2.3.4. Autres services personnels		93
34.1	39.3	41.7	55.0	51.9	3.2.4. Ménages privés employant du personnel domestique	P	95
..	..	..	..	..	3.2.5. Organisations extraterritoriales	Q	99
1 335.5	**1 341.0**	**1 357.7**	**1 421.7**	**1 442.6**	**TOTAL, SERVICES**	**G_Q**	**50_99**
2 069.0	**2 068.2**	**2 069.7**	**2 154.0**	**2 194.9**	**EMPLOI SALARIÉ TOTAL, Toutes activités**		
64.55	64.84	65.60	66.00	65.72	% des services dans l'emploi salarié total, toutes activités		

Source:

National Statistical Service of Greece, Athens, data sent directly.

General notes:

* Provisional data.

Value Added:

** Previous year prices, chained. An unavoidable aspect of such measures is that the components do not sum to the chain volume estimates of totals, except for the reference year.

Employment:

** Estimates include persons of 14 years and over who work as employees, self employed or unpaid family workers.

*** Estimates include persons of 14 years and over who work as employees.

Source :

National Statistical Service of Greece, Athènes, données transmises directement.

Notes générales :

* Données provisoires.

Valeur ajoutée :

** Prix de l'année précédente, chaînés. Un aspect inévitable de ces mesures est que les agrégats ne sont pas égaux à la somme de leurs composantes, à l'exception de l'année de référence.

Emploi :

** Les estimations incluent les personnes de 14 ans et plus qui travaillent en tant que salariés, les travailleurs indépendants ou les travailleurs familiaux non rémunérés.

*** Les estimations incluent les personnes de 14 ans et plus qui travaillent en tant que salariés.

Hungary – Hongrie

HUNGARY

I. GROSS VALUE ADDED at basic prices

A. Current prices

Billions of forint

ISIC Rev. 3			1990	1991	1992	1993	1994	1995 *
G_I	**50_64**	1. Motor, wholesale and retail trade; restaurants and hotels; transport and communication	..	565.6	586.9	694.5	827.6	1 087.9
G_H	50_55	1.1. Motor, wholesale and retail trade; restaurants and hotels	..	355.6	341.6	417.5	493.8	613.5
G	50_52	1.1.1. Motor, wholesale and retail trade	..	307.2	284.0	353.8	420.6	528.7
	50	1.1.1.1. Motor trade and repairs	..	26.5	17.4	22.7	34.9	55.8
	51	1.1.1.2. Wholesale and commission trade	..	109.9	95.2	135.2	156.1	211.5
	52	1.1.1.3. Retail trade and repairs	..	170.7	171.5	195.9	229.6	261.4
H	55	1.1.2. Restaurants and hotels	..	48.5	57.6	63.7	73.2	84.8
I	60_64	1.2. Transport, storage and communication	..	209.9	245.2	277.0	333.8	474.4
	60_63	1.2.1. Transport and storage	..	161.3	187.3	198.0	236.6	337.2
	60	1.2.1.1. Land transport, transport via pipelines	..	115.5	132.0	130.9	154.4	231.5
	61	1.2.1.2. Water transport	..	1.8	3.8	2.4	1.8	2.7
	62	1.2.1.3. Air transport	..	5.9	4.2	4.0	4.7	6.8
	63	1.2.1.4. Auxiliary transport services, travel agencies	..	38.1	47.3	60.7	75.7	96.1
	64	1.2.2. Communication	..	48.6	57.9	79.0	97.2	137.2
	641	1.2.2.1. Postal and courier services	..	..	..	..	..	..
	642	1.2.2.2. Telecommunications	..	..	..	..	..	..
J_K	**65_74**	2. Finance, insurance, real estate and business services	..	336.6	426.4	557.8	770.3	926.9
J	65_67	2.1. Financial and insurance services	..	101.8	109.1	145.6	245.1	260.3
	65	2.1.1. Financial intermediation	..	..	..	..	..	..
	66	2.1.2. Insurance and pension funding	..	..	..	..	..	..
	67	2.1.3. Auxiliary financial services	..	..	..	..	..	..
K	70_74	2.2. Real estate and business services	..	234.8	317.3	412.2	525.2	666.6
	70	2.2.1. Real estate services	..	136.2	160.5	195.8	245.5	335.6
	71_74	2.2.2. Business services	..	98.6	156.8	216.3	279.6	331.0
	71	2.2.2.1. Renting, etc.	..	15.9	18.4	23.9	29.6	39.0
	72	2.2.2.2. Computer and related activities	..	12.5	15.3	17.5	22.1	24.7
	73	2.2.2.3. Research and development	..	14.7	16.0	18.2	20.8	23.5
	74	2.2.2.4. Other business activities	..	55.6	107.0	156.7	207.0	243.7
	741	2.2.2.4.1. Legal, accounting services, etc.	..	..	..	..	..	..
	742	2.2.2.4.2. Architect., engineering, other tech. serv.	..	..	..	..	..	..
	743	2.2.2.4.3. Advertising services	..	..	..	..	..	..
	749	2.2.2.4.4. Other business activities n.e.c.	..	..	..	..	..	..
L_Q	**75_99**	3. Other services	..	411.7	550.0	692.1	864.3	990.0
L	75	3.1. Public administration and defence	..	147.1	187.4	235.8	290.3	345.6
M_Q	80_99	3.2. Education, health, social work related, other community, social and personal services	..	264.5	362.6	456.4	574.0	644.4
M	80	3.2.1. Education	..	110.0	141.7	175.8	223.0	255.6
N	85	3.2.2. Health and social work	..	95.8	123.8	151.1	189.2	220.3
O	90_93	3.2.3. Other community, social and personal services	..	58.7	97.0	129.5	161.8	168.4
	90	3.2.3.1. Sanitary and similar services	..	8.7	11.0	13.9	15.9	19.7
	91	3.2.3.2. Membership organisations n.e.c.	..	9.4	8.4	16.5	21.1	24.0
	92	3.2.3.3. Recreational and cultural services	..	32.0	47.3	65.6	78.6	88.9
	93	3.2.3.4. Other personal services	..	8.6	30.3	33.5	46.2	35.9
P	95	3.2.4. Private households with employed persons	..	..	..	..	..	..
Q	99	3.2.5. Extra-territorial organisations	..	..	..	..	..	..
		FISIM (Financial Intermediation Services Indirectly Measured)	..	- 107.7	- 100.6	- 124.4	- 199.1	- 219.2
G_Q	**50_99**	**TOTAL, SERVICES**	..	**1 206.1**	**1 462.6**	**1 820.0**	**2 263.1**	**2 785.5**
		GROSS VALUE ADDED, All activities, at basic prices	..	**2 191.3**	**2 523.6**	**3 017.9**	**3 720.4**	**4 673.3**
		% of services in gross value added, all activities	..	55.04	57.96	60.31	60.83	59.61
		Memorandum item:						
		Gross domestic product at market prices	..	2 498.3	2 942.7	3 548.3	4 364.8	5 561.9

I. VALEUR AJOUTÉE BRUTE aux prix de base

A. Prix courants

Milliards de forint

1995 *	1996	1997	1998	1999		CITI Rév. 3	
1 098.5	1 360.7	1 753.6	2 073.5	2 357.7	1. Commerce d'automobiles, de gros et de détail ; restaurants et hôtels ; transports et communication	G_I	50_64
655.7	804.6	1 017.4	1 198.4	1 338.1	1.1. Commerce d'automobiles, de gros et de détail ; restaurants et hôtels	G_H	50_55
557.0	683.9	866.8	1 027.4	1 159.7	1.1.1. Commerce d'automobiles, de gros et de détail	G	50_52
58.4	84.8	102.8	136.2	..	1.1.1.1. Commerce et réparations automobiles		50
215.8	262.0	365.1	433.7	..	1.1.1.2. Commerce de gros et intermédiaires		51
282.7	337.1	398.9	457.5	..	1.1.1.3. Commerce de détail et réparations		52
98.8	120.7	150.6	171.0	178.4	1.1.2. Restaurants et hôtels	H	55
442.8	556.1	736.2	875.1	1 019.6	1.2. Transports, entreposage et communications	I	60_64
305.7	360.9	465.6	540.9	..	1.2.1. Transports et entreposage		60_63
194.0	222.2	287.7	341.0	..	1.2.1.1. Transports terrestres, transports par conduites		60
2.7	1.9	2.6	4.2	..	1.2.1.2. Transports par eau		61
6.7	7.8	10.2	13.1	..	1.2.1.3. Transports aériens		62
102.3	129.0	165.2	182.6	..	1.2.1.4. Services auxiliaires des transports, agences de voyages		63
137.1	195.2	270.6	334.2	..	1.2.2. Communications		64
..	..	..	..	..	1.2.2.1. Poste et courrier		641
..	..	..	..	..	1.2.2.2. Télécommunications		642
965.1	1 276.0	1 446.9	1 686.5	1 928.8	2. Banques, assurances, affaires immobilières et services aux entreprises	J_K	65_74
259.0	312.3	341.9	367.7	373.8	2.1. Établissements financiers	J	65_67
232.1	258.0	278.9	280.5	..	2.1.1. Intermédiation financière		65
15.1	32.7	37.7	55.1	..	2.1.2. Assurances et caisses de retraite		66
11.8	21.6	25.3	32.1	..	2.1.3. Activités financières auxiliaires		67
706.1	963.7	1 105.0	1 318.8	1 555.0	2.2. Affaires immobilières et services fournis aux entreprises	K	70_74
334.5	428.4	536.5	635.6	..	2.2.1. Affaires immobilières		70
371.6	535.3	568.6	683.2	..	2.2.2. Services fournis aux entreprises		71_74
35.4	27.4	27.3	34.9	..	2.2.2.1. Location, etc.		71
25.6	35.0	61.9	88.2	..	2.2.2.2. Activités informatiques et activités connexes		72
24.3	28.7	32.8	36.6	..	2.2.2.3. Recherche et développement		73
286.4	444.2	446.6	523.5	..	2.2.2.4. Autres services fournis aux entreprises		74
..	..	..	..	..	2.2.2.4.1. Activités juridiques, comptables, etc.		741
..	..	..	..	..	2.2.2.4.2. Activ. d'architect., d'ingénierie, aut. serv. tech.		742
..	..	..	..	..	2.2.2.4.3. Publicité		743
..	..	..	..	..	2.2.2.4.4. Autres serv. fournis aux entreprises n.c.a.		749
1 011.9	1 170.2	1 440.8	1 711.2	1 964.3	3. Autres services	L_Q	75_99
351.0	417.0	525.9	638.7	723.4	3.1. Administration publique et défense	L	75
660.9	753.2	914.9	1 072.5	1 240.9	3.2. Enseignement, santé, action sociale, autres activités de services collectifs, sociaux et personnels	M_Q	80_99
253.4	277.8	348.7	416.0	472.7	3.2.1. Enseignement	M	80
228.4	272.7	337.4	390.7	444.6	3.2.2. Santé et action sociale	N	85
179.2	202.7	228.8	265.8	323.7	3.2.3. Autres activités de services collectifs, sociaux et personnels	O	90_93
19.7	24.9	31.3	42.0	..	3.2.3.1. Services sanitaires et analogues		90
22.4	26.5	29.4	30.2	..	3.2.3.2. Activités associatives diverses		91
90.5	97.9	99.6	113.0	..	3.2.3.3. Activités récréatives et culturelles		92
46.7	53.4	68.5	80.7	..	3.2.3.4. Autres services personnels		93
..	..	..	..	..	3.2.4. Ménages privés employant du personnel domestique	P	95
..	..	..	..	..	3.2.5. Organisations extraterritoriales	Q	99
- 219.2	- 218.8	- 241.8	- 245.1	- 283.8	SIFIM (Services d'intermédiation financière indirectement mesurés)		
2 856.3	**3 588.0**	**4 399.6**	**5 226.2**	**5 967.1**	**TOTAL, SERVICES**	**G_Q**	**50_99**
4 713.6	**5 842.5**	**7 314.2**	**8 628.4**	**9 710.8**	**VALEUR AJOUTÉE BRUTE, Toutes activités, aux prix de base**		
60.60	61.41	60.15	60.57	61.45	% des services dans la valeur ajoutée brute, toutes activités		
					Pour mémoire :		
5 614.0	6 893.9	8 540.7	10 087.4	11 436.5	Produit intérieur brut aux prix du marché		

I. GROSS VALUE ADDED at basic prices *(cont.)*

B. Constant prices **

Billions of forint

ISIC Rev. 3			1990	1991	1992	1993	1994	1995 *
G_I	50_64	1. Motor, wholesale and retail trade; restaurants and hotels; transport and communication	..	565.6	499.0	476.6	468.1	483.0
G_H	50_55	1.1. Motor, wholesale and retail trade; restaurants and hotels	..	355.6	298.2	286.7	275.6	266.7
G	50_52	1.1.1. Motor, wholesale and retail trade	..	307.2	251.8	243.5	234.0	227.4
	50	1.1.1.1. Motor trade and repairs	..	26.5	14.2	13.4	15.7	18.8
	51	1.1.1.2. Wholesale and commission trade	..	109.9	88.8	84.1	77.3	81.5
	52	1.1.1.3. Retail trade and repairs	..	170.7	148.8	146.0	141.0	127.1
H	55	1.1.2. Restaurants and hotels	..	48.5	46.4	43.2	41.6	39.2
I	60_64	1.2. Transport, storage and communication	..	209.9	200.8	189.8	192.5	216.4
	60_63	1.2.1. Transport and storage	..	161.3	152.8	138.8	141.3	162.3
	60	1.2.1.1. Land transport, transport via pipelines	..	115.5	106.9	92.3	92.7	112.4
	61	1.2.1.2. Water transport	..	1.8	3.0	1.5	0.9	1.3
	62	1.2.1.3. Air transport	..	5.9	4.8	4.4	5.1	6.1
	63	1.2.1.4. Auxiliary transport services, travel agencies	..	38.1	38.2	40.6	42.6	42.6
	64	1.2.2. Communication	..	48.6	48.0	51.0	51.2	54.0
	641	1.2.2.1. Postal and courier services	..	..	..	..	..	..
	642	1.2.2.2. Telecommunications	..	..	..	..	..	..
J_K	65_74	2. Finance, insurance, real estate and business services	..	336.6	329.8	349.2	391.2	362.7
J	65_67	2.1. Financial and insurance services	..	101.8	87.0	99.0	126.9	104.5
	65	2.1.1. Financial intermediation	..	..	..	..	..	..
	66	2.1.2. Insurance and pension funding	..	..	..	..	..	..
	67	2.1.3. Auxiliary financial services	..	..	..	..	..	..
K	70_74	2.2. Real estate and business services	..	234.8	242.9	250.3	264.3	258.2
	70	2.2.1. Real estate services	..	136.2	126.5	127.3	132.2	136.4
	71_74	2.2.2. Business services	..	98.6	116.4	122.9	132.1	121.7
	71	2.2.2.1. Renting, etc.	..	15.9	14.0	14.0	14.3	14.4
	72	2.2.2.2. Computer and related activities	..	12.5	12.5	12.4	15.5	14.2
	73	2.2.2.3. Research and development	..	14.7	13.5	13.0	12.3	11.0
	74	2.2.2.4. Other business activities	..	55.6	76.4	83.5	90.0	82.1
	741	2.2.2.4.1. Legal, accounting services, etc.	..	..	..	..	..	..
	742	2.2.2.4.2. Architect., engineering, other tech. serv.	..	..	..	..	..	..
	743	2.2.2.4.3. Advertising services	..	..	..	..	..	..
	749	2.2.2.4.4. Other business activities n.e.c.	..	..	..	..	..	..
L_Q	75_99	3. Other services	..	411.7	442.8	459.3	476.5	451.7
L	75	3.1. Public administration and defence	..	147.1	152.5	154.6	158.6	158.5
M_Q	80_99	3.2. Education, health, social work related, other community, social and personal services	..	264.5	290.4	304.7	317.9	293.2
M	80	3.2.1. Education	..	110.0	114.6	116.4	121.2	117.1
N	85	3.2.2. Health and social work	..	95.8	99.9	104.2	107.8	104.0
O	90_93	3.2.3. Other community, social and personal services	..	58.7	75.8	84.1	88.9	72.1
	90	3.2.3.1. Sanitary and similar services	..	8.7	8.5	9.4	9.2	9.0
	91	3.2.3.2. Membership organisations n.e.c.	..	9.4	8.4	10.9	10.8	8.6
	92	3.2.3.3. Recreational and cultural services	..	32.0	38.1	44.3	45.3	40.5
	93	3.2.3.4. Other personal services	..	8.6	20.8	19.4	23.6	13.9
P	95	3.2.4. Private households with employed persons	..	..	..	..	..	..
Q	99	3.2.5. Extra-territorial organisations	..	..	..	..	..	..
		FISIM (Financial Intermediation Services Indirectly Measured)	..	- 107.7	- 80.5	- 85.5	- 117.1	- 96.2
G_Q	50_99	**TOTAL, SERVICES**	..	**1 206.1**	**1 191.2**	**1 199.6**	**1 218.7**	**1 201.3**
		GROSS VALUE ADDED, All activities, at basic prices	..	**2 191.3**	**2 101.9**	**2 108.9**	**2 171.0**	**2 204.5**
		% of services in gross value added, all activities	..	55.04	56.67	56.88	56.13	54.49
		Memorandum item:						
		Gross domestic product at market prices	..	2 498.3	2 421.8	2 407.8	2 478.8	2 515.7

I. VALEUR AJOUTÉE BRUTE aux prix de base *(suite)*

B. Prix constants **

Milliards de forint

1995 *	1996	1997	1998	1999		CITI Rév. 3	
					1. Commerce d'automobiles, de gros et de détail ; restaurants et hôtels ;	**G_I**	**50_64**
1 098.5	1 109.5	1 194.3	1 248.1	1 300.1	transports et communication		
655.7	653.0	695.6	733.1	..	1.1. Commerce d'automobiles, de gros et de détail ; restaurants et hôtels	G_H	50_55
557.0	554.1	588.3	622.4	..	1.1.1. Commerce d'automobiles, de gros et de détail	G	50_52
58.4	68.1	70.9	83.4	..	1.1.1.1. Commerce et réparations automobiles		50
215.8	211.9	234.2	248.8	..	1.1.1.2. Commerce de gros et intermédiaires		51
282.7	274.0	283.2	290.2	..	1.1.1.3. Commerce de détail et réparations		52
98.8	99.0	107.2	110.7	..	1.1.2. Restaurants et hôtels	H	55
442.8	456.5	498.7	515.0	..	1.2. Transports, entreposage et communications	I	60_64
305.7	300.4	319.7	319.1	..	1.2.1. Transports et entreposage		60_63
194.0	188.4	198.7	199.5	..	1.2.1.1. Transports terrestres, transports par conduites		60
2.7	1.9	2.2	2.1	..	1.2.1.2. Transports par eau		61
6.7	7.0	8.9	6.6	..	1.2.1.3. Transports aériens		62
102.3	103.1	110.0	110.9	..	1.2.1.4. Services auxiliaires des transports, agences de voyages		63
137.1	156.1	179.1	196.0	..	1.2.2. Communications		64
..	..	..	..	..	1.2.2.1. Poste et courrier		641
..	..	..	..	..	1.2.2.2. Télécommunications		642
965.1	1 022.2	980.9	1 013.1	1 027.5	2. Banques, assurances, affaires immobilières et services aux entreprises	**J_K**	**65_74**
259.0	258.2	244.8	232.8	..	2.1. Établissements financiers	J	65_67
232.1	213.2	196.7	174.1	..	2.1.1. Intermédiation financière		65
15.1	27.2	26.9	33.9	..	2.1.2. Assurances et caisses de retraite		66
11.8	17.8	21.2	24.8	..	2.1.3. Activités financières auxiliaires		67
706.1	764.0	736.2	780.3	..	2.2. Affaires immobilières et services fournis aux entreprises	K	70_74
334.5	342.3	356.6	372.8	..	2.2.1. Affaires immobilières		70
371.6	421.7	379.5	407.4	..	2.2.2. Services fournis aux entreprises		71_74
35.4	23.0	19.7	22.0	..	2.2.2.1. Location, etc.		71
25.6	30.3	46.7	63.7	..	2.2.2.2. Activités informatiques et activités connexes		72
24.3	24.4	24.2	23.5	..	2.2.2.3. Recherche et développement		73
286.4	344.0	289.0	298.4	..	2.2.2.4. Autres services fournis aux entreprises		74
..	..	..	..	..	2.2.2.4.1. Activités juridiques, comptables, etc.		741
..	..	..	..	..	2.2.2.4.2. Activ. d'architect., d'ingénierie, aut. serv. tech.		742
..	..	..	..	..	2.2.2.4.3. Publicité		743
..	..	..	..	..	2.2.2.4.4. Autres serv. fournis aux entreprises n.c.a.		749
1 011.9	1 013.8	1 038.6	1 067.6	1 089.0	3. Autres services	**L_Q**	**75_99**
351.0	359.0	365.5	384.3	..	3.1. Administration publique et défense	L	75
					3.2. Enseignement, santé, action sociale, autres activités de services	M_Q	80_99
660.9	654.8	673.1	683.3	..	collectifs, sociaux et personnels		
253.4	253.5	264.8	275.0	..	3.2.1. Enseignement	M	80
228.4	235.6	247.7	251.8	..	3.2.2. Santé et action sociale	N	85
179.2	165.7	160.6	156.4	..	3.2.3. Autres activités de services collectifs, sociaux et personnels	O	90_93
19.7	20.0	21.1	22.2	..	3.2.3.1. Services sanitaires et analogues		90
22.4	22.8	21.1	19.2	..	3.2.3.2. Activités associatives diverses		91
90.5	80.5	71.9	68.5	..	3.2.3.3. Activités récréatives et culturelles		92
46.7	42.6	46.6	46.5	..	3.2.3.4. Autres services personnels		93
..	..	..	..	..	3.2.4. Ménages privés employant du personnel domestique	P	95
..	..	..	..	..	3.2.5. Organisations extraterritoriales	Q	99
- 219.2	- 181.8	- 168.9	- 152.5	- 164.4	SIFIM (Services d'intermédiation financière indirectement mesurés)		
2 856.3	**2 963.8**	**3 045.0**	**3 176.3**	**3 252.2**	**TOTAL, SERVICES**	**G_Q**	**50_99**
4 713.6	**4 860.0**	**5 108.8**	**5 372.0**	**5 597.0**	**VALEUR AJOUTÉE BRUTE, Toutes activités, aux prix de base**		
60.60	60.98	59.60	59.13	58.11	% des services dans la valeur ajoutée brute, toutes activités		
					Pour mémoire :		
5 614.0	5 689.3	5 949.4	6 238.5	6 512.5	Produit intérieur brut aux prix du marché		

HUNGARY

II. EMPLOYMENT

A. Total employment *

Thousand persons

ISIC Rev. 3			1989	1990	1991	1992	1993	1994
G_I	50_64	1. Motor, wholesale and retail trade; restaurants and hotels; transport and communication	..	..	..	943.6	916.2	893.3
G_H	50_55	1.1. Motor, wholesale and retail trade; restaurants and hotels	..	..	..	597.0	579.9	578.3
G	50_52	1.1.1. Motor, wholesale and retail trade	..	..	..	481.3	469.5	467.7
	50	1.1.1.1. Motor trade and repairs	..	..	..	36.4	31.4	36.1
	51	1.1.1.2. Wholesale and commission trade	..	..	..	110.0	100.4	84.1
	52	1.1.1.3. Retail trade and repairs	..	..	..	334.9	337.7	347.5
H	55	1.1.2. Restaurants and hotels	..	..	..	115.7	110.4	110.6
I	60_64	1.2. Transport, storage and communication	..	..	..	346.6	336.3	315.0
	60_63	1.2.1. Transport and storage	..	..	..	270.1	258.1	238.6
	60	1.2.1.1. Land transport, transport via pipelines	..	..	..	234.0	231.5	215.2
	61	1.2.1.2. Water transport	..	..	..	5.4	4.1	3.4
	62	1.2.1.3. Air transport	..	..	..	7.6	7.4	6.5
	63	1.2.1.4. Auxiliary transport services, travel agencies	..	..	..	23.1	15.1	13.5
	64	1.2.2. Communication	..	..	..	76.5	78.2	76.4
	641	1.2.2.1. Postal and courier services	..	..	..	..	..	..
	642	1.2.2.2. Telecommunications	..	..	..	..	..	..
J_K	65_74	2. Finance, insurance, real estate and business services	..	..	..	210.3	210.3	197.9
J	65_67	2.1. Financial and insurance services	..	..	..	68.6	72.6	72.7
	65	2.1.1. Financial intermediation	..	..	..	..	..	..
	66	2.1.2. Insurance and pension funding	..	..	..	..	..	..
	67	2.1.3. Auxiliary financial services	..	..	..	..	..	..
K	70_74	2.2. Real estate and business services	..	..	..	141.7	137.7	125.2
	70	2.2.1. Real estate services	..	..	..	28.5	21.1	19.0
	71_74	2.2.2. Business services	..	..	..	113.2	116.6	106.2
	71	2.2.2.1. Renting, etc.	..	..	..	2.3	1.2	1.2
	72	2.2.2.2. Computer and related activities	..	..	..	13.8	15.0	8.9
	73	2.2.2.3. Research and development	..	..	..	21.8	17.5	12.6
	74	2.2.2.4. Other business activities	..	..	..	75.3	82.9	83.5
	741	2.2.2.4.1. Legal, accounting services, etc.	..	..	..	..	..	..
	742	2.2.2.4.2. Architect., engineering, other tech. serv.	..	..	..	..	..	..
	743	2.2.2.4.3. Advertising services	..	..	..	..	..	..
	749	2.2.2.4.4. Other business activities n.e.c.	..	..	..	..	..	..
L_Q	75_99	3. Other services	..	..	..	1 040.2	1 083.4	1 096.5
L	75	3.1. Public administration and defence	..	..	..	294.2	299.4	320.2
M_Q	80_99	3.2. Education, health, social work related, other community, social and personal services	..	..	..	746.0	784.0	776.3
M	80	3.2.1. Education	..	..	..	311.6	342.8	338.7
N	85	3.2.2. Health and social work	..	..	..	236.8	241.6	239.8
O	90_93	3.2.3. Other community, social and personal services (1)	..	..	..	197.6	199.6	197.8
	90	3.2.3.1. Sanitary and similar services	..	..	..	25.0	24.1	22.5
	91	3.2.3.2. Membership organisations n.e.c.	..	..	..	14.5	10.9	12.5
	92	3.2.3.3. Recreational and cultural services	..	..	..	77.6	62.0	74.8
	93	3.2.3.4. Other personal services	..	..	..	66.2	67.6	78.9
P	95	3.2.4. Private households with employed persons	..	..	..	..	..	..
Q	99	3.2.5. Extra-territorial organisations	..	..	..	..	..	..
G_Q	50_99	**TOTAL, SERVICES**	..	..	..	2 194.1	2 209.9	2 187.7
		TOTAL EMPLOYMENT, All activities	..	..	..	4 082.7	3 826.7	3 751.5
		% of services in total employment, all activities	..	..	..	53.74	57.75	58.32

II. EMPLOI

A. Emploi total *

Milliers de personnes

1995	1996	1997	1998	1999		CITI Rév. 3	
					1. Commerce d'automobiles, de gros et de détail ; restaurants et hôtels ;	**G_I**	**50_64**
896.1	922.0	927.7	895.8	..	transports et communication		
576.5	600.9	617.7	593.8	..	1.1. Commerce d'automobiles, de gros et de détail ; restaurants et hôtels	G_H	50_55
460.0	486.8	496.8	472.2	..	1.1.1. Commerce d'automobiles, de gros et de détail	G	50_52
41.3	53.4	56.3	57.6	..	1.1.1.1. Commerce et réparations automobiles		50
64.9	60.9	57.1	66.9	..	1.1.1.2. Commerce de gros et intermédiaires		51
353.8	372.5	383.4	347.7	..	1.1.1.3. Commerce de détail et réparations		52
116.5	114.1	120.9	121.6	..	1.1.2. Restaurants et hôtels	H	55
319.6	321.1	310.0	302.0	..	1.2. Transports, entreposage et communications	I	60_64
242.5	244.7	231.6	226.5	..	1.2.1. Transports et entreposage		60_63
217.3	215.8	206.0	200.6	..	1.2.1.1. Transports terrestres, transports par conduites		60
5.8	4.3	2.6	3.9	..	1.2.1.2. Transports par eau		61
6.8	8.0	4.2	6.8	..	1.2.1.3. Transports aériens		62
12.6	16.6	18.8	15.2	..	1.2.1.4. Services auxiliaires des transports, agences de voyages		63
77.1	76.4	78.4	75.5	..	1.2.2. Communications		64
..	..	..	..	..	1.2.2.1. Poste et courrier		641
..	..	..	..	..	1.2.2.2. Télécommunications		642
212.8	211.4	229.5	244.7	..	2. Banques, assurances, affaires immobilières et services aux entreprises	**J_K**	**65_74**
82.2	83.3	83.3	81.8	..	2.1. Établissements financiers	J	65_67
..	..	53.1	53.1	..	2.1.1. Intermédiation financière		65
..	..	25.2	24.8	..	2.1.2. Assurances et caisses de retraite		66
..	..	5.0	3.9	..	2.1.3. Activités financières auxiliaires		67
130.6	128.1	146.2	162.9	..	2.2. Affaires immobilières et services fournis aux entreprises	K	70_74
15.9	17.6	17.7	15.8	..	2.2.1. Affaires immobilières		70
114.7	110.5	128.5	147.1	..	2.2.2. Services fournis aux entreprises		71_74
1.1	2.0	3.1	2.9	..	2.2.2.1. Location, etc.		71
13.2	13.3	11.9	17.3	..	2.2.2.2. Activités informatiques et activités connexes		72
11.2	7.0	7.3	7.2	..	2.2.2.3. Recherche et développement		73
89.2	88.2	106.2	119.7	..	2.2.2.4. Autres services fournis aux entreprises		74
..	..	..	..	..	2.2.2.4.1. Activités juridiques, comptables, etc.		741
..	..	..	..	..	2.2.2.4.2. Activ. d'architect., d'ingénierie, aut. serv. tech.		742
..	..	..	..	..	2.2.2.4.3. Publicité		743
..	..	..	..	..	2.2.2.4.4. Autres serv. fournis aux entreprises n.c.a.		749
1 076.8	1 021.9	993.1	1 013.9	..	3. Autres services	**L_Q**	**75_99**
318.1	306.6	293.8	294.3	..	3.1. Administration publique et défense	L	75
					3.2. Enseignement, santé, action sociale, autres activités de services	M_Q	80_99
758.7	715.3	699.3	719.6	..	collectifs, sociaux et personnels		
335.5	319.6	296.9	305.5	..	3.2.1. Enseignement	M	80
231.4	225.6	232.1	237.8	..	3.2.2. Santé et action sociale	N	85
191.8	170.1	167.4	171.8	..	3.2.3. Autres activités de services collectifs, sociaux et personnels (1)	O	90_93
22.0	19.8	19.7	19.5	..	3.2.3.1. Services sanitaires et analogues		90
12.8	8.3	12.4	10.5	..	3.2.3.2. Activités associatives diverses		91
71.2	62.9	60.1	63.4	..	3.2.3.3. Activités récréatives et culturelles		92
80.8	74.0	75.2	78.4	..	3.2.3.4. Autres services personnels		93
..	..	0.8	1.5	..	3.2.4. Ménages privés employant du personnel domestique	P	95
..	..	2.1	3.0	..	3.2.5. Organisations extraterritoriales	Q	99
2 185.7	**2 155.3**	**2 150.3**	**2 154.4**	**..**	**TOTAL, SERVICES**	**G_Q**	**50_99**
3 678.8	**3 648.1**	**3 646.3**	**3 697.7**	**..**	**EMPLOI TOTAL, Toutes activités**		
59.41	59.08	58.97	58.26	..	% des services dans l'emploi total, toutes activités		

Sources:

Value Added:

"Magyarország nemzeti számlái - National Accounts", Hungarian Central Statistical Office (HCSO), Budapest and data sent directly.

Employment:

Labour Force Survey, HCSO, Budapest.

General notes:

Value Added:

* Methodological changes: harmonisation of national accounts with ESA 95 (Eurostat); new treatment of institutional units; changes in the book keeping system.

** Data at constant prices refer to 1991 prices prior to the break. After the break they refer to 1995 prices.

Employment:

* Total employment includes all persons who worked during the observed week for at least one hour which ensured them income, or during which they dispose of a workplace from which they were temporarily absent (due to illness, vacation, a child-care allowance or fee).

(1) For Total employment item Other community, social and personal services does not equal the sum of its components as it includes persons not shown in the breakdown.

Sources :

Valeur ajoutée :

"Magyarország nemzeti számlái - Comptes nationaux", Hungarian Central Statistical Office (HCSO), Budapest et données envoyées directement.

Emploi :

Enquête sur la population active, HCSO, Budapest.

Notes générales :

Valeur ajoutée :

* Changements méthodologiques : harmonisation des comptes nationaux au SEC 95 (Eurostat) ; nouveau traitement des unités institutionnelles; changement dans le système de tenue des livres de comptes.

** Les données à prix constants se réfère aux prix de 1991 avant la rupture. Après la rupture elles se réfèrent aux prix de 1995.

Emploi :

* L'emploi total comprend toutes les personnes ayant exercées une activité d'une durée d'une heure au moins pendant la semaine de référence et leur assurant un revenu, ainsi que les personnes disposant d'un travail mais qui se sont absentées temporairement (suite à une maladie, à des vacances, ou à un congé parental).

(1) Pour l'emploi total la rubrique Autres activités de services collectifs, sociaux et personnels n'est pas égale à la somme de ses composantes car elle comprend des personnes non incluent dans la ventilation.

Iceland – Islande

ICELAND

I. GROSS VALUE ADDED at basic prices

A. Current prices

Millions of krónur

ISIC Rev. 3			1989	1990	1991	1992	1993	1994
G_I	**50_64**	1. Motor, wholesale and retail trade; restaurants and hotels; transport and communication	..	69 548	74 144	75 102	75 024	84 776
G_H	50_55	1.1. Motor, wholesale and retail trade; restaurants and hotels	..	45 047	48 818	49 516	48 544	51 845
G	50_52	1.1.1. Motor, wholesale and retail trade	..	39 031	41 991	42 926	42 061	44 551
	50	1.1.1.1. Motor trade and repairs	..	8 185	8 788	8 672	8 807	8 897
		1.1.1.1.1. Trade of gasoline, petroleum products	..	3 100	3 411	3 268	3 710	3 820
		1.1.1.1.2. Trade of motor vehicles, parts, accessories	..	2 537	2 687	2 285	2 049	2 124
		1.1.1.1.3. Repair of motor vehicles	..	2 542	2 683	3 100	3 037	2 944
		1.1.1.1.4. Repair of bicycles and motorcycles	..	6	7	19	11	10
	51	1.1.1.2. Wholesale and commission trade	..	15 313	16 718	17 455	17 572	18 502
		1.1.1.2.1. Export trade	..	1 570	1 346	1 681	1 782	2 228
		1.1.1.2.2. Alcohol and tobacco	..	449	356	440	625	338
		1.1.1.2.3. Trade of building materials (not for resale)	..	2 030	2 453	2 640	2 539	2 654
		1.1.1.2.4. Wholesale trade n.e.c.	..	11 264	12 562	12 693	12 626	13 283
	52	1.1.1.3. Retail trade and repairs	..	15 533	16 485	16 798	15 682	17 151
		1.1.1.3.1. Fish	..	173	170	166	149	162
		1.1.1.3.2. Meat and grocery goods n.e.c.	..	1 966	1 576	1 921	1 822	2 085
		1.1.1.3.3. Tobacco, confectionery, soft drinks	..	1 926	2 160	2 038	1 783	2 050
		1.1.1.3.4. Flowers and plants	..	333	367	382	358	365
		1.1.1.3.5. Wearing apparel and textile goods	..	1 414	1 648	1 630	1 451	1 435
		1.1.1.3.6. Footwear	..	137	149	155	147	153
		1.1.1.3.7. Books and stationery	..	524	595	637	580	597
		1.1.1.3.8. Drugs and pharmaceuticals	..	1 032	989	1 078	991	1 074
		1.1.1.3.9. Household equipment	..	1 828	2 056	2 056	1 924	2 215
		1.1.1.3.10. Jewellery, photographic and optical goods	..	541	595	609	585	634
		1.1.1.3.11. Cosmetics and toilet articles	..	121	100	113	110	115
		1.1.1.3.12. Specialised commodities n.e.c.	..	384	448	477	352	449
		1.1.1.3.13. Sports goods	..	457	445	631	583	607
		1.1.1.3.14. General merchandise shops n.e.c.	..	4 017	4 429	4 006	4 040	4 430
		1.1.1.3.15. Repair of footwear	..	53	69	82	79	67
		1.1.1.3.16. Manufacture, repair of rubber products	..	613	669	802	714	699
		1.1.1.3.17. Repair of watches and clocks	..	15	20	14	14	16
H	55	1.1.2. Restaurants and hotels	..	6 015	6 827	6 591	6 482	7 294
		1.1.2.1. Restaurants and bars	..	4 134	4 804	4 577	4 563	5 483
		1.1.2.2. Hotels, other short-stay accommodation	..	1 881	2 023	2 014	1 919	1 811
I	60_64	1.2. Transport, storage and communication	..	24 501	25 326	25 585	26 481	32 931
	60_63	1.2.1. Transport and storage	..	19 892	20 361	19 809	20 261	26 724
	60	1.2.1.1. Land transport, transport via pipelines	..	7 577	6 007	6 795	6 961	6 948
		1.2.1.1.1. Scheduled passenger land transport	..	1 165	1 320	1 346	1 262	1 291
		1.2.1.1.2. Other passenger land transport	..	1 771	1 598	1 366	1 772	1 682
		1.2.1.1.3. Freight transport by road	..	4 641	3 090	4 083	3 927	3 975
	61	1.2.1.2. Water transport (1)	..	5 034	5 596	4 750	4 900	6 001
	62	1.2.1.3. Air transport	..	4 830	6 012	5 411	5 458	10 294
	63	1.2.1.4. Auxiliary transport services, travel agencies	..	2 451	2 746	2 853	2 942	3 481
		1.2.1.4.1. Operation of harbours and lighthouses	..	703	880	829	940	960
		1.2.1.4.2. Supporting services to air transport	..	725	820	763	835	1 024
		1.2.1.4.3. Travel agency services	..	770	761	1 003	894	1 196
		1.2.1.4.4. Storage and warehousing	..	253	285	258	274	302
	64	1.2.2. Communication	..	4 609	4 965	5 776	6 219	6 207
	641	1.2.2.1. Postal and courier services	..	..	..	..	..	..
	642	1.2.2.2. Telecommunications	..	..	..	..	..	..
J_K	**65_74**	2. Finance, insurance, real estate and business services	..	56 760	62 504	65 180	65 943	67 448
J	65_67	2.1. Financial and insurance services	..	16 515	18 853	21 028	21 853	21 278
	65	2.1.1. Financial intermediation	..	14 906	16 576	17 526	18 598	17 919
	66	2.1.2. Insurance and pension funding	..	1 609	2 277	3 502	3 255	3 359
		2.1.2.1. Social insurance	..	584	680	963	1 019	770
		2.1.2.2. Life insurance and other insurance	..	1 025	1 597	2 539	2 236	2 589
	67	2.1.3. Auxiliary financial services	..	..	..	..	..	..
K	70_74	2.2. Real estate and business services	..	40 245	43 650	44 152	44 091	46 170
	70	2.2.1. Real estate services (2)	..	27 981	29 617	30 566	30 533	31 840
	71_74	2.2.2. Business services	..	12 265	14 033	13 586	13 558	14 330
	71	2.2.2.1. Renting, etc. (2)	..	..	..	..	..	..
	72	2.2.2.2. Computer and related activities	..	2 289	2 048	1 998	1 876	2 154
	73	2.2.2.3. Research and development	..	..	..	..	..	..
	74	2.2.2.4. Other business activities	..	9 976	11 985	11 589	11 682	12 175
	741	2.2.2.4.1. Legal, accounting services, etc.	..	3 522	4 438	4 417	4 645	4 747
		2.2.2.4.1.1. Legal services	..	1 776	2 356	2 216	2 437	2 525
		2.2.2.4.1.2. Accounting, auditing, etc.	..	1 746	2 082	2 201	2 208	2 222
	742	2.2.2.4.2. Architect., engineering, other tech. serv.	..	3 076	3 674	3 493	3 396	3 484
	743	2.2.2.4.3. Advertising services	..	811	930	796	861	857

I. VALEUR AJOUTÉE BRUTE aux prix de base

A. Prix courants

Millions de couronnes islandaises

1995	1996	1997	1998	1999		CITI Rév. 3	
87 408	93 779	94 882	..	..	1. Commerce d'automobiles, de gros et de détail ; restaurants et hôtels ; transports et communication	**G_I**	**50_64**
53 853	58 866	59 890	..	..	1.1. Commerce d'automobiles, de gros et de détail ; restaurants et hôtels	G_H	50_55
46 678	50 713	51 899	..	..	1.1.1. Commerce d'automobiles, de gros et de détail	G	50_52
9 666	10 122	11 596	..	..	1.1.1.1. Commerce et réparations automobiles		50
4 082	4 218	4 437	..	..	1.1.1.1.1. Commerce d'essence et autres produits pétroliers		
2 357	2 654	3 783	..	..	1.1.1.1.2. Commerce de véhi. à moteur, pièces détachées, accessoires		
3 213	3 234	3 365	..	..	1.1.1.1.3. Réparation des véhicules à moteur		
14	16	12	..	..	1.1.1.1.4. Réparation des bicyclettes et motocyclettes		
19 260	21 607	20 716	..	..	1.1.1.2. Commerce de gros et intermédiaires		51
2 334	2 904	2 758	..	..	1.1.1.2.1. Commerce pour l'exportation		
799	616	599	..	..	1.1.1.2.2. Alcools et tabac		
2 595	2 670	3 353	..	..	1.1.1.2.3. Commerce de matériaux de constr. (non destinés à la revente)		
13 531	15 418	14 006	..	..	1.1.1.2.4. Commerce de gros n.c.a.		
17 752	18 984	19 587	..	..	1.1.1.3. Commerce de détail et réparations		52
199	177	124	..	..	1.1.1.3.1. Poisson		
2 016	2 188	2 502	..	..	1.1.1.3.2. Viande et produits d'épicerie n.c.a.		
2 053	1 981	1 663	..	..	1.1.1.3.3. Tabac, confiseries, boissons non alcoolisées		
363	383	396	..	..	1.1.1.3.4. Fleurs et plantes		
1 590	1 846	1 793	..	..	1.1.1.3.5. Vêtements et produits textiles		
156	190	189	..	..	1.1.1.3.6. Chaussures		
573	668	851	..	..	1.1.1.3.7. Livres et papeterie		
1 097	1 075	1 034	..	..	1.1.1.3.8. Médicaments et autres produits pharmaceutiques		
2 392	2 609	2 765	..	..	1.1.1.3.9. Appareils ménagers		
654	715	769	..	..	1.1.1.3.10. Joaillerie, produits photographiques et optiques		
118	102	154	..	..	1.1.1.3.11. Cosmétiques et articles de toilette		
508	568	523	..	..	1.1.1.3.12. Commerces spécialisés n.c.a.		
784	747	706	..	..	1.1.1.3.13. Articles de sport		
4 444	4 848	5 239	..	..	1.1.1.3.14. Commerces d'articles courants n.c.a.		
76	86	82	..	..	1.1.1.3.15. Cordonnerie		
712	784	778	..	..	1.1.1.3.16. Fabrication, réparation d'objets en caoutchouc		
16	19	19	..	..	1.1.1.3.17. Réparation des montres et horloges		
7 175	8 153	7 990	..	..	1.1.2. Restaurants et hôtels	H	55
5 354	6 213	5 933	..	..	1.1.2.1. Restaurants et bars		
1 821	1 940	2 057	..	..	1.1.2.2. Hôtels, campings, autres hébergement de courte durée		
33 556	34 912	34 992	..	..	1.2. Transports, entreposage et communications	I	60_64
26 346	25 911	25 889	..	..	1.2.1. Transports et entreposage		60_63
7 093	8 188	6 968	..	..	1.2.1.1. Transports terrestres, transports par conduites		60
1 415	1 559	1 666	..	..	1.2.1.1.1. Transports terrestres réguliers de passagers		
1 327	1 484	1 271	..	..	1.2.1.1.2. Autres transports terrestres de passagers		
4 352	5 144	4 031	..	..	1.2.1.1.3. Transports routiers de marchandises		
5 580	5 414	8 419	..	..	1.2.1.2. Transports par eau (1)		61
10 039	8 484	6 808	..	..	1.2.1.3. Transports aériens		62
3 633	3 825	3 694	..	..	1.2.1.4. Services auxiliaires des transports, agences de voyages		63
1 104	1 255	1 149	..	..	1.2.1.4.1. Exploitation des ports et des phares		
1 212	1 213	1 109	..	..	1.2.1.4.2. Services auxiliaires des transports aériens		
1 000	1 091	1 148	..	..	1.2.1.4.3. Agences de voyage		
317	265	288	..	..	1.2.1.4.4. Entrepôts et stockage		
7 210	9 001	9 103	..	..	1.2.2. Communications		64
..	..	..	..	..	1.2.2.1. Poste et courrier		641
..	..	..	..	..	1.2.2.2. Télécommunications		642
67 537	73 468	89 668	..	..	2. Banques, assurances, affaires immobilières et services aux entreprises	**J_K**	**65_74**
18 429	20 964	24 846	..	..	2.1. Établissements financiers	J	65_67
15 837	17 580	21 205	..	..	2.1.1. Intermédiation financière		65
2 592	3 385	3 641	..	..	2.1.2. Assurances et caisses de retraite		66
780	871	876	..	..	2.1.2.1. Assurances sociales		
1 812	2 513	2 766	..	..	2.1.2.2. Assurances sur la vie et autres assurances		
..	..	..	..	..	2.1.3. Activités financières auxiliaires		67
49 108	52 503	64 822	..	..	2.2. Affaires immobilières et services fournis aux entreprises	K	70_74
33 543	34 825	45 666	..	..	2.2.1. Affaires immobilières (2)		70
15 564	17 678	19 156	..	..	2.2.2. Services fournis aux entreprises		71_74
..	..	..	..	..	2.2.2.1. Location, etc. (2)		71
2 167	2 671	3 862	..	..	2.2.2.2. Activités informatiques et activités connexes		72
..	..	..	..	..	2.2.2.3. Recherche et développement		73
13 397	15 007	15 294	..	..	2.2.2.4. Autres services fournis aux entreprises		74
4 988	5 343	5 490	..	..	2.2.2.4.1. Activités juridiques, comptables, etc.		741
2 675	2 876	2 981	..	..	2.2.2.4.1.1. Services juridiques		
2 313	2 468	2 508	..	..	2.2.2.4.1.2. Comptabilité, audit et tenue de livres		
3 880	4 365	4 186	..	..	2.2.2.4.2. Activ. d'architect., d'ingénierie, aut. serv. tech.		742
932	1 123	804	..	..	2.2.2.4.3. Publicité		743

SERVICES : Statistiques sur la valeur ajoutée et l'emploi
© OCDE 2001

ICELAND

Millions of krónur

ISIC Rev. 3			1989	1990	1991	1992	1993	1994
	749	2.2.2.4.4. Other business activities n.e.c.	..	2 567	2 943	2 883	2 781	3 087
		2.2.2.4.4.1. Duplicating,typewriting serv.	..	125	109	124	123	115
		2.2.2.4.4.2. Miscellaneous bus. serv.	..	2 234	2 617	2 516	2 389	2 645
		2.2.2.4.4.3. Portrait, commercial photography	..	208	217	243	268	327
L_Q	**75_99**	3. Other services	..	63 336	69 305	72 832	75 132	80 706
L	75	3.1. Public administration and defence (3)	..	40 130	44 882	47 280	48 801	51 088
M_Q	80_99	3.2. Education, health, social work related, other community, social and personal services	..	23 206	24 423	25 553	26 330	29 619
M	80	3.2.1. Education (3)	..	..	..	..	..	..
N	85	3.2.2. Health and social work	..	10 579	11 940	12 332	12 945	14 100
O	90_93	3.2.3. Other community, social and personal services	..	10 968	12 057	12 577	12 651	14 663
	90	3.2.3.1. Sanitary and similar services	..	414	596	654	648	930
	91	3.2.3.2. Membership organisations n.e.c.	..	1 490	1 707	1 744	1 910	2 010
		3.2.3.2.1. Activities of religious organisations	..	574	642	698	767	888
		3.2.3.2.2. Trade associations, prof., labour org.	..	916	1 065	1 046	1 143	1 122
	92	3.2.3.3. Recreational and cultural services	..	6 000	6 685	6 952	7 039	8 414
		3.2.3.3.1. Lotteries	..	1 174	1 250	1 243	1 290	2 003
		3.2.3.3.2. Motion picture prod., distribution, projection	..	456	573	572	578	664
		3.2.3.3.3. Theatrical and orchestral services	..	582	729	780	740	735
		3.2.3.3.4. Radio and television activities	..	1 869	2 263	2 386	2 303	2 338
		3.2.3.3.5. Operation of sports and athletic facilities	..	1 328	1 283	1 386	1 484	1 808
		3.2.3.3.6. Miscellaneous recreational services	..	358	370	322	422	651
		3.2.3.3.7. Authors and other independent artists	..	233	215	262	222	216
	93	3.2.3.4. Other personal services	..	3 065	3 070	3 227	3 054	3 308
		3.2.3.4.1. Laundries and laundry services	..	427	451	503	519	504
		3.2.3.4.2. Hairdressing and beauty parlour	..	644	771	807	785	828
		3.2.3.4.3. Funeral services	..	120	145	175	157	175
		3.2.3.4.4. Miscellaneous personal services	..	522	687	732	777	723
		3.2.3.4.5. Community services n.e.c.	..	1 351	1 016	1 010	816	1 079
P	95	3.2.4. Private households with employed persons	..	1 659	426	643	735	856
Q	99	3.2.5. Extra-territorial organisations	..	..	..	..	..	..
		FISIM (Financial Intermediation Services Indirectly Measured)	..	- 14 769	- 17 045	- 17 526	- 18 399	- 18 668
G_Q	**50_99**	**TOTAL, SERVICES**	..	**174 875**	**188 908**	**195 588**	**197 700**	**214 263**
		GROSS VALUE ADDED, All activities, at basic prices	..	**304 067**	**328 083**	**332 617**	**336 993**	**359 359**
		% of services in gross value added, all activities	..	57.51	57.58	58.80	58.67	59.62
		Memorandum item:						
		Gross domestic product at market prices	..	368 474	399 248	400 417	412 039	438 822

I. VALEUR AJOUTÉE BRUTE aux prix de base *(suite)*

A. Prix courants

Millions de couronnes islandaises

1995	1996	1997	1998	1999		CITI Rév. 3	
3 597	4 176	4 814	..	..	2.2.2.4.4. Autres serv. fournis aux entreprises n.c.a.		749
131	133	138	..	..	2.2.2.4.4.1. Duplication et dactylographie, etc.		
3 194	3 724	4 374	..	..	2.2.2.4.4.2. Serv. divers fournis aux entreprises		
272	319	302	..	..	2.2.2.4.4.3. Portraitistes, photographie commerciale		
84 296	91 675	95 856	..	..	3. Autres services	L_Q	75_99
53 527	59 199	63 212	..	..	3.1. Administration publique et défense (3)	L	75
					3.2. Enseignement, santé, action sociale, autres activités de services	M_Q	80_99
30 769	32 476	32 644	..	..	collectifs, sociaux et personnels		
..	..	..	..	..	3.2.1. Enseignement (3)	M	80
14 688	16 084	16 345	..	..	3.2.2. Santé et action sociale	N	85
15 106	15 343	15 274	..	..	3.2.3. Autres activités de services collectifs, sociaux et personnels	O	90_93
1 003	1 088	1 141	..	..	3.2.3.1. Services sanitaires et analogues		90
2 115	2 237	2 412	..	..	3.2.3.2. Activités associatives diverses		91
941	1 010	1 090	..	..	3.2.3.2.1. Activités des organisations religieuses		
1 173	1 227	1 322	..	..	3.2.3.2.2. Associations éco., prof. et de travailleurs		
8 457	8 285	8 104	..	..	3.2.3.3. Activités récréatives et culturelles		92
1 915	1 575	1 137	..	..	3.2.3.3.1. Loteries		
545	728	655	..	..	3.2.3.3.2. Production, distribution et projection de films		
767	828	830	..	..	3.2.3.3.3. Théâtres et orchestres		
2 532	2 670	2 693	..	..	3.2.3.3.4. Radio et télévision		
1 962	1 957	2 234	..	..	3.2.3.3.5. Exploitation des install. sportives, athlétiques		
521	280	297	..	..	3.2.3.3.6. Services récréatifs divers		
215	247	258	..	..	3.2.3.3.7. Auteurs et autres artistes indépendants n.c.a.		
3 531	3 733	3 616	..	..	3.2.3.4. Autres services personnels		93
601	597	640	..	..	3.2.3.4.1. Laveries et services connexes		
811	915	890	..	..	3.2.3.4.2. Coiffure et salons de beauté		
183	185	199	..	..	3.2.3.4.3. Services funéraires		
803	904	735	..	..	3.2.3.4.4. Services personnels divers		
1 133	1 132	1 151	..	..	3.2.3.4.5. Services fournis à la collectivité n.c.a.		
975	1 050	1 026	..	..	3.2.4. Ménages privés employant du personnel domestique	P	95
..	..	..	..	..	3.2.5. Organisations extraterritoriales	Q	99
- 18 110	- 18 823	- 21 837	..	..	SIFIM (Services d'intermédiation financière indirectement mesurés)		
221 131	**240 099**	**258 569**	..	..	**TOTAL, SERVICES**	G_Q	50_99
371 460	**397 715**	**427 218**	..	..	**VALEUR AJOUTÉE BRUTE, Toutes activités, aux prix de base**		
59.53	60.37	60.52	..	..	% des services dans la valeur ajoutée brute, toutes activités		
					Pour mémoire :		
451 372	483 966	524 679	577 406	624 606	Produit intérieur brut aux prix du marché		

SERVICES : Statistiques sur la valeur ajoutée et l'emploi
© OCDE 2001

ICELAND

II. EMPLOYMENT

A. Total employment *

Number of persons-year

ISIC Rev. 3			1989	1990	1991	1992	1993	1994
G_I	50_64	1. Motor, wholesale and retail trade; restaurants and hotels; transport and communication	..	28 314	28 522	28 352	27 591	27 783
G_H	50_55	1.1. Motor, wholesale and retail trade; restaurants and hotels	..	19 665	19 940	19 907	19 486	19 599
G	50_52	1.1.1. Motor, wholesale and retail trade	..	16 578	16 815	16 737	16 220	15 981
	50	1.1.1.1. Motor trade and repairs	..	3 124	3 245	3 171	3 158	3 048
		1.1.1.1.1. Trade of gasoline, petroleum products	..	955	1 030	1 039	1 076	1 091
		1.1.1.1.2. Trade of motor vehicles, parts, accessories	..	688	683	626	660	586
		1.1.1.1.3. Repair of motor vehicles	..	1 475	1 526	1 501	1 418	1 366
		1.1.1.1.4. Repair of bicycles and motorcycles	..	6	6	5	4	5
	51	1.1.1.2. Wholesale and commission trade	..	5 253	5 508	5 427	5 236	5 188
		1.1.1.2.1. Export trade	..	400	385	418	423	415
		1.1.1.2.2. Alcohol and tobacco	..	168	164	175	174	176
		1.1.1.2.3. Trade of building materials (not for resale)	..	770	767	736	788	759
		1.1.1.2.4. Wholesale trade n.e.c.	..	3 915	4 193	4 099	3 851	3 837
	52	1.1.1.3. Retail trade and repairs	..	8 201	8 062	8 139	7 826	7 745
		1.1.1.3.1. Fish	..	55	54	51	54	63
		1.1.1.3.2. Meat and grocery goods n.e.c.	..	1 070	1 027	919	850	1 045
		1.1.1.3.3. Tobacco, confectionery, soft drinks	..	997	973	882	863	930
		1.1.1.3.4. Flowers and plants	..	203	202	200	197	181
		1.1.1.3.5. Wearing apparel and textile goods	..	673	673	643	625	585
		1.1.1.3.6. Footwear	..	91	103	108	98	99
		1.1.1.3.7. Books and stationery	..	338	340	352	311	368
		1.1.1.3.8. Drugs and pharmaceuticals	..	407	419	410	430	418
		1.1.1.3.9. Household equipment	..	665	690	763	724	780
		1.1.1.3.10. Jewellery, photographic and optical goods	..	263	206	206	219	216
		1.1.1.3.11. Cosmetics and toilet articles	..	62	67	75	56	60
		1.1.1.3.12. Specialised commodities n.e.c. (4)	..	302	337	353	378	364
		1.1.1.3.13. Sports goods (4)	..	..	..	..	..	..
		1.1.1.3.14. General merchandise shops n.e.c.	..	2 771	2 684	2 870	2 720	2 327
		1.1.1.3.15. Repair of footwear	..	50	45	50	47	45
		1.1.1.3.16. Manufacture, repair of rubber products	..	237	238	251	250	260
		1.1.1.3.17. Repair of watches and clocks	..	19	5	7	6	6
H	55	1.1.2. Restaurants and hotels	..	3 088	3 125	3 170	3 266	3 618
		1.1.2.1. Restaurants and bars	..	2 052	2 224	2 150	2 304	2 607
		1.1.2.2. Hotels, other short-stay accommodation	..	1 036	901	1 020	961	1 011
I	60_64	1.2. Transport, storage and communication	..	8 649	8 582	8 445	8 105	8 185
	60_63	1.2.1. Transport and storage	..	6 548	6 453	6 270	5 918	5 976
	60	1.2.1.1. Land transport, transport via pipelines	..	3 089	3 111	3 035	2 925	2 827
		1.2.1.1.1. Scheduled passenger land transport	..	544	576	596	588	603
		1.2.1.1.2. Other passenger land transport	..	884	908	869	818	773
		1.2.1.1.3. Freight transport by road	..	1 661	1 627	1 570	1 519	1 452
	61	1.2.1.2. Water transport (1)	..	1 556	1 396	1 358	1 079	1 162
	62	1.2.1.3. Air transport	..	922	950	944	910	941
	63	1.2.1.4. Auxiliary transport services, travel agencies	..	981	996	934	1 003	1 046
		1.2.1.4.1. Operation of harbours and lighthouses	..	171	210	172	209	222
		1.2.1.4.2. Supporting services to air transport	..	311	330	311	316	325
		1.2.1.4.3. Travel agency services	..	461	415	410	438	458
		1.2.1.4.4. Storage and warehousing	..	39	41	42	41	41
	64	1.2.2. Communication	..	2 101	2 129	2 175	2 188	2 208
	641	1.2.2.1. Postal and courier services	..	..	..	..	..	..
	642	1.2.2.2. Telecommunications	..	..	..	..	..	..
J_K	65_74	2. Finance, insurance, real estate and business services	..	11 147	11 365	11 595	11 649	11 566
J	65_67	2.1. Financial and insurance services	..	5 198	5 239	5 184	5 086	4 798
	65	2.1.1. Financial intermediation	..	4 305	4 309	4 166	4 064	3 923
	66	2.1.2. Insurance and pension funding	..	893	929	1 018	1 022	875
		2.1.2.1. Social insurance	..	341	369	473	475	345
		2.1.2.2. Life insurance and other insurance	..	552	560	545	547	530
	67	2.1.3. Auxiliary financial services	..	..	..	..	..	..
K	70_74	2.2. Real estate and business services	..	5 949	6 127	6 411	6 563	6 767
	70	2.2.1. Real estate services	..	613	672	676	635	655
	71_74	2.2.2. Business services	..	5 336	5 455	5 734	5 928	6 113
	71	2.2.2.1. Renting, etc.	..	62	81	113	113	107
	72	2.2.2.2. Computer and related activities	..	420	394	420	433	652
	73	2.2.2.3. Research and development	..	784	750	807	841	899
	74	2.2.2.4. Other business activities	..	4 071	4 229	4 395	4 541	4 455
	741	2.2.2.4.1. Legal, accounting services, etc.	..	1 203	1 250	1 279	1 271	1 210
		2.2.2.4.1.1. Legal services	..	558	569	565	569	559
		2.2.2.4.1.2. Accounting, auditing, etc.	..	646	681	714	702	652
	742	2.2.2.4.2. Architect., engineering, other tech. serv.	..	1 145	1 085	1 119	1 143	1 056
	743	2.2.2.4.3. Advertising services	..	248	268	276	249	245

II. EMPLOI

A. Emploi total *

Nombre de personnes-années

1995	1996	1997	1998	1999		CITI Rév. 3	
28 433	29 452	30 568	..	..	1. Commerce d'automobiles, de gros et de détail ; restaurants et hôtels ;	G_I	50_64
20 005	20 707	21 751	..	..	transports et communication		
16 413	16 873	17 649	..	..	1.1. Commerce d'automobiles, de gros et de détail ; restaurants et hôtels	G_H	50_55
3 102	3 219	3 370	..	..	1.1.1. Commerce d'automobiles, de gros et de détail	G	50_52
1 122	1 200	1 352	..	..	1.1.1.1. Commerce et réparations automobiles		50
627	641	687	..	..	1.1.1.1.1. Commerce d'essence et autres produits pétroliers		
1 346	1 372	1 323	..	..	1.1.1.1.2. Commerce de véhi. à moteur, pièces détachées, accessoires		
7	7	9	..	..	1.1.1.1.3. Réparation des véhicules à moteur		
5 270	5 532	5 871	..	..	1.1.1.1.4. Réparation des bicyclettes et motocyclettes		
464	505	486	..	..	1.1.1.2. Commerce de gros et intermédiaires		51
177	171	167	..	..	1.1.1.2.1. Commerce pour l'exportation		
754	780	834	..	..	1.1.1.2.2. Alcools et tabac		
3 875	4 076	4 384	..	..	1.1.1.2.3. Commerce de matériaux de constr. (non déstinés à la revente)		
8 042	8 122	8 408	..	..	1.1.1.2.4. Commerce de gros n.c.a.		
65	57	65	..	..	1.1.1.3. Commerce de détail et réparations		52
1 114	1 144	1 255	..	..	1.1.1.3.1. Poisson		
940	973	961	..	..	1.1.1.3.2. Viande et produits d'épicerie n.c.a.		
183	214	199	..	..	1.1.1.3.3. Tabac, confiseries, boissons non alcoolisées		
677	629	648	..	..	1.1.1.3.4. Fleurs et plantes		
107	105	115	..	..	1.1.1.3.5. Vêtements et produits textiles		
397	396	427	..	..	1.1.1.3.6. Chaussures		
437	476	517	..	..	1.1.1.3.7. Livres et papeterie		
814	882	953	..	..	1.1.1.3.8. Médicaments et autres produits pharmaceutiques		
210	210	210	..	..	1.1.1.3.9. Appareils ménagers		
56	63	73	..	..	1.1.1.3.10. Joaillerie, produits photographiques et optiques		
370	381	394	..	..	1.1.1.3.11. Cosmétiques et articles de toilette		
..	..	..	..	..	1.1.1.3.12. Commerces spécialisés n.c.a. (4)		
2 373	2 303	2 289	..	..	1.1.1.3.13. Articles de sport (4)		
48	48	44	..	..	1.1.1.3.14. Commerces d'articles courants n.c.a.		
248	235	254	..	..	1.1.1.3.15. Cordonnerie		
4	4	5	..	..	1.1.1.3.16. Fabrication, réparation d'objets en caoutchouc		
3 592	3 834	4 102	..	..	1.1.1.3.17. Réparation des montres et horloges		
2 572	2 848	3 098	..	..	1.1.2. Restaurants et hôtels	H	55
1 020	986	1 004	..	..	1.1.2.1. Restaurants et bars		
8 428	8 745	8 817	..	..	1.1.2.2. Hôtels, campings, autres hébergement de courte durée		
6 186	6 488	6 624	..	..	1.2. Transports, entreposage et communications	I	60_64
2 778	2 769	2 737	..	..	1.2.1. Transports et entreposage		60_63
600	610	624	..	..	1.2.1.1. Transports terrestres, transports par conduites		60
752	710	686	..	..	1.2.1.1.1. Transports terrestres réguliers de passagers		
1 426	1 449	1 427	..	..	1.2.1.1.2. Autres transports terrestres de passagers		
1 210	1 277	1 283	..	..	1.2.1.1.3. Transports routiers de marchandises		
1 024	1 292	1 481	..	..	1.2.1.2. Transports par eau (1)		61
1 174	1 151	1 123	..	..	1.2.1.3. Transports aériens		62
241	207	161	..	..	1.2.1.4. Services auxiliaires des transports, agences de voyages		63
391	325	286	..	..	1.2.1.4.1. Exploitation des ports et des phares		
501	569	627	..	..	1.2.1.4.2. Services auxiliaires des transports aériens		
42	50	50	..	..	1.2.1.4.3. Agences de voyage		
2 242	2 257	2 192	..	..	1.2.1.4.4. Entrepôts et stockage		
..	..	..	..	..	1.2.2. Communications		64
..	..	..	..	..	1.2.2.1. Poste et courrier		641
					1.2.2.2. Télécommunications		642
11 626	12 055	12 625	..	..	2. Banques, assurances, affaires immobilières et services aux entreprises	J_K	65_74
4 777	4 845	4 892	..	..	2.1. Établissements financiers	J	65_67
3 924	3 935	3 967	..	..	2.1.1. Intermédiation financière		65
853	910	925	..	..	2.1.2. Assurances et caisses de retraite		66
329	358	342	..	..	2.1.2.1. Assurances sociales		
524	552	583	..	..	2.1.2.2. Assurances sur la vie et autres assurances		
..	..	..	..	..	2.1.3. Activités financières auxiliaires		67
6 849	7 210	7 733	..	..	2.2. Affaires immobilières et services fournis aux entreprises	K	70_74
580	611	644	..	..	2.2.1. Affaires immobilières		70
6 268	6 599	7 089	..	..	2.2.2. Services fournis aux entreprises		71_74
122	124	146	..	..	2.2.2.1. Location, etc.		71
686	792	995	..	..	2.2.2.2. Activités informatiques et activités connexes		72
894	888	966	..	..	2.2.2.3. Recherche et développement		73
4 566	4 795	4 983	..	..	2.2.2.4. Autres services fournis aux entreprises		74
1 222	1 190	1 172	..	..	2.2.2.4.1. Activités juridiques, comptables, etc.		741
576	575	545	..	..	2.2.2.4.1.1. Services juridiques		
646	616	627	..	..	2.2.2.4.1.2. Comptabilité, audit et tenue de livres		
1 051	1 062	1 129	..	..	2.2.2.4.2. Activ. d'architect., d'ingénierie, aut. serv. tech.		742
265	294	303	..	..	2.2.2.4.3. Publicité		743

ICELAND

A. Total employment *

Number of persons-year

ISIC Rev. 3			1989	1990	1991	1992	1993	1994
	749	2.2.2.4.4. Other business activities n.e.c.	..	1 475	1 626	1 721	1 878	1 945
		2.2.2.4.4.1. Duplicating,typewriting serv.	..	34	41	50	57	54
		2.2.2.4.4.2. Miscellaneous bus. serv.	..	1 305	1 448	1 538	1 688	1 758
		2.2.2.4.4.3. Portrait, commercial photography	..	136	138	133	133	134
L_Q	**75_99**	3. Other services	..	35 401	35 801	36 888	37 665	39 066
L	75	3.1. Public administration and defence	..	6 065	6 818	7 525	7 396	7 283
M_Q	80_99	3.2. Education, health, social work related, other community,						
		social and personal services	..	29 337	28 982	29 363	30 270	31 782
M	80	3.2.1. Education	..	7 792	7 455	7 239	7 301	7 677
N	85	3.2.2. Health and social work	..	14 101	14 093	14 162	14 755	15 358
O	90_93	3.2.3. Other community, social and personal services	..	6 024	6 050	6 459	6 662	7 083
	90	3.2.3.1. Sanitary and similar services	..	189	248	405	276	309
	91	3.2.3.2. Membership organisations n.e.c.	..	1 055	1 077	1 193	1 257	1 221
		3.2.3.2.1. Activities of religious organisations	..	338	329	380	404	430
		3.2.3.2.2. Trade associations, prof., labour org.	..	718	748	813	853	791
	92	3.2.3.3. Recreational and cultural services	..	2 893	2 853	2 961	3 166	3 460
		3.2.3.3.1. Lotteries	..	110	106	111	107	115
		3.2.3.3.2. Motion picture prod., distribution, projection	..	206	247	270	290	309
		3.2.3.3.3. Theatrical and orchestral services	..	549	550	549	542	547
		3.2.3.3.4. Radio and television activities	..	651	647	627	636	619
		3.2.3.3.5. Operation of sports and athletic facilities	..	516	496	581	660	782
		3.2.3.3.6. Miscellaneous recreational services	..	645	594	619	740	895
		3.2.3.3.7. Authors and other independent artists	..	216	213	204	191	193
	93	3.2.3.4. Other personal services	..	1 887	1 872	1 901	1 963	2 093
		3.2.3.4.1. Laundries and laundry services	..	356	337	332	323	301
		3.2.3.4.2. Hairdressing and beauty parlour	..	686	721	709	724	697
		3.2.3.4.3. Funeral services	..	87	83	101	108	117
		3.2.3.4.4. Miscellaneous personal services	..	374	453	465	504	501
		3.2.3.4.5. Community services n.e.c.	..	385	279	294	304	476
P	95	3.2.4. Private households with employed persons	..	1 420	1 384	1 504	1 553	1 664
Q	99	3.2.5. Extra-territorial organisations	..	..	..	..	..	..
G_Q	**50_99**	**TOTAL, SERVICES**	..	**74 862**	**75 688**	**76 834**	**76 905**	**78 414**
		TOTAL EMPLOYMENT, All activities	..	**124 914**	**124 476**	**123 044**	**122 055**	**122 660**
		% of services in total employment, all activities	..	59.93	60.81	62.44	63.01	63.93

II. EMPLOI *(suite)*

A. Emploi total *

Nombre de personnes-années

1995	1996	1997	1998	1999		CITI Rév. 3	
2 028	2 249	2 378	..	..	2.2.2.4.4. Autres serv. fournis aux entreprises n.c.a.		749
53	58	56	..	..	2.2.2.4.4.1. Duplication et dactylographie, etc.		
1 847	2 069	2 199	..	..	2.2.2.4.4.2. Serv. divers fournis aux entreprises		
128	122	123	..	..	2.2.2.4.4.3. Portraitistes, photographie commerciale		
39 391	40 085	40 170	..	..	3. Autres services	**L_Q**	**75_99**
7 250	7 449	7 646	..	..	3.1. Administration publique et défense	L	75
					3.2. Enseignement, santé, action sociale, autres activités de services	M_Q	80_99
32 140	32 636	32 524	..	..	collectifs, sociaux et personnels		
7 471	7 895	7 919	..	..	3.2.1. Enseignement	M	80
15 831	16 224	16 222	..	..	3.2.2. Santé et action sociale	N	85
7 118	6 793	6 867	..	..	3.2.3. Autres activités de services collectifs, sociaux et personnels	O	90_93
315	309	299	..	..	3.2.3.1. Services sanitaires et analogues		90
1 257	1 243	1 291	..	..	3.2.3.2. Activités associatives diverses		91
449	450	455	..	..	3.2.3.2.1. Activités des organisations religieuses		
808	793	835	..	..	3.2.3.2.2. Associations éco., prof. et de travailleurs		
3 487	3 280	3 283	..	..	3.2.3.3. Activités récréatives et culturelles		92
115	112	107	..	..	3.2.3.3.1. Loteries		
330	310	298	..	..	3.2.3.3.2. Production, distribution et projection de films		
566	581	579	..	..	3.2.3.3.3. Théâtres et orchestres		
642	679	679	..	..	3.2.3.3.4. Radio et télévision		
837	769	781	..	..	3.2.3.3.5. Exploitation des install. sportives, athlétiques		
806	636	647	..	..	3.2.3.3.6. Services récréatifs divers		
190	193	193	..	..	3.2.3.3.7. Auteurs et autres artistes indépendants n.c.a.		
2 059	1 961	1 995	..	..	3.2.3.4. Autres services personnels		93
254	259	265	..	..	3.2.3.4.1. Laveries et services connexes		
692	709	710	..	..	3.2.3.4.2. Coiffure et salons de beauté		
117	118	129	..	..	3.2.3.4.3. Services funéraires		
529	546	568	..	..	3.2.3.4.4. Services personnels divers		
467	329	322	..	..	3.2.3.4.5. Services fournis à la collectivité n.c.a.		
1 721	1 724	1 517	..	..	3.2.4. Ménages privés employant du personnel domestique	P	95
..	..	..	..	..	3.2.5. Organisations extraterritoriales	Q	99
79 449	**81 592**	**83 363**	**..**	**..**	**TOTAL, SERVICES**	**G_Q**	**50_99**
123 716	**126 588**	**128 832**	**..**	**..**	**EMPLOI TOTAL, Toutes activités**		
64.22	64.45	64.71	..	..	% des services dans l'emploi total, toutes activités		

ICELAND

II. EMPLOYMENT *(cont.)*

B. Employees

Number of persons-year

ISIC Rev. 3			1989	1990	1991	1992	1993	1994
G_I	**50_64**	1. Motor, wholesale and retail trade; restaurants and hotels; transport and communication	..	24 450	24 794	24 721	24 212	24 511
G_H	50_55	1.1. Motor, wholesale and retail trade; restaurants and hotels	..	17 823	18 141	18 133	17 819	17 980
G	50_52	1.1.1. Motor, wholesale and retail trade	..	14 897	15 168	15 128	14 719	14 539
	50	1.1.1.1. Motor trade and repairs	..	2 723	2 825	2 744	2 746	2 659
		1.1.1.1.1. Trade of gasoline, petroleum products	..	933	1 004	1 014	1 052	1 066
		1.1.1.1.2. Trade of motor vehicles, parts, accessories	..	626	621	569	611	539
		1.1.1.1.3. Repair of motor vehicles	..	1 163	1 198	1 160	1 083	1 053
		1.1.1.1.4. Repair of bicycles and motorcycles	..	1	2	1	0	1
	51	1.1.1.2. Wholesale and commission trade	..	4 855	5 151	5 098	4 942	4 911
		1.1.1.2.1. Export trade	..	392	375	410	416	407
		1.1.1.2.2. Alcohol and tobacco	..	168	165	175	174	176
		1.1.1.2.3. Trade of building materials (not for resale)	..	740	734	703	760	735
		1.1.1.2.4. Wholesale trade n.e.c.	..	3 555	3 877	3 810	3 592	3 593
	52	1.1.1.3. Retail trade and repairs	..	7 319	7 192	7 286	7 031	6 969
		1.1.1.3.1. Fish	..	26	27	26	29	40
		1.1.1.3.2. Meat and grocery goods n.e.c.	..	982	941	855	790	991
		1.1.1.3.3. Tobacco, confectionery, soft drinks	..	792	774	680	674	733
		1.1.1.3.4. Flowers and plants	..	166	163	158	155	144
		1.1.1.3.5. Wearing apparel and textile goods	..	577	575	547	538	501
		1.1.1.3.6. Footwear	..	77	92	97	87	90
		1.1.1.3.7. Books and stationery	..	308	310	321	284	342
		1.1.1.3.8. Drugs and pharmaceuticals	..	346	356	349	369	360
		1.1.1.3.9. Household equipment	..	609	637	719	687	743
		1.1.1.3.10. Jewellery, photographic and optical goods	..	217	161	155	169	171
		1.1.1.3.11. Cosmetics and toilet articles	..	46	50	55	38	39
		1.1.1.3.12. Specialised commodities n.e.c. (4)	..	248	289	301	325	309
		1.1.1.3.13. Sports goods (4)	..	..	..	..	..	..
		1.1.1.3.14. General merchandise shops n.e.c.	..	2 670	2 583	2 770	2 633	2 242
		1.1.1.3.15. Repair of footwear	..	35	28	33	30	30
		1.1.1.3.16. Manufacture, repair of rubber products	..	206	205	219	222	233
		1.1.1.3.17. Repair of watches and clocks	..	14	1	1	1	1
H	55	1.1.2. Restaurants and hotels	..	2 926	2 973	3 005	3 100	3 441
		1.1.2.1. Restaurants and bars	..	1 927	2 110	2 026	2 177	2 467
		1.1.2.2. Hotels, other short-stay accommodation	..	999	863	979	923	974
I	60_64	1.2. Transport, storage and communication	..	6 627	6 653	6 588	6 393	6 531
	60_63	1.2.1. Transport and storage	..	4 529	4 499	4 415	4 206	4 324
	60	1.2.1.1. Land transport, transport via pipelines	..	1 106	1 186	1 215	1 247	1 209
		1.2.1.1.1. Scheduled passenger land transport	..	495	529	545	542	554
		1.2.1.1.2. Other passenger land transport	..	190	222	227	230	208
		1.2.1.1.3. Freight transport by road	..	421	435	443	475	447
	61	1.2.1.2. Water transport (1)	..	1 544	1 386	1 345	1 068	1 150
	62	1.2.1.3. Air transport	..	913	942	936	904	935
	63	1.2.1.4. Auxiliary transport services, travel agencies	..	966	985	919	987	1 030
		1.2.1.4.1. Operation of harbours and lighthouses	..	171	212	172	209	222
		1.2.1.4.2. Supporting services to air transport	..	309	327	307	311	321
		1.2.1.4.3. Travel agency services	..	448	406	399	427	447
		1.2.1.4.4. Storage and warehousing	..	38	40	41	40	40
	64	1.2.2. Communication	..	2 098	2 154	2 173	2 187	2 207
	641	1.2.2.1. Postal and courier services	..	..	..	..	..	..
	642	1.2.2.2. Telecommunications	..	..	..	..	..	..
J_K	**65_74**	2. Finance, insurance, real estate and business services	..	9 507	9 738	9 936	10 031	9 837
J	65_67	2.1. Financial and insurance services	..	5 156	5 206	5 148	5 050	4 761
	65	2.1.1. Financial intermediation	..	4 305	4 310	4 166	4 064	3 923
	66	2.1.2. Insurance and pension funding	..	851	896	982	986	838
		2.1.2.1. Social insurance	..	341	371	473	475	345
		2.1.2.2. Life insurance and other insurance	..	510	525	509	511	493
	67	2.1.3. Auxiliary financial services	..	..	..	..	..	..
K	70_74	2.2. Real estate and business services	..	4 351	4 532	4 788	4 981	5 076
	70	2.2.1. Real estate services	..	..	..	..	..	..
	71_74	2.2.2. Business services	..	..	..	..	..	..
	71	2.2.2.1. Renting, etc.	..	..	..	..	..	..
	72	2.2.2.2. Computer and related activities	..	..	..	..	..	..
	73	2.2.2.3. Research and development	..	..	..	..	..	..
	74	2.2.2.4. Other business activities	..	..	..	..	..	..
	741	2.2.2.4.1. Legal, accounting services, etc.	..	819	864	897	914	866
		2.2.2.4.1.1. Legal services	..	335	350	358	379	374
		2.2.2.4.1.2. Accounting, auditing, etc.	..	484	514	539	535	492
	742	2.2.2.4.2. Architect., engineering, other tech. serv.	..	781	739	781	834	764
	743	2.2.2.4.3. Advertising services	..	197	212	218	185	177

II. EMPLOI *(suite)*

B. Salariés

Nombre de personnes-années

1995	1996	1997	1998	1999		CITI Rév. 3	
					1. Commerce d'automobiles, de gros et de détail ; restaurants et hôtels ; transports et communication	G_I	50_64
25 266	26 450	27 740	..	..			
18 435	19 248	20 408	..	..	1.1. Commerce d'automobiles, de gros et de détail ; restaurants et hôtels	G_H	50_55
15 027	15 614	16 502	..	..	1.1.1. Commerce d'automobiles, de gros et de détail	G	50_52
2 723	2 867	..	..	..	1.1.1.1. Commerce et réparations automobiles		50
1 099	1 177	..	..	..	1.1.1.1.1. Commerce d'essence et autres produits pétroliers		
580	599	..	..	..	1.1.1.1.2. Commerce de véhi. à moteur, pièces détachées, accessoires		
1 040	1 088	..	..	..	1.1.1.1.3. Réparation des véhicules à moteur		
4	3	..	..	..	1.1.1.1.4. Réparation des bicyclettes et motocyclettes		
4 998	5 273	..	..	..	1.1.1.2. Commerce de gros et intermédiaires		51
452	494	..	..	..	1.1.1.2.1. Commerce pour l'exportation		
177	170	..	..	..	1.1.1.2.2. Alcools et tabac		
732	760	..	..	..	1.1.1.2.3. Commerce de matériaux de constr. (non déstinés à la revente)		
3 637	3 849	..	..	..	1.1.1.2.4. Commerce de gros n.c.a.		
7 306	7 474	..	..	..	1.1.1.3. Commerce de détail et réparations		52
39	34	..	..	..	1.1.1.3.1. Poisson		
1 061	1 101	..	..	..	1.1.1.3.2. Viande et produits d'épicerie n.c.a.		
762	827	..	..	..	1.1.1.3.3. Tabac, confiseries, boissons non alcoolisées		
143	171	..	..	..	1.1.1.3.4. Fleurs et plantes		
595	555	..	..	..	1.1.1.3.5. Vêtements et produits textiles		
96	96	..	..	..	1.1.1.3.6. Chaussures		
376	380	..	..	..	1.1.1.3.7. Livres et papeterie		
381	427	..	..	..	1.1.1.3.8. Médicaments et autres produits pharmaceutiques		
782	855	..	..	..	1.1.1.3.9. Appareils ménagers		
164	166	..	..	..	1.1.1.3.10. Joaillerie, produits photographiques et optiques		
37	47	..	..	..	1.1.1.3.11. Cosmétiques et articles de toilette		
317	329	..	..	..	1.1.1.3.12. Commerces spécialisés n.c.a. (4)		
..	..	..	..	..	1.1.1.3.13. Articles de sport (4)		
2 297	2 237	..	..	..	1.1.1.3.14. Commerces d'articles courants n.c.a.		
33	34	..	..	..	1.1.1.3.15. Cordonnerie		
222	214	..	..	..	1.1.1.3.16. Fabrication, réparation d'objets en caoutchouc		
1	1	..	..	..	1.1.1.3.17. Réparation des montres et horloges		
3 408	3 634	3 906	..	..	1.1.2. Restaurants et hôtels	H	55
2 432	2 689	2 942	..	..	1.1.2.1. Restaurants et bars		
976	945	964	..	..	1.1.2.2. Hôtels, campings, autres hébergement de courte durée		
6 831	7 202	7 332	..	..	1.2. Transports, entreposage et communications	I	60_64
4 589	4 946	5 141	..	..	1.2.1. Transports et entreposage		60_63
1 213	1 255	..	..	..	1.2.1.1. Transports terrestres, transports par conduites		60
550	555	..	..	..	1.2.1.1.1. Transports terrestres réguliers de passagers		
204	176	..	..	..	1.2.1.1.2. Autres transports terrestres de passagers		
459	524	..	..	..	1.2.1.1.3. Transports routiers de marchandises		
1 200	1 264	..	..	..	1.2.1.2. Transports par eau (1)		61
1 019	1 289	..	..	..	1.2.1.3. Transports aériens		62
1 157	1 138	..	..	..	1.2.1.4. Services auxiliaires des transports, agences de voyages		63
241	207	..	..	..	1.2.1.4.1. Exploitation des ports et des phares		
388	323	..	..	..	1.2.1.4.2. Services auxiliaires des transports aériens		
487	558	..	..	..	1.2.1.4.3. Agences de voyage		
41	50	..	..	..	1.2.1.4.4. Entrepôts et stockage		
2 242	2 256	2 191	..	..	1.2.2. Communications		64
..	..	..	..	..	1.2.2.1. Poste et courrier		641
..	..	..	..	..	1.2.2.2. Télécommunications		642
9 855	10 331	10 965	..	..	2. Banques, assurances, affaires immobilières et services aux entreprises	J_K	65_74
4 744	4 807	4 853	..	..	2.1. Établissements financiers	J	65_67
3 924	3 935	3 967	..	..	2.1.1. Intermédiation financière		65
820	872	886	..	..	2.1.2. Assurances et caisses de retraite		66
329	358	..	..	..	2.1.2.1. Assurances sociales		
491	514	..	..	..	2.1.2.2. Assurances sur la vie et autres assurances		
..	..	..	..	..	2.1.3. Activités financières auxiliaires		67
5 111	5 524	6 112	..	..	2.2. Affaires immobilières et services fournis aux entreprises	K	70_74
..	..	..	..	..	2.2.1. Affaires immobilières		70
..	..	..	..	..	2.2.2. Services fournis aux entreprises		71_74
..	..	..	..	..	2.2.2.1. Location, etc.		71
..	..	..	..	..	2.2.2.2. Activités informatiques et activités connexes		72
..	..	..	..	..	2.2.2.3. Recherche et développement		73
..	..	..	..	..	2.2.2.4. Autres services fournis aux entreprises		74
876	863	..	..	..	2.2.2.4.1. Activités juridiques, comptables, etc.		741
390	399	..	..	..	2.2.2.4.1.1. Services juridiques		
486	464	..	..	..	2.2.2.4.1.2. Comptabilité, audit et tenue de livres		
757	784	..	..	..	2.2.2.4.2. Activ. d'architect., d'ingénierie, aut. serv. tech.		742
189	215	..	..	..	2.2.2.4.3. Publicité		743

Les notes se trouvent à la fin du pays

SERVICES : Statistiques sur la valeur ajoutée et l'emploi
© OCDE 2001

ICELAND

II. EMPLOYMENT *(cont.)*

B. Employees

Number of persons-year

ISIC Rev. 3			1989	1990	1991	1992	1993	1994
	749	2.2.2.4.4. Other business activities n.e.c.	..	..	..	..	..	..
		2.2.2.4.4.1. Duplicating,typewriting serv.	..	26	32	37	47	43
		2.2.2.4.4.2. Miscellaneous bus. serv.	..	..	..	..	..	..
		2.2.2.4.4.3. Portrait, commercial photography	..	70	72	63	64	64
L_Q	75_99	3. Other services	..	33 247	33 826	34 509	35 300	36 605
L	75	3.1. Public administration and defence	..	6 063	6 880	7 522	7 396	7 283
M_Q	80_99	3.2. Education, health, social work related, other community, social and personal services	..	27 184	26 946	26 987	27 904	29 322
M	80	3.2.1. Education	..	7 693	7 442	7 150	7 215	7 594
N	85	3.2.2. Health and social work	..	13 201	13 267	13 247	13 891	14 483
O	90_93	3.2.3. Other community, social and personal services	..	5 000	5 024	5 401	5 605	6 053
	90	3.2.3.1. Sanitary and similar services	..	..	..	..	..	..
	91	3.2.3.2. Membership organisations n.e.c.	..	..	..	..	..	..
		3.2.3.2.1. Activities of religious organisations	..	..	..	..	..	..
		3.2.3.2.2. Trade associations, prof., labour org.	..	714	745	811	852	790
	92	3.2.3.3. Recreational and cultural services	..	2 015	1 989	2 086	2 242	2 509
		3.2.3.3.1. Lotteries	..	80	76	83	82	92
		3.2.3.3.2. Motion picture prod., distribution, projection	..	161	201	218	240	252
		3.2.3.3.3. Theatrical and orchestral services	..	386	391	400	394	388
		3.2.3.3.4. Radio and television activities	..	643	644	616	623	603
		3.2.3.3.5. Operation of sports and athletic facilities	..	503	483	564	633	748
		3.2.3.3.6. Miscellaneous recreational services	..	231	184	199	266	418
		3.2.3.3.7. Authors and other independent artists	..	11	10	6	4	8
	93	3.2.3.4. Other personal services	..	..	..	..	..	..
		3.2.3.4.1. Laundries and laundry services	..	313	292	291	282	265
		3.2.3.4.2. Hairdressing and beauty parlour	..	422	450	432	438	419
		3.2.3.4.3. Funeral services	..	84	81	97	106	115
		3.2.3.4.4. Miscellaneous personal services	..	185	254	266	305	307
		3.2.3.4.5. Community services n.e.c.	..	..	..	..	..	..
P	95	3.2.4. Private households with employed persons	..	1 290	1 213	1 189	1 193	1 192
Q	99	3.2.5. Extra-territorial organisations	..	..	..	..	..	..
G_Q	50_99	TOTAL, SERVICES	..	67 204	68 358	69 166	69 543	70 953
		TOTAL EMPLOYEES, All activities	..	107 226	107 242	105 659	105 858	106 581
		% of services in total employees, all activities	..	62.68	63.74	65.46	65.69	66.57

II. EMPLOI *(suite)*

B. Salariés

Nombre de personnes-années

1995	1996	1997	1998	1999		CITI Rév. 3	
..	..	..	..	..	2.2.2.4.4. Autres serv. fournis aux entreprises n.c.a.		749
43	49	..	..	..	2.2.2.4.4.1. Duplication et dactylographie, etc.		
..	..	..	..	..	2.2.2.4.4.2. Serv. divers fournis aux entreprises		
59	59	..	..	..	2.2.2.4.4.3. Portraitistes, photographie commerciale		
36 806	37 444	37 577	..	..	3. Autres services	**L_Q**	**75_99**
7 250	7 449	7 646	..	..	3.1. Administration publique et défense	L	75
29 556	29 995	29 931	..	..	3.2. Enseignement, santé, action sociale, autres activités de services collectifs, sociaux et personnels	M_Q	80_99
7 384	7 812	7 840	..	..	3.2.1. Enseignement	M	80
14 941	15 353	15 348	..	..	3.2.2. Santé et action sociale	N	85
6 054	5 723	5 797	..	..	3.2.3. Autres activités de services collectifs, sociaux et personnels	O	90_93
..	..	..	..	..	3.2.3.1. Services sanitaires et analogues		90
..	..	..	..	..	3.2.3.2. Activités associatives diverses		91
..	..	..	..	..	3.2.3.2.1. Activités des organisations religieuses		
806	792	..	..	..	3.2.3.2.2. Associations éco., prof. et de travailleurs		
2 536	2 324	2 297	..	..	3.2.3.3. Activités récréatives et culturelles		92
92	93	..	..	..	3.2.3.3.1. Loteries		
270	244	..	..	..	3.2.3.3.2. Production, distribution et projection de films		
402	424	..	..	..	3.2.3.3.3. Théâtres et orchestres		
621	652	..	..	..	3.2.3.3.4. Radio et télévision		
799	729	..	..	..	3.2.3.3.5. Exploitation des install. sportives, athlétiques		
345	176	..	..	..	3.2.3.3.6. Services récréatifs divers		
7	6	..	..	..	3.2.3.3.7. Auteurs et autres artistes indépendants n.c.a.		
..	..	..	..	..	3.2.3.4. Autres services personnels		93
227	232	..	..	..	3.2.3.4.1. Laveries et services connexes		
418	432	..	..	..	3.2.3.4.2. Coiffure et salons de beauté		
114	116	..	..	..	3.2.3.4.3. Services funéraires		
326	336	..	..	..	3.2.3.4.4. Services personnels divers		
..	..	..	..	..	3.2.3.4.5. Services fournis à la collectivité n.c.a.		
1 177	1 107	946	..	..	3.2.4. Ménages privés employant du personnel domestique	P	95
..	..	..	..	..	3.2.5. Organisations extraterritoriales	Q	99
71 927	**74 225**	**76 282**	..	..	**TOTAL, SERVICES**	**G_Q**	**50_99**
107 715	**111 084**	**113 810**	..	..	**EMPLOI SALARIÉ TOTAL, Toutes activités**		
66.78	66.82	67.03	..	..	% des services dans l'emploi salarié total, toutes activités		

ICELAND

ISLANDE

Source:

National Accounts, National Economic Institute, Reykjavic, data sent directly.

General note:

Employment:

* Total employment includes employees, the self-employed, unpaid family workers and the armed forces.

(1) Item Water transport refers to ocean transport.

(2) For Value added item Real estate services includes renting of goods and video tapes.

(3) For Value added item Public administration and defence includes item Education.

(4) For Employment item retail trade of Sports goods is included in item Specialised commodities n.e.c.

Source :

Comptes nationaux, National Economic Institute, Reykjavic, données transmises directement.

Note générale :

Emploi :

* L'emploi total inclut les salariés, les travailleurs indépendants, les aides familiaux non rémunérés et les forces armées.

(1) La rubrique Transports par eau se réfère au transports par mer.

(2) Pour la valeur ajoutée la rubrique Affaires immobilières inclut la location de biens et de cassettes vidéos.

(3) Pour la valeur ajoutée la rubrique Administration publique et défense inclut la rubrique Enseignement.

(4) Pour l'emploi la rubrique commerce de détail d'Articles de sport est incluse dans la rubrique Commerces spécialisés n.c.a.

Ireland – Irlande

IRELAND

I. GROSS VALUE ADDED at basic prices

A. Current prices

Millions of Irish pounds

ISIC Rev. 3			1989	1990	1991	1992	1993	1994
G_I	**50_64**	1. Motor, wholesale and retail trade; restaurants and hotels; transport and communication	..	5 361.0	5 510.6	5 090.6	5 833.6	5 863.6
G_H	50_55	1.1. Motor, wholesale and retail trade; restaurants and hotels	..	3 893.9	3 932.2	3 483.6	4 146.1	3 996.6
G	50_52	1.1.1. Motor, wholesale and retail trade	..	3 267.0	3 241.3	2 740.9	3 314.0	3 083.7
	50	1.1.1.1. Motor trade and repairs	..	..	..	..	..	..
	51	1.1.1.2. Wholesale and commission trade	..	..	..	..	..	..
	52	1.1.1.3. Retail trade and repairs	..	..	..	..	..	..
H	55	1.1.2. Restaurants and hotels	..	626.9	690.9	742.7	832.1	913.0
I	60_64	1.2. Transport, storage and communication	..	1 467.1	1 578.4	1 607.0	1 687.5	1 866.9
	60_63	1.2.1. Transport and storage	..	..	..	..	..	..
	60	1.2.1.1. Land transport, transport via pipelines	..	..	..	..	..	..
	61	1.2.1.2. Water transport	..	..	..	..	..	..
	62	1.2.1.3. Air transport	..	..	..	..	..	..
	63	1.2.1.4. Auxiliary transport services, travel agencies	..	..	..	..	..	..
	64	1.2.2. Communication	..	..	..	..	..	..
	641	1.2.2.1. Postal and courier services	..	..	..	..	..	..
	642	1.2.2.2. Telecommunications	..	..	..	..	..	..
J_K	**65_74**	2. Finance, insurance, real estate and business services	..	3 953.5	4 226.3	4 620.2	5 040.2	5 310.4
J	65_67	2.1. Financial and insurance services	..	708.6	892.2	1 086.0	1 287.2	1 148.8
	65	2.1.1. Financial intermediation	..	..	..	..	..	..
	66	2.1.2. Insurance and pension funding	..	..	..	..	..	..
	67	2.1.3. Auxiliary financial services	..	..	..	..	..	..
K	70_74	2.2. Real estate and business services	..	3 244.9	3 334.1	3 534.2	3 753.0	4 161.6
	70	2.2.1. Real estate services	..	..	..	..	..	..
	71_74	2.2.2. Business services	..	..	..	..	..	..
	71	2.2.2.1. Renting, etc.	..	..	..	..	..	..
	72	2.2.2.2. Computer and related activities	..	..	..	..	..	..
	73	2.2.2.3. Research and development	..	..	..	..	..	..
	74	2.2.2.4. Other business activities	..	..	..	..	..	..
	741	2.2.2.4.1. Legal, accounting services, etc.	..	..	..	..	..	..
	742	2.2.2.4.2. Architect., engineering, other tech. serv.	..	..	..	..	..	..
	743	2.2.2.4.3. Advertising services	..	..	..	..	..	..
	749	2.2.2.4.4. Other business activities n.e.c.	..	..	..	..	..	..
L_Q	**75_99**	3. Other services	..	4 904.7	5 328.3	5 801.4	6 512.3	6 878.3
L	75	3.1. Public administration and defence	..	1 520.7	1 624.6	1 738.8	1 873.6	1 938.7
M_Q	80_99	3.2. Education, health, social work related, other community, social and personal services	..	3 384.0	3 703.7	4 062.6	4 638.7	4 939.6
M	80	3.2.1. Education	..	1 298.4	1 383.3	1 574.7	1 775.4	1 882.4
N	85	3.2.2. Health and social work	..	1 340.2	1 488.5	1 609.9	1 872.9	1 981.1
O	90_93	3.2.3. Other community, social and personal services	..	709.6	797.9	842.1	956.1	1 045.1
	90	3.2.3.1. Sanitary and similar services	..	..	..	..	..	..
	91	3.2.3.2. Membership organisations n.e.c.	..	..	..	..	..	..
	92	3.2.3.3. Recreational and cultural services	..	..	..	..	..	..
	93	3.2.3.4. Other personal services	..	..	..	..	..	..
P	95	3.2.4. Private households with employed persons	..	35.8	34.0	35.9	34.3	31.0
Q	99	3.2.5. Extra-territorial organisations	..	..	..	..	..	..
		FISIM (Financial Intermediation Services Indirectly Measured)	..	..	..	..	..	..
G_Q	**50_99**	**TOTAL, SERVICES**	..	**14 219.2**	**15 065.1**	**15 512.1**	**17 386.2**	**18 052.2**
		GROSS VALUE ADDED, All activities, at basic prices	..	**25 670.2**	**26 767.9**	**28 229.4**	**30 787.3**	**32 659.8**
		% of services in gross value added, all activities	..	55.39	56.28	54.95	56.47	55.27
		Memorandum item:						
		Gross domestic product at market prices	..	28 597.6	29 674.6	31 529.1	34 053.9	36 624.2

I. VALEUR AJOUTÉE BRUTE aux prix de base

A. Prix courants

Millions de livres irlandaises

1995	1996	1997	1998	1999		CITI Rév. 3	
6 588.4	7 837.9	8 995.5	10 271.4	11 484.7	1. Commerce d'automobiles, de gros et de détail ; restaurants et hôtels ; transports et communication	**G_I**	**50_64**
4 528.7	5 529.8	6 371.7	7 165.1	7 905.1	1.1. Commerce d'automobiles, de gros et de détail ; restaurants et hôtels	G_H	50_55
3 555.7	4 443.5	4 968.7	5 638.2	6 154.9	1.1.1. Commerce d'automobiles, de gros et de détail	G	50_52
..	..	..	..	..	1.1.1.1. Commerce et réparations automobiles		50
..	..	..	..	..	1.1.1.2. Commerce de gros et intermédiaires		51
..	..	..	..	..	1.1.1.3. Commerce de détail et réparations		52
973.0	1 086.3	1 403.0	1 526.9	1 750.1	1.1.2. Restaurants et hôtels	H	55
2 059.7	2 308.1	2 623.8	3 106.2	3 579.6	1.2. Transports, entreposage et communications	I	60_64
..	..	..	..	..	1.2.1. Transports et entreposage		60_63
..	..	..	..	..	1.2.1.1. Transports terrestres, transports par conduites		60
..	..	..	..	..	1.2.1.2. Transports par eau		61
..	..	..	..	..	1.2.1.3. Transports aériens		62
..	..	..	..	..	1.2.1.4. Services auxiliaires des transports, agences de voyages		63
..	..	..	..	..	1.2.2. Communications		64
..	..	..	..	..	1.2.2.1. Poste et courrier		641
..	..	..	..	..	1.2.2.2. Télécommunications		642
6 124.2	7 111.7	8 630.3	10 863.5	15 075.8	2. Banques, assurances, affaires immobilières et services aux entreprises	**J_K**	**65_74**
1 372.4	1 522.2	1 844.7	2 037.1	2 109.9	2.1. Établissements financiers	J	65_67
..	..	..	..	..	2.1.1. Intermédiation financière		65
..	..	..	..	..	2.1.2. Assurances et caisses de retraite		66
..	..	..	..	..	2.1.3. Activités financières auxiliaires		67
4 751.8	5 589.5	6 785.6	8 826.4	12 966.0	2.2. Affaires immobilières et services fournis aux entreprises	K	70_74
..	..	..	..	..	2.2.1. Affaires immobilières		70
..	..	..	..	..	2.2.2. Services fournis aux entreprises		71_74
..	..	..	..	..	2.2.2.1. Location, etc.		71
..	..	..	..	..	2.2.2.2. Activités informatiques et activités connexes		72
..	..	..	..	..	2.2.2.3. Recherche et développement		73
..	..	..	..	..	2.2.2.4. Autres services fournis aux entreprises		74
..	..	..	..	..	2.2.2.4.1. Activités juridiques, comptables, etc.		741
..	..	..	..	..	2.2.2.4.2. Activ. d'architect., d'ingénierie, aut. serv. tech.		742
..	..	..	..	..	2.2.2.4.3. Publicité		743
..	..	..	..	..	2.2.2.4.4. Autres serv. fournis aux entreprises n.c.a.		749
7 483.6	8 067.0	8 636.3	9 598.7	10 498.9	3. Autres services	**L_Q**	**75_99**
1 997.5	2 104.6	2 268.9	2 470.0	2 575.3	3.1. Administration publique et défense	L	75
					3.2. Enseignement, santé, action sociale, autres activités de services collectifs, sociaux et personnels	M_Q	80_99
5 486.1	5 962.4	6 367.4	7 128.7	7 923.5			
2 022.5	2 197.6	2 328.3	2 407.1	2 627.0	3.2.1. Enseignement	M	80
2 249.1	2 520.2	2 698.2	3 137.5	3 579.8	3.2.2. Santé et action sociale	N	85
1 179.6	1 207.2	1 293.3	1 528.0	1 655.3	3.2.3. Autres activités de services collectifs, sociaux et personnels	O	90_93
..	..	..	..	..	3.2.3.1. Services sanitaires et analogues		90
..	..	..	..	..	3.2.3.2. Activités associatives diverses		91
..	..	..	..	..	3.2.3.3. Activités récréatives et culturelles		92
..	..	..	..	..	3.2.3.4. Autres services personnels		93
34.9	37.4	47.6	56.2	61.4	3.2.4. Ménages privés employant du personnel domestique	P	95
..	..	..	..	..	3.2.5. Organisations extraterritoriales	Q	99
..	..	..	..	..	SIFIM (Services d'intermédiation financière indirectement mesurés)		
20 196.1	**23 016.6**	**26 262.2**	**30 733.6**	**37 059.4**	**TOTAL, SERVICES**	**G_Q**	**50_99**
37 049.6	**40 801.8**	**46 925.5**	**54 461.4**	**61 500.5**	**VALEUR AJOUTÉE BRUTE, Toutes activités, aux prix de base**		
54.51	56.41	55.97	56.43	60.26	% des services dans la valeur ajoutée brute, toutes activités		
					Pour mémoire :		
41 409.2	45 634.2	52 760.3	60 581.7	69 051.6	Produit intérieur brut aux prix du marché		

IRELAND

Thousand persons

ISIC Rev. 3			1989	1990	1991	1992	1993	1994
G_I	**50_64**	1. Motor, wholesale and retail trade; restaurants and hotels; transport and communication	..	..	..	..	..	..
G_H	50_55	1.1. Motor, wholesale and retail trade; restaurants and hotels	..	..	..	..	..	..
G	50_52	1.1.1. Motor, wholesale and retail trade	..	..	..	..	..	..
	50	1.1.1.1. Motor trade and repairs	..	..	..	..	..	..
	51	1.1.1.2. Wholesale and commission trade	..	..	..	..	..	..
	52	1.1.1.3. Retail trade and repairs	..	..	..	..	..	..
H	55	1.1.2. Restaurants and hotels	..	..	..	..	..	..
I	60_64	1.2. Transport, storage and communication	..	..	..	..	..	..
	60_63	1.2.1. Transport and storage	..	..	..	..	..	..
	60	1.2.1.1. Land transport, transport via pipelines	..	..	..	..	..	..
	61	1.2.1.2. Water transport	..	..	..	..	..	..
	62	1.2.1.3. Air transport	..	..	..	..	..	..
	63	1.2.1.4. Auxiliary transport services, travel agencies	..	..	..	..	..	..
	64	1.2.2. Communication	..	..	..	..	..	..
	641	1.2.2.1. Postal and courier services	..	..	..	..	..	..
	642	1.2.2.2. Telecommunications	..	..	..	..	..	..
J_K	**65_74**	2. Finance, insurance, real estate and business services	..	..	..	..	..	..
J	65_67	2.1. Financial and insurance services	..	..	..	..	..	..
	65	2.1.1. Financial intermediation	..	..	..	..	..	..
	66	2.1.2. Insurance and pension funding	..	..	..	..	..	..
	67	2.1.3. Auxiliary financial services	..	..	..	..	..	..
K	70_74	2.2. Real estate and business services	..	..	..	..	..	..
	70	2.2.1. Real estate services	..	..	..	..	..	..
	71_74	2.2.2. Business services	..	..	..	..	..	..
	71	2.2.2.1. Renting, etc.	..	..	..	..	..	..
	72	2.2.2.2. Computer and related activities	..	..	..	..	..	..
	73	2.2.2.3. Research and development	..	..	..	..	..	..
	74	2.2.2.4. Other business activities	..	..	..	..	..	..
	741	2.2.2.4.1. Legal, accounting services, etc.	..	..	..	..	..	..
	742	2.2.2.4.2. Architect., engineering, other tech. serv.	..	..	..	..	..	..
	743	2.2.2.4.3. Advertising services	..	..	..	..	..	..
	749	2.2.2.4.4. Other business activities n.e.c.	..	..	..	..	..	..
L_Q	**75_99**	3. Other services	..	..	..	..	..	..
L	75	3.1. Public administration and defence	..	..	..	..	..	..
M_Q	80_99	3.2. Education, health, social work related, other community, social and personal services	..	..	..	..	..	..
M	80	3.2.1. Education	..	..	..	..	..	..
N	85	3.2.2. Health and social work	..	..	..	..	..	..
O	90_93	3.2.3. Other community, social and personal services	..	..	..	..	..	..
	90	3.2.3.1. Sanitary and similar services	..	..	..	..	..	..
	91	3.2.3.2. Membership organisations n.e.c.	..	..	..	..	..	..
	92	3.2.3.3. Recreational and cultural services	..	..	..	..	..	..
	93	3.2.3.4. Other personal services	..	..	..	..	..	..
P	95	3.2.4. Private households with employed persons	..	..	..	..	..	..
Q	99	3.2.5. Extra-territorial organisations	..	..	..	..	..	..
G_Q	**50_99**	**TOTAL, SERVICES**	..	..	..	..	..	..
		TOTAL EMPLOYMENT, All activities	..	..	..	..	..	..
		% of services in total employment, all activities	..	..	..	..	..	..

IRLANDE

II. EMPLOI

A. Emploi total

Milliers de personnes

1995	1996	1997	1998	1999		CITI Rév. 3	
334.2	351.7	395.4	439.0	..	1. Commerce d'automobiles, de gros et de détail ; restaurants et hôtels ; transports et communication	**G_I**	**50_64**
268.9	282.4	315.7	342.0	..	1.1. Commerce d'automobiles, de gros et de détail ; restaurants et hôtels	G_H	50_55
198.2	208.2	227.6	244.2	..	1.1.1. Commerce d'automobiles, de gros et de détail	G	50_52
..	..	..	..	..	1.1.1.1. Commerce et réparations automobiles		50
..	..	..	..	..	1.1.1.2. Commerce de gros et intermédiaires		51
..	..	..	..	..	1.1.1.3. Commerce de détail et réparations		52
70.8	74.2	88.1	97.8	..	1.1.2. Restaurants et hôtels	H	55
65.3	69.3	79.7	97.0	..	1.2. Transports, entreposage et communications	I	60_64
..	..	..	..	..	1.2.1. Transports et entreposage		60_63
..	..	..	..	..	1.2.1.1. Transports terrestres, transports par conduites		60
..	..	..	..	..	1.2.1.2. Transports par eau		61
..	..	..	..	..	1.2.1.3. Transports aériens		62
..	..	..	..	..	1.2.1.4. Services auxiliaires des transports, agences de voyages		63
..	..	..	..	..	1.2.2. Communications		64
..	..	..	..	..	1.2.2.1. Poste et courrier		641
..	..	..	..	..	1.2.2.2. Télécommunications		642
121.4	127.0	144.5	167.9	..	2. Banques, assurances, affaires immobilières et services aux entreprises	**J_K**	**65_74**
49.0	51.1	51.2	56.9	..	2.1. Établissements financiers	J	65_67
..	..	..	..	..	2.1.1. Intermédiation financière		65
..	..	..	..	..	2.1.2. Assurances et caisses de retraite		66
..	..	..	..	..	2.1.3. Activités financières auxiliaires		67
72.4	75.9	93.3	111.0	..	2.2. Affaires immobilières et services fournis aux entreprises	K	70_74
..	..	..	..	..	2.2.1. Affaires immobilières		70
..	..	..	..	..	2.2.2. Services fournis aux entreprises		71_74
..	..	..	..	..	2.2.2.1. Location, etc.		71
..	..	..	..	..	2.2.2.2. Activités informatiques et activités connexes		72
..	..	..	..	..	2.2.2.3. Recherche et développement		73
..	..	..	..	..	2.2.2.4. Autres services fournis aux entreprises		74
..	..	..	..	..	2.2.2.4.1. Activités juridiques, comptables, etc.		741
..	..	..	..	..	2.2.2.4.2. Activ. d'architect., d'ingénierie, aut. serv. tech.		742
..	..	..	..	..	2.2.2.4.3. Publicité		743
..	..	..	..	..	2.2.2.4.4. Autres serv. fournis aux entreprises n.c.a.		749
344.9	361.1	356.7	360.2	..	3. Autres services	**L_Q**	**75_99**
71.8	72.3	72.0	70.9	..	3.1. Administration publique et défense	L	75
273.1	288.8	284.8	289.3	..	3.2. Enseignement, santé, action sociale, autres activités de services collectifs, sociaux et personnels	M_Q	80_99
90.8	95.3	95.2	92.9	..	3.2.1. Enseignement	M	80
106.2	114.3	109.8	115.1	..	3.2.2. Santé et action sociale	N	85
70.3	73.5	72.6	73.3	..	3.2.3. Autres activités de services collectifs, sociaux et personnels	O	90_93
..	..	..	..	..	3.2.3.1. Services sanitaires et analogues		90
..	..	..	..	..	3.2.3.2. Activités associatives diverses		91
..	..	..	..	..	3.2.3.3. Activités récréatives et culturelles		92
..	..	..	..	..	3.2.3.4. Autres services personnels		93
5.8	5.6	7.1	7.9	..	3.2.4. Ménages privés employant du personnel domestique	P	95
..	..	..	..	..	3.2.5. Organisations extraterritoriales	Q	99
800.5	**839.8**	**896.6**	**967.1**	..	**TOTAL, SERVICES**	**G_Q**	**50_99**
1 302.0	**1 348.8**	**1 431.7**	**1 530.6**	..	**EMPLOI TOTAL, Toutes activités**		
61.48	62.26	62.63	63.18	..	% des services dans l'emploi total, toutes activités		

IRELAND

B. Employees

Thousand persons

ISIC Rev. 3			1989	1990	1991	1992	1993	1994
G_I	**50_64**	1. Motor, wholesale and retail trade; restaurants and hotels; transport and communication	..	..	..	..	..	..
G_H	50_55	1.1. Motor, wholesale and retail trade; restaurants and hotels	..	..	..	..	..	..
G	50_52	1.1.1. Motor, wholesale and retail trade	..	..	..	..	..	..
	50	1.1.1.1. Motor trade and repairs	..	..	..	..	..	..
	51	1.1.1.2. Wholesale and commission trade	..	..	..	..	..	..
	52	1.1.1.3. Retail trade and repairs	..	..	..	..	..	..
H	55	1.1.2. Restaurants and hotels	..	..	..	..	..	..
I	60_64	1.2. Transport, storage and communication	..	..	..	..	..	..
	60_63	1.2.1. Transport and storage	..	..	..	..	..	..
	60	1.2.1.1. Land transport, transport via pipelines	..	..	..	..	..	..
	61	1.2.1.2. Water transport	..	..	..	..	..	..
	62	1.2.1.3. Air transport	..	..	..	..	..	..
	63	1.2.1.4. Auxiliary transport services, travel agencies	..	..	..	..	..	..
	64	1.2.2. Communication	..	..	..	..	..	..
	641	1.2.2.1. Postal and courier services	..	..	..	..	..	..
	642	1.2.2.2. Telecommunications	..	..	..	..	..	..
J_K	**65_74**	2. Finance, insurance, real estate and business services	..	..	..	..	..	..
J	65_67	2.1. Financial and insurance services	..	..	..	..	..	..
	65	2.1.1. Financial intermediation	..	..	..	..	..	..
	66	2.1.2. Insurance and pension funding	..	..	..	..	..	..
	67	2.1.3. Auxiliary financial services	..	..	..	..	..	..
K	70_74	2.2. Real estate and business services	..	..	..	..	..	..
	70	2.2.1. Real estate services	..	..	..	..	..	..
	71_74	2.2.2. Business services	..	..	..	..	..	..
	71	2.2.2.1. Renting, etc.	..	..	..	..	..	..
	72	2.2.2.2. Computer and related activities	..	..	..	..	..	..
	73	2.2.2.3. Research and development	..	..	..	..	..	..
	74	2.2.2.4. Other business activities	..	..	..	..	..	..
	741	2.2.2.4.1. Legal, accounting services, etc.	..	..	..	..	..	..
	742	2.2.2.4.2. Architect., engineering, other tech. serv.	..	..	..	..	..	..
	743	2.2.2.4.3. Advertising services	..	..	..	..	..	..
	749	2.2.2.4.4. Other business activities n.e.c.	..	..	..	..	..	..
L_Q	**75_99**	3. Other services	..	..	..	..	..	..
L	75	3.1. Public administration and defence	..	..	..	..	..	..
M_Q	80_99	3.2. Education, health, social work related, other community, social and personal services	..	..	..	..	..	..
M	80	3.2.1. Education	..	..	..	..	..	..
N	85	3.2.2. Health and social work	..	..	..	..	..	..
O	90_93	3.2.3. Other community, social and personal services	..	..	..	..	..	..
	90	3.2.3.1. Sanitary and similar services	..	..	..	..	..	..
	91	3.2.3.2. Membership organisations n.e.c.	..	..	..	..	..	..
	92	3.2.3.3. Recreational and cultural services	..	..	..	..	..	..
	93	3.2.3.4. Other personal services	..	..	..	..	..	..
P	95	3.2.4. Private households with employed persons	..	..	..	..	..	..
Q	99	3.2.5. Extra-territorial organisations	..	..	..	..	..	..
G_Q	**50_99**	**TOTAL, SERVICES**	..	..	..	..	..	..
		TOTAL EMPLOYEES, All activities	..	..	..	..	..	..
		% of services in total employees, all activities	..	..	..	..	..	..

II. EMPLOI *(suite)*

B. Salariés

Milliers de personnes

1995	1996	1997	1998	1999		CITI Rév. 3	
					1. Commerce d'automobiles, de gros et de détail ; restaurants et hôtels ;	**G_I**	**50_64**
266.3	283.0	324.7	365.3	392.3	transports et communication		
213.0	226.8	259.6	284.7	303.1	1.1. Commerce d'automobiles, de gros et de détail ; restaurants et hôtels	G_H	50_55
157.2	168.1	185.9	203.5	215.6	1.1.1. Commerce d'automobiles, de gros et de détail	G	50_52
..	..	..	..	..	1.1.1.1. Commerce et réparations automobiles		50
..	..	..	..	..	1.1.1.2. Commerce de gros et intermédiaires		51
..	..	..	..	..	1.1.1.3. Commerce de détail et réparations		52
55.7	58.7	73.7	81.3	87.5	1.1.2. Restaurants et hôtels	H	55
53.4	56.3	65.1	80.6	89.2	1.2. Transports, entreposage et communications	I	60_64
..	..	..	..	..	1.2.1. Transports et entreposage		60_63
..	..	..	..	..	1.2.1.1. Transports terrestres, transports par conduites		60
..	..	..	..	..	1.2.1.2. Transports par eau		61
..	..	..	..	..	1.2.1.3. Transports aériens		62
..	..	..	..	..	1.2.1.4. Services auxiliaires des transports, agences de voyages		63
..	..	..	..	..	1.2.2. Communications		64
..	..	..	..	..	1.2.2.1. Poste et courrier		641
..	..	..	..	..	1.2.2.2. Télécommunications		642
102.0	107.4	124.2	140.9	160.8	2. Banques, assurances, affaires immobilières et services aux entreprises	**J_K**	**65_74**
47.2	48.9	49.5	54.4	60.0	2.1. Établissements financiers	J	65_67
..	..	..	..	..	2.1.1. Intermédiation financière		65
..	..	..	..	..	2.1.2. Assurances et caisses de retraite		66
..	..	..	..	..	2.1.3. Activités financières auxiliaires		67
54.8	58.4	74.7	86.5	100.7	2.2. Affaires immobilières et services fournis aux entreprises	K	70_74
..	..	..	..	..	2.2.1. Affaires immobilières		70
..	..	..	..	..	2.2.2. Services fournis aux entreprises		71_74
..	..	..	..	..	2.2.2.1. Location, etc.		71
..	..	..	..	..	2.2.2.2. Activités informatiques et activités connexes		72
..	..	..	..	..	2.2.2.3. Recherche et développement		73
..	..	..	..	..	2.2.2.4. Autres services fournis aux entreprises		74
..	..	..	..	..	2.2.2.4.1. Activités juridiques, comptables, etc.		741
..	..	..	..	..	2.2.2.4.2. Activ. d'architect., d'ingénierie, aut. serv. tech.		742
..	..	..	..	..	2.2.2.4.3. Publicité		743
..	..	..	..	..	2.2.2.4.4. Autres serv. fournis aux entreprises n.c.a.		749
321.0	335.1	327.4	333.0	352.7	3. Autres services	**L_Q**	**75_99**
71.5	72.2	71.9	70.8	75.1	3.1. Administration publique et défense	L	75
					3.2. Enseignement, santé, action sociale, autres activités de services	M_Q	80_99
249.5	262.9	255.5	262.2	277.6	collectifs, sociaux et personnels		
87.6	91.5	90.8	89.4	94.2	3.2.1. Enseignement	M	80
100.2	107.8	103.1	107.2	113.9	3.2.2. Santé et action sociale	N	85
56.8	58.5	55.6	58.7	62.3	3.2.3. Autres activités de services collectifs, sociaux et personnels	O	90_93
..	..	..	..	..	3.2.3.1. Services sanitaires et analogues		90
..	..	..	..	..	3.2.3.2. Activités associatives diverses		91
..	..	..	..	..	3.2.3.3. Activités récréatives et culturelles		92
..	..	..	..	..	3.2.3.4. Autres services personnels		93
4.8	5.0	6.0	7.0	7.2	3.2.4. Ménages privés employant du personnel domestique	P	95
..	..	..	..	..	3.2.5. Organisations extraterritoriales	Q	99
689.4	**725.5**	**776.2**	**839.1**	**905.8**	**TOTAL, SERVICES**	**G_Q**	**50_99**
1 038.6	**1 084.4**	**1 158.8**	**1 250.9**	**1 338.4**	**EMPLOI SALARIÉ TOTAL, Toutes activités**		
66.38	66.90	66.98	67.08	67.68	% des services dans l'emploi salarié total, toutes activités		

Source:

Central Statistics Office, Dublin, data sent directly.

Source :

Central Statistics Office, Dublin, données transmises directement.

Italy – Italie

ITALY

I. GROSS VALUE ADDED at basic prices

A. Current prices

Billions of Italian lire

ISIC Rev. 3			1989	1990	1991	1992	1993	1994
G_I	**50_64**	1. Motor, wholesale and retail trade; restaurants and hotels; transport and communication	279 274	301 251	330 368	347 263	361 807	385 945
G_H	50_55	1.1. Motor, wholesale and retail trade; restaurants and hotels	196 290	212 937	233 420	244 984	248 668	268 003
G	50_52	1.1.1. Motor, wholesale and retail trade	160 106	173 193	190 577	198 637	200 740	215 372
	50	1.1.1.1. Motor trade and repairs	..	..	..	30 821	33 116	36 827
	51	1.1.1.2. Wholesale and commission trade	..	..	..	76 245	75 073	77 097
	52	1.1.1.3. Retail trade and repairs	..	..	..	91 571	92 551	101 448
H	55	1.1.2. Restaurants and hotels	36 184	39 744	42 843	46 347	47 928	52 631
		1.1.2.1. Restaurants	..	..	..	33 743	34 984	38 140
		1.1.2.2. Hotels	..	..	..	12 604	12 944	14 491
I	60_64	1.2. Transport, storage and communication	82 984	88 314	96 948	102 279	113 139	117 942
	60_63	1.2.1. Transport and storage	..	..	..	74 144	80 427	88 546
	60	1.2.1.1. Land transport, transport via pipelines	..	..	..	49 289	52 853	58 265
	61	1.2.1.2. Water transport (1)	..	..	..	24 855	27 574	30 281
	62	1.2.1.3. Air transport (1)	..	..	..	..	..	..
	63	1.2.1.4. Auxiliary transport services, travel agencies (1)	..	..	..	..	..	..
	64	1.2.2. Communication	..	..	..	28 135	32 712	29 396
	641	1.2.2.1. Postal and courier services	..	..	..	..	..	..
	642	1.2.2.2. Telecommunications	..	..	..	..	..	..
J_K	**65_74**	2. Finance, insurance, real estate and business services	233 902	264 866	290 966	317 703	339 447	356 217
J	65_67	2.1. Financial and insurance services	67 767	78 912	84 214	89 658	95 878	95 458
	65	2.1.1. Financial intermediation	..	..	..	75 402	80 875	76 372
	66	2.1.2. Insurance and pension funding	..	..	..	4 603	4 922	7 166
	67	2.1.3. Auxiliary financial services	..	..	..	9 653	10 081	11 920
K	70_74	2.2. Real estate and business services	166 135	185 954	206 752	228 045	243 569	260 759
	70	2.2.1. Real estate services (2)	..	..	..	130 522	142 696	158 941
	71_74	2.2.2. Business services	..	..	..	97 523	100 873	101 818
	71	2.2.2.1. Renting, etc. (2)	..	..	..	..	..	..
	72	2.2.2.2. Computer and related activities (3)	..	..	..	19 328	20 996	21 270
	73	2.2.2.3. Research and development (3)	..	..	..	..	..	..
	74	2.2.2.4. Other business activities	..	..	..	78 195	79 877	80 548
	741	2.2.2.4.1. Legal, accounting services, etc.	..	..	..	..	..	..
	742	2.2.2.4.2. Architect., engineering, other tech. serv.	..	..	..	..	..	..
	743	2.2.2.4.3. Advertising services	..	..	..	..	..	..
	749	2.2.2.4.4. Other business activities n.e.c.	..	..	..	..	..	..
L_Q	**75_99**	3. Other services	215 281	248 155	271 741	288 221	295 567	304 687
L	75	3.1. Public administration and defence	64 433	74 880	81 118	84 859	88 640	90 421
M_Q	80_99	3.2. Education, health, social work related, other community, social and personal services	150 848	173 275	190 623	203 362	206 927	214 266
M	80	3.2.1. Education	60 143	69 369	74 957	79 190	80 146	81 401
N	85	3.2.2. Health and social work	47 069	55 180	62 491	66 298	68 242	69 728
O	90_93	3.2.3. Other community, social and personal services	36 214	40 392	43 716	47 214	47 265	51 392
	90	3.2.3.1. Sanitary and similar services (4)	..	..	..	..	..	..
	91	3.2.3.2. Membership organisations n.e.c. (4)	..	..	..	..	..	..
	92	3.2.3.3. Recreational and cultural services	..	..	..	19 235	20 126	22 047
	93	3.2.3.4. Other personal services (4)	..	..	..	27 979	27 139	29 345
P	95	3.2.4. Private households with employed persons	7 422	8 334	9 459	10 660	11 274	11 745
Q	99	3.2.5. Extra-territorial organisations	..	..	..	..	..	..
		FISIM (Financial Intermediation Services Indirectly Measured)	- 53 543	- 63 179	- 66 891	- 76 728	- 73 946	- 71 947
G_Q	**50_99**	**TOTAL, SERVICES**	**674 914**	**751 093**	**826 184**	**876 459**	**922 875**	**974 902**
		GROSS VALUE ADDED, All activities, at basic prices	**1 096 537**	**1 201 047**	**1 303 124**	**1 368 054**	**1 414 838**	**1 492 715**
		% of services in gross value added, all activities	61.55	62.54	63.40	64.07	65.23	65.31
		Memorandum item:						
		Gross domestic product at market prices	1 196 807	1 320 832	1 440 647	1 517 598	1 563 271	1 653 402

I. VALEUR AJOUTÉE BRUTE aux prix de base

A. Prix courants

Milliards de lires

1995	1996	1997	1998	1999		CITI Rév. 3	
412 836	434 105	445 498	465 340	478 984	1. Commerce d'automobiles, de gros et de détail ; restaurants et hôtels ; transports et communication	G_I	50_64
288 894	303 638	312 035	322 795	332 373	1.1. Commerce d'automobiles, de gros et de détail ; restaurants et hôtels	G_H	50_55
232 765	243 074	249 927	258 510	265 624	1.1.1. Commerce d'automobiles, de gros et de détail	G	50_52
39 079	42 443	42 495	43 943	45 124	1.1.1.1. Commerce et réparations automobiles		50
86 070	87 560	93 406	97 407	100 382	1.1.1.2. Commerce de gros et intermédiaires		51
107 616	113 071	114 026	117 160	120 118	1.1.1.3. Commerce de détail et réparations		52
56 129	60 564	62 108	64 285	66 749	1.1.2. Restaurants et hôtels	H	55
40 373	43 699	44 604	46 456	47 465	1.1.2.1. Restaurants		
15 756	16 865	17 504	17 829	19 284	1.1.2.2. Hôtels		
123 942	130 467	133 463	142 545	146 611	1.2. Transports, entreposage et communications	I	60_64
92 577	96 288	96 361	101 487	100 713	1.2.1. Transports et entreposage		60_63
59 478	62 234	61 838	65 433	64 683	1.2.1.1. Transports terrestres, transports par conduites		60
33 099	34 054	34 523	36 054	36 030	1.2.1.2. Transports par eau (1)		61
..	..	..	..	..	1.2.1.3. Transports aériens (1)		62
..	..	..	..	..	1.2.1.4. Services auxiliaires des transports, agences de voyages (1)		63
31 365	34 179	37 102	41 058	45 898	1.2.2. Communications		64
..	..	..	..	..	1.2.2.1. Poste et courrier		641
..	..	..	..	..	1.2.2.2. Télécommunications		642
392 473	433 490	457 423	474 827	488 849	2. Banques, assurances, affaires immobilières et services aux entreprises	J_K	65_74
100 876	108 457	109 006	115 771	117 348	2.1. Établissements financiers	J	65_67
79 651	87 768	88 934	95 027	94 544	2.1.1. Intermédiation financière		65
8 916	7 681	5 552	5 921	7 913	2.1.2. Assurances et caisses de retraite		66
12 309	13 008	14 520	14 823	14 891	2.1.3. Activités financières auxiliaires		67
291 597	325 033	348 417	359 056	371 501	2.2. Affaires immobilières et services fournis aux entreprises	K	70_74
175 209	192 382	198 790	206 658	216 253	2.2.1. Affaires immobilières (2)		70
116 388	132 651	149 627	152 398	155 248	2.2.2. Services fournis aux entreprises		71_74
..	..	..	..	..	2.2.2.1. Location, etc. (2)		71
22 863	25 557	27 205	29 350	32 127	2.2.2.2. Activités informatiques et activités connexes (3)		72
..	..	..	..	..	2.2.2.3. Recherche et développement (3)		73
93 525	107 094	122 422	123 048	123 121	2.2.2.4. Autres services fournis aux entreprises		74
..	..	..	..	..	2.2.2.4.1. Activités juridiques, comptables, etc.		741
..	..	..	..	..	2.2.2.4.2. Activ. d'architect., d'ingénierie, aut. serv. tech.		742
..	..	..	..	..	2.2.2.4.3. Publicité		743
..	..	..	..	..	2.2.2.4.4. Autres serv. fournis aux entreprises n.c.a.		749
316 672	344 609	362 570	370 999	381 663	3. Autres services	L_Q	75_99
93 079	101 728	106 184	109 330	112 523	3.1. Administration publique et défense	L	75
223 593	242 881	256 386	261 669	269 140	3.2. Enseignement, santé, action sociale, autres activités de services collectifs, sociaux et personnels	M_Q	80_99
83 807	90 676	93 611	95 916	98 988	3.2.1. Enseignement	M	80
72 000	78 207	85 631	87 442	89 660	3.2.2. Santé et action sociale	N	85
55 030	59 812	62 343	63 347	64 648	3.2.3. Autres activités de services collectifs, sociaux et personnels	O	90_93
..	..	..	..	..	3.2.3.1. Services sanitaires et analogues (4)		90
..	..	..	..	..	3.2.3.2. Activités associatives diverses (4)		91
22 854	26 411	27 985	27 988	28 473	3.2.3.3. Activités récréatives et culturelles		92
32 176	33 401	34 358	35 359	36 175	3.2.3.4. Autres services personnels (4)		93
12 756	14 186	14 801	14 964	15 844	3.2.4. Ménages privés employant du personnel domestique	P	95
..	..	..	..	..	3.2.5. Organisations extraterritoriales	Q	99
- 77 180	- 78 845	- 79 531	- 78 135	- 77 478	SIFIM (Services d'intermédiation financière indirectement mesurés)		
1 044 801	**1 133 359**	**1 185 960**	**1 233 031**	**1 272 018**	**TOTAL, SERVICES**	**G_Q**	**50_99**
1 604 737	**1 713 735**	**1 777 293**	**1 842 153**	**1 889 498**	**VALEUR AJOUTÉE BRUTE, Toutes activités, aux prix de base**		
65.11	66.13	66.73	66.93	67.32	% des services dans la valeur ajoutée brute, toutes activités		
					Pour mémoire :		
1 787 278	1 902 275	1 983 850	2 067 703	2 128 165	Produit intérieur brut aux prix du marché		

ITALY

B. Constant 1995 prices

Billions of Italian lire

ISIC Rev. 3			1989	1990	1991	1992	1993	1994
G_I	50_64	1. Motor, wholesale and retail trade; restaurants and hotels; transport and communication	363 956	373 160	379 642	385 623	385 406	399 351
G_H	50_55	1.1. Motor, wholesale and retail trade; restaurants and hotels	259 227	265 206	268 455	270 872	268 871	278 144
G	50_52	1.1.1. Motor, wholesale and retail trade	205 813	211 031	214 209	216 633	215 570	223 126
	50	1.1.1.1. Motor trade and repairs	..	..	..	34 084	35 616	38 272
	51	1.1.1.2. Wholesale and commission trade	..	..	..	75 529	74 881	77 505
	52	1.1.1.3. Retail trade and repairs	..	..	..	107 020	105 073	107 349
H	55	1.1.2. Restaurants and hotels	53 414	54 175	54 246	54 239	53 301	55 018
		1.1.2.1. Restaurants	..	..	..	38 954	38 517	39 704
		1.1.2.2. Hotels	..	..	..	15 285	14 784	15 314
I	60_64	1.2. Transport, storage and communication	104 729	107 954	111 187	114 751	116 535	121 207
	60_63	1.2.1. Transport and storage	..	..	..	85 990	87 237	91 609
	60	1.2.1.1. Land transport, transport via pipelines	..	..	..	55 401	56 577	59 495
	61	1.2.1.2. Water transport (1)	..	..	..	30 589	30 660	32 114
	62	1.2.1.3. Air transport (1)	..	..	..	..	..	..
	63	1.2.1.4. Auxiliary transport services, travel agencies (1)	..	..	..	..	..	..
	64	1.2.2. Communication	..	..	..	28 761	29 298	29 598
	641	1.2.2.1. Postal and courier services	..	..	..	..	..	..
	642	1.2.2.2. Telecommunications	..	..	..	..	..	..
J_K	65_74	2. Finance, insurance, real estate and business services	355 961	367 960	369 612	369 270	381 455	386 239
J	65_67	2.1. Financial and insurance services	88 312	90 858	90 522	89 696	99 558	104 714
	65	2.1.1. Financial intermediation	..	..	..	71 414	80 675	83 295
	66	2.1.2. Insurance and pension funding	..	..	..	7 191	7 221	8 299
	67	2.1.3. Auxiliary financial services	..	..	..	11 091	11 662	13 120
K	70_74	2.2. Real estate and business services	267 649	277 102	279 090	279 574	281 897	281 525
	70	2.2.1. Real estate services (2)	..	..	..	169 776	170 387	173 680
	71_74	2.2.2. Business services	..	..	..	109 798	111 510	107 845
	71	2.2.2.1. Renting, etc. (2)	..	..	..	..	..	..
	72	2.2.2.2. Computer and related activities (3)	..	..	..	21 451	22 650	22 228
	73	2.2.2.3. Research and development (3)	..	..	..	..	..	..
	74	2.2.2.4. Other business activities	..	..	..	88 347	88 860	85 617
	741	2.2.2.4.1. Legal, accounting services, etc.	..	..	..	..	..	..
	742	2.2.2.4.2. Architect., engineering, other tech. serv.	..	..	..	..	..	..
	743	2.2.2.4.3. Advertising services	..	..	..	..	..	..
	749	2.2.2.4.4. Other business activities n.e.c.	..	..	..	..	..	..
L_Q	75_99	3. Other services	303 412	306 328	309 544	315 987	314 135	314 193
L	75	3.1. Public administration and defence	82 196	84 894	88 263	91 659	92 830	92 499
M_Q	80_99	3.2. Education, health, social work related, other community, social and personal services	221 216	221 434	221 281	224 328	221 305	221 694
M	80	3.2.1. Education	87 266	86 954	86 526	86 607	86 372	84 643
N	85	3.2.2. Health and social work	72 581	71 517	71 270	73 052	72 207	71 700
O	90_93	3.2.3. Other community, social and personal services	50 207	51 546	51 739	52 213	50 345	52 830
	90	3.2.3.1. Sanitary and similar services (4)	..	..	..	..	..	..
	91	3.2.3.2. Membership organisations n.e.c. (4)	..	..	..	..	..	..
	92	3.2.3.3. Recreational and cultural services	..	..	..	20 412	20 718	21 788
	93	3.2.3.4. Other personal services (4)	..	..	..	31 801	29 627	31 042
P	95	3.2.4. Private households with employed persons	11 162	11 417	11 746	12 456	12 381	12 521
Q	99	3.2.5. Extra-territorial organisations	..	..	..	..	..	..
		FISIM (Financial Intermediation Services Indirectly Measured)	- 68 592	- 71 082	- 71 045	- 75 505	- 76 549	- 78 942
G_Q	50_99	**TOTAL, SERVICES**	**954 737**	**976 366**	**987 753**	**995 375**	**1 004 447**	**1 020 841**
		GROSS VALUE ADDED, All activities, at basic prices	**1 479 507**	**1 506 433**	**1 523 847**	**1 534 759**	**1 524 787**	**1 560 032**
		% of services in gross value added, all activities	64.53	64.81	64.82	64.86	65.87	65.44
		Memorandum item:						
		Gross domestic product at market prices	1 645 403	1 677 885	1 701 210	1 714 149	1 699 000	1 736 505

I. VALEUR AJOUTÉE BRUTE aux prix de base *(suite)*

B. Prix constants de 1995

Milliards de lires

1995	1996	1997	1998	1999		CITI Rév. 3	
412 836	415 479	425 401	435 107	441 818	1. Commerce d'automobiles, de gros et de détail ; restaurants et hôtels ; transports et communication	**G_I**	**50_64**
288 894	289 756	296 543	304 129	305 107	1.1. Commerce d'automobiles, de gros et de détail ; restaurants et hôtels	G_H	50_55
232 765	232 604	239 149	246 179	246 837	1.1.1. Commerce d'automobiles, de gros et de détail	G	50_52
39 079	39 266	40 032	40 547	40 580	1.1.1.1. Commerce et réparations automobiles		50
86 070	84 666	88 630	92 093	93 034	1.1.1.2. Commerce de gros et intermédiaires		51
107 616	108 672	110 487	113 539	113 223	1.1.1.3. Commerce de détail et réparations		52
56 129	57 152	57 394	57 950	58 270	1.1.2. Restaurants et hôtels	H	55
40 373	41 701	41 930	42 830	42 675	1.1.2.1. Restaurants		
15 756	15 451	15 464	15 120	15 595	1.1.2.2. Hôtels		
123 942	125 723	128 858	130 978	136 711	1.2. Transports, entreposage et communications	I	60_64
92 577	92 110	93 910	94 601	94 355	1.2.1. Transports et entreposage		60_63
59 478	59 960	60 188	60 250	60 819	1.2.1.1. Transports terrestres, transports par conduites		60
33 099	32 150	33 722	34 351	33 536	1.2.1.2. Transports par eau (1)		61
..	..	..	..	..	1.2.1.3. Transports aériens (1)		62
..	..	..	..	..	1.2.1.4. Services auxiliaires des transports, agences de voyages (1)		63
31 365	33 613	34 948	36 377	42 356	1.2.2. Communications		64
..	..	..	..	..	1.2.2.1. Poste et courrier		641
..	..	..	..	..	1.2.2.2. Télécommunications		642
392 473	404 856	415 507	420 760	421 043	2. Banques, assurances, affaires immobilières et services aux entreprises	**J_K**	**65_74**
100 876	106 588	107 692	111 581	107 759	2.1. Établissements financiers	J	65_67
79 651	87 493	89 900	94 122	90 202	2.1.1. Intermédiation financière		65
8 916	7 988	6 516	6 584	6 498	2.1.2. Assurances et caisses de retraite		66
12 309	11 107	11 276	10 875	11 059	2.1.3. Activités financières auxiliaires		67
291 597	298 268	307 815	309 179	313 284	2.2. Affaires immobilières et services fournis aux entreprises	K	70_74
175 209	178 052	176 983	177 111	177 292	2.2.1. Affaires immobilières (2)		70
116 388	120 216	130 832	132 068	135 992	2.2.2. Services fournis aux entreprises		71_74
..	..	..	..	..	2.2.2.1. Location, etc. (2)		71
22 863	24 270	25 651	27 778	30 785	2.2.2.2. Activités informatiques et activités connexes (3)		72
..	..	..	..	..	2.2.2.3. Recherche et développement (3)		73
93 525	95 946	105 181	104 290	105 207	2.2.2.4. Autres services fournis aux entreprises		74
..	..	..	..	..	2.2.2.4.1. Activités juridiques, comptables, etc.		741
..	..	..	..	..	2.2.2.4.2. Activ. d'architect., d'ingénierie, aut. serv. tech.		742
..	..	..	..	..	2.2.2.4.3. Publicité		743
..	..	..	..	..	2.2.2.4.4. Autres serv. fournis aux entreprises n.c.a.		749
316 672	322 291	324 605	325 950	329 671	3. Autres services	**L_Q**	**75_99**
93 079	93 571	93 441	93 771	94 193	3.1. Administration publique et défense	L	75
223 593	228 720	231 164	232 179	235 478	3.2. Enseignement, santé, action sociale, autres activités de services collectifs, sociaux et personnels	M_Q	80_99
83 807	82 936	82 050	80 853	80 324	3.2.1. Enseignement	M	80
72 000	74 527	76 424	76 819	77 360	3.2.2. Santé et action sociale	N	85
55 030	57 617	59 136	60 913	63 684	3.2.3. Autres activités de services collectifs, sociaux et personnels	O	90_93
..	..	..	..	..	3.2.3.1. Services sanitaires et analogues (4)		90
..	..	..	..	..	3.2.3.2. Activités associatives diverses (4)		91
22 854	25 100	26 674	28 357	31 066	3.2.3.3. Activités récréatives et culturelles		92
32 176	32 517	32 462	32 556	32 618	3.2.3.4. Autres services personnels (4)		93
12 756	13 640	13 554	13 594	14 110	3.2.4. Ménages privés employant du personnel domestique	P	95
..	..	..	..	..	3.2.5. Organisations extraterritoriales	Q	99
- 77 180	- 78 219	- 81 378	- 84 288	- 83 851	SIFIM (Services d'intermédiation financière indirectement mesurés)		
1 044 801	**1 064 407**	**1 084 135**	**1 097 529**	**1 108 681**	**TOTAL, SERVICES**	**G_Q**	**50_99**
1 604 737	**1 623 083**	**1 648 291**	**1 672 881**	**1 695 274**	**VALEUR AJOUTÉE BRUTE, Toutes activités, aux prix de base**		
65.11	65.58	65.77	65.61	65.40	% des services dans la valeur ajoutée brute, toutes activités		
					Pour mémoire :		
1 787 278	1 806 814	1 839 624	1 867 796	1 894 407	Produit intérieur brut aux prix du marché		

ITALY

II. EMPLOYMENT

A. Total employment **

*Thousand labour units **

ISIC Rev. 3			1989	1990	1991	1992	1993	1994
G_I	**50_64**	1. Motor, wholesale and retail trade; restaurants and hotels; transport and communication	6 148.2	6 151.1	6 194.1	6 178.4	6 023.2	5 983.8
G_H	50_55	1.1. Motor, wholesale and retail trade; restaurants and hotels	4 707.6	4 730.8	4 783.7	4 756.2	4 629.8	4 599.4
G	50_52	1.1.1. Motor, wholesale and retail trade	3 631.6	3 630.4	3 649.4	3 632.0	3 542.7	3 469.5
	50	1.1.1.1. Motor trade and repairs	..	..	..	573.6	565.2	544.9
	51	1.1.1.2. Wholesale and commission trade	..	..	..	986.1	963.0	928.6
	52	1.1.1.3. Retail trade and repairs	..	..	..	2 072.3	2 014.5	1 996.0
H	55	1.1.2. Restaurants and hotels	1 076.0	1 100.4	1 134.3	1 124.2	1 087.1	1 129.9
		1.1.2.1. Restaurants	..	..	..	853.8	819.8	853.4
		1.1.2.2. Hotels	..	..	..	270.4	267.3	276.5
I	60_64	1.2. Transport, storage and communication	1 440.6	1 420.3	1 410.4	1 422.2	1 393.4	1 384.4
	60_63	1.2.1. Transport and storage	..	..	..	1 113.7	1 093.8	1 094.8
	60	1.2.1.1. Land transport, transport via pipelines	..	..	..	861.1	854.8	854.8
	61	1.2.1.2. Water transport (1)	..	..	..	252.6	239.0	240.0
	62	1.2.1.3. Air transport (1)	..	..	..	..	..	..
	63	1.2.1.4. Auxiliary transport services, travel agencies (1)	..	..	..	..	..	..
	64	1.2.2. Communication	..	..	..	308.5	299.6	289.6
	641	1.2.2.1. Postal and courier services	..	..	..	..	..	..
	642	1.2.2.2. Telecommunications	..	..	..	..	..	..
J_K	**65_74**	2. Finance, insurance, real estate and business services	2 177.3	2 268.6	2 359.3	2 421.2	2 368.1	2 321.6
J	65_67	2.1. Financial and insurance services	597.9	604.4	618.6	634.0	630.6	625.8
	65	2.1.1. Financial intermediation	..	..	..	396.2	395.7	395.0
	66	2.1.2. Insurance and pension funding	..	..	..	50.4	50.1	49.7
	67	2.1.3. Auxiliary financial services	..	..	..	187.4	184.8	181.1
K	70_74	2.2. Real estate and business services	1 579.4	1 664.2	1 740.7	1 787.2	1 737.5	1 695.8
	70	2.2.1. Real estate services (2)	..	..	..	219.1	211.8	213.2
	71_74	2.2.2. Business services	..	..	..	1 568.1	1 525.7	1 482.6
	71	2.2.2.1. Renting, etc. (2)	..	..	..	..	..	..
	72	2.2.2.2. Computer and related activities (3)	..	..	..	280.8	279.0	274.6
	73	2.2.2.3. Research and development (3)	..	..	..	..	..	..
	74	2.2.2.4. Other business activities	..	..	..	1 287.3	1 246.7	1 208.0
	741	2.2.2.4.1. Legal, accounting services, etc.	..	..	..	..	..	..
	742	2.2.2.4.2. Architect., engineering, other tech. serv.	..	..	..	..	..	..
	743	2.2.2.4.3. Advertising services	..	..	..	..	..	..
	749	2.2.2.4.4. Other business activities n.e.c.	..	..	..	..	..	..
L_Q	**75_99**	3. Other services	5 614.8	5 731.7	5 856.8	5 875.8	5 809.8	5 815.1
L	75	3.1. Public administration and defence	1 483.2	1 482.0	1 477.3	1 483.4	1 468.4	1 443.6
M_Q	80_99	3.2. Education, health, social work related, other community, social and personal services	4 131.6	4 249.7	4 379.5	4 392.4	4 341.4	4 371.5
M	80	3.2.1. Education	1 612.2	1 624.5	1 639.4	1 624.1	1 590.8	1 580.5
N	85	3.2.2. Health and social work	1 155.7	1 187.5	1 228.9	1 225.1	1 229.3	1 243.8
O	90_93	3.2.3. Other community, social and personal services	779.6	827.7	868.5	875.8	852.0	874.9
	90	3.2.3.1. Sanitary and similar services (4)	..	..	..	..	..	..
	91	3.2.3.2. Membership organisations n.e.c. (4)	..	..	..	..	..	..
	92	3.2.3.3. Recreational and cultural services	..	..	..	267.8	269.6	285.1
	93	3.2.3.4. Other personal services (4)	..	..	..	608.0	582.4	589.8
P	95	3.2.4. Private households with employed persons	584.1	610.0	642.7	667.4	669.3	672.3
Q	99	3.2.5. Extra-territorial organisations	..	..	..	..	..	..
G_Q	**50_99**	**TOTAL, SERVICES**	**13 940.3**	**14 151.4**	**14 410.2**	**14 475.4**	**14 201.1**	**14 120.5**
		TOTAL EMPLOYMENT, All activities	**23 201.7**	**23 425.8**	**23 608.9**	**23 457.2**	**22 750.3**	**22 528.9**
		% of services in total employment, all activities	60.08	60.41	61.04	61.71	62.42	62.68

II. EMPLOI

A. Emploi total **

*Milliers d'unités de travail **

1995	1996	1997	1998	1999		CITI Rév. 3	
5 912.8	5 969.6	5 972.8	6 046.0	6 141.6	1. Commerce d'automobiles, de gros et de détail ; restaurants et hôtels ; transports et communication	G_I	50_64
4 580.3	4 598.0	4 594.3	4 658.7	4 728.5	1.1. Commerce d'automobiles, de gros et de détail ; restaurants et hôtels	G_H	50_55
3 439.1	3 454.4	3 437.5	3 476.0	3 504.1	1.1.1. Commerce d'automobiles, de gros et de détail	G	50_52
519.8	519.8	512.8	515.1	524.7	1.1.1.1. Commerce et réparations automobiles		50
927.4	935.8	937.7	952.6	1 000.9	1.1.1.2. Commerce de gros et intermédiaires		51
1 991.9	1 998.8	1 987.0	2 008.3	1 978.5	1.1.1.3. Commerce de détail et réparations		52
1 141.2	1 143.6	1 156.8	1 182.7	1 224.4	1.1.2. Restaurants et hôtels	H	55
862.7	864.1	878.4	898.2	929.0	1.1.2.1. Restaurants		
278.5	279.5	278.4	284.5	295.4	1.1.2.2. Hôtels		
1 332.5	1 371.6	1 378.5	1 387.3	1 413.1	1.2. Transports, entreposage et communications	I	60_64
1 059.4	1 101.0	1 113.7	1 127.2	1 156.0	1.2.1. Transports et entreposage		60_63
821.5	852.7	859.3	867.0	881.5	1.2.1.1. Transports terrestres, transports par conduites		60
237.9	248.3	254.4	260.2	274.5	1.2.1.2. Transports par eau (1)		61
..	..	..	..	..	1.2.1.3. Transports aériens (1)		62
..	..	..	..	..	1.2.1.4. Services auxiliaires des transports, agences de voyages (1)		63
273.1	270.6	264.8	260.1	257.1	1.2.2. Communications		64
..	..	..	..	..	1.2.2.1. Poste et courrier		641
..	..	..	..	..	1.2.2.2. Télécommunications		642
2 400.0	2 504.7	2 620.7	2 746.1	2 883.5	2. Banques, assurances, affaires immobilières et services aux entreprises	J_K	65_74
626.3	617.4	623.6	633.4	639.5	2.1. Établissements financiers	J	65_67
398.0	397.9	393.0	397.7	398.1	2.1.1. Intermédiation financière		65
49.3	48.3	46.6	46.2	45.0	2.1.2. Assurances et caisses de retraite		66
179.0	171.2	184.0	189.5	196.4	2.1.3. Activités financières auxiliaires		67
1 773.7	1 887.3	1 997.1	2 112.7	2 244.0	2.2. Affaires immobilières et services fournis aux entreprises	K	70_74
211.0	216.5	209.6	212.0	217.1	2.2.1. Affaires immobilières (2)		70
1 562.7	1 670.8	1 787.5	1 900.7	2 026.9	2.2.2. Services fournis aux entreprises		71_74
..	..	..	..	..	2.2.2.1. Location, etc. (2)		71
290.8	307.7	311.1	324.9	344.8	2.2.2.2. Activités informatiques et activités connexes (3)		72
..	..	..	..	..	2.2.2.3. Recherche et développement (3)		73
1 271.9	1 363.1	1 476.4	1 575.8	1 682.1	2.2.2.4. Autres services fournis aux entreprises		74
..	..	..	..	..	2.2.2.4.1. Activités juridiques, comptables, etc.		741
..	..	..	..	..	2.2.2.4.2. Activ. d'architect., d'ingénierie, aut. serv. tech.		742
..	..	..	..	..	2.2.2.4.3. Publicité		743
..	..	..	..	..	2.2.2.4.4. Autres serv. fournis aux entreprises n.c.a.		749
5 849.8	5 902.3	5 880.4	5 913.7	5 979.2	3. Autres services	L_Q	75_99
1 427.1	1 412.2	1 392.6	1 384.8	1 379.6	3.1. Administration publique et défense	L	75
4 422.7	4 490.1	4 487.8	4 528.9	4 599.6	3.2. Enseignement, santé, action sociale, autres activités de services collectifs, sociaux et personnels	M_Q	80_99
1 585.4	1 570.7	1 561.6	1 548.3	1 552.3	3.2.1. Enseignement	M	80
1 266.3	1 277.3	1 284.2	1 299.0	1 308.6	3.2.2. Santé et action sociale	N	85
888.4	907.8	911.4	948.8	976.5	3.2.3. Autres activités de services collectifs, sociaux et personnels	O	90_93
..	..	..	..	..	3.2.3.1. Services sanitaires et analogues (4)		90
..	..	..	..	..	3.2.3.2. Activités associatives diverses (4)		91
285.7	293.5	299.9	309.6	330.7	3.2.3.3. Activités récréatives et culturelles		92
602.7	614.3	611.5	639.2	645.8	3.2.3.4. Autres services personnels (4)		93
682.6	734.3	730.6	732.8	762.2	3.2.4. Ménages privés employant du personnel domestique	P	95
..	..	..	..	..	3.2.5. Organisations extraterritoriales	Q	99
14 162.6	**14 376.6**	**14 473.9**	**14 705.8**	**15 004.3**	**TOTAL, SERVICES**	**G_Q**	**50_99**
22 528.1	**22 599.9**	**22 666.3**	**22 914.2**	**23 135.1**	**EMPLOI TOTAL, Toutes activités**		
62.87	63.61	63.86	64.18	64.86	% des services dans l'emploi total, toutes activités		

ITALY

B. Employees

Thousand labour units *

ISIC Rev. 3			1989	1990	1991	1992	1993	1994
G_I	**50_64**	1. Motor, wholesale and retail trade; restaurants and hotels; transport and communication	3 204.0	3 237.1	3 266.0	3 278.4	3 275.3	3 277.2
G_H	50_55	1.1. Motor, wholesale and retail trade; restaurants and hotels	2 084.4	2 135.5	2 177.0	2 194.4	2 213.9	2 226.9
G	50_52	1.1.1. Motor, wholesale and retail trade	1 486.5	1 518.8	1 543.3	1 587.9	1 610.2	1 593.0
	50	1.1.1.1. Motor trade and repairs	..	..	..	310.5	315.1	310.6
	51	1.1.1.2. Wholesale and commission trade	..	..	..	561.3	554.8	526.6
	52	1.1.1.3. Retail trade and repairs	..	..	..	716.1	740.3	755.8
H	55	1.1.2. Restaurants and hotels	597.9	616.7	633.7	606.5	603.7	633.9
		1.1.2.1. Restaurants	..	..	..	421.4	417.5	440.8
		1.1.2.2. Hotels	..	..	..	185.1	186.2	193.1
I	60_64	1.2. Transport, storage and communication	1 119.6	1 101.6	1 089.0	1 084.0	1 061.4	1 050.3
	60_63	1.2.1. Transport and storage	..	..	..	784.3	770.1	768.4
	60	1.2.1.1. Land transport, transport via pipelines	..	..	..	580.8	577.0	575.6
	61	1.2.1.2. Water transport (1)	..	..	..	203.5	193.1	192.8
	62	1.2.1.3. Air transport (1)	..	..	..	..	..	..
	63	1.2.1.4. Auxiliary transport services, travel agencies (1)	..	..	..	..	..	..
	64	1.2.2. Communication	..	..	..	299.7	291.3	281.9
	641	1.2.2.1. Postal and courier services	..	..	..	..	..	..
	642	1.2.2.2. Telecommunications	..	..	..	..	..	..
J_K	**65_74**	2. Finance, insurance, real estate and business services	1 387.0	1 440.8	1 522.9	1 553.9	1 546.5	1 483.6
J	65_67	2.1. Financial and insurance services	517.7	526.3	547.2	559.7	560.1	550.8
	65	2.1.1. Financial intermediation	..	..	..	384.2	384.8	383.5
	66	2.1.2. Insurance and pension funding	..	..	..	47.9	47.8	47.4
	67	2.1.3. Auxiliary financial services	..	..	..	127.6	127.5	119.9
K	70_74	2.2. Real estate and business services	869.3	914.5	975.7	994.2	986.4	932.8
	70	2.2.1. Real estate services (2)	..	..	..	141.1	138.3	135.8
	71_74	2.2.2. Business services	..	..	..	853.1	848.1	797.0
	71	2.2.2.1. Renting, etc. (2)	..	..	..	..	..	..
	72	2.2.2.2. Computer and related activities (3)	..	..	..	208.9	211.7	207.4
	73	2.2.2.3. Research and development (3)	..	..	..	..	..	..
	74	2.2.2.4. Other business activities	..	..	..	644.2	636.4	589.6
	741	2.2.2.4.1. Legal, accounting services, etc.	..	..	..	..	..	..
	742	2.2.2.4.2. Architect., engineering, other tech. serv.	..	..	..	..	..	..
	743	2.2.2.4.3. Advertising services	..	..	..	..	..	..
	749	2.2.2.4.4. Other business activities n.e.c.	..	..	..	..	..	..
L_Q	**75_99**	3. Other services	4 988.7	5 074.9	5 179.6	5 183.5	5 123.6	5 109.9
L	75	3.1. Public administration and defence	1 483.2	1 482.0	1 477.3	1 483.4	1 468.4	1 443.6
M_Q	80_99	3.2. Education, health, social work related, other community, social and personal services	3 505.5	3 592.9	3 702.3	3 700.1	3 655.2	3 666.3
M	80	3.2.1. Education	1 546.0	1 541.1	1 536.7	1 520.7	1 484.5	1 471.7
N	85	3.2.2. Health and social work	940.5	963.5	1 000.3	989.2	986.9	995.3
O	90_93	3.2.3. Other community, social and personal services	434.9	478.3	522.6	522.8	514.5	527.0
	90	3.2.3.1. Sanitary and similar services (4)	..	..	..	..	..	..
	91	3.2.3.2. Membership organisations n.e.c. (4)	..	..	..	..	..	..
	92	3.2.3.3. Recreational and cultural services	..	..	..	175.1	176.5	184.8
	93	3.2.3.4. Other personal services (4)	..	..	..	347.7	338.0	342.2
P	95	3.2.4. Private households with employed persons	584.1	610.0	642.7	667.4	669.3	672.3
Q	99	3.2.5. Extra-territorial organisations	..	..	..	..	..	..
G_Q	**50_99**	**TOTAL, SERVICES**	**9 579.7**	**9 752.8**	**9 968.5**	**10 015.8**	**9 945.4**	**9 870.7**
		TOTAL EMPLOYEES, All activities	**15 952.3**	**16 166.9**	**16 263.3**	**16 162.3**	**15 802.4**	**15 662.0**
		% of services in total employees, all activities	60.05	60.33	61.29	61.97	62.94	63.02

SERVICES: Statistics on Value Added and Employment
© OECD 2001

For notes see end of country

II. EMPLOI *(suite)*

B. Salariés

*Milliers d'unités de travail ***

1995	1996	1997	1998	1999		CITI Rév. 3	
					1. Commerce d'automobiles, de gros et de détail ; restaurants et hôtels ; transports et communication	**G_I**	**50_64**
3 230.8	3 271.8	3 309.7	3 371.1	3 494.6			
2 221.7	2 225.7	2 254.3	2 307.1	2 411.3	1.1. Commerce d'automobiles, de gros et de détail ; restaurants et hôtels	G_H	50_55
1 581.8	1 583.4	1 602.0	1 625.7	1 713.9	1.1.1. Commerce d'automobiles, de gros et de détail	G	50_52
292.8	295.8	295.0	304.1	318.4	1.1.1.1. Commerce et réparations automobiles		50
512.5	513.7	519.1	530.3	567.0	1.1.1.2. Commerce de gros et intermédiaires		51
776.5	773.9	787.9	791.3	828.5	1.1.1.3. Commerce de détail et réparations		52
639.9	642.3	652.3	681.4	697.4	1.1.2. Restaurants et hôtels	H	55
445.7	446.9	458.3	481.1	490.1	1.1.2.1. Restaurants		
194.2	195.4	194.0	200.3	207.3	1.1.2.2. Hôtels		
1 009.1	1 046.1	1 055.4	1 064.0	1 083.3	1.2. Transports, entreposage et communications	I	60_64
744.0	784.1	799.9	812.7	835.6	1.2.1. Transports et entreposage		60_63
552.0	581.7	593.0	598.1	609.0	1.2.1.1. Transports terrestres, transports par conduites		60
192.0	202.4	206.9	214.6	226.6	1.2.1.2. Transports par eau (1)		61
..	..	..	..	..	1.2.1.3. Transports aériens (1)		62
..	..	..	..	..	1.2.1.4. Services auxiliaires des transports, agences de voyages (1)		63
265.1	262.0	255.5	251.3	247.7	1.2.2. Communications		64
..	..	..	..	..	1.2.2.1. Poste et courrier		641
..	..	..	..	..	1.2.2.2. Télécommunications		642
1 508.0	1 551.8	1 611.4	1 669.5	1 760.3	2. Banques, assurances, affaires immobilières et services aux entreprises	**J_K**	**65_74**
554.6	548.8	551.9	558.1	567.8	2.1. Établissements financiers	J	65_67
385.7	384.8	380.6	384.3	385.7	2.1.1. Intermédiation financière		65
46.9	46.0	44.3	43.8	42.6	2.1.2. Assurances et caisses de retraite		66
122.0	118.0	127.0	130.0	139.5	2.1.3. Activités financières auxiliaires		67
953.4	1 003.0	1 059.5	1 111.4	1 192.5	2.2. Affaires immobilières et services fournis aux entreprises	K	70_74
126.6	126.4	124.5	126.5	127.2	2.2.1. Affaires immobilières (2)		70
826.8	876.6	935.0	984.9	1 065.3	2.2.2. Services fournis aux entreprises		71_74
..	..	..	..	..	2.2.2.1. Location, etc. (2)		71
217.5	229.8	228.5	242.6	258.9	2.2.2.2. Activités informatiques et activités connexes (3)		72
..	..	..	..	..	2.2.2.3. Recherche et développement (3)		73
609.3	646.8	706.5	742.3	806.4	2.2.2.4. Autres services fournis aux entreprises		74
..	..	..	..	..	2.2.2.4.1. Activités juridiques, comptables, etc.		741
..	..	..	..	..	2.2.2.4.2. Activ. d'architect., d'ingénierie, aut. serv. tech.		742
..	..	..	..	..	2.2.2.4.3. Publicité		743
..	..	..	..	..	2.2.2.4.4. Autres serv. fournis aux entreprises n.c.a.		749
5 108.6	5 162.5	5 157.8	5 152.5	5 208.7	3. Autres services	**L_Q**	**75_99**
1 427.1	1 412.2	1 392.6	1 384.8	1 379.6	3.1. Administration publique et défense	L	75
					3.2. Enseignement, santé, action sociale, autres activités de services collectifs, sociaux et personnels	M_Q	80_99
3 681.5	3 750.3	3 765.2	3 767.7	3 829.1			
1 463.5	1 454.3	1 445.3	1 427.9	1 425.9	3.2.1. Enseignement	M	80
1 005.8	1 018.4	1 030.1	1 027.6	1 037.6	3.2.2. Santé et action sociale	N	85
529.6	543.3	559.2	579.4	603.4	3.2.3. Autres activités de services collectifs, sociaux et personnels	O	90_93
..	..	..	..	..	3.2.3.1. Services sanitaires et analogues (4)		90
..	..	..	..	..	3.2.3.2. Activités associatives diverses (4)		91
179.6	184.8	192.8	199.4	215.5	3.2.3.3. Activités récréatives et culturelles		92
350.0	358.5	366.4	380.0	387.9	3.2.3.4. Autres services personnels (4)		93
682.6	734.3	730.6	732.8	762.2	3.2.4. Ménages privés employant du personnel domestique	P	95
..	..	..	..	..	3.2.5. Organisations extraterritoriales	Q	99
9 847.4	**9 986.1**	**10 078.9**	**10 193.1**	**10 463.6**	**TOTAL, SERVICES**	**G_Q**	**50_99**
15 621.2	**15 654.7**	**15 750.7**	**15 927.1**	**16 166.4**	**EMPLOI SALARIÉ TOTAL, Toutes activités**		
63.04	63.79	63.99	64.00	64.72	% des services dans l'emploi salarié total, toutes activités		

ITALY

ITALIE

Source:

Instituto Centrale di Statistica (ISTAT), Rome, data sent directly.

General notes:

Employment:

* A person in employment is equal to one "labour unit" if he/she works full-time in one job, to a fraction of a unit if he/she works part-time in a single job, and to one unit plus a fraction of a unit if he/she has more than one job, one of which is full-time and one part-time.

** Total employment includes all resident and non-resident workers who perform an activity for resident production units.

(1) Item Water transport includes items Air transport and Auxiliary transport services, travel agencies.

(2) Item Real estate services includes item Renting, etc.

(3) Item Computer and related activities includes item Research and development.

(4) Item Other personal services includes items Sanitary and similar services and Membership organisations n.e.c.

Source :

Instituto Centrale di Statistica (ISTAT), Rome, données transmises directement.

Notes générales :

Emploi :

* Une personne employée compte pour une "unité de travail" si elle exerce un seul emploi à plein temps, pour une fraction d'unité de travail si elle occupe un emploi à temps partiel, et pour plus d'une unité de travail si elle exerce plusieurs emplois dont un à plein temps.

** L'emploi total inclut toutes les personnes résidentes ou non ayant un emploi dans une unité de production résidente.

(1) La rubrique Transports maritimes inclut les rubriques Transports aériens et Services auxiliaires des transports, agences de voyages.

(2) La rubrique Affaires immobilières inclut la rubrique Location, etc.

(3) La rubrique Activités informatiques et activités connexes inclut la rubrique Recherche et développement.

(4) La rubrique Autres services personnels inclut les rubriques Services sanitaires et analogues et Activités associatives diverses.

Japan – Japon

JAPAN

I. GROSS VALUE ADDED at producer prices

A. Current prices

Billions of yen

ISIC Rev. 3			1989	1990	1991	1992	1993	1994
G_I	50_64	1. Motor, wholesale and retail trade; restaurants and hotels; transport and communication	80 863	86 833	92 967	93 702	91 564	91 329
G_H	50_55	1.1. Motor, wholesale and retail trade; restaurants and hotels	53 463	58 358	62 979	63 467	61 350	60 862
G	50_52	1.1.1. Motor, wholesale and retail trade	53 463	58 358	62 979	63 467	61 350	60 862
	50	1.1.1.1. Motor trade and repairs (1)	..	..	..	..	..	..
	51	1.1.1.2. Wholesale and commission trade (1)	30 949	34 306	37 841	38 418	36 892	36 069
	52	1.1.1.3. Retail trade and repairs (1)	22 514	24 053	25 137	25 049	24 458	24 793
H	55	1.1.2. Restaurants and hotels (2)	..	..	..	..	..	..
I	60_64	1.2. Transport, storage and communication	27 400	28 475	29 989	30 235	30 214	30 468
	60_63	1.2.1. Transport and storage (3)	20 838	21 598	22 866	23 133	22 818	22 618
	60	1.2.1.1. Land transport, transport via pipelines	..	..	..	..	..	..
	61	1.2.1.2. Water transport	..	..	..	..	..	..
	62	1.2.1.3. Air transport	..	..	..	..	..	..
	63	1.2.1.4. Auxiliary transport services, travel agencies	..	..	..	..	..	..
	64	1.2.2. Communication	6 562	6 877	7 122	7 102	7 396	7 850
	641	1.2.2.1. Postal and courier services	..	..	..	..	..	..
	642	1.2.2.2. Telecommunications	..	..	..	..	..	..
J_K	65_74	2. Finance, insurance, real estate and business services	86 169	94 246	100 929	107 022	110 672	115 240
J	65_67	2.1. Financial and insurance services	25 455	25 546	25 460	24 698	23 110	24 840
	65	2.1.1. Financial intermediation	..	..	..	..	..	..
	66	2.1.2. Insurance and pension funding	..	..	..	..	..	..
	67	2.1.3. Auxiliary financial services	..	..	..	..	..	..
K	70_74	2.2. Real estate and business services	60 713	68 701	75 469	82 324	87 562	90 401
	70	2.2.1. Real estate services	43 797	46 792	50 216	54 122	58 240	60 866
		2.2.1.1. House rentals	34 386	37 064	39 850	42 988	46 337	48 801
		2.2.1.2. Other real estate	9 410	9 728	10 366	11 133	11 903	12 064
	71_74	2.2.2. Business services (4)	16 917	21 909	25 253	28 203	29 323	29 535
	71	2.2.2.1. Renting, etc.	..	..	..	..	..	..
	72	2.2.2.2. Computer and related activities	..	..	..	..	..	..
	73	2.2.2.3. Research and development	..	..	..	..	..	..
	74	2.2.2.4. Other business activities	..	..	..	..	..	..
	741	2.2.2.4.1. Legal, accounting services, etc.	..	..	..	..	..	..
	742	2.2.2.4.2. Architect., engineering, other tech. serv.	..	..	..	..	..	..
	743	2.2.2.4.3. Advertising services	..	..	..	..	..	..
	749	2.2.2.4.4. Other business activities n.e.c.	..	..	..	..	..	..
L_Q	75_99	3. Other services	79 565	82 928	87 481	92 214	96 682	98 976
L	75	3.1. Public administration and defence	16 814	17 852	18 689	19 506	20 111	20 617
M_Q	80_99	3.2. Education, health, social work related, other community, social and personal services	62 751	65 076	68 792	72 709	76 571	78 359
M	80	3.2.1. Education (5) (6)	13 669	14 457	15 083	15 692	16 144	16 529
		3.2.1.1. Education (5) (6)	13 358	14 129	14 742	15 340	15 783	16 163
		3.2.1.2. Academic research (government)	310	328	341	352	361	366
N	85	3.2.2. Health and social work (5) (6)	4 318	4 690	5 028	5 253	5 593	5 838
O	90_93	3.2.3. Other community, social and personal services (2) (4) (5) (6)	44 764	45 929	48 681	51 763	54 834	55 992
	90	3.2.3.1. Sanitary and similar services	1 274	1 380	1 476	1 558	1 647	1 723
		3.2.3.1.1. Drainage system	..	..	..	..	..	..
		3.2.3.1.2. Waste treatment services (public)	..	..	..	..	..	..
	91	3.2.3.2. Membership organisations n.e.c.	..	..	..	..	..	..
	92	3.2.3.3. Recreational and cultural services	..	..	..	..	..	..
	93	3.2.3.4. Other personal services	..	..	..	..	..	..
P	95	3.2.4. Private households with employed persons	..	..	..	..	..	..
Q	99	3.2.5. Extra-territorial organisations	..	..	..	..	..	..
		FISIM (Financial Intermediation Services Indirectly Measured)	- 20 677	- 22 606	- 22 955	- 23 332	- 20 819	- 21 372
G_Q	50_99	TOTAL, SERVICES	225 919	241 401	258 422	269 606	278 099	284 173
		GROSS VALUE ADDED, All activities, at producer prices	400 055	429 332	458 136	470 366	474 337	477 791
		% of services in gross value added, all activities	56.47	56.23	56.41	57.32	58.63	59.48
		Memorandum items:						
		1. Gross domestic product at market prices	399 998	430 040	458 299	471 021	475 381	479 260
		2. Community and social services (6)	9 154	8 893	9 223	9 838	10 185	10 846
		3. Personal services (6)	31 541	32 822	35 017	37 228	39 685	39 992
		4. Producers of government services (6)	30 847	32 688	34 224	35 665	36 812	37 708
		5. Producers of private non-profit services to households (6)	8 023	8 524	9 017	9 483	10 001	10 430

I. VALEUR AJOUTÉE BRUTE aux prix du producteur

A. Prix courants

Milliards de yen

1995	1996	1997	1998	1999		CITI Rév. 3	
92 339	93 403	94 988	91 205	..	1. Commerce d'automobiles, de gros et de détail ; restaurants et hôtels ; transports et communication	G_I	50_64
60 985	60 226	61 631	58 582	..	1.1. Commerce d'automobiles, de gros et de détail ; restaurants et hôtels	G_H	50_55
60 985	60 226	61 631	58 582	..	1.1.1. Commerce d'automobiles, de gros et de détail	G	50_52
..	..	..	..	..	1.1.1.1. Commerce et réparations automobiles (1)		50
36 489	35 555	37 540	36 065	..	1.1.1.2. Commerce de gros et intermédiaires (1)		51
24 495	24 670	24 091	22 516	..	1.1.1.3. Commerce de détail et réparations (1)		52
..	..	..	..	..	1.1.2. Restaurants et hôtels (2)	H	55
31 354	33 177	33 357	32 623	..	1.2. Transports, entreposage et communications	I	60_64
22 878	23 593	23 580	22 879	..	1.2.1. Transports et entreposage (3)		60_63
..	..	..	..	..	1.2.1.1. Transports terrestres, transports par conduites		60
..	..	..	..	..	1.2.1.2. Transports par eau		61
..	..	..	..	..	1.2.1.3. Transports aériens		62
..	..	..	..	..	1.2.1.4. Services auxiliaires des transports, agences de voyages		63
8 476	9 584	9 777	9 745	..	1.2.2. Communications		64
..	..	..	..	..	1.2.2.1. Poste et courrier		641
..	..	..	..	..	1.2.2.2. Télécommunications		642
117 296	123 513	128 674	131 249	..	2. Banques, assurances, affaires immobilières et services aux entreprises	J_K	65_74
24 331	23 597	25 366	24 582	..	2.1. Établissements financiers	J	65_67
..	..	..	..	..	2.1.1. Intermédiation financière		65
..	..	..	..	..	2.1.2. Assurances et caisses de retraite		66
..	..	..	..	..	2.1.3. Activités financières auxiliaires		67
92 965	99 916	103 308	106 667	..	2.2. Affaires immobilières et services fournis aux entreprises	K	70_74
62 290	66 112	68 819	70 237	..	2.2.1. Affaires immobilières		70
50 616	54 064	56 589	57 770	..	2.2.1.1. Locations immobilières		
11 675	12 048	12 230	12 467	..	2.2.1.2. Autres affaires immobilières		
30 675	33 804	34 489	36 430	..	2.2.2. Services fournis aux entreprises (4)		71_74
..	..	..	..	..	2.2.2.1. Location, etc.		71
..	..	..	..	..	2.2.2.2. Activités informatiques et activités connexes		72
..	..	..	..	..	2.2.2.3. Recherche et développement		73
..	..	..	..	..	2.2.2.4. Autres services fournis aux entreprises		74
..	..	..	..	..	2.2.2.4.1. Activités juridiques, comptables, etc.		741
..	..	..	..	..	2.2.2.4.2. Activ. d'architect., d'ingénierie, aut. serv. tech.		742
..	..	..	..	..	2.2.2.4.3. Publicité		743
..	..	..	..	..	2.2.2.4.4. Autres serv. fournis aux entreprises n.c.a.		749
101 421	105 408	107 679	108 747	..	3. Autres services	L_Q	75_99
21 300	21 812	22 357	22 878	..	3.1. Administration publique et défense	L	75
80 121	83 597	85 322	85 870	..	3.2. Enseignement, santé, action sociale, autres activités de services collectifs, sociaux et personnels	M_Q	80_99
16 969	..	..	..	..	3.2.1. Enseignement (5) (6)	M	80
16 596	..	..	..	..	3.2.1.1. Enseignement (5) (6)		
373	..	..	..	..	3.2.1.2. Recherche académique (administrations publiques)		
6 157	..	..	..	..	3.2.2. Santé et action sociale (5) (6)	N	85
56 994	..	..	..	..	3.2.3. Autres activités de serv. collectifs, sociaux et personnels (2) (4) (5) (6)	O	90_93
1 798	1 868	1 939	2 005	..	3.2.3.1. Services sanitaires et analogues		90
..	..	..	..	..	3.2.3.1.1. Système d'écoulement des eaux		
..	..	..	..	..	3.2.3.1.2. Services (publiques) de traitement des déchets		
..	..	..	..	..	3.2.3.2. Activités associatives diverses		91
..	..	..	..	..	3.2.3.3. Activités récréatives et culturelles		92
..	..	..	..	..	3.2.3.4. Autres services personnels		93
..	..	..	..	..	3.2.4. Ménages privés employant du personnel domestique	P	95
..	..	..	..	..	3.2.5. Organisations extraterritoriales	Q	99
- 22 263	- 20 641	- 22 036	- 21 749	..	SIFIM (Services d'intermédiation financière indirectement mesurés)		
288 793	**301 684**	**309 306**	**309 452**	..	**TOTAL, SERVICES**	G_Q	50_99
482 542	**500 191**	**508 153**	**497 452**	..	**VALEUR AJOUTÉE BRUTE, Toutes activités, aux prix du producteur**		
59.85	60.31	60.87	62.21	..	% des services dans la valeur ajoutée brute, toutes activités		
					Pour mémoire :		
483 220	500 310	509 645	498 499	495 145	1. Produit intérieur brut aux prix du marché		
11 384	12 112	12 606	12 822	..	2. Services collectifs et sociaux (6)		
40 274	41 939	42 167	41 772	..	3. Services personnels (6)		
38 856	39 807	40 763	41 528	..	4. Services non marchands des administrations publiques (6)		
10 907	11 550	12 143	12 625	..	5. Services privés non lucratifs aux ménages (6)		

JAPAN

I. GROSS VALUE ADDED at producer prices *(cont.)*

I. GROSS VALUE ADDED at producer prices *(cont.)*

B. Constant 1990 prices

Billions of yen

ISIC Rev. 3			1989	1990	1991	1992	1993	1994
G_I	**50_64**	1. Motor, wholesale and retail trade; restaurants and hotels; transport and communication	81 499	86 833	91 249	91 826	90 476	90 675
G_H	50_55	1.1. Motor, wholesale and retail trade; restaurants and hotels	53 809	58 358	61 940	62 688	61 243	61 098
G	50_52	1.1.1. Motor, wholesale and retail trade	53 809	58 358	61 940	62 688	61 243	61 098
	50	1.1.1.1. Motor trade and repairs (1)	..	..	..	..	..	..
	51	1.1.1.2. Wholesale and commission trade (1)	30 966	34 306	37 612	38 721	37 908	37 564
	52	1.1.1.3. Retail trade and repairs (1)	22 843	24 053	24 328	23 967	23 335	23 534
H	55	1.1.2. Restaurants and hotels (2)	..	..	..	..	..	..
I	60_64	1.2. Transport, storage and communication	27 690	28 475	29 309	29 138	29 233	29 577
	60_63	1.2.1. Transport and storage (3)	21 265	21 598	21 922	21 560	21 111	20 772
	60	1.2.1.1. Land transport, transport via pipelines	..	..	..	..	..	..
	61	1.2.1.2. Water transport	..	..	..	..	..	..
	62	1.2.1.3. Air transport	..	..	..	..	..	..
	63	1.2.1.4. Auxiliary transport services, travel agencies	..	..	..	..	..	..
	64	1.2.2. Communication	6 425	6 877	7 386	7 578	8 122	8 806
	641	1.2.2.1. Postal and courier services	..	..	..	..	..	..
	642	1.2.2.2. Telecommunications	..	..	..	..	..	..
J_K	**65_74**	2. Finance, insurance, real estate and business services	88 703	94 246	98 334	102 395	104 454	108 107
J	65_67	2.1. Financial and insurance services	25 697	25 546	25 615	25 195	23 744	25 214
	65	2.1.1. Financial intermediation	..	..	..	..	..	..
	66	2.1.2. Insurance and pension funding	..	..	..	..	..	..
	67	2.1.3. Auxiliary financial services	..	..	..	..	..	..
K	70_74	2.2. Real estate and business services	63 007	68 701	72 719	77 200	80 710	82 894
	70	2.2.1. Real estate services	45 367	46 792	48 438	50 396	52 661	53 904
		2.2.1.1. House rentals	35 350	37 064	38 723	40 597	42 624	43 717
		2.2.1.2. Other real estate	10 017	9 728	9 715	9 799	10 036	10 187
	71_74	2.2.2. Business services (4)	17 640	21 909	24 281	26 805	28 050	28 990
	71	2.2.2.1. Renting, etc.	..	..	..	..	..	..
	72	2.2.2.2. Computer and related activities	..	..	..	..	..	..
	73	2.2.2.3. Research and development	..	..	..	..	..	..
	74	2.2.2.4. Other business activities	..	..	..	..	..	..
	741	2.2.2.4.1. Legal, accounting services, etc.	..	..	..	..	..	..
	742	2.2.2.4.2. Architect., engineering, other tech. serv.	..	..	..	..	..	..
	743	2.2.2.4.3. Advertising services	..	..	..	..	..	..
	749	2.2.2.4.4. Other business activities n.e.c.	..	..	..	..	..	..
L_Q	**75_99**	3. Other services	82 725	82 928	84 055	85 439	87 527	88 071
L	75	3.1. Public administration and defence	17 825	17 852	17 642	17 780	17 997	18 351
M_Q	80_99	3.2. Education, health, social work related, other community, social and personal services	64 900	65 076	66 413	67 660	69 530	69 720
M	80	3.2.1. Education (5) (6)	14 361	14 457	14 345	14 585	14 802	15 009
		3.2.1.1. Education (5) (6)	14 032	14 129	14 023	14 265	14 479	14 683
		3.2.1.2. Academic research (government)	329	328	322	321	323	325
N	85	3.2.2. Health and social work (5) (6)	4 503	4 690	4 831	4 921	5 161	5 339
O	90_93	3.2.3. Other community, social and personal services (2) (4) (5) (6)	46 035	45 929	47 237	48 153	49 567	49 372
	90	3.2.3.1. Sanitary and similar services	1 339	1 380	1 408	1 449	1 519	1 598
		3.2.3.1.1. Drainage system	..	..	..	..	..	..
		3.2.3.1.2. Waste treatment services (public)	..	..	..	..	..	..
	91	3.2.3.2. Membership organisations n.e.c.	..	..	..	..	..	..
	92	3.2.3.3. Recreational and cultural services	..	..	..	..	..	..
	93	3.2.3.4. Other personal services	..	..	..	..	..	..
P	95	3.2.4. Private households with employed persons	..	..	..	..	..	..
Q	99	3.2.5. Extra-territorial organisations	..	..	..	..	..	..
		FISIM (Financial Intermediation Services Indirectly Measured)	- 21 045	- 22 606	- 22 965	- 23 583	- 21 481	- 22 420
G_Q	**50_99**	**TOTAL, SERVICES**	**231 882**	**241 401**	**250 673**	**256 078**	**260 976**	**264 434**
		GROSS VALUE ADDED, All activities, at producer prices	**408 177**	**429 332**	**446 470**	**451 134**	**451 033**	**454 584**
		% of services in gross value added, all activities	56.81	56.23	56.15	56.76	57.86	58.17
		Memorandum items:						
		1. Gross domestic product at market prices	409 184	430 040	446 315	450 876	452 282	455 197
		2. Community and social services (6)	9 442	8 893	9 075	8 951	8 869	9 079
		3. Personal services (6)	32 294	32 822	33 885	34 744	35 984	35 461
		4. Producers of government services (6)	32 599	32 688	32 378	32 678	33 162	33 800
		5. Producers of private non-profit services to households (6)	8 390	8 524	8 717	9 067	9 513	9 732

SERVICES: Statistics on Value Added and Employment
© OECD 2001
208
For notes see end of country

I. VALEUR AJOUTÉE BRUTE aux prix du producteur *(suite)*

B. Prix constants de 1990

Milliards de yen

1995	1996	1997	1998	1999		CITI Rév. 3	
92 514	94 707	96 208	93 483	..	1. Commerce d'automobiles, de gros et de détail ; restaurants et hôtels ; transports et communication	G_I	50_64
62 643	62 749	63 865	61 623	..	1.1. Commerce d'automobiles, de gros et de détail ; restaurants et hôtels	G_H	50_55
62 643	62 749	63 865	61 623	..	1.1.1. Commerce d'automobiles, de gros et de détail	G	50_52
..	..	..	..	..	1.1.1.1. Commerce et réparations automobiles (1)		50
38 727	38 251	40 155	39 367	..	1.1.1.2. Commerce de gros et intermédiaires (1)		51
23 916	24 498	23 709	22 257	..	1.1.1.3. Commerce de détail et réparations (1)		52
..	..	..	..	..	1.1.2. Restaurants et hôtels (2)	H	55
29 871	31 958	32 343	31 860	..	1.2. Transports, entreposage et communications	I	60_64
20 818	21 540	21 551	20 639	..	1.2.1. Transports et entreposage (3)		60_63
..	..	..	..	..	1.2.1.1. Transports terrestres, transports par conduites		60
..	..	..	..	..	1.2.1.2. Transports par eau		61
..	..	..	..	..	1.2.1.3. Transports aériens		62
..	..	..	..	..	1.2.1.4. Services auxiliaires des transports, agences de voyages		63
9 053	10 418	10 792	11 221	..	1.2.2. Communications		64
..	..	..	..	..	1.2.2.1. Poste et courrier		641
..	..	..	..	..	1.2.2.2. Télécommunications		642
110 467	116 017	119 617	121 613	..	2. Banques, assurances, affaires immobilières et services aux entreprises	J_K	65_74
25 007	23 850	25 439	25 196	..	2.1. Établissements financiers	J	65_67
..	..	..	..	..	2.1.1. Intermédiation financière		65
..	..	..	..	..	2.1.2. Assurances et caisses de retraite		66
..	..	..	..	..	2.1.3. Activités financières auxiliaires		67
85 460	92 166	94 178	96 417	..	2.2. Affaires immobilières et services fournis aux entreprises	K	70_74
54 541	57 600	59 252	60 003	..	2.2.1. Affaires immobilières		70
44 285	46 689	48 208	48 754	..	2.2.1.1. Locations immobilières		
10 256	10 911	11 045	11 249	..	2.2.1.2. Autres affaires immobilières		
30 920	34 566	34 926	36 414	..	2.2.2. Services fournis aux entreprises (4)		71_74
..	..	..	..	..	2.2.2.1. Location, etc.		71
..	..	..	..	..	2.2.2.2. Activités informatiques et activités connexes		72
..	..	..	..	..	2.2.2.3. Recherche et développement		73
..	..	..	..	..	2.2.2.4. Autres services fournis aux entreprises		74
..	..	..	..	..	2.2.2.4.1. Activités juridiques, comptables, etc.		741
..	..	..	..	..	2.2.2.4.2. Activ. d'architect., d'ingénierie, aut. serv. tech.		742
..	..	..	..	..	2.2.2.4.3. Publicité		743
..	..	..	..	..	2.2.2.4.4. Autres serv. fournis aux entreprises n.c.a.		749
89 244	92 628	93 431	93 651	..	3. Autres services	L_Q	75_99
18 749	19 127	19 603	19 763	..	3.1. Administration publique et défense	L	75
70 495	73 501	73 829	73 888	..	3.2. Enseignement, santé, action sociale, autres activités de services collectifs, sociaux et personnels	M_Q	80_99
15 289	..	..	..	..	3.2.1. Enseignement (5) (6)	M	80
14 961	..	..	..	..	3.2.1.1. Enseignement (5) (6)		
329	..	..	..	..	3.2.1.2. Recherche académique (administrations publiques)		
5 567	..	..	..	..	3.2.2. Santé et action sociale (5) (6)	N	85
49 639	..	..	..	..	3.2.3. Autres activités de serv. collectifs, sociaux et personnels (2) (4) (5) (6)	O	90_93
1 666	1 774	1 839	1 906	..	3.2.3.1. Services sanitaires et analogues		90
..	..	..	..	..	3.2.3.1.1. Système d'écoulement des eaux		
..	..	..	..	..	3.2.3.1.2. Services (publiques) de traitement des déchets		
..	..	..	..	..	3.2.3.2. Activités associatives diverses		91
..	..	..	..	..	3.2.3.3. Activités récréatives et culturelles		92
..	..	..	..	..	3.2.3.4. Autres services personnels		93
..	..	..	..	..	3.2.4. Ménages privés employant du personnel domestique	P	95
..	..	..	..	..	3.2.5. Organisations extraterritoriales	Q	99
- 23 642	- 21 992	- 23 512	- 23 206	..	SIFIM (Services d'intermédiation financière indirectement mesurés)		
268 584	**281 360**	**285 744**	**285 541**	**..**	**TOTAL, SERVICES**	**G_Q**	**50_99**
463 082	**485 812**	**492 793**	**480 049**	**..**	**VALEUR AJOUTÉE BRUTE, Toutes activités, aux prix du producteur**		
58.00	57.92	57.98	59.48	..	% des services dans la valeur ajoutée brute, toutes activités		
					Pour mémoire :		
461 894	485 219	492 954	480 587	481 562	1. Produit intérieur brut aux prix du marché		
9 264	9 624	9 981	10 033	..	2. Services collectifs et sociaux (6)		
35 405	37 130	36 469	35 967	..	3. Services personnels (6)		
34 460	35 258	36 014	36 223	..	4. Services non marchands des administrations publiques (6)		
10 116	10 616	10 968	11 428	..	5. Services privés non lucratifs aux ménages (6)		

JAPAN

II. EMPLOYMENT

A. Total employment *

Thousand jobs

ISIC Rev. 3			1989	1990	1991	1992	1993	1994
G_I	50_64	1. Motor, wholesale and retail trade; restaurants and hotels; transport and communication	14 524	14 550	14 656	14 724	14 862	14 766
G_H	50_55	1.1. Motor, wholesale and retail trade; restaurants and hotels	11 040	11 036	11 123	11 123	11 182	11 102
G	50_52	1.1.1. Motor, wholesale and retail trade	11 040	11 036	11 123	11 123	11 182	11 102
	50	1.1.1.1. Motor trade and repairs (1)	..	..	..	..	..	..
	51	1.1.1.2. Wholesale and commission trade (1)	4 171	4 197	4 255	4 285	4 325	4 304
	52	1.1.1.3. Retail trade and repairs (1)	6 869	6 839	6 868	6 838	6 857	6 798
H	55	1.1.2. Restaurants and hotels (2)	..	..	..	..	..	..
I	60_64	1.2. Transport, storage and communication	3 485	3 514	3 533	3 601	3 680	3 664
	60_63	1.2.1. Transport and storage (3)	3 020	3 059	3 088	3 147	3 217	3 202
	60	1.2.1.1. Land transport, transport via pipelines	..	..	..	..	..	..
	61	1.2.1.2. Water transport	..	..	..	..	..	..
	62	1.2.1.3. Air transport	..	..	..	..	..	..
	63	1.2.1.4. Auxiliary transport services, travel agencies	..	..	..	..	..	..
	64	1.2.2. Communication	465	455	445	454	463	462
	641	1.2.2.1. Postal and courier services	182	181	180	184	188	187
	642	1.2.2.2. Telecommunications	283	274	265	270	275	275
J_K	65_74	2. Finance, insurance, real estate and business services	6 128	6 328	6 438	6 483	6 543	6 598
J	65_67	2.1. Financial and insurance services	2 045	2 139	2 139	2 126	2 109	2 101
	65	2.1.1. Financial intermediation	1 233	1 286	1 283	1 268	1 250	1 238
	66	2.1.2. Insurance and pension funding	812	853	856	858	859	863
	67	2.1.3. Auxiliary financial services	..	..	..	..	..	..
K	70_74	2.2. Real estate and business services	4 083	4 189	4 299	4 357	4 434	4 497
	70	2.2.1. Real estate services	877	937	971	984	988	1 014
		2.2.1.1. House rentals	..	..	..	..	..	..
		2.2.1.2. Other real estate	..	..	..	..	..	..
	71_74	2.2.2. Business services (4)	3 206	3 252	3 328	3 373	3 446	3 483
	71	2.2.2.1. Renting, etc.	..	..	..	..	..	..
	72	2.2.2.2. Computer and related activities	..	..	..	..	..	..
	73	2.2.2.3. Research and development	..	..	..	..	..	..
	74	2.2.2.4. Other business activities	..	..	..	..	..	..
	741	2.2.2.4.1. Legal, accounting services, etc.	..	..	..	..	..	..
	742	2.2.2.4.2. Architect., engineering, other tech. serv.	..	..	..	..	..	..
	743	2.2.2.4.3. Advertising services	..	..	..	..	..	..
	749	2.2.2.4.4. Other business activities n.e.c.	..	..	..	..	..	..
L_Q	75_99	3. Other services	15 034	15 638	16 222	16 641	17 055	17 422
L	75	3.1. Public administration and defence	2 055	2 066	2 079	2 093	2 115	2 128
M_Q	80_99	3.2. Education, health, social work related, other community, social and personal services	12 979	13 572	14 143	14 548	14 940	15 294
M	80	3.2.1. Education (5) (6)	1 819	1 823	1 830	1 835	1 835	1 835
		3.2.1.1. Education (5) (6)	1 723	1 727	1 733	1 738	1 737	1 735
		3.2.1.2. Academic research (government)	96	96	97	97	98	100
N	85	3.2.2. Health and social work (5) (6)	688	701	713	731	751	765
O	90_93	3.2.3. Other community, social and personal services (2) (4) (5) (6)	10 471	11 048	11 600	11 982	12 354	12 694
	90	3.2.3.1. Sanitary and similar services	127	127	128	129	130	131
		3.2.3.1.1. Drainage system	37	38	39	40	41	42
		3.2.3.1.2. Waste treatment services (public)	90	89	89	89	89	89
	91	3.2.3.2. Membership organisations n.e.c.	..	..	..	..	..	..
	92	3.2.3.3. Recreational and cultural services	..	..	..	..	..	..
	93	3.2.3.4. Other personal services	..	..	..	..	..	..
P	95	3.2.4. Private households with employed persons	..	..	..	..	..	..
Q	99	3.2.5. Extra-territorial organisations	..	..	..	..	..	..
G_Q	50_99	TOTAL, SERVICES	35 686	36 516	37 316	37 848	38 460	38 786
		TOTAL EMPLOYMENT, All activities	63 216	64 269	65 543	66 239	66 500	66 584
		% of services in total employment, all activities	56.45	56.82	56.93	57.14	57.83	58.25
		Memorandum items:						
		1. Community and social services (6)	1 635	1 689	1 750	1 783	1 818	1 863
		2. Personal services (6)	7 982	8 476	8 941	9 231	9 563	9 794
		3. Producers of government services (6)	3 931	3 942	3 959	3 975	3 997	4 008
		4. Producers of private non-profit services to households (6)	1 487	1 531	1 572	1 652	1 677	1 757

II. EMPLOI

A. Emploi total *

Milliers d'emplois

1995	1996	1997	1998	1999		CITI Rév. 3	
14 851	14 986	15 034	14 992	..	1. Commerce d'automobiles, de gros et de détail ; restaurants et hôtels ; transports et communication	G_I	50_64
11 098	11 149	11 181	11 194	..	1.1. Commerce d'automobiles, de gros et de détail ; restaurants et hôtels	G_H	50_55
11 098	11 149	11 181	11 194	..	1.1.1. Commerce d'automobiles, de gros et de détail	G	50_52
..	..	..	..	..	1.1.1.1. Commerce et réparations automobiles (1)		50
4 297	4 326	4 326	4 339	..	1.1.1.2. Commerce de gros et intermédiaires (1)		51
6 801	6 823	6 855	6 855	..	1.1.1.3. Commerce de détail et réparations (1)		52
..	..	..	..	..	1.1.2. Restaurants et hôtels (2)	H	55
3 753	3 837	3 853	3 798	..	1.2. Transports, entreposage et communications	I	60_64
3 279	3 353	3 367	3 319	..	1.2.1. Transports et entreposage (3)		60_63
..	..	..	..	..	1.2.1.1. Transports terrestres, transports par conduites		60
..	..	..	..	..	1.2.1.2. Transports par eau		61
..	..	..	..	..	1.2.1.3. Transports aériens		62
..	..	..	..	..	1.2.1.4. Services auxiliaires des transports, agences de voyages		63
474	484	486	479	..	1.2.2. Communications		64
192	196	197	194	..	1.2.2.1. Poste et courrier		641
282	288	289	285	..	1.2.2.2. Télécommunications		642
6 681	6 700	6 770	6 879	..	2. Banques, assurances, affaires immobilières et services aux entreprises	J_K	65_74
2 093	2 038	1 998	2 004	..	2.1. Établissements financiers	J	65_67
1 225	1 185	1 154	1 150	..	2.1.1. Intermédiation financière		65
868	853	844	854	..	2.1.2. Assurances et caisses de retraite		66
..	..	..	..	..	2.1.3. Activités financières auxiliaires		67
4 588	4 662	4 772	4 875	..	2.2. Affaires immobilières et services fournis aux entreprises	K	70_74
1 032	1 026	1 042	1 078	..	2.2.1. Affaires immobilières		70
..	..	..	..	..	2.2.1.1. Locations immobilières		
..	..	..	..	..	2.2.1.2. Autres affaires immobilières		
3 556	3 636	3 730	3 797	..	2.2.2. Services fournis aux entreprises (4)		71_74
..	..	..	..	..	2.2.2.1. Location, etc.		71
..	..	..	..	..	2.2.2.2. Activités informatiques et activités connexes		72
..	..	..	..	..	2.2.2.3. Recherche et développement		73
..	..	..	..	..	2.2.2.4. Autres services fournis aux entreprises		74
..	..	..	..	..	2.2.2.4.1. Activités juridiques, comptables, etc.		741
..	..	..	..	..	2.2.2.4.2. Activ. d'architect., d'ingénierie, aut. serv. tech.		742
..	..	..	..	..	2.2.2.4.3. Publicité		743
..	..	..	..	..	2.2.2.4.4. Autres serv. fournis aux entreprises n.c.a.		749
17 909	17 973	18 492	18 843	..	3. Autres services	L_Q	75_99
2 132	2 136	2 137	2 129	..	3.1. Administration publique et défense	L	75
15 777	15 837	16 355	16 714	..	3.2. Enseignement, santé, action sociale, autres activités de services collectifs, sociaux et personnels	M_Q	80_99
1 823	1 815	1 804	1 807	..	3.2.1. Enseignement (5) (6)	M	80
1 724	1 716	1 705	1 708	..	3.2.1.1. Enseignement (5) (6)		
99	99	99	99	..	3.2.1.2. Recherche académique (administrations publiques)		
777	788	802	814	..	3.2.2. Santé et action sociale (5) (6)	N	85
13 177	13 234	13 749	14 093	..	3.2.3. Autres activités de serv. collectifs, sociaux et personnels (2) (4) (5) (6)	O	90_93
132	132	133	132	..	3.2.3.1. Services sanitaires et analogues		90
43	43	44	43	..	3.2.3.1.1. Système d'écoulement des eaux		
89	89	89	89	..	3.2.3.1.2. Services (publiques) de traitement des déchets		
..	..	..	..	..	3.2.3.2. Activités associatives diverses		91
..	..	..	..	..	3.2.3.3. Activités récréatives et culturelles		92
..	..	..	..	..	3.2.3.4. Autres services personnels		93
..	..	..	..	..	3.2.4. Ménages privés employant du personnel domestique	P	95
..	..	..	..	..	3.2.5. Organisations extraterritoriales	Q	99
39 441	**39 659**	**40 296**	**40 714**	..	**TOTAL, SERVICES**	**G_Q**	**50_99**
66 688	**66 991**	**67 720**	**67 255**	..	**EMPLOI TOTAL, Toutes activités**		
59.14	59.20	59.50	60.54	..	% des services dans l'emploi total, toutes activités		
					Pour mémoire :		
1 890	1 975	2 035	2 107	..	1. Services collectifs et sociaux (6)		
10 021	10 167	10 608	10 789	..	2. Services personnels (6)		
4 006	4 005	3 998	3 991	..	3. Services non marchands des administrations publiques (6)		
1 781	1 826	1 851	1 956	..	4. Services non lucratifs aux ménages (6)		

JAPAN

B. Employees **

Thousand jobs

ISIC Rev. 3			1989	1990	1991	1992	1993	1994
G_I	**50_64**	1. Motor, wholesale and retail trade; restaurants and hotels; transport and communication	12 288	12 417	12 601	12 784	12 986	12 978
G_H	50_55	1.1. Motor, wholesale and retail trade; restaurants and hotels	9 054	9 163	9 338	9 458	9 590	9 582
G	50_52	1.1.1. Motor, wholesale and retail trade	9 054	9 163	9 338	9 458	9 590	9 582
	50	1.1.1.1. Motor trade and repairs (1)	..	..	..	..	..	..
	51	1.1.1.2. Wholesale and commission trade (1)	3 971	4 008	4 074	4 115	4 161	4 147
	52	1.1.1.3. Retail trade and repairs (1)	5 083	5 155	5 264	5 343	5 429	5 435
H	55	1.1.2. Restaurants and hotels (2)	..	..	..	..	..	..
I	60_64	1.2. Transport, storage and communication	3 234	3 254	3 263	3 326	3 396	3 396
	60_63	1.2.1. Transport and storage (3)	2 784	2 814	2 834	2 888	2 950	2 950
	60	1.2.1.1. Land transport, transport via pipelines	..	..	..	..	..	..
	61	1.2.1.2. Water transport	..	..	..	..	..	..
	62	1.2.1.3. Air transport	..	..	..	..	..	..
	63	1.2.1.4. Auxiliary transport services, travel agencies	..	..	..	..	..	..
	64	1.2.2. Communication	451	440	429	438	446	446
	641	1.2.2.1. Postal and courier services	171	170	168	172	175	175
	642	1.2.2.2. Telecommunications	279	270	261	266	271	271
J_K	**65_74**	2. Finance, insurance, real estate and business services	4 810	5 041	5 171	5 263	5 352	5 419
J	65_67	2.1. Financial and insurance services	2 010	2 104	2 104	2 093	2 077	2 068
	65	2.1.1. Financial intermediation	1 218	1 272	1 269	1 256	1 240	1 227
	66	2.1.2. Insurance and pension funding	792	832	835	837	837	841
	67	2.1.3. Auxiliary financial services	..	..	..	..	..	..
K	70_74	2.2. Real estate and business services	2 800	2 937	3 067	3 170	3 275	3 351
	70	2.2.1. Real estate services	565	621	650	665	677	694
		2.2.1.1. House rentals	..	..	..	..	..	..
		2.2.1.2. Other real estate	..	..	..	..	..	..
	71_74	2.2.2. Business services (4)	2 235	2 316	2 417	2 505	2 598	2 657
	71	2.2.2.1. Renting, etc.	..	..	..	..	..	..
	72	2.2.2.2. Computer and related activities	..	..	..	..	..	..
	73	2.2.2.3. Research and development	..	..	..	..	..	..
	74	2.2.2.4. Other business activities	..	..	..	..	..	..
	741	2.2.2.4.1. Legal, accounting services, etc.	..	..	..	..	..	..
	742	2.2.2.4.2. Architect., engineering, other tech. serv.	..	..	..	..	..	..
	743	2.2.2.4.3. Advertising services	..	..	..	..	..	..
	749	2.2.2.4.4. Other business activities n.e.c.	..	..	..	..	..	..
L_Q	**75_99**	3. Other services	13 060	13 689	14 263	14 706	15 178	15 599
L	75	3.1. Public administration and defence	2 055	2 066	2 079	2 093	2 115	2 128
M_Q	80_99	3.2. Education, health, social work related, other community, social and personal services	11 005	11 623	12 184	12 613	13 063	13 471
M	80	3.2.1. Education (5) (6)	1 819	1 823	1 830	1 835	1 835	1 835
		3.2.1.1. Education (5) (6)	1 723	1 727	1 733	1 738	1 737	1 735
		3.2.1.2. Academic research (government)	96	96	97	97	98	100
N	85	3.2.2. Health and social work (5) (6)	688	701	713	731	751	765
O	90_93	3.2.3. Other community, social and personal services (2) (4) (5) (6)	8 498	9 099	9 641	10 047	10 477	10 871
	90	3.2.3.1. Sanitary and similar services	127	127	128	129	130	131
		3.2.3.1.1. Drainage system	37	38	39	40	41	42
		3.2.3.1.2. Waste treatment services (public)	90	89	89	89	89	89
	91	3.2.3.2. Membership organisations n.e.c.	..	..	..	..	..	..
	92	3.2.3.3. Recreational and cultural services	..	..	..	..	..	..
	93	3.2.3.4. Other personal services	..	..	..	..	..	..
P	95	3.2.4. Private households with employed persons	..	..	..	..	..	..
Q	99	3.2.5. Extra-territorial organisations	..	..	..	..	..	..
G_Q	**50_99**	**TOTAL, SERVICES**	**30 158**	**31 147**	**32 035**	**32 753**	**33 516**	**33 996**
		TOTAL EMPLOYEES, All activities	**50 092**	**51 493**	**53 089**	**54 221**	**55 077**	**55 466**
		% of services in total employees, all activities	60.21	60.49	60.34	60.41	60.85	61.29
		Memorandum items:						
		1. Community and social services (6)	1 275	1 336	1 397	1 434	1 480	1 534
		2. Personal services (6)	6 368	6 880	7 335	7 645	8 024	8 300
		3. Producers of government services (6)	3 931	3 942	3 959	3 975	3 997	4 008
		4. Producers of private non-profit services to households (6)	1 487	1 531	1 572	1 652	1 677	1 757

II. EMPLOI *(suite)*

B. Salariés **

Milliers d'emplois

1995	1996	1997	1998	1999			CITI Rév. 3
					1. Commerce d'automobiles, de gros et de détail ; restaurants et hôtels ;	**G_I**	**50_64**
13 080	13 256	13 284	13 308	..	transports et communication		
9 593	9 693	9 710	9 780	..	1.1. Commerce d'automobiles, de gros et de détail ; restaurants et hôtels	G_H	50_55
9 593	9 693	9 710	9 780	..	1.1.1. Commerce d'automobiles, de gros et de détail	G	50_52
..	..	..	..	..	1.1.1.1. Commerce et réparations automobiles (1)		50
4 141	4 174	4 171	4 189	..	1.1.1.2. Commerce de gros et intermédiaires (1)		51
5 452	5 519	5 539	5 591	..	1.1.1.3. Commerce de détail et réparations (1)		52
					1.1.2. Restaurants et hôtels (2)	H	55
3 487	3 563	3 574	3 528	..	1.2. Transports, entreposage et communications	I	60_64
3 029	3 095	3 105	3 065	..	1.2.1. Transports et entreposage (3)		60_63
..	..	..	..	..	1.2.1.1. Transports terrestres, transports par conduites		60
..	..	..	..	..	1.2.1.2. Transports par eau		61
..	..	..	..	..	1.2.1.3. Transports aériens		62
..	..	..	..	..	1.2.1.4. Services auxiliaires des transports, agences de voyages		63
458	468	469	463	..	1.2.2. Communications		64
180	184	184	182	..	1.2.2.1. Poste et courrier		641
278	284	285	281	..	1.2.2.2. Télécommunications		642
5 490	5 526	5 557	5 668	..	2. Banques, assurances, affaires immobilières et services aux entreprises	**J_K**	**65_74**
2 061	2 008	1 967	1 972	..	2.1. Établissements financiers	J	65_67
1 216	1 178	1 147	1 144	..	2.1.1. Intermédiation financière		65
845	830	820	828	..	2.1.2. Assurances et caisses de retraite		66
..	..	..	..	..	2.1.3. Activités financières auxiliaires		67
3 429	3 518	3 590	3 696	..	2.2. Affaires immobilières et services fournis aux entreprises	K	70_74
709	708	712	735	..	2.2.1. Affaires immobilières		70
..	..	..	..	..	2.2.1.1. Locations immobilières		
..	..	..	..	..	2.2.1.2. Autres affaires immobilières		
2 720	2 810	2 878	2 961	..	2.2.2. Services fournis aux entreprises (4)		71_74
..	..	..	..	..	2.2.2.1. Location, etc.		71
..	..	..	..	..	2.2.2.2. Activités informatiques et activités connexes		72
..	..	..	..	..	2.2.2.3. Recherche et développement		73
..	..	..	..	..	2.2.2.4. Autres services fournis aux entreprises		74
..	..	..	..	..	2.2.2.4.1. Activités juridiques, comptables, etc.		741
..	..	..	..	..	2.2.2.4.2. Activ. d'architect., d'ingénierie, aut. serv. tech.		742
..	..	..	..	..	2.2.2.4.3. Publicité		743
..	..	..	..	..	2.2.2.4.4. Autres serv. fournis aux entreprises n.c.a.		749
16 080	16 149	16 633	16 886	..	3. Autres services	**L_Q**	**75_99**
2 132	2 136	2 137	2 129	..	3.1. Administration publique et défense	L	75
					3.2. Enseignement, santé, action sociale, autres activités de services	M_Q	80_99
13 948	14 013	14 496	14 757	..	collectifs, sociaux et personnels		
1 823	1 815	1 804	1 807	..	3.2.1. Enseignement (5) (6)	M	80
1 724	1 716	1 705	1 708	..	3.2.1.1. Enseignement (5) (6)		
99	99	99	99	..	3.2.1.2. Recherche académique (administrations publiques)		
777	788	802	814	..	3.2.2. Santé et action sociale (5) (6)	N	85
11 348	11 410	11 890	12 136	..	3.2.3. Autres activités de serv. collectifs, sociaux et personnels (2) (4) (5) (6)	O	90_93
132	132	133	132	..	3.2.3.1. Services sanitaires et analogues		90
43	43	44	43	..	3.2.3.1.1. Système d'écoulement des eaux		
89	89	89	89	..	3.2.3.1.2. Services (publiques) de traitement des déchets		
..	..	..	..	..	3.2.3.2. Activités associatives diverses		91
..	..	..	..	..	3.2.3.3. Activités récréatives et culturelles		92
..	..	..	..	..	3.2.3.4. Autres services personnels		93
					3.2.4. Ménages privés employant du personnel domestique	P	95
..	..	..	..	..	3.2.5. Organisations extraterritoriales	Q	99
34 650	**34 931**	**35 474**	**35 862**	..	**TOTAL, SERVICES**	**G_Q**	**50_99**
55 652	**56 185**	**56 786**	**56 538**	..	**EMPLOI SALARIÉ TOTAL, Toutes activités**		
62.26	62.17	62.47	63.43	..	% des services dans l'emploi salarié total, toutes activités		
					Pour mémoire :		
1 560	1 646	1 700	1 754	..	1. Services collectifs et sociaux (6)		
8 520	8 672	9 084	9 185	..	2. Services personnels (6)		
4 006	4 005	3 998	3 991	..	3. Services non marchands des administrations publiques (6)		
1 781	1 826	1 851	1 956	..	4. Services non lucratifs aux ménages (6)		

Source:

Economic Planning Agency (EPA), Government of Japan, Tokyo, data sent directly.

General notes:

These national accounts estimates are compiled according to the 1968 System of National Accounts.

Employment:

* Total employment includes employees, self employed persons and unpaid family workers working for resident units of production. Employees with more than one job are counted more than once.

** Employees include all wage earners working in resident units of production. They include unpaid family workers. Employees with more than one job are counted more than once.

(1) Wholesale and retail trade of motor vehicles are respectively included in items Wholesale and commission trade and Retail trade and repairs. These items exclude repairs which are included in the related manufacturing sectors.

(2) Item Restaurants and hotels is included in item Other community social and personal services.

(3) Item Transport and storage includes automobile parings.

(4) Item Business services includes veterinary services, authors and artists and individual instruction places.

(5) Items Education and Health and social services refer to non-market services (government and private non-profit). Market education and health services are included in item Other community, social and personal services.

(6) Item Other community, social and personal services refers to the sum of memorandum items Community and social services, Personal services, Producers of government services and Producers of private non-profit services to households from which items Public administration and defence, (non-market) Education and (non-market) Health and social services have been deducted. It includes scientific research institutes and non profit institutions serving households. It excludes households as employers of domestic staff.

Source :

Economic Planning Agency (EPA), Government of Japan, Tokyo, données envoyées directement.

Notes générales :

Ces estimations de comptes nationaux sont compilées suivant le Système de comptabilité nationale de 1968.

Emploi :

* L'emploi total inclut les salariés, les travailleurs indépendants et les aides familiaux non rémunérés travaillant dans une unité de production résidente. Les salariés occupant plusieurs emplois sont comptés plus d'une fois.

** Les salariés incluent toutes les personnes travaillant dans une unité de production résidente. Ils incluent les aides familiaux non rémunérés. Les salariés occupant plusieurs emplois sont comptés plus d'une fois.

(1) Le commerce de gros et de détail des véhicules à moteur sont inclus respectivement dans les rubriques Commerce de gros et intermédiaires et Commerce de détail et réparations. Ces rubriques excluent les réparations qui sont incluses dans les secteurs manufacturiers respectifs.

(2) La rubrique Restaurants et hôtels est incluse dans la rubrique Autres activités de services collectifs, sociaux et personnels.

(3) La rubrique Transports et entreposage inclut les parkings pour automobiles.

(4) La rubrique Services fournis aux entreprises inclut les services vétérinaires, les auteurs et artistes et les lieux d'instruction individuelle.

(5) Les rubriques Enseignement et Services de santé et action sociale se réfèrent aux services non-marchands (administrations publiques et les services privés non lucratifs). L'enseignement et la santé marchands sont inclus dans la rubrique Autres activités de services collectifs, sociaux et personnels.

(6) La rubrique Autres activités de services collectifs, sociaux et personnels est égale à la somme des rubriques pour mémoire Services collectifs et sociaux, Services personnels, Services non marchands des administrations publiques et Services privés non lucratifs aux ménages de laquelle sont déduits les rubriques Administration publique et défense, Enseignement (non marchand) et Santé et action sociale (non marchandes). Cette rubrique inclut les instituts de recherche scientifique et les institutions sans but lucratif au service des ménages. Elle exclut les ménages qui emploient du personnel.

Korea – Corée

KOREA

I. GROSS VALUE ADDED at producer prices

A. Current prices

Billions of won

ISIC Rev. 3			1989	1990	1991	1992	1993	1994
G_I	50_64	1. Motor, wholesale and retail trade; restaurants and hotels; transport and communication	30 890	35 994	42 509	47 909	53 319	62 073
G_H	50_55	1.1. Motor, wholesale and retail trade; restaurants and hotels	20 574	24 037	28 202	31 550	34 894	40 769
G	50_52	1.1.1. Motor, wholesale and retail trade	17 088	19 651	22 513	24 871	27 547	32 234
	50	1.1.1.1. Motor trade and repairs	..	..	..	..	..	..
	51	1.1.1.2. Wholesale and commission trade	..	..	..	..	..	..
	52	1.1.1.3. Retail trade and repairs	..	..	..	..	..	..
H	55	1.1.2. Restaurants and hotels	3 486	4 386	5 689	6 679	7 347	8 535
I	60_64	1.2. Transport, storage and communication	10 315	11 957	14 307	16 359	18 426	21 304
	60_63	1.2.1. Transport and storage	7 260	8 347	10 031	11 621	13 119	15 128
	60	1.2.1.1. Land transport, transport via pipelines	..	..	..	..	..	..
	61	1.2.1.2. Water transport	..	..	..	..	..	..
	62	1.2.1.3. Air transport	..	..	..	..	..	..
	63	1.2.1.4. Auxiliary transport services, travel agencies	..	..	..	..	..	..
	64	1.2.2. Communication	3 056	3 610	4 277	4 739	5 306	6 176
	641	1.2.2.1. Postal and courier services	..	..	..	..	..	..
	642	1.2.2.2. Telecommunications	..	..	..	..	..	..
J_K	65_74	2. Finance, insurance, real estate and business services	20 704	26 203	32 883	40 471	47 475	57 397
J	65_67	2.1. Financial and insurance services	8 985	9 906	11 977	15 045	16 789	19 985
	65	2.1.1. Financial intermediation	..	..	..	..	..	..
	66	2.1.2. Insurance and pension funding	..	..	..	..	..	..
	67	2.1.3. Auxiliary financial services	..	..	..	..	..	..
K	70_74	2.2. Real estate and business services	11 719	16 297	20 905	25 426	30 686	37 411
	70	2.2.1. Real estate services	7 768	10 999	13 791	16 658	20 449	25 179
		2.2.1.1. Ownership of occupied dwellings	3 899	5 743	7 616	9 414	12 052	15 450
		2.2.1.2. Real estate activities	3 868	5 256	6 175	7 244	8 397	9 729
	71_74	2.2.2. Business services	3 952	5 298	7 115	8 768	10 238	12 232
	71	2.2.2.1. Renting, etc.	805	1 115	1 632	2 194	2 491	2 803
	72	2.2.2.2. Computer and related activities	..	..	..	..	..	..
	73	2.2.2.3. Research and development	..	..	..	..	..	..
	74	2.2.2.4. Other business activities	..	..	..	..	..	..
	741	2.2.2.4.1. Legal, accounting services, etc.	..	..	..	..	..	..
	742	2.2.2.4.2. Architect., engineering, other tech. serv.	..	..	..	..	..	..
	743	2.2.2.4.3. Advertising services	222	277	354	441	553	625
	749	2.2.2.4.4. Other business activities n.e.c.	..	..	..	..	..	..
L_Q	75_99	3. Other services	19 575	23 698	28 738	34 410	39 225	45 641
L	75	3.1. Public administration and defence	6 092	7 518	9 181	10 877	12 146	13 731
M_Q	80_99	3.2. Education, health, social work related, other community, social and personal services	13 484	16 180	19 557	23 533	27 080	31 909
M	80	3.2.1. Education	6 875	8 178	9 722	11 596	13 234	15 458
N	85	3.2.2. Health and social work	2 432	2 916	3 494	4 124	4 736	5 381
O	90_93	3.2.3. Other community, social and personal services	4 011	4 881	6 099	7 475	8 682	10 524
	90	3.2.3.1. Sanitary and similar services	..	..	..	..	..	..
	91	3.2.3.2. Membership organisations n.e.c.	..	..	..	..	..	..
	92	3.2.3.3. Recreational and cultural services	..	..	..	..	..	..
	93	3.2.3.4. Other personal services	..	..	..	..	..	..
P	95	3.2.4. Private households with employed persons	165	204	242	338	428	547
Q	99	3.2.5. Extra-territorial organisations	..	..	..	..	..	..
		FISIM (Financial Intermediation Services Indirectly Measured)	- 5 568	- 6 318	- 7 404	- 9 431	- 9 339	- 10 847
G_Q	50_99	**TOTAL, SERVICES**	**65 601**	**79 577**	**96 726**	**113 360**	**130 680**	**154 264**
		GROSS VALUE ADDED, All activities, at producer prices	**143 087**	**171 861**	**209 274**	**238 386**	**269 984**	**314 355**
		% of services in gross value added, all activities	45.85	46.30	46.22	47.55	48.40	49.07
		Memorandum item:						
		Gross domestic product at market prices	148 197	178 797	216 511	245 700	277 497	323 407

CORÉE

I. VALEUR AJOUTÉE BRUTE aux prix du producteur

A. Prix courants

Milliards de won

1995	1996	1997	1998	1999		CITI Rév. 3	
					1. Commerce d'automobiles, de gros et de détail ; restaurants et hôtels ;	G_I	50_64
71 994	77 777	81 519	76 992	86 468	transports et communication		
47 173	50 300	51 788	45 661	52 546	1.1. Commerce d'automobiles, de gros et de détail ; restaurants et hôtels	G_H	50_55
37 306	39 233	40 021	35 095	40 250	1.1.1. Commerce d'automobiles, de gros et de détail	G	50_52
..	..	..	..	..	1.1.1.1. Commerce et réparations automobiles		50
..	..	..	..	..	1.1.1.2. Commerce de gros et intermédiaires		51
..	..	..	..	..	1.1.1.3. Commerce de détail et réparations		52
9 867	11 067	11 767	10 566	12 296	1.1.2. Restaurants et hôtels	H	55
24 821	27 477	29 731	31 330	33 922	1.2. Transports, entreposage et communications	I	60_64
17 432	18 632	19 924	20 683	21 368	1.2.1. Transports et entreposage		60_63
..	..	..	..	..	1.2.1.1. Transports terrestres, transports par conduites		60
..	..	..	..	..	1.2.1.2. Transports par eau		61
..	..	..	..	..	1.2.1.3. Transports aériens		62
..	..	..	..	..	1.2.1.4. Services auxiliaires des transports, agences de voyages		63
7 389	8 845	9 807	10 647	12 553	1.2.2. Communications		64
..	..	..	..	..	1.2.2.1. Poste et courrier		641
..	..	..	..	..	1.2.2.2. Télécommunications		642
68 235	77 912	86 689	86 466	95 218	2. Banques, assurances, affaires immobilières et services aux entreprises	J_K	65_74
24 763	27 991	29 898	30 348	37 907	2.1. Établissements financiers	J	65_67
..	..	..	..	..	2.1.1. Intermédiation financière		65
..	..	..	..	..	2.1.2. Assurances et caisses de retraite		66
..	..	..	..	..	2.1.3. Activités financières auxiliaires		67
43 472	49 922	56 792	56 118	57 311	2.2. Affaires immobilières et services fournis aux entreprises	K	70_74
28 612	32 755	37 444	38 176	39 580	2.2.1. Affaires immobilières		70
17 454	20 014	23 221	24 413	23 889	2.2.1.1. Propriétaires de logements occupés		
11 158	12 741	14 223	13 762	15 690	2.2.1.2. Activités immobilières		
14 860	17 167	19 348	17 942	17 731	2.2.2. Services fournis aux entreprises		71_74
3 277	3 430	3 930	3 228	2 288	2.2.2.1. Location, etc.		71
..	..	..	..	..	2.2.2.2. Activités informatiques et activités connexes		72
..	..	..	..	..	2.2.2.3. Recherche et développement		73
..	..	..	..	..	2.2.2.4. Autres services fournis aux entreprises		74
..	..	..	..	..	2.2.2.4.1. Activités juridiques, comptables, etc.		741
..	..	..	..	..	2.2.2.4.2. Activ. d'architect., d'ingénierie, aut. serv. tech.		742
795	857	834	646	866	2.2.2.4.3. Publicité		743
..	..	..	..	..	2.2.2.4.4. Autres serv. fournis aux entreprises n.c.a.		749
53 415	61 236	67 848	68 864	71 363	3. Autres services	L_Q	75_99
15 668	17 719	19 322	20 042	20 006	3.1. Administration publique et défense	L	75
					3.2. Enseignement, santé, action sociale, autres activités de services	M_Q	80_99
37 746	43 517	48 527	48 822	51 357	collectifs, sociaux et personnels		
18 122	20 859	22 988	23 386	24 159	3.2.1. Enseignement	M	80
6 272	7 196	8 283	8 902	9 667	3.2.2. Santé et action sociale	N	85
12 674	14 648	16 298	15 567	16 492	3.2.3. Autres activités de services collectifs, sociaux et personnels	O	90_93
..	..	..	..	..	3.2.3.1. Services sanitaires et analogues		90
..	..	..	..	..	3.2.3.2. Activités associatives diverses		91
..	..	..	..	..	3.2.3.3. Activités récréatives et culturelles		92
..	..	..	..	..	3.2.3.4. Autres services personnels		93
679	814	957	967	1 038	3.2.4. Ménages privés employant du personnel domestique	P	95
..	..	..	..	..	3.2.5. Organisations extraterritoriales	Q	99
- 14 389	- 16 168	- 17 641	- 17 588	- 19 050	SIFIM (Services d'intermédiation financière indirectement mesurés)		
179 255	**200 758**	**218 416**	**214 734**	**233 999**	**TOTAL, SERVICES**	G_Q	50_99
365 632	**404 971**	**437 950**	**431 400**	**468 857**	**VALEUR AJOUTÉE BRUTE, Toutes activités, aux prix du producteur**		
49.03	49.57	49.87	49.78	49.91	% des services dans la valeur ajoutée brute, toutes activités		
					Pour mémoire :		
377 350	418 479	453 276	444 367	483 778	Produit intérieur brut aux prix du marché		

SERVICES : Statistiques sur la valeur ajoutée et l'emploi
© OCDE 2001

I. GROSS VALUE ADDED at producer prices *(cont.)*

B. Constant 1995 prices

Billions of won

ISIC Rev. 3			1989	1990	1991	1992	1993	1994
G_I	**50_64**	1. Motor, wholesale and retail trade; restaurants and hotels; transport and communication	45 663	50 202	54 229	57 146	59 972	65 848
G_H	50_55	1.1. Motor, wholesale and retail trade; restaurants and hotels	30 629	33 577	36 099	37 667	39 640	43 510
G	50_52	1.1.1. Motor, wholesale and retail trade	24 427	26 951	28 819	29 819	31 418	34 512
	50	1.1.1.1. Motor trade and repairs	..	..	..	..	..	..
	51	1.1.1.2. Wholesale and commission trade	..	..	..	..	..	..
	52	1.1.1.3. Retail trade and repairs	..	..	..	..	..	..
H	55	1.1.2. Restaurants and hotels	6 202	6 626	7 281	7 848	8 222	8 999
I	60_64	1.2. Transport, storage and communication	15 034	16 625	18 130	19 479	20 332	22 338
	60_63	1.2.1. Transport and storage	12 347	13 435	14 327	15 136	15 288	16 258
	60	1.2.1.1. Land transport, transport via pipelines	..	..	..	..	..	..
	61	1.2.1.2. Water transport	..	..	..	..	..	..
	62	1.2.1.3. Air transport	..	..	..	..	..	..
	63	1.2.1.4. Auxiliary transport services, travel agencies	..	..	..	..	..	..
	64	1.2.2. Communication	2 687	3 190	3 802	4 343	5 044	6 079
	641	1.2.2.1. Postal and courier services	..	..	..	..	..	..
	642	1.2.2.2. Telecommunications	..	..	..	..	..	..
J_K	**65_74**	2. Finance, insurance, real estate and business services	37 298	40 887	46 130	50 985	56 603	61 810
J	65_67	2.1. Financial and insurance services	11 312	12 512	14 451	16 422	19 349	21 654
	65	2.1.1. Financial intermediation	..	..	..	..	..	..
	66	2.1.2. Insurance and pension funding	..	..	..	..	..	..
	67	2.1.3. Auxiliary financial services	..	..	..	..	..	..
K	70_74	2.2. Real estate and business services	25 986	28 375	31 679	34 563	37 254	40 156
	70	2.2.1. Real estate services	19 003	20 333	22 008	23 622	25 240	26 854
		2.2.1.1. Ownership of occupied dwellings	11 959	12 537	13 521	14 556	15 554	16 506
		2.2.1.2. Real estate activities	7 044	7 797	8 487	9 066	9 686	10 348
	71_74	2.2.2. Business services	6 983	8 041	9 671	10 941	12 015	13 302
	71	2.2.2.1. Renting, etc.	1 117	1 437	1 947	2 457	2 633	2 881
	72	2.2.2.2. Computer and related activities	..	..	..	..	..	..
	73	2.2.2.3. Research and development	..	..	..	..	..	..
	74	2.2.2.4. Other business activities	..	..	..	..	..	..
	741	2.2.2.4.1. Legal, accounting services, etc.	..	..	..	..	..	..
	742	2.2.2.4.2. Architect., engineering, other tech. serv.	..	..	..	..	..	..
	743	2.2.2.4.3. Advertising services	509	558	607	658	695	720
	749	2.2.2.4.4. Other business activities n.e.c.	..	..	..	..	..	..
L_Q	**75_99**	3. Other services	40 027	42 124	44 413	46 792	48 804	51 111
L	75	3.1. Public administration and defence	13 227	13 803	14 353	14 968	15 400	15 594
M_Q	80_99	3.2. Education, health, social work related, other community, social and personal services	26 800	28 322	30 060	31 824	33 404	35 518
M	80	3.2.1. Education	14 785	15 454	15 983	16 573	17 051	17 570
N	85	3.2.2. Health and social work	4 133	4 523	4 891	5 206	5 503	5 871
O	90_93	3.2.3. Other community, social and personal services	7 471	7 935	8 769	9 604	10 327	11 467
	90	3.2.3.1. Sanitary and similar services	..	..	..	..	..	..
	91	3.2.3.2. Membership organisations n.e.c.	..	..	..	..	..	..
	92	3.2.3.3. Recreational and cultural services	..	..	..	..	..	..
	93	3.2.3.4. Other personal services	..	..	..	..	..	..
P	95	3.2.4. Private households with employed persons	410	409	418	441	523	610
Q	99	3.2.5. Extra-territorial organisations	..	..	..	..	..	..
		FISIM (Financial Intermediation Services Indirectly Measured)	- 5 812	- 6 755	- 7 942	- 9 213	- 10 576	- 11 731
G_Q	**50_99**	**TOTAL, SERVICES**	**117 176**	**126 459**	**136 830**	**145 710**	**154 803**	**167 038**
		GROSS VALUE ADDED, All activities, at producer prices	**236 359**	**257 361**	**280 497**	**295 854**	**312 096**	**336 768**
		% of services in gross value added, all activities	49.58	49.14	48.78	49.25	49.60	49.60
		Memorandum item:						
		Gross domestic product at market prices	241 725	263 430	287 738	303 384	320 044	346 448

I. VALEUR AJOUTÉE BRUTE aux prix du producteur *(suite)*

B. Prix constants de 1995

Milliards de won

1995	1996	1997	1998	1999		CITI Rév. 3	
					1. Commerce d'automobiles, de gros et de détail ; restaurants et hôtels ;	**G_I**	**50_64**
71 994	77 956	83 647	77 701	88 818	transports et communication		
47 173	50 500	52 512	46 813	52 952	1.1. Commerce d'automobiles, de gros et de détail ; restaurants et hôtels	G_H	50_55
37 306	40 054	41 803	37 381	42 272	1.1.1. Commerce d'automobiles, de gros et de détail	G	50_52
..	..	..	..	..	1.1.1.1. Commerce et réparations automobiles		50
..	..	..	..	..	1.1.1.2. Commerce de gros et intermédiaires		51
..	..	..	..	..	1.1.1.3. Commerce de détail et réparations		52
9 867	10 445	10 709	9 432	10 680	1.1.2. Restaurants et hôtels	H	55
24 821	27 456	31 135	30 888	35 866	1.2. Transports, entreposage et communications	I	60_64
17 432	18 500	19 978	17 800	19 259	1.2.1. Transports et entreposage		60_63
..	..	..	..	..	1.2.1.1. Transports terrestres, transports par conduites		60
..	..	..	..	..	1.2.1.2. Transports par eau		61
..	..	..	..	..	1.2.1.3. Transports aériens		62
..	..	..	..	..	1.2.1.4. Services auxiliaires des transports, agences de voyages		63
7 389	8 957	11 157	13 088	16 607	1.2.2. Communications		64
..	..	..	..	..	1.2.2.1. Poste et courrier		641
..	..	..	..	..	1.2.2.2. Télécommunications		642
68 235	73 132	77 411	75 956	80 075	2. Banques, assurances, affaires immobilières et services aux entreprises	**J_K**	**65_74**
24 763	26 568	27 830	27 122	29 690	2.1. Établissements financiers	J	65_67
..	..	..	..	..	2.1.1. Intermédiation financière		65
..	..	..	..	..	2.1.2. Assurances et caisses de retraite		66
..	..	..	..	..	2.1.3. Activités financières auxiliaires		67
43 472	46 564	49 580	48 834	50 385	2.2. Affaires immobilières et services fournis aux entreprises	K	70_74
28 612	30 544	32 659	33 611	34 891	2.2.1. Affaires immobilières		70
17 454	18 485	19 678	20 136	20 702	2.2.1.1. Propriétaires de logements occupés		
11 158	12 059	12 981	13 475	14 188	2.2.1.2. Activités immobilières		
14 860	16 020	16 921	15 223	15 495	2.2.2. Services fournis aux entreprises		71_74
3 277	3 405	3 663	2 760	2 144	2.2.2.1. Location, etc.		71
..	..	..	..	..	2.2.2.2. Activités informatiques et activités connexes		72
..	..	..	..	..	2.2.2.3. Recherche et développement		73
..	..	..	..	..	2.2.2.4. Autres services fournis aux entreprises		74
..	..	..	..	..	2.2.2.4.1. Activités juridiques, comptables, etc.		741
..	..	..	..	..	2.2.2.4.2. Activ. d'architect., d'ingénierie, aut. serv. tech.		742
795	809	756	608	780	2.2.2.4.3. Publicité		743
..	..	..	..	..	2.2.2.4.4. Autres serv. fournis aux entreprises n.c.a.		749
53 415	55 519	57 253	55 871	57 219	3. Autres services	**L_Q**	**75_99**
15 668	16 175	16 331	16 121	15 855	3.1. Administration publique et défense	L	75
					3.2. Enseignement, santé, action sociale, autres activités de services	M_Q	80_99
37 746	39 343	40 922	39 750	41 364	collectifs, sociaux et personnels		
18 122	18 655	19 138	19 124	19 279	3.2.1. Enseignement	M	80
6 272	6 467	6 902	6 711	7 086	3.2.2. Santé et action sociale	N	85
12 674	13 497	14 131	13 179	14 211	3.2.3. Autres activités de services collectifs, sociaux et personnels	O	90_93
..	..	..	..	..	3.2.3.1. Services sanitaires et analogues		90
..	..	..	..	..	3.2.3.2. Activités associatives diverses		91
..	..	..	..	..	3.2.3.3. Activités récréatives et culturelles		92
..	..	..	..	..	3.2.3.4. Autres services personnels		93
679	724	751	736	788	3.2.4. Ménages privés employant du personnel domestique	P	95
..	..	..	..	..	3.2.5. Organisations extraterritoriales	Q	99
- 14 389	- 15 854	- 16 840	- 16 171	- 16 530	SIFIM (Services d'intermédiation financière indirectement mesurés)		
179 255	**190 753**	**201 471**	**193 357**	**209 582**	**TOTAL, SERVICES**	**G_Q**	**50_99**
365 632	**389 303**	**410 527**	**387 029**	**426 502**	**VALEUR AJOUTÉE BRUTE, Toutes activités, aux prix du producteur**		
49.03	49.00	49.08	49.96	49.14	% des services dans la valeur ajoutée brute, toutes activités		
					Pour mémoire :		
377 350	402 821	423 007	394 710	436 798	Produit intérieur brut aux prix du marché		

II. EMPLOYMENT

A. Total employment *

Thousand full-time equivalents

ISIC Rev. 3				1989	1990	1991	1992	1993	1994
G_I	**50_64**	1. Motor, wholesale and retail trade; restaurants and hotels; transport and communication		4 468	4 737	4 938	5 342	5 761	6 106
G_H	50_55	1.1. Motor, wholesale and retail trade; restaurants and hotels		..	..	..	4 350	4 767	5 111
G	50_52	1.1.1. Motor, wholesale and retail trade		..	..	..	3 147	3 446	3 646
	50	1.1.1.1. Motor trade and repairs		..	..	..	..	..	..
	51	1.1.1.2. Wholesale and commission trade		..	..	..	..	..	..
	52	1.1.1.3. Retail trade and repairs		..	..	..	..	..	..
H	55	1.1.2. Restaurants and hotels		..	..	..	1 203	1 321	1 465
I	60_64	1.2. Transport, storage and communication		..	..	..	992	994	995
	60_63	1.2.1. Transport and storage		..	..	..	..	..	..
	60	1.2.1.1. Land transport, transport via pipelines		..	..	..	..	..	..
	61	1.2.1.2. Water transport		..	..	..	..	..	..
	62	1.2.1.3. Air transport		..	..	..	..	..	..
	63	1.2.1.4. Auxiliary transport services, travel agencies		..	..	..	..	..	..
	64	1.2.2. Communication		..	..	..	..	..	..
	641	1.2.2.1. Postal and courier services		..	..	..	..	..	..
	642	1.2.2.2. Telecommunications		..	..	..	..	..	..
J_K	**65_74**	2. Finance, insurance, real estate and business services		841	925	995	1 206	1 335	1 467
J	65_67	2.1. Financial and insurance services		..	..	..	555	629	670
	65	2.1.1. Financial intermediation		..	..	..	..	..	..
	66	2.1.2. Insurance and pension funding		..	..	..	..	..	..
	67	2.1.3. Auxiliary financial services		..	..	..	..	..	..
K	70_74	2.2. Real estate and business services		..	..	..	651	706	797
	70	2.2.1. Real estate services		..	..	..	..	..	..
		2.2.1.1. Ownership of occupied dwellings		..	..	..	..	..	..
		2.2.1.2. Real estate activities		..	..	..	..	..	..
	71_74	2.2.2. Business services		..	..	..	..	..	..
	71	2.2.2.1. Renting, etc.		..	..	..	..	..	..
	72	2.2.2.2. Computer and related activities		..	..	..	..	..	..
	73	2.2.2.3. Research and development		..	..	..	..	..	..
	74	2.2.2.4. Other business activities		..	..	..	..	..	..
	741	2.2.2.4.1. Legal, accounting services, etc.		..	..	..	..	..	..
	742	2.2.2.4.2. Architect., engineering, other tech. serv.		..	..	..	..	..	..
	743	2.2.2.4.3. Advertising services		..	..	..	..	..	..
	749	2.2.2.4.4. Other business activities n.e.c.		..	..	..	..	..	..
L_Q	**75_99**	3. Other services		2 296	2 439	2 536	2 520	2 592	2 673
L	75	3.1. Public administration and defence		..	..	..	549	590	619
M_Q	80_99	3.2. Education, health, social work related, other community, social and personal services		..	..	..	1 971	2 002	2 054
M	80	3.2.1. Education		..	..	..	796	822	827
N	85	3.2.2. Health and social work		..	..	..	278	272	283
O	90_93	3.2.3. Other community, social and personal services		..	..	..	722	743	776
	90	3.2.3.1. Sanitary and similar services		..	..	..	..	..	..
	91	3.2.3.2. Membership organisations n.e.c.		..	..	..	..	..	..
	92	3.2.3.3. Recreational and cultural services		..	..	..	..	..	..
	93	3.2.3.4. Other personal services		..	..	..	..	..	..
P	95	3.2.4. Private households with employed persons		..	..	..	175	165	168
Q	99	3.2.5. Extra-territorial organisations		..	..	..	..	..	..
G_Q	**50_99**	**TOTAL, SERVICES**		**7 605**	**8 101**	**8 469**	**9 068**	**9 688**	**10 246**
		TOTAL EMPLOYMENT, All activities		**16 528**	**17 172**	**17 627**	**17 931**	**18 287**	**18 843**
		% of services in total employment, all activities		46.01	47.18	48.05	50.57	52.98	54.38

II. EMPLOI

A. Emploi total *

Milliers d'équivalents plein-temps

1995	1996	1997	1998	1999		CITI Rév. 3	
					1. Commerce d'automobiles, de gros et de détail ; restaurants et hôtels ;	**G_I**	**50_64**
6 332	6 627	6 818	6 543	6 700	transports et communication		
5 276	5 532	5 676	5 408	5 532	1.1. Commerce d'automobiles, de gros et de détail ; restaurants et hôtels	G_H	50_55
3 702	3 794	3 826	3 705	3 772	1.1.1. Commerce d'automobiles, de gros et de détail	G	50_52
..	..	..	..	..	1.1.1.1. Commerce et réparations automobiles		50
..	..	..	..	..	1.1.1.2. Commerce de gros et intermédiaires		51
..	..	..	..	..	1.1.1.3. Commerce de détail et réparations		52
1 574	1 738	1 850	1 703	1 760	1.1.2. Restaurants et hôtels	H	55
1 056	1 095	1 142	1 135	1 168	1.2. Transports, entreposage et communications	I	60_64
..	..	..	..	..	1.2.1. Transports et entreposage		60_63
..	..	..	..	..	1.2.1.1. Transports terrestres, transports par conduites		60
..	..	..	..	..	1.2.1.2. Transports par eau		61
..	..	..	..	..	1.2.1.3. Transports aériens		62
..	..	..	..	..	1.2.1.4. Services auxiliaires des transports, agences de voyages		63
..	..	..	..	..	1.2.2. Communications		64
..	..	..	..	..	1.2.2.1. Poste et courrier		641
..	..	..	..	..	1.2.2.2. Télécommunications		642
1 608	1 736	1 857	1 798	1 869	2. Banques, assurances, affaires immobilières et services aux entreprises	**J_K**	**65_74**
704	724	741	737	701	2.1. Établissements financiers	J	65_67
..	..	..	..	..	2.1.1. Intermédiation financière		65
..	..	..	..	..	2.1.2. Assurances et caisses de retraite		66
..	..	..	..	..	2.1.3. Activités financières auxiliaires		67
904	1 012	1 116	1 061	1 168	2.2. Affaires immobilières et services fournis aux entreprises	K	70_74
..	..	..	..	..	2.2.1. Affaires immobilières		70
..	..	..	..	..	2.2.1.1. Propriétaires de logements occupés		
..	..	..	..	..	2.2.1.2. Activités immobilières		
..	..	..	..	..	2.2.2. Services fournis aux entreprises		71_74
..	..	..	..	..	2.2.2.1. Location, etc.		71
..	..	..	..	..	2.2.2.2. Activités informatiques et activités connexes		72
..	..	..	..	..	2.2.2.3. Recherche et développement		73
..	..	..	..	..	2.2.2.4. Autres services fournis aux entreprises		74
..	..	..	..	..	2.2.2.4.1. Activités juridiques, comptables, etc.		741
..	..	..	..	..	2.2.2.4.2. Activ. d'architect., d'ingénierie, aut. serv. tech.		742
..	..	..	..	..	2.2.2.4.3. Publicité		743
..	..	..	..	..	2.2.2.4.4. Autres serv. fournis aux entreprises n.c.a.		749
2 821	2 895	3 037	3 092	3 244	3. Autres services	**L_Q**	**75_99**
630	623	634	719	842	3.1. Administration publique et défense	L	75
					3.2. Enseignement, santé, action sociale, autres activités de services	M_Q	80_99
2 191	2 272	2 403	2 373	2 402	collectifs, sociaux et personnels		
890	923	951	987	970	3.2.1. Enseignement	M	80
299	301	323	352	372	3.2.2. Santé et action sociale	N	85
821	858	914	849	876	3.2.3. Autres activités de services collectifs, sociaux et personnels	O	90_93
..	..	..	..	..	3.2.3.1. Services sanitaires et analogues		90
..	..	..	..	..	3.2.3.2. Activités associatives diverses		91
..	..	..	..	..	3.2.3.3. Activités récréatives et culturelles		92
..	..	..	..	..	3.2.3.4. Autres services personnels		93
181	190	215	185	184	3.2.4. Ménages privés employant du personnel domestique	P	95
..	..	..	..	..	3.2.5. Organisations extraterritoriales	Q	99
10 761	**11 258**	**11 712**	**11 433**	**11 813**	**TOTAL, SERVICES**	**G_Q**	**50_99**
19 384	**19 746**	**19 842**	**18 394**	**19 259**	**EMPLOI TOTAL, Toutes activités**		
55.51	57.01	59.03	62.16	61.34	% des services dans l'emploi total, toutes activités		

KOREA

B. Employees *

Thousand full-time equivalents

ISIC Rev. 3			1989	1990	1991	1992	1993	1994
G_I	**50_64**	1. Motor, wholesale and retail trade; restaurants and hotels; transport and communication	2 059	2 228	2 326	2 542	2 704	2 944
G_H	50_55	1.1. Motor, wholesale and retail trade; restaurants and hotels	..	..	..	1 812	1 971	2 211
G	50_52	1.1.1. Motor, wholesale and retail trade	..	..	..	1 248	1 368	1 539
	50	1.1.1.1. Motor trade and repairs	..	..	..	..	..	..
	51	1.1.1.2. Wholesale and commission trade	..	..	..	..	..	..
	52	1.1.1.3. Retail trade and repairs	..	..	..	..	..	..
H	55	1.1.2. Restaurants and hotels	..	..	..	564	603	672
I	60_64	1.2. Transport, storage and communication	..	..	..	730	733	733
	60_63	1.2.1. Transport and storage	..	..	..	..	..	..
	60	1.2.1.1. Land transport, transport via pipelines	..	..	..	..	..	..
	61	1.2.1.2. Water transport	..	..	..	..	..	..
	62	1.2.1.3. Air transport	..	..	..	..	..	..
	63	1.2.1.4. Auxiliary transport services, travel agencies	..	..	..	..	..	..
	64	1.2.2. Communication	..	..	..	..	..	..
	641	1.2.2.1. Postal and courier services	..	..	..	..	..	..
	642	1.2.2.2. Telecommunications	..	..	..	..	..	..
J_K	**65_74**	2. Finance, insurance, real estate and business services	674	758	825	981	1 110	1 230
J	65_67	2.1. Financial and insurance services	..	..	..	531	604	641
	65	2.1.1. Financial intermediation	..	..	..	..	..	..
	66	2.1.2. Insurance and pension funding	..	..	..	..	..	..
	67	2.1.3. Auxiliary financial services	..	..	..	..	..	..
K	70_74	2.2. Real estate and business services	..	..	..	450	506	589
	70	2.2.1. Real estate services	..	..	..	..	..	..
		2.2.1.1. Ownership of occupied dwellings	..	..	..	..	..	..
		2.2.1.2. Real estate activities	..	..	..	..	..	..
	71_74	2.2.2. Business services	..	..	..	..	..	..
	71	2.2.2.1. Renting, etc.	..	..	..	..	..	..
	72	2.2.2.2. Computer and related activities	..	..	..	..	..	..
	73	2.2.2.3. Research and development	..	..	..	..	..	..
	74	2.2.2.4. Other business activities	..	..	..	..	..	..
	741	2.2.2.4.1. Legal, accounting services, etc.	..	..	..	..	..	..
	742	2.2.2.4.2. Architect., engineering, other tech. serv.	..	..	..	..	..	..
	743	2.2.2.4.3. Advertising services	..	..	..	..	..	..
	749	2.2.2.4.4. Other business activities n.e.c.	..	..	..	..	..	..
L_Q	**75_99**	3. Other services	1 827	1 919	1 971	2 034	2 078	2 148
L	75	3.1. Public administration and defence	..	..	..	549	590	619
M_Q	80_99	3.2. Education, health, social work related, other community, social and personal services	..	..	..	1 485	1 488	1 529
M	80	3.2.1. Education	..	..	..	688	708	713
N	85	3.2.2. Health and social work	..	..	..	240	242	252
O	90_93	3.2.3. Other community, social and personal services	..	..	..	396	383	400
	90	3.2.3.1. Sanitary and similar services	..	..	..	..	..	..
	91	3.2.3.2. Membership organisations n.e.c.	..	..	..	..	..	..
	92	3.2.3.3. Recreational and cultural services	..	..	..	..	..	..
	93	3.2.3.4. Other personal services	..	..	..	..	..	..
P	95	3.2.4. Private households with employed persons	..	..	..	161	155	164
Q	99	3.2.5. Extra-territorial organisations	..	..	..	..	..	..
G_Q	**50_99**	**TOTAL, SERVICES**	**4 560**	**4 905**	**5 122**	**5 557**	**5 892**	**6 322**
		TOTAL EMPLOYEES, All activities	**9 962**	**10 540**	**10 889**	**11 062**	**11 242**	**11 764**
		% of services in total employees, all activities	45.77	46.54	47.04	50.24	52.41	53.74

II. EMPLOI *(suite)*

B. Salariés *

Milliers d'équivalents plein-temps

1995	1996	1997	1998	1999		CITI Rév. 3	
					1. Commerce d'automobiles, de gros et de détail ; restaurants et hôtels ;	**G_I**	**50_64**
3 107	3 278	3 393	3 197	3 312	transports et communication		
2 347	2 509	2 613	2 376	2 482	1.1. Commerce d'automobiles, de gros et de détail ; restaurants et hôtels	G_H	50_55
1 611	1 693	1 722	1 590	1 640	1.1.1. Commerce d'automobiles, de gros et de détail	G	50_52
..	..	..	..	..	1.1.1.1. Commerce et réparations automobiles		50
..	..	..	..	..	1.1.1.2. Commerce de gros et intermédiaires		51
..	..	..	..	..	1.1.1.3. Commerce de détail et réparations		52
736	816	891	786	842	1.1.2. Restaurants et hôtels	H	55
760	769	780	821	830	1.2. Transports, entreposage et communications	I	60_64
..	..	..	..	..	1.2.1. Transports et entreposage		60_63
..	..	..	..	..	1.2.1.1. Transports terrestres, transports par conduites		60
..	..	..	..	..	1.2.1.2. Transports par eau		61
..	..	..	..	..	1.2.1.3. Transports aériens		62
..	..	..	..	..	1.2.1.4. Services auxiliaires des transports, agences de voyages		63
..	..	..	..	..	1.2.2. Communications		64
..	..	..	..	..	1.2.2.1. Poste et courrier		641
..	..	..	..	..	1.2.2.2. Télécommunications		642
1 344	1 473	1 586	1 522	1 556	2. Banques, assurances, affaires immobilières et services aux entreprises	**J_K**	**65_74**
673	693	714	702	659	2.1. Établissements financiers	J	65_67
..	..	..	..	..	2.1.1. Intermédiation financière		65
..	..	..	..	..	2.1.2. Assurances et caisses de retraite		66
..	..	..	..	..	2.1.3. Activités financières auxiliaires		67
671	780	872	820	897	2.2. Affaires immobilières et services fournis aux entreprises	K	70_74
..	..	..	..	..	2.2.1. Affaires immobilières		70
..	..	..	..	..	2.2.1.1. Propriétaires de logements occupés		
..	..	..	..	..	2.2.1.2. Activités immobilières		
..	..	..	..	..	2.2.2. Services fournis aux entreprises		71_74
..	..	..	..	..	2.2.2.1. Location, etc.		71
..	..	..	..	..	2.2.2.2. Activités informatiques et activités connexes		72
..	..	..	..	..	2.2.2.3. Recherche et développement		73
..	..	..	..	..	2.2.2.4. Autres services fournis aux entreprises		74
..	..	..	..	..	2.2.2.4.1. Activités juridiques, comptables, etc.		741
..	..	..	..	..	2.2.2.4.2. Activ. d'architect., d'ingénierie, aut. serv. tech.		742
..	..	..	..	..	2.2.2.4.3. Publicité		743
..	..	..	..	..	2.2.2.4.4. Autres serv. fournis aux entreprises n.c.a.		749
2 216	2 266	2 379	2 424	2 572	3. Autres services	**L_Q**	**75_99**
630	623	634	719	840	3.1. Administration publique et défense	L	75
					3.2. Enseignement, santé, action sociale, autres activités de services	M_Q	80_99
1 586	1 643	1 745	1 705	1 732	collectifs, sociaux et personnels		
729	751	777	811	795	3.2.1. Enseignement	M	80
265	266	287	296	315	3.2.2. Santé et action sociale	N	85
422	452	487	434	467	3.2.3. Autres activités de services collectifs, sociaux et personnels	O	90_93
..	..	..	..	..	3.2.3.1. Services sanitaires et analogues		90
..	..	..	..	..	3.2.3.2. Activités associatives diverses		91
..	..	..	..	..	3.2.3.3. Activités récréatives et culturelles		92
..	..	..	..	..	3.2.3.4. Autres services personnels		93
170	174	194	164	155	3.2.4. Ménages privés employant du personnel domestique	P	95
..	..	..	..	..	3.2.5. Organisations extraterritoriales	Q	99
6 667	**7 017**	**7 358**	**7 143**	**7 440**	**TOTAL, SERVICES**	**G_Q**	**50_99**
12 256	**12 521**	**12 587**	**11 318**	**11 985**	**EMPLOI SALARIÉ TOTAL, Toutes activités**		
54.40	56.04	58.46	63.11	62.08	% des services dans l'emploi salarié total, toutes activités		

Sources:

Value Added:

Bank of Korea, Seoul, data sent directly.

Employment:

Economically Active Population Survey (EAPS), Social Statistics Division, National Statistical Office, Seoul, data sent directly.

General note:

Employment:

* The EAPS covers all persons aged 15 years old and over during the survey week. Total labour force figures exclude the armed forces. The statistical office revised the data of EAPS from 1991 retroactively according to the results based on the 1995 Population & Housing Census.

Sources :

Valeur ajoutée :

Bank of Korea, Seoul, données envoyées directement.

Emploi :

Economically Active Population Survey (EAPS), Social Statistics Division, National Statistical Office, Seoul, données transmises directement.

Note générale :

Emploi :

* L'Enquête sur la population active (EAPS) concerne toutes les personnes âgées de 15 ans et plus au cours de la semaine de l'enquête. Les chiffres sur la population active totale excluent les forces armées. L'office statistique a révisé les données de l'enquête rétroactivement à partir de 1991 suivant les résultats du recensement de 1995 sur la population et le logement.

Luxembourg

LUXEMBOURG

I. GROSS VALUE ADDED at basic prices

A. Current prices

Billions of Luxembourg francs

ISIC Rev. 3			1989	1990	1991	1992	1993	1994
G_I	**50_64**	1. Motor, wholesale and retail trade; restaurants and hotels; transport and communication	..	..	..	..	..	..
G_H	50_55	1.1. Motor, wholesale and retail trade; restaurants and hotels	..	..	..	..	..	..
G	50_52	1.1.1. Motor, wholesale and retail trade	..	..	..	..	..	..
	50	1.1.1.1. Motor trade and repairs	..	..	..	..	..	..
	51	1.1.1.2. Wholesale and commission trade	..	..	..	..	..	..
	52	1.1.1.3. Retail trade and repairs	..	..	..	..	..	..
H	55	1.1.2. Restaurants and hotels	..	..	..	..	..	..
I	60_64	1.2. Transport, storage and communication	..	..	..	..	..	..
	60_63	1.2.1. Transport and storage	..	..	..	..	..	..
	60	1.2.1.1. Land transport, transport via pipelines	..	..	..	..	..	..
	61	1.2.1.2. Water transport	..	..	..	..	..	..
	62	1.2.1.3. Air transport	..	..	..	..	..	..
	63	1.2.1.4. Auxiliary transport services, travel agencies	..	..	..	..	..	..
	64	1.2.2. Communication	..	..	..	..	..	..
	641	1.2.2.1. Postal and courier services	..	..	..	..	..	..
	642	1.2.2.2. Telecommunications	..	..	..	..	..	..
J_K	**65_74**	2. Finance, insurance, real estate and business services	..	..	..	..	..	..
J	65_67	2.1. Financial and insurance services	..	..	..	..	..	..
	65	2.1.1. Financial intermediation	..	..	..	..	..	..
	66	2.1.2. Insurance and pension funding	..	..	..	..	..	..
	67	2.1.3. Auxiliary financial services	..	..	..	..	..	..
K	70_74	2.2. Real estate and business services	..	..	..	..	..	..
	70	2.2.1. Real estate services	..	..	..	..	..	..
	71_74	2.2.2. Business services	..	..	..	..	..	..
	71	2.2.2.1. Renting, etc.	..	..	..	..	..	..
	72	2.2.2.2. Computer and related activities	..	..	..	..	..	..
	73	2.2.2.3. Research and development (1)	..	..	..	..	..	..
	74	2.2.2.4. Other business activities (1)	..	..	..	..	..	..
	741	2.2.2.4.1. Legal, accounting services, etc.	..	..	..	..	..	..
	742	2.2.2.4.2. Architect., engineering, other tech. serv.	..	..	..	..	..	..
	743	2.2.2.4.3. Advertising services	..	..	..	..	..	..
	749	2.2.2.4.4. Other business activities n.e.c.	..	..	..	..	..	..
L_Q	**75_99**	3. Other services	..	..	..	..	..	..
L	75	3.1. Public administration and defence	..	..	..	..	..	..
M_Q	80_99	3.2. Education, health, social work related, other community, social and personal services	..	..	..	..	..	..
M	80	3.2.1. Education	..	..	..	..	..	..
N	85	3.2.2. Health and social work	..	..	..	..	..	..
O	90_93	3.2.3. Other community, social and personal services	..	..	..	..	..	..
	90	3.2.3.1. Sanitary and similar services	..	..	..	..	..	..
	91	3.2.3.2. Membership organisations n.e.c.	..	..	..	..	..	..
	92	3.2.3.3. Recreational and cultural services	..	..	..	..	..	..
	93	3.2.3.4. Other personal services	..	..	..	..	..	..
P	95	3.2.4. Private households with employed persons	..	..	..	..	..	..
Q	99	3.2.5. Extra-territorial organisations	..	..	..	..	..	..
		FISIM (Financial Intermediation Services Indirectly Measured)	..	..	..	..	..	..
G_Q	**50_99**	**TOTAL, SERVICES**	..	..	..	..	..	..
		GROSS VALUE ADDED, All activities, at basic prices	..	..	..	..	..	..
		% of services in gross value added, all activities	..	..	..	..	..	..
		Memorandum item:						
		Gross domestic product at market prices	..	..	..	..	..	..

I. VALEUR AJOUTÉE BRUTE aux prix de base

A. Prix courants

Milliards de francs luxembourgeois

1995	1996	1997	1998	1999		CITI Rév. 3	
					1. Commerce d'automobiles, de gros et de détail ; restaurants et hôtels ;	**G_I**	**50_64**
119.8	128.5	139.2	148.4	167.3	transports et communication		
73.3	75.7	78.6	82.9	87.6	1.1. Commerce d'automobiles, de gros et de détail ; restaurants et hôtels	G_H	50_55
60.3	62.1	64.3	67.9	71.3	1.1.1. Commerce d'automobiles, de gros et de détail	G	50_52
9.8	10.3	11.1	12.0	13.4	1.1.1.1. Commerce et réparations automobiles		50
31.0	31.6	32.0	32.8	31.7	1.1.1.2. Commerce de gros et intermédiaires		51
19.5	20.2	21.3	23.1	26.2	1.1.1.3. Commerce de détail et réparations		52
13.0	13.6	14.3	15.0	16.3	1.1.2. Restaurants et hôtels	H	55
46.5	52.8	60.6	65.5	79.7	1.2. Transports, entreposage et communications	I	60_64
..	..	..	..	..	1.2.1. Transports et entreposage		60_63
..	..	..	..	..	1.2.1.1. Transports terrestres, transports par conduites		60
..	..	..	..	..	1.2.1.2. Transports par eau		61
..	..	..	..	..	1.2.1.3. Transports aériens		62
..	..	..	..	..	1.2.1.4. Services auxiliaires des transports, agences de voyages		63
..	..	..	..	..	1.2.2. Communications		64
..	..	..	..	..	1.2.2.1. Poste et courrier		641
..	..	..	..	..	1.2.2.2. Télécommunications		642
205.4	222.2	247.9	259.8	298.3	2. Banques, assurances, affaires immobilières et services aux entreprises	**J_K**	**65_74**
104.7	113.3	132.1	137.7	171.9	2.1. Établissements financiers	J	65_67
91.8	104.5	115.0	120.6	151.7	2.1.1. Intermédiation financière		65
5.8	1.5	5.2	5.3	4.0	2.1.2. Assurances et caisses de retraite		66
7.2	7.3	11.9	11.8	16.2	2.1.3. Activités financières auxiliaires		67
100.7	108.9	115.7	122.1	126.5	2.2. Affaires immobilières et services fournis aux entreprises	K	70_74
62.5	64.7	68.0	70.2	72.2	2.2.1. Affaires immobilières		70
38.1	44.2	47.8	51.9	54.3	2.2.2. Services fournis aux entreprises		71_74
5.6	6.2	6.3	6.6	6.1	2.2.2.1. Location, etc.		71
3.5	4.4	4.7	5.5	5.5	2.2.2.2. Activités informatiques et activités connexes		72
..	..	..	..	..	2.2.2.3. Recherche et développement (1)		73
29.1	33.6	36.7	39.8	42.7	2.2.2.4. Autres services fournis aux entreprises (1)		74
..	..	..	..	..	2.2.2.4.1. Activités juridiques, comptables, etc.		741
..	..	..	..	..	2.2.2.4.2. Activ. d'architect., d'ingénierie, aut. serv. tech.		742
..	..	..	..	..	2.2.2.4.3. Publicité		743
..	..	..	..	..	2.2.2.4.4. Autres serv. fournis aux entreprises n.c.a.		749
98.2	106.0	110.9	116.1	128.8	3. Autres services	**L_Q**	**75_99**
33.1	35.3	38.1	39.3	41.8	3.1. Administration publique et défense	L	75
					3.2. Enseignement, santé, action sociale, autres activités de services	M_Q	80_99
65.1	70.7	72.9	76.8	87.0	collectifs, sociaux et personnels		
22.2	23.4	24.2	24.8	26.3	3.2.1. Enseignement	M	80
23.5	26.4	27.0	28.9	36.0	3.2.2. Santé et action sociale	N	85
16.9	18.0	18.5	19.8	20.9	3.2.3. Autres activités de services collectifs, sociaux et personnels	O	90_93
3.1	3.4	3.7	3.8	4.2	3.2.3.1. Services sanitaires et analogues		90
3.2	3.5	3.6	3.9	4.2	3.2.3.2. Activités associatives diverses		91
8.3	8.6	8.4	9.3	9.7	3.2.3.3. Activités récréatives et culturelles		92
2.4	2.5	2.7	2.8	2.8	3.2.3.4. Autres services personnels		93
2.5	2.9	3.2	3.4	3.7	3.2.4. Ménages privés employant du personnel domestique	P	95
0.0	0.0	0.0	0.0	0.0	3.2.5. Organisations extraterritoriales	Q	99
- 71.7	- 77.5	- 74.1	- 72.1	- 86.8	SIFIM (Services d'intermédiation financière indirectement mesurés)		
351.7	**379.3**	**423.9**	**452.2**	**507.6**	**TOTAL, SERVICES**	**G_Q**	**50_99**
479.2	**503.1**	**555.6**	**594.0**	**647.3**	**VALEUR AJOUTÉE BRUTE, Toutes activités, aux prix de base**		
73.40	75.40	76.30	76.12	78.42	% des services dans la valeur ajoutée brute, toutes activités		
					Pour mémoire :		
538.4	563.5	624.6	665.7	731.8	Produit intérieur brut aux prix du marché		

LUXEMBOURG

B. Chain volume measures, 1995 base *

Billions of Luxembourg francs

ISIC Rev. 3			1989	1990	1991	1992	1993	1994
G_I	**50_64**	1. Motor, wholesale and retail trade; restaurants and hotels; transport and communication	..	..	..	..	..	..
G_H	50_55	1.1. Motor, wholesale and retail trade; restaurants and hotels	..	..	..	..	..	..
G	50_52	1.1.1. Motor, wholesale and retail trade	..	..	..	..	..	..
	50	1.1.1.1. Motor trade and repairs	..	..	..	..	..	..
	51	1.1.1.2. Wholesale and commission trade	..	..	..	..	..	..
	52	1.1.1.3. Retail trade and repairs	..	..	..	..	..	..
H	55	1.1.2. Restaurants and hotels	..	..	..	..	..	..
I	60_64	1.2. Transport, storage and communication	..	..	..	..	..	..
	60_63	1.2.1. Transport and storage	..	..	..	..	..	..
	60	1.2.1.1. Land transport, transport via pipelines	..	..	..	..	..	..
	61	1.2.1.2. Water transport	..	..	..	..	..	..
	62	1.2.1.3. Air transport	..	..	..	..	..	..
	63	1.2.1.4. Auxiliary transport services, travel agencies	..	..	..	..	..	..
	64	1.2.2. Communication	..	..	..	..	..	..
	641	1.2.2.1. Postal and courier services	..	..	..	..	..	..
	642	1.2.2.2. Telecommunications	..	..	..	..	..	..
J_K	**65_74**	2. Finance, insurance, real estate and business services	..	..	..	..	..	..
J	65_67	2.1. Financial and insurance services	..	..	..	..	..	..
	65	2.1.1. Financial intermediation	..	..	..	..	..	..
	66	2.1.2. Insurance and pension funding	..	..	..	..	..	..
	67	2.1.3. Auxiliary financial services	..	..	..	..	..	..
K	70_74	2.2. Real estate and business services	..	..	..	..	..	..
	70	2.2.1. Real estate services	..	..	..	..	..	..
	71_74	2.2.2. Business services	..	..	..	..	..	..
	71	2.2.2.1. Renting, etc.	..	..	..	..	..	..
	72	2.2.2.2. Computer and related activities	..	..	..	..	..	..
	73	2.2.2.3. Research and development (1)	..	..	..	..	..	..
	74	2.2.2.4. Other business activities (1)	..	..	..	..	..	..
	741	2.2.2.4.1. Legal, accounting services, etc.	..	..	..	..	..	..
	742	2.2.2.4.2. Architect., engineering, other tech. serv.	..	..	..	..	..	..
	743	2.2.2.4.3. Advertising services	..	..	..	..	..	..
	749	2.2.2.4.4. Other business activities n.e.c.	..	..	..	..	..	..
L_Q	**75_99**	3. Other services	..	..	..	..	..	..
L	75	3.1. Public administration and defence	..	..	..	..	..	..
M_Q	80_99	3.2. Education, health, social work related, other community, social and personal services	..	..	..	..	..	..
M	80	3.2.1. Education	..	..	..	..	..	..
N	85	3.2.2. Health and social work	..	..	..	..	..	..
O	90_93	3.2.3. Other community, social and personal services	..	..	..	..	..	..
	90	3.2.3.1. Sanitary and similar services	..	..	..	..	..	..
	91	3.2.3.2. Membership organisations n.e.c.	..	..	..	..	..	..
	92	3.2.3.3. Recreational and cultural services	..	..	..	..	..	..
	93	3.2.3.4. Other personal services	..	..	..	..	..	..
P	95	3.2.4. Private households with employed persons	..	..	..	..	..	..
Q	99	3.2.5. Extra-territorial organisations	..	..	..	..	..	..
		FISIM (Financial Intermediation Services Indirectly Measured)	..	..	..	..	..	..
G_Q	**50_99**	**TOTAL, SERVICES**	..	..	..	..	..	..
		GROSS VALUE ADDED, All activities, at basic prices	..	..	..	..	..	..
		% of services in gross value added, all activities	..	..	..	..	..	..
		Memorandum item:						
		Gross domestic product at market prices	..	..	..	..	..	..

I. VALEUR AJOUTÉE BRUTE aux prix de base *(suite)*

B. Volumes (prix chaînés), base 1995 *

Milliards de francs luxembourgeois

1995	1996	1997	1998	1999		CITI Rév. 3	
119.8	120.9	124.7	129.2	149.1	1. Commerce d'automobiles, de gros et de détail ; restaurants et hôtels ; transports et communication	G_I	50_64
73.3	70.6	70.4	70.0	73.7	1.1. Commerce d'automobiles, de gros et de détail ; restaurants et hôtels	G_H	50_55
60.3	57.0	56.5	55.9	59.0	1.1.1. Commerce d'automobiles, de gros et de détail	G	50_52
9.8	9.2	8.7	8.5	8.4	1.1.1.1. Commerce et réparations automobiles		50
31.0	27.9	27.1	26.5	29.6	1.1.1.2. Commerce de gros et intermédiaires		51
19.5	19.8	20.8	21.1	21.2	1.1.1.3. Commerce de détail et réparations		52
13.0	13.6	14.0	14.2	14.8	1.1.2. Restaurants et hôtels	H	55
46.5	50.3	54.4	59.2	75.9	1.2. Transports, entreposage et communications	I	60_64
..	..	..	..	..	1.2.1. Transports et entreposage		60_63
..	..	..	..	..	1.2.1.1. Transports terrestres, transports par conduites		60
..	..	..	..	..	1.2.1.2. Transports par eau		61
..	..	..	..	..	1.2.1.3. Transports aériens		62
..	..	..	..	..	1.2.1.4. Services auxiliaires des transports, agences de voyages		63
..	..	..	..	..	1.2.2. Communications		64
..	..	..	..	..	1.2.2.1. Poste et courrier		641
..	..	..	..	..	1.2.2.2. Télécommunications		642
205.4	214.5	236.9	246.3	255.5	2. Banques, assurances, affaires immobilières et services aux entreprises	J_K	65_74
104.7	109.2	128.2	134.2	142.3	2.1. Établissements financiers	J	65_67
91.8	100.3	110.6	116.7	121.9	2.1.1. Intermédiation financière		65
5.8	1.7	7.0	7.1	6.8	2.1.2. Assurances et caisses de retraite		66
7.2	7.2	11.3	11.2	14.1	2.1.3. Activités financières auxiliaires		67
100.7	105.3	108.7	112.2	113.4	2.2. Affaires immobilières et services fournis aux entreprises	K	70_74
62.5	62.7	64.0	64.5	64.7	2.2.1. Affaires immobilières		70
38.1	42.6	44.6	47.6	48.7	2.2.2. Services fournis aux entreprises		71_74
5.6	6.2	6.2	6.4	5.8	2.2.2.1. Location, etc.		71
3.5	4.1	4.1	4.5	4.6	2.2.2.2. Activités informatiques et activités connexes		72
..	..	..	..	..	2.2.2.3. Recherche et développement (1)		73
29.1	32.3	34.4	36.8	38.1	2.2.2.4. Autres services fournis aux entreprises (1)		74
..	..	..	..	..	2.2.2.4.1. Activités juridiques, comptables, etc.		741
..	..	..	..	..	2.2.2.4.2. Activ. d'architect., d'ingénierie, aut. serv. tech.		742
..	..	..	..	..	2.2.2.4.3. Publicité		743
..	..	..	..	..	2.2.2.4.4. Autres serv. fournis aux entreprises n.c.a.		749
98.2	101.9	102.9	106.6	112.7	3. Autres services	L_Q	75_99
33.1	34.6	34.4	35.0	35.3	3.1. Administration publique et défense	L	75
65.1	67.3	68.4	71.7	77.5	3.2. Enseignement, santé, action sociale, autres activités de services collectifs, sociaux et personnels	M_Q	80_99
22.2	21.5	22.9	24.1	24.6	3.2.1. Enseignement	M	80
23.5	25.8	25.9	26.9	32.1	3.2.2. Santé et action sociale	N	85
16.9	17.2	16.6	17.6	17.6	3.2.3. Autres activités de services collectifs, sociaux et personnels	O	90_93
3.1	3.3	3.5	3.6	4.0	3.2.3.1. Services sanitaires et analogues		90
3.2	3.3	3.2	3.4	3.5	3.2.3.2. Activités associatives diverses		91
8.3	8.2	7.4	8.0	7.7	3.2.3.3. Activités récréatives et culturelles		92
2.4	2.4	2.5	2.6	2.5	3.2.3.4. Autres services personnels		93
2.5	2.8	3.0	3.0	3.1	3.2.4. Ménages privés employant du personnel domestique	P	95
0.0	0.0	0.0	0.0	0.0	3.2.5. Organisations extraterritoriales	Q	99
- 71.7	- 73.2	- 77.3	- 75.8	- 74.4	SIFIM (Services d'intermédiation financière indirectement mesurés)		
351.7	**364.0**	**387.1**	**405.7**	**442.0**	**TOTAL, SERVICES**	**G_Q**	**50_99**
479.2	**490.3**	**521.4**	**548.4**	**586.6**	**VALEUR AJOUTÉE BRUTE, Toutes activités, aux prix de base**		
73.40	74.25	74.23	73.97	75.34	% des services dans la valeur ajoutée brute, toutes activités		
					Pour mémoire :		
538.4	554.0	594.2	624.0	670.8	Produit intérieur brut aux prix du marché		

LUXEMBOURG

II. EMPLOYMENT

A. Total employment *

Thousand persons

ISIC Rev. 3			1989	1990	1991	1992	1993	1994
G_I	**50_64**	1. Motor, wholesale and retail trade; restaurants and hotels; transport and communication	..	..	..	..	..	..
G_H	50_55	1.1. Motor, wholesale and retail trade; restaurants and hotels	..	..	..	..	..	..
G	50_52	1.1.1. Motor, wholesale and retail trade	..	..	..	..	..	..
	50	1.1.1.1. Motor trade and repairs	..	..	..	..	..	..
	51	1.1.1.2. Wholesale and commission trade	..	..	..	..	..	..
	52	1.1.1.3. Retail trade and repairs	..	..	..	..	..	..
H	55	1.1.2. Restaurants and hotels	..	..	..	..	..	..
I	60_64	1.2. Transport, storage and communication	..	..	..	..	..	..
	60_63	1.2.1. Transport and storage	..	..	..	..	..	..
	60	1.2.1.1. Land transport, transport via pipelines	..	..	..	..	..	..
	61	1.2.1.2. Water transport	..	..	..	..	..	..
	62	1.2.1.3. Air transport	..	..	..	..	..	..
	63	1.2.1.4. Auxiliary transport services, travel agencies	..	..	..	..	..	..
	64	1.2.2. Communication	..	..	..	..	..	..
	641	1.2.2.1. Postal and courier services	..	..	..	..	..	..
	642	1.2.2.2. Telecommunications	..	..	..	..	..	..
J_K	**65_74**	2. Finance, insurance, real estate and business services	..	..	..	..	..	..
J	65_67	2.1. Financial and insurance services	..	..	..	..	..	..
	65	2.1.1. Financial intermediation	..	..	..	..	..	..
	66	2.1.2. Insurance and pension funding	..	..	..	..	..	..
	67	2.1.3. Auxiliary financial services	..	..	..	..	..	..
K	70_74	2.2. Real estate and business services	..	..	..	..	..	..
	70	2.2.1. Real estate services	..	..	..	..	..	..
	71_74	2.2.2. Business services	..	..	..	..	..	..
	71	2.2.2.1. Renting, etc.	..	..	..	..	..	..
	72	2.2.2.2. Computer and related activities	..	..	..	..	..	..
	73	2.2.2.3. Research and development (1)	..	..	..	..	..	..
	74	2.2.2.4. Other business activities (1)	..	..	..	..	..	..
	741	2.2.2.4.1. Legal, accounting services, etc.	..	..	..	..	..	..
	742	2.2.2.4.2. Architect., engineering, other tech. serv.	..	..	..	..	..	..
	743	2.2.2.4.3. Advertising services	..	..	..	..	..	..
	749	2.2.2.4.4. Other business activities n.e.c.	..	..	..	..	..	..
L_Q	**75_99**	3. Other services	..	..	..	..	..	..
L	75	3.1. Public administration and defence	..	..	..	..	..	..
M_Q	80_99	3.2. Education, health, social work related, other community, social and personal services	..	..	..	..	..	..
M	80	3.2.1. Education	..	..	..	..	..	..
N	85	3.2.2. Health and social work	..	..	..	..	..	..
O	90_93	3.2.3. Other community, social and personal services	..	..	..	..	..	..
	90	3.2.3.1. Sanitary and similar services	..	..	..	..	..	..
	91	3.2.3.2. Membership organisations n.e.c.	..	..	..	..	..	..
	92	3.2.3.3. Recreational and cultural services	..	..	..	..	..	..
	93	3.2.3.4. Other personal services	..	..	..	..	..	..
P	95	3.2.4. Private households with employed persons	..	..	..	..	..	..
Q	99	3.2.5. Extra-territorial organisations	..	..	..	..	..	..
G_Q	**50_99**	**TOTAL, SERVICES**	..	..	..	..	..	..
		TOTAL EMPLOYMENT, All activities	..	..	..	..	..	..
		% of services in total employment, all activities	..	..	..	..	..	..

II. EMPLOI

A. Emploi total *

Milliers de personnes

1995	1996	1997	1998	1999		CITI Rév. 3	
					1. Commerce d'automobiles, de gros et de détail ; restaurants et hôtels ;	**G_I**	**50_64**
59.6	61.6	63.6	67.2	70.1	transports et communication		
44.0	45.3	46.4	48.2	49.6	1.1. Commerce d'automobiles, de gros et de détail ; restaurants et hôtels	G_H	50_55
33.8	34.8	35.5	37.2	38.3	1.1.1. Commerce d'automobiles, de gros et de détail	G	50_52
5.5	5.6	5.8	6.0	6.3	1.1.1.1. Commerce et réparations automobiles		50
11.9	12.3	12.4	12.8	13.5	1.1.1.2. Commerce de gros et intermédiaires		51
16.4	16.9	17.3	18.4	18.5	1.1.1.3. Commerce de détail et réparations		52
10.2	10.5	10.9	11.0	11.3	1.1.2. Restaurants et hôtels	H	55
15.6	16.3	17.2	19.0	20.5	1.2. Transports, entreposage et communications	I	60_64
..	..	..	..	..	1.2.1. Transports et entreposage		60_63
..	..	..	..	..	1.2.1.1. Transports terrestres, transports par conduites		60
..	..	..	..	..	1.2.1.2. Transports par eau		61
..	..	..	..	..	1.2.1.3. Transports aériens		62
..	..	..	..	..	1.2.1.4. Services auxiliaires des transports, agences de voyages		63
..	..	..	..	..	1.2.2. Communications		64
..	..	..	..	..	1.2.2.1. Poste et courrier		641
..	..	..	..	..	1.2.2.2. Télécommunications		642
43.2	45.4	48.7	53.3	58.4	2. Banques, assurances, affaires immobilières et services aux entreprises	**J_K**	**65_74**
22.1	22.4	22.9	24.1	25.7	2.1. Établissements financiers	J	65_67
18.3	18.5	18.6	19.0	19.9	2.1.1. Intermédiation financière		65
1.2	1.3	1.4	1.6	1.7	2.1.2. Assurances et caisses de retraite		66
2.6	2.6	2.9	3.5	4.1	2.1.3. Activités financières auxiliaires		67
21.1	23.0	25.8	29.2	32.7	2.2. Affaires immobilières et services fournis aux entreprises	K	70_74
1.3	1.4	1.6	1.7	1.8	2.2.1. Affaires immobilières		70
19.8	21.6	24.2	27.5	30.9	2.2.2. Services fournis aux entreprises		71_74
0.5	0.5	0.5	0.5	0.6	2.2.2.1. Location, etc.		71
1.8	2.3	2.6	3.2	3.6	2.2.2.2. Activités informatiques et activités connexes		72
..	..	..	..	..	2.2.2.3. Recherche et développement (1)		73
17.5	18.8	21.1	23.8	26.7	2.2.2.4. Autres services fournis aux entreprises (1)		74
..	..	..	..	..	2.2.2.4.1. Activités juridiques, comptables, etc.		741
..	..	..	..	..	2.2.2.4.2. Activ. d'architect., d'ingénierie, aut. serv. tech.		742
..	..	..	..	..	2.2.2.4.3. Publicité		743
..	..	..	..	..	2.2.2.4.4. Autres serv. fournis aux entreprises n.c.a.		749
47.2	49.1	51.0	51.9	54.7	3. Autres services	**L_Q**	**75_99**
11.2	11.7	11.5	11.4	11.6	3.1. Administration publique et défense	L	75
					3.2. Enseignement, santé, action sociale, autres activités de services	M_Q	80_99
36.0	37.4	39.5	40.5	43.1	collectifs, sociaux et personnels		
10.0	10.1	10.9	11.1	12.1	3.2.1. Enseignement	M	80
13.0	13.5	14.1	14.4	15.4	3.2.2. Santé et action sociale	N	85
8.5	8.9	9.2	9.4	9.9	3.2.3. Autres activités de services collectifs, sociaux et personnels	O	90_93
1.0	1.0	1.2	1.3	1.4	3.2.3.1. Services sanitaires et analogues		90
2.2	2.3	2.3	2.3	2.5	3.2.3.2. Activités associatives diverses		91
2.8	3.0	3.1	3.2	3.4	3.2.3.3. Activités récréatives et culturelles		92
2.5	2.6	2.6	2.6	2.6	3.2.3.4. Autres services personnels		93
4.5	4.9	5.3	5.6	5.7	3.2.4. Ménages privés employant du personnel domestique	P	95
0.0	0.0	0.0	0.0	0.0	3.2.5. Organisations extraterritoriales	Q	99
150.0	**156.1**	**163.3**	**172.4**	**183.2**	**TOTAL, SERVICES**	**G_Q**	**50_99**
214.5	**220.2**	**227.1**	**237.0**	**248.8**	**EMPLOI TOTAL, Toutes activités**		
69.93	70.89	71.91	72.74	73.63	% des services dans l'emploi total, toutes activités		

SERVICES : Statistiques sur la valeur ajoutée et l'emploi
© OCDE 2001

LUXEMBOURG

II. EMPLOYMENT *(cont.)*

B. Employees **

Thousand persons

ISIC Rev. 3			1989	1990	1991	1992	1993	1994
G_I	**50_64**	1. Motor, wholesale and retail trade; restaurants and hotels; transport and communication	..	..	..	..	..	..
G_H	50_55	1.1. Motor, wholesale and retail trade; restaurants and hotels	..	..	..	..	..	..
G	50_52	1.1.1. Motor, wholesale and retail trade	..	..	..	..	..	..
	50	1.1.1.1. Motor trade and repairs	..	..	..	..	..	..
	51	1.1.1.2. Wholesale and commission trade	..	..	..	..	..	..
	52	1.1.1.3. Retail trade and repairs	..	..	..	..	..	..
H	55	1.1.2. Restaurants and hotels	..	..	..	..	..	..
I	60_64	1.2. Transport, storage and communication	..	..	..	..	..	..
	60_63	1.2.1. Transport and storage	..	..	..	..	..	..
	60	1.2.1.1. Land transport, transport via pipelines	..	..	..	..	..	..
	61	1.2.1.2. Water transport	..	..	..	..	..	..
	62	1.2.1.3. Air transport	..	..	..	..	..	..
	63	1.2.1.4. Auxiliary transport services, travel agencies	..	..	..	..	..	..
	64	1.2.2. Communication	..	..	..	..	..	..
	641	1.2.2.1. Postal and courier services	..	..	..	..	..	..
	642	1.2.2.2. Telecommunications	..	..	..	..	..	..
J_K	**65_74**	2. Finance, insurance, real estate and business services	..	..	..	..	..	..
J	65_67	2.1. Financial and insurance services	..	..	..	..	..	..
	65	2.1.1. Financial intermediation	..	..	..	..	..	..
	66	2.1.2. Insurance and pension funding	..	..	..	..	..	..
	67	2.1.3. Auxiliary financial services	..	..	..	..	..	..
K	70_74	2.2. Real estate and business services	..	..	..	..	..	..
	70	2.2.1. Real estate services	..	..	..	..	..	..
	71_74	2.2.2. Business services	..	..	..	..	..	..
	71	2.2.2.1. Renting, etc.	..	..	..	..	..	..
	72	2.2.2.2. Computer and related activities	..	..	..	..	..	..
	73	2.2.2.3. Research and development (1)	..	..	..	..	..	..
	74	2.2.2.4. Other business activities (1)	..	..	..	..	..	..
	741	2.2.2.4.1. Legal, accounting services, etc.	..	..	..	..	..	..
	742	2.2.2.4.2. Architect., engineering, other tech. serv.	..	..	..	..	..	..
	743	2.2.2.4.3. Advertising services	..	..	..	..	..	..
	749	2.2.2.4.4. Other business activities n.e.c.	..	..	..	..	..	..
L_Q	**75_99**	3. Other services	..	..	..	..	..	..
L	75	3.1. Public administration and defence	..	..	..	..	..	..
M_Q	80_99	3.2. Education, health, social work related, other community, social and personal services	..	..	..	..	..	..
M	80	3.2.1. Education	..	..	..	..	..	..
N	85	3.2.2. Health and social work	..	..	..	..	..	..
O	90_93	3.2.3. Other community, social and personal services	..	..	..	..	..	..
	90	3.2.3.1. Sanitary and similar services	..	..	..	..	..	..
	91	3.2.3.2. Membership organisations n.e.c.	..	..	..	..	..	..
	92	3.2.3.3. Recreational and cultural services	..	..	..	..	..	..
	93	3.2.3.4. Other personal services	..	..	..	..	..	..
P	95	3.2.4. Private households with employed persons	..	..	..	..	..	..
Q	99	3.2.5. Extra-territorial organisations	..	..	..	..	..	..
G_Q	**50_99**	**TOTAL, SERVICES**	..	..	..	..	..	..
		TOTAL EMPLOYEES, All activities	..	..	..	..	..	..
		% of services in total employees, all activities	..	..	..	..	..	..

LUXEMBOURG

II. EMPLOI *(suite)*

B. Salariés **

Milliers de personnes

1995	1996	1997	1998	1999		CITI Rév. 3	
53.1	55.0	56.8	60.2	63.2	1. Commerce d'automobiles, de gros et de détail ; restaurants et hôtels ; transports et communication	**G_I**	**50_64**
38.1	39.2	40.2	41.9	43.3	1.1. Commerce d'automobiles, de gros et de détail ; restaurants et hôtels	G_H	50_55
28.9	29.8	30.4	32.0	33.1	1.1.1. Commerce d'automobiles, de gros et de détail	G	50_52
4.9	4.9	5.1	5.3	5.5	1.1.1.1. Commerce et réparations automobiles		50
10.4	10.8	10.8	11.2	11.7	1.1.1.2. Commerce de gros et intermédiaires		51
13.6	14.1	14.5	15.5	15.9	1.1.1.3. Commerce de détail et réparations		52
9.2	9.4	9.8	9.9	10.2	1.1.2. Restaurants et hôtels	H	55
15.0	15.8	16.6	18.3	19.9	1.2. Transports, entreposage et communications	I	60_64
..	..	..	..	..	1.2.1. Transports et entreposage		60_63
..	..	..	..	..	1.2.1.1. Transports terrestres, transports par conduites		60
..	..	..	..	..	1.2.1.2. Transports par eau		61
..	..	..	..	..	1.2.1.3. Transports aériens		62
..	..	..	..	..	1.2.1.4. Services auxiliaires des transports, agences de voyages		63
..	..	..	..	..	1.2.2. Communications		64
..	..	..	..	..	1.2.2.1. Poste et courrier		641
..	..	..	..	..	1.2.2.2. Télécommunications		642
41.2	43.5	46.7	51.2	55.9	2. Banques, assurances, affaires immobilières et services aux entreprises	**J_K**	**65_74**
22.0	22.4	22.9	24.1	25.6	2.1. Établissements financiers	J	65_67
18.3	18.5	18.6	19.0	19.9	2.1.1. Intermédiation financière		65
1.2	1.3	1.4	1.6	1.7	2.1.2. Assurances et caisses de retraite		66
2.5	2.6	2.9	3.5	4.0	2.1.3. Activités financières auxiliaires		67
19.2	21.1	23.8	27.1	30.3	2.2. Affaires immobilières et services fournis aux entreprises	K	70_74
1.1	1.2	1.3	1.4	1.5	2.2.1. Affaires immobilières		70
18.1	19.9	22.5	25.7	28.8	2.2.2. Services fournis aux entreprises		71_74
0.4	0.5	0.5	0.5	0.6	2.2.2.1. Location, etc.		71
1.7	2.2	2.5	3.1	3.4	2.2.2.2. Activités informatiques et activités connexes		72
..	..	..	..	..	2.2.2.3. Recherche et développement (1)		73
16.0	17.2	19.5	22.1	24.8	2.2.2.4. Autres services fournis aux entreprises (1)		74
..	..	..	..	..	2.2.2.4.1. Activités juridiques, comptables, etc.		741
..	..	..	..	..	2.2.2.4.2. Activ. d'architect., d'ingénierie, aut. serv. tech.		742
..	..	..	..	..	2.2.2.4.3. Publicité		743
..	..	..	..	..	2.2.2.4.4. Autres serv. fournis aux entreprises n.c.a.		749
45.2	46.9	48.8	49.7	52.3	3. Autres services	**L_Q**	**75_99**
11.2	11.7	11.5	11.4	11.6	3.1. Administration publique et défense	L	75
34.0	35.2	37.3	38.3	40.7	3.2. Enseignement, santé, action sociale, autres activités de services collectifs, sociaux et personnels	M_Q	80_99
10.0	10.0	10.8	11.0	12.1	3.2.1. Enseignement	M	80
11.9	12.4	13.0	13.3	14.1	3.2.2. Santé et action sociale	N	85
7.6	7.9	8.2	8.4	8.8	3.2.3. Autres activités de services collectifs, sociaux et personnels	O	90_93
1.0	1.0	1.2	1.3	1.4	3.2.3.1. Services sanitaires et analogues		90
2.2	2.3	2.3	2.3	2.5	3.2.3.2. Activités associatives diverses		91
2.4	2.6	2.7	2.8	2.8	3.2.3.3. Activités récréatives et culturelles		92
2.0	2.0	2.0	2.0	2.1	3.2.3.4. Autres services personnels		93
4.5	4.9	5.3	5.6	5.7	3.2.4. Ménages privés employant du personnel domestique	P	95
0.0	0.0	0.0	0.0	0.0	3.2.5. Organisations extraterritoriales	Q	99
139.5	**145.4**	**152.3**	**161.1**	**171.4**	**TOTAL, SERVICES**	**G_Q**	**50_99**
197.6	**203.1**	**210.1**	**219.8**	**231.5**	**EMPLOI SALARIÉ TOTAL, Toutes activités**		
70.60	71.59	72.49	73.29	74.04	% des services dans l'emploi salarié total, toutes activités		

Sources:

"Comptabilité Nationale du Luxembourg", Service central de la statistique et des études économiques (STATEC), Luxembourg and data sent directly.

General notes:

Value Added:
* Previous year prices, chained. An unavoidable aspect of such measures is that the components do not sum to the chain volume estimates of totals, except for the reference year.

Employment:
* Total employment includes all persons, residents and non residents, working for a resident unit of production; it includes foreign cross-border workers and excludes Luxembourg cross-border workers and international civil servants.

** Employees include all wage earners, residents and non residents, working for a resident unit of production; they include foreign cross-border workers and exclude Luxembourg cross-border workers and international civil servants.

(1) Item Other business activities includes item Research and development.

Sources :

"Comptabilité Nationale du Luxembourg", Service central de la statistique et des études économiques (STATEC), Luxembourg et données transmises directement.

Notes générales :

Valeur ajoutée :
* Prix de l'année précédente, chaînés. Un aspect inévitable de ces mesures est que les agrégats ne sont pas égaux à la somme de leurs composantes, à l'exception de l'année de référence.

Emploi :
* L'emploi total inclut toutes les personnes, résidentes et non résidentes, travaillant dans une unité de production résidente ; il inclut les travailleurs étrangers frontaliers et exclut les travailleurs luxembourgeois frontaliers et les fonctionnaires internationaux.

** Les salariés incluent tous les employés, résidents et non résidents, travaillant dans une unité de production résidente ; ils incluent donc les travailleurs étrangers frontaliers et excluent les travailleurs luxembourgeois frontaliers et les fonctionnaires internationaux.

(1) La rubrique Autres services fournis aux entreprises inclut la rubrique Recherche et développement.

Mexico – Mexique

MEXICO

I. GROSS VALUE ADDED at basic prices

A. Current prices

Billions of Mexican nuevos pesos

ISIC Rev. 3			1989	1990	1991	1992	1993	1994
G_I	**50_64**	1. Motor, wholesale and retail trade; restaurants and hotels; transport and communication	171.5	228.7	287.6	332.7	359.1	400.5
G_H	50_55	1.1. Motor, wholesale and retail trade; restaurants and hotels	125.6	167.2	201.0	234.8	251.6	275.7
G	50_52	1.1.1. Motor, wholesale and retail trade (1)	103.6	136.0	156.9	178.4	187.0	202.5
	50	1.1.1.1. Motor trade and repairs	..	..	..	..	..	..
	51	1.1.1.2. Wholesale and commission trade	..	..	..	..	..	..
	52	1.1.1.3. Retail trade and repairs	..	..	..	..	..	..
H	55	1.1.2. Restaurants and hotels	22.0	31.2	44.1	56.4	64.6	73.2
		1.1.2.1. Restaurants	16.4	23.1	32.5	42.1	48.8	55.5
		1.1.2.2. Hotels and other lodging places	5.6	8.0	11.6	14.3	15.8	17.7
I	60_64	1.2. Transport, storage and communication	46.0	61.5	86.6	98.0	107.5	124.8
	60_63	1.2.1. Transport and storage	41.1	53.3	74.1	81.0	87.2	100.6
	60	1.2.1.1. Land transport, transport via pipelines	34.9	45.1	63.0	67.3	71.7	83.0
		1.2.1.1.1. Railway transport	1.7	2.3	2.8	3.2	3.0	3.0
		1.2.1.1.2. Tramways and trolley buses	0.1	0.1	0.1	0.1	0.1	0.1
		1.2.1.1.3. Underground	0.2	0.4	0.4	0.5	0.6	0.6
		1.2.1.1.4. Buses	5.6	6.7	9.5	14.7	17.2	22.9
		1.2.1.1.5. Taxis	5.7	8.8	12.0	14.2	15.2	16.0
		1.2.1.1.6. Truck transport	21.6	26.9	38.2	34.6	35.6	40.4
	61	1.2.1.2. Water transport	1.8	2.0	2.5	2.8	2.9	3.4
		1.2.1.2.1. Sea transport and harbour activities	1.6	1.8	2.2	2.5	2.6	3.0
		1.2.1.2.2. Fluvial and lake transport	0.2	0.2	0.2	0.3	0.3	0.4
	62	1.2.1.3. Air transport	1.0	1.2	1.8	2.2	3.0	3.3
		1.2.1.3.1. National air transport	0.9	1.1	1.6	2.0	2.7	3.0
		1.2.1.3.2. International air transport	0.1	0.1	0.2	0.2	0.2	0.3
	63	1.2.1.4. Auxiliary transport services, travel agencies	3.4	5.0	6.9	8.7	9.5	10.9
		1.2.1.4.1. Customs agencies	0.3	0.3	0.7	1.1	1.3	1.6
		1.2.1.4.2. Travel agencies	0.7	0.9	1.1	1.4	1.4	1.9
		1.2.1.4.3. Car parks and garages	0.1	0.1	0.2	0.3	0.3	0.4
		1.2.1.4.4. Cranes and weighing services	0.0	0.1	0.1	0.1	0.2	0.2
		1.2.1.4.5. Other transport related services	1.9	3.1	4.1	4.8	5.1	5.5
		1.2.1.4.6. Storage and refrigeration	0.4	0.5	0.8	1.0	1.3	1.3
	64	1.2.2. Communication	4.9	8.1	12.4	17.0	20.3	24.3
	641	1.2.2.1. Postal and courier services	0.3	0.6	0.8	1.0	1.1	1.3
	642	1.2.2.2. Telecommunications	4.5	7.5	11.7	16.0	19.2	23.0
J_K	**65_74**	2. Finance, insurance, real estate and business services	73.5	108.3	145.6	187.0	232.5	273.8
J	65_67	2.1. Financial and insurance services	18.5	25.0	32.2	42.9	56.8	65.4
	65	2.1.1. Financial intermediation	16.1	22.2	28.5	38.2	50.7	58.8
		2.1.1.1. Central bank	0.2	0.3	0.3	0.4	0.5	4.9
		2.1.1.2. Development bank	3.2	4.2	4.1	3.8	5.1	5.5
		2.1.1.3. Commercial bank	8.1	12.1	16.4	25.2	33.8	36.2
		2.1.1.4. Stock market	0.1	0.1	0.1	0.2	0.2	0.2
		2.1.1.5. Equities broking and dealing	1.2	1.7	2.7	2.7	3.4	2.3
		2.1.1.6. Other financial services (2)	3.2	3.8	4.9	6.0	7.7	9.8
	66	2.1.2. Insurance and pension funding (3)	2.4	2.8	3.7	4.7	6.2	6.6
		2.1.2.1. Insurance (3)	2.3	2.6	3.3	4.2	5.4	5.7
		2.1.2.2. Guarantees	0.2	0.3	0.4	0.5	0.8	0.9
	67	2.1.3. Auxiliary financial services (2) (3)	..	..	..	..	..	..
K	70_74	2.2. Real estate and business services	55.0	83.3	113.4	144.1	175.7	208.4
	70	2.2.1. Real estate services	41.3	63.0	84.7	103.7	123.8	143.1
		2.2.1.1. Rent of houses	30.5	47.1	63.9	76.8	92.3	107.6
		2.2.1.2. Rent of non-residential buildings	8.7	12.7	16.1	20.3	23.6	27.2
		2.2.1.3. Real estate agents	2.0	3.1	4.7	6.6	7.9	8.2
	71_74	2.2.2. Business services	13.7	20.3	28.7	40.4	51.9	65.3
	71	2.2.2.1. Renting, etc.	1.2	1.6	2.0	2.4	2.6	2.9
		2.2.2.1.1. Rent of transport equipment	0.3	0.3	0.4	0.6	0.6	0.7
		2.2.2.1.2. Rent of electronic equip., data process.	0.0	0.0	0.0	0.1	0.1	0.1
		2.2.2.1.3. Rent of other machinery and equip.	0.6	0.7	0.8	1.0	1.0	1.1
		2.2.2.1.4. Rent of personal and domestic equip.	0.4	0.5	0.7	0.8	0.9	1.1
	72	2.2.2.2. Computer and related activities	0.1	0.2	0.3	0.4	0.7	1.1
	73	2.2.2.3. Research and development	..	..	..	..	..	..
	74	2.2.2.4. Other business activities	12.4	18.5	26.4	37.6	48.6	61.3
	741	2.2.2.4.1. Legal, accounting services, etc. (4)	4.7	8.2	11.5	16.7	23.3	27.8
		2.2.2.4.1.1. Independent profess. (5)	4.4	7.8	10.9	15.8	22.2	26.3
		2.2.2.4.1.2. Offices of notaries	0.1	0.2	0.3	0.5	0.6	0.7
		2.2.2.4.1.3. Credit, market research,etc.	0.2	0.2	0.3	0.4	0.5	0.8
	742	2.2.2.4.2. Architect., engineering, tech. serv. (5)	..	..	..	..	..	..
	743	2.2.2.4.3. Advertising services	2.9	3.4	4.8	7.0	7.5	10.5

I. VALEUR AJOUTÉE BRUTE aux prix de base

A. Prix courants

Milliards de nouveaux pesos mexicains

1995	1996	1997	1998*	1999		CITI Rév. 3	
519.8	728.1	917.9	1 084.8	..	1. Commerce d'automobiles, de gros et de détail ; restaurants et hôtels ; transports et communication	**G_I**	**50_64**
351.7	494.3	613.5	704.1	..	1.1. Commerce d'automobiles, de gros et de détail ; restaurants et hôtels	G_H	50_55
271.2	391.8	481.0	537.7	..	1.1.1. Commerce d'automobiles, de gros et de détail (1)	G	50_52
..	..	..	..	..	1.1.1.1. Commerce et réparations automobiles		50
..	..	..	..	..	1.1.1.2. Commerce de gros et intermédiaires		51
..	..	..	..	..	1.1.1.3. Commerce de détail et réparations		52
80.6	102.5	132.6	166.4	..	1.1.2. Restaurants et hôtels	H	55
56.5	71.2	91.5	114.0	..	1.1.2.1. Restaurants		
24.1	31.4	41.1	52.4	..	1.1.2.2. Hôtels, hôtels meublés et établissements analogues		
168.1	233.8	304.3	380.7	..	1.2. Transports, entreposage et communications	I	60_64
139.8	198.3	262.5	325.9	..	1.2.1. Transports et entreposage		60_63
115.7	165.1	220.7	276.7	..	1.2.1.1. Transports terrestres, transports par conduites		60
3.3	4.0	5.8	6.9	..	1.2.1.1.1. Transports par chemin de fer		
0.2	0.2	0.3	0.5	..	1.2.1.1.2. Tramways et trolleybus		
0.7	1.2	1.6	2.0	..	1.2.1.1.3. Métro		
30.2	43.9	58.6	74.6	..	1.2.1.1.4. Autobus		
22.2	31.6	41.8	53.2	..	1.2.1.1.5. Taxis		
59.1	84.2	112.6	139.5	..	1.2.1.1.6. Transports par camions		
4.7	5.3	6.1	3.4	..	1.2.1.2. Transports par eau		61
4.3	4.7	5.5	2.6	..	1.2.1.2.1. Transports maritimes et activités portuaires		
0.4	0.5	0.6	0.8	..	1.2.1.2.2. Transports fluviaux et lacustres		
4.4	7.1	9.4	11.4	..	1.2.1.3. Transports aériens		62
4.0	6.7	8.8	10.7	..	1.2.1.3.1. Transports aériens nationaux		
0.4	0.4	0.6	0.7	..	1.2.1.3.2. Transports aériens internationaux		
15.0	20.8	26.3	34.5	..	1.2.1.4. Services auxiliaires des transports, agences de voyages		63
3.0	4.2	5.5	7.7	..	1.2.1.4.1. Agences douanières		
2.7	4.2	5.9	7.4	..	1.2.1.4.2. Agences de voyage		
0.3	0.4	0.4	0.5	..	1.2.1.4.3. Parkings et garages		
0.2	0.3	0.4	0.4	..	1.2.1.4.4. Grues et services de pesage		
7.4	10.3	12.0	15.7	..	1.2.1.4.5. Autres services liés aux transports		
1.4	1.5	2.0	2.7	..	1.2.1.4.6. Entreposage et réfrigération		
28.3	35.5	41.8	54.7	..	1.2.2. Communications		64
1.6	2.0	2.6	2.7	..	1.2.2.1. Poste et courrier		641
26.7	33.6	39.2	52.0	..	1.2.2.2. Télécommunications		642
388.0	456.2	536.6	678.6	..	2. Banques, assurances, affaires immobilières et services aux entreprises	**J_K**	**65_74**
111.6	93.5	77.9	105.9	..	2.1. Établissements financiers	J	65_67
102.5	83.8	67.1	92.3	..	2.1.1. Intermédiation financière		65
35.1	25.5	10.1	20.1	..	2.1.1.1. Banque centrale		
8.7	7.4	9.4	11.6	..	2.1.1.2. Banque de développement		
41.3	29.6	22.9	29.9	..	2.1.1.3. Banque commerciale		
0.2	0.2	0.3	0.3	..	2.1.1.4. Marché des titres		
2.5	4.5	4.9	2.9	..	2.1.1.5. Courtage et gestion d'actions		
14.7	16.6	19.5	27.4	..	2.1.1.6. Autres services financiers (2)		
9.1	9.7	10.8	13.7	..	2.1.2. Assurances et caisses de retraite (3)		66
7.8	8.3	9.2	12.0	..	2.1.2.1. Assurance (3)		
1.3	1.4	1.5	1.7	..	2.1.2.2. Garanties		
..	..	..	..	..	2.1.3. Activités financières auxiliaires (2) (3)		67
276.4	362.7	458.8	572.7	..	2.2. Affaires immobilières et services fournis aux entreprises	K	70_74
192.7	246.1	299.3	370.0	..	2.2.1. Affaires immobilières		70
147.6	190.1	232.8	290.0	..	2.2.1.1. Locations de maisons		
35.6	44.3	51.8	62.3	..	2.2.1.2. Locations de bâtiments non résidentiels		
9.5	11.7	14.8	17.7	..	2.2.1.3. Agents immobiliers		
83.7	116.6	159.4	202.7	..	2.2.2. Services fournis aux entreprises		71_74
4.1	5.6	7.0	9.0	..	2.2.2.1. Location, etc.		71
0.9	1.4	1.7	2.3	..	2.2.2.1.1. Location d'équipement de transport		
0.1	0.1	0.2	0.2	..	2.2.2.1.2. Loc. d'équip. électronique, traitement de données		
1.6	2.0	2.4	2.8	..	2.2.2.1.3. Loc. d'autres machines et équipements		
1.5	2.2	2.7	3.6	..	2.2.2.1.4. Loc. d'équipements personnels et domestiques		
1.7	2.4	2.9	3.5	..	2.2.2.2. Activités informatiques et activités connexes		72
..	..	..	..	..	2.2.2.3. Recherche et développement		73
77.9	108.6	149.5	190.2	..	2.2.2.4. Autres services fournis aux entreprises		74
36.7	53.4	75.4	104.1	..	2.2.2.4.1. Activités juridiques, comptables, etc. (4)		741
35.1	51.2	72.4	100.5	..	2.2.2.4.1.1. Professions indépendantes (5)		
0.8	1.0	1.3	1.5	..	2.2.2.4.1.2. Bureaux de notaires		
0.8	1.2	1.7	2.1	..	2.2.2.4.1.3. Études de crédit, de marché, etc.		
..	..	..	..	..	2.2.2.4.2. Activ. d'architect., d'ingénierie, aut. serv. tech. (5)		742
11.7	15.9	20.9	27.0	..	2.2.2.4.3. Publicité		743

MEXICO

I. GROSS VALUE ADDED at basic prices *(cont.)*

A. Current prices

Billions of Mexican nuevos pesos

ISIC Rev. 3			1989	1990	1991	1992	1993	1994
	749	2.2.2.4.4. Other business activities n.e.c. (1) (6)	4.8	7.0	10.0	13.9	17.8	22.9
		2.2.2.4.4.1. Commissions, representations (1)	1.1	1.4	1.9	2.5	2.6	3.2
		2.2.2.4.4.2. Civilian, prof. associations, etc. (6)	1.8	2.3	2.8	3.4	4.0	4.4
		2.2.2.4.4.3. Various business serv. (4)	1.9	3.3	5.3	8.0	11.3	15.3
L_Q	75_99	3. Other services	74.7	101.7	137.5	174.9	214.6	248.7
L	75	3.1. Public administration and defence	14.1	19.4	27.4	34.5	43.9	52.7
		3.1.1. General public administration	3.3	4.5	6.7	7.6	10.1	12.1
		3.1.2. Regulation of public services	1.9	2.7	3.6	4.8	5.1	6.1
		3.1.3. Regulation and support of economic activities	2.9	3.5	5.2	6.8	8.5	10.2
		3.1.4. Services to the community	4.7	6.8	9.0	11.7	15.5	19.0
		3.1.5. Activities of plans of obligatory social security	1.3	1.8	2.9	3.5	4.7	5.3
M_Q	80_99	3.2. Education, health, social work related, other community, social and personal services	60.6	82.2	110.1	140.4	170.7	196.0
M	80	3.2.1. Education	19.5	25.6	35.1	48.0	63.5	77.2
		3.2.1.1. Basic education (7)	12.2	16.2	22.3	31.4	41.6	51.2
		3.2.1.2. Average and superior education	6.1	7.9	10.9	14.3	19.4	23.1
		3.2.1.3. Technical schools	0.5	0.6	0.7	0.9	1.1	1.3
		3.2.1.4. Schools n.e.c. (8)	0.7	0.9	1.2	1.4	1.4	1.6
N	85	3.2.2. Health and social work	13.5	20.0	27.8	36.0	42.3	46.8
		3.2.2.1. Basic medical services (9)	12.4	18.5	25.5	33.2	39.0	43.1
		3.2.2.2. Clinical laboratories, radiology and radioscopy	0.2	0.3	0.4	0.5	0.6	0.6
		3.2.2.3. Social services	0.9	1.3	1.8	2.3	2.7	3.0
O	90_93	3.2.3. Other community, social and personal services	27.6	36.6	47.2	56.4	64.8	72.0
	90	3.2.3.1. Sanitary and similar services	..	..	..	..	..	..
	91	3.2.3.2. Membership organisations n.e.c. (6)	..	..	..	..	..	..
	92	3.2.3.3. Recreational and cultural services	3.7	5.4	7.2	9.6	12.2	14.1
		3.2.3.3.1. Cinemas	0.3	0.3	0.5	0.7	0.9	0.9
		3.2.3.3.2. Promotion of recreational events, music, etc.	0.2	0.3	0.4	0.4	0.6	0.6
		3.2.3.3.3. Radio broadcasting	0.3	0.5	0.7	1.0	1.4	1.9
		3.2.3.3.4. Television broadcasting	1.0	1.6	2.2	3.1	4.1	4.7
		3.2.3.3.5. Rent and distribution of films	0.1	0.1	0.1	0.1	0.2	0.2
		3.2.3.3.6. Film prod., radio and tele. prod., music rec., etc.	0.2	0.2	0.2	0.2	0.2	0.2
		3.2.3.3.7. Bathing and pool resorts	0.0	0.0	0.0	0.0	0.0	0.1
		3.2.3.3.8. Billiards and bowling	0.1	0.2	0.2	0.3	0.3	0.3
		3.2.3.3.9. Dance halls, cabarets, night clubs	0.3	0.4	0.6	0.7	0.8	0.8
		3.2.3.3.10. Social centres	0.3	0.4	0.5	0.7	0.8	0.9
		3.2.3.3.11. Professional sport clubs	0.1	0.2	0.2	0.3	0.2	0.3
		3.2.3.3.12. Museums, gardens, exhibitions	0.0	0.0	0.0	0.0	0.1	0.1
		3.2.3.3.13. Independent artists	0.6	1.0	1.3	1.6	2.1	2.4
		3.2.3.3.14. Other recreational and cultural serv.	0.2	0.2	0.3	0.4	0.6	0.7
	93	3.2.3.4. Other personal services (1)	23.9	31.2	40.0	46.8	52.6	57.9
		3.2.3.4.1. Maintenance and repair services (1)	4.3	5.2	7.2	8.4	9.4	11.3
		3.2.3.4.2. Cleaning services (6)	7.3	11.1	14.5	17.7	20.1	21.0
		3.2.3.4.3. Domestic services	5.1	5.9	7.1	8.0	8.8	9.8
		3.2.3.4.4. Other services n.e.c. (6) (10)	7.2	8.9	11.2	12.7	14.3	15.8
P	95	3.2.4. Private households with employed persons	..	..	..	..	..	..
Q	99	3.2.5. Extra-territorial organisations (6)	..	..	..	..	..	..
		FISIM (Financial Intermediation Services Indirectly Measured)	- 3.3	- 7.8	- 11.2	- 23.6	- 33.7	- 42.5
G_Q	50_99	**TOTAL, SERVICES**	**316.4**	**430.9**	**559.5**	**671.1**	**772.5**	**880.6**
		GROSS VALUE ADDED, All activities, at basic prices	**503.3**	**676.1**	**868.2**	**1 029.0**	**1 155.1**	**1 306.3**
		% of services in gross value added, all activities	62.87	63.73	64.44	65.22	66.88	67.41
		Memorandum item:						
		Gross domestic product at market prices	548.9	738.9	949.1	1 125.3	1 256.2	1 420.2

I. VALEUR AJOUTÉE BRUTE aux prix de base *(suite)*

A. Prix courants

Milliards de nouveaux pesos mexicains

1995	1996	1997	1998*	1999		CITI Rév. 3	
29.5	39.3	53.2	59.1	..	2.2.2.4.4. Autres serv. fournis aux entreprises n.c.a. (1) (6)		749
3.7	4.9	6.7	8.0	..	2.2.2.4.4.1. Interm. du comm. de gros, représentations (1)		
4.9	6.7	9.6	9.9	..	2.2.2.4.4.2. Associations professionnelles, civiles, etc. (6)		
20.9	27.7	36.9	41.2	..	2.2.2.4.4.3. Services aux entreprises divers (4)		
300.4	376.8	480.1	606.4	..	3. Autres services	L_Q	75_99
60.5	76.1	98.4	124.0	..	3.1. Administration publique et défense	L	75
13.5	17.4	23.9	29.6	..	3.1.1. Administration publiques générale		
7.0	8.8	10.1	13.4	..	3.1.2. Tutelle des services publiques		
11.3	14.2	17.9	21.4	..	3.1.3. Tutelle et soutien des activités économiques		
22.2	27.7	36.2	45.5	..	3.1.4. Services à l'ensemble de la collectivité		
6.5	8.0	10.2	14.2	..	3.1.5. Activités de plans de sécurité sociale obligatoire		
					3.2. Enseignement, santé, action sociale, autres activités de services	M_Q	80_99
239.9	300.7	381.8	482.4	..	collectifs, sociaux et personnels		
94.6	120.5	154.4	196.3	..	3.2.1. Enseignement	M	80
62.0	78.3	99.8	126.5	..	3.2.1.1. Enseignement de base (7)		
28.8	37.7	49.0	62.8	..	3.2.1.2. Enseignement moyen et supérieur		
1.7	2.1	2.4	3.1	..	3.2.1.3. Écoles techniques		
2.0	2.4	3.2	3.8	..	3.2.1.4. Écoles n.c.a. (8)		
57.9	68.9	86.6	111.3	..	3.2.2. Santé et action sociale	N	85
53.4	63.3	79.6	102.2	..	3.2.2.1. Services médicaux de base (9)		
0.7	0.9	1.1	1.5	..	3.2.2.2. Laboratoires cliniques, radiologie et radioscopie		
3.8	4.8	5.8	7.6	..	3.2.2.3. Services sociaux		
87.3	111.2	140.8	174.7	..	3.2.3. Autres activités de services collectifs, sociaux et personnels	O	90_93
..	..	..	..	..	3.2.3.1. Services sanitaires et analogues		90
..	..	..	..	..	3.2.3.2. Activités associatives diverses (6)		91
16.0	21.0	28.4	34.7	..	3.2.3.3. Activités récréatives et culturelles		92
1.0	1.3	1.7	2.5	..	3.2.3.3.1. Cinéma		
0.7	0.8	1.0	1.2	..	3.2.3.3.2. Promotion d'événements récréatifs, musique, etc.		
1.8	2.2	3.0	3.8	..	3.2.3.3.3. Radiodiffusion		
6.1	9.0	12.5	14.8	..	3.2.3.3.4. Télédiffusion		
0.2	0.2	0.2	0.3	..	3.2.3.3.5. Location et distribution de films		
0.1	0.1	0.2	0.3	..	3.2.3.3.6. Prod. de films, radio, télé., enregistrements musicaux, etc.		
0.1	0.1	0.1	0.1	..	3.2.3.3.7. Stations balnéaires, piscine		
0.3	0.4	0.4	0.5	..	3.2.3.3.8. Billards et bowling		
0.9	0.9	1.1	1.3	..	3.2.3.3.9. Dancing, cabarets, boîtes de nuits		
0.8	0.9	1.1	1.3	..	3.2.3.3.10. Centres sociaux		
0.3	0.4	0.5	0.7	..	3.2.3.3.11. Clubs de sport professionnels		
0.1	0.1	0.2	0.2	..	3.2.3.3.12. Musées, jardins, expositions		
2.8	3.7	5.3	6.4	..	3.2.3.3.13. Artistes Indépendants		
0.8	0.9	1.0	1.3	..	3.2.3.3.14. Autres activités culturelles et récréatives		
71.4	90.2	112.4	140.0	..	3.2.3.4. Autres services personnels (1)		93
16.3	19.3	24.4	30.6	..	3.2.3.4.1. Services d'entretien et réparation (1)		
24.8	31.6	40.1	48.8	..	3.2.3.4.2. Services de nettoyage (6)		
10.8	13.6	16.9	20.4	..	3.2.3.4.3. Services domestiques		
19.4	25.7	30.9	40.2	..	3.2.3.4.4. Autres services n.c.a. (6) (10)		
..	..	..	..	..	3.2.4. Ménages privés employant du personnel domestique	P	95
..	..	..	..	..	3.2.5. Organisations extraterritoriales (6)	Q	99
- 90.2	- 56.8	- 42.3	- 38.4	..	SIFIM (Services d'intermédiation financière indirectement mesurés)		
1 118.0	**1 504.3**	**1 892.3**	**2 331.3**	..	**TOTAL, SERVICES**	**G_Q**	**50_99**
1 678.8	**2 296.7**	**2 873.3**	**3 516.3**	..	**VALEUR AJOUTÉE BRUTE, Toutes activités, aux prix de base**		
66.59	65.50	65.86	66.30	..	% des services dans la valeur ajoutée brute, toutes activités		
					Pour mémoire :		
1 837.0	2 525.6	3 174.3	3 844.9	..	Produit intérieur brut aux prix du marché		

MEXICO

B. Constant 1993 prices

Billions of Mexican nuevos pesos

ISIC Rev. 3			1989	1990	1991	1992	1993	1994
G_I	**50_64**	1. Motor, wholesale and retail trade; restaurants and hotels; transport and communication	303.5	319.9	336.9	354.7	359.1	385.5
G_H	50_55	1.1. Motor, wholesale and retail trade; restaurants and hotels	211.9	225.1	238.7	251.4	251.6	268.7
G	50_52	1.1.1. Motor, wholesale and retail trade (1)	168.6	177.2	183.7	189.2	187.0	198.7
	50	1.1.1.1. Motor trade and repairs	..	..	..	..	..	..
	51	1.1.1.2. Wholesale and commission trade	..	..	..	..	..	..
	52	1.1.1.3. Retail trade and repairs	..	..	..	..	..	..
H	55	1.1.2. Restaurants and hotels	43.3	47.9	55.1	62.2	64.6	70.0
		1.1.2.1. Restaurants	28.7	33.0	39.5	46.4	48.8	53.5
		1.1.2.2. Hotels and other lodging places	14.6	14.9	15.6	15.9	15.8	16.5
I	60_64	1.2. Transport, storage and communication	91.6	94.9	98.1	103.3	107.5	116.8
	60_63	1.2.1. Transport and storage	80.3	81.9	83.8	85.4	87.2	93.2
	60	1.2.1.1. Land transport, transport via pipelines	67.9	68.7	70.1	70.8	71.7	76.6
		1.2.1.1.1. Railway transport	3.2	2.7	2.4	2.8	3.0	3.2
		1.2.1.1.2. Tramways and trolley buses	0.3	0.2	0.2	0.1	0.1	0.1
		1.2.1.1.3. Underground	0.8	0.7	0.7	0.6	0.6	0.4
		1.2.1.1.4. Buses	15.4	15.9	16.2	16.4	17.2	18.8
		1.2.1.1.5. Taxis	15.5	14.7	14.8	15.1	15.2	16.0
		1.2.1.1.6. Truck transport	32.7	34.5	35.8	35.8	35.6	38.0
	61	1.2.1.2. Water transport	2.4	2.4	2.6	2.6	2.9	3.1
		1.2.1.2.1. Sea transport and harbour activities	2.4	2.2	2.3	2.4	2.6	2.8
		1.2.1.2.2. Fluvial and lake transport	0.0	0.2	0.2	0.2	0.3	0.3
	62	1.2.1.3. Air transport	2.7	3.3	3.1	3.3	3.0	3.4
		1.2.1.3.1. National air transport	2.6	3.1	3.0	3.0	2.7	3.0
		1.2.1.3.2. International air transport	0.1	0.2	0.2	0.3	0.2	0.3
	63	1.2.1.4. Auxiliary transport services, travel agencies	7.3	7.4	8.0	8.7	9.5	10.1
		1.2.1.4.1. Customs agencies	0.3	0.3	0.7	1.1	1.3	1.5
		1.2.1.4.2. Travel agencies	1.1	1.3	1.3	1.4	1.4	1.4
		1.2.1.4.3. Car parks and garages	0.3	0.3	0.3	0.3	0.3	0.3
		1.2.1.4.4. Cranes and weighing services	0.1	0.1	0.1	0.2	0.2	0.2
		1.2.1.4.5. Other transport related services	4.1	4.3	4.5	4.6	5.1	5.3
		1.2.1.4.6. Storage and refrigeration	1.4	1.1	1.1	1.1	1.3	1.5
	64	1.2.2. Communication	11.3	13.0	14.3	17.9	20.3	23.7
	641	1.2.2.1. Postal and courier services	0.7	0.8	0.9	0.9	1.1	1.2
	642	1.2.2.2. Telecommunications	10.6	12.2	13.4	17.0	19.2	22.5
J_K	**65_74**	2. Finance, insurance, real estate and business services	186.8	197.0	208.3	218.7	232.5	242.4
J	65_67	2.1. Financial and insurance services	45.0	47.4	49.9	52.5	56.8	62.3
	65	2.1.1. Financial intermediation	38.9	40.9	44.0	46.7	50.7	55.3
		2.1.1.1. Central bank	0.3	0.4	0.4	0.4	0.5	0.6
		2.1.1.2. Development bank	3.8	4.2	4.6	4.9	5.1	5.7
		2.1.1.3. Commercial bank	25.7	26.5	28.0	30.0	33.8	37.7
		2.1.1.4. Stock market	0.2	0.2	0.2	0.2	0.2	0.2
		2.1.1.5. Equities broking and dealing	3.9	4.1	3.6	3.7	3.4	2.8
		2.1.1.6. Other financial services (2)	5.0	5.6	7.1	7.4	7.7	8.4
	66	2.1.2. Insurance and pension funding (3)	6.1	6.5	6.0	5.8	6.2	6.9
		2.1.2.1. Insurance (3)	5.4	5.8	5.3	5.0	5.4	6.2
		2.1.1.4. Guarantees	0.6	0.7	0.7	0.7	0.8	0.7
	67	2.1.3. Auxiliary financial services (2) (3)	..	..	..	..	..	..
K	70_74	2.2. Real estate and business services	141.8	149.6	158.4	166.2	175.7	180.2
	70	2.2.1. Real estate services	104.6	108.9	113.7	118.7	123.8	128.1
		2.2.1.1. Rent of houses	74.7	78.8	83.1	87.7	92.3	97.1
		2.2.1.2. Rent of non-residential buildings	23.1	23.2	23.3	23.4	23.6	23.8
		2.2.1.3. Real estate agents	6.8	6.9	7.3	7.6	7.9	7.3
	71_74	2.2.2. Business services	37.1	40.7	44.7	47.5	51.9	52.0
	71	2.2.2.1. Renting, etc.	2.3	2.4	2.5	2.6	2.6	2.7
		2.2.2.1.1. Rent of transport equipment	0.6	0.6	0.6	0.6	0.6	0.6
		2.2.2.1.2. Rent of electronic equip., data process.	0.1	0.1	0.1	0.1	0.1	0.1
		2.2.2.1.3. Rent of other machinery and equip.	0.9	0.9	1.0	1.0	1.0	1.1
		2.2.2.1.4. Rent of personal and domestic equip.	0.8	0.8	0.9	0.9	0.9	1.0
	72	2.2.2.2. Computer and related activities	0.2	0.3	0.4	0.5	0.7	0.8
	73	2.2.2.3. Research and development	..	..	..	..	..	..
	74	2.2.2.4. Other business activities	34.6	38.0	41.7	44.5	48.6	48.5
	741	2.2.2.4.1. Legal, accounting services, etc. (4)	17.3	18.8	20.6	21.5	23.3	24.6
		2.2.2.4.1.1. Independent profess. (5)	16.0	17.5	19.3	20.2	22.2	23.6
		2.2.2.4.1.2. Offices of notaries	0.8	0.8	0.8	0.7	0.6	0.6
		2.2.2.4.1.3. Credit, market research,etc.	0.5	0.6	0.6	0.5	0.5	0.4
	742	2.2.2.4.2. Architect., engineering, tech. serv. (5)	..	..	..	..	..	..
	743	2.2.2.4.3. Advertising services	6.4	6.9	7.2	7.3	7.5	6.2

I. VALEUR AJOUTÉE BRUTE aux prix de base *(suite)*

B. Prix constants de 1993

Milliards de nouveaux pesos mexicains

1995	1996	1997	1998*	1999			
						CITI Rév. 3	
338.0	357.9	395.2	419.5	..	1. Commerce d'automobiles, de gros et de détail ; restaurants et hôtels ; transports et communication	**G_I**	**50_64**
227.0	237.9	263.3	278.1	..	1.1. Commerce d'automobiles, de gros et de détail ; restaurants et hôtels	G_H	50_55
167.0	179.2	200.1	212.6	..	1.1.1. Commerce d'automobiles, de gros et de détail (1)	G	50_52
..	..	..	..	..	1.1.1.1. Commerce et réparations automobiles		50
..	..	..	..	..	1.1.1.2. Commerce de gros et intermédiaires		51
..	..	..	..	..	1.1.1.3. Commerce de détail et réparations		52
60.0	58.6	63.3	65.5	..	1.1.2. Restaurants et hôtels	H	55
44.6	41.2	44.7	46.8	..	1.1.2.1. Restaurants		
15.4	17.5	18.6	18.7	..	1.1.2.2. Hôtels, hôtels meublés et établissements analogues		
111.1	120.0	131.9	140.3	..	1.2. Transports, entreposage et communications	I	60_64
85.9	91.5	101.2	106.7	..	1.2.1. Transports et entreposage		60_63
71.5	76.6	85.0	90.6	..	1.2.1.1. Transports terrestres, transports par conduites		60
3.0	3.5	3.3	4.0	..	1.2.1.1.1. Transports par chemin de fer		
0.2	0.2	0.1	0.1	..	1.2.1.1.2. Tramways et trolleybus		
0.5	0.4	0.4	0.4	..	1.2.1.1.3. Métro		
18.5	18.7	19.6	20.8	..	1.2.1.1.4. Autobus		
14.9	15.6	16.4	16.4	..	1.2.1.1.5. Taxis		
34.5	38.1	45.2	49.1	..	1.2.1.1.6. Transports par camions		
2.9	2.5	2.5	1.3	..	1.2.1.2. Transports par eau		61
2.6	2.2	2.2	1.0	..	1.2.1.2.1. Transports maritimes et activités portuaires		
0.2	0.2	0.3	0.3	..	1.2.1.2.2. Transports fluviaux et lacustres		
2.4	2.5	3.1	3.2	..	1.2.1.3. Transports aériens		62
2.1	2.2	2.6	2.8	..	1.2.1.3.1. Transports aériens nationaux		
0.3	0.4	0.4	0.5	..	1.2.1.3.2. Transports aériens internationaux		
9.1	9.9	10.7	11.6	..	1.2.1.4. Services auxiliaires des transports, agences de voyages		63
1.3	1.5	1.8	2.1	..	1.2.1.4.1. Agences douanières		
1.3	1.6	1.7	1.8	..	1.2.1.4.2. Agences de voyage		
0.3	0.3	0.3	0.3	..	1.2.1.4.3. Parkings et garages		
0.2	0.2	0.2	0.2	..	1.2.1.4.4. Grues et services de pesage		
4.9	5.2	5.4	5.8	..	1.2.1.4.5. Autres services liés aux transports		
1.2	1.1	1.2	1.3	..	1.2.1.4.6. Entreposage et réfrigération		
25.2	28.5	30.7	33.6	..	1.2.2. Communications		64
1.2	1.3	1.6	1.5	..	1.2.2.1. Poste et courrier		641
24.0	27.2	29.1	32.1	..	1.2.2.2. Télécommunications		642
239.2	241.3	251.2	208.4	..	2. Banques, assurances, affaires immobilières et services aux entreprises	**J_K**	**65_74**
57.5	54.3	58.2	64.5	..	2.1. Établissements financiers	J	65_67
49.7	47.0	50.9	54.8	..	2.1.1. Intermédiation financière		65
0.5	0.5	0.6	0.6	..	2.1.1.1. Banque centrale		
5.6	5.4	5.8	5.9	..	2.1.1.2. Banque de développement		
32.7	30.6	34.0	37.3	..	2.1.1.3. Banque commerciale		
0.2	0.2	0.2	0.1	..	2.1.1.4. Marché des titres		
2.4	2.6	2.5	2.3	..	2.1.1.5. Courtage et gestion d'actions		
8.4	7.7	7.8	8.6	..	2.1.1.6. Autres services financiers (2)		
7.8	7.4	7.4	9.7	..	2.1.2. Assurances et caisses de retraite (3)		66
7.0	6.6	6.6	9.0	..	2.1.2.1. Assurance (3)		
0.8	0.7	0.7	0.8	..	2.1.2.2. Garanties		
..	..	..	..	..	2.1.3. Activités financières auxiliaires (2) (3)		67
181.8	187.0	193.0	197.7	..	2.2. Affaires immobilières et services fournis aux entreprises	K	70_74
132.3	136.3	139.3	141.9	..	2.2.1. Affaires immobilières		70
101.9	106.1	108.6	110.9	..	2.2.1.1. Locations de maisons		
23.9	24.0	24.0	24.1	..	2.2.1.2. Locations de bâtiments non résidentiels		
6.5	6.3	6.7	6.9	..	2.2.1.3. Agents immobiliers		
49.4	50.7	53.7	55.8	..	2.2.2. Services fournis aux entreprises		71_74
2.7	3.0	3.3	3.6	..	2.2.2.1. Location, etc.		71
0.6	0.8	0.9	0.9	..	2.2.2.1.1. Location d'équipement de transport		
0.1	0.1	0.1	0.1	..	2.2.2.1.2. Loc. d'équip. électronique, traitement de données		
1.0	1.0	1.1	1.2	..	2.2.2.1.3. Loc. d'autres machines et équipements		
1.1	1.1	1.2	1.3	..	2.2.2.1.4. Loc. d'équipements personnels et domestiques		
0.5	0.6	0.8	0.8	..	2.2.2.2. Activités informatiques et activités connexes		72
..	..	..	..	..	2.2.2.3. Recherche et développement		73
46.1	47.1	49.6	51.4	..	2.2.2.4. Autres services fournis aux entreprises		74
23.2	23.9	24.6	25.6	..	2.2.2.4.1. Activités juridiques, comptables, etc. (4)		741
22.3	22.9	23.4	24.5	..	2.2.2.4.1.1. Professions indépendantes (5)		
0.5	0.5	0.6	0.6	..	2.2.2.4.1.2. Bureaux de notaires		
0.4	0.5	0.6	0.6	..	2.2.2.4.1.3. Études de crédit, de marché, etc.		
..	..	..	..	..	2.2.2.4.2. Activ. d'architect., d'ingénierie, aut. serv. tech. (5)		742
6.1	6.1	6.7	7.1	..	2.2.2.4.3. Publicité		743

MEXICO

I. GROSS VALUE ADDED at basic prices *(cont.)*

B. Constant 1993 prices

Billions of Mexican nuevos pesos

ISIC Rev. 3			1989	1990	1991	1992	1993	1994
	749	2.2.2.4.4. Other business activities n.e.c. (1) (6)	10.9	12.3	14.0	15.6	17.8	17.6
		2.2.2.4.4.1. Commissions, representations (1)	2.9	2.9	3.0	2.6	2.6	2.3
		2.2.2.4.4.2. Civilian, prof. associations, etc. (6)	4.3	4.4	4.3	4.1	4.0	3.9
		2.2.2.4.4.3. Various business serv. (4)	3.7	5.0	6.6	8.9	11.3	11.4
L_Q	75_99	3. Other services	198.6	202.6	209.5	210.5	214.6	218.0
L	75	3.1. Public administration and defence	42.2	42.3	44.7	43.6	43.9	44.7
		3.1.1. General public administration	9.3	10.2	11.6	9.9	10.1	10.2
		3.1.2. Regulation of public services	5.6	5.7	5.7	6.1	5.1	5.2
		3.1.3. Regulation and support of economic activities	9.9	8.6	8.7	8.4	8.5	8.5
		3.1.4. Services to the community	13.2	13.4	13.9	14.5	15.5	15.9
		3.1.5. Activities of plans of obligatory social security	4.3	4.4	4.7	4.6	4.7	4.9
M_Q	80_99	3.2. Education, health, social work related, other community, social and personal services	156.4	160.3	164.8	166.9	170.7	173.3
M	80	3.2.1. Education	57.2	58.8	60.1	61.0	63.5	64.2
		3.2.1.1. Basic education (7)	38.2	39.3	40.7	41.4	41.6	41.9
		3.2.1.2. Average and superior education	16.0	16.5	16.6	16.9	19.4	19.8
		3.2.1.3. Technical schools	1.3	1.2	1.1	1.1	1.1	1.1
		3.2.1.4. Schools n.e.c. (8)	1.8	1.8	1.7	1.6	1.4	1.4
N	85	3.2.2. Health and social work	39.5	40.2	41.1	41.5	42.3	42.8
		3.2.2.1. Basic medical services (9)	36.4	36.9	37.8	38.2	39.0	39.6
		3.2.2.2. Clinical laboratories, radiology and radioscopy	0.5	0.6	0.6	0.6	0.6	0.5
		3.2.2.3. Social services	2.6	2.7	2.7	2.7	2.7	2.7
O	90_93	3.2.3. Other community, social and personal services	59.7	61.3	63.5	64.4	64.8	66.2
	90	3.2.3.1. Sanitary and similar services	..	..	..	..	..	..
	91	3.2.3.2. Membership organisations n.e.c. (6)	..	..	..	..	..	..
	92	3.2.3.3. Recreational and cultural services	12.8	12.8	12.6	12.3	12.2	12.2
		3.2.3.3.1. Cinemas	1.3	1.2	1.1	1.0	0.9	0.7
		3.2.3.3.2. Promotion of recreational events, music, etc.	0.5	0.5	0.5	0.5	0.6	0.6
		3.2.3.3.3. Radio broadcasting	1.2	1.3	1.3	1.4	1.4	1.5
		3.2.3.3.4. Television broadcasting	4.3	4.3	4.3	3.9	4.1	4.1
		3.2.3.3.5. Rent and distribution of films	0.4	0.3	0.4	0.4	0.2	0.1
		3.2.3.3.6. Film prod., radio and tele. distrib., music rec.,etc.	1.0	0.7	0.4	0.2	0.2	0.1
		3.2.3.3.7. Bathing and pool resorts	0.0	0.0	0.0	0.0	0.0	0.0
		3.2.3.3.8. Billiards and bowling	0.3	0.3	0.3	0.3	0.3	0.3
		3.2.3.3.9. Dance halls, cabarets, night clubs	0.8	0.8	0.8	0.8	0.8	0.7
		3.2.3.3.10. Social centres	0.8	0.8	0.8	0.9	0.8	0.8
		3.2.3.3.11. Professional sport clubs	0.2	0.2	0.2	0.2	0.2	0.2
		3.2.3.3.12. Museums, gardens, exhibitions	0.1	0.1	0.1	0.1	0.1	0.1
		3.2.3.3.13. Independent artists	1.3	1.6	1.6	1.8	2.1	2.2
		3.2.3.3.14. Other recreational and cultural serv.	0.6	0.6	0.6	0.6	0.6	0.6
	93	3.2.3.4. Other personal services (1)	46.9	48.5	50.9	52.2	52.6	54.0
		3.2.3.4.1. Maintenance and repair services (1)	7.9	8.0	9.1	9.8	9.4	10.4
		3.2.3.4.2. Cleaning services (6)	18.0	19.3	19.9	19.9	20.1	19.9
		3.2.3.4.3. Domestic services	8.2	8.2	8.4	8.5	8.8	9.1
		3.2.3.4.4. Other services n.e.c. (6) (10)	12.8	13.0	13.5	13.9	14.3	14.5
P	95	3.2.4. Private households with employed persons	..	..	..	..	..	..
Q	99	3.2.5. Extra-territorial organisations (6)	..	..	..	..	..	..
		FISIM (Financial Intermediation Services Indirectly Measured)	- 24.7	- 26.4	- 28.6	- 30.4	- 33.7	- 37.4
G_Q	50_99	**TOTAL, SERVICES**	**664.1**	**693.0**	**726.1**	**753.5**	**772.5**	**808.5**
		GROSS VALUE ADDED, All activities, at basic prices	**998.5**	**1 049.1**	**1 093.4**	**1 133.0**	**1 155.1**	**1 206.1**
		% of services in gross value added, all activities	66.52	66.06	66.41	66.50	66.88	67.03
		Memorandum item:						
		Gross domestic product at market prices	1 085.8	1 140.8	1 189.0	1 232.2	1 256.2	1 311.7

I. VALEUR AJOUTÉE BRUTE aux prix de base *(suite)*

B. Prix constants de 1993

Milliards de nouveaux pesos mexicains

1995	1996	1997	1998*	1999		CITI Rév. 3	
16.9	17.1	18.3	18.7	..	2.2.2.4.4. Autres serv. fournis aux entreprises n.c.a. (1) (6)		749
2.2	2.1	2.2	2.3	..	2.2.2.4.4.1. Interm. du comm. de gros, représentations (1)		
4.3	4.3	4.3	4.4	..	2.2.2.4.4.2. Associations professionnelles, civiles, etc. (6)		
10.3	10.7	11.8	12.0	..	2.2.2.4.4.3. Services aux entreprises divers (4)		
214.4	215.9	222.1	279.6	..	3. Autres services	L_Q	75_99
44.3	44.0	44.4	43.2	..	3.1. Administration publique et défense	L	75
9.9	9.6	10.0	10.1	..	3.1.1. Administration publiques générale		
5.2	5.1	4.7	4.9	..	3.1.2. Tutelle des services publiques		
8.4	8.4	8.3	7.8	..	3.1.3. Tutelle et soutien des activités économiques		
15.9	16.1	16.6	15.8	..	3.1.4. Services à l'ensemble de la collectivité		
4.9	4.8	4.9	4.7	..	3.1.5. Activités de plans de sécurité sociale obligatoire		
					3.2. Enseignement, santé, action sociale, autres activités de services	M_Q	80_99
170.1	172.0	177.7	184.6	..	collectifs, sociaux et personnels		
65.1	66.3	67.4	68.9	..	3.2.1. Enseignement	M	80
42.6	43.0	43.4	44.2	..	3.2.1.1. Enseignement de base (7)		
20.0	20.6	21.2	21.9	..	3.2.1.2. Enseignement moyen et supérieur		
1.1	1.2	1.2	1.2	..	3.2.1.3. Écoles techniques		
1.4	1.5	1.6	1.6	..	3.2.1.4. Écoles n.c.a. (8)		
42.4	41.6	43.5	45.8	..	3.2.2. Santé et action sociale	N	85
39.2	38.3	40.2	42.1	..	3.2.2.1. Services médicaux de base (9)		
0.5	0.5	0.6	0.6	..	3.2.2.2. Laboratoires cliniques, radiologie et radioscopie		
2.7	2.7	2.8	3.0	..	3.2.2.3. Services sociaux		
62.6	64.2	66.8	69.9	..	3.2.3. Autres activités de services collectifs, sociaux et personnels	O	90_93
..	..	..	..	..	3.2.3.1. Services sanitaires et analogues		90
..	..	..	..	..	3.2.3.2. Activités associatives diverses (6)		91
11.1	11.1	11.8	12.6	..	3.2.3.3. Activités récréatives et culturelles		92
0.6	0.7	0.8	1.0	..	3.2.3.3.1. Cinéma		
0.6	0.6	0.6	0.6	..	3.2.3.3.2. Promotion d'événements récréatifs, musique, etc.		
1.5	1.5	1.6	1.6	..	3.2.3.3.3. Radiodiffusion		
3.8	4.1	4.3	4.7	..	3.2.3.3.4. Télédiffusion		
0.1	0.1	0.1	0.1	..	3.2.3.3.5. Location et distribution de films		
0.1	0.1	0.1	0.1	..	3.2.3.3.6. Prod. de films, radio, télé., enregistrements musicaux, etc.		
0.0	0.0	0.0	0.0	..	3.2.3.3.7. Stations balnéaires, piscine		
0.3	0.2	0.2	0.2	..	3.2.3.3.8. Billards et bowling		
0.6	0.5	0.5	0.5	..	3.2.3.3.9. Dancing, cabarets, boîtes de nuits		
0.6	0.6	0.6	0.6	..	3.2.3.3.10. Centres sociaux		
0.3	0.3	0.3	0.3	..	3.2.3.3.11. Clubs de sport professionnels		
0.1	0.1	0.1	0.1	..	3.2.3.3.12. Musées, jardins, expositions		
2.0	1.9	2.3	2.3	..	3.2.3.3.13. Artistes Indépendants		
0.5	0.4	0.4	0.4	..	3.2.3.3.14. Autres activités culturelles et récréatives		
51.5	53.0	55.0	57.3	..	3.2.3.4. Autres services personnels (1)		93
9.3	9.4	10.2	10.9	..	3.2.3.4.1. Services d'entretien et réparation (1)		
18.9	19.5	20.2	20.5	..	3.2.3.4.2. Services de nettoyage (6)		
9.1	9.3	9.6	10.1	..	3.2.3.4.3. Services domestiques		
14.3	14.9	14.9	15.8	..	3.2.3.4.4. Autres services n.c.a. (6) (10)		
..	..	..	..	..	3.2.4. Ménages privés employant du personnel domestique	P	95
..	..	..	..	..	3.2.5. Organisations extraterritoriales (6)	Q	99
- 33.4	- 31.7	- 35.1	- 37.2	..	SIFIM (Services d'intermédiation financière indirectement mesurés)		
758.2	**783.4**	**833.5**	**870.3**	..	**TOTAL, SERVICES**	**G_Q**	**50_99**
1 131.8	**1 190.1**	**1 270.6**	**1 331.8**	..	**VALEUR AJOUTÉE BRUTE, Toutes activités, aux prix de base**		
66.99	65.83	65.60	65.35	..	% des services dans la valeur ajoutée brute, toutes activités		
					Pour mémoire :		
1 230.8	1 294.5	1 381.7	1 448.2	..	Produit intérieur brut aux prix du marché		

MEXICO

II. EMPLOYMENT

B. Employees

Thousand persons

ISIC Rev. 3			1989	1990	1991	1992	1993	1994
G_I	50_64	1. Motor, wholesale and retail trade; restaurants and hotels; transport and communication	5 487.4	5 943.5	6 257.3	6 465.3	6 523.4	6 756.1
G_H	50_55	1.1. Motor, wholesale and retail trade; restaurants and hotels	4 149.8	4 505.2	4 772.2	4 976.6	5 024.7	5 176.7
G	50_52	1.1.1. Motor, wholesale and retail trade (1)	2 932.6	3 135.7	3 259.1	3 393.4	3 407.0	3 459.7
	50	1.1.1.1. Motor trade and repairs	..	..	..	..	..	..
	51	1.1.1.2. Wholesale and commission trade	..	..	..	..	..	..
	52	1.1.1.3. Retail trade and repairs	..	..	..	..	..	..
H	55	1.1.2. Restaurants and hotels	1 217.3	1 369.5	1 513.1	1 583.3	1 617.7	1 717.1
		1.1.2.1. Restaurants	943.4	1 048.8	1 137.4	1 214.3	1 237.9	1 286.5
		1.1.2.2. Hotels and other lodging places	273.9	320.7	375.7	368.9	379.8	430.6
I	60_64	1.2. Transport, storage and communication	1 337.5	1 438.4	1 485.1	1 488.7	1 498.7	1 579.4
	60_63	1.2.1. Transport and storage	1 233.6	1 332.2	1 378.2	1 380.9	1 388.3	1 468.0
	60	1.2.1.1. Land transport, transport via pipelines	..	..	..	..	..	..
		1.2.1.1.1. Railway transport	..	..	..	..	..	..
		1.2.1.1.2. Tramways and trolley buses	..	..	..	..	..	..
		1.2.1.1.3. Underground	..	..	..	..	..	..
		1.2.1.1.4. Buses	..	..	..	..	..	..
		1.2.1.1.5. Taxis	..	..	..	..	..	..
		1.2.1.1.6. Truck transport	..	..	..	..	..	..
	61	1.2.1.2. Water transport	..	..	..	..	..	..
		1.2.1.2.1. Sea transport and harbour activities	..	..	..	..	..	..
		1.2.1.2.2. Fluvial and lake transport	..	..	..	..	..	..
	62	1.2.1.3. Air transport	..	..	..	..	..	..
		1.2.1.3.1. National air transport	..	..	..	..	..	..
		1.2.1.3.2. International air transport	..	..	..	..	..	..
	63	1.2.1.4. Auxiliary transport services, travel agencies	..	..	..	..	..	..
		1.2.1.4.1. Customs agencies	..	..	..	..	..	..
		1.2.1.4.2. Travel agencies	..	..	..	..	..	..
		1.2.1.4.3. Car parks and garages	..	..	..	..	..	..
		1.2.1.4.4. Cranes and weighing services	..	..	..	..	..	..
		1.2.1.4.5. Other transport related services	..	..	..	..	..	..
		1.2.1.4.6. Storage and refrigeration	..	..	..	..	..	..
	64	1.2.2. Communication	104.0	106.2	106.9	107.8	110.4	111.4
	641	1.2.2.1. Postal and courier services	..	..	..	..	..	..
	642	1.2.2.2. Telecommunications	..	..	..	..	..	..
J_K	65_74	2. Finance, insurance, real estate and business services	888.5	918.0	968.4	1 025.7	1 081.2	1 139.6
J	65_67	2.1. Financial and insurance services	252.5	249.0	252.7	250.0	246.1	242.1
	65	2.1.1. Financial intermediation	..	..	..	..	..	..
		2.1.1.1. Central bank	..	..	..	..	..	..
		2.1.1.2. Development bank	..	..	..	..	..	..
		2.1.1.3. Commercial bank	..	..	..	..	..	..
		2.1.1.4. Stock market	..	..	..	..	..	..
		2.1.1.5. Equities broking and dealing	..	..	..	..	..	..
		2.1.1.6. Other financial services (2)	..	..	..	..	..	..
	66	2.1.2. Insurance and pension funding (3)	..	..	..	..	..	..
		2.1.2.1. Insurance (3)	..	..	..	..	..	..
		2.1.1.4. Guarantees	..	..	..	..	..	..
	67	2.1.3. Auxiliary financial services (2) (3)	..	..	..	..	..	..
K	70_74	2.2. Real estate and business services	636.0	669.0	715.7	775.7	835.1	897.6
	70	2.2.1. Real estate services	250.7	262.1	276.5	288.5	300.7	314.0
		2.2.1.1. Rent of houses	..	..	..	..	..	..
		2.2.1.2. Rent of non-residential buildings	..	..	..	..	..	..
		2.2.1.3. Real estate agents	..	..	..	..	..	..
	71_74	2.2.2. Business services	385.2	406.8	439.2	487.2	534.4	583.6
	71	2.2.2.1. Renting, etc.	..	..	..	..	..	..
		2.2.2.1.1. Rent of transport equipment	..	..	..	..	..	..
		2.2.2.1.2. Rent of electronic equip., data process.	..	..	..	..	..	..
		2.2.2.1.3. Rent of other machinery and equip.	..	..	..	..	..	..
		2.2.2.1.4. Rent of personal and domestic equip.	..	..	..	..	..	..
	72	2.2.2.2. Computer and related activities	..	..	..	..	..	..
	73	2.2.2.3. Research and development	..	..	..	..	..	..
	74	2.2.2.4. Other business activities	..	..	..	..	..	..
	741	2.2.2.4.1. Legal, accounting services, etc. (4)	..	..	..	..	..	..
		2.2.2.4.1.1. Independent profess. (5)	..	..	..	..	..	..
		2.2.2.4.1.2. Offices of notaries	..	..	..	..	..	..
		2.2.2.4.1.3. Credit, market research,etc.	..	..	..	..	..	..
	742	2.2.2.4.2. Architect., engineering, tech. serv. (5)	..	..	..	..	..	..
	743	2.2.2.4.3. Advertising services	..	..	..	..	..	..

II. EMPLOI

B. Salariés

Milliers de personnes

1995	1996	1997	1998	1999		CITI Rév. 3
6 705.7	6 815.6	7 082.7	7 375.1	..	1. Commerce d'automobiles, de gros et de détail ; restaurants et hôtels ; transports et communication	**G_I** **50_64**
5 184.8	5 190.9	5 383.4	5 584.2	..	1.1. Commerce d'automobiles, de gros et de détail ; restaurants et hôtels	G_H 50_55
3 495.8	3 553.8	3 708.7	3 870.4	..	1.1.1. Commerce d'automobiles, de gros et de détail (1)	G 50_52
..	..	..	..	..	1.1.1.1. Commerce et réparations automobiles	50
..	..	..	..	..	1.1.1.2. Commerce de gros et intermédiaires	51
..	..	..	..	..	1.1.1.3. Commerce de détail et réparations	52
1 689.0	1 637.0	1 674.7	1 713.7	..	1.1.2. Restaurants et hôtels	H 55
1 278.2	1 222.6	..	..	..	1.1.2.1. Restaurants	
410.8	414.4	..	..	..	1.1.2.2. Hôtels, hôtels meublés et établissements analogues	
1 521.0	1 624.7	1 699.2	1 790.9	..	1.2. Transports, entreposage et communications	I 60_64
1 407.0	1 512.4	1 586.3	1 671.3	..	1.2.1. Transports et entreposage	60_63
..	..	..	..	..	1.2.1.1. Transports terrestres, transports par conduites	60
..	..	..	..	..	1.2.1.1.1. Transports par chemin de fer	
..	..	..	..	..	1.2.1.1.2. Tramways et trolleybus	
..	..	..	..	..	1.2.1.1.3. Métro	
..	..	..	..	..	1.2.1.1.4. Autobus	
..	..	..	..	..	1.2.1.1.5. Taxis	
..	..	..	..	..	1.2.1.1.6. Transports par camions	
..	..	..	..	..	1.2.1.2. Transports par eau	61
..	..	..	..	..	1.2.1.2.1. Transports maritimes et activités portuaires	
..	..	..	..	..	1.2.1.2.2. Transports fluviaux et lacustres	
..	..	..	..	..	1.2.1.3. Transports aériens	62
..	..	..	..	..	1.2.1.3.1. Transports aériens nationaux	
..	..	..	..	..	1.2.1.3.2. Transports aériens internationaux	
..	..	..	..	..	1.2.1.4. Services auxiliaires des transports, agences de voyages	63
..	..	..	..	..	1.2.1.4.1. Agences douanières	
..	..	..	..	..	1.2.1.4.2. Agences de voyage	
..	..	..	..	..	1.2.1.4.3. Parkings et garages	
..	..	..	..	..	1.2.1.4.4. Grues et services de pesage	
..	..	..	..	..	1.2.1.4.5. Autres services liés aux transports	
..	..	..	..	..	1.2.1.4.6. Entreposage et réfrigération	
114.0	112.3	112.9	119.7	..	1.2.2. Communications	64
..	..	..	..	..	1.2.2.1. Poste et courrier	641
..	..	..	..	..	1.2.2.2. Télécommunications	642
1 107.9	1 138.5	1 201.0	1 231.3	..	2. Banques, assurances, affaires immobilières et services aux entreprises	**J_K** **65_74**
223.4	222.5	239.9	235.9	..	2.1. Établissements financiers	J 65_67
..	..	..	..	..	2.1.1. Intermédiation financière	65
..	..	..	..	..	2.1.1.1. Banque centrale	
..	..	..	..	..	2.1.1.2. Banque de développement	
..	..	..	..	..	2.1.1.3. Banque commerciale	
..	..	..	..	..	2.1.1.4. Marché des titres	
..	..	..	..	..	2.1.1.5. Courtage et gestion d'actions	
..	..	..	..	..	2.1.1.6. Autres services financiers (2)	
..	..	..	..	..	2.1.2. Assurances et caisses de retraite (3)	66
..	..	..	..	..	2.1.2.1. Assurance (3)	
..	..	..	..	..	2.1.2.2. Garanties	
..	..	..	..	..	2.1.3. Activités financières auxiliaires (2) (3)	67
884.6	916.0	960.4	995.4	..	2.2. Affaires immobilières et services fournis aux entreprises	K 70_74
325.2	339.1	349.7	362.4	..	2.2.1. Affaires immobilières	70
..	..	..	..	..	2.2.1.1. Locations de maisons	
..	..	..	..	..	2.2.1.2. Locations de bâtiments non résidentiels	
..	..	..	..	..	2.2.1.3. Agents immobiliers	
559.3	576.9	610.7	633.0	..	2.2.2. Services fournis aux entreprises	71_74
..	..	..	..	..	2.2.2.1. Location, etc.	71
..	..	..	..	..	2.2.2.1.1. Location d'équipement de transport	
..	..	..	..	..	2.2.2.1.2. Loc. d'équip. électronique, traitement de données	
..	..	..	..	..	2.2.2.1.3. Loc. d'autres machines et équipements	
..	..	..	..	..	2.2.2.1.4. Loc. d'équipements personnels et domestiques	
..	..	..	..	..	2.2.2.2. Activités informatiques et activités connexes	72
..	..	..	..	..	2.2.2.3. Recherche et développement	73
..	..	..	..	..	2.2.2.4. Autres services fournis aux entreprises	74
..	..	..	..	..	2.2.2.4.1. Activités juridiques, comptables, etc. (4)	741
..	..	..	..	..	2.2.2.4.1.1. Professions indépendantes (5)	
..	..	..	..	..	2.2.2.4.1.2. Bureaux de notaires	
..	..	..	..	..	2.2.2.4.1.3. Études de crédit, de marché, etc.	
..	..	..	..	..	2.2.2.4.2. Activ. d'architect., d'ingénierie, aut. serv. tech. (5)	742
..	..	..	..	..	2.2.2.4.3. Publicité	743

Thousand persons

ISIC Rev. 3			1989	1990	1991	1992	1993	1994
	749	2.2.2.4.4. Other business activities n.e.c. (1) (6)	..	..	..	..	..	..
		2.2.2.4.4.1. Commissions, representations (1)	..	..	..	..	..	..
		2.2.2.4.4.2. Civilian, prof. associations, etc. (6)	..	..	..	..	..	..
		2.2.2.4.4.3. Various business serv. (4)	..	..	..	..	..	..
L_Q	75_99	3. Other services	6 600.4	6 740.8	6 987.9	7 101.3	7 190.8	7 386.7
L	75	3.1. Public administration and defence	1 363.4	1 372.6	1 437.1	1 425.7	1 427.7	1 456.2
		3.1.1. General public administration	..	..	..	..	..	..
		3.1.2. Regulation of public services	..	..	..	..	..	..
		3.1.3. Regulation and support of economic activities	..	..	..	..	..	..
		3.1.4. Services to the community	..	..	..	..	..	..
		3.1.5. Activities of plans of obligatory social security	..	..	..	..	..	..
M_Q	80_99	3.2. Education, health, social work related, other community, social and personal services	5 237.0	5 368.2	5 550.8	5 675.6	5 763.1	5 930.5
M	80	3.2.1. Education	2 046.2	2 127.5	2 185.8	2 241.7	2 275.2	2 344.5
		3.2.1.1. Basic education (7)	..	..	..	..	..	..
		3.2.1.2. Average and superior education	..	..	..	..	..	..
		3.2.1.3. Technical schools	..	..	..	..	..	..
		3.2.1.4. Schools n.e.c. (8)	..	..	..	..	..	..
N	85	3.2.2. Health and social work	641.4	662.2	698.5	709.2	708.7	719.0
		3.2.2.1. Basic medical services (9)	..	..	..	..	..	..
		3.2.2.2. Clinical laboratories, radiology and radioscopy	..	..	..	..	..	..
		3.2.2.3. Social services	..	..	..	..	..	..
O	90_93	3.2.3. Other community, social and personal services	2 549.4	2 578.5	2 666.5	2 724.7	2 779.2	2 867.1
	90	3.2.3.1. Sanitary and similar services	..	..	..	..	..	..
	91	3.2.3.2. Membership organisations n.e.c. (6)	..	..	..	..	..	..
	92	3.2.3.3. Recreational and cultural services	116.8	122.8	126.8	126.9	128.8	129.6
		3.2.3.3.1. Cinemas	..	..	..	..	..	..
		3.2.3.3.2. Promotion of recreational events, music, etc.	..	..	..	..	..	..
		3.2.3.3.3. Radio broadcasting	..	..	..	..	..	..
		3.2.3.3.4. Television broadcasting	..	..	..	..	..	..
		3.2.3.3.5. Rent and distribution of films	..	..	..	..	..	..
		3.2.3.3.6. Film prod., radio and tele. distrib., music rec.,etc.	..	..	..	..	..	..
		3.2.3.3.7. Bathing and pool resorts	..	..	..	..	..	..
		3.2.3.3.8. Billiards and bowling	..	..	..	..	..	..
		3.2.3.3.9. Dance halls, cabarets, night clubs	..	..	..	..	..	..
		3.2.3.3.10. Social centres	..	..	..	..	..	..
		3.2.3.3.11. Professional sport clubs	..	..	..	..	..	..
		3.2.3.3.12. Museums, gardens, exhibitions	..	..	..	..	..	..
		3.2.3.3.13. Independent artists	..	..	..	..	..	..
		3.2.3.3.14. Other recreational and cultural serv.	..	..	..	..	..	..
	93	3.2.3.4. Other personal services (1)	2 432.6	2 455.7	2 539.7	2 597.8	2 650.4	2 737.4
		3.2.3.4.1. Maintenance and repair services (1)	..	..	..	..	..	..
		3.2.3.4.2. Cleaning services (6)	..	..	..	..	..	..
		3.2.3.4.3. Domestic services	..	..	..	..	..	..
		3.2.3.4.4. Other services n.e.c. (6) (10)	..	..	..	..	..	..
P	95	3.2.4. Private households with employed persons	..	..	..	..	..	..
Q	99	3.2.5. Extra-territorial organisations (6)	..	..	..	..	..	..
G_Q	50_99	**TOTAL, SERVICES**	**12 976.3**	**13 602.3**	**14 213.6**	**14 592.3**	**14 795.4**	**15 282.4**
		TOTAL EMPLOYEES, All activities	**24 764.0**	**25 957.7**	**26 723.9**	**27 160.1**	**27 467.5**	**28 165.8**
		% of services in total employees, all activities	52.40	52.40	53.19	53.73	53.87	54.26

II. EMPLOI *(suite)*

B. Salariés

Milliers de personnes

1995	1996	1997	1998	1999		CITI Rév. 3
..	..	..	..	..	2.2.2.4.4. Autres serv. fournis aux entreprises n.c.a. (1) (6)	749
..	..	..	..	..	2.2.2.4.4.1. Interm. du comm. de gros, représentations (1)	
..	..	..	..	..	2.2.2.4.4.2. Associations professionnelles, civiles, etc. (6)	
..	..	..	..	..	2.2.2.4.4.3. Services aux entreprises divers (4)	
7 354.2	7 438.6	7 652.5	7 893.0	..	3. Autres services	**L_Q** **75_99**
1 448.3	1 444.9	1 472.1	1 454.7	..	3.1. Administration publique et défense	L 75
..	..	..	..	..	3.1.1. Administration publiques générale	
..	..	..	..	..	3.1.2. Tutelle des services publiques	
..	..	..	..	..	3.1.3. Tutelle et soutien des activités économiques	
..	..	..	..	..	3.1.4. Services à l'ensemble de la collectivité	
..	..	..	..	..	3.1.5. Activités de plans de sécurité sociale obligatoire	
					3.2. Enseignement, santé, action sociale, autres activités de services	M_Q 80_99
5 906.0	5 993.7	6 180.5	6 438.4	..	collectifs, sociaux et personnels	
2 383.2	2 428.4	2 470.3	2 538.3	..	3.2.1. Enseignement	M 80
..	..	..	..	..	3.2.1.1. Enseignement de base (7)	
..	..	..	..	..	3.2.1.2. Enseignement moyen et supérieur	
..	..	..	..	..	3.2.1.3. Écoles techniques	
..	..	..	..	..	3.2.1.4. Écoles n.c.a. (8)	
730.8	723.1	773.6	824.4	..	3.2.2. Santé et action sociale	N 85
..	..	..	..	..	3.2.2.1. Services médicaux de base (9)	
..	..	..	..	..	3.2.2.2. Laboratoires cliniques, radiologie et radioscopie	
..	..	..	..	..	3.2.2.3. Services sociaux	
2 792.0	2 842.2	2 936.5	3 075.7	..	3.2.3. Autres activités de services collectifs, sociaux et personnels	O 90_93
..	..	..	..	..	3.2.3.1. Services sanitaires et analogues	90
..	..	..	..	..	3.2.3.2. Activités associatives diverses (6)	91
119.7	116.4	118.5	119.8	..	3.2.3.3. Activités récréatives et culturelles	92
..	..	..	..	..	3.2.3.3.1. Cinéma	
..	..	..	..	..	3.2.3.3.2. Promotion d'événements récréatifs, musique, etc.	
..	..	..	..	..	3.2.3.3.3. Radiodiffusion	
..	..	..	..	..	3.2.3.3.4. Télédiffusion	
..	..	..	..	..	3.2.3.3.5. Location et distribution de films	
..	..	..	..	..	3.2.3.3.6. Prod. de films, radio, télé., enregistrements musicaux, etc.	
..	..	..	..	..	3.2.3.3.7. Stations balnéaires, piscine	
..	..	..	..	..	3.2.3.3.8. Billards et bowling	
..	..	..	..	..	3.2.3.3.9. Dancing, cabarets, boîtes de nuits	
..	..	..	..	..	3.2.3.3.10. Centres sociaux	
..	..	..	..	..	3.2.3.3.11. Clubs de sport professionnels	
..	..	..	..	..	3.2.3.3.12. Musées, jardins, expositions	
..	..	..	..	..	3.2.3.3.13. Artistes Indépendants	
..	..	..	..	..	3.2.3.3.14. Autres activités culturelles et récréatives	
2 672.3	2 725.8	2 818.0	2 955.8	..	3.2.3.4. Autres services personnels (1)	93
..	..	..	..	..	3.2.3.4.1. Services d'entretien et réparation (1)	
..	..	..	..	..	3.2.3.4.2. Services de nettoyage (6)	
..	..	..	..	..	3.2.3.4.3. Services domestiques	
..	..	..	..	..	3.2.3.4.4. Autres services n.c.a. (6) (10)	
..	..	..	..	..	3.2.4. Ménages privés employant du personnel domestique	P 95
..	..	..	..	..	3.2.5. Organisations extraterritoriales (6)	Q 99
15 167.9	**15 392.6**	**15 936.2**	**16 499.4**	..	**TOTAL, SERVICES**	**G_Q** **50_99**
27 347.5	**28 270.3**	**29 347.0**	**30 623.8**	..	**EMPLOI SALARIÉ TOTAL, Toutes activités**	
55.46	54.45	54.30	53.88	...	% des services dans l'emploi salarié total, toutes activités	

Sources:

"Systema de cuentas nacionales de Mexico", Instituto Nacional de Estadistica e Informatica (INEGI), and data sent directly.

General note:

Value Added:
   * Provisional data.

(1) Item Motor, wholesale and retail trade excludes repairs (maintenance and repair of motor vehicles, repair of personal and household goods) and commission trade which are respectively included in items Other personal services (Maintenance and repair services) and Other business services n.e.c. (Commissions, representations).

(2) Item Other financial services refers to financial leasing, other credit granting and activities auxiliary to financial intermediation n.e.c.

(3) Item Insurance and pension funding refers to insurance and activities auxiliary to insurance.

(4) Item Various business services refers to business and management consultancy and all other business activities n.e.c.

(5) Item Independent professionals refers to items Legal, accounting services, etc. (except notary activities), Architectural, engineering, technical services. It also includes agricultural and husbandry services, and veterinary activities. It excludes doctors and dentists.

(6) Items Membership organisations n.e.c. and Extra-territorial organisations are included in item Other business activities n.e.c. (Civilian, professional associations, etc.). Item Other business activities n.e.c. excludes building cleaning, which is included in item Cleaning services. It also excludes investigation and security activities and labour recruitment and provision of personel which are included in item Other services n.e.c.

(7) Item Basic education refers to primary and secondary education (not technical and vocational).

(8) Item Schools n.e.c. refers to adult and other education (commercial and language schools, dance schools, dance and art, centres of sport training and physical culture and other particular education services).

(9) Item Basic medical services refers to hospitals, medical and dental practices and other.

(10) Item Other services n.e.c. refers to funeral and related activities, photographic activities, disinfection, sanitation and similar activities, investigation and security activities, labour recruitment and provision of personnel, packaging activities, other service activities n.e.c.

Sources :

"Systema de cuentas nacionales de Mexico", Instituto Nacional de Estadistica e Informatica (INEGI), et données envoyées directement.

Note générale :

Valeur ajoutée :
   * Données provisoires.

(1) La rubrique Commerce d'automobiles, de gros et de détail exclue les réparations (entretien et réparations de véhicules à moteur, réparation de biens personnels et domestiques) et les intermédiaires, qui sont respectivement inclus dans les rubriques Autres services personnels (Services d'entretien et de réparation) et Autres services aux entreprises n.c.a. (Intermédiaires du commerce de gros, représentations).

(2) La rubrique Autres services financiers se réfère au crédit-bail, aux autres activités de crédit et aux activités financières auxiliaires n.c.a.

(3) La rubrique Assurance et caisses de retraite se réfère à l'assurance et aux activités auxiliaires à l'assurance.

(4) La rubrique Services aux entreprises divers se réfère aux conseils pour les affaires et le management et tout autre service aux entreprises n.c.a.

(5) La rubrique Professions indépendantes se réfère aux rubriques Activités juridiques et comptables, etc. (bureaux de notaires exclus), Activités d'architecture, d'ingénierie et autres services techniques. Elle inclut également les services annexes à la culture et l'élevage, et les services vétérinaires. Elle exclut les médecins et les dentistes.

(6) Les rubriques Activités associatives diverses et Organisations extraterritoriales sont incluent dans la rubrique Autres services aux entreprises n.c.a. (Associations professionnelles, civiles, etc.). La rubrique Autres services aux entreprises n.c.a. exclut le nettoyage des bâtiments qui est inclus dans la rubrique Services de nettoyage. Elle exclut également les activités de sécurité et d'investigation et la sélection et fourniture de personnel qui sont incluses dans la rubrique Autres services n.c.a.

(7) La rubrique Enseignement de base se réfère aux enseignements primaire et secondaire (non technique et non professionnel).

(8) La rubrique Écoles n.c.a. se réfère à l'enseignement pour adultes et autres (commercial, langues, danse, artistique, centres d'entraînement sportif et physique et autres services d'enseignement spécifique).

(9) La rubrique Services médicaux de base se réfère aux hôpitaux, pratiques médicales et dentaires et autres.

(10) La rubrique Autres services n.c.a. se réfère aux activités funéraires et autres, aux activités photographiques, de désinfection, sanitaire et similaires, activités de sécurité et d'investigation, sélection et fourniture de personnel, activités de conditionnement, autres activités de services n.c.a.

Netherlands – Pays-Bas

NETHERLANDS

I. GROSS VALUE ADDED ***

A. Current prices

Billions of Netherlands guilders

ISIC Rev. 3			1990	1991	1992	1993	1994	1995*
G_I	**50_64**	1. Motor, wholesale and retail trade; restaurants and hotels; transport and communication	108.8	114.6	119.9	123.5	128.9	132.4
G_H	50_55	1.1. Motor, wholesale and retail trade; restaurants and hotels	76.2	79.5	82.7	84.8	87.6	90.0
G	50_52	1.1.1. Motor, wholesale and retail trade	67.1	69.8	72.2	73.4	75.8	77.8
	50	1.1.1.1. Motor trade and repairs	..	..	..	9.6	10.2	10.2
	51	1.1.1.2. Wholesale and commission trade	..	..	..	38.9	40.2	41.9
	52	1.1.1.3. Retail trade and repairs	..	..	..	24.8	25.3	25.8
H	55	1.1.2. Restaurants and hotels	9.1	9.8	10.5	11.4	11.9	12.1
I	60_64	1.2. Transport, storage and communication	32.6	35.1	37.2	38.7	41.3	42.4
	60_63	1.2.1. Transport and storage	22.3	24.1	25.3	26.3	27.8	28.2
	60	1.2.1.1. Land transport, transport via pipelines	10.6	11.3	12.1	13.0	13.6	13.6
	61	1.2.1.2. Water transport	2.5	2.6	2.4	2.4	2.5	2.3
	62	1.2.1.3. Air transport	2.9	3.7	3.9	3.6	4.0	4.3
	63	1.2.1.4. Auxiliary transport services, travel agencies	6.3	6.5	7.0	7.2	7.7	8.0
	64	1.2.2. Communication	10.3	11.0	11.9	12.4	13.5	14.3
	641	1.2.2.1. Postal and courier services	..	..	..	..	..	..
	642	1.2.2.2. Telecommunications	..	..	..	..	..	..
J_K	**65_74**	2. Finance, insurance, real estate and business services	109.2	116.5	126.4	136.7	148.3	158.7
J	65_67	2.1. Financial and insurance services	23.8	24.7	26.8	29.0	32.3	33.0
	65	2.1.1. Financial intermediation	16.5	18.2	18.9	21.5	21.0	22.8
	66	2.1.2. Insurance and pension funding	4.7	3.8	4.9	4.4	7.6	6.4
	67	2.1.3. Auxiliary financial services	2.6	2.7	2.9	3.1	3.6	3.9
K	70_74	2.2. Real estate and business services	85.4	91.7	99.7	107.6	116.1	125.7
	70	2.2.1. Real estate services	42.9	46.1	50.4	55.2	59.7	64.0
	71_74	2.2.2. Business services	42.4	45.6	49.2	52.4	56.3	61.7
	71	2.2.2.1. Renting, etc.	..	..	..	5.2	5.8	6.1
	72	2.2.2.2. Computer and related activities	..	..	..	4.4	4.5	5.4
	73	2.2.2.3. Research and development	..	..	..	2.7	2.8	2.9
	74	2.2.2.4. Other business activities	..	..	..	40.1	43.3	47.2
	741	2.2.2.4.1. Legal, accounting services, etc.	..	..	..	..	..	..
	742	2.2.2.4.2. Architect., engineering, other tech. serv.	..	..	..	..	..	..
	743	2.2.2.4.3. Advertising services	..	..	..	..	..	..
	749	2.2.2.4.4. Other business activities n.e.c.	..	..	..	..	..	..
		2.2.2.4.4.1. Temporary work agencies	..	..	..	..	..	..
		2.2.2.4.4.2. Other business serv. n.e.c.	..	..	..	..	..	..
L_Q	**75_99**	3. Other services	100.5	106.2	113.1	118.2	121.4	125.8
L	75	3.1. Public administration and defence	32.2	33.6	35.7	37.2	37.6	38.7
		3.1.1. Public administration and social security	..	..	..	..	..	..
		3.1.2. Defence	..	..	..	..	..	..
M_Q	80_99	3.2. Education, health, social work related, other community, social and personal services	68.3	72.6	77.3	81.0	83.8	87.1
M	80	3.2.1. Education (1)	19.8	20.5	21.7	22.5	23.3	24.3
N	85	3.2.2. Health and social work	33.9	36.5	38.8	40.6	42.0	43.1
O	90_93	3.2.3. Other community, social and personal services	13.0	13.9	15.0	16.1	16.6	17.7
	90	3.2.3.1. Sanitary and similar services	..	..	..	1.5	1.6	2.1
	91	3.2.3.2. Membership organisations n.e.c.	..	..	..	3.7	3.8	4.0
	92	3.2.3.3. Recreational and cultural services	5.2	5.6	6.0	6.5	6.9	7.4
	93	3.2.3.4. Other personal services (1)	..	..	..	4.3	4.3	4.2
P	95	3.2.4. Private households with employed persons	1.7	1.8	1.9	1.9	2.0	2.0
Q	99	3.2.5. Extra-territorial organisations	..	..	..	..	..	..
		FISIM (Financial Intermediation Services Indirectly Measured)	- 18.1	- 19.8	- 20.5	- 22.8	- 22.3	- 24.0
G_Q	**50_99**	**TOTAL, SERVICES**	**300.5**	**317.5**	**338.9**	**355.6**	**376.3**	**392.9**
		GROSS VALUE ADDED, All activities *	**469.8**	**493.3**	**514.4**	**531.0**	**559.8**	**580.2**
		% of services in gross value added, all activities	63.96	64.36	65.89	66.97	67.23	67.71
		Memorandum item:						
		Gross domestic product at market prices	516.5	542.6	566.1	581.5	614.3	639.7

I. VALEUR AJOUTÉE BRUTE ***

A. Prix courants

Milliards de florins néerlandais

1995*	1996	1997	1998**	1999**		CITI Rév. 3	
					1. Commerce d'automobiles, de gros et de détail ; restaurants et hôtels ;	**G_I**	**50_64**
138.1	140.7	150.5	160.8	168.6	transports et communication		
93.3	94.9	100.2	106.7	112.9	1.1. Commerce d'automobiles, de gros et de détail ; restaurants et hôtels	G_H	50_55
81.7	83.0	87.4	93.0	97.8	1.1.1. Commerce d'automobiles, de gros et de détail	G	50_52
10.8	11.0	10.9	11.5	12.4	1.1.1.1. Commerce et réparations automobiles		50
45.0	46.3	49.7	53.2	56.0	1.1.1.2. Commerce de gros et intermédiaires		51
25.9	25.8	26.7	28.2	29.4	1.1.1.3. Commerce de détail et réparations		52
11.6	11.9	12.8	13.8	15.1	1.1.2. Restaurants et hôtels	H	55
44.8	45.8	50.3	54.1	55.7	1.2. Transports, entreposage et communications	I	60_64
30.7	30.9	34.1	36.6	37.0	1.2.1. Transports et entreposage		60_63
15.3	15.7	16.4	17.7	18.6	1.2.1.1. Transports terrestres, transports par conduites		60
2.6	2.5	3.0	3.3	3.1	1.2.1.2. Transports par eau		61
4.5	4.3	5.6	5.8	4.9	1.2.1.3. Transports aériens		62
8.3	8.4	9.2	9.8	10.5	1.2.1.4. Services auxiliaires des transports, agences de voyage		63
14.1	14.9	16.1	17.4	18.7	1.2.2. Communications		64
..	..	..	..	..	1.2.2.1. Poste et courrier		641
..	..	..	..	..	1.2.2.2. Télécommunications		642
143.0	155.2	168.3	183.3	199.7	2. Banques, assurances, affaires immobilières et services aux entreprises	**J_K**	**65_74**
35.6	36.9	39.5	42.1	47.0	2.1. Établissements financiers	J	65_67
19.3	18.9	20.1	21.4	24.9	2.1.1. Intermédiation financière		65
11.3	12.0	12.3	12.8	13.8	2.1.2. Assurances et caisses de retraite		66
5.0	6.0	7.0	7.9	8.3	2.1.3. Activités financières auxiliaires		67
107.3	118.3	128.8	141.2	152.7	2.2. Affaires immobilières et services fournis aux entreprises	K	70_74
47.9	51.8	55.5	59.0	62.2	2.2.1. Affaires immobilières		70
59.4	66.5	73.4	82.2	90.5	2.2.2. Services fournis aux entreprises		71_74
5.4	5.7	5.9	6.4	7.5	2.2.2.1. Location, etc.		71
5.9	7.3	9.6	12.0	14.3	2.2.2.2. Activités informatiques et activités connexes		72
2.8	2.8	2.9	3.1	3.3	2.2.2.3. Recherche et développement		73
45.3	50.7	54.9	60.7	65.3	2.2.2.4. Autres services fournis aux entreprises		74
16.7	18.0	19.7	21.4	23.4	2.2.2.4.1. Activités juridiques, comptables, etc.		741
6.6	7.1	7.5	8.5	9.1	2.2.2.4.2. Activ. d'architect., d'ingénierie, aut. serv. tech.		742
2.8	3.0	3.0	3.4	4.0	2.2.2.4.3. Publicité		743
19.2	22.6	24.7	27.4	28.8	2.2.2.4.4. Autres serv. fournis aux entreprises n.c.a.		749
10.3	12.9	15.0	16.9	17.7	2.2.2.4.4.1. Agences d'emploi temporaire		
8.9	9.7	9.7	10.4	11.0	2.2.2.4.4.2. Autres serv. fournis aux entrepr. n.c.a.		
144.6	147.6	154.5	162.0	171.8	3. Autres services	**L_Q**	**75_99**
50.8	51.0	52.8	55.0	57.2	3.1. Administration publique et défense	L	75
42.6	43.5	45.3	47.3	49.3	3.1.1. Administration publique et sécurité sociale		
8.1	7.5	7.6	7.7	7.9	3.1.2. Défense		
					3.2. Enseignement, santé, action sociale, autres activités de services	M_Q	80_99
93.8	96.6	101.7	107.1	114.5	collectifs, sociaux et personnels		
27.3	27.9	28.6	30.2	32.0	3.2.1. Enseignement (1)	M	80
45.3	46.3	48.6	50.9	54.8	3.2.2. Santé et action sociale	N	85
19.1	19.9	21.7	23.1	24.6	3.2.3. Autres activités de services collectifs, sociaux et personnels	O	90_93
3.6	3.7	4.2	4.3	4.6	3.2.3.1. Services sanitaires et analogues		90
4.1	4.2	4.4	4.7	5.0	3.2.3.2. Activités associatives diverses		91
8.4	8.9	9.9	10.7	11.4	3.2.3.3. Activités récréatives et culturelles		92
3.1	3.1	3.2	3.3	3.6	3.2.3.4. Autres services personnels (1)		93
2.2	2.5	2.7	2.9	3.2	3.2.4. Ménages privés employant du personnel domestique	P	95
..	..	..	..	..	3.2.5. Organisations extraterritoriales	Q	99
- 19.5	- 19.4	- 19.9	- 21.1	- 24.4	SIFIM (Services d'intermédiation financière indirectement mesurés)		
406.2	**424.2**	**453.4**	**485.0**	**515.7**	**TOTAL, SERVICES**	**G_Q**	**50_99**
600.8	**623.0**	**657.6**	**696.4**	**732.4**	**VALEUR AJOUTÉE BRUTE, Toutes activités *****		
67.61	68.08	68.95	69.64	70.40	% des services dans la valeur ajoutée brute, toutes activités		
					Pour mémoire :		
666.0	694.3	735.4	780.5	824.0	Produit intérieur brut aux prix du marché		

NETHERLANDS

I. GROSS VALUE ADDED *(cont.)* ***

B. Constant prices ****

Billions of Netherlands guilders

ISIC Rev. 3			1990	1991	1992	1993	1994	1995*
G_I	**50_64**	1. Motor, wholesale and retail trade; restaurants and hotels; transport and communication	107.2	114.1	117.4	119.5	127.0	131.9
G_H	50_55	1.1. Motor, wholesale and retail trade; restaurants and hotels	74.0	79.7	80.8	81.5	86.4	89.6
G	50_52	1.1.1. Motor, wholesale and retail trade	65.2	70.1	70.7	70.7	74.7	77.9
	50	1.1.1.1. Motor trade and repairs	..	..	..	..	10.0	10.1
	51	1.1.1.2. Wholesale and commission trade	..	..	..	..	39.8	41.6
	52	1.1.1.3. Retail trade and repairs	..	..	..	..	25.0	26.2
H	55	1.1.2. Restaurants and hotels	8.8	9.6	10.1	10.8	11.7	11.7
I	60_64	1.2. Transport, storage and communication	33.2	34.5	36.6	38.0	40.6	42.3
	60_63	1.2.1. Transport and storage	22.8	23.6	25.3	26.4	27.8	28.2
	60	1.2.1.1. Land transport, transport via pipelines	10.6	11.3	11.6	12.8	13.4	13.3
	61	1.2.1.2. Water transport	2.7	2.8	2.6	2.3	2.5	2.4
	62	1.2.1.3. Air transport	3.3	3.3	4.4	4.4	4.3	4.5
	63	1.2.1.4. Auxiliary transport services, travel agencies	6.1	6.2	6.7	7.0	7.6	7.9
	64	1.2.2. Communication	10.4	10.9	11.3	11.6	12.8	14.1
	641	1.2.2.1. Postal and courier services	..	..	..	..	..	..
	642	1.2.2.2. Telecommunications	..	..	..	..	..	..
J_K	**65_74**	2. Finance, insurance, real estate and business services	106.9	111.6	120.1	130.2	141.7	153.9
J	65_67	2.1. Financial and insurance services	24.2	23.3	24.9	26.9	29.5	32.1
	65	2.1.1. Financial intermediation	16.9	16.9	18.1	19.4	21.3	20.8
	66	2.1.2. Insurance and pension funding	4.7	3.6	4.4	4.2	5.0	7.4
	67	2.1.3. Auxiliary financial services	2.6	2.9	2.3	3.4	3.3	3.8
K	70_74	2.2. Real estate and business services	82.7	88.3	95.3	103.3	112.1	121.9
	70	2.2.1. Real estate services	41.6	44.1	47.8	52.5	56.8	61.1
	71_74	2.2.2. Business services	41.1	44.2	47.5	50.8	55.3	60.7
	71	2.2.2.1. Renting, etc.	..	..	..	..	5.7	6.0
	72	2.2.2.2. Computer and related activities	..	..	..	..	4.5	5.3
	73	2.2.2.3. Research and development	..	..	..	..	2.7	2.9
	74	2.2.2.4. Other business activities	..	..	..	..	42.5	46.5
	741	2.2.2.4.1. Legal, accounting services, etc.	..	..	..	..	..	..
	742	2.2.2.4.2. Architect., engineering, other tech. serv.	..	..	..	..	..	..
	743	2.2.2.4.3. Advertising services	..	..	..	..	..	..
	749	2.2.2.4.4. Other business activities n.e.c.	..	..	..	..	..	..
		2.2.2.4.4.1. Temporary work agencies	..	..	..	..	..	..
		2.2.2.4.4.2. Other business serv. n.e.c.	..	..	..	..	..	..
L_Q	**75_99**	3. Other services	97.4	102.0	108.4	114.8	119.1	121.7
L	75	3.1. Public administration and defence	31.5	32.4	34.0	36.3	37.1	37.1
		3.1.1. Public administration and social security	..	..	..	..	..	..
		3.1.2. Defence	..	..	..	..	..	..
M_Q	80_99	3.2. Education, health, social work related, other community, social and personal services	66.0	69.6	74.4	78.6	81.9	84.6
M	80	3.2.1. Education (1)	19.2	19.9	20.8	22.0	22.8	23.3
N	85	3.2.2. Health and social work	32.5	34.6	37.4	39.4	41.1	42.3
O	90_93	3.2.3. Other community, social and personal services	12.6	13.4	14.4	15.3	16.1	17.0
	90	3.2.3.1. Sanitary and similar services	..	..	..	..	1.5	1.8
	91	3.2.3.2. Membership organisations n.e.c.	..	..	..	..	3.8	3.9
	92	3.2.3.3. Recreational and cultural services	5.1	5.4	5.8	6.3	6.6	7.2
	93	3.2.3.4. Other personal services (1)	..	..	..	..	4.1	4.1
P	95	3.2.4. Private households with employed persons	1.6	1.7	1.8	1.9	1.9	2.0
Q	99	3.2.5. Extra-territorial organisations	..	..	..	..	..	..
		FISIM (Financial Intermediation Services Indirectly Measured)	- 18.1	- 18.6	- 18.5	- 18.8	- 18.2	- 18.3
G_Q	**50_99**	**TOTAL, SERVICES**	**293.5**	**309.2**	**327.4**	**345.7**	**369.6**	**389.2**
		GROSS VALUE ADDED, All activities * **	**469.8**	**480.3**	**489.3**	**494.5**	**511.2**	**522.1**
		% of services in gross value added, all activities	62.47	64.37	66.91	69.91	72.30	74.56
		Memorandum item:						
		Gross domestic product at market prices	504.9	528.3	553.6	570.4	600.2	628.1

I. VALEUR AJOUTÉE BRUTE *(suite)* ***

B. Prix constants ****

Milliards de florins néerlandais

1995*	1996	1997	1998**	1999**		CITI Rév. 3	
					1. Commerce d'automobiles, de gros et de détail ; restaurants et hôtels ;	**G_I**	**50_64**
138.1	143.1	154.3	163.4	172.7	transports et communication		
93.3	96.7	103.9	108.7	113.3	1.1. Commerce d'automobiles, de gros et de détail ; restaurants et hôtels	G_H	50_55
81.7	85.1	91.7	95.8	100.0	1.1.1. Commerce d'automobiles, de gros et de détail	G	50_52
10.8	11.3	11.4	11.9	12.4	1.1.1.1. Commerce et réparations automobiles		50
45.0	47.9	53.2	56.1	58.7	1.1.1.2. Commerce de gros et intermédiaires		51
25.9	25.9	27.0	27.9	29.0	1.1.1.3. Commerce de détail et réparations		52
11.6	11.6	12.2	12.9	13.4	1.1.2. Restaurants et hôtels	H	55
44.8	46.4	50.4	54.7	59.3	1.2. Transports, entreposage et communications	I	60_64
30.7	31.7	33.5	34.7	35.7	1.2.1. Transports et entreposage		60_63
15.3	15.9	16.3	17.2	17.8	1.2.1.1. Transports terrestres, transports par conduites		60
2.6	2.6	2.9	3.0	3.2	1.2.1.2. Transports par eau		61
4.5	4.8	5.3	5.3	5.2	1.2.1.3. Transports aériens		62
8.3	8.4	9.0	9.3	9.6	1.2.1.4. Services auxiliaires des transports, agences de voyage		63
14.1	14.8	16.9	20.1	24.0	1.2.2. Communications		64
..	..	..	..	..	1.2.2.1. Poste et courrier		641
..	..	..	..	..	1.2.2.2. Télécommunications		642
143.0	152.3	160.9	168.9	177.1	2. Banques, assurances, affaires immobilières et services aux entreprises	**J_K**	**65_74**
35.6	38.0	40.2	41.0	43.1	2.1. Établissements financiers	J	65_67
19.3	20.6	22.0	22.0	23.6	2.1.1. Intermédiation financière		65
11.3	11.8	12.0	12.0	12.4	2.1.2. Assurances et caisses de retraite		66
5.0	5.7	6.3	6.9	7.1	2.1.3. Activités financières auxiliaires		67
107.3	114.3	120.7	127.8	133.9	2.2. Affaires immobilières et services fournis aux entreprises	K	70_74
47.9	49.4	50.7	51.9	52.7	2.2.1. Affaires immobilières		70
59.4	65.0	70.0	76.0	81.4	2.2.2. Services fournis aux entreprises		71_74
5.4	5.5	5.6	6.2	7.2	2.2.2.1. Location, etc.		71
5.9	7.1	9.2	11.0	12.9	2.2.2.2. Activités informatiques et activités connexes		72
2.8	2.8	2.8	2.8	3.0	2.2.2.3. Recherche et développement		73
45.3	49.5	52.3	55.9	58.4	2.2.2.4. Autres services fournis aux entreprises		74
16.7	17.5	18.7	19.7	20.7	2.2.2.4.1. Activités juridiques, comptables, etc.		741
6.6	6.8	7.2	7.8	8.2	2.2.2.4.2. Activ. d'architect., d'ingénierie, aut. serv. tech.		742
2.8	2.9	2.7	3.0	3.4	2.2.2.4.3. Publicité		743
19.2	22.2	23.7	25.4	26.0	2.2.2.4.4. Autres serv. fournis aux entreprises n.c.a.		749
10.3	12.7	14.5	15.8	16.2	2.2.2.4.4.1. Agences d'emploi temporaire		
8.9	9.5	9.3	9.7	9.8	2.2.2.4.4.2. Autres serv. fournis aux entrepr. n.c.a.		
144.6	146.1	149.9	152.8	155.4	3. Autres services	**L_Q**	**75_99**
50.8	50.9	52.0	52.9	53.6	3.1. Administration publique et défense	L	75
42.6	43.5	44.6	45.7	46.4	3.1.1. Administration publique et sécurité sociale		
8.1	7.5	7.4	7.3	7.2	3.1.2. Défense		
					3.2. Enseignement, santé, action sociale, autres activités de services	M_Q	80_99
93.8	95.2	98.0	99.9	101.7	collectifs, sociaux et personnels		
27.3	27.4	28.6	29.6	30.4	3.2.1. Enseignement (1)	M	80
45.3	46.0	46.5	46.8	47.3	3.2.2. Santé et action sociale	N	85
19.1	19.4	20.3	20.8	21.3	3.2.3. Autres activités de services collectifs, sociaux et personnels	O	90_93
3.6	3.7	4.1	4.1	4.3	3.2.3.1. Services sanitaires et analogues		90
4.1	4.1	4.2	4.3	4.5	3.2.3.2. Activités associatives diverses		91
8.4	8.6	9.1	9.4	9.6	3.2.3.3. Activités récréatives et culturelles		92
3.1	2.9	3.0	3.0	3.0	3.2.3.4. Autres services personnels (1)		93
2.2	2.4	2.5	2.6	2.7	3.2.4. Ménages privés employant du personnel domestique	P	95
..	..	..	..	..	3.2.5. Organisations extraterritoriales	Q	99
- 19.5	- 20.7	- 21.4	- 21.7	- 23.5	SIFIM (Services d'intermédiation financière indirectement mesurés)		
406.2	**420.9**	**443.7**	**463.2**	**481.2**	**TOTAL, SERVICES**	**G_Q**	**50_99**
600.8	**617.9**	**640.9**	**666.5**	**691.4**	**VALEUR AJOUTÉE BRUTE, Toutes activités *****		
67.61	68.13	69.22	69.49	69.60	% des services dans la valeur ajoutée brute, toutes activités		
					Pour mémoire :		
666.0	686.3	712.6	741.6	770.3	Produit intérieur brut aux prix du marché		

NETHERLANDS

II. EMPLOYMENT

A. Total employment ****

*Thousand full-time equivalents ***

ISIC Rev. 3			1990	1991	1992	1993	1994	1995*
G_I	**50_64**	1. Motor, wholesale and retail trade; restaurants and hotels; transport and communication	1 382.0	1 429.0	1 463.0	1 465.0	1 464.0	1 480.0
G_H	50_55	1.1. Motor, wholesale and retail trade; restaurants and hotels	1 031.0	1 067.0	1 092.0	1 099.0	1 105.0	1 121.0
G	50_52	1.1.1. Motor, wholesale and retail trade	902.0	935.0	955.0	958.0	957.0	972.0
	50	1.1.1.1. Motor trade and repairs	..	..	..	116.0	119.0	117.0
	51	1.1.1.2. Wholesale and commission trade	..	..	..	373.0	368.0	380.0
	52	1.1.1.3. Retail trade and repairs	..	..	..	469.0	470.0	475.0
H	55	1.1.2. Restaurants and hotels	129.0	132.0	137.0	141.0	148.0	149.0
I	60_64	1.2. Transport, storage and communication	351.0	362.0	371.0	366.0	359.0	359.0
	60_63	1.2.1. Transport and storage	269.0	277.0	285.0	284.0	278.0	281.0
	60	1.2.1.1. Land transport, transport via pipelines	..	..	..	182.0	178.0	181.0
	61	1.2.1.2. Water transport	..	..	..	17.0	17.0	16.0
	62	1.2.1.3. Air transport	..	..	..	25.0	23.0	23.0
	63	1.2.1.4. Auxiliary transport services, travel agencies	..	..	..	60.0	60.0	61.0
	64	1.2.2. Communication	82.0	85.0	86.0	82.0	81.0	78.0
	641	1.2.2.1. Postal and courier services	..	..	..	..	..	..
	642	1.2.2.2. Telecommunications	..	..	..	..	..	..
J_K	**65_74**	2. Finance, insurance, real estate and business services	739.0	765.0	779.0	794.0	830.0	893.0
J	65_67	2.1. Financial and insurance services	..	..	..	188.0	187.0	187.0
	65	2.1.1. Financial intermediation	117.0	118.0	117.0	116.0	112.0	109.0
	66	2.1.2. Insurance and pension funding	..	..	..	48.0	49.0	50.0
	67	2.1.3. Auxiliary financial services	..	..	..	24.0	26.0	28.0
K	70_74	2.2. Real estate and business services	..	..	..	606.0	643.0	706.0
	70	2.2.1. Real estate services	36.0	37.0	38.0	39.0	41.0	42.0
	71_74	2.2.2. Business services	..	..	..	567.0	602.0	664.0
	71	2.2.2.1. Renting, etc.	..	..	..	13.0	14.0	14.0
	72	2.2.2.2. Computer and related activities	..	..	..	42.0	42.0	50.0
	73	2.2.2.3. Research and development	..	..	..	28.0	30.0	31.0
	74	2.2.2.4. Other business activities	..	..	..	484.0	516.0	569.0
	741	2.2.2.4.1. Legal, accounting services, etc.	..	..	..	..	..	..
	742	2.2.2.4.2. Architect., engineering, other tech. serv.	..	..	..	..	..	..
	743	2.2.2.4.3. Advertising services	..	..	..	..	..	..
	749	2.2.2.4.4. Other business activities n.e.c.	..	..	..	..	..	..
		2.2.2.4.4.1. Temporary work agencies	..	..	..	..	..	..
		2.2.2.4.4.2. Other business serv. n.e.c.	..	..	..	..	..	..
L_Q	**75_99**	3. Other services	1 422.0	1 423.0	1 437.0	1 444.0	1 444.0	1 451.0
L	75	3.1. Public administration and defence	464.0	457.0	450.0	448.0	439.0	428.0
		3.1.1. Public administration and social security	..	..	..	..	..	..
		3.1.2. Defence	..	..	..	..	..	..
M_Q	80_99	3.2. Education, health, social work related, other community, social and personal services	958.0	966.0	987.0	996.0	1 005.0	1 023.0
M	80	3.2.1. Education (1)	238.0	237.0	238.0	238.0	238.0	239.0
N	85	3.2.2. Health and social work	483.0	490.0	505.0	511.0	513.0	522.0
O	90_93	3.2.3. Other community, social and personal services	175.0	177.0	181.0	183.0	190.0	201.0
	90	3.2.3.1. Sanitary and similar services	..	..	..	12.0	13.0	14.0
	91	3.2.3.2. Membership organisations n.e.c.	..	..	..	43.0	44.0	47.0
	92	3.2.3.3. Recreational and cultural services	62.0	63.0	63.0	64.0	68.0	75.0
	93	3.2.3.4. Other personal services (1)	..	..	..	64.0	65.0	65.0
P	95	3.2.4. Private households with employed persons	62.0	62.0	63.0	64.0	64.0	61.0
Q	99	3.2.5. Extra-territorial organisations	..	..	..	..	..	..
G_Q	**50_99**	**TOTAL, SERVICES**	**3 543.0**	**3 617.0**	**3 679.0**	**3 703.0**	**3 738.0**	**3 824.0**
		TOTAL EMPLOYMENT, All activities	**5 203.0**	**5 273.0**	**5 328.0**	**5 323.0**	**5 305.0**	**5 380.0**
		% of services in total employment, all activities	68.10	68.59	69.05	69.57	70.46	71.08

II. EMPLOI

A. Emploi total ****

*Milliers d'équivalents plein-temps ****

1995*	1996	1997	1998**	1999**		CITI Rév. 3	
1 451.8	1 476.6	1 504.7	1 544.3	1 612.6	1. Commerce d'automobiles, de gros et de détail ; restaurants et hôtels ; transports et communication	**G_I**	**50_64**
1 097.3	1 118.6	1 141.0	1 169.0	1 223.3	1.1. Commerce d'automobiles, de gros et de détail ; restaurants et hôtels	G_H	50_55
929.4	948.9	971.3	991.4	1 038.4	1.1.1. Commerce d'automobiles, de gros et de détail	G	50_52
119.1	118.5	121.3	125.7	131.8	1.1.1.1. Commerce et réparations automobiles		50
382.1	394.4	404.0	416.1	437.1	1.1.1.2. Commerce de gros et intermédiaires		51
428.2	436.0	446.0	449.6	469.5	1.1.1.3. Commerce de détail et réparations		52
167.9	169.7	169.7	177.6	184.9	1.1.2. Restaurants et hôtels	H	55
354.5	358.0	363.7	375.3	389.3	1.2. Transports, entreposage et communications	I	60_64
274.8	275.5	277.4	282.6	292.6	1.2.1. Transports et entreposage		60_63
162.9	163.9	164.7	168.0	174.3	1.2.1.1. Transports terrestres, transports par conduites		60
18.3	18.9	18.1	17.6	17.3	1.2.1.2. Transports par eau		61
24.4	25.9	26.6	27.2	28.1	1.2.1.3. Transports aériens		62
69.2	66.8	68.0	69.8	72.9	1.2.1.4. Services auxiliaires des transports, agences de voyage		63
79.7	82.5	86.3	92.7	96.7	1.2.2. Communications		64
..	..	..	..	..	1.2.2.1. Poste et courrier		641
..	..	..	..	..	1.2.2.2. Télécommunications		642
955.7	1 050.4	1 135.6	1 199.1	1 269.6	2. Banques, assurances, affaires immobilières et services aux entreprises	**J_K**	**65_74**
210.9	217.6	231.9	246.2	262.5	2.1. Établissements financiers	J	65_67
119.8	123.0	131.5	141.6	153.3	2.1.1. Intermédiation financière		65
41.0	41.0	43.7	45.4	46.9	2.1.2. Assurances et caisses de retraite		66
50.1	53.6	56.7	59.2	62.3	2.1.3. Activités financières auxiliaires		67
744.8	832.8	903.7	952.9	1 007.1	2.2. Affaires immobilières et services fournis aux entreprises	K	70_74
45.9	47.0	48.4	53.5	56.0	2.2.1. Affaires immobilières		70
698.9	785.8	855.3	899.4	951.1	2.2.2. Services fournis aux entreprises		71_74
18.7	18.4	19.2	18.8	20.5	2.2.2.1. Location, etc.		71
52.0	66.9	80.9	95.7	112.6	2.2.2.2. Activités informatiques et activités connexes		72
23.8	24.6	27.1	26.9	28.2	2.2.2.3. Recherche et développement		73
604.4	675.9	728.1	758.0	789.8	2.2.2.4. Autres services fournis aux entreprises		74
154.7	159.8	164.0	172.0	183.2	2.2.2.4.1. Activités juridiques, comptables, etc.		741
66.8	73.2	76.3	79.8	83.7	2.2.2.4.2. Activ. d'architect., d'ingénierie, aut. serv. tech.		742
27.6	29.5	30.7	32.2	33.9	2.2.2.4.3. Publicité		743
355.3	413.4	457.1	474.0	489.0	2.2.2.4.4. Autres serv. fournis aux entreprises n.c.a.		749
232.8	281.0	320.1	329.9	339.3	2.2.2.4.4.1. Agences d'emploi temporaire		
122.5	132.4	137.0	144.1	149.7	2.2.2.4.4.2. Autres serv. fournis aux entrepr. n.c.a.		
1 590.5	1 613.0	1 654.5	1 717.8	1 750.3	3. Autres services	**L_Q**	**75_99**
429.5	417.1	414.6	425.6	429.7	3.1. Administration publique et défense	L	75
343.7	342.1	345.0	355.6	359.9	3.1.1. Administration publique et sécurité sociale		
85.8	75.0	69.6	70.0	69.8	3.1.2. Défense		
1 161.0	1 195.9	1 239.9	1 292.2	1 320.6	3.2. Enseignement, santé, action sociale, autres activités de services collectifs, sociaux et personnels	M_Q	80_99
300.7	305.6	312.3	317.9	323.9	3.2.1. Enseignement (1)	M	80
569.4	585.3	611.3	643.7	660.5	3.2.2. Santé et action sociale	N	85
215.0	224.1	236.3	252.2	257.6	3.2.3. Autres activités de services collectifs, sociaux et personnels	O	90_93
20.2	20.8	22.0	22.8	23.9	3.2.3.1. Services sanitaires et analogues		90
52.8	53.9	62.5	65.7	65.8	3.2.3.2. Activités associatives diverses		91
88.9	93.9	98.0	106.4	109.5	3.2.3.3. Activités récréatives et culturelles		92
53.1	55.5	53.8	57.3	58.4	3.2.3.4. Autres services personnels (1)		93
75.9	80.9	80.0	78.5	78.6	3.2.4. Ménages privés employant du personnel domestique	P	95
..	..	..	..	..	3.2.5. Organisations extraterritoriales	Q	99
3 998.0	**4 140.0**	**4 294.8**	**4 461.2**	**4 632.5**	**TOTAL, SERVICES**	**G_Q**	**50_99**
5 662.6	**5 807.7**	**5 991.6**	**6 173.1**	**6 351.9**	**EMPLOI TOTAL, Toutes activités**		
70.60	71.28	71.68	72.27	72.93	% des services dans l'emploi total, toutes activités		

NETHERLANDS

*Thousand full-time equivalents ****

ISIC Rev. 3			1990	1991	1992	1993	1994	1995*
G_I	50_64	1. Motor, wholesale and retail trade; restaurants and hotels; transport and communication	1 135.0	1 179.0	1 211.0	1 205.0	1 196.0	1 216.0
G_H	50_55	1.1. Motor, wholesale and retail trade; restaurants and hotels	810.0	843.0	866.0	865.0	865.0	887.0
G	50_52	1.1.1. Motor, wholesale and retail trade	723.0	754.0	772.0	767.0	761.0	777.0
	50	1.1.1.1. Motor trade and repairs	..	..	..	99.0	102.0	101.0
	51	1.1.1.2. Wholesale and commission trade	..	..	..	330.0	325.0	337.0
	52	1.1.1.3. Retail trade and repairs	..	..	..	338.0	334.0	339.0
H	55	1.1.2. Restaurants and hotels	87.0	89.0	94.0	98.0	104.0	110.0
I	60_64	1.2. Transport, storage and communication	325.0	336.0	345.0	340.0	331.0	329.0
	60_63	1.2.1. Transport and storage	243.0	251.0	259.0	258.0	250.0	251.0
	60	1.2.1.1. Land transport, transport via pipelines	..	..	..	161.0	156.0	158.0
	61	1.2.1.2. Water transport	..	..	..	14.0	13.0	12.0
	62	1.2.1.3. Air transport	..	..	..	25.0	23.0	23.0
	63	1.2.1.4. Auxiliary transport services, travel agencies	..	..	..	58.0	58.0	58.0
	64	1.2.2. Communication	82.0	85.0	86.0	82.0	81.0	78.0
	641	1.2.2.1. Postal and courier services	..	..	..	..	..	..
	642	1.2.2.2. Telecommunications	..	..	..	..	..	..
J_K	65_74	2. Finance, insurance, real estate and business services	697.0	723.0	735.0	744.0	778.0	835.0
J	65_67	2.1. Financial and insurance services	..	..	..	182.0	180.0	178.0
	65	2.1.1. Financial intermediation	116.0	117.0	116.0	115.0	111.0	108.0
	66	2.1.2. Insurance and pension funding	..	..	..	43.0	43.0	43.0
	67	2.1.3. Auxiliary financial services	..	..	..	24.0	26.0	27.0
K	70_74	2.2. Real estate and business services	..	..	..	562.0	598.0	657.0
	70	2.2.1. Real estate services	35.0	36.0	37.0	38.0	40.0	41.0
	71_74	2.2.2. Business services	..	..	..	524.0	558.0	616.0
	71	2.2.2.1. Renting, etc.	..	..	..	11.0	12.0	12.0
	72	2.2.2.2. Computer and related activities	..	..	..	39.0	39.0	47.0
	73	2.2.2.3. Research and development	..	..	..	28.0	30.0	31.0
	74	2.2.2.4. Other business activities	..	..	..	446.0	477.0	526.0
	741	2.2.2.4.1. Legal, accounting services, etc.	..	..	..	..	..	..
	742	2.2.2.4.2. Architect., engineering, other tech. serv.	..	..	..	..	..	..
	743	2.2.2.4.3. Advertising services	..	..	..	..	..	..
	749	2.2.2.4.4. Other business activities n.e.c.	..	..	..	..	..	..
		2.2.2.4.4.1. Temporary work agencies	..	..	..	..	..	..
		2.2.2.4.4.2. Other business serv. n.e.c.	..	..	..	..	..	..
L_Q	75_99	3. Other services	1 364.0	1 365.0	1 377.0	1 384.0	1 378.0	1 381.0
L	75	3.1. Public administration and defence	464.0	457.0	450.0	448.0	439.0	428.0
		3.1.1. Public administration and social security	..	..	..	..	..	..
		3.1.2. Defence	..	..	..	..	..	..
M_Q	80_99	3.2. Education, health, social work related, other community, social and personal services	900.0	908.0	927.0	936.0	939.0	953.0
M	80	3.2.1. Education (1)	238.0	237.0	238.0	238.0	238.0	239.0
N	85	3.2.2. Health and social work	455.0	462.0	476.0	482.0	482.0	490.0
O	90_93	3.2.3. Other community, social and personal services	145.0	147.0	150.0	152.0	155.0	163.0
	90	3.2.3.1. Sanitary and similar services	..	..	..	12.0	13.0	14.0
	91	3.2.3.2. Membership organisations n.e.c.	..	..	..	43.0	44.0	47.0
	92	3.2.3.3. Recreational and cultural services	56.0	57.0	57.0	58.0	60.0	66.0
	93	3.2.3.4. Other personal services (1)	..	..	..	39.0	38.0	36.0
P	95	3.2.4. Private households with employed persons	62.0	62.0	63.0	64.0	64.0	61.0
Q	99	3.2.5. Extra-territorial organisations	..	..	..	..	..	..
G_Q	50_99	**TOTAL, SERVICES**	**3 196.0**	**3 267.0**	**3 323.0**	**3 333.0**	**3 352.0**	**3 432.0**
		TOTAL EMPLOYEES, All activities	**4 585.0**	**4 654.0**	**4 703.0**	**4 680.0**	**4 643.0**	**4 710.0**
		% of services in total employees, all activities	69.71	70.20	70.66	71.22	72.19	72.87

II. EMPLOI *(suite)*

B. Salariés *****

*Milliers d'équivalents plein-temps ****

1995*	1996	1997	1998**	1999**		CITI Rév. 3	
					1. Commerce d'automobiles, de gros et de détail ; restaurants et hôtels ;	**G_I**	**50_64**
1 240.2	1 263.6	1 294.0	1 344.6	1 412.7	transports et communication		
911.9	932.3	956.5	994.6	1 048.7	1.1. Commerce d'automobiles, de gros et de détail ; restaurants et hôtels	G_H	50_55
781.2	799.5	822.1	853.3	900.1	1.1.1. Commerce d'automobiles, de gros et de détail	G	50_52
97.4	98.9	100.7	103.7	109.8	1.1.1.1. Commerce et réparations automobiles		50
342.0	356.0	366.2	382.7	403.6	1.1.1.2. Commerce de gros et intermédiaires		51
341.8	344.6	355.2	366.9	386.7	1.1.1.3. Commerce de détail et réparations		52
130.7	132.8	134.4	141.3	148.6	1.1.2. Restaurants et hôtels	H	55
328.3	331.3	337.5	350.0	364.0	1.2. Transports, entreposage et communications	I	60_64
250.3	250.8	253.5	259.7	269.8	1.2.1. Transports et entreposage		60_63
148.5	149.6	150.2	154.1	160.5	1.2.1.1. Transports terrestres, transports par conduites		60
12.1	12.2	11.7	10.9	10.6	1.2.1.2. Transports par eau		61
24.4	25.9	26.6	27.2	28.1	1.2.1.3. Transports aériens		62
65.3	63.1	65.0	67.5	70.6	1.2.1.4. Services auxiliaires des transports, agences de voyage		63
78.0	80.5	84.0	90.3	94.2	1.2.2. Communications		64
..	..	..	..	..	1.2.2.1. Poste et courrier		641
..	..	..	..	..	1.2.2.2. Télécommunications		642
858.0	944.1	1 022.8	1 086.9	1 157.4	2. Banques, assurances, affaires immobilières et services aux entreprises	**J_K**	**65_74**
200.6	207.0	221.0	237.1	253.4	2.1. Établissements financiers	J	65_67
119.8	123.0	131.5	141.6	153.3	2.1.1. Intermédiation financière		65
41.0	41.0	43.7	45.4	46.9	2.1.2. Assurances et caisses de retraite		66
39.8	43.0	45.8	50.1	53.2	2.1.3. Activités financières auxiliaires		67
657.4	737.1	801.8	849.8	904.0	2.2. Affaires immobilières et services fournis aux entreprises	K	70_74
40.4	41.4	42.9	48.4	50.9	2.2.1. Affaires immobilières		70
617.0	695.7	758.9	801.4	853.1	2.2.2. Services fournis aux entreprises		71_74
14.1	14.0	14.6	14.4	16.1	2.2.2.1. Location, etc.		71
45.0	57.6	68.0	84.4	101.3	2.2.2.2. Activités informatiques et activités connexes		72
23.2	24.1	26.2	26.1	27.4	2.2.2.3. Recherche et développement		73
534.7	600.0	650.1	676.5	708.3	2.2.2.4. Autres services fournis aux entreprises		74
120.5	125.4	129.2	136.2	147.3	2.2.2.4.1. Activités juridiques, comptables, etc.		741
60.5	64.9	67.9	72.0	75.9	2.2.2.4.2. Activ. d'architect., d'ingénierie, aut. serv. tech.		742
19.7	22.2	23.4	24.6	26.3	2.2.2.4.3. Publicité		743
334.0	387.5	429.6	443.7	458.8	2.2.2.4.4. Autres serv. fournis aux entreprises n.c.a.		749
232.2	280.6	318.6	327.5	336.9	2.2.2.4.4.1. Agences d'emploi temporaire		
101.8	106.9	111.0	116.2	121.9	2.2.2.4.4.2. Autres serv. fournis aux entrepr. n.c.a.		
1 408.0	1 421.3	1 456.9	1 514.6	1 547.1	3. Autres services	**L_Q**	**75_99**
429.5	417.1	414.6	425.6	429.7	3.1. Administration publique et défense	L	75
343.7	342.1	345.0	355.6	359.9	3.1.1. Administration publique et sécurité sociale		
85.8	75.0	69.6	70.0	69.8	3.1.2. Défense		
					3.2. Enseignement, santé, action sociale, autres activités de services	M_Q	80_99
978.5	1 004.2	1 042.3	1 089.0	1 117.4	collectifs, sociaux et personnels		
287.1	293.5	298.6	305.8	311.8	3.2.1. Enseignement (1)	M	80
528.6	541.8	564.5	592.0	608.8	3.2.2. Santé et action sociale	N	85
161.4	167.4	177.6	189.5	195.0	3.2.3. Autres activités de services collectifs, sociaux et personnels	O	90_93
20.0	20.5	21.8	22.6	23.7	3.2.3.1. Services sanitaires et analogues		90
49.4	51.0	57.0	60.7	60.8	3.2.3.2. Activités associatives diverses		91
57.8	62.1	65.1	70.0	73.1	3.2.3.3. Activités récréatives et culturelles		92
34.2	33.8	33.7	36.3	37.4	3.2.3.4. Autres services personnels (1)		93
1.4	1.5	1.6	1.7	1.8	3.2.4. Ménages privés employant du personnel domestique	P	95
..	..	..	..	..	3.2.5. Organisations extraterritoriales	Q	99
3 506.2	**3 629.0**	**3 773.7**	**3 946.1**	**4 117.2**	**TOTAL, SERVICES**	**G_Q**	**50_99**
4 917.8	**5 035.4**	**5 200.5**	**5 390.9**	**5 581.1**	**EMPLOI SALARIÉ TOTAL, Toutes activités**		
71.30	72.07	72.56	73.20	73.77	% des services dans l'emploi salarié total, toutes activités		

Sources:

"Nationale Rekeningen", Centraal Bureau voor de Statistiek (CBS), Voorburg and data sent directly.

General notes:

* Prior to the break, according to the ESA 1979 guidelines. After the break, data are presented according to the SNA 1993 and ESA 1995 guidelines.

** Provisional data.

Value Added:

*** Prior to the break at market prices. After the break at basic prices.

**** Data at constant prices refer to previous year prices prior to the break. After the break they refer to chained previous year prices, base 1995. An unavoidable aspect of such measures is that the components do not sum to the chain volume estimates of totals, except for the reference year.

Employment:

*** For employees the full-time equivalent of a job is the quotient of the number of annual contractual hours for that job and the number of annual contractual hours considered full-time for each activity. For self-employed persons, the full-time equivalent of a job is the quotient of the usual number of working hours per week for that job and the average number of working hours per week of self-employed persons who work over 37 per week in each activity.

**** Employment figures include all physical persons (employees and self-employed), resident or non resident, working in a resident unit of production (business units or private households). Total employment refers to persons who are paid for their work (including legal work not included in tax and social insurance registers). Estimates include persons temporarily out of work (due to illness or bad weather) and persons on temporarily unpaid leave.

***** Employees are all persons who receive wages or salaries. Estimates include persons temporarily out of work (due to illness or bad weather) and persons on temporarily unpaid leave. Employees exclude family workers unless they have a working contract.

(1) Prior to the break private education is included in item Other personal services.

Sources :

"Nationale Rekeningen", Centraal Bureau voor de Statistiek (CBS), Voorburg et données transmises directement.

Notes générales :

* Avant la rupture les données sont présentées selon les recommandations du SEC 1979. Après la rupture elles sont présentées selon les recommandations du SNA 1993 et du SEC 1995.

** Données provisoires.

Valeur ajoutée :

*** Avant la rupture, aux prix du marché. Après la rupture, aux prix de base.

**** Les données à prix constants se réfèrent aux prix de l'année précédente avant la rupture. Après la rupture elles se réfèrent aux prix de l'année précédente chaînés, base 1995. Un aspect inévitable de ces mesures est que les agrégats ne sont pas égaux à la somme de leurs composantes, à l'exception de l'année de référence.

Emploi :

*** Pour les salariés l'équivalent plein-temps d'un emploi est égal au nombre d'heures contractuelles annuelles pour cet emploi divisé par le nombre d'heures contractuelles annuelles considérées comme étant plein-temps pour chaque type d'activité. Pour les emplois indépendants, l'équivalent plein-temps d'un emploi est égal au nombre habituel d'heures travaillées chaque semaine pour cet emploi divisé par le nombre d'heures travaillées par semaine moyen des travailleurs indépendants qui travaillent plus de 37 heures par semaine dans chaque activité.

**** Les données d'emploi incluent toutes les personnes physiques (salariés et travailleurs indépendants), résidents ou non résidents, qui travaillent dans des unités de production résidentes (entreprises ou ménages privés). L'emploi total se réfère aux personnes rémunérées pour leur travail (y compris les personnes non enregistrées sur les registres de taxes ou de sécurité sociale). Les estimations incluent les personnes temporairement absente (maladie ou mauvais temps) et les personnes temporairement en congé non payé.

***** Les salariés incluent toutes les personnes qui perçoivent des salaires et traitements. Les estimations incluent les personnes temporairement absente (maladie ou mauvais temps) et les personnes temporairement en congé non payé. Ils excluent les travailleurs familiaux sauf s'ils ont un contrat de travail.

(1) Avant la rupture l'enseignement privé est inclus dans la rubrique Autres services personnels.

New Zealand – Nouvelle-Zélande

NEW ZEALAND

I. GROSS VALUE ADDED at producer values *

A. Current prices

Millions of New Zealand dollars

ISIC Rev. 3			1989	1990	1991	1992	1993	1994
G_I	**50_64**	1. Motor, wholesale and retail trade; restaurants and hotels; transport and communication	16 162	17 413	16 554	17 355	19 070	20 885
G_H	50_55	1.1. Motor, wholesale and retail trade; restaurants and hotels	10 292	11 411	10 244	11 102	12 538	13 783
G	50_52	1.1.1. Motor, wholesale and retail trade	9 007	10 098	8 943	9 671	10 865	11 800
	50	1.1.1.1. Motor trade and repairs (1)	..	..	..	..	..	..
	51	1.1.1.2. Wholesale and commission trade (1)	5 254	6 154	5 099	5 477	6 374	6 964
	52	1.1.1.3. Retail trade and repairs (1) (2)	3 753	3 944	3 844	4 194	4 491	4 836
H	55	1.1.2. Restaurants and hotels	1 285	1 313	1 301	1 431	1 673	1 983
I	60_64	1.2. Transport, storage and communication	5 870	6 002	6 310	6 253	6 532	7 102
	60_63	1.2.1. Transport and storage (3)	3 687	3 653	3 633	3 746	4 057	4 480
	60	1.2.1.1. Land transport, transport via pipelines (4)	1 299	1 256	1 298	1 328	1 371	1 480
	61	1.2.1.2. Water transport (4)	802	729	688	744	817	887
	62	1.2.1.3. Air transport (3)	912	879	872	876	1 005	1 193
	63	1.2.1.4. Auxiliary transport services, travel agencies (3)	674	789	775	798	864	920
	64	1.2.2. Communication	2 183	2 349	2 677	2 507	2 475	2 622
	641	1.2.2.1. Postal and courier services	..	..	..	..	..	..
	642	1.2.2.2. Telecommunications	..	..	..	..	..	..
J_K	**65_74**	2. Finance, insurance, real estate and business services	16 047	16 595	16 856	16 845	17 838	19 350
J	65_67	2.1. Financial and insurance services	4 220	4 372	4 332	4 123	4 360	4 912
	65	2.1.1. Financial intermediation	2 981	3 034	2 994	2 732	2 887	3 431
	66	2.1.2. Insurance and pension funding	727	776	816	848	877	859
	67	2.1.3. Auxiliary financial services	512	562	522	543	596	622
K	70_74	2.2. Real estate and business services	11 827	12 223	12 524	12 722	13 478	14 438
	70	2.2.1. Real estate services	8 462	9 050	9 378	9 508	9 780	10 399
		2.2.1.1. Real estate excl. ownership of owner occupied dwellings	3 187	3 136	3 164	3 355	3 515	3 796
		2.2.1.2. Ownership of owner occupied dwellings	5 275	5 914	6 214	6 153	6 265	6 603
	71_74	2.2.2. Business services (2) (3)	3 365	3 173	3 146	3 214	3 698	4 039
	71	2.2.2.1. Renting, etc.	..	..	..	..	..	..
	72	2.2.2.2. Computer and related activities	..	..	..	..	..	..
	73	2.2.2.3. Research and development (3)	..	..	..	..	..	..
	74	2.2.2.4. Other business activities	..	..	..	..	..	..
	741	2.2.2.4.1. Legal, accounting services, etc.	..	..	..	..	..	..
	742	2.2.2.4.2. Architect., engineering, other tech. serv.	..	..	..	..	..	..
	743	2.2.2.4.3. Advertising services	..	..	..	..	..	..
	749	2.2.2.4.4. Other business activities n.e.c.	..	..	..	..	..	..
L_Q	**75_99**	3. Other services	11 831	12 214	12 444	12 880	13 397	13 878
L	75	3.1. Public administration and defence (5)	8 414	8 606	8 471	8 555	8 716	8 820
		3.1.1. Central government services	7 637	7 777	7 684	7 853	7 969	8 072
		3.1.2. Local government services	777	829	787	702	747	748
M_Q	80_99	3.2. Education, health, social work related, other community, social and personal services (6)	3 417	3 608	3 973	4 325	4 681	5 058
M	80	3.2.1. Education (3) (5) (6)	42	49	75	83	81	87
N	85	3.2.2. Health and social work (2) (5) (6)	904	986	1 183	1 281	1 465	1 531
O	90_93	3.2.3. Other community, social and personal services	1 773	1 804	1 863	2 054	2 183	2 415
	90	3.2.3.1. Sanitary and similar services (2) (5)	..	..	..	..	..	..
	91	3.2.3.2. Membership organisations n.e.c. (2) (6)	..	..	..	..	..	..
	92	3.2.3.3. Recreational and cultural services (5) (6)	748	758	757	956	1 045	1 175
	93	3.2.3.4. Other personal services (2) (3) (6)	1 025	1 046	1 106	1 098	1 138	1 240
P	95	3.2.4. Private households with employed persons	68	72	89	105	120	132
Q	99	3.2.5. Extra-territorial organisations	..	..	..	..	..	..
		FISIM (Financial Intermediation Services Indirectly Measured)	- 2 996	- 3 000	- 2 935	- 2 581	- 2 665	- 3 145
G_Q	**50_99**	**TOTAL, SERVICES**	**41 044**	**43 222**	**42 919**	**44 499**	**47 640**	**50 968**
		GROSS VALUE ADDED, All activities, at producer values	**65 682**	**66 884**	**66 998**	**69 118**	**74 934**	**79 950**
		% of services in gross value added, all activities	62.49	64.62	64.06	64.38	63.58	63.75
		Memorandum items:						
		1. Gross domestic product at market prices	70 773	72 248	72 277	74 578	80 824	86 556
		2. Private non profit services to households (6)	630	697	763	802	832	893

I. VALEUR AJOUTÉE BRUTE aux valeurs du producteur *

A. Prix courants

Millions de dollars néo-zélandais

1995	1996	1997	1998	1999		CITI Rév. 3	
					1. Commerce d'automobiles, de gros et de détail ; restaurants et hôtels ;	**G_I**	**50_64**
22 217	..	..	..	..	transports et communication		
14 579	..	..	..	..	1.1. Commerce d'automobiles, de gros et de détail ; restaurants et hôtels	G_H	50_55
12 435	..	..	..	..	1.1.1. Commerce d'automobiles, de gros et de détail	G	50_52
..	..	..	..	..	1.1.1.1. Commerce et réparations automobiles (1)		50
7 286	..	..	..	..	1.1.1.2. Commerce de gros et intermédiaires (1)		51
5 149	..	..	..	..	1.1.1.3. Commerce de détail et réparations (1) (2)		52
2 144	..	..	..	..	1.1.2. Restaurants et hôtels	H	55
7 638	..	..	..	..	1.2. Transports, entreposage et communications	I	60_64
4 738	..	..	..	..	1.2.1. Transports et entreposage (3)		60_63
1 568	..	..	..	..	1.2.1.1. Transports terrestres, transports par conduites (4)		60
906	..	..	..	..	1.2.1.2. Transports par eau (4)		61
1 200	..	..	..	..	1.2.1.3. Transports aériens (3)		62
1 064	..	..	..	..	1.2.1.4. Services auxiliaires des transports, agences de voyages (3)		63
2 900	..	..	..	..	1.2.2. Communications		64
..	..	..	..	..	1.2.2.1. Poste et courrier		641
..	..	..	..	..	1.2.2.2. Télécommunications		642
20 810	..	..	..	..	2. Banques, assurances, affaires immobilières et services aux entreprises	**J_K**	**65_74**
5 015	..	..	..	..	2.1. Établissements financiers	J	65_67
3 570	..	..	..	..	2.1.1. Intermédiation financière		65
826	..	..	..	..	2.1.2. Assurances et caisses de retraite		66
619	..	..	..	..	2.1.3. Activités financières auxiliaires		67
15 795	..	..	..	..	2.2. Affaires immobilières et services fournis aux entreprises	K	70_74
11 349	..	..	..	..	2.2.1. Affaires immobilières		70
3 991	..	..	..	..	2.2.1.1. Affaires immobilières à l'exclusion des propriétaires de logements		
7 358	..	..	..	..	2.2.1.2. Logements occupés par leur propriétaire		
4 446	..	..	..	..	2.2.2. Services fournis aux entreprises (2) (3)		71_74
..	..	..	..	..	2.2.2.1. Location, etc.		71
..	..	..	..	..	2.2.2.2. Activités informatiques et activités connexes		72
..	..	..	..	..	2.2.2.3. Recherche et développement (3)		73
..	..	..	..	..	2.2.2.4. Autres services fournis aux entreprises		74
..	..	..	..	..	2.2.2.4.1. Activités juridiques, comptables, etc.		741
..	..	..	..	..	2.2.2.4.2. Activ. d'architect., d'ingénierie, aut. serv. tech.		742
..	..	..	..	..	2.2.2.4.3. Publicité		743
..	..	..	..	..	2.2.2.4.4. Autres serv. fournis aux entreprises n.c.a.		749
14 835	..	..	..	..	3. Autres services	**L_Q**	**75_99**
9 217	..	..	..	..	3.1. Administration publique et défense (5)	L	75
8 457	..	..	..	..	3.1.1. Services des administrations centrales		
760	..	..	..	..	3.1.2. Services des administrations locales		
					3.2. Enseignement, santé, action sociale, autres activités de services	M_Q	80_99
5 618	..	..	..	..	collectifs, sociaux et personnels (6)		
98	..	..	..	..	3.2.1. Enseignement (3) (5) (6)	M	80
1 733	..	..	..	..	3.2.2. Santé et action sociale (2) (5) (6)	N	85
2 705	..	..	..	..	3.2.3. Autres activités de services collectifs, sociaux et personnels	O	90_93
..	..	..	..	..	3.2.3.1. Services sanitaires et analogues (2) (5)		90
..	..	..	..	..	3.2.3.2. Activités associatives diverses (2) (6)		91
1 342	..	..	..	..	3.2.3.3. Activités récréatives et culturelles (5) (6)		92
1 363	..	..	..	..	3.2.3.4. Autres services personnels (2) (3) (6)		93
138	..	..	..	..	3.2.4. Ménages privés employant du personnel domestique	P	95
..	..	..	..	..	3.2.5. Organisations extraterritoriales	Q	99
- 3 429	..	..	..	..	SIFIM (Services d'intermédiation financière indirectement mesurés)		
54 433	**..**	**..**	**..**	**..**	**TOTAL, SERVICES**	**G_Q**	**50_99**
84 378	**..**	**..**	**..**	**..**	**VALEUR AJOUTÉE BRUTE, Toutes activités, aux valeurs du producteur**		
64.51	..	..	..	..	% des services dans la valeur ajoutée brute, toutes activités		
					Pour mémoire :		
91 461	94 940	98 025	98 913	..	1. Produit intérieur brut aux prix du marché		
944	..	..	..	..	2. Services privés sans but lucratif aux ménages (6)		

NEW ZEALAND

I. GROSS VALUE ADDED at producer values *(cont.)* *

B. Constant 1991-1992 prices

Millions of New Zealand dollars

ISIC Rev. 3			1989	1990	1991	1992	1993	1994
G_I	**50_64**	1. Motor, wholesale and retail trade; restaurants and hotels; transport and communication	16 861	16 750	16 553	17 365	18 557	20 180
G_H	50_55	1.1. Motor, wholesale and retail trade; restaurants and hotels	10 976	10 735	10 243	10 692	11 291	12 155
G	50_52	1.1.1. Motor, wholesale and retail trade	9 571	9 407	8 942	9 356	9 890	10 619
	50	1.1.1.1. Motor trade and repairs (1)	..	..	..	..	..	..
	51	1.1.1.2. Wholesale and commission trade (1)	5 578	5 504	5 098	5 399	5 721	6 140
	52	1.1.1.3. Retail trade and repairs (1) (2)	3 993	3 903	3 844	3 957	4 169	4 479
H	55	1.1.2. Restaurants and hotels	1 405	1 328	1 301	1 336	1 401	1 536
I	60_64	1.2. Transport, storage and communication	5 885	6 015	6 310	6 673	7 266	8 025
	60_63	1.2.1. Transport and storage (3)	3 529	3 504	3 634	3 804	4 144	4 539
	60	1.2.1.1. Land transport, transport via pipelines (4)	..	..	1 298	..	..	..
	61	1.2.1.2. Water transport (4)	..	..	688	..	..	..
	62	1.2.1.3. Air transport (3)	..	..	872	..	..	..
	63	1.2.1.4. Auxiliary transport services, travel agencies (3)	..	..	775	..	..	..
	64	1.2.2. Communication	2 356	2 511	2 676	2 869	3 122	3 486
	641	1.2.2.1. Postal and courier services	..	..	..	..	..	..
	642	1.2.2.2. Telecommunications	..	..	..	..	..	..
J_K	**65_74**	2. Finance, insurance, real estate and business services	16 738	16 704	16 856	16 999	17 554	17 940
J	65_67	2.1. Financial and insurance services	..	..	4 332	..	..	..
	65	2.1.1. Financial intermediation	..	..	2 994	..	..	..
	66	2.1.2. Insurance and pension funding	..	..	816	..	..	..
	67	2.1.3. Auxiliary financial services	..	..	522	..	..	..
K	70_74	2.2. Real estate and business services	..	..	12 524	..	..	..
	70	2.2.1. Real estate services	..	..	9 378	..	..	..
		2.2.1.1. Real estate excl. ownership of owner occupied dwellings	..	..	3 164	..	..	..
		2.2.1.2. Ownership of owner occupied dwellings	5 731	6 002	6 214	6 269	6 417	6 515
	71_74	2.2.2. Business services (2) (3)	..	..	3 146	..	..	..
	71	2.2.2.1. Renting, etc.	..	..	..	..	..	..
	72	2.2.2.2. Computer and related activities	..	..	..	..	..	..
	73	2.2.2.3. Research and development (3)	..	..	..	..	..	..
	74	2.2.2.4. Other business activities	..	..	..	..	..	..
	741	2.2.2.4.1. Legal, accounting services, etc.	..	..	..	..	..	..
	742	2.2.2.4.2. Architect., engineering, other tech. serv.	..	..	..	..	..	..
	743	2.2.2.4.3. Advertising services	..	..	..	..	..	..
	749	2.2.2.4.4. Other business activities n.e.c.	..	..	..	..	..	..
L_Q	**75_99**	3. Other services	12 157	12 378	12 445	12 698	13 239	13 808
L	75	3.1. Public administration and defence (5)	8 311	8 509	8 471	8 618	8 830	8 936
		3.1.1. Central government services	7 447	7 683	7 686	7 872	8 051	8 170
		3.1.2. Local government services	864	826	785	746	779	766
M_Q	80_99	3.2. Education, health, social work related, other community, social and personal services (6)	3 846	3 869	3 974	4 080	4 409	4 872
M	80	3.2.1. Education (3) (5) (6)	..	..	75	..	..	..
N	85	3.2.2. Health and social work (2) (5) (6)	..	..	1 183	..	..	..
O	90_93	3.2.3. Other community, social and personal services	..	..	1 863	..	..	..
	90	3.2.3.1. Sanitary and similar services (2) (5)	..	..	..	..	..	..
	91	3.2.3.2. Membership organisations n.e.c. (2) (6)	..	..	..	..	..	..
	92	3.2.3.3. Recreational and cultural services (5) (6)	..	..	757	..	..	..
	93	3.2.3.4. Other personal services (2) (3) (6)	..	..	1 106	..	..	..
P	95	3.2.4. Private households with employed persons	..	..	89	..	..	..
Q	99	3.2.5. Extra-territorial organisations	..	..	..	..	..	..
		FISIM (Financial Intermediation Services Indirectly Measured)	..	..	..	..	..	..
G_Q	**50_99**	**TOTAL, SERVICES**	**45 756**	**45 832**	**45 854**	**47 062**	**49 350**	**51 928**
		GROSS VALUE ADDED, All activities, at producer values	**70 723**	**70 490**	**69 935**	**70 877**	**75 290**	**79 109**
		% of services in gross value added, all activities	64.70	65.02	65.57	66.40	65.55	65.64
		Memorandum items:						
		1. Gross domestic product at market prices	73 607	73 174	72 278	73 124	77 740	81 920
		2. Private non profit services to households (6)	..	..	763	..	..	..

I. VALEUR AJOUTÉE BRUTE aux valeurs du producteur *(suite)* *

B. Prix constants de 1991-1992

Millions de dollars néo-zélandais

1995	1996	1997	1998	1999		CITI Rév. 3	
21 536	22 207	22 861	23 601	25 512	1. Commerce d'automobiles, de gros et de détail ; restaurants et hôtels ; transports et communication	**G_I**	**50_64**
12 509	12 612	12 933	13 013	13 847	1.1. Commerce d'automobiles, de gros et de détail ; restaurants et hôtels	G_H	50_55
10 910	10 965	11 271	11 337	12 094	1.1.1. Commerce d'automobiles, de gros et de détail	G	50_52
..	..	..	..	..	1.1.1.1. Commerce et réparations automobiles (1)		50
6 305	6 311	6 519	6 535	7 050	1.1.1.2. Commerce de gros et intermédiaires (1)		51
4 605	4 654	4 752	4 802	5 044	1.1.1.3. Commerce de détail et réparations (1) (2)		52
1 599	1 647	1 662	1 676	1 753	1.1.2. Restaurants et hôtels	H	55
9 027	9 595	9 928	10 588	11 665	1.2. Transports, entreposage et communications	I	60_64
5 050	5 252	5 256	5 348	..	1.2.1. Transports et entreposage (3)		60_63
..	..	..	..	..	1.2.1.1. Transports terrestres, transports par conduites (4)		60
..	..	..	..	..	1.2.1.2. Transports par eau (4)		61
..	..	..	..	..	1.2.1.3. Transports aériens (3)		62
..	..	..	..	..	1.2.1.4. Services auxiliaires des transports, agences de voyages (3)		63
3 977	4 343	4 672	5 240	..	1.2.2. Communications		64
..	..	..	..	..	1.2.2.1. Poste et courrier		641
..	..	..	..	..	1.2.2.2. Télécommunications		642
18 357	18 885	19 464	19 877	20 125	2. Banques, assurances, affaires immobilières et services aux entreprises	**J_K**	**65_74**
..	..	..	..	..	2.1. Établissements financiers	J	65_67
..	..	..	..	..	2.1.1. Intermédiation financière		65
..	..	..	..	..	2.1.2. Assurances et caisses de retraite		66
..	..	..	..	..	2.1.3. Activités financières auxiliaires		67
..	..	..	..	..	2.2. Affaires immobilières et services fournis aux entreprises	K	70_74
..	..	..	..	..	2.2.1. Affaires immobilières		70
..	..	..	..	..	2.2.1.1. Affaires immobilières à l'exclusion des propriétaires de logements		
6 614	6 710	6 807	6 906	7 027	2.2.1.2. Logements occupés par leur propriétaire		
..	..	..	..	..	2.2.2. Services fournis aux entreprises (2) (3)		71_74
..	..	..	..	..	2.2.2.1. Location, etc.		71
..	..	..	..	..	2.2.2.2. Activités informatiques et activités connexes		72
..	..	..	..	..	2.2.2.3. Recherche et développement (3)		73
..	..	..	..	..	2.2.2.4. Autres services fournis aux entreprises		74
..	..	..	..	..	2.2.2.4.1. Activités juridiques, comptables, etc.		741
..	..	..	..	..	2.2.2.4.2. Activ. d'architect., d'ingénierie, aut. serv. tech.		742
..	..	..	..	..	2.2.2.4.3. Publicité		743
..	..	..	..	..	2.2.2.4.4. Autres serv. fournis aux entreprises n.c.a.		749
14 227	14 765	14 957	14 927	15 077	3. Autres services	**L_Q**	**75_99**
9 096	9 328	9 451	9 498	9 573	3.1. Administration publique et défense (5)	L	75
8 334	8 519	8 645	8 686	8 757	3.1.1. Services des administrations centrales		
762	809	806	812	816	3.1.2. Services des administrations locales		
5 131	5 437	5 506	5 429	5 504	3.2. Enseignement, santé, action sociale, autres activités de services collectifs, sociaux et personnels (6)	M_Q	80_99
..	..	..	..	..	3.2.1. Enseignement (3) (5) (6)	M	80
..	..	..	..	..	3.2.2. Santé et action sociale (2) (5) (6)	N	85
..	..	..	..	..	3.2.3. Autres activités de services collectifs, sociaux et personnels	O	90_93
..	..	..	..	..	3.2.3.1. Services sanitaires et analogues (2) (5)		90
..	..	..	..	..	3.2.3.2. Activités associatives diverses (2) (6)		91
..	..	..	..	..	3.2.3.3. Activités récréatives et culturelles (5) (6)		92
..	..	..	..	..	3.2.3.4. Autres services personnels (2) (3) (6)		93
..	..	..	..	..	3.2.4. Ménages privés employant du personnel domestique	P	95
..	..	..	..	..	3.2.5. Organisations extraterritoriales	Q	99
..	..	..	..	..	SIFIM (Services d'intermédiation financière indirectement mesurés)		
54 120	**55 857**	**57 282**	**58 405**	**60 714**	**TOTAL, SERVICES**	**G_Q**	**50_99**
82 197	**84 654**	**86 454**	**86 564**	**89 960**	**VALEUR AJOUTÉE BRUTE, Toutes activités, aux valeurs du producteur**		
65.84	65.98	66.26	67.47	67.49	% des services dans la valeur ajoutée brute, toutes activités		
					Pour mémoire :		
85 015	87 268	88 953	88 970	92 742	1. Produit intérieur brut aux prix du marché		
..	..	..	..	..	2. Services privés sans but lucratif aux ménages (6)		

NEW ZEALAND

II. EMPLOYMENT

A. Total employment *

Thousand persons

ISIC Rev. 3			1989	1990	1991	1992	1993	1994
G_I	50_64	1. Motor, wholesale and retail trade; restaurants and hotels; transport and communication	..	..	..	..	..	..
G_H	50_55	1.1. Motor, wholesale and retail trade; restaurants and hotels	..	..	..	..	..	..
G	50_52	1.1.1. Motor, wholesale and retail trade	..	..	..	..	..	..
	50	1.1.1.1. Motor trade and repairs	..	..	..	..	..	..
	51	1.1.1.2. Wholesale and commission trade	..	..	..	..	..	..
	52	1.1.1.3. Retail trade and repairs	..	..	..	..	..	..
H	55	1.1.2. Restaurants and hotels	..	..	..	..	..	..
I	60_64	1.2. Transport, storage and communication	..	..	..	..	..	..
	60_63	1.2.1. Transport and storage	..	..	..	..	..	..
	60	1.2.1.1. Land transport, transport via pipelines	..	..	..	..	..	..
	61	1.2.1.2. Water transport	..	..	..	..	..	..
	62	1.2.1.3. Air transport	..	..	..	..	..	..
	63	1.2.1.4. Auxiliary transport services, travel agencies	..	..	..	..	..	..
	64	1.2.2. Communication	..	..	..	..	..	..
	641	1.2.2.1. Postal and courier services	..	..	..	..	..	..
	642	1.2.2.2. Telecommunications	..	..	..	..	..	..
J_K	65_74	2. Finance, insurance, real estate and business services	..	..	..	..	..	..
J	65_67	2.1. Financial and insurance services	..	..	..	..	..	..
	65	2.1.1. Financial intermediation	..	..	..	..	..	..
	66	2.1.2. Insurance and pension funding	..	..	..	..	..	..
	67	2.1.3. Auxiliary financial services	..	..	..	..	..	..
K	70_74	2.2. Real estate and business services	..	..	..	..	..	..
	70	2.2.1. Real estate services	..	..	..	..	..	..
		2.2.1.1. Real estate excl. ownership of owner occupied dwellings	..	..	..	..	..	..
		2.2.1.2. Ownership of owner occupied dwellings	..	..	..	..	..	..
	71_74	2.2.2. Business services	..	..	..	..	..	..
	71	2.2.2.1. Renting, etc.	..	..	..	..	..	..
	72	2.2.2.2. Computer and related activities	..	..	..	..	..	..
	73	2.2.2.3. Research and development (3)	..	..	..	..	..	..
	74	2.2.2.4. Other business activities	..	..	..	..	..	..
	741	2.2.2.4.1. Legal, accounting services, etc.	..	..	..	..	..	..
	742	2.2.2.4.2. Architect., engineering, other tech. serv.	..	..	..	..	..	..
	743	2.2.2.4.3. Advertising services	..	..	..	..	..	..
	749	2.2.2.4.4. Other business activities n.e.c.	..	..	..	..	..	..
L_Q	75_99	3. Other services (7)	..	..	..	..	..	..
L	75	3.1. Public administration and defence	..	..	..	..	..	..
		3.1.1. Central government services	..	..	..	..	..	..
		3.1.2. Local government services	..	..	..	..	..	..
M_Q	80_99	3.2. Education, health, social work related, other community, social and personal services	..	..	..	..	..	..
M	80	3.2.1. Education	..	..	..	..	..	..
N	85	3.2.2. Health and social work	..	..	..	..	..	..
O	90_93	3.2.3. Other community, social and personal services	..	..	..	..	..	..
	90	3.2.3.1. Sanitary and similar services	..	..	..	..	..	..
	91	3.2.3.2. Membership organisations n.e.c.	..	..	..	..	..	..
	92	3.2.3.3. Recreational and cultural services	..	..	..	..	..	..
	93	3.2.3.4. Other personal services	..	..	..	..	..	..
P	95	3.2.4. Private households with employed persons	..	..	..	..	..	..
Q	99	3.2.5. Extra-territorial organisations	..	..	..	..	..	..
G_Q	50_99	**TOTAL, SERVICES ***	**943.8**	**955.0**	**960.5**	**982.7**	**1 002.1**	**1 037.2**
		TOTAL EMPLOYMENT, All activities *	**1 470.4**	**1 461.1**	**1 461.1**	**1 480.9**	**1 529.5**	**1 606.1**
		% of services in total employment, all activities	64.19	65.36	65.74	66.36	65.52	64.58
		Memorandum items:						
		1. Wholesale and retail trade, restaurants and hotels *	294.8	310.7	301.3	314.7	320.2	338.7
		2. Transport, storage and communication *	97.4	94.7	93.1	90.2	91.0	95.9
		3. Business and financial services *	142.8	146.7	154.5	157.1	153.3	166.4
		4. Community, social and personal services *	408.8	402.9	411.6	420.7	437.6	436.2

II. EMPLOI

A. Emploi total *

Milliers de personnes

1995	1996	1997	1998	1999		CITI Rév. 3	
..	..	493.2	487.1	496.7	1. Commerce d'automobiles, de gros et de détail ; restaurants et hôtels ; transports et communication	**G_I**	**50_64**
..	..	389.4	382.9	386.3	1.1. Commerce d'automobiles, de gros et de détail ; restaurants et hôtels	G_H	50_55
..	..	312.6	304.2	311.1	1.1.1. Commerce d'automobiles, de gros et de détail	G	50_52
..	..	..	..	..	1.1.1.1. Commerce et réparations automobiles		50
..	..	..	..	..	1.1.1.2. Commerce de gros et intermédiaires		51
..	..	..	..	..	1.1.1.3. Commerce de détail et réparations		52
..	..	76.8	78.7	75.2	1.1.2. Restaurants et hôtels	H	55
..	..	103.8	104.2	110.4	1.2. Transports, entreposage et communications	I	60_64
..	..	70.7	69.9	71.6	1.2.1. Transports et entreposage		60_63
..	..	..	..	..	1.2.1.1. Transports terrestres, transports par conduites		60
..	..	..	..	..	1.2.1.2. Transports par eau		61
..	..	..	..	..	1.2.1.3. Transports aériens		62
..	..	..	..	..	1.2.1.4. Services auxiliaires des transports, agences de voyages		63
..	..	33.1	34.3	38.8	1.2.2. Communications		64
..	..	..	..	..	1.2.2.1. Poste et courrier		641
..	..	..	..	..	1.2.2.2. Télécommunications		642
..	..	234.6	236.1	245.3	2. Banques, assurances, affaires immobilières et services aux entreprises	**J_K**	**65_74**
..	..	57.4	54.5	53.6	2.1. Établissements financiers	J	65_67
..	..	..	..	..	2.1.1. Intermédiation financière		65
..	..	..	..	..	2.1.2. Assurances et caisses de retraite		66
..	..	..	..	..	2.1.3. Activités financières auxiliaires		67
..	..	177.2	181.6	191.7	2.2. Affaires immobilières et services fournis aux entreprises	K	70_74
..	..	..	..	..	2.2.1. Affaires immobilières		70
..	..	..	..	..	2.2.1.1. Affaires immobilières à l'exclusion des propriétaires de logements		
..	..	..	..	..	2.2.1.2. Logements occupés par leur propriétaire		
..	..	..	..	..	2.2.2. Services fournis aux entreprises		71_74
..	..	..	..	..	2.2.2.1. Location, etc.		71
..	..	..	..	..	2.2.2.2. Activités informatiques et activités connexes		72
..	..	..	..	..	2.2.2.3. Recherche et développement (3)		73
..	..	..	..	..	2.2.2.4. Autres services fournis aux entreprises		74
..	..	..	..	..	2.2.2.4.1. Activités juridiques, comptables, etc.		741
..	..	..	..	..	2.2.2.4.2. Activ. d'architect., d'ingénierie, aut. serv. tech.		742
..	..	..	..	..	2.2.2.4.3. Publicité		743
..	..	..	..	..	2.2.2.4.4. Autres serv. fournis aux entreprises n.c.a.		749
..	..	445.2	444.9	451.9	3. Autres services (7)	**L_Q**	**75_99**
..	..	..	..	..	3.1. Administration publique et défense	L	75
..	..	..	..	..	3.1.1. Services des administrations centrales		
..	..	..	..	..	3.1.2. Services des administrations locales		
..	..	..	..	..	3.2. Enseignement, santé, action sociale, autres activités de services collectifs, sociaux et personnels	M_Q	80_99
..	..	131.4	125.0	125.9	3.2.1. Enseignement	M	80
..	..	122.9	129.0	135.1	3.2.2. Santé et action sociale	N	85
..	..	..	..	..	3.2.3. Autres activités de services collectifs, sociaux et personnels	O	90_93
..	..	..	..	..	3.2.3.1. Services sanitaires et analogues		90
..	..	..	..	..	3.2.3.2. Activités associatives diverses		91
..	..	..	..	..	3.2.3.3. Activités récréatives et culturelles		92
..	..	..	..	..	3.2.3.4. Autres services personnels		93
..	..	..	..	..	3.2.4. Ménages privés employant du personnel domestique	P	95
..	..	..	..	..	3.2.5. Organisations extraterritoriales	Q	99
1 095.8	**1 144.4**	**1 166.6**	**1 162.7**	**1 185.5**	**TOTAL, SERVICES ***	**G_Q**	**50_99**
1 685.6	**1 734.0**	**1 735.9**	**1 727.4**	**1 756.5**	**EMPLOI TOTAL, Toutes activités ***		
65.01	66.00	67.20	67.31	67.49	% des services dans l'emploi total, toutes activités		
					Pour mémoire :		
358.7	368.3	377.3	370.6	375.0	1. Commerce de gros et de détail, restaurants et hôtels *		
100.0	103.1	103.6	104.3	110.6	2. Transports, entrepôts et communications *		
180.7	198.6	215.2	216.4	220.8	3. Services fournis aux entreprises et services financiers *		
456.4	474.4	470.5	471.4	479.1	4. Services fournis à la collectivité, services sociaux et services personnels *		

Sources:

Value Added:
> "The New Zealand System of National Accounts", Statistics New Zealand, Wellington and data sent directly.

Employment:
> Statistics New Zealand, Wellington, data sent directly.

General notes:

These national accounts estimates are compiled according to the 1968 System of National Accounts. Data refer to fiscal years beginning on the 1st April of the year indicated.

Value Added:
> * Data are classified according to the 1987 New Zealand Standard Industrial Classification (NZSIC).

Employment:
> * Employment estimates are derived from the Household Labour Force Survey. They represent yearly averages of quarterly data covering the civilian population of 15 years and over, usually residents, holding a full time or part time occupation in the context of an employee/employer relationship or self employment. Members of the New Zealand permanent armed forces are excluded. These data are not totally consistent with National Accounts data on gross value added. Memorandum items correspond to the data published according to the 1987 NZSIC. Data presented in the standard table for 1997-99 correspond to the figures presented according to the 1996 Australian and New Zealand Standard Industrial Classification (ANZSIC).

(1) For Value added wholesale and retail trade and repairs of motor vehicles are respectively included in items Wholesale and commission trade and Retail trade and repairs.

(2) For Value added item Other personal services includes private sanitary services, building cleaning activities, membership organisations, veterinary services, and personal and household services such as repair services.

(3) For Value added item Business services excludes rental of transport vehicles, research and development, building cleaning activities. Rental of cars and trucks are included in item Auxiliary transport services, travel agencies. Rental of aircrafts is included in item Air transport. Research and development are included in item Education. Building-cleaning activities are included in item Other personal services.

(4) For Value added item Water transport includes railway transport.

(5) For Value added item Public administration and defence includes public education, health, welfare, cultural and recreational services as well as sewerage, drainage and refuse collection.

Sources :

Valeur ajoutée :
> "The New Zealand System of National Accounts", Statistics New Zealand, Wellington et données transmises directement.

Emploi :
> Statistics New Zealand, Wellington, données transmises directement.

Notes générales :

Ces estimations de comptes nationaux sont compilées suivant le Système de comptabilité nationale de 1968. Les données concernent l'année fiscale qui débute le 1er avril de l'année indiquée.

Valeur ajoutée :
> * Les données sont classées suivant la classification standard par type d'activité néo-zélandaise de 1987 (NZSIC).

Emploi :
> * Les estimations de l'emploi sont tirées de l'enquête sur la population active auprès des ménages ("Household Labour Force Survey"). Elles correspondent à la moyenne annuelle des données trimestrielles incluant la population civile de 15 ans et plus, habituellement les résidents, qui occupe un emploi à plein temps ou à temps partiel dans le cadre d'un contrat employé/employeur ou les travailleurs indépendants. Les membres des forces armées permanentes de la Nouvelle-Zélande sont exclus. Ces données ne sont pas totalement compatibles avec les données de valeur ajoutée (comptabilité nationale). Les rubriques pour mémoire correspondent aux données publiées suivant la NZSIC de 1987. Les données présentées dans le tableau standard pour 1997-99 correspondent aux données présentées suivant la classification standard par type d'activité australienne et néo-zélandaise de 1996 (ANZSIC).

(1) Pour la valeur ajoutée les commerces de gros et de détail (et réparations) de véhicules à moteur sont inclus respectivement dans les rubriques Commerce de gros et intermédiaires et de Commerce de détail et réparations.

(2) Pour la valeur ajoutée la rubrique Autres services personnels inclut les services sanitaires privés, les activités de nettoyage d'immeubles, les activités associatives, les services vétérinaires, et les services personnels et auprès des ménages tels que les services de réparation.

(3) Pour la valeur ajoutée la rubrique Services fournis auprès des entreprises exclut la location de véhicules de transport, la recherche et le développement, les activités de nettoyage d'immeubles. La location de voitures et de camions est incluse dans la rubrique Services auxiliaires des transports, agences de voyages. La location d'avions est incluse dans la rubrique Transports aériens. La recherche et le développement sont inclus dans la rubrique Enseignement. Les activités de nettoyage d'immeubles sont incluses dans la rubrique Autres services personnels.

(4) Pour la valeur ajoutée la rubrique Transports par eau inclut le transport par chemin de fer.

(5) Pour la valeur ajoutée la rubrique Administration publique et défense inclut les services publiques d'enseignement, de santé, d'action sociale, récréatifs et culturels et d'autres services à la communauté et personnels.

(6) For Value added memorandum item Private non profit services to households includes non profit private education, health, welfare, religious, cultural, recreational and other community and personal services, and membership organisations. It is included in item Education, health, social work related, other community, social and personal services.

(7) For Employment, item Other services excludes sewage and drainage which is classified in item electricity, gas and water supply according to the ANZSIC.

(6) Pour la valeur ajoutée la rubrique pour mémoire Services privés sans but lucratif aux ménages inclut les services non lucratifs d'enseignement, de santé, d'action sociale, de religion, des services culturels et récréatifs, et d'autres services à la communauté et personnels ainsi que des activités associatives. Elle est incluse dans la rubrique Enseignement, santé, action sociale, autres activités de services collectifs, sociaux et

(7) Pour l'emploi la rubrique Autres services exclut les égouts et le drainage des eaux, qui sont classés dans la fourniture d'électricité, de gaz et d'eau dans l'ANZSIC.

Norway – Norvège

NORWAY

I. GROSS VALUE ADDED at basic prices

A. Current prices

Billions of Norwegian kroner

ISIC Rev. 3			1989	1990	1991	1992	1993	1994
G_I	**50_64**	1. Motor, wholesale and retail trade; restaurants and hotels; transport and communication	148.1	157.4	170.9	171.0	178.4	185.1
G_H	50_55	1.1. Motor, wholesale and retail trade; restaurants and hotels	82.4	84.9	90.2	92.9	93.4	99.9
G	50_52	1.1.1. Motor, wholesale and retail trade (1)	73.0	75.2	79.7	82.7	83.0	88.8
	50	1.1.1.1. Motor trade and repairs	..	..	..	..	..	..
	51	1.1.1.2. Wholesale and commission trade	..	..	..	..	..	..
	52	1.1.1.3. Retail trade and repairs	..	..	..	..	..	..
H	55	1.1.2. Restaurants and hotels	9.4	9.7	10.4	10.3	10.4	11.1
		1.1.2.1. Restaurants	5.8	5.9	6.4	6.3	5.8	6.0
		1.1.2.2. Hotels and other lodging places	3.6	3.8	4.1	3.9	4.6	5.1
I	60_64	1.2. Transport, storage and communication	65.7	72.5	80.8	78.1	85.0	85.2
	60_63	1.2.1. Transport and storage (2)	49.7	56.0	64.4	60.4	66.6	66.5
	60	1.2.1.1. Land transport, transport via pipelines	21.2	23.3	25.9	26.8	27.7	29.9
		1.2.1.1.1. Transport via railways	1.4	1.9	1.6	1.2	1.6	1.6
		1.2.1.1.2. Bus, tramway and subway	2.5	2.6	2.8	2.8	3.0	3.1
		1.2.1.1.3. Other land transport	10.2	10.9	11.4	11.9	12.2	12.9
		1.2.1.1.4. Transport via pipelines	7.1	7.9	10.0	10.9	11.0	12.2
	61	1.2.1.2. Water transport	16.4	18.6	23.4	17.8	21.1	19.0
		1.2.1.2.1. Ocean transport	14.5	16.7	21.3	15.8	19.0	17.0
		1.2.1.2.2. Inland water transport	1.9	1.8	2.1	2.0	2.0	2.0
	62	1.2.1.3. Air transport	4.1	4.7	5.0	5.3	5.2	4.4
	63	1.2.1.4. Auxiliary transport services, travel agencies	6.9	7.7	8.3	8.6	11.5	12.2
		1.2.1.4.1. Supporting services to water transport	3.1	3.4	3.7	3.8	3.8	3.7
		1.2.1.4.2. Storage and other transport services	3.8	4.3	4.6	4.8	7.6	8.5
	64	1.2.2. Communication	16.0	16.6	16.3	17.7	18.4	18.8
	641	1.2.2.1. Postal and courier services	..	..	..	..	..	..
	642	1.2.2.2. Telecommunications	..	..	..	..	..	..
J_K	**65_74**	2. Finance, insurance, real estate and business services	119.3	123.8	130.6	137.0	145.3	148.5
J	65_67	2.1. Financial and insurance services	35.8	36.1	35.6	36.9	38.7	38.6
	65	2.1.1. Financial intermediation	29.7	29.3	28.5	30.5	31.6	30.2
	66	2.1.2. Insurance and pension funding	5.1	6.2	6.4	5.9	6.7	8.0
	67	2.1.3. Auxiliary financial services (3)	0.9	0.6	0.7	0.6	0.4	0.3
K	70_74	2.2. Real estate and business services	83.5	87.7	95.0	100.1	106.7	109.9
	70	2.2.1. Real estate services	52.4	57.7	63.1	66.4	69.8	70.0
		2.2.1.1. Real estate excl. dwellings	6.8	7.0	7.2	7.4	8.2	8.4
		2.2.1.2. Dwellings	45.6	50.7	55.9	59.0	61.6	61.6
	71_74	2.2.2. Business services (3)	31.1	30.0	31.9	33.7	36.9	39.9
	71	2.2.2.1. Renting, etc.	1.6	1.7	1.7	1.6	1.8	2.3
	72	2.2.2.2. Computer and related activities	4.2	4.4	4.4	4.4	4.6	4.7
	73	2.2.2.3. Research and development (3)	..	..	..	..	..	..
	74	2.2.2.4. Other business activities (3)	..	..	..	..	..	..
	741	2.2.2.4.1. Legal, accounting services, etc.	..	..	..	..	..	..
	742	2.2.2.4.2. Architect., engineering, other tech. serv.	..	..	..	..	..	..
	743	2.2.2.4.3. Advertising services	..	..	..	..	..	..
	749	2.2.2.4.4. Other business activities n.e.c.	..	..	..	..	..	..
L_Q	**75_99**	3. Other services	129.9	138.4	149.4	159.1	164.6	171.8
L	75	3.1. Public administration and defence	36.1	37.9	39.5	41.8	43.4	44.8
		3.1.1. Central government	24.2	25.6	26.6	28.0	28.7	29.2
		3.1.1.1. Civilian central government	14.5	15.1	16.1	17.4	17.8	18.3
		3.1.1.2. Defence	9.7	10.5	10.5	10.6	10.9	10.9
		3.1.2. Local government	11.8	12.3	12.9	13.8	14.6	15.6
M_Q	80_99	3.2. Education, health, social work related, other community, social and personal services	93.8	100.5	109.8	117.3	121.2	127.0
M	80	3.2.1. Education	30.0	31.7	33.4	35.4	36.1	37.7
N	85	3.2.2. Health and social work	46.1	49.9	56.3	60.3	62.8	65.5
		3.2.2.1. Health	23.4	25.3	27.7	28.8	29.6	30.6
		3.2.2.2. Social work	22.6	24.6	28.6	31.5	33.2	34.9
O	90_93	3.2.3. Other community, social and personal services	17.0	18.1	19.4	20.9	21.4	22.9
	90	3.2.3.1. Sanitary and similar services	2.8	3.2	3.3	3.5	3.3	3.6
	91	3.2.3.2. Membership organisations n.e.c.	3.0	3.3	3.4	3.6	3.7	4.1
	92	3.2.3.3. Recreational and cultural services (3)	8.1	8.6	9.5	10.3	11.0	11.7
	93	3.2.3.4. Other personal services	3.0	3.0	3.2	3.4	3.4	3.5
P	95	3.2.4. Private households with employed persons	0.8	0.8	0.8	0.8	0.8	0.9
Q	99	3.2.5. Extra-territorial organisations	..	..	..	..	..	..
		FISIM (Financial Intermediation Services Indirectly Measured)	- 33.0	- 34.0	- 33.2	- 33.9	- 32.6	- 31.2

I. VALEUR AJOUTÉE BRUTE aux prix de base

A. Prix courants

Milliards de couronnes norvégiennes

1995	1996	1997	1998*	1999*		CITI Rév. 3	
193.7	203.6	218.1	..	..	1. Commerce d'automobiles, de gros et de détail ; restaurants et hôtels ; transports et communication	**G_I**	**50_64**
105.5	110.8	117.6	123.9	131.7	1.1. Commerce d'automobiles, de gros et de détail ; restaurants et hôtels	G_H	50_55
94.3	98.6	104.3	108.7	115.4	1.1.1. Commerce d'automobiles, de gros et de détail (1)	G	50_52
..	..	..	..	..	1.1.1.1. Commerce et réparations automobiles		50
..	..	..	..	..	1.1.1.2. Commerce de gros et intermédiaires		51
..	..	..	..	..	1.1.1.3. Commerce de détail et réparations		52
11.3	12.2	13.3	15.2	16.3	1.1.2. Restaurants et hôtels	H	55
6.0	6.9	7.6	..	..	1.1.2.1. Restaurants		
5.3	5.3	5.7	..	..	1.1.2.2. Hôtels, hôtels meublés et établissements analogues		
88.1	92.8	100.5	..	..	1.2. Transports, entreposage et communications	I	60_64
70.4	73.5	79.9	..	..	1.2.1. Transports et entreposage (2)		60_63
31.6	34.5	36.9	..	..	1.2.1.1. Transports terrestres, transports par conduites		60
1.6	1.5	1.8	..	..	1.2.1.1.1. Transports par chemin de fer		
3.3	3.3	3.6	..	..	1.2.1.1.2. Bus, tramways et métros		
14.8	16.6	18.5	..	..	1.2.1.1.3. Autres transports terrestres		
12.0	13.0	13.1	13.8	14.5	1.2.1.1.4. Transports par conduites		
19.1	18.2	21.2	19.8	16.7	1.2.1.2. Transports par eau		61
17.1	16.1	19.1	17.6	14.5	1.2.1.2.1. Transports maritimes		
2.0	2.1	2.1	2.2	2.2	1.2.1.2.2. Navigation intérieure		
5.0	5.6	5.2	6.4	6.7	1.2.1.3. Transports aériens		62
13.7	14.2	15.4	..	..	1.2.1.4. Services auxiliaires des transports, agences de voyages		63
4.2	3.8	3.9	..	..	1.2.1.4.1. Services auxiliaires de la navigation		
9.5	10.4	11.6	..	..	1.2.1.4.2. Entrepôts et autres services de transports		
17.7	19.3	20.6	20.8	21.2	1.2.2. Communications		64
..	..	..	..	..	1.2.2.1. Poste et courrier		641
..	..	..	..	..	1.2.2.2. Télécommunications		642
152.6	160.2	171.3	..	..	2. Banques, assurances, affaires immobilières et services aux entreprises	**J_K**	**65_74**
36.8	38.4	37.9	42.3	41.6	2.1. Établissements financiers	J	65_67
27.0	28.8	29.6	..	..	2.1.1. Intermédiation financière		65
9.4	9.2	7.3	..	..	2.1.2. Assurances et caisses de retraite		66
0.4	0.4	0.9	..	..	2.1.3. Activités financières auxiliaires (3)		67
115.7	121.8	133.4	..	..	2.2. Affaires immobilières et services fournis aux entreprises	K	70_74
72.3	74.2	78.4	..	..	2.2.1. Affaires immobilières		70
9.2	10.5	13.2	..	..	2.2.1.1. Affaires immobilières logements exceptés		
63.0	63.8	65.2	67.6	70.6	2.2.1.2. Logements		
43.5	47.6	55.0	..	..	2.2.2. Services fournis aux entreprises (3)		71_74
2.5	2.7	3.3	..	..	2.2.2.1. Location, etc.		71
5.1	6.0	7.1	..	..	2.2.2.2. Activités informatiques et activités connexes		72
..	..	..	..	..	2.2.2.3. Recherche et développement (3)		73
..	..	..	..	..	2.2.2.4. Autres services fournis aux entreprises (3)		74
..	..	..	..	..	2.2.2.4.1. Activités juridiques, comptables, etc.		741
..	..	..	..	..	2.2.2.4.2. Activ. d'architect., d'ingénierie, aut. serv. tech.		742
..	..	..	..	..	2.2.2.4.3. Publicité		743
..	..	..	..	..	2.2.2.4.4. Autres serv. fournis aux entreprises n.c.a.		749
181.2	193.7	205.0	..	..	3. Autres services	**L_Q**	**75_99**
46.2	48.6	50.7	..	..	3.1. Administration publique et défense	L	75
29.9	31.7	33.5	..	..	3.1.1. Administration centrale		
18.8	20.1	21.4	..	..	3.1.1.1. Administration centrale civile		
11.0	11.6	12.1	12.9	14.0	3.1.1.2. Défense		
16.3	16.9	17.2	..	..	3.1.2. Administrations locales		
135.1	145.1	154.3	..	..	3.2. Enseignement, santé, action sociale, autres activités de services collectifs, sociaux et personnels	M_Q	80_99
39.3	41.8	44.2	48.3	51.4	3.2.1. Enseignement	M	80
70.2	76.5	81.7	90.3	97.1	3.2.2. Santé et action sociale	N	85
32.6	35.9	39.1	..	..	3.2.2.1. Santé		
37.5	40.6	42.6	..	..	3.2.2.2. Action sociale		
24.7	25.9	27.4	..	..	3.2.3. Autres activités de services collectifs, sociaux et personnels	O	90_93
4.3	4.6	4.9	..	..	3.2.3.1. Services sanitaires et analogues		90
4.3	4.6	4.8	..	..	3.2.3.2. Activités associatives diverses		91
12.3	12.5	13.0	..	..	3.2.3.3. Activités récréatives et culturelles (3)		92
3.8	4.2	4.8	..	..	3.2.3.4. Autres services personnels		93
0.9	0.9	0.9	..	..	3.2.4. Ménages privés employant du personnel domestique	P	95
..	..	..	..	..	3.2.5. Organisations extraterritoriales	Q	99
- 29.4	- 30.4	- 30.0	- 34.9	- 35.7	SIFIM (Services d'intermédiation financière indirectement mesurés)		

NORWAY

A. Current prices

Billions of Norwegian kroner

ISIC Rev. 3		1989	1990	1991	1992	1993	1994
G_Q 50_99	**TOTAL, SERVICES**	**364.3**	**385.7**	**417.7**	**433.3**	**455.6**	**474.1**
	GROSS VALUE ADDED, All activities, at basic prices	**599.7**	**637.2**	**673.7**	**690.2**	**722.1**	**752.2**
	% of services in gross value added, all activities	60.74	60.52	62.01	62.78	63.10	63.04
	Memorandum items:						
	1. Gross domestic product at market prices	682.3	722.7	763.4	784.9	823.7	867.6
	2. Wholesale and retail trade (1)	68.8	71.2	75.6	78.3	78.3	83.4
	3. Repair of motor vehicles and consumer goods (1)	4.1	4.0	4.1	4.4	4.7	5.4
	4. Central government, transport (2)	1.1	1.7	1.8	1.9	1.1	1.0
	5. Central government, business services (3)	1.5	1.7	2.0	2.2	2.2	2.3

I. VALEUR AJOUTÉE BRUTE aux prix de base *(suite)*

A. Prix courants

Milliards de couronnes norvégiennes

1995	1996	1997	1998*	1999*		CITI Rév. 3
498.0	**527.2**	**564.3**	..	..	**TOTAL, SERVICES**	**G_Q 50_99**
801.6	**877.3**	**947.1**	**950.0**	**1 028.9**	**VALEUR AJOUTÉE BRUTE, Toutes activités, aux prix de base**	
62.13	60.10	59.59	..	..	% des services dans la valeur ajoutée brute, toutes activités	
					Pour mémoire :	
928.7	1 016.6	1 096.2	1 109.3	1 192.8	1. Produit intérieur brut aux prix du marché	
87.9	91.9	96.5	100.2	105.8	2. Commerce de gros et de détail (1)	
6.3	6.8	7.8	8.5	9.6	3. Réparation de véhicules automobiles et de biens de consommation (1)	
1.1	1.1	1.2	..	..	4. Administration centrale, transports (2)	
2.4	2.5	2.4	..	..	5. Administration centrale, services aux entreprises (3)	

I. GROSS VALUE ADDED at basic prices *(cont.)*

B. Chain volume measures, 1995 base **

Billions of Norwegian kroner

ISIC Rev. 3			1989	1990	1991	1992	1993	1994
G_I	50_64	1. Motor, wholesale and retail trade; restaurants and hotels; transport and communication	150.8	158.1	165.1	167.6	170.6	185.6
G_H	50_55	1.1. Motor, wholesale and retail trade; restaurants and hotels	89.1	89.6	92.7	94.1	93.4	103.2
G	50_52	1.1.1. Motor, wholesale and retail trade (1)	76.9	77.7	80.4	82.9	82.9	91.9
	50	1.1.1.1. Motor trade and repairs	..	..	..	..	..	..
	51	1.1.1.2. Wholesale and commission trade	..	..	..	..	..	..
	52	1.1.1.3. Retail trade and repairs	..	..	..	..	..	..
H	55	1.1.2. Restaurants and hotels	12.5	12.3	12.6	11.3	10.5	11.3
		1.1.2.1. Restaurants	..	..	..	..	..	..
		1.1.2.2. Hotels and other lodging places	..	..	..	..	..	..
I	60_64	1.2. Transport, storage and communication	62.4	68.7	72.5	73.6	77.2	82.5
	60_63	1.2.1. Transport and storage (2)	..	..	..	59.1	61.1	64.6
	60	1.2.1.1. Land transport, transport via pipelines	..	..	..	24.7	25.4	28.3
		1.2.1.1.1. Transport via railways	..	..	..	..	..	..
		1.2.1.1.2. Bus, tramway and subway	..	..	..	..	..	..
		1.2.1.1.3. Other land transport	..	..	..	..	..	..
		1.2.1.1.4. Transport via pipelines	..	..	..	9.1	8.8	10.3
	61	1.2.1.2. Water transport	..	..	..	17.6	17.4	18.2
		1.2.1.2.1. Ocean transport	..	..	..	15.8	15.6	16.2
		1.2.1.2.2. Inland water transport	..	..	..	1.8	1.8	2.0
	62	1.2.1.3. Air transport	..	..	..	5.6	5.5	4.6
	63	1.2.1.4. Auxiliary transport services, travel agencies	..	..	..	9.2	11.7	12.5
		1.2.1.4.1. Supporting services to water transport	..	..	..	..	..	..
		1.2.1.4.2. Storage and other transport services	..	..	..	..	..	..
	64	1.2.2. Communication	..	..	..	14.7	16.2	17.9
	641	1.2.2.1. Postal and courier services	..	..	..	..	..	..
	642	1.2.2.2. Telecommunications	..	..	..	..	..	..
J_K	65_74	2. Finance, insurance, real estate and business services	148.5	145.3	146.6	147.9	150.6	150.0
J	65_67	2.1. Financial and insurance services	46.5	44.3	42.1	41.2	40.2	37.7
	65	2.1.1. Financial intermediation	..	..	..	31.2	30.0	27.9
	66	2.1.2. Insurance and pension funding	..	..	..	9.3	9.6	9.4
	67	2.1.3. Auxiliary financial services (3)	..	..	..	0.4	0.4	0.4
K	70_74	2.2. Real estate and business services	102.4	101.3	104.6	106.7	110.4	112.2
	70	2.2.1. Real estate services	..	..	..	69.6	71.0	70.9
		2.2.1.1. Real estate excl. dwellings	..	..	..	8.1	8.8	8.8
		2.2.1.2. Dwellings	..	..	..	61.5	62.2	62.1
	71_74	2.2.2. Business services (3)	..	..	..	36.9	39.3	41.4
	71	2.2.2.1. Renting, etc.	..	..	..	1.7	1.9	2.4
	72	2.2.2.2. Computer and related activities	..	..	..	4.9	4.9	5.0
	73	2.2.2.3. Research and development (3)	..	..	..	..	..	..
	74	2.2.2.4. Other business activities (3)	..	..	..	..	..	..
	741	2.2.2.4.1. Legal, accounting services, etc.	..	..	..	..	..	..
	742	2.2.2.4.2. Architect., engineering, other tech. serv.	..	..	..	..	..	..
	743	2.2.2.4.3. Advertising services	..	..	..	..	..	..
	749	2.2.2.4.4. Other business activities n.e.c.	..	..	..	..	..	..
L_Q	75_99	3. Other services	159.7	163.2	168.2	173.8	176.6	179.3
L	75	3.1. Public administration and defence	41.3	42.5	43.3	45.1	46.3	46.7
		3.1.1. Central government	..	..	..	30.0	30.4	30.3
		3.1.1.1. Civilian central government	..	..	..	18.6	19.0	19.0
		3.1.1.2. Defence	..	..	..	11.5	11.5	11.3
		3.1.2. Local government	..	..	..	15.0	15.8	16.3
M_Q	80_99	3.2. Education, health, social work related, other community, social and personal services	118.4	120.6	124.8	128.8	130.3	132.7
M	80	3.2.1. Education	35.9	36.3	36.6	37.7	38.1	39.0
N	85	3.2.2. Health and social work	58.7	60.7	64.4	66.6	68.0	68.8
		3.2.2.1. Health	..	..	..	32.0	32.0	32.1
		3.2.2.2. Social work	..	..	..	34.6	36.0	36.7
O	90_93	3.2.3. Other community, social and personal services	22.7	22.7	23.0	23.6	23.3	23.9
	90	3.2.3.1. Sanitary and similar services	..	..	..	4.6	3.8	3.9
	91	3.2.3.2. Membership organisations n.e.c.	..	..	..	3.9	4.0	4.2
	92	3.2.3.3. Recreational and cultural services (3)	..	..	..	11.5	11.9	12.2
	93	3.2.3.4. Other personal services	..	..	..	3.7	3.6	3.6
P	95	3.2.4. Private households with employed persons	1.0	0.9	0.8	0.8	0.9	..
Q	99	3.2.5. Extra-territorial organisations	..	..	..	..	..	..
		FISIM (Financial Intermediation Services Indirectly Measured)	- 37.8	- 37.7	- 36.1	- 34.9	- 31.4	- 29.3

I. VALEUR AJOUTÉE BRUTE aux prix de base *(suite)*

B. Volumes (prix chaînés), base 1995 **

Milliards de couronnes norvégiennes

1995	1996	1997	1998*	1999*		CITI Rév. 3	
193.7	208.4	221.4	..	..	1. Commerce d'automobiles, de gros et de détail ; restaurants et hôtels ; transports et communication	G_I	50_64
105.5	114.2	120.6	119.7	119.7	1.1. Commerce d'automobiles, de gros et de détail ; restaurants et hôtels	G_H	50_55
94.3	102.6	108.1	106.2	106.2	1.1.1. Commerce d'automobiles, de gros et de détail (1)	G	50_52
..	..	..	..	..	1.1.1.1. Commerce et réparations automobiles		50
..	..	..	..	..	1.1.1.2. Commerce de gros et intermédiaires		51
..	..	..	..	..	1.1.1.3. Commerce de détail et réparations		52
11.3	11.6	12.5	13.4	13.4	1.1.2. Restaurants et hôtels	H	55
6.0	..	..	..	..	1.1.2.1. Restaurants		
5.3	..	..	..	..	1.1.2.2. Hôtels, hôtels meublés et établissements analogues		
88.1	94.2	100.7	..	..	1.2. Transports, entreposage et communications	I	60_64
70.4	75.0	80.1	..	..	1.2.1. Transports et entreposage (2)		60_63
31.6	35.5	39.9	..	..	1.2.1.1. Transports terrestres, transports par conduites		60
1.6	..	..	..	..	1.2.1.1.1. Transports par chemin de fer		
3.3	..	..	..	..	1.2.1.1.2. Bus, tramways et métros		
14.8	..	..	..	..	1.2.1.1.3. Autres transports terrestres		
12.0	14.5	17.0	16.8	17.3	1.2.1.1.4. Transports par conduites		
19.1	18.9	19.4	19.9	19.9	1.2.1.2. Transports par eau		61
17.1	16.9	17.6	18.0	17.9	1.2.1.2.1. Transports maritimes		
2.0	2.0	1.9	1.9	2.0	1.2.1.2.2. Navigation intérieure		
5.0	5.8	5.2	..	..	1.2.1.3. Transports aériens		62
13.7	13.8	14.5	..	..	1.2.1.4. Services auxiliaires des transports, agences de voyages		63
4.2	..	..	..	..	1.2.1.4.1. Services auxiliaires de la navigation		
9.5	..	..	..	..	1.2.1.4.2. Entrepôts et autres services de transports		
17.7	19.2	20.6	22.1	25.1	1.2.2. Communications		64
..	..	..	..	..	1.2.2.1. Poste et courrier		641
..	..	..	..	..	1.2.2.2. Télécommunications		642
152.6	155.0	161.5	..	..	2. Banques, assurances, affaires immobilières et services aux entreprises	J_K	65_74
36.8	36.8	36.1	37.4	39.5	2.1. Établissements financiers	J	65_67
27.0	28.0	27.3	..	..	2.1.1. Intermédiation financière		65
9.4	8.4	8.3	..	..	2.1.2. Assurances et caisses de retraite		66
0.4	0.4	0.5	..	..	2.1.3. Activités financières auxiliaires (3)		67
115.7	118.2	125.4	..	..	2.2. Affaires immobilières et services fournis aux entreprises	K	70_74
72.3	72.8	74.9	..	..	2.2.1. Affaires immobilières		70
9.2	10.0	12.1	..	..	2.2.1.1. Affaires immobilières logements exceptés		
63.0	62.8	62.7	63.5	64.2	2.2.1.2. Logements		
43.5	45.4	50.5	..	..	2.2.2. Services fournis aux entreprises (3)		71_74
2.5	2.6	3.0	..	..	2.2.2.1. Location, etc.		71
5.1	5.6	6.4	..	..	2.2.2.2. Activités informatiques et activités connexes		72
..	..	..	..	..	2.2.2.3. Recherche et développement (3)		73
..	..	..	..	..	2.2.2.4. Autres services fournis aux entreprises (3)		74
..	..	..	..	..	2.2.2.4.1. Activités juridiques, comptables, etc.		741
..	..	..	..	..	2.2.2.4.2. Activ. d'architect., d'ingénierie, aut. serv. tech.		742
..	..	..	..	..	2.2.2.4.3. Publicité		743
..	..	..	..	..	2.2.2.4.4. Autres serv. fournis aux entreprises n.c.a.		749
181.2	185.8	189.3	..	..	3. Autres services	L_Q	75_99
46.2	46.7	47.0	..	..	3.1. Administration publique et défense	L	75
29.9	30.4	31.1	..	..	3.1.1. Administration centrale		
18.8	19.3	19.8	..	..	3.1.1.1. Administration centrale civile		
11.0	11.2	11.3	11.3	11.8	3.1.1.2. Défense		
16.3	16.2	16.0	..	..	3.1.2. Administrations locales		
135.1	139.1	142.3	..	..	3.2. Enseignement, santé, action sociale, autres activités de services collectifs, sociaux et personnels	M_Q	80_99
39.3	40.2	41.0	42.8	43.7	3.2.1. Enseignement	M	80
70.2	73.2	75.0	77.2	79.2	3.2.2. Santé et action sociale	N	85
32.6	34.4	35.9	..	..	3.2.2.1. Santé		
37.5	38.8	39.1	..	..	3.2.2.2. Action sociale		
24.7	24.8	25.4	..	..	3.2.3. Autres activités de services collectifs, sociaux et personnels	O	90_93
4.3	4.2	4.1	..	..	3.2.3.1. Services sanitaires et analogues		90
4.3	4.3	4.4	..	..	3.2.3.2. Activités associatives diverses		91
12.3	12.2	12.5	..	..	3.2.3.3. Activités récréatives et culturelles (3)		92
3.8	4.0	4.4	..	..	3.2.3.4. Autres services personnels		93
0.9	0.9	0.9	..	..	3.2.4. Ménages privés employant du personnel domestique	P	95
..	..	..	..	..	3.2.5. Organisations extraterritoriales	Q	99
- 29.4	- 29.4	- 29.1	- 31.3	- 33.5	SIFIM (Services d'intermédiation financière indirectement mesurés)		

NORWAY

I. GROSS VALUE ADDED at basic prices *(cont.)*

B. Chain volume measures, 1995 base **

Billions of Norwegian kroner

ISIC Rev. 3		1989	1990	1991	1992	1993	1994
G_Q 50_99	**TOTAL, SERVICES**	**418.9**	**427.4**	**442.7**	**453.2**	**465.3**	**485.5**
	GROSS VALUE ADDED, All activities, at basic prices	**654.6**	**666.8**	**691.8**	**714.6**	**733.9**	**772.5**
	% of services in gross value added, all activities	63.99	64.11	63.99	63.42	63.40	62.84
	Memorandum items:						
	1. Gross domestic product at market prices	760.0	775.0	799.1	825.2	847.8	894.3
	2. Wholesale and retail trade (1)	..	..	..	78.3	77.8	86.3
	3. Repair of motor vehicles and consumer goods (1)	..	..	..	4.6	5.1	5.6
	4. Central government, transport (2)	..	..	..	2.0	1.1	1.1
	5. Central government, business services (3)	..	..	..	2.3	2.4	2.4

I. VALEUR AJOUTÉE BRUTE aux prix de base *(suite)*

B. Volumes (prix chaînés), base 1995 **

Milliards de couronnes norvégiennes

1995	1996	1997	1998*	1999*		CITI Rév. 3
498.0	**519.8**	**542.8**	..	..	**TOTAL, SERVICES**	**G_Q 50_99**
801.6	**834.8**	**874.7**	**889.6**	**897.1**	**VALEUR AJOUTÉE BRUTE, Toutes activités, aux prix de base**	
62.13	62.26	62.06	..	..	% des services dans la valeur ajoutée brute, toutes activités	
					Pour mémoire :	
928.7	974.2	1 020.0	1 040.4	1 049.4	1. Produit intérieur brut aux prix du marché	
87.9	96.3	101.6	106.2	106.2	2. Commerce de gros et de détail (1)	
6.3	6.3	6.5	..	..	3. Réparation de véhicules automobiles et de biens de consommation (1)	
1.1	1.1	1.1	..	..	4. Administration centrale, transports (2)	
2.4	2.4	2.2	..	..	5. Administration centrale, services aux entreprises (3)	

NORWAY

Thousand full-time equivalents

ISIC Rev. 3			1989	1990	1991	1992	1993	1994
G_I	50_64	1. Motor, wholesale and retail trade; restaurants and hotels; transport and communication	482.1	475.5	475.4	468.1	459.0	466.5
G_H	50_55	1.1. Motor, wholesale and retail trade; restaurants and hotels	305.4	298.9	296.8	292.6	286.3	292.8
G	50_52	1.1.1. Motor, wholesale and retail trade (1)	260.4	254.4	253.0	248.7	243.1	247.4
	50	1.1.1.1. Motor trade and repairs	..	..	..	..	..	..
	51	1.1.1.2. Wholesale and commission trade	..	..	..	..	..	..
	52	1.1.1.3. Retail trade and repairs	..	..	..	..	..	..
H	55	1.1.2. Restaurants and hotels	45.0	44.5	43.8	43.9	43.2	45.4
		1.1.2.1. Restaurants	..	..	..	..	..	..
		1.1.2.2. Hotels and other lodging places	..	..	..	..	..	..
I	60_64	1.2. Transport, storage and communication	176.7	176.6	178.6	175.5	172.7	173.7
	60_63	1.2.1. Transport and storage (2)	133.2	134.1	136.6	134.3	132.1	132.8
	60	1.2.1.1. Land transport, transport via pipelines	53.5	51.8	50.3	49.3	49.6	50.3
		1.2.1.1.1. Transport via railways	..	..	..	..	..	..
		1.2.1.1.2. Bus, tramway and subway	..	..	..	..	..	..
		1.2.1.1.3. Other land transport	..	..	..	..	..	..
		1.2.1.1.4. Transport via pipelines	0.3	0.3	0.3	0.4	0.4	0.4
	61	1.2.1.2. Water transport	44.8	48.1	53.2	52.2	50.9	50.1
		1.2.1.2.1. Ocean transport	35.8	39.2	44.6	43.9	42.5	41.6
		1.2.1.2.2. Inland water transport	9.0	8.9	8.6	8.3	8.4	8.5
	62	1.2.1.3. Air transport	11.3	11.4	11.1	10.8	10.7	11.2
	63	1.2.1.4. Auxiliary transport services, travel agencies	20.4	19.5	18.7	18.6	19.8	20.1
		1.2.1.4.1. Supporting services to water transport	..	..	..	..	..	..
		1.2.1.4.2. Storage and other transport services	..	..	..	..	..	..
	64	1.2.2. Communication	43.5	42.5	42.0	41.2	40.6	40.9
	641	1.2.2.1. Postal and courier services	..	..	..	..	..	..
	642	1.2.2.2. Telecommunications	..	..	..	..	..	..
J_K	65_74	2. Finance, insurance, real estate and business services	164.0	160.3	157.1	156.1	159.4	160.7
J	65_67	2.1. Financial and insurance services	58.6	57.5	54.1	51.8	50.1	47.6
	65	2.1.1. Financial intermediation	41.8	40.6	38.2	36.0	34.4	32.6
	66	2.1.2. Insurance and pension funding	15.3	15.4	14.5	14.4	14.3	13.6
	67	2.1.3. Auxiliary financial services (3)	1.5	1.5	1.4	1.4	1.4	1.4
K	70_74	2.2. Real estate and business services	105.4	102.8	103.0	104.3	109.3	113.1
	70	2.2.1. Real estate services	7.4	7.4	7.4	7.8	8.1	8.5
		2.2.1.1. Real estate excl. dwellings	6.4	6.4	6.4	6.7	7.0	7.4
		2.2.1.2. Dwellings	1.0	1.0	1.0	1.1	1.1	1.1
	71_74	2.2.2. Business services (3)	98.0	95.4	95.6	96.5	101.2	104.6
	71	2.2.2.1. Renting, etc.	2.5	2.8	2.8	2.3	2.4	3.3
	72	2.2.2.2. Computer and related activities	10.8	10.2	10.4	10.1	10.3	11.0
	73	2.2.2.3. Research and development (3)	..	..	..	..	..	..
	74	2.2.2.4. Other business activities (3)	..	..	..	..	..	..
	741	2.2.2.4.1. Legal, accounting services, etc.	..	..	..	..	..	..
	742	2.2.2.4.2. Architect., engineering, other tech. serv.	..	..	..	..	..	..
	743	2.2.2.4.3. Advertising services	..	..	..	..	..	..
	749	2.2.2.4.4. Other business activities n.e.c.	..	..	..	..	..	..
L_Q	75_99	3. Other services	570.4	586.9	600.3	615.1	630.4	635.4
L	75	3.1. Public administration and defence	152.6	156.5	155.0	157.4	162.1	159.6
		3.1.1. Central government	103.8	106.8	105.2	105.4	106.7	102.8
		3.1.1.1. Civilian central government	51.3	52.1	53.0	54.7	56.7	56.2
		3.1.1.2. Defence	52.5	54.7	52.2	50.7	50.0	46.6
		3.1.2. Local government	48.8	49.7	49.8	52.0	55.4	56.8
M_Q	80_99	3.2. Education, health, social work related, other community, social and personal services	417.8	430.4	445.3	457.7	468.3	475.8
M	80	3.2.1. Education	126.2	128.0	128.7	131.4	132.5	134.6
N	85	3.2.2. Health and social work	223.7	233.6	247.6	256.4	264.9	268.1
		3.2.2.1. Health	102.3	105.3	107.2	107.3	109.1	108.9
		3.2.2.2. Social work	121.4	128.3	140.4	149.1	155.8	159.2
O	90_93	3.2.3. Other community, social and personal services	63.2	64.3	64.7	65.7	66.4	68.5
	90	3.2.3.1. Sanitary and similar services	5.2	5.3	5.4	5.5	5.2	5.5
	91	3.2.3.2. Membership organisations n.e.c.	14.9	15.2	15.1	15.1	15.5	16.3
	92	3.2.3.3. Recreational and cultural services (3)	25.1	26.0	26.4	27.4	28.0	28.7
	93	3.2.3.4. Other personal services	18.0	17.8	17.8	17.7	17.7	18.0
P	95	3.2.4. Private households with employed persons	4.7	4.5	4.3	4.2	4.5	4.6
Q	99	3.2.5. Extra-territorial organisations	..	..	..	..	..	..

II. EMPLOI

A. Emploi total **

Milliers d'équivalents plein-temps

1995	1996	1997	1998*	1999*		CITI Rév. 3	
479.9	490.2	501.8	..	..	1. Commerce d'automobiles, de gros et de détail ; restaurants et hôtels ; transports et communication	G_I	50_64
305.3	313.4	321.8	..	..	1.1. Commerce d'automobiles, de gros et de détail ; restaurants et hôtels	G_H	50_55
259.3	266.2	272.9	..	..	1.1.1. Commerce d'automobiles, de gros et de détail (1)	G	50_52
..	..	..	..	..	1.1.1.1. Commerce et réparations automobiles		50
..	..	..	..	..	1.1.1.2. Commerce de gros et intermédiaires		51
..	..	..	..	..	1.1.1.3. Commerce de détail et réparations		52
46.0	47.2	48.9	50.5	51.3	1.1.2. Restaurants et hôtels	H	55
..	..	..	..	..	1.1.2.1. Restaurants		
..	..	..	..	..	1.1.2.2. Hôtels, hôtels meublés et établissements analogues		
174.6	176.8	180.0	..	..	1.2. Transports, entreposage et communications	I	60_64
132.7	134.0	136.3	..	..	1.2.1. Transports et entreposage (2)		60_63
51.2	51.2	51.7	..	..	1.2.1.1. Transports terrestres, transports par conduites		60
..	..	..	..	..	1.2.1.1.1. Transports par chemin de fer		
..	..	..	..	..	1.2.1.1.2. Bus, tramways et métros		
..	..	..	..	..	1.2.1.1.3. Autres transports terrestres		
0.4	0.2	0.3	0.3	0.3	1.2.1.1.4. Transports par conduites		
49.4	49.5	50.0	51.9	53.5	1.2.1.2. Transports par eau		61
40.8	40.8	41.3	43.0	44.4	1.2.1.2.1. Transports maritimes		
8.6	8.7	8.7	8.9	9.1	1.2.1.2.2. Navigation intérieure		
10.1	10.7	11.3	..	..	1.2.1.3. Transports aériens		62
20.8	21.5	22.2	..	..	1.2.1.4. Services auxiliaires des transports, agences de voyages		63
..	..	..	..	..	1.2.1.4.1. Services auxiliaires de la navigation		
..	..	..	..	..	1.2.1.4.2. Entrepôts et autres services de transports		
41.9	42.8	43.7	..	..	1.2.2. Communications		64
..	..	..	..	..	1.2.2.1. Poste et courrier		641
..	..	..	..	..	1.2.2.2. Télécommunications		642
165.3	169.2	180.5	..	..	2. Banques, assurances, affaires immobilières et services aux entreprises	J_K	65_74
47.7	46.9	46.5	45.0	44.9	2.1. Établissements financiers	J	65_67
33.2	32.8	32.3	..	..	2.1.1. Intermédiation financière		65
13.1	12.6	12.5	..	..	2.1.2. Assurances et caisses de retraite		66
1.4	1.5	1.7	..	..	2.1.3. Activités financières auxiliaires (3)		67
117.6	122.3	134.0	..	..	2.2. Affaires immobilières et services fournis aux entreprises	K	70_74
8.8	9.2	10.2	..	..	2.2.1. Affaires immobilières		70
7.7	8.1	9.0	..	..	2.2.1.1. Affaires immobilières logements exceptés		
1.1	1.1	1.2	1.2	1.2	2.2.1.2. Logements		
108.8	113.1	123.8	..	..	2.2.2. Services fournis aux entreprises (3)		71_74
3.4	3.4	3.7	..	..	2.2.2.1. Location, etc.		71
11.4	12.7	14.8	..	..	2.2.2.2. Activités informatiques et activités connexes		72
..	..	..	..	..	2.2.2.3. Recherche et développement (3)		73
..	..	..	..	..	2.2.2.4. Autres services fournis aux entreprises (3)		74
..	..	..	..	..	2.2.2.4.1. Activités juridiques, comptables, etc.		741
..	..	..	..	..	2.2.2.4.2. Activ. d'architect., d'ingénierie, aut. serv. tech.		742
..	..	..	..	..	2.2.2.4.3. Publicité		743
..	..	..	..	..	2.2.2.4.4. Autres serv. fournis aux entreprises n.c.a.		749
643.6	659.5	670.2	..	..	3. Autres services	L_Q	75_99
157.3	158.3	156.6	..	..	3.1. Administration publique et défense	L	75
100.3	101.6	101.5	..	..	3.1.1. Administration centrale		
55.5	56.7	58.2	..	..	3.1.1.1. Administration centrale civile		
44.8	44.9	43.3	42.1	41.9	3.1.1.2. Défense		
57.0	56.7	55.1	..	..	3.1.2. Administrations locales		
486.3	501.2	513.6	..	..	3.2. Enseignement, santé, action sociale, autres activités de services collectifs, sociaux et personnels	M_Q	80_99
136.4	139.2	141.5	147.3	149.5	3.2.1. Enseignement	M	80
276.5	287.5	296.6	302.9	309.5	3.2.2. Santé et action sociale	N	85
112.2	117.1	124.1	..	..	3.2.2.1. Santé		
164.3	170.4	172.5	..	..	3.2.2.2. Action sociale		
68.8	70.0	71.0	..	..	3.2.3. Autres activités de services collectifs, sociaux et personnels	O	90_93
5.6	5.2	5.3	..	..	3.2.3.1. Services sanitaires et analogues		90
16.4	16.8	16.9	..	..	3.2.3.2. Activités associatives diverses		91
28.5	29.3	29.8	..	..	3.2.3.3. Activités récréatives et culturelles (3)		92
18.3	18.7	19.0	..	..	3.2.3.4. Autres services personnels		93
4.6	4.5	4.5	..	..	3.2.4. Ménages privés employant du personnel domestique	P	95
..	..	..	..	..	3.2.5. Organisations extraterritoriales	Q	99

NORWAY

Thousand full-time equivalents

ISIC Rev. 3		1989	1990	1991	1992	1993	1994
G_Q 50_99	**TOTAL, SERVICES**	**1 216.5**	**1 222.7**	**1 232.8**	**1 239.3**	**1 248.8**	**1 262.6**
	TOTAL EMPLOYMENT, All activities	**1 797.2**	**1 778.6**	**1 759.7**	**1 750.4**	**1 752.3**	**1 773.2**
	% of services in total employment, all activities	67.69	68.75	70.06	70.80	71.27	71.20
	Memorandum items:						
	1. Wholesale and retail trade (1)	243.5	238.4	237.2	233.3	227.6	231.6
	2. Repair of motor vehicles and consumer goods (1)	16.9	16.0	15.8	15.4	15.5	15.8
	3. Central government, transport (2)	3.2	3.3	3.3	3.4	1.1	1.1
	4. Central government, business services (3)	6.2	6.6	7.4	7.9	8.0	8.0

II. EMPLOI *(suite)*

A. Emploi total **

Milliers d'équivalents plein-temps

1995	1996	1997	1998*	1999*		CITI Rév. 3
1 288.8	**1 318.9**	**1 352.5**	..	..	**TOTAL, SERVICES**	**G_Q 50_99**
1 809.2	**1 845.2**	**1 898.5**	**1 943.8**	**1 954.3**	**EMPLOI TOTAL, Toutes activités**	
71.24	71.48	71.24	..	..	% des services dans l'emploi total, toutes activités	
					Pour mémoire :	
242.7	248.4	253.9	260.8	263.6	1. Commerce de gros et de détail (1)	
16.6	17.8	19.0	..	..	2. Réparation de véhicules automobiles et de biens de consommation (1)	
1.2	1.1	1.1	..	..	3. Administration centrale, transport (2)	
8.1	8.1	7.5	..	..	4. Administration centrale, services aux entreprises (3)	

Thousand full-time equivalents

ISIC Rev. 3			1989	1990	1991	1992	1993	1994
G_I	50_64	1. Motor, wholesale and retail trade; restaurants and hotels; transport and communication	436.0	430.1	430.6	423.5	415.4	423.9
G_H	50_55	1.1. Motor, wholesale and retail trade; restaurants and hotels	275.3	268.9	266.4	262.5	257.3	264.7
G	50_52	1.1.1. Motor, wholesale and retail trade (1)	234.0	228.1	225.9	221.8	217.1	222.6
	50	1.1.1.1. Motor trade and repairs	..	..	..	..	..	..
	51	1.1.1.2. Wholesale and commission trade	..	..	..	..	..	..
	52	1.1.1.3. Retail trade and repairs	..	..	..	..	..	..
H	55	1.1.2. Restaurants and hotels	41.3	40.8	40.5	40.7	40.2	42.1
		1.1.2.1. Restaurants	..	..	..	..	..	..
		1.1.2.2. Hotels and other lodging places	..	..	..	..	..	..
I	60_64	1.2. Transport, storage and communication	160.7	161.2	164.2	161.0	158.1	159.2
	60_63	1.2.1. Transport and storage (2)	117.2	118.7	122.2	119.8	117.5	118.3
	60	1.2.1.1. Land transport, transport via pipelines	38.8	37.7	37.1	35.9	36.1	36.9
		1.2.1.1.1. Transport via railways	..	..	..	..	..	..
		1.2.1.1.2. Bus, tramway and subway	..	..	..	..	..	..
		1.2.1.1.3. Other land transport	..	..	..	..	..	..
		1.2.1.1.4. Transport via pipelines	0.3	0.3	0.3	0.4	0.4	0.4
	61	1.2.1.2. Water transport	44.0	47.3	52.5	51.5	50.2	49.4
		1.2.1.2.1. Ocean transport	35.7	39.1	44.5	43.8	42.4	41.5
		1.2.1.2.2. Inland water transport	8.3	8.2	8.0	7.7	7.8	7.9
	62	1.2.1.3. Air transport	11.3	11.4	11.1	10.8	10.7	11.2
	63	1.2.1.4. Auxiliary transport services, travel agencies	19.9	19.0	18.2	18.2	19.4	19.7
		1.2.1.4.1. Supporting services to water transport	..	..	..	..	..	..
		1.2.1.4.2. Storage and other transport services	..	..	..	..	..	..
	64	1.2.2. Communication	43.5	42.5	42.0	41.2	40.6	40.9
	641	1.2.2.1. Postal and courier services	..	..	..	..	..	..
	642	1.2.2.2. Telecommunications	..	..	..	..	..	..
J_K	65_74	2. Finance, insurance, real estate and business services	152.5	148.7	145.9	145.0	147.5	148.4
J	65_67	2.1. Financial and insurance services	58.4	57.3	53.9	51.6	49.9	47.4
	65	2.1.1. Financial intermediation	41.8	40.6	38.2	36.0	34.4	32.6
	66	2.1.2. Insurance and pension funding	15.1	15.2	14.3	14.2	14.1	13.4
	67	2.1.3. Auxiliary financial services (3)	1.5	1.5	1.4	1.4	1.4	1.4
K	70_74	2.2. Real estate and business services	94.1	91.4	92.0	93.4	97.6	101.0
	70	2.2.1. Real estate services	7.2	7.2	7.2	7.6	7.9	8.3
		2.2.1.1. Real estate excl. dwellings	6.2	6.2	6.2	6.5	6.8	7.2
		2.2.1.2. Dwellings	1.0	1.0	1.0	1.1	1.1	1.1
	71_74	2.2.2. Business services (3)	86.9	84.2	84.8	85.8	89.7	92.7
	71	2.2.2.1. Renting, etc.	2.3	2.6	2.6	2.1	2.2	3.1
	72	2.2.2.2. Computer and related activities	10.6	10.0	10.2	9.9	10.1	10.6
	73	2.2.2.3. Research and development (3)	..	..	..	..	..	..
	74	2.2.2.4. Other business activities (3)	..	..	..	..	..	..
	741	2.2.2.4.1. Legal, accounting services, etc.	..	..	..	..	..	..
	742	2.2.2.4.2. Architect., engineering, other tech. serv.	..	..	..	..	..	..
	743	2.2.2.4.3. Advertising services	..	..	..	..	..	..
	749	2.2.2.4.4. Other business activities n.e.c.	..	..	..	..	..	..
L_Q	75_99	3. Other services	548.1	564.5	577.9	592.7	608.1	612.9
L	75	3.1. Public administration and defence	152.6	156.5	155.0	157.4	162.1	159.6
		3.1.1. Central government	103.8	106.8	105.2	105.4	106.7	102.8
		3.1.1.1. Civilian central government	51.3	52.1	53.0	54.7	56.7	56.2
		3.1.1.2. Defence	52.5	54.7	52.2	50.7	50.0	46.6
		3.1.2. Local government	48.8	49.7	49.8	52.0	55.4	56.8
M_Q	80_99	3.2. Education, health, social work related, other community, social and personal services	395.5	408.0	422.9	435.3	446.0	453.3
M	80	3.2.1. Education	124.8	126.6	127.3	130.0	131.1	133.3
N	85	3.2.2. Health and social work	212.2	221.8	235.8	244.6	253.1	256.6
		3.2.2.1. Health	94.6	97.5	99.5	99.6	101.4	101.2
		3.2.2.2. Social work	117.6	124.3	136.3	145.0	151.7	155.4
O	90_93	3.2.3. Other community, social and personal services	53.8	55.1	55.5	56.5	57.3	58.8
	90	3.2.3.1. Sanitary and similar services	5.2	5.3	5.4	5.5	5.2	5.3
	91	3.2.3.2. Membership organisations n.e.c.	14.9	15.2	15.1	15.1	15.5	16.3
	92	3.2.3.3. Recreational and cultural services (3)	21.1	22.0	22.4	23.4	24.1	24.7
	93	3.2.3.4. Other personal services	12.6	12.6	12.6	12.5	12.5	12.5
P	95	3.2.4. Private households with employed persons	4.7	4.5	4.3	4.2	4.5	4.6
Q	99	3.2.5. Extra-territorial organisations	..	..	..	..	..	..

II. EMPLOI *(suite)*

B. Salariés ***

Milliers d'équivalents plein-temps

1995	1996	1997	1998*	1999*		CITI Rév. 3
437.4	448.5	460.5	..	..	1. Commerce d'automobiles, de gros et de détail ; restaurants et hôtels ; transports et communication	G_I 50_64
277.5	286.1	295.1	..	..	1.1. Commerce d'automobiles, de gros et de détail ; restaurants et hôtels	G_H 50_55
234.9	242.3	249.6	..	..	1.1.1. Commerce d'automobiles, de gros et de détail (1)	G 50_52
..	..	..	..	..	1.1.1.1. Commerce et réparations automobiles	50
..	..	..	..	..	1.1.1.2. Commerce de gros et intermédiaires	51
..	..	..	..	..	1.1.1.3. Commerce de détail et réparations	52
42.6	43.8	45.5	..	..	1.1.2. Restaurants et hôtels	H 55
..	..	..	..	..	1.1.2.1. Restaurants	
..	..	..	..	..	1.1.2.2. Hôtels, hôtels meublés et établissements analogues	
159.9	162.4	165.4	..	..	1.2. Transports, entreposage et communications	I 60_64
118.0	119.6	121.9	..	..	1.2.1. Transports et entreposage (2)	60_63
37.6	37.8	38.2	..	..	1.2.1.1. Transports terrestres, transports par conduites	60
..	..	..	..	..	1.2.1.1.1. Transports par chemin de fer	
..	..	..	..	..	1.2.1.1.2. Bus, tramways et métros	
..	..	..	..	..	1.2.1.1.3. Autres transports terrestres	
0.4	0.2	0.3	..	..	1.2.1.1.4. Transports par conduites	
48.7	48.9	49.5	..	..	1.2.1.2. Transports par eau	61
40.7	40.7	41.2	..	..	1.2.1.2.1. Transports maritimes	
8.0	8.2	8.3	..	..	1.2.1.2.2. Navigation intérieure	
10.1	10.7	11.3	..	..	1.2.1.3. Transports aériens	62
20.4	21.1	21.8	..	..	1.2.1.4. Services auxiliaires des transports, agences de voyages	63
..	..	..	..	..	1.2.1.4.1. Services auxiliaires de la navigation	
..	..	..	..	..	1.2.1.4.2. Entrepôts et autres services de transports	
41.9	42.8	43.5	..	..	1.2.2. Communications	64
..	..	..	..	..	1.2.2.1. Poste et courrier	641
..	..	..	..	..	1.2.2.2. Télécommunications	642
153.4	157.7	169.2	..	..	2. Banques, assurances, affaires immobilières et services aux entreprises	J_K 65_74
47.5	46.7	46.3	..	..	2.1. Établissements financiers	J 65_67
33.2	32.8	32.3	..	..	2.1.1. Intermédiation financière	65
12.9	12.4	12.4	..	..	2.1.2. Assurances et caisses de retraite	66
1.4	1.5	1.6	..	..	2.1.3. Activités financières auxiliaires (3)	67
105.9	111.0	122.9	..	..	2.2. Affaires immobilières et services fournis aux entreprises	K 70_74
8.6	9.0	10.0	..	..	2.2.1. Affaires immobilières	70
7.5	7.9	8.8	..	..	2.2.1.1. Affaires immobilières logements exceptés	
1.1	1.1	1.2	..	..	2.2.1.2. Logements	
97.3	102.0	112.9	..	..	2.2.2. Services fournis aux entreprises (3)	71_74
3.2	3.2	3.5	..	..	2.2.2.1. Location, etc.	71
11.0	12.2	14.2	..	..	2.2.2.2. Activités informatiques et activités connexes	72
..	..	..	..	..	2.2.2.3. Recherche et développement (3)	73
..	..	..	..	..	2.2.2.4. Autres services fournis aux entreprises (3)	74
..	..	..	..	..	2.2.2.4.1. Activités juridiques, comptables, etc.	741
..	..	..	..	..	2.2.2.4.2. Activ. d'architect., d'ingénierie, aut. serv. tech.	742
..	..	..	..	..	2.2.2.4.3. Publicité	743
..	..	..	..	..	2.2.2.4.4. Autres serv. fournis aux entreprises n.c.a.	749
621.3	637.6	648.6	..	..	3. Autres services	L_Q 75_99
157.3	158.3	156.6	..	..	3.1. Administration publique et défense	L 75
100.3	101.6	101.5	..	..	3.1.1. Administration centrale	
55.5	56.7	58.2	..	..	3.1.1.1. Administration centrale civile	
44.8	44.9	43.3	..	..	3.1.1.2. Défense	
57.0	56.7	55.1	..	..	3.1.2. Administrations locales	
464.0	479.3	492.0	..	..	3.2. Enseignement, santé, action sociale, autres activités de services collectifs, sociaux et personnels	M_Q 80_99
135.0	137.9	140.3	..	..	3.2.1. Enseignement	M 80
265.0	276.1	285.3	..	..	3.2.2. Santé et action sociale	N 85
104.2	109.1	116.1	..	..	3.2.2.1. Santé	
160.8	167.0	169.2	..	..	3.2.2.2. Action sociale	
59.4	60.8	61.9	..	..	3.2.3. Autres activités de services collectifs, sociaux et personnels	O 90_93
5.4	5.1	5.1	..	..	3.2.3.1. Services sanitaires et analogues	90
16.4	16.8	16.9	..	..	3.2.3.2. Activités associatives diverses	91
24.5	25.2	25.7	..	..	3.2.3.3. Activités récréatives et culturelles (3)	92
13.1	13.7	14.2	..	..	3.2.3.4. Autres services personnels	93
4.6	4.5	4.5	..	..	3.2.4. Ménages privés employant du personnel domestique	P 95
..	..	..	..	..	3.2.5. Organisations extraterritoriales	Q 99

SERVICES : Statistiques sur la valeur ajoutée et l'emploi
© OCDE 2001

NORWAY

B. Employees ***

Thousand full-time equivalents

ISIC Rev. 3		1989	1990	1991	1992	1993	1994
G_Q 50_99	**TOTAL, SERVICES**	**1 136.6**	**1 143.3**	**1 154.4**	**1 161.2**	**1 171.0**	**1 185.2**
	TOTAL EMPLOYEES, All activities	**1 596.9**	**1 586.1**	**1 577.9**	**1 572.6**	**1 578.9**	**1 603.1**
	% of services in total employees, all activities	71.18	72.08	73.16	73.84	74.17	73.93
	Memorandum items:						
	1. Wholesale and retail trade (1)	219.8	214.8	212.8	209.1	204.3	209.5
	2. Repair of motor vehicles and consumer goods (1)	14.2	13.3	13.1	12.7	12.8	13.1
	3. Central government, transport (2)	3.2	3.3	3.3	3.4	1.1	1.1
	4. Central government, business services (3)	6.2	6.6	7.4	7.9	8.0	8.0

II. EMPLOI *(suite)*

B. Salariés ***

Milliers d'équivalents plein-temps

1995	1996	1997	1998*	1999*		CITI Rév. 3
1 212.1	**1 243.8**	**1 278.3**	..	..	**TOTAL, SERVICES**	**G_Q 50_99**
1 641.8	**1 681.3**	**1 738.7**	**1 783.6**	**1 800.9**	**EMPLOI SALARIÉ TOTAL, Toutes activités**	
73.83	73.98	73.52	..	..	% des services dans l'emploi salarié total, toutes activités	
					Pour mémoire :	
221.1	227.3	233.4	..	..	1. Commerce de gros et de détail (1)	
13.8	15.0	16.2	..	..	2. Réparation de véhicules automobiles et de biens de consommation (1)	
1.2	1.1	1.1	..	..	3. Administration centrale, transport (2)	
8.1	8.1	7.5	..	..	4. Administration centrale, services aux entreprises (3)	

Sources:

"Nasjonalregnskaps statistikk (National Accounts Statistics), Norges Offisielle Statistikk", Statistics Norway, Oslo and data sent directly.

Sources :

"Nasjonalregnskaps statistikk (National Accounts Statistics), Norges Offisielle Statistikk", Statistics Norway, Oslo et données transmises directement.

General notes:

* Provisional data.

Value Added:

** Previous year prices, chained. An unavoidable aspect of such measures is that the components do not sum to the chain volume estimates of totals, except for the reference year.

Employment:

** Employment full-time equivalent figures represent the full-time equivalent number of persons engaged in productive activities within the Norwegian territory. Total employment includes employees, the self-employed and unpaid family workers, and persons temporarily absent from work. Persons with jobs in different industries are classified in the industry of their main employment. The number of full-time equivalent employees is calculated by using the share of full-time posts or of wages as weights. The number of full-time equivalent self-employed is calculated on the basis of the working time of self-employed males.

*** Figures represent the full-time equivalent number of employees engaged in productive activities within the Norwegian territory. Employees with jobs in different industries are classified in the industry of their main employment. The number of full-time equivalent employees is calculated by using the share of full-time posts or of wages as weights.

(1) Item Motor, wholesale and retail trade refers to memorandum items Wholesale and retail trade and Repair of motor vehicles and consumer goods.

(2) Item Transport and storage includes memorandum item Central government, transport.

(3) Memorandum item Central government, business services refers to the following services of the central government: auxiliary financial intermediation, architectural and engineering activities, labour recruitment and provision of personnel, and recreational and cultural activities.

Notes générales :

* Données provisoires.

Valeur ajoutée :

** Prix de l'année précédente, chaînés. Un aspect inévitable de ces mesures est que les agrégats ne sont pas égaux à la somme de leurs composantes, à l'exception de l'année de référence.

Emploi :

** Les chiffres de l'emploi en équivalents plein-temps correspondent au nombre de personnes occupées dans une activité productive sur le territoire norvégien. L'emploi total inclut les employés, les travailleurs indépendants, les aides familiaux non rémunérés, et les personnes temporairement absentes de leur emploi. Les personnes occupant des emplois dans des branches différentes sont classées dans la branche de leur emploi principal. Le nombre de salariés en termes d'équivalents plein-temps est estimé en utilisant la part des postes à plein-temps où les salaires comme poids. Le nombre de travailleurs indépendants en termes d'équivalents plein-temps est estimé sur la base du temps de travail des travailleurs indépendants masculins.

*** Les chiffres correspondent au nombre de salariés employés en termes d'équivalents plein-temps dans une activité productive sur le territoire norvégien. Les employés occupant des emplois dans des branches différentes sont classés dans la branche de leur emploi principal. Le nombre de salariés en termes d'équivalents plein-temps est estimé en utilisant la part des postes à plein-temps ou les salaires comme poids.

(1) La rubrique Commerce d'automobiles, de gros et de détail se réfère aux rubriques pour mémoire Commerce de gros et de détail et Réparation de véhicules automobiles et de biens de consommation.

(2) La rubrique Transports et entreposage inclut la rubrique pour mémoire Administration centrale, transports.

(3) La rubrique pour mémoire Administration centrale, services aux entreprises se réfère aux services de l'administration centrale suivants : services financiers auxiliaires, architecture et ingénierie, sélection et fourniture de personnel, et activités récréatives et culturelles.

Poland – Pologne

POLAND

I. GROSS VALUE ADDED at basic prices

A. Current prices

Billions of zlotys

ISIC Rev. 3			1989	1990	1991	1992	1993	1994
G_I	**50_64**	1. Motor, wholesale and retail trade; restaurants and hotels; transport and communication	..	..	..	22.7	33.6	55.5
G_H	50_55	1.1. Motor, wholesale and retail trade; restaurants and hotels	..	..	..	15.6	24.1	41.1
G	50_52	1.1.1. Motor, wholesale and retail trade	..	..	..	15.1	23.3	39.3
	50	1.1.1.1. Motor trade and repairs	..	..	..	..	..	..
	51	1.1.1.2. Wholesale and commission trade	..	..	..	..	..	..
	52	1.1.1.3. Retail trade and repairs	..	..	..	..	..	..
H	55	1.1.2. Restaurants and hotels	..	..	..	0.5	0.8	1.8
I	60_64	1.2. Transport, storage and communication	..	..	..	7.1	9.5	14.4
	60_63	1.2.1. Transport and storage	..	..	..	..	..	..
	60	1.2.1.1. Land transport, transport via pipelines	..	..	..	..	..	..
	61	1.2.1.2. Water transport	..	..	..	..	..	..
	62	1.2.1.3. Air transport (1)	..	..	..	..	..	..
	63	1.2.1.4. Auxiliary transport services, travel agencies (1)	..	..	..	..	..	..
	64	1.2.2. Communication	..	..	..	..	..	..
	641	1.2.2.1. Postal and courier services	..	..	..	..	..	..
	642	1.2.2.2. Telecommunications	..	..	..	..	..	..
J_K	**65_74**	2. Finance, insurance, real estate and business services	..	..	..	8.0	10.0	18.0
J	65_67	2.1. Financial and insurance services (2)	..	..	..	0.6	0.9	2.1
	65	2.1.1. Financial intermediation	..	..	..	..	..	..
	66	2.1.2. Insurance and pension funding	..	..	..	..	..	..
	67	2.1.3. Auxiliary financial services	..	..	..	..	..	..
K	70_74	2.2. Real estate and business services	..	..	..	7.4	9.1	15.8
	70	2.2.1. Real estate services	..	..	..	..	..	..
	71_74	2.2.2. Business services	..	..	..	..	..	..
	71	2.2.2.1. Renting, etc.	..	..	..	..	..	..
	72	2.2.2.2. Computer and related activities	..	..	..	..	..	..
	73	2.2.2.3. Research and development	..	..	..	..	..	..
	74	2.2.2.4. Other business activities	..	..	..	..	..	..
	741	2.2.2.4.1. Legal, accounting services, etc.	..	..	..	..	..	..
	742	2.2.2.4.2. Architect., engineering, other tech. serv.	..	..	..	..	..	..
	743	2.2.2.4.3. Advertising services	..	..	..	..	..	..
	749	2.2.2.4.4. Other business activities n.e.c.	..	..	..	..	..	..
L_Q	**75_99**	3. Other services	..	..	..	23.7	28.3	33.1
L	75	3.1. Public administration and defence	..	..	..	7.0	8.1	9.5
M_Q	80_99	3.2. Education, health, social work related, other community, social and personal services	..	..	..	16.7	20.2	23.6
M	80	3.2.1. Education	..	..	..	4.4	5.0	7.7
N	85	3.2.2. Health and social work	..	..	..	4.8	6.1	8.0
O	90_93	3.2.3. Other community, social and personal services	..	..	..	7.5	9.1	8.0
	90	3.2.3.1. Sanitary and similar services	..	..	..	..	..	..
	91	3.2.3.2. Membership organisations n.e.c.	..	..	..	..	..	..
	92	3.2.3.3. Recreational and cultural services	..	..	..	..	..	..
	93	3.2.3.4. Other personal services	..	..	..	..	..	..
P	95	3.2.4. Private households with employed persons	..	..	..	..	..	0.0
Q	99	3.2.5. Extra-territorial organisations	..	..	..	..	..	..
		FISIM (Financial Intermediation Services Indirectly Measured) (2)	..	..	..	..	..	..
G_Q	**50_99**	**TOTAL, SERVICES**	..	..	..	54.4	71.9	106.7
		GROSS VALUE ADDED, All activities, at basic prices	..	..	..	110.3	143.6	194.4
		% of services in gross value added, all activities	..	..	..	49.33	50.05	54.86
		Memorandum items:						
		1. Gross domestic product at market prices	..	56.0	80.9	114.9	155.8	225.1
		2. FISIM (Financial Intermediation Services Indirectly Measured) (2)	..	..	..	2.3	0.7	0.2

POLOGNE

I. VALEUR AJOUTÉE BRUTE aux prix de base

A. Prix courants

Milliards de zlotys

1995	1996	1997	1998	1999			CITI Rév. 3
73.6	95.7	117.8	136.8	154.2	1. Commerce d'automobiles, de gros et de détail ; restaurants et hôtels ; transports et communication	**G_I**	**50_64**
56.0	73.9	91.1	105.8	118.6	1.1. Commerce d'automobiles, de gros et de détail ; restaurants et hôtels	G_H	50_55
53.6	70.5	86.8	100.3	111.9	1.1.1. Commerce d'automobiles, de gros et de détail	G	50_52
..	..	..	..	..	1.1.1.1. Commerce et réparations automobiles		50
..	..	..	..	..	1.1.1.2. Commerce de gros et intermédiaires		51
..	..	..	..	..	1.1.1.3. Commerce de détail et réparations		52
2.4	3.4	4.4	5.5	6.7	1.1.2. Restaurants et hôtels	H	55
17.6	21.8	26.7	30.9	35.7	1.2. Transports, entreposage et communications	I	60_64
13.0	15.9	18.3	20.6	22.0	1.2.1. Transports et entreposage		60_63
9.6	11.3	13.0	16.2	17.7	1.2.1.1. Transports terrestres, transports par conduites		60
0.3	0.3	0.3	- 0.2	- 0.3	1.2.1.2. Transports par eau		61
3.1	4.3	4.9	4.6	4.6	1.2.1.3. Transports aériens (1)		62
..	..	..	..	..	1.2.1.4. Services auxiliaires des transports, agences de voyages (1)		63
4.5	5.9	8.4	10.4	13.6	1.2.2. Communications		64
..	..	..	..	..	1.2.2.1. Poste et courrier		641
..	..	..	..	..	1.2.2.2. Télécommunications		642
24.6	32.7	45.7	64.4	74.7	2. Banques, assurances, affaires immobilières et services aux entreprises	**J_K**	**65_74**
2.6	3.5	5.7	7.7	10.8	2.1. Établissements financiers (2)	J	65_67
..	..	..	..	..	2.1.1. Intermédiation financière		65
..	..	..	..	..	2.1.2. Assurances et caisses de retraite		66
..	..	..	..	..	2.1.3. Activités financières auxiliaires		67
22.0	29.2	40.0	56.7	63.8	2.2. Affaires immobilières et services fournis aux entreprises	K	70_74
..	..	..	..	..	2.2.1. Affaires immobilières		70
..	..	..	..	..	2.2.2. Services fournis aux entreprises		71_74
..	..	..	..	..	2.2.2.1. Location, etc.		71
..	..	..	..	..	2.2.2.2. Activités informatiques et activités connexes		72
..	..	..	..	..	2.2.2.3. Recherche et développement		73
..	..	..	..	..	2.2.2.4. Autres services fournis aux entreprises		74
..	..	..	..	..	2.2.2.4.1. Activités juridiques, comptables, etc.		741
..	..	..	..	..	2.2.2.4.2. Activ. d'architect., d'ingénierie, aut. serv. tech.		742
..	..	..	..	..	2.2.2.4.3. Publicité		743
..	..	..	..	..	2.2.2.4.4. Autres serv. fournis aux entreprises n.c.a.		749
47.1	60.5	72.7	85.0	94.4	3. Autres services	**L_Q**	**75_99**
14.8	19.3	22.3	25.9	26.9	3.1. Administration publique et défense	L	75
32.3	41.2	50.4	59.0	67.5	3.2. Enseignement, santé, action sociale, autres activités de services collectifs, sociaux et personnels	M_Q	80_99
10.9	13.9	17.7	20.6	23.8	3.2.1. Enseignement	M	80
11.0	13.7	17.2	19.2	21.7	3.2.2. Santé et action sociale	N	85
10.4	13.5	15.6	19.2	22.1	3.2.3. Autres activités de services collectifs, sociaux et personnels	O	90_93
..	..	..	..	..	3.2.3.1. Services sanitaires et analogues		90
..	..	..	..	..	3.2.3.2. Activités associatives diverses		91
..	..	..	..	..	3.2.3.3. Activités récréatives et culturelles		92
..	..	..	..	..	3.2.3.4. Autres services personnels		93
0.0	0.0	0.0	0.0	0.0	3.2.4. Ménages privés employant du personnel domestique	P	95
..	..	..	..	..	3.2.5. Organisations extraterritoriales	Q	99
..	..	..	..	..	SIFIM (Services d'intermédiation financière indirectement mesurés) (2)		
145.3	**188.9**	**236.3**	**286.1**	**323.3**	**TOTAL, SERVICES**	**G_Q**	**50_99**
268.3	**336.9**	**412.9**	**485.2**	**536.6**	**VALEUR AJOUTÉE BRUTE, Toutes activités, aux prix de base**		
54.14	56.07	57.23	58.97	60.25	% des services dans la valeur ajoutée brute, toutes activités		
					Pour mémoire :		
308.1	387.8	472.4	553.6	615.6	1. Produit intérieur brut aux prix du marché		
- 0.8	0.2	2.6	0.6	..	2. SIFIM (Services d'intermédiation financière indirectement mesurés) (2)		

POLAND

B. Constant 1995 prices

Billions of zlotys

ISIC Rev. 3			1989	1990	1991	1992	1993	1994
G_I	50_64	1. Motor, wholesale and retail trade; restaurants and hotels; transport and communication	..	..	..	69.1	71.0	70.5
G_H	50_55	1.1. Motor, wholesale and retail trade; restaurants and hotels	..	..	..	51.0	53.9	53.3
G	50_52	1.1.1. Motor, wholesale and retail trade	..	..	..	49.0	51.8	51.0
	50	1.1.1.1. Motor trade and repairs	..	..	..	..	..	..
	51	1.1.1.2. Wholesale and commission trade	..	..	..	..	..	..
	52	1.1.1.3. Retail trade and repairs	..	..	..	..	..	..
H	55	1.1.2. Restaurants and hotels	..	..	..	2.1	2.1	2.3
I	60_64	1.2. Transport, storage and communication	..	..	..	18.1	17.1	17.2
	60_63	1.2.1. Transport and storage	..	..	..	..	..	..
	60	1.2.1.1. Land transport, transport via pipelines	..	..	..	..	..	..
	61	1.2.1.2. Water transport	..	..	..	..	..	..
	62	1.2.1.3. Air transport (1)	..	..	..	..	..	..
	63	1.2.1.4. Auxiliary transport services, travel agencies (1)	..	..	..	..	..	..
	64	1.2.2. Communication	..	..	..	..	..	..
	641	1.2.2.1. Postal and courier services	..	..	..	..	..	..
	642	1.2.2.2. Telecommunications	..	..	..	..	..	..
J_K	65_74	2. Finance, insurance, real estate and business services	..	..	..	20.0	20.5	22.9
J	65_67	2.1. Financial and insurance services (2)	..	..	..	0.8	1.1	2.2
	65	2.1.1. Financial intermediation	..	..	..	..	..	..
	66	2.1.2. Insurance and pension funding	..	..	..	..	..	..
	67	2.1.3. Auxiliary financial services	..	..	..	..	..	..
K	70_74	2.2. Real estate and business services	..	..	..	19.1	19.4	20.8
	70	2.2.1. Real estate services	..	..	..	..	..	..
	71_74	2.2.2. Business services	..	..	..	..	..	..
	71	2.2.2.1. Renting, etc.	..	..	..	..	..	..
	72	2.2.2.2. Computer and related activities	..	..	..	..	..	..
	73	2.2.2.3. Research and development	..	..	..	..	..	..
	74	2.2.2.4. Other business activities	..	..	..	..	..	..
	741	2.2.2.4.1. Legal, accounting services, etc.	..	..	..	..	..	..
	742	2.2.2.4.2. Architect., engineering, other tech. serv.	..	..	..	..	..	..
	743	2.2.2.4.3. Advertising services	..	..	..	..	..	..
	749	2.2.2.4.4. Other business activities n.e.c.	..	..	..	..	..	..
L_Q	75_99	3. Other services	..	..	..	44.8	43.2	46.0
L	75	3.1. Public administration and defence	..	..	..	12.5	13.1	14.2
M_Q	80_99	3.2. Education, health, social work related, other community, social and personal services	..	..	..	32.3	30.0	31.8
M	80	3.2.1. Education	..	..	..	9.7	9.8	10.8
N	85	3.2.2. Health and social work	..	..	..	10.3	10.4	10.8
O	90_93	3.2.3. Other community, social and personal services	..	..	..	12.3	9.9	10.2
	90	3.2.3.1. Sanitary and similar services	..	..	..	..	..	..
	91	3.2.3.2. Membership organisations n.e.c.	..	..	..	..	..	..
	92	3.2.3.3. Recreational and cultural services	..	..	..	..	..	..
	93	3.2.3.4. Other personal services	..	..	..	..	..	..
P	95	3.2.4. Private households with employed persons	..	..	..	..	..	0.0
Q	99	3.2.5. Extra-territorial organisations	..	..	..	..	..	..
		FISIM (Financial Intermediation Services Indirectly Measured) (2)	..	..	..	..	..	..
G_Q	50_99	**TOTAL, SERVICES**	..	..	..	133.9	134.7	139.4
		GROSS VALUE ADDED, All activities, at basic prices	..	244.7	225.9	231.5	239.9	251.4
		% of services in gross value added, all activities	..	..	..	57.82	56.16	55.43
		Memorandum items:						
		1. Gross domestic product at market prices	..	276.7	257.3	263.7	273.6	287.9
		2. FISIM (Financial Intermediation Services Indirectly Measured) (2)	..	..	..	..	..	

I. VALEUR AJOUTÉE BRUTE aux prix de base *(suite)*

B. Prix constants de 1995

Milliards de zlotys

1995	1996	1997	1998	1999		CITI Rév. 3	
73.6	78.2	84.0	88.7	95.9	1. Commerce d'automobiles, de gros et de détail ; restaurants et hôtels ; transports et communication	G_I	50_64
56.0	59.6	64.4	67.9	73.3	1.1. Commerce d'automobiles, de gros et de détail ; restaurants et hôtels	G_H	50_55
53.6	56.8	61.4	64.5	69.4	1.1.1. Commerce d'automobiles, de gros et de détail	G	50_52
..	..	..	..	..	1.1.1.1. Commerce et réparations automobiles		50
..	..	..	..	..	1.1.1.2. Commerce de gros et intermédiaires		51
..	..	..	..	..	1.1.1.3. Commerce de détail et réparations		52
2.4	2.8	3.0	3.4	3.9	1.1.2. Restaurants et hôtels	H	55
17.6	18.5	19.6	20.8	22.6	1.2. Transports, entreposage et communications	I	60_64
13.0	..	..	..	..	1.2.1. Transports et entreposage		60_63
9.6	..	..	..	..	1.2.1.1. Transports terrestres, transports par conduites		60
0.3	..	..	..	..	1.2.1.2. Transports par eau		61
3.1	..	..	..	..	1.2.1.3. Transports aériens (1)		62
..	..	..	..	..	1.2.1.4. Services auxiliaires des transports, agences de voyages (1)		63
4.5	..	..	..	..	1.2.2. Communications		64
..	..	..	..	..	1.2.2.1. Poste et courrier		641
..	..	..	..	..	1.2.2.2. Télécommunications		642
24.6	25.1	25.0	26.1	26.9	2. Banques, assurances, affaires immobilières et services aux entreprises	J_K	65_74
2.6	2.9	3.0	3.3	4.2	2.1. Établissements financiers (2)	J	65_67
..	..	..	..	..	2.1.1. Intermédiation financière		65
..	..	..	..	..	2.1.2. Assurances et caisses de retraite		66
..	..	..	..	..	2.1.3. Activités financières auxiliaires		67
22.0	22.2	22.0	22.8	22.7	2.2. Affaires immobilières et services fournis aux entreprises	K	70_74
..	..	..	..	..	2.2.1. Affaires immobilières		70
..	..	..	..	..	2.2.2. Services fournis aux entreprises		71_74
..	..	..	..	..	2.2.2.1. Location, etc.		71
..	..	..	..	..	2.2.2.2. Activités informatiques et activités connexes		72
..	..	..	..	..	2.2.2.3. Recherche et développement		73
..	..	..	..	..	2.2.2.4. Autres services fournis aux entreprises		74
..	..	..	..	..	2.2.2.4.1. Activités juridiques, comptables, etc.		741
..	..	..	..	..	2.2.2.4.2. Activ. d'architect., d'ingénierie, aut. serv. tech.		742
..	..	..	..	..	2.2.2.4.3. Publicité		743
..	..	..	..	..	2.2.2.4.4. Autres serv. fournis aux entreprises n.c.a.		749
47.1	48.7	49.1	50.1	50.6	3. Autres services	L_Q	75_99
14.8	15.4	16.3	16.6	17.6	3.1. Administration publique et défense	L	75
32.3	33.3	32.8	33.6	33.0	3.2. Enseignement, santé, action sociale, autres activités de services collectifs, sociaux et personnels	M_Q	80_99
10.9	11.1	11.2	11.7	12.1	3.2.1. Enseignement	M	80
11.0	11.1	11.2	11.3	9.9	3.2.2. Santé et action sociale	N	85
10.4	11.1	10.5	10.6	11.0	3.2.3. Autres activités de services collectifs, sociaux et personnels	O	90_93
..	..	..	..	..	3.2.3.1. Services sanitaires et analogues		90
..	..	..	..	..	3.2.3.2. Activités associatives diverses		91
..	..	..	..	..	3.2.3.3. Activités récréatives et culturelles		92
..	..	..	..	..	3.2.3.4. Autres services personnels		93
0.0	0.0	0.0	0.0	0.0	3.2.4. Ménages privés employant du personnel domestique	P	95
..	..	..	..	..	3.2.5. Organisations extraterritoriales	Q	99
..	..	..	..	..	SIFIM (Services d'intermédiation financière indirectement mesurés) (2)		
145.3	**152.0**	**158.2**	**164.9**	**173.4**	**TOTAL, SERVICES**	**G_Q**	**50_99**
268.3	**282.5**	**300.7**	**314.8**	**327.1**	**VALEUR AJOUTÉE BRUTE, Toutes activités, aux prix de base**		
54.14	53.80	52.61	52.37	53.01	% des services dans la valeur ajoutée brute, toutes activités		
					Pour mémoire :		
308.1	326.7	349.0	365.9	380.7	1. Produit intérieur brut aux prix du marché		
- 0.8	..	..	..	..	2. SIFIM (Services d'intermédiation financière indirectement mesurés) (2)		

POLAND

II. EMPLOYMENT

A. Total employment *

Thousand full-time equivalents

ISIC Rev. 3			1989	1990	1991	1992	1993	1994
G_I	**50_64**	1. Motor, wholesale and retail trade; restaurants and hotels; transport and communication	..	..	..	2 864.4	2 910.3	2 905.6
G_H	50_55	1.1. Motor, wholesale and retail trade; restaurants and hotels	..	..	..	1 959.4	2 039.4	2 051.7
G	50_52	1.1.1. Motor, wholesale and retail trade	..	..	..	1 805.5	1 871.8	1 863.3
	50	1.1.1.1. Motor trade and repairs	..	..	..	..	..	..
	51	1.1.1.2. Wholesale and commission trade	..	..	..	..	..	..
	52	1.1.1.3. Retail trade and repairs	..	..	..	..	..	..
H	55	1.1.2. Restaurants and hotels	..	..	..	153.9	167.6	188.4
I	60_64	1.2. Transport, storage and communication	..	..	..	905.0	870.9	853.9
	60_63	1.2.1. Transport and storage	..	..	..	..	..	..
	60	1.2.1.1. Land transport, transport via pipelines	..	..	..	..	..	..
	61	1.2.1.2. Water transport	..	..	..	..	..	..
	62	1.2.1.3. Air transport	..	..	..	..	..	..
	63	1.2.1.4. Auxiliary transport services, travel agencies	..	..	..	..	..	..
	64	1.2.2. Communication	..	..	..	..	..	..
	641	1.2.2.1. Postal and courier services	..	..	..	..	..	..
	642	1.2.2.2. Telecommunications	..	..	..	..	..	..
J_K	**65_74**	2. Finance, insurance, real estate and business services	..	..	..	715.7	715.9	709.6
J	65_67	2.1. Financial and insurance services	..	..	..	192.6	218.1	239.3
	65	2.1.1. Financial intermediation	..	..	..	..	..	..
	66	2.1.2. Insurance and pension funding	..	..	..	..	..	..
	67	2.1.3. Auxiliary financial services	..	..	..	..	..	..
K	70_74	2.2. Real estate and business services	..	..	..	523.1	497.8	470.3
	70	2.2.1. Real estate services	..	..	..	..	..	..
	71_74	2.2.2. Business services	..	..	..	..	..	..
	71	2.2.2.1. Renting, etc.	..	..	..	..	..	..
	72	2.2.2.2. Computer and related activities	..	..	..	..	..	..
	73	2.2.2.3. Research and development	..	..	..	..	..	..
	74	2.2.2.4. Other business activities	..	..	..	..	..	..
	741	2.2.2.4.1. Legal, accounting services, etc.	..	..	..	..	..	..
	742	2.2.2.4.2. Architect., engineering, other tech. serv.	..	..	..	..	..	..
	743	2.2.2.4.3. Advertising services	..	..	..	..	..	..
	749	2.2.2.4.4. Other business activities n.e.c.	..	..	..	..	..	..
L_Q	**75_99**	3. Other services	..	..	..	2 506.6	2 475.8	2 498.0
L	75	3.1. Public administration and defence	..	..	..	327.7	336.9	369.4
M_Q	80_99	3.2. Education, health, social work related, other community, social and personal services	..	..	..	2 178.9	2 138.9	2 128.6
M	80	3.2.1. Education	..	..	..	799.9	812.8	842.4
N	85	3.2.2. Health and social work	..	..	..	988.3	974.8	977.2
O	90_93	3.2.3. Other community, social and personal services	..	..	..	390.7	351.3	309.0
	90	3.2.3.1. Sanitary and similar services	..	..	..	..	..	..
	91	3.2.3.2. Membership organisations n.e.c.	..	..	..	..	..	..
	92	3.2.3.3. Recreational and cultural services	..	..	..	..	..	..
	93	3.2.3.4. Other personal services	..	..	..	..	..	..
P	95	3.2.4. Private households with employed persons	..	..	..	..	..	..
Q	99	3.2.5. Extra-territorial organisations	..	..	..	..	..	..
G_Q	**50_99**	**TOTAL, SERVICES**	..	..	..	**6 086.7**	**6 102.0**	**6 113.2**
		TOTAL EMPLOYMENT, All activities	..	..	..	**14 676.6**	**14 330.0**	**14 474.5**
		% of services in total employment, all activities	..	..	..	41.47	42.58	42.23

II. EMPLOI

A. Emploi total *

Milliers d'équivalents plein-temps

1995	1996	1997	1998	1999		CITI Rév. 3	
2 896.6	2 953.4	3 130.8	3 330.3	3 210.0	1. Commerce d'automobiles, de gros et de détail ; restaurants et hôtels ; transports et communication	**G_I**	**50_64**
2 051.8	2 098.9	2 252.8	2 428.4	2 352.0	1.1. Commerce d'automobiles, de gros et de détail ; restaurants et hôtels	G_H	50_55
1 858.3	1 900.8	2 045.7	2 204.6	2 141.0	1.1.1. Commerce d'automobiles, de gros et de détail	G	50_52
..	..	..	..	..	1.1.1.1. Commerce et réparations automobiles		50
..	..	..	..	..	1.1.1.2. Commerce de gros et intermédiaires		51
..	..	..	..	..	1.1.1.3. Commerce de détail et réparations		52
193.5	198.1	207.1	223.8	211.0	1.1.2. Restaurants et hôtels	H	55
844.8	854.5	878.0	901.9	858.0	1.2. Transports, entreposage et communications	I	60_64
..	..	..	..	..	1.2.1. Transports et entreposage		60_63
..	..	..	..	..	1.2.1.1. Transports terrestres, transports par conduites		60
..	..	..	..	..	1.2.1.2. Transports par eau		61
..	..	..	..	..	1.2.1.3. Transports aériens		62
..	..	..	..	..	1.2.1.4. Services auxiliaires des transports, agences de voyages		63
..	..	..	..	..	1.2.2. Communications		64
..	..	..	..	..	1.2.2.1. Poste et courrier		641
..	..	..	..	..	1.2.2.2. Télécommunications		642
819.8	860.4	976.4	1 092.7	1 092.0	2. Banques, assurances, affaires immobilières et services aux entreprises	**J_K**	**65_74**
256.1	271.2	287.4	309.3	318.0	2.1. Établissements financiers	J	65_67
..	..	..	..	..	2.1.1. Intermédiation financière		65
..	..	..	..	..	2.1.2. Assurances et caisses de retraite		66
..	..	..	..	..	2.1.3. Activités financières auxiliaires		67
563.7	589.2	689.0	783.4	774.0	2.2. Affaires immobilières et services fournis aux entreprises	K	70_74
..	..	..	..	..	2.2.1. Affaires immobilières		70
..	..	..	..	..	2.2.2. Services fournis aux entreprises		71_74
..	..	..	..	..	2.2.2.1. Location, etc.		71
..	..	..	..	..	2.2.2.2. Activités informatiques et activités connexes		72
..	..	..	..	..	2.2.2.3. Recherche et développement		73
..	..	..	..	..	2.2.2.4. Autres services fournis aux entreprises		74
..	..	..	..	..	2.2.2.4.1. Activités juridiques, comptables, etc.		741
..	..	..	..	..	2.2.2.4.2. Activ. d'architect., d'ingénierie, aut. serv. tech.		742
..	..	..	..	..	2.2.2.4.3. Publicité		743
..	..	..	..	..	2.2.2.4.4. Autres serv. fournis aux entreprises n.c.a.		749
2 572.5	2 612.3	2 686.8	2 735.3	2 765.0	3. Autres services	**L_Q**	**75_99**
384.8	402.1	423.1	430.3	462.0	3.1. Administration publique et défense	L	75
2 187.7	2 210.2	2 263.7	2 305.0	2 303.0	3.2. Enseignement, santé, action sociale, autres activités de services collectifs, sociaux et personnels	M_Q	80_99
852.2	857.0	861.9	891.9	913.0	3.2.1. Enseignement	M	80
1 011.0	1 018.0	1 031.4	1 048.8	1 003.0	3.2.2. Santé et action sociale	N	85
324.5	335.2	370.4	364.3	387.0	3.2.3. Autres activités de services collectifs, sociaux et personnels	O	90_93
..	..	..	..	..	3.2.3.1. Services sanitaires et analogues		90
..	..	..	..	..	3.2.3.2. Activités associatives diverses		91
..	..	..	..	..	3.2.3.3. Activités récréatives et culturelles		92
..	..	..	..	..	3.2.3.4. Autres services personnels		93
..	..	..	..	..	3.2.4. Ménages privés employant du personnel domestique	P	95
..	..	..	..	..	3.2.5. Organisations extraterritoriales	Q	99
6 288.9	**6 426.1**	**6 794.0**	**7 158.3**	**7 067.0**	**TOTAL, SERVICES**	**G_Q**	**50_99**
14 735.2	**15 020.6**	**15 438.7**	**15 800.4**	**15 709.5**	**EMPLOI TOTAL, Toutes activités**		
42.68	42.78	44.01	45.30	44.99	% des services dans l'emploi total, toutes activités		

POLAND

Thousand full-time equivalents

ISIC Rev. 3			1989	1990	1991	1992	1993	1994
G_I	**50_64**	1. Motor, wholesale and retail trade; restaurants and hotels; transport and communication	..	..	..	1 938.4	1 851.2	1 846.7
G_H	50_55	1.1. Motor, wholesale and retail trade; restaurants and hotels	..	..	..	1 143.7	1 104.7	1 118.6
G	50_52	1.1.1. Motor, wholesale and retail trade	..	..	..	1 042.1	999.4	996.1
	50	1.1.1.1. Motor trade and repairs	..	..	..	..	..	..
	51	1.1.1.2. Wholesale and commission trade	..	..	..	..	..	..
	52	1.1.1.3. Retail trade and repairs	..	..	..	..	..	..
H	55	1.1.2. Restaurants and hotels	..	..	..	101.6	105.3	122.5
I	60_64	1.2. Transport, storage and communication	..	..	..	794.7	746.5	728.1
	60_63	1.2.1. Transport and storage	..	..	..	..	..	..
	60	1.2.1.1. Land transport, transport via pipelines	..	..	..	..	..	..
	61	1.2.1.2. Water transport	..	..	..	..	..	..
	62	1.2.1.3. Air transport	..	..	..	..	..	..
	63	1.2.1.4. Auxiliary transport services, travel agencies	..	..	..	..	..	..
	64	1.2.2. Communication	..	..	..	..	..	..
	641	1.2.2.1. Postal and courier services	..	..	..	..	..	..
	642	1.2.2.2. Telecommunications	..	..	..	..	..	..
J_K	**65_74**	2. Finance, insurance, real estate and business services	..	..	..	612.2	590.9	591.9
J	65_67	2.1. Financial and insurance services	..	..	..	185.5	209.8	225.2
	65	2.1.1. Financial intermediation	..	..	..	..	..	..
	66	2.1.2. Insurance and pension funding	..	..	..	..	..	..
	67	2.1.3. Auxiliary financial services	..	..	..	..	..	..
K	70_74	2.2. Real estate and business services	..	..	..	426.7	381.1	366.4
	70	2.2.1. Real estate services	..	..	..	..	..	..
	71_74	2.2.2. Business services	..	..	..	..	..	..
	71	2.2.2.1. Renting, etc.	..	..	..	..	..	..
	72	2.2.2.2. Computer and related activities	..	..	..	..	..	..
	73	2.2.2.3. Research and development	..	..	..	..	..	..
	74	2.2.2.4. Other business activities	..	..	..	..	..	..
	741	2.2.2.4.1. Legal, accounting services, etc.	..	..	..	..	..	..
	742	2.2.2.4.2. Architect., engineering, other tech. serv.	..	..	..	..	..	..
	743	2.2.2.4.3. Advertising services	..	..	..	..	..	..
	749	2.2.2.4.4. Other business activities n.e.c.	..	..	..	..	..	..
L_Q	**75_99**	3. Other services	..	..	..	2 330.3	2 287.8	2 357.3
L	75	3.1. Public administration and defence	..	..	..	289.6	298.4	330.4
M_Q	80_99	3.2. Education, health, social work related, other community, social and personal services	..	..	..	2 040.7	1 989.4	2 026.9
M	80	3.2.1. Education	..	..	..	799.8	805.2	836.2
N	85	3.2.2. Health and social work	..	..	..	953.2	944.9	955.3
O	90_93	3.2.3. Other community, social and personal services	..	..	..	287.7	239.3	235.4
	90	3.2.3.1. Sanitary and similar services	..	..	..	..	..	..
	91	3.2.3.2. Membership organisations n.e.c.	..	..	..	..	..	..
	92	3.2.3.3. Recreational and cultural services	..	..	..	..	..	..
	93	3.2.3.4. Other personal services	..	..	..	..	..	..
P	95	3.2.4. Private households with employed persons	..	..	..	..	..	..
Q	99	3.2.5. Extra-territorial organisations	..	..	..	..	..	..
G_Q	**50_99**	**TOTAL, SERVICES**	..	..	..	**4 880.9**	**4 729.9**	**4 795.6**
		TOTAL EMPLOYEES, All activities	..	11 375.0	10 406.0	9 575.1	9 163.4	9 105.7
		% of services in total employees, all activities	..		..	50.97	51.62	52.67

II. EMPLOI *(suite)*

B. Salariés **

Milliers d'équivalents plein-temps

1995	1996	1997	1998	1999		CITI Rév. 3	
					1. Commerce d'automobiles, de gros et de détail ; restaurants et hôtels ;	**G_I**	**50_64**
1 930.2	1 975.4	2 114.6	2 195.7	2 147.0	transports et communication		
1 206.8	1 253.5	1 383.9	1 470.5	1 461.0	1.1. Commerce d'automobiles, de gros et de détail ; restaurants et hôtels	G_H	50_55
1 078.6	1 119.7	1 244.8	1 321.1	1 318.0	1.1.1. Commerce d'automobiles, de gros et de détail	G	50_52
..	..	..	..	..	1.1.1.1. Commerce et réparations automobiles		50
..	..	..	..	..	1.1.1.2. Commerce de gros et intermédiaires		51
..	..	..	..	..	1.1.1.3. Commerce de détail et réparations		52
128.2	133.8	139.1	149.4	143.0	1.1.2. Restaurants et hôtels	H	55
723.4	721.9	730.7	725.2	686.0	1.2. Transports, entreposage et communications	I	60_64
..	..	..	..	..	1.2.1. Transports et entreposage		60_63
..	..	..	..	..	1.2.1.1. Transports terrestres, transports par conduites		60
..	..	..	..	..	1.2.1.2. Transports par eau		61
..	..	..	..	..	1.2.1.3. Transports aériens		62
..	..	..	..	..	1.2.1.4. Services auxiliaires des transports, agences de voyages		63
..	..	..	..	..	1.2.2. Communications		64
..	..	..	..	..	1.2.2.1. Poste et courrier		641
..	..	..	..	..	1.2.2.2. Télécommunications		642
651.8	673.9	747.3	823.2	870.0	2. Banques, assurances, affaires immobilières et services aux entreprises	**J_K**	**65_74**
237.4	248.6	260.0	270.7	287.0	2.1. Établissements financiers	J	65_67
..	..	..	..	..	2.1.1. Intermédiation financière		65
..	..	..	..	..	2.1.2. Assurances et caisses de retraite		66
..	..	..	..	..	2.1.3. Activités financières auxiliaires		67
414.4	425.3	487.3	552.5	583.0	2.2. Affaires immobilières et services fournis aux entreprises	K	70_74
..	..	..	..	..	2.2.1. Affaires immobilières		70
..	..	..	..	..	2.2.2. Services fournis aux entreprises		71_74
..	..	..	..	..	2.2.2.1. Location, etc.		71
..	..	..	..	..	2.2.2.2. Activités informatiques et activités connexes		72
..	..	..	..	..	2.2.2.3. Recherche et développement		73
..	..	..	..	..	2.2.2.4. Autres services fournis aux entreprises		74
..	..	..	..	..	2.2.2.4.1. Activités juridiques, comptables, etc.		741
..	..	..	..	..	2.2.2.4.2. Activ. d'architect., d'ingénierie, aut. serv. tech.		742
..	..	..	..	..	2.2.2.4.3. Publicité		743
..	..	..	..	..	2.2.2.4.4. Autres serv. fournis aux entreprises n.c.a.		749
2 393.5	2 418.4	2 466.1	2 478.8	2 542.0	3. Autres services	**L_Q**	**75_99**
345.6	359.1	380.1	387.4	419.0	3.1. Administration publique et défense	L	75
2 047.9	2 059.3	2 086.0	2 091.4	2 123.0	3.2. Enseignement, santé, action sociale, autres activités de services collectifs, sociaux et personnels	M_Q	80_99
842.3	845.3	848.3	869.7	895.0	3.2.1. Enseignement	M	80
962.1	963.5	964.4	968.7	941.0	3.2.2. Santé et action sociale	N	85
243.5	250.5	273.3	253.0	287.0	3.2.3. Autres activités de services collectifs, sociaux et personnels	O	90_93
..	..	..	..	..	3.2.3.1. Services sanitaires et analogues		90
..	..	..	..	..	3.2.3.2. Activités associatives diverses		91
..	..	..	..	..	3.2.3.3. Activités récréatives et culturelles		92
..	..	..	..	..	3.2.3.4. Autres services personnels		93
..	..	..	..	..	3.2.4. Ménages privés employant du personnel domestique	P	95
..	..	..	..	..	3.2.5. Organisations extraterritoriales	Q	99
4 975.5	**5 067.7**	**5 328.0**	**5 497.7**	**5 559.0**	**TOTAL, SERVICES**	**G_Q**	**50_99**
9 360.0	**9 479.8**	**9 751.5**	**9 863.8**	**9 770.3**	**EMPLOI SALARIÉ TOTAL, Toutes activités**		
53.16	53.46	54.64	55.74	56.90	% des services dans l'emploi salarié total, toutes activités		

Source:

National accounts division, Central Statistical Office of Poland, Warsaw, data sent directly.

General notes:

Employment:

* Total employment includes full-time equivalent employees, the number of self employed persons and unpaid family workers.

** Employees refer to persons engaged on the basis of a work contract.

(1) For Value added item Air transport includes item Auxiliary transport services, travel agencies.

(2) For Value added FISIM (Financial intermediation services indirectly measured) was deducted from item Financial and insurance services.

Source :

National accounts division, Central Statistical Office of Poland, Varsovie, données envoyées directement.

Notes générales :

Emploi :

* L'emploi total inclut les salariés en termes d'équivalents plein-temps, le nombre de travailleurs indépendants et les aides familiaux non rémunérés.

** Les salariés correspondent aux personnes engagées sur la base d'un contrat de travail.

(1) Pour la valeur ajoutée la rubrique Transports aériens inclut la rubrique Services auxiliaires des transports, agences de voyages.

(2) Pour la valeur ajoutée les SIFIM (Services d'intermédiation financière indirectement mesurés) ont été déduits de la rubrique Établissements financiers.

Portugal

PORTUGAL

I. GROSS VALUE ADDED at basic prices

A. Current prices

Billions of Portuguese escudos

ISIC Rev. 3			1989	1990	1991	1992	1993	1994
G_I	**50_64**	1. Motor, wholesale and retail trade; restaurants and hotels; transport and communication	..	..	..	..	..	..
G_H	50_55	1.1. Motor, wholesale and retail trade; restaurants and hotels	..	..	..	..	..	..
G	50_52	1.1.1. Motor, wholesale and retail trade	..	..	..	..	..	..
	50	1.1.1.1. Motor trade and repairs	..	..	..	..	..	..
	51	1.1.1.2. Wholesale and commission trade	..	..	..	..	..	..
	52	1.1.1.3. Retail trade and repairs	..	..	..	..	..	..
H	55	1.1.2. Restaurants and hotels	..	..	..	..	..	..
I	60_64	1.2. Transport, storage and communication	..	..	..	..	..	..
	60_63	1.2.1. Transport and storage	..	..	..	..	..	..
	60	1.2.1.1. Land transport, transport via pipelines	..	..	..	..	..	..
	61	1.2.1.2. Water transport	..	..	..	..	..	..
	62	1.2.1.3. Air transport	..	..	..	..	..	..
	63	1.2.1.4. Auxiliary transport services, travel agencies	..	..	..	..	..	..
	64	1.2.2. Communication	..	..	..	..	..	..
	641	1.2.2.1. Postal and courier services	..	..	..	..	..	..
	642	1.2.2.2. Telecommunications	..	..	..	..	..	..
J_K	**65_74**	2. Finance, insurance, real estate and business services	..	..	..	..	..	..
J	65_67	2.1. Financial and insurance services	..	..	..	..	..	..
	65	2.1.1. Financial intermediation	..	..	..	..	..	..
	66	2.1.2. Insurance and pension funding	..	..	..	..	..	..
	67	2.1.3. Auxiliary financial services	..	..	..	..	..	..
K	70_74	2.2. Real estate and business services	..	..	..	..	..	..
	70	2.2.1. Real estate services	..	..	..	..	..	..
	71_74	2.2.2. Business services	..	..	..	..	..	..
	71	2.2.2.1. Renting, etc.	..	..	..	..	..	..
	72	2.2.2.2. Computer and related activities	..	..	..	..	..	..
	73	2.2.2.3. Research and development	..	..	..	..	..	..
	74	2.2.2.4. Other business activities	..	..	..	..	..	..
	741	2.2.2.4.1. Legal, accounting services, etc.	..	..	..	..	..	..
	742	2.2.2.4.2. Architect., engineering, other tech. serv.	..	..	..	..	..	..
	743	2.2.2.4.3. Advertising services	..	..	..	..	..	..
	749	2.2.2.4.4. Other business activities n.e.c.	..	..	..	..	..	..
L_Q	**75_99**	3. Other services	..	..	..	..	..	..
L	75	3.1. Public administration and defence	..	..	..	..	..	..
M_Q	80_99	3.2. Education, health, social work related, other community, social and personal services	..	..	..	..	..	..
M	80	3.2.1. Education	..	..	..	..	..	..
N	85	3.2.2. Health and social work	..	..	..	..	..	..
O	90_93	3.2.3. Other community, social and personal services	..	..	..	..	..	..
	90	3.2.3.1. Sanitary and similar services	..	..	..	..	..	..
	91	3.2.3.2. Membership organisations n.e.c.	..	..	..	..	..	..
	92	3.2.3.3. Recreational and cultural services	..	..	..	..	..	..
	93	3.2.3.4. Other personal services	..	..	..	..	..	..
P	95	3.2.4. Private households with employed persons	..	..	..	..	..	..
Q	99	3.2.5. Extra-territorial organisations	..	..	..	..	..	..
		FISIM (Financial Intermediation Services Indirectly Measured)	..	..	..	..	..	..
G_Q	**50_99**	**TOTAL, SERVICES**	..	..	..	..	..	..
		GROSS VALUE ADDED, All activities, at basic prices	..	..	..	..	..	..
		% of services in gross value added, all activities	..	..	..	..	..	..
		Memorandum item:						
		Gross domestic product at market prices	..	..	..	..	..	..

I. VALEUR AJOUTÉE BRUTE aux prix de base

A. Prix courants

Milliards d'escudos portugais

1995	1996	1997	1998	1999		CITI Rév. 3	
3 656.8	3 816.3	4 131.4	4 469.3	4 751.1	1. Commerce d'automobiles, de gros et de détail ; restaurants et hôtels ; transports et communication	**G_I**	**50_64**
2 691.6	2 795.5	3 021.4	3 268.5	3 474.6	1.1. Commerce d'automobiles, de gros et de détail ; restaurants et hôtels	G_H	50_55
2 313.0	2 391.7	2 565.9	2 775.8	2 950.8	1.1.1. Commerce d'automobiles, de gros et de détail	G	50_52
..	..	..	..	..	1.1.1.1. Commerce et réparations automobiles		50
..	..	..	..	..	1.1.1.2. Commerce de gros et intermédiaires		51
..	..	..	..	..	1.1.1.3. Commerce de détail et réparations		52
378.6	403.7	455.5	492.7	523.8	1.1.2. Restaurants et hôtels	H	55
965.2	1 020.8	1 110.0	1 200.8	1 276.5	1.2. Transports, entreposage et communications	I	60_64
..	..	..	..	..	1.2.1. Transports et entreposage		60_63
..	..	..	..	..	1.2.1.1. Transports terrestres, transports par conduites		60
..	..	..	..	..	1.2.1.2. Transports par eau		61
..	..	..	..	..	1.2.1.3. Transports aériens		62
..	..	..	..	..	1.2.1.4. Services auxiliaires des transports, agences de voyages		63
..	..	..	..	..	1.2.2. Communications		64
..	..	..	..	..	1.2.2.1. Poste et courrier		641
..	..	..	..	..	1.2.2.2. Télécommunications		642
2 497.8	2 694.0	3 019.2	3 249.5	3 402.0	2. Banques, assurances, affaires immobilières et services aux entreprises	**J_K**	**65_74**
787.1	844.9	994.0	1 063.7	1 125.3	2.1. Établissements financiers	J	65_67
..	..	..	..	..	2.1.1. Intermédiation financière		65
..	..	..	..	..	2.1.2. Assurances et caisses de retraite		66
..	..	..	..	..	2.1.3. Activités financières auxiliaires		67
1 710.7	1 849.1	2 025.3	2 185.8	2 276.7	2.2. Affaires immobilières et services fournis aux entreprises	K	70_74
..	..	..	..	..	2.2.1. Affaires immobilières		70
..	..	..	..	..	2.2.2. Services fournis aux entreprises		71_74
..	..	..	..	..	2.2.2.1. Location, etc.		71
..	..	..	..	..	2.2.2.2. Activités informatiques et activités connexes		72
..	..	..	..	..	2.2.2.3. Recherche et développement		73
..	..	..	..	..	2.2.2.4. Autres services fournis aux entreprises		74
..	..	..	..	..	2.2.2.4.1. Activités juridiques, comptables, etc.		741
..	..	..	..	..	2.2.2.4.2. Activ. d'architect., d'ingénierie, aut. serv. tech.		742
..	..	..	..	..	2.2.2.4.3. Publicité		743
..	..	..	..	..	2.2.2.4.4. Autres serv. fournis aux entreprises n.c.a.		749
3 492.8	3 761.3	4 069.9	4 411.9	4 866.9	3. Autres services	**L_Q**	**75_99**
1 276.8	1 366.2	1 467.0	1 590.3	1 754.3	3.1. Administration publique et défense	L	75
2 215.9	2 395.1	2 602.8	2 821.6	3 112.6	3.2. Enseignement, santé, action sociale, autres activités de services collectifs, sociaux et personnels	M_Q	80_99
974.5	1 060.6	1 159.5	1 257.0	1 386.6	3.2.1. Enseignement	M	80
822.7	809.3	871.3	944.5	1 042.0	3.2.2. Santé et action sociale	N	85
335.3	429.0	465.2	504.3	556.3	3.2.3. Autres activités de services collectifs, sociaux et personnels	O	90_93
..	..	..	..	..	3.2.3.1. Services sanitaires et analogues		90
..	..	..	..	..	3.2.3.2. Activités associatives diverses		91
..	..	..	..	..	3.2.3.3. Activités récréatives et culturelles		92
..	..	..	..	..	3.2.3.4. Autres services personnels		93
83.4	96.2	106.8	115.8	127.7	3.2.4. Ménages privés employant du personnel domestique	P	95
0.0	0.0	0.0	0.0	0.0	3.2.5. Organisations extraterritoriales	Q	99
- 740.4	- 763.0	- 873.0	- 933.1	- 989.3	SIFIM (Services d'intermédiation financière indirectement mesurés)		
8 907.0	**9 508.7**	**10 347.5**	**11 197.6**	**12 030.8**	**TOTAL, SERVICES**	**G_Q**	**50_99**
13 997.7	**14 977.3**	**16 122.6**	**17 340.6**	**18 399.0**	**VALEUR AJOUTÉE BRUTE, Toutes activités, aux prix de base**		
63.63	63.49	64.18	64.57	65.39	% des services dans la valeur ajoutée brute, toutes activités		
					Pour mémoire :		
16 213.9	17 327.4	18 652.2	20 125.4	21 476.4	Produit intérieur brut aux prix du marché		

PORTUGAL

B. Constant 1995 prices

Billions of Portuguese escudos

ISIC Rev. 3			1989	1990	1991	1992	1993	1994
G_I	**50_64**	1. Motor, wholesale and retail trade; restaurants and hotels; transport and communication	..	..	..	..	..	..
G_H	50_55	1.1. Motor, wholesale and retail trade; restaurants and hotels	..	..	..	..	..	..
G	50_52	1.1.1. Motor, wholesale and retail trade	..	..	..	..	..	..
	50	1.1.1.1. Motor trade and repairs	..	..	..	..	..	..
	51	1.1.1.2. Wholesale and commission trade	..	..	..	..	..	..
	52	1.1.1.3. Retail trade and repairs	..	..	..	..	..	..
H	55	1.1.2. Restaurants and hotels	..	..	..	..	..	..
I	60_64	1.2. Transport, storage and communication	..	..	..	..	..	..
	60_63	1.2.1. Transport and storage	..	..	..	..	..	..
	60	1.2.1.1. Land transport, transport via pipelines	..	..	..	..	..	..
	61	1.2.1.2. Water transport	..	..	..	..	..	..
	62	1.2.1.3. Air transport	..	..	..	..	..	..
	63	1.2.1.4. Auxiliary transport services, travel agencies	..	..	..	..	..	..
	64	1.2.2. Communication	..	..	..	..	..	..
	641	1.2.2.1. Postal and courier services	..	..	..	..	..	..
	642	1.2.2.2. Telecommunications	..	..	..	..	..	..
J_K	**65_74**	2. Finance, insurance, real estate and business services	..	..	..	..	..	..
J	65_67	2.1. Financial and insurance services	..	..	..	..	..	..
	65	2.1.1. Financial intermediation	..	..	..	..	..	..
	66	2.1.2. Insurance and pension funding	..	..	..	..	..	..
	67	2.1.3. Auxiliary financial services	..	..	..	..	..	..
K	70_74	2.2. Real estate and business services	..	..	..	..	..	..
	70	2.2.1. Real estate services	..	..	..	..	..	..
	71_74	2.2.2. Business services	..	..	..	..	..	..
	71	2.2.2.1. Renting, etc.	..	..	..	..	..	..
	72	2.2.2.2. Computer and related activities	..	..	..	..	..	..
	73	2.2.2.3. Research and development	..	..	..	..	..	..
	74	2.2.2.4. Other business activities	..	..	..	..	..	..
	741	2.2.2.4.1. Legal, accounting services, etc.	..	..	..	..	..	..
	742	2.2.2.4.2. Architect., engineering, other tech. serv.	..	..	..	..	..	..
	743	2.2.2.4.3. Advertising services	..	..	..	..	..	..
	749	2.2.2.4.4. Other business activities n.e.c.	..	..	..	..	..	..
L_Q	**75_99**	3. Other services	..	..	..	..	..	..
L	75	3.1. Public administration and defence	..	..	..	..	..	..
M_Q	80_99	3.2. Education, health, social work related, other community, social and personal services	..	..	..	..	..	..
M	80	3.2.1. Education	..	..	..	..	..	..
N	85	3.2.2. Health and social work	..	..	..	..	..	..
O	90_93	3.2.3. Other community, social and personal services	..	..	..	..	..	..
	90	3.2.3.1. Sanitary and similar services	..	..	..	..	..	..
	91	3.2.3.2. Membership organisations n.e.c.	..	..	..	..	..	..
	92	3.2.3.3. Recreational and cultural services	..	..	..	..	..	..
	93	3.2.3.4. Other personal services	..	..	..	..	..	..
P	95	3.2.4. Private households with employed persons	..	..	..	..	..	..
Q	99	3.2.5. Extra-territorial organisations	..	..	..	..	..	..
		FISIM (Financial Intermediation Services Indirectly Measured)	..	..	..	..	..	..
G_Q	**50_99**	**TOTAL, SERVICES**	..	..	..	..	..	..
		GROSS VALUE ADDED, All activities, at basic prices	..	..	..	..	..	..
		% of services in gross value added, all activities	..	..	..	..	..	..
		Memorandum item:						
		Gross domestic product at market prices	..	..	..	..	..	..

I. VALEUR AJOUTÉE BRUTE aux prix de base *(suite)*

B. Prix constants de 1995

Milliards d'escudos portugais

1995	1996	1997	1998	1999		CITI Rév. 3	
					1. Commerce d'automobiles, de gros et de détail ; restaurants et hôtels ;	**G_I**	**50_64**
3 656.8	3 707.8	3 877.2	4 099.1	4 272.9	transports et communication		
2 691.6	2 734.9	2 868.2	3 032.3	3 160.9	1.1. Commerce d'automobiles, de gros et de détail ; restaurants et hôtels	G_H	50_55
2 313.0	2 375.7	2 491.8	2 634.4	2 746.1	1.1.1. Commerce d'automobiles, de gros et de détail	G	50_52
..	..	..	..	..	1.1.1.1. Commerce et réparations automobiles		50
..	..	..	..	..	1.1.1.2. Commerce de gros et intermédiaires		51
..	..	..	..	..	1.1.1.3. Commerce de détail et réparations		52
378.6	359.1	376.4	398.0	414.8	1.1.2. Restaurants et hôtels	H	55
965.2	972.9	1 009.0	1 066.7	1 112.0	1.2. Transports, entreposage et communications	I	60_64
..	..	..	..	..	1.2.1. Transports et entreposage		60_63
..	..	..	..	..	1.2.1.1. Transports terrestres, transports par conduites		60
..	..	..	..	..	1.2.1.2. Transports par eau		61
..	..	..	..	..	1.2.1.3. Transports aériens		62
..	..	..	..	..	1.2.1.4. Services auxiliaires des transports, agences de voyages		63
					1.2.2. Communications		64
					1.2.2.1. Poste et courrier		641
..	..	..	..	..	1.2.2.2. Télécommunications		642
2 497.8	2 591.0	2 756.2	3 019.3	3 329.5	2. Banques, assurances, affaires immobilières et services aux entreprises	**J_K**	**65_74**
787.1	828.5	971.3	1 163.7	1 451.4	2.1. Établissements financiers	J	65_67
..	..	..	..	..	2.1.1. Intermédiation financière		65
..	..	..	..	..	2.1.2. Assurances et caisses de retraite		66
..	..	..	..	..	2.1.3. Activités financières auxiliaires		67
1 710.7	1 762.5	1 784.9	1 855.6	1 878.1	2.2. Affaires immobilières et services fournis aux entreprises	K	70_74
..	..	..	..	..	2.2.1. Affaires immobilières		70
..	..	..	..	..	2.2.2. Services fournis aux entreprises		71_74
..	..	..	..	..	2.2.2.1. Location, etc.		71
..	..	..	..	..	2.2.2.2. Activités informatiques et activités connexes		72
..	..	..	..	..	2.2.2.3. Recherche et développement		73
..	..	..	..	..	2.2.2.4. Autres services fournis aux entreprises		74
..	..	..	..	..	2.2.2.4.1. Activités juridiques, comptables, etc.		741
..	..	..	..	..	2.2.2.4.2. Activ. d'architect., d'ingénierie, aut. serv. tech.		742
..	..	..	..	..	2.2.2.4.3. Publicité		743
..	..	..	..	..	2.2.2.4.4. Autres serv. fournis aux entreprises n.c.a.		749
3 492.8	3 545.8	3 629.2	3 740.5	3 843.4	3. Autres services	**L_Q**	**75_99**
1 276.8	1 302.6	1 304.8	1 344.9	1 381.8	3.1. Administration publique et défense	L	75
					3.2. Enseignement, santé, action sociale, autres activités de services	M_Q	80_99
2 215.9	2 243.2	2 324.3	2 395.6	2 461.5	collectifs, sociaux et personnels		
974.5	1 004.1	1 024.2	1 055.7	1 084.7	3.2.1. Enseignement	M	80
822.7	777.7	800.9	825.5	848.2	3.2.2. Santé et action sociale	N	85
335.3	371.8	403.1	415.5	426.9	3.2.3. Autres activités de services collectifs, sociaux et personnels	O	90_93
..	..	..	..	..	3.2.3.1. Services sanitaires et analogues		90
..	..	..	..	..	3.2.3.2. Activités associatives diverses		91
..	..	..	..	..	3.2.3.3. Activités récréatives et culturelles		92
..	..	..	..	..	3.2.3.4. Autres services personnels		93
83.4	89.7	96.1	99.1	101.8	3.2.4. Ménages privés employant du personnel domestique	P	95
0.0	0.0	0.0	0.0	0.0	3.2.5. Organisations extraterritoriales	Q	99
- 740.4	- 766.8	- 898.9	- 1 088.5	- 1 375.2	SIFIM (Services d'intermédiation financière indirectement mesuré)		
8 907.0	**9 077.8**	**9 363.6**	**9 770.4**	**10 070.6**	**TOTAL, SERVICES**	**G_Q**	**50_99**
13 997.7	**14 545.0**	**15 054.7**	**15 603.1**	**16 086.2**	**VALEUR AJOUTÉE BRUTE, Toutes activités, aux prix de base**		
63.63	62.41	62.20	62.62	62.60	% des services dans la valeur ajoutée brute, toutes activités		
					Pour mémoire :		
16 213.9	16 818.9	17 459.3	18 124.7	18 663.3	Produit intérieur brut aux prix du marché		

PORTUGAL

II. EMPLOYMENT

A. Total employment *

Thousand full-time equivalents

ISIC Rev. 3			1989	1990	1991	1992	1993	1994
G_I	**50_64**	1. Motor, wholesale and retail trade; restaurants and hotels; transport and communication	..	..	..	..	..	..
G_H	50_55	1.1. Motor, wholesale and retail trade; restaurants and hotels	..	..	..	..	..	..
G	50_52	1.1.1. Motor, wholesale and retail trade	..	..	..	..	..	..
	50	1.1.1.1. Motor trade and repairs	..	..	..	..	..	..
	51	1.1.1.2. Wholesale and commission trade	..	..	..	..	..	..
	52	1.1.1.3. Retail trade and repairs	..	..	..	..	..	..
H	55	1.1.2. Restaurants and hotels	..	..	..	..	..	..
I	60_64	1.2. Transport, storage and communication	..	..	..	..	..	..
	60_63	1.2.1. Transport and storage	..	..	..	..	..	..
	60	1.2.1.1. Land transport, transport via pipelines	..	..	..	..	..	..
	61	1.2.1.2. Water transport	..	..	..	..	..	..
	62	1.2.1.3. Air transport	..	..	..	..	..	..
	63	1.2.1.4. Auxiliary transport services, travel agencies	..	..	..	..	..	..
	64	1.2.2. Communication	..	..	..	..	..	..
	641	1.2.2.1. Postal and courier services	..	..	..	..	..	..
	642	1.2.2.2. Telecommunications	..	..	..	..	..	..
J_K	**65_74**	2. Finance, insurance, real estate and business services	..	..	..	..	..	..
J	65_67	2.1. Financial and insurance services	..	..	..	..	..	..
	65	2.1.1. Financial intermediation	..	..	..	..	..	..
	66	2.1.2. Insurance and pension funding	..	..	..	..	..	..
	67	2.1.3. Auxiliary financial services	..	..	..	..	..	..
K	70_74	2.2. Real estate and business services	..	..	..	..	..	..
	70	2.2.1. Real estate services	..	..	..	..	..	..
	71_74	2.2.2. Business services	..	..	..	..	..	..
	71	2.2.2.1. Renting, etc.	..	..	..	..	..	..
	72	2.2.2.2. Computer and related activities	..	..	..	..	..	..
	73	2.2.2.3. Research and development	..	..	..	..	..	..
	74	2.2.2.4. Other business activities	..	..	..	..	..	..
	741	2.2.2.4.1. Legal, accounting services, etc.	..	..	..	..	..	..
	742	2.2.2.4.2. Architect., engineering, other tech. serv.	..	..	..	..	..	..
	743	2.2.2.4.3. Advertising services	..	..	..	..	..	..
	749	2.2.2.4.4. Other business activities n.e.c.	..	..	..	..	..	..
L_Q	**75_99**	3. Other services	..	..	..	..	..	..
L	75	3.1. Public administration and defence	..	..	..	..	..	..
M_Q	80_99	3.2. Education, health, social work related, other community, social and personal services	..	..	..	..	..	..
M	80	3.2.1. Education	..	..	..	..	..	..
N	85	3.2.2. Health and social work	..	..	..	..	..	..
O	90_93	3.2.3. Other community, social and personal services	..	..	..	..	..	..
	90	3.2.3.1. Sanitary and similar services	..	..	..	..	..	..
	91	3.2.3.2. Membership organisations n.e.c.	..	..	..	..	..	..
	92	3.2.3.3. Recreational and cultural services	..	..	..	..	..	..
	93	3.2.3.4. Other personal services	..	..	..	..	..	..
P	95	3.2.4. Private households with employed persons	..	..	..	..	..	..
Q	99	3.2.5. Extra-territorial organisations	..	..	..	..	..	..
G_Q	**50_99**	**TOTAL, SERVICES**	..	..	..	..	..	..
		TOTAL EMPLOYMENT, All activities	..	..	..	..	..	..
		% of services in total employment, all activities	..	..	..	..	..	..

II. EMPLOI

A. Emploi total *

Milliers d'équivalents plein-temps

1995	1996	1997	1998	1999		CITI Rév. 3	
					1. Commerce d'automobiles, de gros et de détail ; restaurants et hôtels ;	**G_I**	**50_64**
1 004.8	1 026.5	1 055.4	..	..	transports et communication		
853.7	880.4	908.9	..	..	1.1. Commerce d'automobiles, de gros et de détail ; restaurants et hôtels	G_H	50_55
657.6	682.9	702.0	..	..	1.1.1. Commerce d'automobiles, de gros et de détail	G	50_52
..	..	..	..	..	1.1.1.1. Commerce et réparations automobiles		50
..	..	..	..	..	1.1.1.2. Commerce de gros et intermédiaires		51
..	..	..	..	..	1.1.1.3. Commerce de détail et réparations		52
196.1	197.5	206.9	..	..	1.1.2. Restaurants et hôtels	H	55
151.1	146.1	146.5	..	..	1.2. Transports, entreposage et communications	I	60_64
..	..	..	..	..	1.2.1. Transports et entreposage		60_63
..	..	..	..	..	1.2.1.1. Transports terrestres, transports par conduites		60
..	..	..	..	..	1.2.1.2. Transports par eau		61
..	..	..	..	..	1.2.1.3. Transports aériens		62
..	..	..	..	..	1.2.1.4. Services auxiliaires des transports, agences de voyages		63
..	..	..	..	..	1.2.2. Communications		64
..	..	..	..	..	1.2.2.1. Poste et courrier		641
..	..	..	..	..	1.2.2.2. Télécommunications		642
381.9	392.1	389.3	..	..	2. Banques, assurances, affaires immobilières et services aux entreprises	**J_K**	**65_74**
99.9	103.5	101.2	..	..	2.1. Établissements financiers	J	65_67
..	..	..	..	..	2.1.1. Intermédiation financière		65
..	..	..	..	..	2.1.2. Assurances et caisses de retraite		66
..	..	..	..	..	2.1.3. Activités financières auxiliaires		67
282.0	288.6	288.1	..	..	2.2. Affaires immobilières et services fournis aux entreprises	K	70_74
..	..	..	..	..	2.2.1. Affaires immobilières		70
..	..	..	..	..	2.2.2. Services fournis aux entreprises		71_74
..	..	..	..	..	2.2.2.1. Location, etc.		71
..	..	..	..	..	2.2.2.2. Activités informatiques et activités connexes		72
..	..	..	..	..	2.2.2.3. Recherche et développement		73
..	..	..	..	..	2.2.2.4. Autres services fournis aux entreprises		74
..	..	..	..	..	2.2.2.4.1. Activités juridiques, comptables, etc.		741
..	..	..	..	..	2.2.2.4.2. Activ. d'architect., d'ingénierie, aut. serv. tech.		742
..	..	..	..	..	2.2.2.4.3. Publicité		743
..	..	..	..	..	2.2.2.4.4. Autres serv. fournis aux entreprises n.c.a.		749
1 120.9	1 142.5	1 161.7	..	..	3. Autres services	**L_Q**	**75_99**
364.2	365.4	362.2	..	..	3.1. Administration publique et défense	L	75
			..	..	3.2. Enseignement, santé, action sociale, autres activités de services	M_Q	80_99
756.7	777.1	799.5	..	..	collectifs, sociaux et personnels		
269.0	281.0	288.6	..	..	3.2.1. Enseignement	M	80
228.9	232.7	235.4	..	..	3.2.2. Santé et action sociale	N	85
162.0	160.8	167.2	..	..	3.2.3. Autres activités de services collectifs, sociaux et personnels	O	90_93
..	..	..	..	..	3.2.3.1. Services sanitaires et analogues		90
..	..	..	..	..	3.2.3.2. Activités associatives diverses		91
..	..	..	..	..	3.2.3.3. Activités récréatives et culturelles		92
..	..	..	..	..	3.2.3.4. Autres services personnels		93
96.8	102.6	108.3	..	..	3.2.4. Ménages privés employant du personnel domestique	P	95
0.0	0.0	0.0	..	..	3.2.5. Organisations extraterritoriales	Q	99
2 507.6	**2 561.1**	**2 606.4**	..	..	**TOTAL, SERVICES**	**G_Q**	**50_99**
4 378.9	**4 431.9**	**4 483.4**	..	..	**EMPLOI TOTAL, Toutes activités**		
57.27	57.79	58.13	..	..	% des services dans l'emploi total, toutes activités		

PORTUGAL

Thousand full-time equivalents

ISIC Rev. 3			1989	1990	1991	1992	1993	1994
G_I	**50_64**	1. Motor, wholesale and retail trade; restaurants and hotels; transport and communication	..	..	..	..	..	..
G_H	50_55	1.1. Motor, wholesale and retail trade; restaurants and hotels	..	..	..	..	..	..
G	50_52	1.1.1. Motor, wholesale and retail trade	..	..	..	..	..	..
	50	1.1.1.1. Motor trade and repairs	..	..	..	..	..	..
	51	1.1.1.2. Wholesale and commission trade	..	..	..	..	..	..
	52	1.1.1.3. Retail trade and repairs	..	..	..	..	..	..
H	55	1.1.2. Restaurants and hotels	..	..	..	..	..	..
I	60_64	1.2. Transport, storage and communication	..	..	..	..	..	..
	60_63	1.2.1. Transport and storage	..	..	..	..	..	..
	60	1.2.1.1. Land transport, transport via pipelines	..	..	..	..	..	..
	61	1.2.1.2. Water transport	..	..	..	..	..	..
	62	1.2.1.3. Air transport	..	..	..	..	..	..
	63	1.2.1.4. Auxiliary transport services, travel agencies	..	..	..	..	..	..
	64	1.2.2. Communication	..	..	..	..	..	..
	641	1.2.2.1. Postal and courier services	..	..	..	..	..	..
	642	1.2.2.2. Telecommunications	..	..	..	..	..	..
J_K	**65_74**	2. Finance, insurance, real estate and business services	..	..	..	..	..	..
J	65_67	2.1. Financial and insurance services	..	..	..	..	..	..
	65	2.1.1. Financial intermediation	..	..	..	..	..	..
	66	2.1.2. Insurance and pension funding	..	..	..	..	..	..
	67	2.1.3. Auxiliary financial services	..	..	..	..	..	..
K	70_74	2.2. Real estate and business services	..	..	..	..	..	..
	70	2.2.1. Real estate services	..	..	..	..	..	..
	71_74	2.2.2. Business services	..	..	..	..	..	..
	71	2.2.2.1. Renting, etc.	..	..	..	..	..	..
	72	2.2.2.2. Computer and related activities	..	..	..	..	..	..
	73	2.2.2.3. Research and development	..	..	..	..	..	..
	74	2.2.2.4. Other business activities	..	..	..	..	..	..
	741	2.2.2.4.1. Legal, accounting services, etc.	..	..	..	..	..	..
	742	2.2.2.4.2. Architect., engineering, other tech. serv.	..	..	..	..	..	..
	743	2.2.2.4.3. Advertising services	..	..	..	..	..	..
	749	2.2.2.4.4. Other business activities n.e.c.	..	..	..	..	..	..
L_Q	**75_99**	3. Other services	..	..	..	..	..	..
L	75	3.1. Public administration and defence	..	..	..	..	..	..
M_Q	80_99	3.2. Education, health, social work related, other community, social and personal services	..	..	..	..	..	..
M	80	3.2.1. Education	..	..	..	..	..	..
N	85	3.2.2. Health and social work	..	..	..	..	..	..
O	90_93	3.2.3. Other community, social and personal services	..	..	..	..	..	..
	90	3.2.3.1. Sanitary and similar services	..	..	..	..	..	..
	91	3.2.3.2. Membership organisations n.e.c.	..	..	..	..	..	..
	92	3.2.3.3. Recreational and cultural services	..	..	..	..	..	..
	93	3.2.3.4. Other personal services	..	..	..	..	..	..
P	95	3.2.4. Private households with employed persons	..	..	..	..	..	..
Q	99	3.2.5. Extra-territorial organisations	..	..	..	..	..	..
G_Q	**50_99**	**TOTAL, SERVICES**	..	..	..	..	..	..
		TOTAL EMPLOYEES, All activities	..	..	..	..	..	..
		% of services in total employees, all activities	..	..	..	..	..	..

II. EMPLOI *(suite)*

B. Salariés

Milliers d'équivalents plein-temps

1995	1996	1997	1998	1999		CITI Rév. 3	
					1. Commerce d'automobiles, de gros et de détail ; restaurants et hôtels ; transports et communication	**G_I**	**50_64**
799.0	812.6	828.9	..	..			
656.2	675.1	690.6	..	..	1.1. Commerce d'automobiles, de gros et de détail ; restaurants et hôtels	G_H	50_55
499.0	517.1	525.5	..	..	1.1.1. Commerce d'automobiles, de gros et de détail	G	50_52
..	..	..	..	..	1.1.1.1. Commerce et réparations automobiles		50
..	..	..	..	..	1.1.1.2. Commerce de gros et intermédiaires		51
..	..	..	..	..	1.1.1.3. Commerce de détail et réparations		52
157.2	158.0	165.1	..	..	1.1.2. Restaurants et hôtels	H	55
142.8	137.5	138.3	..	..	1.2. Transports, entreposage et communications	I	60_64
..	..	..	..	..	1.2.1. Transports et entreposage		60_63
..	..	..	..	..	1.2.1.1. Transports terrestres, transports par conduites		60
..	..	..	..	..	1.2.1.2. Transports par eau		61
..	..	..	..	..	1.2.1.3. Transports aériens		62
..	..	..	..	..	1.2.1.4. Services auxiliaires des transports, agences de voyages		63
..	..	..	..	..	1.2.2. Communications		64
..	..	..	..	..	1.2.2.1. Poste et courrier		641
..	..	..	..	..	1.2.2.2. Télécommunications		642
246.1	256.0	248.5	..	..	2. Banques, assurances, affaires immobilières et services aux entreprises	**J_K**	**65_74**
85.2	87.1	84.1	..	..	2.1. Établissements financiers	J	65_67
..	..	..	..	..	2.1.1. Intermédiation financière		65
..	..	..	..	..	2.1.2. Assurances et caisses de retraite		66
..	..	..	..	..	2.1.3. Activités financières auxiliaires		67
160.9	168.9	164.4	..	..	2.2. Affaires immobilières et services fournis aux entreprises	K	70_74
..	..	..	..	..	2.2.1. Affaires immobilières		70
..	..	..	..	..	2.2.2. Services fournis aux entreprises		71_74
..	..	..	..	..	2.2.2.1. Location, etc.		71
..	..	..	..	..	2.2.2.2. Activités informatiques et activités connexes		72
..	..	..	..	..	2.2.2.3. Recherche et développement		73
..	..	..	..	..	2.2.2.4. Autres services fournis aux entreprises		74
..	..	..	..	..	2.2.2.4.1. Activités juridiques, comptables, etc.		741
..	..	..	..	..	2.2.2.4.2. Activ. d'architect., d'ingénierie, aut. serv. tech.		742
..	..	..	..	..	2.2.2.4.3. Publicité		743
..	..	..	..	..	2.2.2.4.4. Autres serv. fournis aux entreprises n.c.a.		749
962.2	991.4	1 004.7	..	..	3. Autres services	**L_Q**	**75_99**
361.5	363.3	359.5	..	..	3.1. Administration publique et défense	L	75
600.7	628.1	645.2	..	..	3.2. Enseignement, santé, action sociale, autres activités de services collectifs, sociaux et personnels	M_Q	80_99
237.4	245.4	251.8	..	..	3.2.1. Enseignement	M	80
194.2	198.2	201.2	..	..	3.2.2. Santé et action sociale	N	85
72.3	81.9	83.9	..	..	3.2.3. Autres activités de services collectifs, sociaux et personnels	O	90_93
..	..	..	..	..	3.2.3.1. Services sanitaires et analogues		90
..	..	..	..	..	3.2.3.2. Activités associatives diverses		91
..	..	..	..	..	3.2.3.3. Activités récréatives et culturelles		92
..	..	..	..	..	3.2.3.4. Autres services personnels		93
96.8	102.6	108.3	..	..	3.2.4. Ménages privés employant du personnel domestique	P	95
0.0	0.0	0.0	..	..	3.2.5. Organisations extraterritoriales	Q	99
2 007.3	**2 060.0**	**2 082.1**	..	..	**TOTAL, SERVICES**	**G_Q**	**50_99**
3 275.0	**3 317.2**	**3 359.3**	..	..	**EMPLOI SALARIÉ TOTAL, Toutes activités**		
61.29	62.10	61.98	..	..	% des services dans l'emploi salarié total, toutes activités		

Sources:

"Contas Nacionais", Instituto Nacional de Estatistica (INE), Lisbon, and data sent directly.

General note:

Employment:

  * Total employment includes employees, self employed persons, unpaid family workers and the armed forces.

Sources :

"Contas Nacionais", Instituto Nacional de Estatistica (INE), Lisbonne, et données transmises directement.

Note générale :

Emploi :

  * L'emploi total inclut les salariés, les travailleurs indépendants, les aides familiaux non rémunérés et les forces armées.

Slovak Republic – République slovaque

SLOVAK REPUBLIC

I. GROSS VALUE ADDED at basic prices

A. Current prices

Billions of Slovak koruny

ISIC Rev. 3			1989	1990	1991	1992	1993	1994
G_I	**50_64**	1. Motor, wholesale and retail trade; restaurants and hotels; transport and communication	..	..	..	..	111.0	121.8
G_H	50_55	1.1. Motor, wholesale and retail trade; restaurants and hotels	..	..	..	..	80.8	80.8
G	50_52	1.1.1. Motor, wholesale and retail trade	..	..	..	..	72.4	73.8
	50	1.1.1.1. Motor trade and repairs	..	..	..	..	..	5.6
	51	1.1.1.2. Wholesale and commission trade	..	..	..	..	..	39.3
	52	1.1.1.3. Retail trade and repairs	..	..	..	..	..	28.9
H	55	1.1.2. Restaurants and hotels	..	..	..	..	8.4	7.0
I	60_64	1.2. Transport, storage and communication	..	..	..	..	30.2	41.0
	60_63	1.2.1. Transport and storage	..	..	..	..	..	32.5
	60	1.2.1.1. Land transport, transport via pipelines	..	..	..	..	..	27.8
	61	1.2.1.2. Water transport	..	..	..	..	..	0.2
	62	1.2.1.3. Air transport	..	..	..	..	..	0.1
	63	1.2.1.4. Auxiliary transport services, travel agencies	..	..	..	..	..	4.5
	64	1.2.2. Communication	..	..	..	..	..	8.5
	641	1.2.2.1. Postal and courier services	..	..	..	..	..	2.3
	642	1.2.2.2. Telecommunications	..	..	..	..	..	6.2
J_K	**65_74**	2. Finance, insurance, real estate and business services	..	..	..	..	52.3	66.5
J	65_67	2.1. Financial and insurance services	..	..	..	..	18.9	20.7
	65	2.1.1. Financial intermediation	..	..	..	..	..	19.3
	66	2.1.2. Insurance and pension funding	..	..	..	..	..	1.4
	67	2.1.3. Auxiliary financial services	..	..	..	..	..	0.0
K	70_74	2.2. Real estate and business services	..	..	..	..	33.4	45.9
	70	2.2.1. Real estate services	..	..	..	..	..	27.2
	71_74	2.2.2. Business services	..	..	..	..	..	18.7
	71	2.2.2.1. Renting, etc.	..	..	..	..	..	0.9
	72	2.2.2.2. Computer and related activities	..	..	..	..	..	1.8
	73	2.2.2.3. Research and development	..	..	..	..	..	3.7
	74	2.2.2.4. Other business activities	..	..	..	..	..	12.2
	741	2.2.2.4.1. Legal, accounting services, etc.	..	..	..	..	..	1.0
	742	2.2.2.4.2. Architect., engineering, other tech. serv.	..	..	..	..	..	6.6
	743	2.2.2.4.3. Advertising services	..	..	..	..	..	0.5
	749	2.2.2.4.4. Other business activities n.e.c.	..	..	..	..	..	4.2
L_Q	**75_99**	3. Other services	..	..	..	..	49.6	50.9
L	75	3.1. Public administration and defence	..	..	..	..	18.9	14.7
M_Q	80_99	3.2. Education, health, social work related, other community, social and personal services	..	..	..	..	30.7	36.2
M	80	3.2.1. Education	..	..	..	..	16.9	18.8
N	85	3.2.2. Health and social work	..	..	..	..	7.1	6.4
O	90_93	3.2.3. Other community, social and personal services	..	..	..	..	6.6	11.0
	90	3.2.3.1. Sanitary and similar services	..	..	..	..	..	3.4
	91	3.2.3.2. Membership organisations n.e.c.	..	..	..	..	..	1.2
	92	3.2.3.3. Recreational and cultural services	..	..	..	..	..	4.1
	93	3.2.3.4. Other personal services	..	..	..	..	..	2.2
P	95	3.2.4. Private households with employed persons	..	..	..	..	0.0	0.0
Q	99	3.2.5. Extra-territorial organisations	..	..	..	..	0.0	0.0
		FISIM (Financial Intermediation Services Indirectly Measured)	..	..	..	..	- 14.9	- 16.6
G_Q	**50_99**	**TOTAL, SERVICES**	..	..	..	..	198.0	222.7
		GROSS VALUE ADDED, All activities, at basic prices	..	..	..	..	354.2	413.4
		% of services in gross value added, all activities	..	..	..	..	55.90	53.87
		Memorandum item:						
		Gross domestic product at market prices	..	278.0	319.7	332.3	390.6	466.2

I. VALEUR AJOUTÉE BRUTE aux prix de base

A. Prix courants

Milliards de couronnes slovaques

1995	1996	1997	1998	1999		CITI Rév. 3	
126.6	137.1	165.1	185.5	195.6	1. Commerce d'automobiles, de gros et de détail ; restaurants et hôtels ; transports et communication	G_I	50_64
74.8	76.5	98.6	111.7	114.1	1.1. Commerce d'automobiles, de gros et de détail ; restaurants et hôtels	G_H	50_55
67.1	68.8	89.6	101.9	..	1.1.1. Commerce d'automobiles, de gros et de détail	G	50_52
3.7	4.7	5.4	7.8	..	1.1.1.1. Commerce et réparations automobiles		50
35.0	31.5	52.2	57.3	..	1.1.1.2. Commerce de gros et intermédiaires		51
28.4	32.7	32.0	36.8	..	1.1.1.3. Commerce de détail et réparations		52
7.6	7.7	8.9	9.7	..	1.1.2. Restaurants et hôtels	H	55
51.8	60.7	66.5	73.8	81.5	1.2. Transports, entreposage et communications	I	60_64
40.2	46.7	48.8	53.2	..	1.2.1. Transports et entreposage		60_63
33.6	40.7	41.2	43.7	..	1.2.1.1. Transports terrestres, transports par conduites		60
0.2	0.2	0.2	0.3	..	1.2.1.2. Transports par eau		61
0.1	0.0	0.2	0.1	..	1.2.1.3. Transports aériens		62
6.3	5.9	7.2	9.1	..	1.2.1.4. Services auxiliaires des transports, agences de voyages		63
11.7	13.9	17.7	20.6	..	1.2.2. Communications		64
0.8	0.4	3.1	3.9	..	1.2.2.1. Poste et courrier		641
10.8	13.5	14.5	16.8	..	1.2.2.2. Télécommunications		642
82.5	85.6	102.6	110.3	135.3	2. Banques, assurances, affaires immobilières et services aux entreprises	J_K	65_74
30.4	26.4	31.7	32.7	40.2	2.1. Établissements financiers	J	65_67
23.4	19.8	25.1	25.4	..	2.1.1. Intermédiation financière		65
6.2	6.5	5.4	6.4	..	2.1.2. Assurances et caisses de retraite		66
0.8	0.2	1.2	0.9	..	2.1.3. Activités financières auxiliaires		67
52.1	59.1	71.0	77.6	95.1	2.2. Affaires immobilières et services fournis aux entreprises	K	70_74
32.4	38.3	36.7	36.6	..	2.2.1. Affaires immobilières		70
19.7	20.8	34.3	41.0	..	2.2.2. Services fournis aux entreprises		71_74
4.3	3.1	1.2	2.3	..	2.2.2.1. Location, etc.		71
3.4	5.7	4.6	5.0	..	2.2.2.2. Activités informatiques et activités connexes		72
4.8	5.2	3.6	4.2	..	2.2.2.3. Recherche et développement		73
7.2	6.8	24.8	29.4	..	2.2.2.4. Autres services fournis aux entreprises		74
0.2	0.3	2.3	4.9	..	2.2.2.4.1. Activités juridiques, comptables, etc.		741
4.2	4.0	13.5	10.5	..	2.2.2.4.2. Activ. d'architect., d'ingénierie, aut. serv. tech.		742
0.2	0.6	1.4	1.8	..	2.2.2.4.3. Publicité		743
2.6	1.9	7.7	12.1	..	2.2.2.4.4. Autres serv. fournis aux entreprises n.c.a.		749
72.1	81.7	102.1	110.1	114.1	3. Autres services	L_Q	75_99
25.1	27.4	35.1	37.2	..	3.1. Administration publique et défense	L	75
46.9	54.3	67.0	72.8	..	3.2. Enseignement, santé, action sociale, autres activités de services collectifs, sociaux et personnels	M_Q	80_99
17.2	18.4	22.2	23.6	..	3.2.1. Enseignement	M	80
16.9	22.4	26.5	28.5	..	3.2.2. Santé et action sociale	N	85
12.8	13.5	18.4	20.7	..	3.2.3. Autres activités de services collectifs, sociaux et personnels	O	90_93
2.7	2.0	2.4	2.3	..	3.2.3.1. Services sanitaires et analogues		90
0.7	1.1	1.1	1.4	..	3.2.3.2. Activités associatives diverses		91
8.3	7.0	11.6	13.8	..	3.2.3.3. Activités récréatives et culturelles		92
1.0	3.3	3.3	3.3	..	3.2.3.4. Autres services personnels		93
0.0	0.0	0.0	0.0	..	3.2.4. Ménages privés employant du personnel domestique	P	95
0.0	0.0	0.0	0.0	..	3.2.5. Organisations extraterritoriales	Q	99
- 15.9	- 15.5	- 16.1	- 9.7	- 3.9	SIFIM (Services d'intermédiation financière indirectement mesurés)		
265.3	**288.9**	**353.8**	**396.1**	**441.1**	**TOTAL, SERVICES**	**G_Q**	**50_99**
487.6	**540.2**	**617.3**	**672.3**	**732.3**	**VALEUR AJOUTÉE BRUTE, Toutes activités, aux prix de base**		
54.40	53.49	57.31	58.91	60.24	% des services dans la valeur ajoutée brute, toutes activités		
					Pour mémoire :		
546.0	606.1	686.1	750.8	815.3	Produit intérieur brut aux prix du marché		

SLOVAK REPUBLIC

I. GROSS VALUE ADDED at basic prices *(cont.)*

B. Constant 1995 prices

Billions of Slovak koruny

ISIC Rev. 3			1989	1990	1991	1992	1993	1994
G_I	**50_64**	1. Motor, wholesale and retail trade; restaurants and hotels; transport and communication	..	..	..	..	..	..
G_H	50_55	1.1. Motor, wholesale and retail trade; restaurants and hotels	..	..	..	..	..	..
G	50_52	1.1.1. Motor, wholesale and retail trade	..	..	..	..	..	..
	50	1.1.1.1. Motor trade and repairs	..	..	..	..	..	..
	51	1.1.1.2. Wholesale and commission trade	..	..	..	..	..	..
	52	1.1.1.3. Retail trade and repairs	..	..	..	..	..	..
H	55	1.1.2. Restaurants and hotels	..	..	..	..	..	..
I	60_64	1.2. Transport, storage and communication	..	..	..	..	..	..
	60_63	1.2.1. Transport and storage	..	..	..	..	..	..
	60	1.2.1.1. Land transport, transport via pipelines	..	..	..	..	..	..
	61	1.2.1.2. Water transport	..	..	..	..	..	..
	62	1.2.1.3. Air transport	..	..	..	..	..	..
	63	1.2.1.4. Auxiliary transport services, travel agencies	..	..	..	..	..	..
	64	1.2.2. Communication	..	..	..	..	..	..
	641	1.2.2.1. Postal and courier services	..	..	..	..	..	..
	642	1.2.2.2. Telecommunications	..	..	..	..	..	..
J_K	**65_74**	2. Finance, insurance, real estate and business services	..	..	..	..	..	..
J	65_67	2.1. Financial and insurance services	..	..	..	..	..	..
	65	2.1.1. Financial intermediation	..	..	..	..	..	..
	66	2.1.2. Insurance and pension funding	..	..	..	..	..	..
	67	2.1.3. Auxiliary financial services	..	..	..	..	..	..
K	70_74	2.2. Real estate and business services	..	..	..	..	..	..
	70	2.2.1. Real estate services	..	..	..	..	..	..
	71_74	2.2.2. Business services	..	..	..	..	..	..
	71	2.2.2.1. Renting, etc.	..	..	..	..	..	..
	72	2.2.2.2. Computer and related activities	..	..	..	..	..	..
	73	2.2.2.3. Research and development	..	..	..	..	..	..
	74	2.2.2.4. Other business activities	..	..	..	..	..	..
	741	2.2.2.4.1. Legal, accounting services, etc.	..	..	..	..	..	..
	742	2.2.2.4.2. Architect., engineering, other tech. serv.	..	..	..	..	..	..
	743	2.2.2.4.3. Advertising services	..	..	..	..	..	..
	749	2.2.2.4.4. Other business activities n.e.c.	..	..	..	..	..	..
L_Q	**75_99**	3. Other services	..	..	..	..	..	..
L	75	3.1. Public administration and defence	..	..	..	..	..	..
M_Q	80_99	3.2. Education, health, social work related, other community, social and personal services	..	..	..	..	..	..
M	80	3.2.1. Education	..	..	..	..	..	..
N	85	3.2.2. Health and social work	..	..	..	..	..	..
O	90_93	3.2.3. Other community, social and personal services	..	..	..	..	..	..
	90	3.2.3.1. Sanitary and similar services	..	..	..	..	..	..
	91	3.2.3.2. Membership organisations n.e.c.	..	..	..	..	..	..
	92	3.2.3.3. Recreational and cultural services	..	..	..	..	..	..
	93	3.2.3.4. Other personal services	..	..	..	..	..	..
P	95	3.2.4. Private households with employed persons	..	..	..	..	..	..
Q	99	3.2.5. Extra-territorial organisations	..	..	..	..	..	..
		FISIM (Financial Intermediation Services Indirectly Measured)	..	..	..	..	..	..
G_Q	**50_99**	**TOTAL, SERVICES**	..	..	..	..	..	..
		GROSS VALUE ADDED, All activities, at basic prices	..	..	..	..	..	..
		% of services in gross value added, all activities	..	..	..	..	..	..
		Memorandum item:						
		Gross domestic product at market prices	..	..	..	478.5	487.6	511.6

I. VALEUR AJOUTÉE BRUTE aux prix de base *(suite)*

B. Prix constants de 1995

Milliards de couronnes slovaques

1995	1996	1997	1998	1999		CITI Rév. 3	
					1. Commerce d'automobiles, de gros et de détail ; restaurants et hôtels ;	**G_I**	**50_64**
126.6	140.8	146.1	162.0	168.1	transports et communication		
74.8	..	..	..	..	1.1. Commerce d'automobiles, de gros et de détail ; restaurants et hôtels	G_H	50_55
67.1	..	..	..	..	1.1.1. Commerce d'automobiles, de gros et de détail	G	50_52
3.7	..	..	..	..	1.1.1.1. Commerce et réparations automobiles		50
35.0	..	..	..	..	1.1.1.2. Commerce de gros et intermédiaires		51
28.4	..	..	..	..	1.1.1.3. Commerce de détail et réparations		52
7.6	..	..	..	..	1.1.2. Restaurants et hôtels	H	55
51.8	64.1	65.3	70.2	72.7	1.2. Transports, entreposage et communications	I	60_64
40.2	..	..	..	..	1.2.1. Transports et entreposage		60_63
33.6	..	..	..	..	1.2.1.1. Transports terrestres, transports par conduites		60
0.2	..	..	..	..	1.2.1.2. Transports par eau		61
0.1	..	..	..	..	1.2.1.3. Transports aériens		62
6.3	..	..	..	..	1.2.1.4. Services auxiliaires des transports, agences de voyages		63
11.7	..	..	..	..	1.2.2. Communications		64
0.8	..	..	..	..	1.2.2.1. Poste et courrier		641
10.8	..	..	..	..	1.2.2.2. Télécommunications		642
82.5	72.6	87.0	88.1	88.3	2. Banques, assurances, affaires immobilières et services aux entreprises	**J_K**	**65_74**
30.4	20.8	30.5	27.2	24.9	2.1. Établissements financiers	J	65_67
23.4	..	..	..	..	2.1.1. Intermédiation financière		65
6.2	..	..	..	..	2.1.2. Assurances et caisses de retraite		66
0.8	..	..	..	..	2.1.3. Activités financières auxiliaires		67
52.1	52.6	56.7	61.6	64.5	2.2. Affaires immobilières et services fournis aux entreprises	K	70_74
32.4	..	..	..	..	2.2.1. Affaires immobilières		70
19.7	..	..	..	..	2.2.2. Services fournis aux entreprises		71_74
4.3	..	..	..	..	2.2.2.1. Location, etc.		71
3.4	..	..	..	..	2.2.2.2. Activités informatiques et activités connexes		72
4.8	..	..	..	..	2.2.2.3. Recherche et développement		73
7.2	..	..	..	..	2.2.2.4. Autres services fournis aux entreprises		74
0.2	..	..	..	..	2.2.2.4.1. Activités juridiques, comptables, etc.		741
4.2	..	..	..	..	2.2.2.4.2. Activ. d'architect., d'ingénierie, aut. serv. tech.		742
0.2	..	..	..	..	2.2.2.4.3. Publicité		743
2.6	..	..	..	..	2.2.2.4.4. Autres serv. fournis aux entreprises n.c.a.		749
72.1	86.5	100.4	98.8	98.8	3. Autres services	**L_Q**	**75_99**
25.1	..	..	..	..	3.1. Administration publique et défense	L	75
					3.2. Enseignement, santé, action sociale, autres activités de services	M_Q	80_99
46.9	..	..	..	..	collectifs, sociaux et personnels		
17.2	..	..	..	..	3.2.1. Enseignement	M	80
16.9	..	..	..	..	3.2.2. Santé et action sociale	N	85
12.8	..	..	..	..	3.2.3. Autres activités de services collectifs, sociaux et personnels	O	90_93
2.7	..	..	..	..	3.2.3.1. Services sanitaires et analogues		90
0.7	..	..	..	..	3.2.3.2. Activités associatives diverses		91
8.3	..	..	..	..	3.2.3.3. Activités récréatives et culturelles		92
1.0	..	..	..	..	3.2.3.4. Autres services personnels		93
0.0	..	..	..	..	3.2.4. Ménages privés employant du personnel domestique	P	95
0.0	..	..	..	..	3.2.5. Organisations extraterritoriales	Q	99
- 15.9	- 14.2	- 17.6	- 7.4	- 2.9	SIFIM (Services d'intermédiation financière indirectement mesurés)		
265.3	**285.7**	**315.9**	**341.5**	**352.3**	**TOTAL, SERVICES**	**G_Q**	**50_99**
487.6	**517.0**	**548.3**	**572.7**	**587.5**	**VALEUR AJOUTÉE BRUTE, Toutes activités, aux prix de base**		
54.40	55.26	57.62	59.63	59.98	% des services dans la valeur ajoutée brute, toutes activités		
					Pour mémoire :		
546.0	579.9	615.9	641.1	653.3	Produit intérieur brut aux prix du marché		

SLOVAK REPUBLIC

II. EMPLOYMENT

A. Total employment

Thousand full-time equivalents

ISIC Rev. 3			1989	1990	1991	1992	1993	1994
G_I	**50_64**	1. Motor, wholesale and retail trade; restaurants and hotels; transport and communication	..	..	..	..	..	399.2
G_H	50_55	1.1. Motor, wholesale and retail trade; restaurants and hotels	..	..	..	..	..	241.6
G	50_52	1.1.1. Motor, wholesale and retail trade	..	..	..	..	..	190.8
	50	1.1.1.1. Motor trade and repairs	..	..	..	..	..	..
	51	1.1.1.2. Wholesale and commission trade	..	..	..	..	..	..
	52	1.1.1.3. Retail trade and repairs	..	..	..	..	..	..
H	55	1.1.2. Restaurants and hotels	..	..	..	..	..	50.8
I	60_64	1.2. Transport, storage and communication	..	..	..	..	..	157.6
	60_63	1.2.1. Transport and storage	..	..	..	..	..	..
	60	1.2.1.1. Land transport, transport via pipelines	..	..	..	..	..	..
	61	1.2.1.2. Water transport	..	..	..	..	..	..
	62	1.2.1.3. Air transport	..	..	..	..	..	..
	63	1.2.1.4. Auxiliary transport services, travel agencies	..	..	..	..	..	..
	64	1.2.2. Communication	..	..	..	..	..	..
	641	1.2.2.1. Postal and courier services	..	..	..	..	..	..
	642	1.2.2.2. Telecommunications	..	..	..	..	..	..
J_K	**65_74**	2. Finance, insurance, real estate and business services	..	..	..	..	..	100.0
J	65_67	2.1. Financial and insurance services	..	..	..	..	..	23.3
	65	2.1.1. Financial intermediation	..	..	..	..	..	..
	66	2.1.2. Insurance and pension funding	..	..	..	..	..	..
	67	2.1.3. Auxiliary financial services	..	..	..	..	..	..
K	70_74	2.2. Real estate and business services	..	..	..	..	..	76.7
	70	2.2.1. Real estate services	..	..	..	..	..	..
	71_74	2.2.2. Business services	..	..	..	..	..	..
	71	2.2.2.1. Renting, etc.	..	..	..	..	..	..
	72	2.2.2.2. Computer and related activities	..	..	..	..	..	..
	73	2.2.2.3. Research and development	..	..	..	..	..	..
	74	2.2.2.4. Other business activities	..	..	..	..	..	..
	741	2.2.2.4.1. Legal, accounting services, etc.	..	..	..	..	..	..
	742	2.2.2.4.2. Architect., engineering, other tech. serv.	..	..	..	..	..	..
	743	2.2.2.4.3. Advertising services	..	..	..	..	..	..
	749	2.2.2.4.4. Other business activities n.e.c.	..	..	..	..	..	..
L_Q	**75_99**	3. Other services	..	..	..	..	..	487.6
L	75	3.1. Public administration and defence	..	..	..	..	..	121.1
M_Q	80_99	3.2. Education, health, social work related, other community, social and personal services	..	..	..	..	..	366.5
M	80	3.2.1. Education	..	..	..	..	..	163.6
N	85	3.2.2. Health and social work	..	..	..	..	..	133.0
O	90_93	3.2.3. Other community, social and personal services	..	..	..	..	..	69.3
	90	3.2.3.1. Sanitary and similar services	..	..	..	..	..	..
	91	3.2.3.2. Membership organisations n.e.c.	..	..	..	..	..	..
	92	3.2.3.3. Recreational and cultural services	..	..	..	..	..	..
	93	3.2.3.4. Other personal services	..	..	..	..	..	..
P	95	3.2.4. Private households with employed persons	..	..	..	..	..	0.6
Q	99	3.2.5. Extra-territorial organisations	..	..	..	..	..	..
G_Q	**50_99**	**TOTAL, SERVICES**	..	..	..	..	..	**986.8**
		TOTAL EMPLOYMENT, All activities	..	..	..	..	..	**1 991.4**
		% of services in total employment, all activities	..	..	..	..	..	49.55

II. EMPLOI

A. Emploi total

Milliers d'équivalents plein-temps

1995	1996	1997	1998	1999		CITI Rév. 3	
					1. Commerce d'automobiles, de gros et de détail ; restaurants et hôtels ;	**G_I**	**50_64**
424.3	433.0	464.4	..	..	transports et communication		
262.5	270.4	305.0	..	..	1.1. Commerce d'automobiles, de gros et de détail ; restaurants et hôtels	G_H	50_55
206.6	211.0	246.5	..	..	1.1.1. Commerce d'automobiles, de gros et de détail	G	50_52
..	..	..	..	..	1.1.1.1. Commerce et réparations automobiles		50
..	..	..	..	..	1.1.1.2. Commerce de gros et intermédiaires		51
..	..	..	..	..	1.1.1.3. Commerce de détail et réparations		52
55.9	59.4	58.5	..	..	1.1.2. Restaurants et hôtels	H	55
161.8	162.6	159.4	..	..	1.2. Transports, entreposage et communications	I	60_64
..	..	..	..	..	1.2.1. Transports et entreposage		60_63
..	..	..	..	..	1.2.1.1. Transports terrestres, transports par conduites		60
..	..	..	..	..	1.2.1.2. Transports par eau		61
..	..	..	..	..	1.2.1.3. Transports aériens		62
..	..	..	..	..	1.2.1.4. Services auxiliaires des transports, agences de voyages		63
..	..	..	..	..	1.2.2. Communications		64
..	..	..	..	..	1.2.2.1. Poste et courrier		641
..	..	..	..	..	1.2.2.2. Télécommunications		642
118.8	113.9	105.9	..	..	2. Banques, assurances, affaires immobilières et services aux entreprises	**J_K**	**65_74**
28.6	29.5	30.3	..	..	2.1. Établissements financiers	J	65_67
..	..	..	..	..	2.1.1. Intermédiation financière		65
..	..	..	..	..	2.1.2. Assurances et caisses de retraite		66
..	..	..	..	..	2.1.3. Activités financières auxiliaires		67
90.2	84.4	75.6	..	..	2.2. Affaires immobilières et services fournis aux entreprises	K	70_74
..	..	..	..	..	2.2.1. Affaires immobilières		70
..	..	..	..	..	2.2.2. Services fournis aux entreprises		71_74
..	..	..	..	..	2.2.2.1. Location, etc.		71
..	..	..	..	..	2.2.2.2. Activités informatiques et activités connexes		72
..	..	..	..	..	2.2.2.3. Recherche et développement		73
..	..	..	..	..	2.2.2.4. Autres services fournis aux entreprises		74
..	..	..	..	..	2.2.2.4.1. Activités juridiques, comptables, etc.		741
..	..	..	..	..	2.2.2.4.2. Activ. d'architect., d'ingénierie, aut. serv. tech.		742
..	..	..	..	..	2.2.2.4.3. Publicité		743
..	..	..	..	..	2.2.2.4.4. Autres serv. fournis aux entreprises n.c.a.		749
506.7	534.7	534.4	..	..	3. Autres services	**L_Q**	**75_99**
132.1	151.8	158.6	..	..	3.1. Administration publique et défense	L	75
					3.2. Enseignement, santé, action sociale, autres activités de services	M_Q	80_99
374.6	382.9	375.8	..	..	collectifs, sociaux et personnels		
158.7	162.7	157.0	..	..	3.2.1. Enseignement	M	80
134.9	134.3	142.4	..	..	3.2.2. Santé et action sociale	N	85
80.4	84.0	74.8	..	..	3.2.3. Autres activités de services collectifs, sociaux et personnels	O	90_93
..	..	..	..	..	3.2.3.1. Services sanitaires et analogues		90
..	..	..	..	..	3.2.3.2. Activités associatives diverses		91
..	..	..	..	..	3.2.3.3. Activités récréatives et culturelles		92
..	..	..	..	..	3.2.3.4. Autres services personnels		93
0.6	1.9	1.6	..	..	3.2.4. Ménages privés employant du personnel domestique	P	95
..	..	..	..	..	3.2.5. Organisations extraterritoriales	Q	99
1 049.8	**1 081.6**	**1 104.7**	..	..	**TOTAL, SERVICES**	**G_Q**	**50_99**
2 042.9	**2 121.5**	**2 137.2**	..	..	**EMPLOI TOTAL, Toutes activités**		
51.39	50.98	51.69	..	..	% des services dans l'emploi total, toutes activités		

SERVICES : Statistiques sur la valeur ajoutée et l'emploi
© OCDE 2001

SLOVAK REPUBLIC

Thousand full-time equivalents

ISIC Rev. 3			1989	1990	1991	1992	1993	1994
G_I	**50_64**	1. Motor, wholesale and retail trade; restaurants and hotels; transport and communication	..	..	..	..	..	351.0
G_H	50_55	1.1. Motor, wholesale and retail trade; restaurants and hotels	..	..	..	..	..	199.0
G	50_52	1.1.1. Motor, wholesale and retail trade	..	..	..	..	..	153.3
	50	1.1.1.1. Motor trade and repairs	..	..	..	..	..	..
	51	1.1.1.2. Wholesale and commission trade	..	..	..	..	..	..
	52	1.1.1.3. Retail trade and repairs	..	..	..	..	..	..
H	55	1.1.2. Restaurants and hotels	..	..	..	..	..	45.7
I	60_64	1.2. Transport, storage and communication	..	..	..	..	..	152.0
	60_63	1.2.1. Transport and storage	..	..	..	..	..	..
	60	1.2.1.1. Land transport, transport via pipelines	..	..	..	..	..	..
	61	1.2.1.2. Water transport	..	..	..	..	..	..
	62	1.2.1.3. Air transport	..	..	..	..	..	..
	63	1.2.1.4. Auxiliary transport services, travel agencies	..	..	..	..	..	..
	64	1.2.2. Communication	..	..	..	..	..	..
	641	1.2.2.1. Postal and courier services	..	..	..	..	..	..
	642	1.2.2.2. Telecommunications	..	..	..	..	..	..
J_K	**65_74**	2. Finance, insurance, real estate and business services	..	..	..	..	..	88.6
J	65_67	2.1. Financial and insurance services	..	..	..	..	..	23.1
	65	2.1.1. Financial intermediation	..	..	..	..	..	..
	66	2.1.2. Insurance and pension funding	..	..	..	..	..	..
	67	2.1.3. Auxiliary financial services	..	..	..	..	..	..
K	70_74	2.2. Real estate and business services	..	..	..	..	..	65.5
	70	2.2.1. Real estate services	..	..	..	..	..	..
	71_74	2.2.2. Business services	..	..	..	..	..	..
	71	2.2.2.1. Renting, etc.	..	..	..	..	..	..
	72	2.2.2.2. Computer and related activities	..	..	..	..	..	..
	73	2.2.2.3. Research and development	..	..	..	..	..	..
	74	2.2.2.4. Other business activities	..	..	..	..	..	..
	741	2.2.2.4.1. Legal, accounting services, etc.	..	..	..	..	..	..
	742	2.2.2.4.2. Architect., engineering, other tech. serv.	..	..	..	..	..	..
	743	2.2.2.4.3. Advertising services	..	..	..	..	..	..
	749	2.2.2.4.4. Other business activities n.e.c.	..	..	..	..	..	..
L_Q	**75_99**	3. Other services	..	..	..	..	..	476.1
L	75	3.1. Public administration and defence	..	..	..	..	..	120.8
M_Q	80_99	3.2. Education, health, social work related, other community, social and personal services	..	..	..	..	..	355.3
M	80	3.2.1. Education	..	..	..	..	..	162.8
N	85	3.2.2. Health and social work	..	..	..	..	..	131.8
O	90_93	3.2.3. Other community, social and personal services	..	..	..	..	..	60.4
	90	3.2.3.1. Sanitary and similar services	..	..	..	..	..	..
	91	3.2.3.2. Membership organisations n.e.c.	..	..	..	..	..	..
	92	3.2.3.3. Recreational and cultural services	..	..	..	..	..	..
	93	3.2.3.4. Other personal services	..	..	..	..	..	..
P	95	3.2.4. Private households with employed persons	..	..	..	..	..	0.3
Q	99	3.2.5. Extra-territorial organisations	..	..	..	..	..	..
G_Q	**50_99**	**TOTAL, SERVICES**	..	..	..	..	..	**915.7**
		TOTAL EMPLOYEES, All activities	..	..	..	..	..	**1 870.3**
		% of services in total employees, all activities	..	..	..	..	..	48.96

II. EMPLOI *(suite)*

B. Salariés

Milliers d'équivalents plein-temps

1995	1996	1997	1998	1999		CITI Rév. 3	
					1. Commerce d'automobiles, de gros et de détail ; restaurants et hôtels ; transports et communication	**G_I**	**50_64**
372.5	374.4	408.5	..	..			
218.6	220.8	257.3	..	..	1.1. Commerce d'automobiles, de gros et de détail ; restaurants et hôtels	G_H	50_55
167.8	168.9	205.2	..	..	1.1.1. Commerce d'automobiles, de gros et de détail	G	50_52
..	..	..	..	..	1.1.1.1. Commerce et réparations automobiles		50
..	..	..	..	..	1.1.1.2. Commerce de gros et intermédiaires		51
..	..	..	..	..	1.1.1.3. Commerce de détail et réparations		52
50.8	51.9	52.1	..	..	1.1.2. Restaurants et hôtels	H	55
153.9	153.6	151.2	..	..	1.2. Transports, entreposage et communications	I	60_64
..	..	..	..	..	1.2.1. Transports et entreposage		60_63
..	..	..	..	..	1.2.1.1. Transports terrestres, transports par conduites		60
..	..	..	..	..	1.2.1.2. Transports par eau		61
..	..	..	..	..	1.2.1.3. Transports aériens		62
..	..	..	..	..	1.2.1.4. Services auxiliaires des transports, agences de voyages		63
..	..	..	..	..	1.2.2. Communications		64
..	..	..	..	..	1.2.2.1. Poste et courrier		641
..	..	..	..	..	1.2.2.2. Télécommunications		642
101.9	99.1	93.1	..	..	2. Banques, assurances, affaires immobilières et services aux entreprises	**J_K**	**65_74**
28.2	28.6	30.0	..	..	2.1. Établissements financiers	J	65_67
..	..	..	..	..	2.1.1. Intermédiation financière		65
..	..	..	..	..	2.1.2. Assurances et caisses de retraite		66
..	..	..	..	..	2.1.3. Activités financières auxiliaires		67
73.7	70.5	63.1	..	..	2.2. Affaires immobilières et services fournis aux entreprises	K	70_74
..	..	..	..	..	2.2.1. Affaires immobilières		70
..	..	..	..	..	2.2.2. Services fournis aux entreprises		71_74
..	..	..	..	..	2.2.2.1. Location, etc.		71
..	..	..	..	..	2.2.2.2. Activités informatiques et activités connexes		72
..	..	..	..	..	2.2.2.3. Recherche et développement		73
..	..	..	..	..	2.2.2.4. Autres services fournis aux entreprises		74
..	..	..	..	..	2.2.2.4.1. Activités juridiques, comptables, etc.		741
..	..	..	..	..	2.2.2.4.2. Activ. d'architect., d'ingénierie, aut. serv. tech.		742
..	..	..	..	..	2.2.2.4.3. Publicité		743
..	..	..	..	..	2.2.2.4.4. Autres serv. fournis aux entreprises n.c.a.		749
504.2	533.6	530.5	..	..	3. Autres services	**L_Q**	**75_99**
131.6	151.1	157.8	..	..	3.1. Administration publique et défense	L	75
372.6	382.5	372.7	..	..	3.2. Enseignement, santé, action sociale, autres activités de services collectifs, sociaux et personnels	M_Q	80_99
169.5	176.1	165.4	..	..	3.2.1. Enseignement	M	80
133.3	132.3	140.0	..	..	3.2.2. Santé et action sociale	N	85
69.3	72.2	65.7	..	..	3.2.3. Autres activités de services collectifs, sociaux et personnels	O	90_93
..	..	..	..	..	3.2.3.1. Services sanitaires et analogues		90
..	..	..	..	..	3.2.3.2. Activités associatives diverses		91
..	..	..	..	..	3.2.3.3. Activités récréatives et culturelles		92
..	..	..	..	..	3.2.3.4. Autres services personnels		93
0.5	1.9	1.6	..	..	3.2.4. Ménages privés employant du personnel domestique	P	95
..	..	..	..	..	3.2.5. Organisations extraterritoriales	Q	99
978.6	**1 007.1**	**1 032.1**	..	..	**TOTAL, SERVICES**	**G_Q**	**50_99**
1 913.8	**1 987.5**	**2 008.4**	..	..	**EMPLOI SALARIÉ TOTAL, Toutes activités**		
51.13	50.67	51.39	..	..	% des services dans l'emploi salarié total, toutes activités		

SERVICES : Statistiques sur la valeur ajoutée et l'emploi
© OCDE 2001

Sources:

Value Added:

National accounts division, Statistical Office of the Slovak Republic (SOSR), Bratislava, data sent directly and National Accounts of OECD Countries, OECD, Paris.

Employment:

Labour force survey, SOSR, Bratislava and National Accounts of OECD Countries, OECD, Paris.

Sources :

Valeur ajoutée :

Division des comptes nationaux, Statistical Office of the Slovak Republic (SOSR), Bratislava, données envoyées directement et Comptes nationaux des pays de l'OCDE, OCDE, Paris.

Emploi :

Enquête sur la population active, SOSR, Bratislava et Comptes nationaux des pays de l'OCDE, OCDE, Paris.

Spain – Espagne

SPAIN

I. GROSS VALUE ADDED at basic prices

A. Current prices

Billions of Spanish pesetas

ISIC Rev. 3			1989	1990	1991	1992	1993	1994
G_I	50_64	1. Motor, wholesale and retail trade; restaurants and hotels; transport and communication	..	..	..	..	..	..
G_H	50_55	1.1. Motor, wholesale and retail trade; restaurants and hotels	..	..	..	..	..	..
G	50_52	1.1.1. Motor, wholesale and retail trade	..	..	..	..	..	..
	50	1.1.1.1. Motor trade and repairs	..	..	..	..	..	..
	51	1.1.1.2. Wholesale and commission trade	..	..	..	..	..	..
	52	1.1.1.3. Retail trade and repairs	..	..	..	..	..	..
H	55	1.1.2. Restaurants and hotels	..	..	..	..	..	..
I	60_64	1.2. Transport, storage and communication	..	..	..	..	..	..
	60_63	1.2.1. Transport and storage	..	..	..	..	..	..
	60	1.2.1.1. Land transport, transport via pipelines	..	..	..	..	..	..
		1.2.1.1.1. Transport via railways	..	..	..	..	..	..
		1.2.1.1.2. Other land transport and pipelines	..	..	..	..	..	..
	61	1.2.1.2. Water transport	..	..	..	..	..	..
	62	1.2.1.3. Air transport	..	..	..	..	..	..
	63	1.2.1.4. Auxiliary transport services, travel agencies	..	..	..	..	..	..
	64	1.2.2. Communication	..	..	..	..	..	..
	641	1.2.2.1. Postal and courier services	..	..	..	..	..	..
	642	1.2.2.2. Telecommunications	..	..	..	..	..	..
J_K	65_74	2. Finance, insurance, real estate and business services	..	..	..	..	..	..
J	65_67	2.1. Financial and insurance services	..	..	..	..	..	..
	65	2.1.1. Financial intermediation	..	..	..	..	..	..
	66	2.1.2. Insurance and pension funding	..	..	..	..	..	..
	67	2.1.3. Auxiliary financial services	..	..	..	..	..	..
K	70_74	2.2. Real estate and business services	..	..	..	..	..	..
	70	2.2.1. Real estate services	..	..	..	..	..	..
	71_74	2.2.2. Business services	..	..	..	..	..	..
	71	2.2.2.1. Renting, etc.	..	..	..	..	..	..
	72	2.2.2.2. Computer and related activities	..	..	..	..	..	..
	73	2.2.2.3. Research and development	..	..	..	..	..	..
	74	2.2.2.4. Other business activities	..	..	..	..	..	..
	741	2.2.2.4.1. Legal, accounting services, etc.	..	..	..	..	..	..
	742	2.2.2.4.2. Architect., engineering, other tech. serv.	..	..	..	..	..	..
	743	2.2.2.4.3. Advertising services	..	..	..	..	..	..
	749	2.2.2.4.4. Other business activities n.e.c.	..	..	..	..	..	..
L_Q	75_99	3. Other services	..	..	..	..	..	..
L	75	3.1. Public administration and defence	..	..	..	..	..	..
M_Q	80_99	3.2. Education, health, social work related, other community, social and personal services	..	..	..	..	..	..
M	80	3.2.1. Education	..	..	..	..	..	..
N	85	3.2.2. Health and social work	..	..	..	..	..	..
O	90_93	3.2.3. Other community, social and personal services	..	..	..	..	..	..
	90	3.2.3.1. Sanitary and similar services	..	..	..	..	..	..
	91	3.2.3.2. Membership organisations n.e.c.	..	..	..	..	..	..
	92	3.2.3.3. Recreational and cultural services	..	..	..	..	..	..
	93	3.2.3.4. Other personal services	..	..	..	..	..	..
P	95	3.2.4. Private households with employed persons	..	..	..	..	..	..
Q	99	3.2.5. Extra-territorial organisations	..	..	..	..	..	..
		FISIM (Financial Intermediation Services Indirectly Measured)	..	..	..	..	..	..
G_Q	50_99	**TOTAL, SERVICES**	..	..	..	..	..	..
		GROSS VALUE ADDED, All activities, at basic prices	..	..	..	..	..	..
		% of services in gross value added, all activities	..	..	..	..	..	..
		Memorandum item:						
		Gross domestic product at market prices	..	..	..	..	..	..

I. VALEUR AJOUTÉE BRUTE aux prix de base

A. Prix courants

Milliards de pesetas espagnoles

1995	1996	1997*	1998*	1999**		CITI Rév. 3	
					1. Commerce d'automobiles, de gros et de détail ; restaurants et hôtels ;	**G_I**	**50_64**
18 775.0	19 652.0	20 988.6	22 216.4	24 055.3	transports et communication		
13 217.8	13 800.5	14 637.5	15 342.0	..	1.1. Commerce d'automobiles, de gros et de détail ; restaurants et hôtels	G_H	50_55
8 020.9	8 448.0	8 866.7	9 144.5	..	1.1.1. Commerce d'automobiles, de gros et de détail	G	50_52
1 691.0	1 832.8	1 938.2	..	..	1.1.1.1. Commerce et réparations automobiles		50
2 426.2	2 530.1	2 626.9	..	..	1.1.1.2. Commerce de gros et intermédiaires		51
3 903.7	4 085.1	4 301.6	..	..	1.1.1.3. Commerce de détail et réparations		52
5 196.9	5 352.5	5 770.8	6 197.5	..	1.1.2. Restaurants et hôtels	H	55
5 557.2	5 851.5	6 351.1	6 874.4	..	1.2. Transports, entreposage et communications	I	60_64
3 866.3	4 023.4	4 271.6	..	..	1.2.1. Transports et entreposage		60_63
2 517.4	2 589.6	2 723.4	..	..	1.2.1.1. Transports terrestres, transports par conduites		60
289.8	261.4	245.6	..	..	1.2.1.1.1. Transports par chemin de fer		
2 227.6	2 328.2	2 477.8	..	..	1.2.1.1.2. Autres transports terrestres et par conduites		
130.4	125.7	133.4	..	..	1.2.1.2. Transports par eau		61
326.6	380.6	412.8	..	..	1.2.1.3. Transports aériens		62
891.9	927.5	1 002.0	..	..	1.2.1.4. Services auxiliaires des transports, agences de voyages		63
1 690.9	1 828.1	2 079.5	..	..	1.2.2. Communications		64
..	..	..	..	..	1.2.2.1. Poste et courrier		641
..	..	..	..	..	1.2.2.2. Télécommunications		642
13 077.3	13 730.9	14 777.5	15 782.8	16 682.2	2. Banques, assurances, affaires immobilières et services aux entreprises	**J_K**	**65_74**
3 861.5	3 791.2	4 085.1	4 370.0	..	2.1. Établissements financiers	J	65_67
3 150.6	3 009.7	3 314.3	..	..	2.1.1. Intermédiation financière		65
401.7	458.6	390.6	..	..	2.1.2. Assurances et caisses de retraite		66
309.2	322.9	380.2	..	..	2.1.3. Activités financières auxiliaires		67
9 215.8	9 939.7	10 692.4	11 412.8	..	2.2. Affaires immobilières et services fournis aux entreprises	K	70_74
5 609.3	6 006.3	6 392.7	..	..	2.2.1. Affaires immobilières		70
3 606.5	3 933.4	4 299.7	..	..	2.2.2. Services fournis aux entreprises		71_74
271.8	292.3	301.0	..	..	2.2.2.1. Location, etc.		71
421.2	479.1	539.3	..	..	2.2.2.2. Activités informatiques et activités connexes		72
22.3	24.5	26.0	..	..	2.2.2.3. Recherche et développement		73
2 891.2	3 137.5	3 433.4	..	..	2.2.2.4. Autres services fournis aux entreprises		74
..	..	..	..	..	2.2.2.4.1. Activités juridiques, comptables, etc.		741
..	..	..	..	..	2.2.2.4.2. Activ. d'architect., d'ingénierie, aut. serv. tech.		742
..	..	..	..	..	2.2.2.4.3. Publicité		743
..	..	..	..	..	2.2.2.4.4. Autres serv. fournis aux entreprises n.c.a.		749
14 519.5	15 399.7	16 006.5	17 018.1	18 084.4	3. Autres services	**L_Q**	**75_99**
4 475.9	4 740.8	4 910.3	5 153.5	..	3.1. Administration publique et défense	L	75
10 043.6	10 658.9	11 096.2	11 864.6	..	3.2. Enseignement, santé, action sociale, autres activités de services collectifs, sociaux et personnels	M_Q	80_99
3 363.1	3 561.8	3 714.0	3 971.8	..	3.2.1. Enseignement	M	80
3 778.6	4 024.3	4 164.8	4 432.6	..	3.2.2. Santé et action sociale	N	85
2 151.6	2 288.5	2 396.7	2 571.2	..	3.2.3. Autres activités de services collectifs, sociaux et personnels	O	90_93
212.5	240.5	254.0	..	..	3.2.3.1. Services sanitaires et analogues		90
279.0	306.6	323.8	..	..	3.2.3.2. Activités associatives diverses		91
1 288.9	1 345.8	1 406.5	..	..	3.2.3.3. Activités récréatives et culturelles		92
371.2	395.6	412.4	..	..	3.2.3.4. Autres services personnels		93
750.3	784.3	820.7	889.0	..	3.2.4. Ménages privés employant du personnel domestique	P	95
..	..	..	..	..	3.2.5. Organisations extraterritoriales	Q	99
- 3 133.9	- 2 973.7	- 3 141.4	- 3 201.9	- 3 160.3	SIFIM (Services d'intermédiation financière indirectement mesurés)		
43 237.9	**45 808.9**	**48 631.2**	**51 815.4**	**55 661.6**	**TOTAL, SERVICES**	**G_Q**	**50_99**
67 139.5	**71 028.6**	**75 110.6**	**79 670.2**	**84 669.7**	**VALEUR AJOUTÉE BRUTE, Toutes activités, aux prix de base**		
64.40	64.49	64.75	65.04	65.74	% des services dans la valeur ajoutée brute, toutes activités		
					Pour mémoire :		
72 841.7	77 244.9	82 059.5	87 545.4	93 693.4	Produit intérieur brut aux prix du marché		

SPAIN

I. GROSS VALUE ADDED at basic prices *(cont.)*

B. Constant 1995 prices

Billions of Spanish pesetas

ISIC Rev. 3			1989	1990	1991	1992	1993	1994
G_I	50_64	1. Motor, wholesale and retail trade; restaurants and hotels; transport and communication	..	..	..	..	..	..
G_H	50_55	1.1. Motor, wholesale and retail trade; restaurants and hotels	..	..	..	..	..	..
G	50_52	1.1.1. Motor, wholesale and retail trade	..	..	..	..	..	..
	50	1.1.1.1. Motor trade and repairs	..	..	..	..	..	..
	51	1.1.1.2. Wholesale and commission trade	..	..	..	..	..	..
	52	1.1.1.3. Retail trade and repairs	..	..	..	..	..	..
H	55	1.1.2. Restaurants and hotels	..	..	..	..	..	..
I	60_64	1.2. Transport, storage and communication	..	..	..	..	..	..
	60_63	1.2.1. Transport and storage	..	..	..	..	..	..
	60	1.2.1.1. Land transport, transport via pipelines	..	..	..	..	..	..
		1.2.1.1.1. Transport via railways	..	..	..	..	..	..
		1.2.1.1.2. Other land transport and pipelines	..	..	..	..	..	..
	61	1.2.1.2. Water transport	..	..	..	..	..	..
	62	1.2.1.3. Air transport	..	..	..	..	..	..
	63	1.2.1.4. Auxiliary transport services, travel agencies	..	..	..	..	..	..
	64	1.2.2. Communication	..	..	..	..	..	..
	641	1.2.2.1. Postal and courier services	..	..	..	..	..	..
	642	1.2.2.2. Telecommunications	..	..	..	..	..	..
J_K	65_74	2. Finance, insurance, real estate and business services	..	..	..	..	..	..
J	65_67	2.1. Financial and insurance services	..	..	..	..	..	..
	65	2.1.1. Financial intermediation	..	..	..	..	..	..
	66	2.1.2. Insurance and pension funding	..	..	..	..	..	..
	67	2.1.3. Auxiliary financial services	..	..	..	..	..	..
K	70_74	2.2. Real estate and business services	..	..	..	..	..	..
	70	2.2.1. Real estate services	..	..	..	..	..	..
	71_74	2.2.2. Business services	..	..	..	..	..	..
	71	2.2.2.1. Renting, etc.	..	..	..	..	..	..
	72	2.2.2.2. Computer and related activities	..	..	..	..	..	..
	73	2.2.2.3. Research and development	..	..	..	..	..	..
	74	2.2.2.4. Other business activities	..	..	..	..	..	..
	741	2.2.2.4.1. Legal, accounting services, etc.	..	..	..	..	..	..
	742	2.2.2.4.2. Architect., engineering, other tech. serv.	..	..	..	..	..	..
	743	2.2.2.4.3. Advertising services	..	..	..	..	..	..
	749	2.2.2.4.4. Other business activities n.e.c.	..	..	..	..	..	..
L_Q	75_99	3. Other services	..	..	..	..	..	..
L	75	3.1. Public administration and defence	..	..	..	..	..	..
M_Q	80_99	3.2. Education, health, social work related, other community, social and personal services	..	..	..	..	..	..
M	80	3.2.1. Education	..	..	..	..	..	..
N	85	3.2.2. Health and social work	..	..	..	..	..	..
O	90_93	3.2.3. Other community, social and personal services	..	..	..	..	..	..
	90	3.2.3.1. Sanitary and similar services	..	..	..	..	..	..
	91	3.2.3.2. Membership organisations n.e.c.	..	..	..	..	..	..
	92	3.2.3.3. Recreational and cultural services	..	..	..	..	..	..
	93	3.2.3.4. Other personal services	..	..	..	..	..	..
P	95	3.2.4. Private households with employed persons	..	..	..	..	..	..
Q	99	3.2.5. Extra-territorial organisations	..	..	..	..	..	..
		FISIM (Financial Intermediation Services Indirectly Measured)	..	..	..	..	..	..
G_Q	50_99	**TOTAL, SERVICES**	..	..	..	..	..	..
		GROSS VALUE ADDED, All activities, at basic prices	..	..	..	..	..	..
		% of services in gross value added, all activities	..	..	..	..	..	..
		Memorandum item:						
		Gross domestic product at market prices	..	..	..	..	..	..

I. VALEUR AJOUTÉE BRUTE aux prix de base *(suite)*

B. Prix constants de 1995

Milliards de pesetas espagnoles

1995	1996	1997*	1998*	1999**		CITI Rév. 3	
18 775.0	19 088.2	19 867.9	20 535.9	21 590.9	1. Commerce d'automobiles, de gros et de détail ; restaurants et hôtels ; transports et communication	G_I	50_64
13 217.8	13 309.6	13 740.9	14 155.7	..	1.1. Commerce d'automobiles, de gros et de détail ; restaurants et hôtels	G_H	50_55
8 020.9	8 193.2	8 472.5	8 690.4	..	1.1.1. Commerce d'automobiles, de gros et de détail	G	50_52
1 691.0	1 747.9	1 812.0	..	..	1.1.1.1. Commerce et réparations automobiles		50
2 426.2	2 480.5	2 551.3	..	..	1.1.1.2. Commerce de gros et intermédiaires		51
3 903.7	3 964.8	4 109.2	..	..	1.1.1.3. Commerce de détail et réparations		52
5 196.9	5 116.4	5 268.4	5 465.3	..	1.1.2. Restaurants et hôtels	H	55
5 557.2	5 778.6	6 127.0	6 380.2	..	1.2. Transports, entreposage et communications	I	60_64
3 866.3	3 927.7	4 052.7	..	..	1.2.1. Transports et entreposage		60_63
2 517.4	2 557.3	2 636.4	..	..	1.2.1.1. Transports terrestres, transports par conduites		60
289.8	287.3	294.4	..	..	1.2.1.1.1. Transports par chemin de fer		
2 227.6	2 270.0	2 342.0	..	..	1.2.1.1.2. Autres transports terrestres et par conduites		
130.4	122.7	126.7	..	..	1.2.1.2. Transports par eau		61
326.6	366.5	388.0	..	..	1.2.1.3. Transports aériens		62
891.9	881.2	901.6	..	..	1.2.1.4. Services auxiliaires des transports, agences de voyages		63
1 690.9	1 850.9	2 074.3	..	..	1.2.2. Communications		64
..	..	..	..	..	1.2.2.1. Poste et courrier		641
..	..	..	..	..	1.2.2.2. Télécommunications		642
13 077.3	13 074.6	13 531.6	13 973.1	14 228.1	2. Banques, assurances, affaires immobilières et services aux entreprises	J_K	65_74
3 861.5	3 660.3	3 827.3	3 919.8	..	2.1. Établissements financiers	J	65_67
3 150.6	2 906.1	3 087.2	..	..	2.1.1. Intermédiation financière		65
401.7	442.5	388.3	..	..	2.1.2. Assurances et caisses de retraite		66
309.2	311.7	351.8	..	..	2.1.3. Activités financières auxiliaires		67
9 215.8	9 414.3	9 704.3	10 053.3	..	2.2. Affaires immobilières et services fournis aux entreprises	K	70_74
5 609.3	5 655.7	5 725.2	..	..	2.2.1. Affaires immobilières		70
3 606.5	3 758.6	3 979.1	..	..	2.2.2. Services fournis aux entreprises		71_74
271.8	284.5	285.7	..	..	2.2.2.1. Location, etc.		71
421.2	462.1	501.8	..	..	2.2.2.2. Activités informatiques et activités connexes		72
22.3	23.9	24.7	..	..	2.2.2.3. Recherche et développement		73
2 891.2	2 988.1	3 166.9	..	..	2.2.2.4. Autres services fournis aux entreprises		74
..	..	..	..	..	2.2.2.4.1. Activités juridiques, comptables, etc.		741
..	..	..	..	..	2.2.2.4.2. Activ. d'architect., d'ingénierie, aut. serv. tech.		742
..	..	..	..	..	2.2.2.4.3. Publicité		743
..	..	..	..	..	2.2.2.4.4. Autres serv. fournis aux entreprises n.c.a.		749
14 519.5	14 738.4	15 042.2	15 490.9	15 912.2	3. Autres services	L_Q	75_99
4 475.9	4 558.4	4 688.2	4 797.4	..	3.1. Administration publique et défense	L	75
10 043.6	10 180.0	10 354.0	10 693.5	..	3.2. Enseignement, santé, action sociale, autres activités de services collectifs, sociaux et personnels	M_Q	80_99
3 363.1	3 394.9	3 467.0	3 588.3	..	3.2.1. Enseignement	M	80
3 778.6	3 822.9	3 882.8	3 999.1	..	3.2.2. Santé et action sociale	N	85
2 151.6	2 211.6	2 252.0	2 328.1	..	3.2.3. Autres activités de services collectifs, sociaux et personnels	O	90_93
212.5	220.6	225.3	..	..	3.2.3.1. Services sanitaires et analogues		90
279.0	294.4	307.5	..	..	3.2.3.2. Activités associatives diverses		91
1 288.9	1 318.1	1 338.9	..	..	3.2.3.3. Activités récréatives et culturelles		92
371.2	378.5	380.3	..	..	3.2.3.4. Autres services personnels		93
750.3	750.6	752.2	778.0	..	3.2.4. Ménages privés employant du personnel domestique	P	95
..	..	..	..	..	3.2.5. Organisations extraterritoriales	Q	99
- 3 133.9	- 2 871.7	- 2 933.6	- 2 888.0	- 2 756.7	SIFIM (Services d'intermédiation financière indirectement mesurés)		
43 237.9	**44 029.5**	**45 508.1**	**47 111.9**	**48 974.5**	**TOTAL, SERVICES**	**G_Q**	**50_99**
67 139.5	**68 713.0**	**71 246.3**	**74 103.7**	**76 872.2**	**VALEUR AJOUTÉE BRUTE, Toutes activités, aux prix de base**		
64.40	64.08	63.87	63.58	63.71	% des services dans la valeur ajoutée brute, toutes activités		
					Pour mémoire :		
72 841.7	74 617.0	77 556.4	80 904.9	84 158.3	Produit intérieur brut aux prix du marché		

SPAIN

II. EMPLOYMENT

A. Total employment ***

Thousand full-time equivalents

ISIC Rev. 3			1989	1990	1991	1992	1993	1994
G_I	**50_64**	1. Motor, wholesale and retail trade; restaurants and hotels; transport and communication	..	..	..	..	..	..
G_H	50_55	1.1. Motor, wholesale and retail trade; restaurants and hotels	..	..	..	..	..	..
G	50_52	1.1.1. Motor, wholesale and retail trade	..	..	..	..	..	..
	50	1.1.1.1. Motor trade and repairs	..	..	..	..	..	..
	51	1.1.1.2. Wholesale and commission trade	..	..	..	..	..	..
	52	1.1.1.3. Retail trade and repairs	..	..	..	..	..	..
H	55	1.1.2. Restaurants and hotels	..	..	..	..	..	..
I	60_64	1.2. Transport, storage and communication	..	..	..	..	..	..
	60_63	1.2.1. Transport and storage	..	..	..	..	..	..
	60	1.2.1.1. Land transport, transport via pipelines	..	..	..	..	..	..
		1.2.1.1.1. Transport via railways	..	..	..	..	..	..
		1.2.1.1.2. Other land transport and pipelines	..	..	..	..	..	..
	61	1.2.1.2. Water transport	..	..	..	..	..	..
	62	1.2.1.3. Air transport	..	..	..	..	..	..
	63	1.2.1.4. Auxiliary transport services, travel agencies	..	..	..	..	..	..
	64	1.2.2. Communication	..	..	..	..	..	..
	641	1.2.2.1. Postal and courier services	..	..	..	..	..	..
	642	1.2.2.2. Telecommunications	..	..	..	..	..	..
J_K	**65_74**	2. Finance, insurance, real estate and business services	..	..	..	..	..	..
J	65_67	2.1. Financial and insurance services	..	..	..	..	..	..
	65	2.1.1. Financial intermediation	..	..	..	..	..	..
	66	2.1.2. Insurance and pension funding	..	..	..	..	..	..
	67	2.1.3. Auxiliary financial services	..	..	..	..	..	..
K	70_74	2.2. Real estate and business services	..	..	..	..	..	..
	70	2.2.1. Real estate services	..	..	..	..	..	..
	71_74	2.2.2. Business services	..	..	..	..	..	..
	71	2.2.2.1. Renting, etc.	..	..	..	..	..	..
	72	2.2.2.2. Computer and related activities	..	..	..	..	..	..
	73	2.2.2.3. Research and development	..	..	..	..	..	..
	74	2.2.2.4. Other business activities	..	..	..	..	..	..
	741	2.2.2.4.1. Legal, accounting services, etc.	..	..	..	..	..	..
	742	2.2.2.4.2. Architect., engineering, other tech. serv.	..	..	..	..	..	..
	743	2.2.2.4.3. Advertising services	..	..	..	..	..	..
	749	2.2.2.4.4. Other business activities n.e.c.	..	..	..	..	..	..
L_Q	**75_99**	3. Other services	..	..	..	..	..	..
L	75	3.1. Public administration and defence	..	..	..	..	..	..
M_Q	80_99	3.2. Education, health, social work related, other community, social and personal services	..	..	..	..	..	..
M	80	3.2.1. Education	..	..	..	..	..	..
N	85	3.2.2. Health and social work	..	..	..	..	..	..
O	90_93	3.2.3. Other community, social and personal services	..	..	..	..	..	..
	90	3.2.3.1. Sanitary and similar services	..	..	..	..	..	..
	91	3.2.3.2. Membership organisations n.e.c.	..	..	..	..	..	..
	92	3.2.3.3. Recreational and cultural services	..	..	..	..	..	..
	93	3.2.3.4. Other personal services	..	..	..	..	..	..
P	95	3.2.4. Private households with employed persons	..	..	..	..	..	..
Q	99	3.2.5. Extra-territorial organisations	..	..	..	..	..	..
G_Q	**50_99**	**TOTAL, SERVICES**	..	..	..	..	..	..
		TOTAL EMPLOYMENT, All activities	..	..	..	..	..	..
		% of services in total employment, all activities	..	..	..	..	..	..

II. EMPLOI

A. Emploi total ***

Milliers d'équivalents plein-temps

1995	1996	1997*	1998*	1999**		CITI Rév. 3	
					1. Commerce d'automobiles, de gros et de détail ; restaurants et hôtels ;	G_I	50_64
3 588.7	3 630.1	3 727.4	3 839.9	3 985.6	transports et communication		
2 792.1	2 813.2	2 895.9	2 999.3	..	1.1. Commerce d'automobiles, de gros et de détail ; restaurants et hôtels	G_H	50_55
2 031.6	2 067.7	2 125.2	2 197.4	..	1.1.1. Commerce d'automobiles, de gros et de détail	G	50_52
376.9	388.2	417.6	..	..	1.1.1.1. Commerce et réparations automobiles		50
438.2	445.0	460.8	..	..	1.1.1.2. Commerce de gros et intermédiaires		51
1 216.5	1 234.5	1 246.8	..	..	1.1.1.3. Commerce de détail et réparations		52
760.5	745.5	770.7	801.9	..	1.1.2. Restaurants et hôtels	H	55
796.6	816.9	831.5	840.6	..	1.2. Transports, entreposage et communications	I	60_64
630.3	642.3	660.4	..	..	1.2.1. Transports et entreposage		60_63
475.4	483.9	498.9	..	..	1.2.1.1. Transports terrestres, transports par conduites		60
43.2	41.9	40.6	..	..	1.2.1.1.1. Transports par chemin de fer		
432.2	442.0	458.3	..	..	1.2.1.1.2. Autres transports terrestres et par conduites		
17.4	16.7	15.4	..	..	1.2.1.2. Transports par eau		61
32.2	30.6	30.4	..	..	1.2.1.3. Transports aériens		62
105.3	111.1	115.7	..	..	1.2.1.4. Services auxiliaires des transports, agences de voyages		63
166.3	174.6	171.1	..	..	1.2.2. Communications		64
..	..	..	..	..	1.2.2.1. Poste et courrier		641
..	..	..	..	..	1.2.2.2. Télécommunications		642
1 104.6	1 131.3	1 188.7	1 249.6	1 310.5	2. Banques, assurances, affaires immobilières et services aux entreprises	J_K	65_74
347.2	342.4	344.2	343.7	..	2.1. Établissements financiers	J	65_67
253.8	250.8	251.1	..	..	2.1.1. Intermédiation financière		65
49.2	49.9	49.7	..	..	2.1.2. Assurances et caisses de retraite		66
44.2	41.7	43.4	..	..	2.1.3. Activités financières auxiliaires		67
757.4	788.9	844.5	905.9	..	2.2. Affaires immobilières et services fournis aux entreprises	K	70_74
47.5	51.4	58.3	..	..	2.2.1. Affaires immobilières		70
709.9	737.5	786.2	..	..	2.2.2. Services fournis aux entreprises		71_74
25.8	25.9	26.0	..	..	2.2.2.1. Location, etc.		71
61.6	66.9	72.5	..	..	2.2.2.2. Activités informatiques et activités connexes		72
5.0	5.4	5.6	..	..	2.2.2.3. Recherche et développement		73
617.5	639.3	682.1	..	..	2.2.2.4. Autres services fournis aux entreprises		74
..	..	..	..	..	2.2.2.4.1. Activités juridiques, comptables, etc.		741
..	..	..	..	..	2.2.2.4.2. Activ. d'architect., d'ingénierie, aut. serv. tech.		742
..	..	..	..	..	2.2.2.4.3. Publicité		743
..	..	..	..	..	2.2.2.4.4. Autres serv. fournis aux entreprises n.c.a.		749
3 518.4	3 540.0	3 647.7	3 762.5	3 863.4	3. Autres services	L_Q	75_99
1 178.1	1 183.0	1 210.9	1 231.8	..	3.1. Administration publique et défense	L	75
2 340.3	2 357.0	2 436.8	2 530.7	..	3.2. Enseignement, santé, action sociale, autres activités de services collectifs, sociaux et personnels	M_Q	80_99
694.6	701.3	713.3	743.4	..	3.2.1. Enseignement	M	80
777.5	784.3	800.4	827.9	..	3.2.2. Santé et action sociale	N	85
449.3	450.8	456.6	475.5	..	3.2.3. Autres activités de services collectifs, sociaux et personnels	O	90_93
43.4	44.9	46.3	..	..	3.2.3.1. Services sanitaires et analogues		90
96.1	96.3	101.4	..	..	3.2.3.2. Activités associatives diverses		91
177.0	176.6	173.1	..	..	3.2.3.3. Activités récréatives et culturelles		92
132.8	133.0	135.8	..	..	3.2.3.4. Autres services personnels		93
418.9	420.6	466.5	483.9	..	3.2.4. Ménages privés employant du personnel domestique	P	95
..	..	..	..	..	3.2.5. Organisations extraterritoriales	Q	99
8 211.7	**8 301.4**	**8 563.8**	**8 852.0**	**9 159.5**	**TOTAL, SERVICES**	**G_Q**	**50_99**
13 025.1	**13 183.0**	**13 608.3**	**14 123.5**	**14 631.4**	**EMPLOI TOTAL, Toutes activités**		
63.05	62.97	62.93	62.68	62.60	% des services dans l'emploi total, toutes activités		

SPAIN

Thousand full-time equivalents

ISIC Rev. 3			1989	1990	1991	1992	1993	1994
G_I	**50_64**	1. Motor, wholesale and retail trade; restaurants and hotels; transport and communication	..	..	..	..	..	..
G_H	50_55	1.1. Motor, wholesale and retail trade; restaurants and hotels	..	..	..	..	..	..
G	50_52	1.1.1. Motor, wholesale and retail trade	..	..	..	..	..	..
	50	1.1.1.1. Motor trade and repairs	..	..	..	..	..	..
	51	1.1.1.2. Wholesale and commission trade	..	..	..	..	..	..
	52	1.1.1.3. Retail trade and repairs	..	..	..	..	..	..
H	55	1.1.2. Restaurants and hotels	..	..	..	..	..	..
I	60_64	1.2. Transport, storage and communication	..	..	..	..	..	..
	60_63	1.2.1. Transport and storage	..	..	..	..	..	..
	60	1.2.1.1. Land transport, transport via pipelines	..	..	..	..	..	..
		1.2.1.1.1. Transport via railways	..	..	..	..	..	..
		1.2.1.1.2. Other land transport and pipelines	..	..	..	..	..	..
	61	1.2.1.2. Water transport	..	..	..	..	..	..
	62	1.2.1.3. Air transport	..	..	..	..	..	..
	63	1.2.1.4. Auxiliary transport services, travel agencies	..	..	..	..	..	..
	64	1.2.2. Communication	..	..	..	..	..	..
	641	1.2.2.1. Postal and courier services	..	..	..	..	..	..
	642	1.2.2.2. Telecommunications	..	..	..	..	..	..
J_K	**65_74**	2. Finance, insurance, real estate and business services	..	..	..	..	..	..
J	65_67	2.1. Financial and insurance services	..	..	..	..	..	..
	65	2.1.1. Financial intermediation	..	..	..	..	..	..
	66	2.1.2. Insurance and pension funding	..	..	..	..	..	..
	67	2.1.3. Auxiliary financial services	..	..	..	..	..	..
K	70_74	2.2. Real estate and business services	..	..	..	..	..	..
	70	2.2.1. Real estate services	..	..	..	..	..	..
	71_74	2.2.2. Business services	..	..	..	..	..	..
	71	2.2.2.1. Renting, etc.	..	..	..	..	..	..
	72	2.2.2.2. Computer and related activities	..	..	..	..	..	..
	73	2.2.2.3. Research and development	..	..	..	..	..	..
	74	2.2.2.4. Other business activities	..	..	..	..	..	..
	741	2.2.2.4.1. Legal, accounting services, etc.	..	..	..	..	..	..
	742	2.2.2.4.2. Architect., engineering, other tech. serv.	..	..	..	..	..	..
	743	2.2.2.4.3. Advertising services	..	..	..	..	..	..
	749	2.2.2.4.4. Other business activities n.e.c.	..	..	..	..	..	..
L_Q	**75_99**	3. Other services	..	..	..	..	..	..
L	75	3.1. Public administration and defence	..	..	..	..	..	..
M_Q	80_99	3.2. Education, health, social work related, other community, social and personal services	..	..	..	..	..	..
M	80	3.2.1. Education	..	..	..	..	..	..
N	85	3.2.2. Health and social work	..	..	..	..	..	..
O	90_93	3.2.3. Other community, social and personal services	..	..	..	..	..	..
	90	3.2.3.1. Sanitary and similar services	..	..	..	..	..	..
	91	3.2.3.2. Membership organisations n.e.c.	..	..	..	..	..	..
	92	3.2.3.3. Recreational and cultural services	..	..	..	..	..	..
	93	3.2.3.4. Other personal services	..	..	..	..	..	..
P	95	3.2.4. Private households with employed persons	..	..	..	..	..	..
Q	99	3.2.5. Extra-territorial organisations	..	..	..	..	..	..
G_Q	**50_99**	**TOTAL, SERVICES**	..	..	..	..	..	..
		TOTAL EMPLOYEES, All activities	..	..	..	..	..	..
		% of services in total employees, all activities	..	..	..	..	..	..

II. EMPLOI *(suite)*

B. Salariés

Milliers d'équivalents plein-temps

1995	1996	1997*	1998*	1999**		CITI Rév. 3	
2 440.8	2 463.8	2 558.1	2 656.1	2 789.4	1. Commerce d'automobiles, de gros et de détail ; restaurants et hôtels ; transports et communication	G_I	50_64
1 844.9	1 856.2	1 938.8	2 027.4	..	1.1. Commerce d'automobiles, de gros et de détail ; restaurants et hôtels	G_H	50_55
1 352.5	1 387.6	1 452.2	1 512.0	..	1.1.1. Commerce d'automobiles, de gros et de détail	G	50_52
283.2	290.8	306.3	..	..	1.1.1.1. Commerce et réparations automobiles		50
380.8	388.4	405.1	..	..	1.1.1.2. Commerce de gros et intermédiaires		51
688.5	708.4	740.8	..	..	1.1.1.3. Commerce de détail et réparations		52
492.4	468.6	486.6	515.4	..	1.1.2. Restaurants et hôtels	H	55
595.9	607.6	619.3	628.7	..	1.2. Transports, entreposage et communications	I	60_64
431.7	436.0	452.1	..	..	1.2.1. Transports et entreposage		60_63
280.7	284.3	297.7	..	..	1.2.1.1. Transports terrestres, transports par conduites		60
43.2	41.9	40.6	..	..	1.2.1.1.1. Transports par chemin de fer		
237.5	242.4	257.1	..	..	1.2.1.1.2. Autres transports terrestres et par conduites		
17.3	16.6	15.2	..	..	1.2.1.2. Transports par eau		61
32.2	30.6	30.4	..	..	1.2.1.3. Transports aériens		62
101.5	104.5	108.8	..	..	1.2.1.4. Services auxiliaires des transports, agences de voyages		63
164.2	171.6	167.2	..	..	1.2.2. Communications		64
..	..	..	..	..	1.2.2.1. Poste et courrier		641
..	..	..	..	..	1.2.2.2. Télécommunications		642
933.6	951.6	994.3	1 047.2	1 112.3	2. Banques, assurances, affaires immobilières et services aux entreprises	J_K	65_74
335.8	333.4	334.5	334.6	..	2.1. Établissements financiers	J	65_67
253.8	250.8	251.1	..	..	2.1.1. Intermédiation financière		65
49.2	49.9	49.7	..	..	2.1.2. Assurances et caisses de retraite		66
32.8	32.7	33.7	..	..	2.1.3. Activités financières auxiliaires		67
597.8	618.2	659.8	712.6	..	2.2. Affaires immobilières et services fournis aux entreprises	K	70_74
45.5	48.9	55.6	..	..	2.2.1. Affaires immobilières		70
552.3	569.3	604.2	..	..	2.2.2. Services fournis aux entreprises		71_74
20.4	19.6	20.9	..	..	2.2.2.1. Location, etc.		71
56.2	59.3	64.0	..	..	2.2.2.2. Activités informatiques et activités connexes		72
4.0	4.4	4.5	..	..	2.2.2.3. Recherche et développement		73
471.7	486.0	514.8	..	..	2.2.2.4. Autres services fournis aux entreprises		74
..	..	..	..	..	2.2.2.4.1. Activités juridiques, comptables, etc.		741
..	..	..	..	..	2.2.2.4.2. Activ. d'architect., d'ingénierie, aut. serv. tech.		742
..	..	..	..	..	2.2.2.4.3. Publicité		743
..	..	..	..	..	2.2.2.4.4. Autres serv. fournis aux entreprises n.c.a.		749
3 385.5	3 405.5	3 515.3	3 631.5	3 724.3	3. Autres services	L_Q	75_99
1 178.1	1 183.0	1 210.9	1 231.8	..	3.1. Administration publique et défense	L	75
2 207.4	2 222.5	2 304.4	2 399.7	..	3.2. Enseignement, santé, action sociale, autres activités de services collectifs, sociaux et personnels	M_Q	80_99
676.0	683.0	694.2	727.5	..	3.2.1. Enseignement	M	80
731.9	735.2	753.1	777.1	..	3.2.2. Santé et action sociale	N	85
380.6	383.7	390.6	411.2	..	3.2.3. Autres activités de services collectifs, sociaux et personnels	O	90_93
43.4	44.9	46.3	..	..	3.2.3.1. Services sanitaires et analogues		90
96.1	96.3	101.4	..	..	3.2.3.2. Activités associatives diverses		91
166.8	168.9	167.4	..	..	3.2.3.3. Activités récréatives et culturelles		92
74.3	73.6	75.5	..	..	3.2.3.4. Autres services personnels		93
418.9	420.6	466.5	483.9	..	3.2.4. Ménages privés employant du personnel domestique	P	95
..	..	..	..	..	3.2.5. Organisations extraterritoriales	Q	99
6 759.9	6 820.9	7 067.7	7 334.8	7 626.0	**TOTAL, SERVICES**	G_Q	50_99
10 563.8	10 685.7	11 128.7	11 606.8	12 113.1	**EMPLOI SALARIÉ TOTAL, Toutes activités**		
63.99	63.83	63.51	63.19	62.96	% des services dans l'emploi salarié total, toutes activités		

Source:

Instituto Nacional de Estadística, Madrid.

General notes:

    * Provisional data.
    ** Preliminary figures.
Employment:

    *** Total employment includes employees, self employed persons, unpaid family workers and the armed forces.

Source :

Instituto Nacional de Estadística, Madrid.

Note générales :

    * Données provisoires.
    ** Données préliminaires.
Emploi :

    *** L'emploi total inclut les salariés, les travailleurs indépendants, les aides familiaux rémunérés et les forces armées.

Sweden – Suède

SWEDEN

I. GROSS VALUE ADDED at basic prices

A. Current prices

Billions of Swedish kronor

ISIC Rev. 3			1989	1990	1991	1992	1993	1994
G_I	**50_64**	1. Motor, wholesale and retail trade; restaurants and hotels; transport and communication	..	..	..	..	256.9	278.2
G_H	50_55	1.1. Motor, wholesale and retail trade; restaurants and hotels	..	..	..	..	153.1	170.1
G	50_52	1.1.1. Motor, wholesale and retail trade	..	..	..	..	134.5	150.5
	50	1.1.1.1. Motor trade and repairs	..	..	..	..	..	..
	51	1.1.1.2. Wholesale and commission trade	..	..	..	..	..	..
	52	1.1.1.3. Retail trade and repairs	..	..	..	..	..	..
H	55	1.1.2. Restaurants and hotels	..	..	..	..	18.6	19.6
I	60_64	1.2. Transport, storage and communication	..	..	..	..	103.8	108.1
	60_63	1.2.1. Transport and storage	..	..	..	..	67.8	71.4
	60	1.2.1.1. Land transport, transport via pipelines	..	..	..	..	39.8	41.7
	61	1.2.1.2. Water transport	..	..	..	..	7.3	6.8
	62	1.2.1.3. Air transport	..	..	..	..	5.3	6.3
	63	1.2.1.4. Auxiliary transport services, travel agencies	..	..	..	..	15.4	16.6
	64	1.2.2. Communication	..	..	..	..	36.0	36.7
	641	1.2.2.1. Postal and courier services	..	..	..	..	..	..
	642	1.2.2.2. Telecommunications	..	..	..	..	..	..
J_K	**65_74**	2. Finance, insurance, real estate and business services	..	..	..	..	342.4	350.2
J	65_67	2.1. Financial and insurance services	..	..	..	..	67.8	61.2
	65	2.1.1. Financial intermediation	..	..	..	..	..	..
	66	2.1.2. Insurance and pension funding	..	..	..	..	..	..
	67	2.1.3. Auxiliary financial services	..	..	..	..	..	..
K	70_74	2.2. Real estate and business services	..	..	..	..	274.6	289.0
	70	2.2.1. Real estate services	..	..	..	..	188.6	195.0
	71_74	2.2.2. Business services	..	..	..	..	86.0	94.0
	71	2.2.2.1. Renting, etc.	..	..	..	..	7.4	7.3
	72	2.2.2.2. Computer and related activities	..	..	..	..	15.7	18.2
	73	2.2.2.3. Research and development	..	..	..	..	..	..
	74	2.2.2.4. Other business activities	..	..	..	..	..	..
	741	2.2.2.4.1. Legal, accounting services, etc.	..	..	..	..	..	..
	742	2.2.2.4.2. Architect., engineering, other tech. serv.	..	..	..	..	..	..
	743	2.2.2.4.3. Advertising services	..	..	..	..	..	..
	749	2.2.2.4.4. Other business activities n.e.c.	..	..	..	..	..	..
L_Q	**75_99**	3. Other services (1)	..	..	..	..	361.4	371.7
L	75	3.1. Public administration and defence	..	..	..	..	..	..
M_Q	80_99	3.2. Education, health, social work related, other community, social and personal services	..	..	..	..	..	..
M	80	3.2.1. Education	..	..	..	..	..	..
N	85	3.2.2. Health and social work	..	..	..	..	..	..
O	90_93	3.2.3. Other community, social and personal services	..	..	..	..	..	..
	90	3.2.3.1. Sanitary and similar services	..	..	..	..	..	..
	91	3.2.3.2. Membership organisations n.e.c.	..	..	..	..	..	..
	92	3.2.3.3. Recreational and cultural services	..	..	..	..	..	..
	93	3.2.3.4. Other personal services	..	..	..	..	..	..
P	95	3.2.4. Private households with employed persons	..	..	..	..	..	..
Q	99	3.2.5. Extra-territorial organisations	..	..	..	..	..	..
		FISIM (Financial Intermediation Services Indirectly Measured)	..	..	..	..	- 61.8	- 51.4
G_Q	**50_99**	**TOTAL, SERVICES**	..	..	..	..	899.0	948.7
		GROSS VALUE ADDED, All activities, at basic prices	..	..	..	..	1 312.3	1 404.7
		% of services in gross value added, all activities	..	..	..	..	68.51	67.54
		Memorandum item:						
		Gross domestic product at market prices	..	..	..	..	1 497.6	1 596.4

I. VALEUR AJOUTÉE BRUTE aux prix de base

A. Prix courants

Milliards de couronnes suédoises

1995	1996	1997*	1998*	1999*		CITI Rév. 3	
301.9	310.7	324.7	340.7	..	1. Commerce d'automobiles, de gros et de détail ; restaurants et hôtels ; transports et communication	**G_I**	**50_64**
185.6	189.0	192.7	203.5	..	1.1. Commerce d'automobiles, de gros et de détail ; restaurants et hôtels	G_H	50_55
164.7	166.3	168.5	177.3	..	1.1.1. Commerce d'automobiles, de gros et de détail	G	50_52
..	..	..	..	..	1.1.1.1. Commerce et réparations automobiles		50
..	..	..	..	..	1.1.1.2. Commerce de gros et intermédiaires		51
..	..	..	..	..	1.1.1.3. Commerce de détail et réparations		52
20.9	22.7	24.2	26.2	..	1.1.2. Restaurants et hôtels	H	55
116.3	121.7	132.0	137.2	..	1.2. Transports, entreposage et communications	I	60_64
77.1	79.8	85.6	88.8	..	1.2.1. Transports et entreposage		60_63
44.2	45.1	47.6	51.2	..	1.2.1.1. Transports terrestres, transports par conduites		60
7.5	8.1	9.0	7.3	..	1.2.1.2. Transports par eau		61
7.2	7.3	8.0	8.5	..	1.2.1.3. Transports aériens		62
18.3	19.4	20.9	21.8	..	1.2.1.4. Services auxiliaires des transports, agences de voyages		63
39.2	41.9	46.4	48.4	..	1.2.2. Communications		64
..	..	..	..	..	1.2.2.1. Poste et courrier		641
..	..	..	..	..	1.2.2.2. Télécommunications		642
374.6	390.7	410.2	423.2	..	2. Banques, assurances, affaires immobilières et services aux entreprises	**J_K**	**65_74**
70.0	66.5	68.0	61.5	..	2.1. Établissements financiers	J	65_67
..	..	..	..	..	2.1.1. Intermédiation financière		65
..	..	..	..	..	2.1.2. Assurances et caisses de retraite		66
..	..	..	..	..	2.1.3. Activités financières auxiliaires		67
304.6	324.2	342.2	361.7	..	2.2. Affaires immobilières et services fournis aux entreprises	K	70_74
199.7	206.8	214.7	214.7	..	2.2.1. Affaires immobilières		70
104.9	117.4	127.5	146.9	..	2.2.2. Services fournis aux entreprises		71_74
7.4	8.2	8.3	8.2	..	2.2.2.1. Location, etc.		71
21.4	25.8	29.9	38.2	..	2.2.2.2. Activités informatiques et activités connexes		72
..	..	..	..	..	2.2.2.3. Recherche et développement		73
..	..	..	..	..	2.2.2.4. Autres services fournis aux entreprises		74
..	..	..	..	..	2.2.2.4.1. Activités juridiques, comptables, etc.		741
..	..	..	..	..	2.2.2.4.2. Activ. d'architect., d'ingénierie, aut. serv. tech.		742
..	..	..	..	..	2.2.2.4.3. Publicité		743
..	..	..	..	..	2.2.2.4.4. Autres serv. fournis aux entreprises n.c.a.		749
389.8	413.1	427.7	445.9	..	3. Autres services (1)	**L_Q**	**75_99**
..	..	..	..	..	3.1. Administration publique et défense	L	75
..	..	..	..	..	3.2. Enseignement, santé, action sociale, autres activités de services collectifs, sociaux et personnels	M_Q	80_99
..	..	..	..	..	3.2.1. Enseignement	M	80
..	..	..	..	..	3.2.2. Santé et action sociale	N	85
..	..	..	..	..	3.2.3. Autres activités de services collectifs, sociaux et personnels	O	90_93
..	..	..	..	..	3.2.3.1. Services sanitaires et analogues		90
..	..	..	..	..	3.2.3.2. Activités associatives diverses		91
..	..	..	..	..	3.2.3.3. Activités récréatives et culturelles		92
..	..	..	..	..	3.2.3.4. Autres services personnels		93
..	..	..	..	..	3.2.4. Ménages privés employant du personnel domestique	P	95
..	..	..	..	..	3.2.5. Organisations extraterritoriales	Q	99
- 59.5	- 53.2	- 51.2	- 41.6	..	SIFIM (Services d'intermédiation financière indirectement mesurés)		
1 006.9	**1 061.2**	**1 111.4**	**1 168.3**	..	**TOTAL, SERVICES**	**G_Q**	**50_99**
1 517.4	**1 562.1**	**1 625.6**	**1 697.4**	..	**VALEUR AJOUTÉE BRUTE, Toutes activités, aux prix de base**		
66.36	67.94	68.37	68.83	..	% des services dans la valeur ajoutée brute, toutes activités		
					Pour mémoire :		
1 713.3	1 756.4	1 823.8	1 905.3	1 994.9	Produit intérieur brut aux prix du marché		

I. GROSS VALUE ADDED at basic prices *(cont.)*

B. Chain volume measures, 1995 base **

Billions of Swedish kronor

ISIC Rev. 3			1989	1990	1991	1992	1993	1994
G_I	**50_64**	1. Motor, wholesale and retail trade; restaurants and hotels; transport and communication	..	..	..	..	271.6	287.5
G_H	50_55	1.1. Motor, wholesale and retail trade; restaurants and hotels	..	..	..	..	164.5	177.4
G	50_52	1.1.1. Motor, wholesale and retail trade	..	..	..	..	145.2	157.3
	50	1.1.1.1. Motor trade and repairs	..	..	..	..	..	..
	51	1.1.1.2. Wholesale and commission trade	..	..	..	..	..	..
	52	1.1.1.3. Retail trade and repairs	..	..	..	..	..	..
H	55	1.1.2. Restaurants and hotels	..	..	..	..	19.2	20.0
I	60_64	1.2. Transport, storage and communication	..	..	..	..	107.0	110.2
	60_63	1.2.1. Transport and storage	..	..	..	..	71.6	73.9
	60	1.2.1.1. Land transport, transport via pipelines	..	..	..	..	41.5	43.0
	61	1.2.1.2. Water transport	..	..	..	..	7.6	7.1
	62	1.2.1.3. Air transport	..	..	..	..	7.7	7.2
	63	1.2.1.4. Auxiliary transport services, travel agencies	..	..	..	..	15.2	16.7
	64	1.2.2. Communication	..	..	..	..	35.4	36.3
	641	1.2.2.1. Postal and courier services	..	..	..	..	..	..
	642	1.2.2.2. Telecommunications	..	..	..	..	..	..
J_K	**65_74**	2. Finance, insurance, real estate and business services	..	..	..	..	365.8	357.6
J	65_67	2.1. Financial and insurance services	..	..	..	..	74.3	61.0
	65	2.1.1. Financial intermediation	..	..	..	..	..	..
	66	2.1.2. Insurance and pension funding	..	..	..	..	..	..
	67	2.1.3. Auxiliary financial services	..	..	..	..	..	..
K	70_74	2.2. Real estate and business services	..	..	..	..	292.0	296.8
	70	2.2.1. Real estate services	..	..	..	..	197.1	197.2
	71_74	2.2.2. Business services	..	..	..	..	94.7	99.5
	71	2.2.2.1. Renting, etc.	..	..	..	..	7.2	7.1
	72	2.2.2.2. Computer and related activities	..	..	..	..	17.4	19.6
	73	2.2.2.3. Research and development	..	..	..	..	..	..
	74	2.2.2.4. Other business activities	..	..	..	..	..	..
	741	2.2.2.4.1. Legal, accounting services, etc.	..	..	..	..	..	..
	742	2.2.2.4.2. Architect., engineering, other tech. serv.	..	..	..	..	..	..
	743	2.2.2.4.3. Advertising services	..	..	..	..	..	..
	749	2.2.2.4.4. Other business activities n.e.c.	..	..	..	..	..	..
L_Q	**75_99**	3. Other services (1)	..	..	..	..	388.7	386.6
L	75	3.1. Public administration and defence	..	..	..	..	..	..
M_Q	80_99	3.2. Education, health, social work related, other community, social and personal services	..	..	..	..	..	..
M	80	3.2.1. Education	..	..	..	..	..	..
N	85	3.2.2. Health and social work	..	..	..	..	..	..
O	90_93	3.2.3. Other community, social and personal services	..	..	..	..	..	..
	90	3.2.3.1. Sanitary and similar services	..	..	..	..	..	..
	91	3.2.3.2. Membership organisations n.e.c.	..	..	..	..	..	..
	92	3.2.3.3. Recreational and cultural services	..	..	..	..	..	..
	93	3.2.3.4. Other personal services	..	..	..	..	..	..
P	95	3.2.4. Private households with employed persons	..	..	..	..	..	..
Q	99	3.2.5. Extra-territorial organisations	..	..	..	..	..	..
		FISIM (Financial Intermediation Services Indirectly Measured)	..	..	..	..	- 65.3	- 49.4
G_Q	**50_99**	**TOTAL, SERVICES**	..	..	..	..	960.9	982.8
		GROSS VALUE ADDED, All activities, at basic prices	..	..	..	..	1 395.7	1 457.5
		% of services in gross value added, all activities	..	..	..	..	68.85	67.43
		Memorandum item:						
		Gross domestic product at market prices	..	..	..	..	1 587.0	1 652.3

I. VALEUR AJOUTÉE BRUTE aux prix de base *(suite)*

B. Volumes (prix chaînés), base 1995 **

Milliards de couronnes suédoises

1995	1996	1997*	1998*	1999*		CITI Rév. 3	
301.9	313.5	326.6	340.6	361.8	1. Commerce d'automobiles, de gros et de détail ; restaurants et hôtels ; transports et communication	**G_I**	**50_64**
185.6	192.6	196.6	209.0	222.6	1.1. Commerce d'automobiles, de gros et de détail ; restaurants et hôtels	G_H	50_55
164.7	171.2	174.0	185.1	197.8	1.1.1. Commerce d'automobiles, de gros et de détail	G	50_52
..	..	..	..	..	1.1.1.1. Commerce et réparations automobiles		50
..	..	..	..	..	1.1.1.2. Commerce de gros et intermédiaires		51
..	..	..	..	..	1.1.1.3. Commerce de détail et réparations		52
20.9	21.5	22.6	23.9	24.8	1.1.2. Restaurants et hôtels	H	55
116.3	120.9	129.8	131.6	139.3	1.2. Transports, entreposage et communications	I	60_64
77.1	80.0	84.6	84.0	87.3	1.2.1. Transports et entreposage		60_63
44.2	44.5	46.6	48.6	50.1	1.2.1.1. Transports terrestres, transports par conduites		60
7.5	9.5	10.2	7.6	9.1	1.2.1.2. Transports par eau		61
7.2	7.2	7.4	7.1	7.0	1.2.1.3. Transports aériens		62
18.3	18.8	20.4	20.4	21.0	1.2.1.4. Services auxiliaires des transports, agences de voyages		63
39.2	40.9	45.2	47.6	52.0	1.2.2. Communications		64
..	..	..	..	..	1.2.2.1. Poste et courrier		641
..	..	..	..	..	1.2.2.2. Télécommunications		642
374.6	383.4	397.8	409.7	425.7	2. Banques, assurances, affaires immobilières et services aux entreprises	**J_K**	**65_74**
70.0	75.2	85.1	86.7	88.4	2.1. Établissements financiers	J	65_67
..	..	..	..	..	2.1.1. Intermédiation financière		65
..	..	..	..	..	2.1.2. Assurances et caisses de retraite		66
..	..	..	..	..	2.1.3. Activités financières auxiliaires		67
304.6	308.1	313.8	324.0	337.6	2.2. Affaires immobilières et services fournis aux entreprises	K	70_74
199.7	200.6	202.5	201.5	203.2	2.2.1. Affaires immobilières		70
104.9	107.5	111.2	121.8	132.9	2.2.2. Services fournis aux entreprises		71_74
7.4	8.9	9.3	9.6	10.1	2.2.2.1. Location, etc.		71
21.4	22.1	24.8	28.0	32.8	2.2.2.2. Activités informatiques et activités connexes		72
..	..	..	..	..	2.2.2.3. Recherche et développement		73
..	..	..	..	..	2.2.2.4. Autres services fournis aux entreprises		74
..	..	..	..	..	2.2.2.4.1. Activités juridiques, comptables, etc.		741
..	..	..	..	..	2.2.2.4.2. Activ. d'architect., d'ingénierie, aut. serv. tech.		742
..	..	..	..	..	2.2.2.4.3. Publicité		743
..	..	..	..	..	2.2.2.4.4. Autres serv. fournis aux entreprises n.c.a.		749
389.8	388.9	387.1	393.3	400.9	3. Autres services (1)	**L_Q**	**75_99**
..	..	..	..	..	3.1. Administration publique et défense	L	75
..	..	..	..	..	3.2. Enseignement, santé, action sociale, autres activités de services collectifs, sociaux et personnels	M_Q	80_99
..	..	..	..	..	3.2.1. Enseignement	M	80
..	..	..	..	..	3.2.2. Santé et action sociale	N	85
..	..	..	..	..	3.2.3. Autres activités de services collectifs, sociaux et personnels	O	90_93
..	..	..	..	..	3.2.3.1. Services sanitaires et analogues		90
..	..	..	..	..	3.2.3.2. Activités associatives diverses		91
..	..	..	..	..	3.2.3.3. Activités récréatives et culturelles		92
..	..	..	..	..	3.2.3.4. Autres services personnels		93
..	..	..	..	..	3.2.4. Ménages privés employant du personnel domestique	P	95
..	..	..	..	..	3.2.5. Organisations extraterritoriales	Q	99
- 59.5	- 63.7	- 70.2	- 70.8	- 66.7	SIFIM (Services d'intermédiation financière indirectement mesurés)		
1 006.9	**1 022.0**	**1 041.6**	**1 072.3**	**1 117.0**	**TOTAL, SERVICES**	**G_Q**	**50_99**
1 517.4	**1 535.8**	**1 572.7**	**1 630.2**	**1 696.0**	**VALEUR AJOUTÉE BRUTE, Toutes activités, aux prix de base**		
66.36	66.54	66.23	65.78	65.86	% des services dans la valeur ajoutée brute, toutes activités		
					Pour mémoire :		
1 713.3	1 731.8	1 767.6	1 831.0	1 906.6	Produit intérieur brut aux prix du marché		

SWEDEN

Thousand persons

ISIC Rev. 3			1989	1990	1991	1992	1993	1994
G_I	50_64	1. Motor, wholesale and retail trade; restaurants and hotels; transport and communication	..	..	..	..	892.8	893.3
G_H	50_55	1.1. Motor, wholesale and retail trade; restaurants and hotels	..	..	..	..	615.2	619.5
G	50_52	1.1.1. Motor, wholesale and retail trade	..	..	..	..	512.5	515.6
	50	1.1.1.1. Motor trade and repairs	..	..	..	..	..	..
	51	1.1.1.2. Wholesale and commission trade	..	..	..	..	..	..
	52	1.1.1.3. Retail trade and repairs	..	..	..	..	..	..
H	55	1.1.2. Restaurants and hotels	..	..	..	..	102.7	103.9
I	60_64	1.2. Transport, storage and communication	..	..	..	..	277.6	273.8
	60_63	1.2.1. Transport and storage	..	..	..	..	185.0	184.0
	60	1.2.1.1. Land transport, transport via pipelines	..	..	..	..	125.1	120.6
	61	1.2.1.2. Water transport	..	..	..	..	12.0	12.0
	62	1.2.1.3. Air transport	..	..	..	..	9.3	10.0
	63	1.2.1.4. Auxiliary transport services, travel agencies	..	..	..	..	38.9	41.4
	64	1.2.2. Communication	..	..	..	..	92.6	89.8
	641	1.2.2.1. Postal and courier services	..	..	..	..	..	..
	642	1.2.2.2. Telecommunications	..	..	..	..	..	..
J_K	65_74	2. Finance, insurance, real estate and business services	..	..	..	..	394.0	402.4
J	65_67	2.1. Financial and insurance services	..	..	..	..	82.1	83.7
	65	2.1.1. Financial intermediation	..	..	..	..	..	..
	66	2.1.2. Insurance and pension funding	..	..	..	..	..	..
	67	2.1.3. Auxiliary financial services	..	..	..	..	..	..
K	70_74	2.2. Real estate and business services	..	..	..	..	311.9	318.7
	70	2.2.1. Real estate services	..	..	..	..	64.9	64.3
	71_74	2.2.2. Business services	..	..	..	..	247.0	254.4
	71	2.2.2.1. Renting, etc.	..	..	..	..	8.3	8.0
	72	2.2.2.2. Computer and related activities	..	..	..	..	35.6	36.7
	73	2.2.2.3. Research and development	..	..	..	..	..	..
	74	2.2.2.4. Other business activities	..	..	..	..	..	..
	741	2.2.2.4.1. Legal, accounting services, etc.	..	..	..	..	..	..
	742	2.2.2.4.2. Architect., engineering, other tech. serv.	..	..	..	..	..	..
	743	2.2.2.4.3. Advertising services	..	..	..	..	..	..
	749	2.2.2.4.4. Other business activities n.e.c.	..	..	..	..	..	..
L_Q	75_99	3. Other services (1)	..	..	..	..	1 671.9	1 656.9
L	75	3.1. Public administration and defence	..	..	..	..	1 481.1	1 451.0
M_Q	80_99	3.2. Education, health, social work related, other community, social and personal services	..	..	..	..	190.8	205.9
M	80	3.2.1. Education	..	..	..	..	..	..
N	85	3.2.2. Health and social work	..	..	..	..	..	..
O	90_93	3.2.3. Other community, social and personal services	..	..	..	..	..	..
	90	3.2.3.1. Sanitary and similar services	..	..	..	..	..	..
	91	3.2.3.2. Membership organisations n.e.c.	..	..	..	..	..	..
	92	3.2.3.3. Recreational and cultural services	..	..	..	..	..	..
	93	3.2.3.4. Other personal services	..	..	..	..	..	..
P	95	3.2.4. Private households with employed persons	..	..	..	..	..	..
Q	99	3.2.5. Extra-territorial organisations	..	..	..	..	..	..
G_Q	50_99	**TOTAL, SERVICES**	..	..	..	..	2 958.7	2 952.6
		TOTAL EMPLOYMENT, All activities	..	..	..	..	4 066.0	4 035.0
		% of services in total employment, all activities	..	..	..	..	72.77	73.17

II. EMPLOI

A. Emploi total **

Milliers de personnes

1995	1996	1997*	1998*	1999*		CITI Rév. 3	
896.1	884.8	886.0	898.0	922.0	1. Commerce d'automobiles, de gros et de détail ; restaurants et hôtels ; transports et communication	**G_I**	**50_64**
627.6	620.6	623.8	630.9	649.1	1.1. Commerce d'automobiles, de gros et de détail ; restaurants et hôtels	G_H	50_55
520.9	513.4	515.5	520.6	535.3	1.1.1. Commerce d'automobiles, de gros et de détail	G	50_52
..	..	..	..	..	1.1.1.1. Commerce et réparations automobiles		50
..	..	..	..	..	1.1.1.2. Commerce de gros et intermédiaires		51
..	..	..	..	..	1.1.1.3. Commerce de détail et réparations		52
106.7	107.2	108.3	110.3	113.8	1.1.2. Restaurants et hôtels	H	55
268.5	264.2	261.7	267.0	272.7	1.2. Transports, entreposage et communications	I	60_64
187.0	184.0	182.4	185.7	189.4	1.2.1. Transports et entreposage		60_63
121.2	114.8	112.7	116.1	117.8	1.2.1.1. Transports terrestres, transports par conduites		60
12.4	13.2	13.0	12.9	13.0	1.2.1.2. Transports par eau		61
9.3	9.5	9.5	9.4	9.8	1.2.1.3. Transports aériens		62
44.0	46.5	47.2	47.3	48.8	1.2.1.4. Services auxiliaires des transports, agences de voyages		63
81.5	80.2	79.3	81.3	83.3	1.2.2. Communications		64
..	..	..	..	..	1.2.2.1. Poste et courrier		641
..	..	..	..	..	1.2.2.2. Télécommunications		642
430.0	447.5	447.0	462.0	485.0	2. Banques, assurances, affaires immobilières et services aux entreprises	**J_K**	**65_74**
85.6	86.8	87.0	89.7	91.1	2.1. Établissements financiers	J	65_67
..	..	..	..	..	2.1.1. Intermédiation financière		65
..	..	..	..	..	2.1.2. Assurances et caisses de retraite		66
..	..	..	..	..	2.1.3. Activités financières auxiliaires		67
344.4	360.7	359.7	372.5	393.6	2.2. Affaires immobilières et services fournis aux entreprises	K	70_74
65.3	65.0	61.8	56.2	56.6	2.2.1. Affaires immobilières		70
279.1	295.7	297.9	316.3	337.0	2.2.2. Services fournis aux entreprises		71_74
9.0	9.4	9.2	8.8	9.0	2.2.2.1. Location, etc.		71
41.5	43.9	48.8	55.8	62.8	2.2.2.2. Activités informatiques et activités connexes		72
..	..	..	..	..	2.2.2.3. Recherche et développement		73
..	..	..	..	..	2.2.2.4. Autres services fournis aux entreprises		74
..	..	..	..	..	2.2.2.4.1. Activités juridiques, comptables, etc.		741
..	..	..	..	..	2.2.2.4.2. Activ. d'architect., d'ingénierie, aut. serv. tech.		742
..	..	..	..	..	2.2.2.4.3. Publicité		743
..	..	..	..	..	2.2.2.4.4. Autres serv. fournis aux entreprises n.c.a.		749
1 636.5	1 619.1	1 593.8	1 605.2	1 637.0	3. Autres services (1)	**L_Q**	**75_99**
1 432.2	1 410.3	1 384.7	1 385.9	1 403.5	3.1. Administration publique et défense	L	75
204.3	208.8	209.1	219.3	233.5	3.2. Enseignement, santé, action sociale, autres activités de services collectifs, sociaux et personnels	M_Q	80_99
17.0	16.0	..	..	..	3.2.1. Enseignement	M	80
73.0	79.0	..	..	..	3.2.2. Santé et action sociale	N	85
113.0	114.0	..	..	..	3.2.3. Autres activités de services collectifs, sociaux et personnels	O	90_93
..	..	..	..	..	3.2.3.1. Services sanitaires et analogues		90
..	..	..	..	..	3.2.3.2. Activités associatives diverses		91
..	..	..	..	..	3.2.3.3. Activités récréatives et culturelles		92
..	..	..	..	..	3.2.3.4. Autres services personnels		93
1.0	1.0	..	..	..	3.2.4. Ménages privés employant du personnel domestique	P	95
0.0	0.0	..	..	..	3.2.5. Organisations extraterritoriales	Q	99
2 962.6	**2 951.4**	**2 926.8**	**2 965.2**	**3 044.0**	**TOTAL, SERVICES**	**G_Q**	**50_99**
4 089.0	**4 066.0**	**4 022.0**	**4 072.0**	**4 167.0**	**EMPLOI TOTAL, Toutes activités**		
72.45	72.59	72.77	72.82	73.05	% des services dans l'emploi total, toutes activités		

SWEDEN

Thousand persons

ISIC Rev. 3			1989	1990	1991	1992	1993	1994
G_I	50_64	1. Motor, wholesale and retail trade; restaurants and hotels; transport and communication	..	..	..	..	838	836
G_H	50_55	1.1. Motor, wholesale and retail trade; restaurants and hotels	..	..	..	..	574	576
G	50_52	1.1.1. Motor, wholesale and retail trade	..	..	..	..	483	484
	50	1.1.1.1. Motor trade and repairs	..	..	..	..	..	..
	51	1.1.1.2. Wholesale and commission trade	..	..	..	..	..	..
	52	1.1.1.3. Retail trade and repairs	..	..	..	..	..	..
H	55	1.1.2. Restaurants and hotels	..	..	..	..	91	92
I	60_64	1.2. Transport, storage and communication	..	..	..	..	264	260
	60_63	1.2.1. Transport and storage	..	..	..	..	171	170
	60	1.2.1.1. Land transport, transport via pipelines	..	..	..	..	..	..
	61	1.2.1.2. Water transport	..	..	..	..	..	..
	62	1.2.1.3. Air transport	..	..	..	..	..	..
	63	1.2.1.4. Auxiliary transport services, travel agencies	..	..	..	..	..	..
	64	1.2.2. Communication	..	..	..	..	93	90
	641	1.2.2.1. Postal and courier services	..	..	..	..	..	..
	642	1.2.2.2. Telecommunications	..	..	..	..	..	..
J_K	65_74	2. Finance, insurance, real estate and business services	..	..	..	..	379	384
J	65_67	2.1. Financial and insurance services	..	..	..	..	81	83
	65	2.1.1. Financial intermediation	..	..	..	..	..	..
	66	2.1.2. Insurance and pension funding	..	..	..	..	..	..
	67	2.1.3. Auxiliary financial services	..	..	..	..	..	..
K	70_74	2.2. Real estate and business services	..	..	..	..	298	301
	70	2.2.1. Real estate services	..	..	..	..	65	64
	71_74	2.2.2. Business services	..	..	..	..	233	237
	71	2.2.2.1. Renting, etc.	..	..	..	..	..	..
	72	2.2.2.2. Computer and related activities	..	..	..	..	..	..
	73	2.2.2.3. Research and development	..	..	..	..	..	..
	74	2.2.2.4. Other business activities	..	..	..	..	..	..
	741	2.2.2.4.1. Legal, accounting services, etc.	..	..	..	..	..	..
	742	2.2.2.4.2. Architect., engineering, other tech. serv.	..	..	..	..	..	..
	743	2.2.2.4.3. Advertising services	..	..	..	..	..	..
	749	2.2.2.4.4. Other business activities n.e.c.	..	..	..	..	..	..
L_Q	75_99	3. Other services (1)	..	..	..	..	1 640	1 623
L	75	3.1. Public administration and defence	..	..	..	..	1 481	1 451
M_Q	80_99	3.2. Education, health, social work related, other community, social and personal services	..	..	..	..	159	172
M	80	3.2.1. Education	..	..	..	..	..	..
N	85	3.2.2. Health and social work	..	..	..	..	..	..
O	90_93	3.2.3. Other community, social and personal services	..	..	..	..	..	..
	90	3.2.3.1. Sanitary and similar services	..	..	..	..	..	..
	91	3.2.3.2. Membership organisations n.e.c.	..	..	..	..	..	..
	92	3.2.3.3. Recreational and cultural services	..	..	..	..	..	..
	93	3.2.3.4. Other personal services	..	..	..	..	..	..
P	95	3.2.4. Private households with employed persons	..	..	..	..	..	..
Q	99	3.2.5. Extra-territorial organisations	..	..	..	..	..	..
G_Q	50_99	**TOTAL, SERVICES**	..	..	..	..	**2 857**	**2 843**
		TOTAL EMPLOYEES, All activities	..	..	..	..	**3 843**	**3 809**
		% of services in total employees, all activities	..	..	..	..	74.34	74.64

II. EMPLOI *(suite)*

B. Salariés **

Milliers de personnes

1995	1996	1997*	1998*	1999*		CITI Rév. 3	
					1. Commerce d'automobiles, de gros et de détail ; restaurants et hôtels ;	**G_I**	**50_64**
839	830	831	843	864	transports et communication		
584	579	..	..	..	1.1. Commerce d'automobiles, de gros et de détail ; restaurants et hôtels	G_H	50_55
487	482	..	..	..	1.1.1. Commerce d'automobiles, de gros et de détail	G	50_52
..	..	..	..	..	1.1.1.1. Commerce et réparations automobiles		50
..	..	..	..	..	1.1.1.2. Commerce de gros et intermédiaires		51
..	..	..	..	..	1.1.1.3. Commerce de détail et réparations		52
97	97	..	..	..	1.1.2. Restaurants et hôtels	H	55
255	251	..	..	..	1.2. Transports, entreposage et communications	I	60_64
173	171	..	..	..	1.2.1. Transports et entreposage		60_63
..	..	..	..	..	1.2.1.1. Transports terrestres, transports par conduites		60
..	..	..	..	..	1.2.1.2. Transports par eau		61
..	..	..	..	..	1.2.1.3. Transports aériens		62
..	..	..	..	..	1.2.1.4. Services auxiliaires des transports, agences de voyages		63
82	80	..	..	..	1.2.2. Communications		64
..	..	..	..	..	1.2.2.1. Poste et courrier		641
..	..	..	..	..	1.2.2.2. Télécommunications		642
406	419	417	434	455	2. Banques, assurances, affaires immobilières et services aux entreprises	**J_K**	**65_74**
84	86	..	..	..	2.1. Établissements financiers	J	65_67
..	..	..	..	..	2.1.1. Intermédiation financière		65
..	..	..	..	..	2.1.2. Assurances et caisses de retraite		66
..	..	..	..	..	2.1.3. Activités financières auxiliaires		67
322	333	..	..	..	2.2. Affaires immobilières et services fournis aux entreprises	K	70_74
65	64	..	..	..	2.2.1. Affaires immobilières		70
257	269	..	..	..	2.2.2. Services fournis aux entreprises		71_74
..	..	..	..	..	2.2.2.1. Location, etc.		71
..	..	..	..	..	2.2.2.2. Activités informatiques et activités connexes		72
..	..	..	..	..	2.2.2.3. Recherche et développement		73
..	..	..	..	..	2.2.2.4. Autres services fournis aux entreprises		74
..	..	..	..	..	2.2.2.4.1. Activités juridiques, comptables, etc.		741
..	..	..	..	..	2.2.2.4.2. Activ. d'architect., d'ingénierie, aut. serv. tech.		742
..	..	..	..	..	2.2.2.4.3. Publicité		743
..	..	..	..	..	2.2.2.4.4. Autres serv. fournis aux entreprises n.c.a.		749
1 603	1 583	1 556	1 565	1 592	3. Autres services (1)	**L_Q**	**75_99**
1 432	1 410	..	..	..	3.1. Administration publique et défense	L	75
					3.2. Enseignement, santé, action sociale, autres activités de services	M_Q	80_99
171	173	..	..	..	collectifs, sociaux et personnels		
16	13	..	..	..	3.2.1. Enseignement	M	80
67	71	..	..	..	3.2.2. Santé et action sociale	N	85
87	89	..	..	..	3.2.3. Autres activités de services collectifs, sociaux et personnels	O	90_93
..	..	..	..	..	3.2.3.1. Services sanitaires et analogues		90
..	..	..	..	..	3.2.3.2. Activités associatives diverses		91
..	..	..	..	..	3.2.3.3. Activités récréatives et culturelles		92
..	..	..	..	..	3.2.3.4. Autres services personnels		93
1	1	..	..	..	3.2.4. Ménages privés employant du personnel domestique	P	95
0	0	..	..	..	3.2.5. Organisations extraterritoriales	Q	99
2 848	**2 832**	**2 804**	**2 842**	**2 911**	**TOTAL, SERVICES**	**G_Q**	**50_99**
3 860	**3 841**	**3 799**	**3 848**	**3 932**	**EMPLOI SALARIÉ TOTAL, Toutes activités**		
73.78	73.73	73.81	73.86	74.03	% des services dans l'emploi salarié total, toutes activités		

Source:

"Nationalräkenskaper", Statistiska Centralbyrån (Statistics Sweden, SCB), Stockholm.

General notes:

   * Provisional data.
Value Added:
   ** Previous year prices, chained. An unavoidable aspect of such measures is that the components do not sum to the chain volume estimates of totals, except for the reference year.
Employment:
   ** Employment estimates correspond to the annual average number of persons in employment.

   (1) Item Other services includes general government and private non-profit organisations serving households. Sewage plants are excluded.

Source :

"Nationalräkenskaper", Statistiska Centralbyrån (Statistics Sweden, SCB), Stockholm.

Notes générales :

   * Données provisoires.
Valeur ajoutée :
   ** Prix de l'année précédente, chaînés. Un aspect inévitable de ces mesures est que les agrégats ne sont pas égaux à la somme de leurs composantes, à l'exception de l'année de référence.
Emploi :
   ** Les estimations de l'emploi correspondent au nombre moyen annuel de personnes ayant un emploi.

   (1) La rubrique Autres services inclut l'administration générale et les organisations privées sans but lucratif au service des ménages. Les installations de traitement des eaux usées sont exclues.

Switzerland – Suisse

SWITZERLAND

I. GROSS VALUE ADDED at producer prices

A. Current prices

Billions of Swiss francs

ISIC Rev. 3			1989	1990	1991	1992	1993	1994
G_I	**50_64**	1. Motor, wholesale and retail trade; restaurants and hotels; transport and communication	..	..	..	..	..	..
G_H	50_55	1.1. Motor, wholesale and retail trade; restaurants and hotels	..	..	..	..	..	..
G	50_52	1.1.1. Motor, wholesale and retail trade	..	..	..	..	..	..
	50	1.1.1.1. Motor trade and repairs	..	..	..	..	..	..
	51	1.1.1.2. Wholesale and commission trade	..	..	..	..	..	..
	52	1.1.1.3. Retail trade and repairs	..	..	..	..	..	..
H	55	1.1.2. Restaurants and hotels	..	..	..	..	..	..
I	60_64	1.2. Transport, storage and communication	..	..	..	..	..	..
	60_63	1.2.1. Transport and storage	..	..	..	..	..	..
	60	1.2.1.1. Land transport, transport via pipelines	..	..	..	..	..	..
	61	1.2.1.2. Water transport	..	..	..	..	..	..
	62	1.2.1.3. Air transport	..	..	..	..	..	..
	63	1.2.1.4. Auxiliary transport services, travel agencies	..	..	..	..	..	..
	64	1.2.2. Communication	..	..	..	..	..	..
	641	1.2.2.1. Postal and courier services	..	..	..	..	..	..
	642	1.2.2.2. Telecommunications	..	..	..	..	..	..
J_K	**65_74**	2. Finance, insurance, real estate and business services	..	..	..	..	..	..
J	65_67	2.1. Financial and insurance services	..	..	..	..	..	..
	65	2.1.1. Financial intermediation	..	..	..	..	..	..
	66	2.1.2. Insurance and pension funding	..	..	..	..	..	..
	67	2.1.3. Auxiliary financial services	..	..	..	..	..	..
K	70_74	2.2. Real estate and business services	..	..	..	..	..	..
	70	2.2.1. Real estate services	..	..	..	..	..	..
		2.2.1.1. Real estate services excl. renting of buildings (households)	..	..	..	..	..	..
		2.2.1.2. Renting of buildings (households)	..	..	..	..	..	..
	71_74	2.2.2. Business services	..	..	..	..	..	..
	71	2.2.2.1. Renting, etc.	..	..	..	..	..	..
	72	2.2.2.2. Computer and related activities	..	..	..	..	..	..
	73	2.2.2.3. Research and development	..	..	..	..	..	..
	74	2.2.2.4. Other business activities	..	..	..	..	..	..
	741	2.2.2.4.1. Legal, accounting services, etc.	..	..	..	..	..	..
	742	2.2.2.4.2. Architect., engineering, other tech. serv.	..	..	..	..	..	..
	743	2.2.2.4.3. Advertising services	..	..	..	..	..	..
	749	2.2.2.4.4. Other business activities n.e.c.	..	..	..	..	..	..
L_Q	**75_99**	3. Other services	..	..	..	..	..	..
L	75	3.1. Public administration and defence	..	..	..	..	..	..
M_Q	80_99	3.2. Education, health, social work related, other community, social and personal services	..	..	..	..	..	..
M	80	3.2.1. Education	..	..	..	..	..	..
N	85	3.2.2. Health and social work	..	..	..	..	..	..
O	90_93	3.2.3. Other community, social and personal services (1)	..	..	..	..	..	..
	90	3.2.3.1. Sanitary and similar services	..	..	..	..	..	..
	91	3.2.3.2. Membership organisations n.e.c. (2)	..	..	..	..	..	..
	92	3.2.3.3. Recreational and cultural services (2)	..	..	..	..	..	..
	93	3.2.3.4. Other personal services (1)	..	..	..	..	..	..
P	95	3.2.4. Private households with employed persons (1)	..	..	..	..	..	..
Q	99	3.2.5. Extra-territorial organisations	..	..	..	..	..	..
		FISIM (Financial Intermediation Services Indirectly Measured)	..	..	..	..	..	..
G_Q	**50_99**	**TOTAL, SERVICES**	..	..	..	..	..	..
		GROSS VALUE ADDED, All activities, at producer prices	..	..	..	..	..	..
		% of services in gross value added, all activities	..	..	..	..	..	..
		Memorandum item:						
		Gross domestic product at market prices	..	..	..	..	..	..

I. VALEUR AJOUTÉE BRUTE aux prix du producteur

A. Prix courants

Milliards de francs suisses

1995	1996	1997	1998*	1999		CITI Rév. 3	
..	..	77.5	79.2	..	1. Commerce d'automobiles, de gros et de détail ; restaurants et hôtels ; transports et communication	G_I	50_64
..	..	55.3	56.8	..	1.1. Commerce d'automobiles, de gros et de détail ; restaurants et hôtels	G_H	50_55
..	..	45.5	46.6	..	1.1.1. Commerce d'automobiles, de gros et de détail	G	50_52
..	..	5.4	5.5	..	1.1.1.1. Commerce et réparations automobiles		50
..	..	19.2	19.7	..	1.1.1.2. Commerce de gros et intermédiaires		51
..	..	20.9	21.3	..	1.1.1.3. Commerce de détail et réparations		52
..	..	9.8	10.2	..	1.1.2. Restaurants et hôtels	H	55
..	..	22.2	22.3	..	1.2. Transports, entreposage et communications	I	60_64
..	..	12.1	12.1	..	1.2.1. Transports et entreposage		60_63
..	..	..	..	..	1.2.1.1. Transports terrestres, transports par conduites		60
..	..	..	..	..	1.2.1.2. Transports par eau		61
..	..	..	..	..	1.2.1.3. Transports aériens		62
..	..	2.5	2.4	..	1.2.1.4. Services auxiliaires des transports, agences de voyages		63
..	..	10.1	10.3	..	1.2.2. Communications		64
..	..	..	..	..	1.2.2.1. Poste et courrier		641
..	..	..	..	..	1.2.2.2. Télécommunications		642
..	..	102.4	108.2	..	2. Banques, assurances, affaires immobilières et services aux entreprises	J_K	65_74
..	..	50.2	54.0	..	2.1. Établissements financiers	J	65_67
..	..	39.3	42.4	..	2.1.1. Intermédiation financière		65
..	..	10.9	11.6	..	2.1.2. Assurances et caisses de retraite		66
..	..	..	..	..	2.1.3. Activités financières auxiliaires		67
..	..	52.2	54.2	..	2.2. Affaires immobilières et services fournis aux entreprises	K	70_74
..	..	25.4	26.2	..	2.2.1. Affaires immobilières		70
..	..	3.9	4.4	..	2.2.1.1. Affaires immobilières à l'exclusion de la location d'immeubles (ménages)		
..	..	21.4	21.7	..	2.2.1.2. Location d'immeubles (ménages)		
..	..	26.9	28.1	..	2.2.2. Services fournis aux entreprises		71_74
..	..	..	..	..	2.2.2.1. Location, etc.		71
..	..	4.1	4.5	..	2.2.2.2. Activités informatiques et activités connexes		72
..	..	0.6	0.6	..	2.2.2.3. Recherche et développement		73
..	..	..	..	..	2.2.2.4. Autres services fournis aux entreprises		74
..	..	..	..	..	2.2.2.4.1. Activités juridiques, comptables, etc.		741
..	..	..	..	..	2.2.2.4.2. Activ. d'architect., d'ingénierie, aut. serv. tech.		742
..	..	..	..	..	2.2.2.4.3. Publicité		743
..	..	..	..	..	2.2.2.4.4. Autres serv. fournis aux entreprises n.c.a.		749
..	..	73.5	74.3	..	3. Autres services	L_Q	75_99
..	..	48.7	49.0	..	3.1. Administration publique et défense	L	75
..	..	24.7	25.3	..	3.2. Enseignement, santé, action sociale, autres activités de services collectifs, sociaux et personnels	M_Q	80_99
..	..	4.2	4.3	..	3.2.1. Enseignement	M	80
..	..	13.9	14.2	..	3.2.2. Santé et action sociale	N	85
..	..	6.6	6.8	..	3.2.3. Autres activités de services collectifs, sociaux et personnels (1)	O	90_93
..	..	0.7	0.7	..	3.2.3.1. Services sanitaires et analogues		90
..	..	3.7	3.8	..	3.2.3.2. Activités associatives diverses (2)		91
..	..	..	..	..	3.2.3.3. Activités récréatives et culturelles (2)		92
..	..	2.2	2.2	..	3.2.3.4. Autres services personnels (1)		93
..	..	..	..	..	3.2.4. Ménages privés employant du personnel domestique (1)	P	95
..	..	..	..	..	3.2.5. Organisations extraterritoriales	Q	99
..	..	- 14.9	- 15.4	..	SIFIM (Services d'intermédiation financière indirectement mesurés)		
..	..	**238.6**	**246.3**	..	**TOTAL, SERVICES**	G_Q	50_99
..	..	**353.4**	**361.6**	..	**VALEUR AJOUTÉE BRUTE, Toutes activités, aux prix du producteur**		
..	..	67.52	68.13	..	% des services dans la valeur ajoutée brute, toutes activités		
					Pour mémoire :		
..	..	371.4	380.9	..	Produit intérieur brut aux prix du marché		

SWITZERLAND

I. GROSS VALUE ADDED at producer prices *(cont.)*

B. Constant 1990 prices

Billions of Swiss francs

ISIC Rev. 3			1989	1990	1991	1992	1993	1994
G_I	**50_64**	1. Motor, wholesale and retail trade; restaurants and hotels; transport and communication	..	..	..	..	..	..
G_H	50_55	1.1. Motor, wholesale and retail trade; restaurants and hotels	..	..	..	..	..	..
G	50_52	1.1.1. Motor, wholesale and retail trade	..	..	..	..	..	..
	50	1.1.1.1. Motor trade and repairs	..	..	..	..	..	..
	51	1.1.1.2. Wholesale and commission trade	..	..	..	..	..	..
	52	1.1.1.3. Retail trade and repairs	..	..	..	..	..	..
H	55	1.1.2. Restaurants and hotels	..	..	..	..	..	..
I	60_64	1.2. Transport, storage and communication	..	..	..	..	..	..
	60_63	1.2.1. Transport and storage	..	..	..	..	..	..
	60	1.2.1.1. Land transport, transport via pipelines	..	..	..	..	..	..
	61	1.2.1.2. Water transport	..	..	..	..	..	..
	62	1.2.1.3. Air transport	..	..	..	..	..	..
	63	1.2.1.4. Auxiliary transport services, travel agencies	..	..	..	..	..	..
	64	1.2.2. Communication	..	..	..	..	..	..
	641	1.2.2.1. Postal and courier services	..	..	..	..	..	..
	642	1.2.2.2. Telecommunications	..	..	..	..	..	..
J_K	**65_74**	2. Finance, insurance, real estate and business services	..	..	..	..	..	..
J	65_67	2.1. Financial and insurance services	..	..	..	..	..	..
	65	2.1.1. Financial intermediation	..	..	..	..	..	..
	66	2.1.2. Insurance and pension funding	..	..	..	..	..	..
	67	2.1.3. Auxiliary financial services	..	..	..	..	..	..
K	70_74	2.2. Real estate and business services	..	..	..	..	..	..
	70	2.2.1. Real estate services	..	..	..	..	..	..
		2.2.1.1. Real estate services excl. renting of buildings (households)	..	..	..	..	..	..
		2.2.1.2. Renting of buildings (households)	..	..	..	..	..	..
	71_74	2.2.2. Business services	..	..	..	..	..	..
	71	2.2.2.1. Renting, etc.	..	..	..	..	..	..
	72	2.2.2.2. Computer and related activities	..	..	..	..	..	..
	73	2.2.2.3. Research and development	..	..	..	..	..	..
	74	2.2.2.4. Other business activities	..	..	..	..	..	..
	741	2.2.2.4.1. Legal, accounting services, etc.	..	..	..	..	..	..
	742	2.2.2.4.2. Architect., engineering, other tech. serv.	..	..	..	..	..	..
	743	2.2.2.4.3. Advertising services	..	..	..	..	..	..
	749	2.2.2.4.4. Other business activities n.e.c.	..	..	..	..	..	..
L_Q	**75_99**	3. Other services	..	..	..	..	..	..
L	75	3.1. Public administration and defence	..	..	..	..	..	..
M_Q	80_99	3.2. Education, health, social work related, other community, social and personal services	..	..	..	..	..	..
M	80	3.2.1. Education	..	..	..	..	..	..
N	85	3.2.2. Health and social work	..	..	..	..	..	..
O	90_93	3.2.3. Other community, social and personal services (1)	..	..	..	..	..	..
	90	3.2.3.1. Sanitary and similar services	..	..	..	..	..	..
	91	3.2.3.2. Membership organisations n.e.c. (2)	..	..	..	..	..	..
	92	3.2.3.3. Recreational and cultural services (2)	..	..	..	..	..	..
	93	3.2.3.4. Other personal services (1)	..	..	..	..	..	..
P	95	3.2.4. Private households with employed persons (1)	..	..	..	..	..	..
Q	99	3.2.5. Extra-territorial organisations	..	..	..	..	..	..
		FISIM (Financial Intermediation Services Indirectly Measured)	..	..	..	..	..	..
G_Q	**50_99**	**TOTAL, SERVICES**	..	..	..	..	..	..
		GROSS VALUE ADDED, All activities, at producer prices	..	..	..	..	..	..
		% of services in gross value added, all activities	..	..	..	..	..	..
		Memorandum item:						
		Gross domestic product at market prices	..	..	..	..	..	..

I. VALEUR AJOUTÉE BRUTE aux prix du producteur *(suite)*

B. Prix constants de 1990

Milliards de francs suisses

1995	1996	1997	1998*	1999		CITI Rév. 3	
..	..	66.1	67.7		1. Commerce d'automobiles, de gros et de détail ; restaurants et hôtels ; transports et communication	**G_I**	**50_64**
..	..	46.4	47.3	..	1.1. Commerce d'automobiles, de gros et de détail ; restaurants et hôtels	G_H	50_55
..	..	39.2	39.9	..	1.1.1. Commerce d'automobiles, de gros et de détail	G	50_52
..	..	4.5	4.7	..	1.1.1.1. Commerce et réparations automobiles		50
..	..	16.0	16.2	..	1.1.1.2. Commerce de gros et intermédiaires		51
..	..	18.8	19.0	..	1.1.1.3. Commerce de détail et réparations		52
..	..	7.2	7.4	..	1.1.2. Restaurants et hôtels	H	55
..	..	19.7	20.4	..	1.2. Transports, entreposage et communications	I	60_64
..	..	11.0	11.0	..	1.2.1. Transports et entreposage		60_63
..	..	..	..	..	1.2.1.1. Transports terrestres, transports par conduites		60
..	..	..	..	..	1.2.1.2. Transports par eau		61
..	..	..	..	..	1.2.1.3. Transports aériens		62
..	..	2.2	2.1	..	1.2.1.4. Services auxiliaires des transports, agences de voyages		63
..	..	8.7	9.5	..	1.2.2. Communications		64
..	..	..	..	..	1.2.2.1. Poste et courrier		641
..	..	..	..	..	1.2.2.2. Télécommunications		642
..	..	78.0	81.3	..	2. Banques, assurances, affaires immobilières et services aux entreprises	**J_K**	**65_74**
..	..	38.2	40.1	..	2.1. Établissements financiers	J	65_67
..	..	28.9	30.7	..	2.1.1. Intermédiation financière		65
..	..	9.3	9.4	..	2.1.2. Assurances et caisses de retraite		66
..	..	..	..	..	2.1.3. Activités financières auxiliaires		67
..	..	39.8	41.2	..	2.2. Affaires immobilières et services fournis aux entreprises	K	70_74
..	..	19.2	19.8	..	2.2.1. Affaires immobilières		70
..	..	3.0	3.4	..	2.2.1.1. Affaires immobilières à l'exclusion de la location d'immeubles (ménages)		
..	..	16.3	16.4	..	2.2.1.2. Location d'immeubles (ménages)		
..	..	20.6	21.4	..	2.2.2. Services fournis aux entreprises		71_74
..	..	..	..	..	2.2.2.1. Location, etc.		71
..	..	3.1	3.4	..	2.2.2.2. Activités informatiques et activités connexes		72
..	..	0.5	0.5	..	2.2.2.3. Recherche et développement		73
..	..	..	..	..	2.2.2.4. Autres services fournis aux entreprises		74
..	..	..	..	..	2.2.2.4.1. Activités juridiques, comptables, etc.		741
..	..	..	..	..	2.2.2.4.2. Activ. d'architect., d'ingénierie, aut. serv. tech.		742
..	..	..	..	..	2.2.2.4.3. Publicité		743
..	..	..	..	..	2.2.2.4.4. Autres serv. fournis aux entreprises n.c.a.		749
..	..	62.5	62.8	..	3. Autres services	**L_Q**	**75_99**
..	..	42.3	42.2		3.1. Administration publique et défense	L	75
					3.2. Enseignement, santé, action sociale, autres activités de services collectifs, sociaux et personnels	M_Q	80_99
..	..	20.2	20.6	..			
..	..	3.7	3.7	..	3.2.1. Enseignement	M	80
..	..	11.3	11.6	..	3.2.2. Santé et action sociale	N	85
..	..	5.2	5.2	..	3.2.3. Autres activités de services collectifs, sociaux et personnels (1)	O	90_93
..	..	0.6	0.6	..	3.2.3.1. Services sanitaires et analogues		90
..	..	2.9	3.0	..	3.2.3.2. Activités associatives diverses (2)		91
..	..	..	..	..	3.2.3.3. Activités récréatives et culturelles (2)		92
..	..	1.7	1.7	..	3.2.3.4. Autres services personnels (1)		93
..	..	..	..	..	3.2.4. Ménages privés employant du personnel domestique (1)	P	95
..	..	..	..	..	3.2.5. Organisations extraterritoriales	Q	99
..	..	- 11.7	- 12.1	..	SIFIM (Services d'intermédiation financière indirectement mesurés)		
..	..	**194.8**	**199.7**	..	**TOTAL, SERVICES**	**G_Q**	**50_99**
..	..	**307.4**	**314.2**	..	**VALEUR AJOUTÉE BRUTE, Toutes activités, aux prix du producteur**		
..	..	63.37	63.56	..	% des services dans la valeur ajoutée brute, toutes activités		
					Pour mémoire :		
..	..	322.6	330.1	..	Produit intérieur brut aux prix du marché		

SWITZERLAND

II. EMPLOYMENT

A. Total employment

Thousand full-time equivalents

ISIC Rev. 3			1989	1990	1991	1992	1993	1994
G_I	**50_64**	1. Motor, wholesale and retail trade; restaurants and hotels; transport and communication	..	..	..	..	..	..
G_H	50_55	1.1. Motor, wholesale and retail trade; restaurants and hotels	..	..	..	..	..	..
G	50_52	1.1.1. Motor, wholesale and retail trade	..	..	..	..	..	..
	50	1.1.1.1. Motor trade and repairs	..	..	..	..	..	..
	51	1.1.1.2. Wholesale and commission trade	..	..	..	..	..	..
	52	1.1.1.3. Retail trade and repairs	..	..	..	..	..	..
H	55	1.1.2. Restaurants and hotels	..	..	..	..	..	..
I	60_64	1.2. Transport, storage and communication	..	..	..	..	..	..
	60_63	1.2.1. Transport and storage	..	..	..	..	..	..
	60	1.2.1.1. Land transport, transport via pipelines	..	..	..	..	..	..
	61	1.2.1.2. Water transport	..	..	..	..	..	..
	62	1.2.1.3. Air transport	..	..	..	..	..	..
	63	1.2.1.4. Auxiliary transport services, travel agencies	..	..	..	..	..	..
	64	1.2.2. Communication	..	..	..	..	..	..
	641	1.2.2.1. Postal and courier services	..	..	..	..	..	..
	642	1.2.2.2. Telecommunications	..	..	..	..	..	..
J_K	**65_74**	2. Finance, insurance, real estate and business services	..	..	..	..	..	..
J	65_67	2.1. Financial and insurance services	..	..	..	..	..	..
	65	2.1.1. Financial intermediation	..	..	..	..	..	..
	66	2.1.2. Insurance and pension funding	..	..	..	..	..	..
	67	2.1.3. Auxiliary financial services	..	..	..	..	..	..
K	70_74	2.2. Real estate and business services	..	..	..	..	..	..
	70	2.2.1. Real estate services	..	..	..	..	..	..
		2.2.1.1. Real estate services excl. renting of buildings (households)	..	..	..	..	..	..
		2.2.1.2. Renting of buildings (households)	..	..	..	..	..	..
	71_74	2.2.2. Business services	..	..	..	..	..	..
	71	2.2.2.1. Renting, etc.	..	..	..	..	..	..
	72	2.2.2.2. Computer and related activities	..	..	..	..	..	..
	73	2.2.2.3. Research and development	..	..	..	..	..	..
	74	2.2.2.4. Other business activities	..	..	..	..	..	..
	741	2.2.2.4.1. Legal, accounting services, etc.	..	..	..	..	..	..
	742	2.2.2.4.2. Architect., engineering, other tech. serv.	..	..	..	..	..	..
	743	2.2.2.4.3. Advertising services	..	..	..	..	..	..
	749	2.2.2.4.4. Other business activities n.e.c.	..	..	..	..	..	..
L_Q	**75_99**	3. Other services	..	..	..	..	..	..
L	75	3.1. Public administration and defence	..	..	..	..	..	..
M_Q	80_99	3.2. Education, health, social work related, other community, social and personal services	..	..	..	..	..	..
M	80	3.2.1. Education	..	..	..	..	..	..
N	85	3.2.2. Health and social work	..	..	..	..	..	..
O	90_93	3.2.3. Other community, social and personal services (1)	..	..	..	..	..	..
	90	3.2.3.1. Sanitary and similar services	..	..	..	..	..	..
	91	3.2.3.2. Membership organisations n.e.c. (2)	..	..	..	..	..	..
	92	3.2.3.3. Recreational and cultural services (2)	..	..	..	..	..	..
	93	3.2.3.4. Other personal services (1)	..	..	..	..	..	..
P	95	3.2.4. Private households with employed persons (1)	..	..	..	..	..	..
Q	99	3.2.5. Extra-territorial organisations	..	..	..	..	..	..
G_Q	**50_99**	**TOTAL, SERVICES**	..	..	..	..	..	..
		TOTAL EMPLOYMENT, All activities	..	..	..	..	..	..
		% of services in total employment, all activities	..	..	..	..	..	..

II. EMPLOI

A. Emploi total

Milliers d'équivalents plein-temps

1995	1996	1997	1998*	1999			CITI Rév. 3
					1. Commerce d'automobiles, de gros et de détail ; restaurants et hôtels ;	**G_I**	**50_64**
..	..	907.0	922.1	..	transports et communication		
..	..	689.4	702.3	..	1.1. Commerce d'automobiles, de gros et de détail ; restaurants et hôtels	G_H	50_55
..	..	525.9	533.6	..	1.1.1. Commerce d'automobiles, de gros et de détail	G	50_52
..	..	72.6	74.3	..	1.1.1.1. Commerce et réparations automobiles		50
..	..	178.9	181.9	..	1.1.1.2. Commerce de gros et intermédiaires		51
..	..	274.4	277.4	..	1.1.1.3. Commerce de détail et réparations		52
..	..	163.5	168.6	..	1.1.2. Restaurants et hôtels	H	55
..	..	217.5	219.8	..	1.2. Transports, entreposage et communications	I	60_64
..	..	142.5	143.9	..	1.2.1. Transports et entreposage		60_63
..	..	..	..	..	1.2.1.1. Transports terrestres, transports par conduites		60
..	..	..	..	..	1.2.1.2. Transports par eau		61
..	..	..	..	..	1.2.1.3. Transports aériens		62
..	..	39.1	37.3	..	1.2.1.4. Services auxiliaires des transports, agences de voyages		63
..	..	75.0	75.9	..	1.2.2. Communications		64
..	..	..	..	..	1.2.2.1. Poste et courrier		641
..	..	..	..	..	1.2.2.2. Télécommunications		642
..	..	449.4	461.8	..	2. Banques, assurances, affaires immobilières et services aux entreprises	**J_K**	**65_74**
..	..	178.4	180.3	..	2.1. Établissements financiers	J	65_67
..	..	117.5	119.1	..	2.1.1. Intermédiation financière		65
..	..	60.9	61.2	..	2.1.2. Assurances et caisses de retraite		66
..	..	..	..	..	2.1.3. Activités financières auxiliaires		67
..	..	271.0	281.5	..	2.2. Affaires immobilières et services fournis aux entreprises	K	70_74
..	..	15.4	17.2	..	2.2.1. Affaires immobilières		70
..	..	15.4	17.2	..	2.2.1.1. Affaires immobilières à l'exclusion de la location d'immeubles (ménages)		
..	..	..	..	..	2.2.1.2. Location d'immeubles (ménages)		
..	..	255.5	264.2	..	2.2.2. Services fournis aux entreprises		71_74
..	..	..	..	..	2.2.2.1. Location, etc.		71
..	..	29.8	32.8	..	2.2.2.2. Activités informatiques et activités connexes		72
..	..	6.2	6.2	..	2.2.2.3. Recherche et développement		73
..	..	..	..	..	2.2.2.4. Autres services fournis aux entreprises		74
..	..	..	..	..	2.2.2.4.1. Activités juridiques, comptables, etc.		741
..	..	..	..	..	2.2.2.4.2. Activ. d'architect., d'ingénierie, aut. serv. tech.		742
..	..	..	..	..	2.2.2.4.3. Publicité		743
..	..	..	..	..	2.2.2.4.4. Autres serv. fournis aux entreprises n.c.a.		749
..	..	694.2	701.0	..	3. Autres services	**L_Q**	**75_99**
..	..	382.0	385.8	..	3.1. Administration publique et défense	L	75
..	..	312.2	315.3	..	3.2. Enseignement, santé, action sociale, autres activités de services	M_Q	80_99
					collectifs et personnels		
..	..	30.0	30.4	..	3.2.1. Enseignement	M	80
..	..	161.3	163.4	..	3.2.2. Santé et action sociale	N	85
..	..	120.8	121.5	..	3.2.3. Autres activités de services collectifs, sociaux et personnels (1)	O	90_93
..	..	5.2	5.3	..	3.2.3.1. Services sanitaires et analogues		90
..	..	63.9	65.2	..	3.2.3.2. Activités associatives diverses (2)		91
..	..	..	..	..	3.2.3.3. Activités récréatives et culturelles (2)		92
..	..	51.8	50.9	..	3.2.3.4. Autres services personnels (1)		93
..	..	..	..	..	3.2.4. Ménages privés employant du personnel domestique (1)	P	95
..	..	..	..	..	3.2.5. Organisations extraterritoriales	Q	99
..	**..**	**2 050.6**	**2 084.9**	**..**	**TOTAL, SERVICES**	**G_Q**	**50_99**
..	**..**	**3 185.6**	**3 229.6**	**..**	**EMPLOI TOTAL, Toutes activités**		
..	..	64.37	64.56	..	% des services dans l'emploi total, toutes activités		

Source:

Section des Comptes Nationaux, Office Fédéral de la Statistique (OFS), Berne, Suisse, data sent directly.

General note:

These national accounts estimates are compiled according to the 1968 System of National Accounts.

    * Provisional data.

(1) Item Other personal services includes item Private households with employed persons.

(2) Item Membership organisations n.e.c. includes item Recreational and cultural services.

Source :

Section des Comptes Nationaux, Office Fédéral de la Statistique (OFS), Berne, Suisse, données transmises directement.

Note générale :

Ces estimations de comptes nationaux sont compilées suivant le Système de comptabilité nationale de 1968.

    * Données provisoires.

(1) La rubrique Autres services personnels inclut la rubrique Ménages privés employant du personnel domestique.

(2) La rubrique Activités associatives diverses inclut la rubrique Activités récréatives et culturelles.

Turkey – Turquie

TURKEY

I. GROSS VALUE ADDED at producer prices *

A. Current prices

Billions of Turkish liras

ISIC Rev. 3			1989	1990	1991	1992	1993	1994
G_I	50_64	1. Motor, wholesale and retail trade; restaurants and hotels; transport and communication	68 969	121 402	191 994	335 707	605 245	1 275 029
G_H	50_55	1.1. Motor, wholesale and retail trade; restaurants and hotels	42 653	74 912	117 433	202 369	368 385	760 919
G	50_52	1.1.1. Motor, wholesale and retail trade	36 519	64 801	100 766	172 038	313 705	639 355
	50	1.1.1.1. Motor trade and repairs	..	..	..	..	..	..
	51	1.1.1.2. Wholesale and commission trade	..	..	..	..	..	..
	52	1.1.1.3. Retail trade and repairs	..	..	..	..	..	..
H	55	1.1.2. Restaurants and hotels	6 133	10 111	16 666	30 330	54 679	121 563
I	60_64	1.2. Transport, storage and communication	26 317	46 490	74 561	133 338	236 860	514 110
	60_63	1.2.1. Transport and storage	23 835	42 177	67 801	121 275	216 507	466 929
	60	1.2.1.1. Land transport, transport via pipelines	..	..	..	..	..	..
	61	1.2.1.2. Water transport	..	..	..	..	..	..
	62	1.2.1.3. Air transport	..	..	..	..	..	..
	63	1.2.1.4. Auxiliary transport services, travel agencies	..	..	..	..	..	..
	64	1.2.2. Communication	2 482	4 314	6 760	12 063	20 353	47 181
	641	1.2.2.1. Postal and courier services	..	..	..	..	..	..
	642	1.2.2.2. Telecommunications	..	..	..	..	..	..
J_K	65_74	2. Finance, insurance, real estate and business services	14 889	25 878	49 287	84 708	152 631	242 929
J	65_67	2.1. Financial and insurance services	6 499	12 660	26 060	43 492	84 453	115 011
	65	2.1.1. Financial intermediation	..	..	..	..	..	..
	66	2.1.2. Insurance and pension funding	..	..	..	..	..	..
	67	2.1.3. Auxiliary financial services	..	..	..	..	..	..
K	70_74	2.2. Real estate and business services (1)	8 390	13 218	23 228	41 216	68 178	127 918
	70	2.2.1. Real estate services (1)	8 390	13 218	23 228	41 216	68 178	127 918
	71_74	2.2.2. Business services (1)	..	..	..	..	..	..
	71	2.2.2.1. Renting, etc.	..	..	..	..	..	..
	72	2.2.2.2. Computer and related activities	..	..	..	..	..	..
	73	2.2.2.3. Research and development	..	..	..	..	..	..
	74	2.2.2.4. Other business activities	..	..	..	..	..	..
	741	2.2.2.4.1. Legal, accounting services, etc.	..	..	..	..	..	..
	742	2.2.2.4.2. Architect., engineering, other tech. serv.	..	..	..	..	..	..
	743	2.2.2.4.3. Advertising services	..	..	..	..	..	..
	749	2.2.2.4.4. Other business activities n.e.c.	..	..	..	..	..	..
L_Q	75_99	3. Other services (1) (2)	23 970	48 461	86 388	154 971	281 386	496 394
L	75	3.1. Public administration and defence	..	..	..	..	..	..
M_Q	80_99	3.2. Education, health, social work related, other community, social and personal services	..	..	..	..	..	..
M	80	3.2.1. Education	..	..	..	..	..	..
N	85	3.2.2. Health and social work	..	..	..	..	..	..
O	90_93	3.2.3. Other community, social and personal services	..	..	..	..	..	..
	90	3.2.3.1. Sanitary and similar services	..	..	..	..	..	..
	91	3.2.3.2. Membership organisations n.e.c.	..	..	..	..	..	..
	92	3.2.3.3. Recreational and cultural services	..	..	..	..	..	..
	93	3.2.3.4. Other personal services	..	..	..	..	..	..
P	95	3.2.4. Private households with employed persons	..	..	..	..	..	..
Q	99	3.2.5. Extra-territorial organisations	..	..	..	..	..	..
		FISIM (Financial Intermediation Services Indirectly Measured)	- 2 562	- 9 838	- 23 282	- 41 188	- 75 654	- 163 471
G_Q	50_99	**TOTAL, SERVICES**	**105 267**	**185 904**	**304 387**	**534 197**	**963 607**	**1 850 881**
		GROSS VALUE ADDED, All activities, at producer prices	**220 470**	**379 663**	**607 911**	**1 052 655**	**1 900 638**	**3 732 537**
		% of services in gross value added, all activities	47.75	48.97	50.07	50.75	50.70	49.59
		Memorandum items:						
		1. Gross domestic product at market prices	227 324	393 060	630 117	1 093 368	1 981 867	3 868 429
		2. Community, social and personal services (1) (2)	7 544	14 415	23 006	39 577	71 449	142 795
		3. Producers of government services (2)	15 535	32 525	61 051	111 841	203 922	344 530
		3. Other producers (2)	891	1 521	2 332	3 553	6 015	9 070

I. VALEUR AJOUTÉE BRUTE aux prix du producteur *

A. Prix courants

Milliards de lires turques

1995	1996**	1997**	1998**	1999**		CITI Rév. 3	
2 568 761	4 963 889	10 004 015	17 507 327	25 491 557	1. Commerce d'automobiles, de gros et de détail ; restaurants et hôtels ; transports et communication	G_I	50_64
1 587 691	3 022 315	5 985 403	10 404 501	14 780 087	1.1. Commerce d'automobiles, de gros et de détail ; restaurants et hôtels	G_H	50_55
1 348 953	2 538 824	4 951 026	8 550 603	12 231 646	1.1.1. Commerce d'automobiles, de gros et de détail	G	50_52
..	..	..	..	..	1.1.1.1. Commerce et réparations automobiles		50
..	..	..	..	..	1.1.1.2. Commerce de gros et intermédiaires		51
..	..	..	..	..	1.1.1.3. Commerce de détail et réparations		52
238 738	483 491	1 034 377	1 853 898	2 548 441	1.1.2. Restaurants et hôtels	H	55
981 070	1 941 574	4 018 612	7 102 826	10 711 470	1.2. Transports, entreposage et communications	I	60_64
899 098	1 759 051	3 487 024	6 148 849	..	1.2.1. Transports et entreposage		60_63
..	..	..	..	..	1.2.1.1. Transports terrestres, transports par conduites		60
..	..	..	..	..	1.2.1.2. Transports par eau		61
..	..	..	..	..	1.2.1.3. Transports aériens		62
..	..	..	..	..	1.2.1.4. Services auxiliaires des transports, agences de voyages		63
81 972	182 523	531 588	953 977	..	1.2.2. Communications		64
..	..	..	..	..	1.2.2.1. Poste et courrier		641
..	..	..	..	..	1.2.2.2. Télécommunications		642
571 759	1 175 275	2 324 758	5 042 237	8 238 273	2. Banques, assurances, affaires immobilières et services aux entreprises	J_K	65_74
322 590	732 340	1 474 426	3 280 526	4 772 947	2.1. Établissements financiers	J	65_67
..	..	..	..	..	2.1.1. Intermédiation financière		65
..	..	..	..	..	2.1.2. Assurances et caisses de retraite		66
..	..	..	..	..	2.1.3. Activités financières auxiliaires		67
249 170	442 935	850 332	1 761 711	3 465 326	2.2. Affaires immobilières et services fournis aux entreprises (1)	K	70_74
249 170	442 935	850 332	1 761 711	3 465 326	2.2.1. Affaires immobilières (1)		70
..	..	..	..	..	2.2.2. Services fournis aux entreprises (1)		71_74
..	..	..	..	..	2.2.2.1. Location, etc.		71
..	..	..	..	..	2.2.2.2. Activités informatiques et activités connexes		72
..	..	..	..	..	2.2.2.3. Recherche et développement		73
..	..	..	..	..	2.2.2.4. Autres services fournis aux entreprises		74
..	..	..	..	..	2.2.2.4.1. Activités juridiques, comptables, etc.		741
..	..	..	..	..	2.2.2.4.2. Activ. d'architect., d'ingénierie, aut. serv. tech.		742
..	..	..	..	..	2.2.2.4.3. Publicité		743
..	..	..	..	..	2.2.2.4.4. Autres serv. fournis aux entreprises n.c.a.		749
921 362	1 819 529	3 700 382	6 970 817	11 911 235	3. Autres services (1) (2)	L_Q	75_99
..	..	..	..	..	3.1. Administration publique et défense	L	75
..	..	..	..	..	3.2. Enseignement, santé, action sociale, autres activités de services collectifs, sociaux et personnels	M_Q	80_99
..	..	..	..	..	3.2.1. Enseignement	M	80
..	..	..	..	..	3.2.2. Santé et action sociale	N	85
..	..	..	..	..	3.2.3. Autres activités de services collectifs, sociaux et personnels	O	90_93
..	..	..	..	..	3.2.3.1. Services sanitaires et analogues		90
..	..	..	..	..	3.2.3.2. Activités associatives diverses		91
..	..	..	..	..	3.2.3.3. Activités récréatives et culturelles		92
..	..	..	..	..	3.2.3.4. Autres services personnels		93
..	..	..	..	..	3.2.4. Ménages privés employant du personnel domestique	P	95
..	..	..	..	..	3.2.5. Organisations extraterritoriales	Q	99
- 270 344	- 709 235	-1 371 710	-3 049 158	-4 528 927	SIFIM (Services d'intermédiation financière indirectement mesurés)		
3 791 538	**7 249 458**	**14 657 444**	**26 471 223**	**41 112 138**	**TOTAL, SERVICES**	**G_Q**	**50_99**
7 478 326	**14 313 522**	**27 863 872**	**50 679 570**	**75 060 227**	**VALEUR AJOUTÉE BRUTE, Toutes activités, aux prix du producteur**		
50.70	50.65	52.60	52.23	54.77	% des services dans la valeur ajoutée brute, toutes activités		
					Pour mémoire :		
7 762 456	14 772 110	28 835 883	52 224 945	77 374 802	1. Produit intérieur brut aux prix du marché		
287 000	554 080	1 067 451	1 956 339	2 837 520	2. Services fournis à la collectivité, services sociaux et services personnels (1) (2)		
619 785	1 238 527	2 579 910	4 915 736	8 801 229	3. Branches non marchandes des administrations publiques (2)		
14 577	26 922	53 021	98 742	272 486	4. Autres branches non marchandes (2)		

TURKEY

I. GROSS VALUE ADDED at producer prices *(cont.)* *

B. Constant 1987 prices

Billions of Turkish liras

ISIC Rev. 3			1989	1990	1991	1992	1993	1994
G_I	**50_64**	1. Motor, wholesale and retail trade; restaurants and hotels; transport and communication	24 062	26 992	26 833	28 801	32 055	30 290
G_H	50_55	1.1. Motor, wholesale and retail trade; restaurants and hotels	15 017	16 868	16 748	17 902	19 975	18 455
G	50_52	1.1.1. Motor, wholesale and retail trade	12 739	14 421	14 484	15 370	17 209	15 474
	50	1.1.1.1. Motor trade and repairs	..	..	..	..	..	..
	51	1.1.1.2. Wholesale and commission trade	..	..	..	..	..	..
	52	1.1.1.3. Retail trade and repairs	..	..	..	..	..	..
H	55	1.1.2. Restaurants and hotels	2 278	2 447	2 264	2 533	2 766	2 981
I	60_64	1.2. Transport, storage and communication	9 045	10 123	10 085	10 899	12 081	11 835
	60_63	1.2.1. Transport and storage	8 109	8 896	8 671	9 259	10 353	9 981
	60	1.2.1.1. Land transport, transport via pipelines	..	..	..	..	..	..
	61	1.2.1.2. Water transport	..	..	..	..	..	..
	62	1.2.1.3. Air transport	..	..	..	..	..	..
	63	1.2.1.4. Auxiliary transport services, travel agencies	..	..	..	..	..	..
	64	1.2.2. Communication	936	1 227	1 414	1 640	1 728	1 855
	641	1.2.2.1. Postal and courier services	..	..	..	..	..	..
	642	1.2.2.2. Telecommunications	..	..	..	..	..	..
J_K	**65_74**	2. Finance, insurance, real estate and business services	6 951	7 112	7 241	7 304	7 429	7 534
J	65_67	2.1. Financial and insurance services	2 447	2 496	2 515	2 463	2 453	2 417
	65	2.1.1. Financial intermediation	..	..	..	..	..	..
	66	2.1.2. Insurance and pension funding	..	..	..	..	..	..
	67	2.1.3. Auxiliary financial services	..	..	..	..	..	..
K	70_74	2.2. Real estate and business services (1)	4 504	4 616	4 725	4 841	4 976	5 117
	70	2.2.1. Real estate services (1)	4 504	4 616	4 725	4 841	4 976	5 117
	71_74	2.2.2. Business services (1)	..	..	..	..	..	..
	71	2.2.2.1. Renting, etc.	..	..	..	..	..	..
	72	2.2.2.2. Computer and related activities	..	..	..	..	..	..
	73	2.2.2.3. Research and development	..	..	..	..	..	..
	74	2.2.2.4. Other business activities	..	..	..	..	..	..
	741	2.2.2.4.1. Legal, accounting services, etc.	..	..	..	..	..	..
	742	2.2.2.4.2. Architect., engineering, other tech. serv.	..	..	..	..	..	..
	743	2.2.2.4.3. Advertising services	..	..	..	..	..	..
	749	2.2.2.4.4. Other business activities n.e.c.	..	..	..	..	..	..
L_Q	**75_99**	3. Other services (1) (2)	6 017	6 310	6 439	6 695	6 926	6 857
L	75	3.1. Public administration and defence	..	..	..	..	..	..
M_Q	80_99	3.2. Education, health, social work related, other community, social and personal services	..	..	..	..	..	..
M	80	3.2.1. Education	..	..	..	..	..	..
N	85	3.2.2. Health and social work	..	..	..	..	..	..
O	90_93	3.2.3. Other community, social and personal services	..	..	..	..	..	..
	90	3.2.3.1. Sanitary and similar services	..	..	..	..	..	..
	91	3.2.3.2. Membership organisations n.e.c.	..	..	..	..	..	..
	92	3.2.3.3. Recreational and cultural services	..	..	..	..	..	..
	93	3.2.3.4. Other personal services	..	..	..	..	..	..
P	95	3.2.4. Private households with employed persons	..	..	..	..	..	..
Q	99	3.2.5. Extra-territorial organisations	..	..	..	..	..	..
		FISIM (Financial Intermediation Services Indirectly Measured)	- 2 122	- 2 161	- 2 166	- 2 116	- 2 103	- 2 066
G_Q	**50_99**	**TOTAL, SERVICES**	**34 909**	**38 252**	**38 347**	**40 685**	**44 307**	**42 615**
		GROSS VALUE ADDED, All activities, at producer prices	**74 181**	**80 143**	**80 777**	**85 419**	**91 302**	**87 892**
		% of services in gross value added, all activities	47.06	47.73	47.47	47.63	48.53	48.49
		Memorandum items:						
		1. Gross domestic product at market prices	76 498	83 578	84 353	89 401	96 590	91 321
		2. Community, social and personal services (1) (2)	1 781	1 926	1 944	2 051	2 193	2 098
		3. Producers of government services (2)	3 906	4 019	4 117	4 259	4 336	4 371
		3. Other producers (2)	331	365	377	386	398	388

I. VALEUR AJOUTÉE BRUTE aux prix du producteur *(suite)* *

B. Prix constants de 1987

Milliards de lires turques

1995	1996**	1997**	1998**	1999**		CITI Rév. 3	
33 098	35 871	39 509	40 564	38 224	1. Commerce d'automobiles, de gros et de détail ; restaurants et hôtels ; transports et communication	G_I	50_64
20 587	22 413	25 024	25 366	23 638	1.1. Commerce d'automobiles, de gros et de détail ; restaurants et hôtels	G_H	50_55
17 558	19 073	21 109	21 523	20 318	1.1.1. Commerce d'automobiles, de gros et de détail	G	50_52
..	..	..	..	..	1.1.1.1. Commerce et réparations automobiles		50
..	..	..	..	..	1.1.1.2. Commerce de gros et intermédiaires		51
..	..	..	..	..	1.1.1.3. Commerce de détail et réparations		52
3 029	3 340	3 916	3 843	3 320	1.1.2. Restaurants et hôtels	H	55
12 511	13 458	14 485	15 198	14 586	1.2. Transports, entreposage et communications	I	60_64
10 612	11 337	12 470	12 950	..	1.2.1. Transports et entreposage		60_63
..	..	..	..	..	1.2.1.1. Transports terrestres, transports par conduites		60
..	..	..	..	..	1.2.1.2. Transports par eau		61
..	..	..	..	..	1.2.1.3. Transports aériens		62
..	..	..	..	..	1.2.1.4. Services auxiliaires des transports, agences de voyages		63
1 899	2 121	2 015	2 248	..	1.2.2. Communications		64
..	..	..	..	..	1.2.2.1. Poste et courrier		641
..	..	..	..	..	1.2.2.2. Télécommunications		642
7 649	7 828	8 047	8 341	8 549	2. Banques, assurances, affaires immobilières et services aux entreprises	J_K	65_74
2 424	2 476	2 573	2 751	2 898	2.1. Établissements financiers	J	65_67
..	..	..	..	..	2.1.1. Intermédiation financière		65
..	..	..	..	..	2.1.2. Assurances et caisses de retraite		66
..	..	..	..	..	2.1.3. Activités financières auxiliaires		67
5 224	5 352	5 474	5 590	5 651	2.2. Affaires immobilières et services fournis aux entreprises (1)	K	70_74
5 224	5 352	5 474	5 590	5 651	2.2.1. Affaires immobilières (1)		70
..	..	..	..	..	2.2.2. Services fournis aux entreprises (1)		71_74
..	..	..	..	..	2.2.2.1. Location, etc.		71
..	..	..	..	..	2.2.2.2. Activités informatiques et activités connexes		72
..	..	..	..	..	2.2.2.3. Recherche et développement		73
..	..	..	..	..	2.2.2.4. Autres services fournis aux entreprises		74
..	..	..	..	..	2.2.2.4.1. Activités juridiques, comptables, etc.		741
..	..	..	..	..	2.2.2.4.2. Activ. d'architect., d'ingénierie, aut. serv. tech.		742
..	..	..	..	..	2.2.2.4.3. Publicité		743
..	..	..	..	..	2.2.2.4.4. Autres serv. fournis aux entreprises n.c.a.		749
7 116	7 254	7 427	7 789	7 800	3. Autres services (1) (2)	L_Q	75_99
..	..	..	..	..	3.1. Administration publique et défense	L	75
..	..	..	..	..	3.2. Enseignement, santé, action sociale, autres activités de services collectifs, sociaux et personnels	M_Q	80_99
..	..	..	..	..	3.2.1. Enseignement	M	80
..	..	..	..	..	3.2.2. Santé et action sociale	N	85
..	..	..	..	..	3.2.3. Autres activités de services collectifs, sociaux et personnels	O	90_93
..	..	..	..	..	3.2.3.1. Services sanitaires et analogues		90
..	..	..	..	..	3.2.3.2. Activités associatives diverses		91
..	..	..	..	..	3.2.3.3. Activités récréatives et culturelles		92
..	..	..	..	..	3.2.3.4. Autres services personnels		93
..	..	..	..	..	3.2.4. Ménages privés employant du personnel domestique	P	95
..	..	..	..	..	3.2.5. Organisations extraterritoriales	Q	99
- 2 059	- 2 073	- 2 113	- 2 240	- 2 377	SIFIM (Services d'intermédiation financière indirectement mesurés)		
45 803	**48 880**	**52 871**	**54 454**	**52 196**	**TOTAL, SERVICES**	**G_Q**	**50_99**
94 066	**100 108**	**107 145**	**110 684**	**105 167**	**VALEUR AJOUTÉE BRUTE, Toutes activités, aux prix du producteur**		
48.69	48.83	49.35	49.20	49.63	% des services dans la valeur ajoutée brute, toutes activités		
					Pour mémoire :		
97 888	104 745	112 631	116 114	110 286	1. Produit intérieur brut aux prix du marché		
2 252	2 399	2 564	2 653	2 525	2. Services fournis à la collectivité, services sociaux et services personnels (1) (2)		
4 482	4 469	4 473	4 739	4 868	3. Branches non marchandes des administrations publiques (2)		
383	386	390	397	407	4. Autres branches non marchandes (2)		

TURKEY

II. EMPLOYMENT

A. Total employment *

Thousand persons

ISIC Rev. 3			1989	1990	1991	1992	1993	1994
G_I	**50_64**	1. Motor, wholesale and retail trade; restaurants and hotels; transport and communication	2 931	3 015	3 027	3 306	3 341	3 345
G_H	50_55	1.1. Motor, wholesale and retail trade; restaurants and hotels	2 098	2 197	2 220	2 437	2 419	2 482
G	50_52	1.1.1. Motor, wholesale and retail trade	..	..	..	..	..	..
	50	1.1.1.1. Motor trade and repairs	..	..	..	..	..	..
	51	1.1.1.2. Wholesale and commission trade	..	..	..	..	..	..
	52	1.1.1.3. Retail trade and repairs	..	..	..	..	..	..
H	55	1.1.2. Restaurants and hotels	..	..	..	..	..	..
I	60_64	1.2. Transport, storage and communication	833	818	807	869	922	863
	60_63	1.2.1. Transport and storage	..	..	..	..	..	..
	60	1.2.1.1. Land transport, transport via pipelines	..	..	..	..	..	..
	61	1.2.1.2. Water transport	..	..	..	..	..	..
	62	1.2.1.3. Air transport	..	..	..	..	..	..
	63	1.2.1.4. Auxiliary transport services, travel agencies	..	..	..	..	..	..
	64	1.2.2. Communication	..	..	..	..	..	..
	641	1.2.2.1. Postal and courier services	..	..	..	..	..	..
	642	1.2.2.2. Telecommunications	..	..	..	..	..	..
J_K	**65_74**	2. Finance, insurance, real estate and business services	441	419	431	478	444	474
J	65_67	2.1. Financial and insurance services	..	..	..	..	..	..
	65	2.1.1. Financial intermediation	..	..	..	..	..	..
	66	2.1.2. Insurance and pension funding	..	..	..	..	..	..
	67	2.1.3. Auxiliary financial services	..	..	..	..	..	..
K	70_74	2.2. Real estate and business services	..	..	..	..	..	..
	70	2.2.1. Real estate services	..	..	..	..	..	..
	71_74	2.2.2. Business services	..	..	..	..	..	..
	71	2.2.2.1. Renting, etc.	..	..	..	..	..	..
	72	2.2.2.2. Computer and related activities	..	..	..	..	..	..
	73	2.2.2.3. Research and development	..	..	..	..	..	..
	74	2.2.2.4. Other business activities	..	..	..	..	..	..
	741	2.2.2.4.1. Legal, accounting services, etc.	..	..	..	..	..	..
	742	2.2.2.4.2. Architect., engineering, other tech. serv.	..	..	..	..	..	..
	743	2.2.2.4.3. Advertising services	..	..	..	..	..	..
	749	2.2.2.4.4. Other business activities n.e.c.	..	..	..	..	..	..
L_Q	**75_99**	3. Other services (3)	2 411	2 648	2 582	2 810	2 716	2 762
L	75	3.1. Public administration and defence	..	..	..	..	..	..
M_Q	80_99	3.2. Education, health, social work related, other community, social and personal services	..	..	..	..	..	..
M	80	3.2.1. Education	..	..	..	..	..	..
N	85	3.2.2. Health and social work	..	..	..	..	..	..
O	90_93	3.2.3. Other community, social and personal services	..	..	..	..	..	..
	90	3.2.3.1. Sanitary and similar services	..	..	..	..	..	..
	91	3.2.3.2. Membership organisations n.e.c.	..	..	..	..	..	..
	92	3.2.3.3. Recreational and cultural services	..	..	..	..	..	..
	93	3.2.3.4. Other personal services	..	..	..	..	..	..
P	95	3.2.4. Private households with employed persons	..	..	..	..	..	..
Q	99	3.2.5. Extra-territorial organisations	..	..	..	..	..	..
G_Q	**50_99**	**TOTAL, SERVICES**	**5 783**	**6 082**	**6 040**	**6 594**	**6 501**	**6 581**
		TOTAL EMPLOYMENT, All activities	**19 047**	**19 323**	**19 739**	**19 769**	**19 806**	**20 355**
		% of services in total employment, all activities	30.36	31.48	30.60	33.36	32.82	32.33

II. EMPLOI

A. Emploi total *

Milliers de personnes

1995	1996	1997	1998	1999		CITI Rév. 3	
3 432	3 570	3 729	3 848	..	1. Commerce d'automobiles, de gros et de détail ; restaurants et hôtels ; transports et communication	**G_I**	**50_64**
2 591	2 676	2 843	2 890	..	1.1. Commerce d'automobiles, de gros et de détail ; restaurants et hôtels	G_H	50_55
..	..	..	..	..	1.1.1. Commerce d'automobiles, de gros et de détail	G	50_52
..	..	..	..	..	1.1.1.1. Commerce et réparations automobiles		50
..	..	..	..	..	1.1.1.2. Commerce de gros et intermédiaires		51
..	..	..	..	..	1.1.1.3. Commerce de détail et réparations		52
..	..	..	..	..	1.1.2. Restaurants et hôtels	H	55
841	894	886	958	..	1.2. Transports, entreposage et communications	I	60_64
..	..	..	..	..	1.2.1. Transports et entreposage		60_63
..	..	..	..	..	1.2.1.1. Transports terrestres, transports par conduites		60
..	..	..	..	..	1.2.1.2. Transports par eau		61
..	..	..	..	..	1.2.1.3. Transports aériens		62
..	..	..	..	..	1.2.1.4. Services auxiliaires des transports, agences de voyages		63
..	..	..	..	..	1.2.2. Communications		64
..	..	..	..	..	1.2.2.1. Poste et courrier		641
..	..	..	..	..	1.2.2.2. Télécommunications		642
459	484	505	512	..	2. Banques, assurances, affaires immobilières et services aux entreprises	**J_K**	**65_74**
..	..	..	..	..	2.1. Établissements financiers	J	65_67
..	..	..	..	..	2.1.1. Intermédiation financière		65
..	..	..	..	..	2.1.2. Assurances et caisses de retraite		66
..	..	..	..	..	2.1.3. Activités financières auxiliaires		67
..	..	..	..	..	2.2. Affaires immobilières et services fournis aux entreprises	K	70_74
..	..	..	..	..	2.2.1. Affaires immobilières		70
..	..	..	..	..	2.2.2. Services fournis aux entreprises		71_74
..	..	..	..	..	2.2.2.1. Location, etc.		71
..	..	..	..	..	2.2.2.2. Activités informatiques et activités connexes		72
..	..	..	..	..	2.2.2.3. Recherche et développement		73
..	..	..	..	..	2.2.2.4. Autres services fournis aux entreprises		74
..	..	..	..	..	2.2.2.4.1. Activités juridiques, comptables, etc.		741
..	..	..	..	..	2.2.2.4.2. Activ. d'architect., d'ingénierie, aut. serv. tech.		742
..	..	..	..	..	2.2.2.4.3. Publicité		743
..	..	..	..	..	2.2.2.4.4. Autres serv. fournis aux entreprises n.c.a.		749
2 775	2 951	2 968	3 059	..	3. Autres services (3)	**L_Q**	**75_99**
..	..	..	..	..	3.1. Administration publique et défense	L	75
				..	3.2. Enseignement, santé, action sociale, autres activités de services collectifs, sociaux et personnels	M_Q	80_99
..	..	..	..	..	3.2.1. Enseignement	M	80
..	..	..	..	..	3.2.2. Santé et action sociale	N	85
..	..	..	..	..	3.2.3. Autres activités de services collectifs, sociaux et personnels	O	90_93
..	..	..	..	..	3.2.3.1. Services sanitaires et analogues		90
..	..	..	..	..	3.2.3.2. Activités associatives diverses		91
..	..	..	..	..	3.2.3.3. Activités récréatives et culturelles		92
..	..	..	..	..	3.2.3.4. Autres services personnels		93
..	..	..	..	..	3.2.4. Ménages privés employant du personnel domestique	P	95
..	..	..	..	..	3.2.5. Organisations extraterritoriales	Q	99
6 666	**7 005**	**7 202**	**7 419**	**..**	**TOTAL, SERVICES**	**G_Q**	**50_99**
21 106	**21 537**	**21 008**	**21 594**	**..**	**EMPLOI TOTAL, Toutes activités**		
31.58	32.53	34.28	34.36	..	% des services dans l'emploi total, toutes activités		

SERVICES : Statistiques sur la valeur ajoutée et l'emploi
© OCDE 2001

TURKEY

Thousand persons

ISIC Rev. 3			1989	1990	1991	1992	1993	1994
G_I	**50_64**	1. Motor, wholesale and retail trade; restaurants and hotels; transport and communication	..	..	..	1 286	1 331	1 350
G_H	50_55	1.1. Motor, wholesale and retail trade; restaurants and hotels	..	..	..	837	849	898
G	50_52	1.1.1. Motor, wholesale and retail trade	..	..	..	..	..	..
	50	1.1.1.1. Motor trade and repairs	..	..	..	..	..	..
	51	1.1.1.2. Wholesale and commission trade	..	..	..	..	..	..
	52	1.1.1.3. Retail trade and repairs	..	..	..	..	..	..
H	55	1.1.2. Restaurants and hotels	..	..	..	..	..	..
I	60_64	1.2. Transport, storage and communication	..	..	..	449	482	452
	60_63	1.2.1. Transport and storage	..	..	..	..	..	..
	60	1.2.1.1. Land transport, transport via pipelines	..	..	..	..	..	..
	61	1.2.1.2. Water transport	..	..	..	..	..	..
	62	1.2.1.3. Air transport	..	..	..	..	..	..
	63	1.2.1.4. Auxiliary transport services, travel agencies	..	..	..	..	..	..
	64	1.2.2. Communication	..	..	..	..	..	..
	641	1.2.2.1. Postal and courier services	..	..	..	..	..	..
	642	1.2.2.2. Telecommunications	..	..	..	..	..	..
J_K	**65_74**	2. Finance, insurance, real estate and business services	..	..	..	363	335	369
J	65_67	2.1. Financial and insurance services	..	..	..	..	..	..
	65	2.1.1. Financial intermediation	..	..	..	..	..	..
	66	2.1.2. Insurance and pension funding	..	..	..	..	..	..
	67	2.1.3. Auxiliary financial services	..	..	..	..	..	..
K	70_74	2.2. Real estate and business services	..	..	..	..	..	..
	70	2.2.1. Real estate services	..	..	..	..	..	..
	71_74	2.2.2. Business services	..	..	..	..	..	..
	71	2.2.2.1. Renting, etc.	..	..	..	..	..	..
	72	2.2.2.2. Computer and related activities	..	..	..	..	..	..
	73	2.2.2.3. Research and development	..	..	..	..	..	..
	74	2.2.2.4. Other business activities	..	..	..	..	..	..
	741	2.2.2.4.1. Legal, accounting services, etc.	..	..	..	..	..	..
	742	2.2.2.4.2. Architect., engineering, other tech. serv.	..	..	..	..	..	..
	743	2.2.2.4.3. Advertising services	..	..	..	..	..	..
	749	2.2.2.4.4. Other business activities n.e.c.	..	..	..	..	..	..
L_Q	**75_99**	3. Other services (3)	..	..	..	2 535	2 358	2 428
L	75	3.1. Public administration and defence	..	..	..	..	..	..
M_Q	80_99	3.2. Education, health, social work related, other community, social and personal services	..	..	..	..	..	..
M	80	3.2.1. Education	..	..	..	..	..	..
N	85	3.2.2. Health and social work	..	..	..	..	..	..
O	90_93	3.2.3. Other community, social and personal services	..	..	..	..	..	..
	90	3.2.3.1. Sanitary and similar services	..	..	..	..	..	..
	91	3.2.3.2. Membership organisations n.e.c.	..	..	..	..	..	..
	92	3.2.3.3. Recreational and cultural services	..	..	..	..	..	..
	93	3.2.3.4. Other personal services	..	..	..	..	..	..
P	95	3.2.4. Private households with employed persons	..	..	..	..	..	..
Q	99	3.2.5. Extra-territorial organisations	..	..	..	..	..	..
G_Q	**50_99**	**TOTAL, SERVICES**	..	..	..	**4 184**	**4 024**	**4 147**
		TOTAL EMPLOYEES, All activities	..	..	..	**7 833**	**7 904**	**8 085**
		% of services in total employees, all activities	..	..	..	53.42	50.91	51.29

II. EMPLOI *(suite)*

B. Salariés **

Milliers de personnes

1995	1996	1997	1998	1999		CITI Rév. 3	
1 445	1 504	1 565	1 641	..	1. Commerce d'automobiles, de gros et de détail ; restaurants et hôtels ; transports et communication	**G_I**	**50_64**
996	1 026	1 101	1 146	..	1.1. Commerce d'automobiles, de gros et de détail ; restaurants et hôtels	G_H	50_55
..	..	..	..	..	1.1.1. Commerce d'automobiles, de gros et de détail	G	50_52
..	..	..	..	..	1.1.1.1. Commerce et réparations automobiles		50
..	..	..	..	..	1.1.1.2. Commerce de gros et intermédiaires		51
..	..	..	..	..	1.1.1.3. Commerce de détail et réparations		52
..	..	..	..	..	1.1.2. Restaurants et hôtels	H	55
449	478	464	495	..	1.2. Transports, entreposage et communications	I	60_64
..	..	..	..	..	1.2.1. Transports et entreposage		60_63
..	..	..	..	..	1.2.1.1. Transports terrestres, transports par conduites		60
..	..	..	..	..	1.2.1.2. Transports par eau		61
..	..	..	..	..	1.2.1.3. Transports aériens		62
..	..	..	..	..	1.2.1.4. Services auxiliaires des transports, agences de voyages		63
..	..	..	..	..	1.2.2. Communications		64
..	..	..	..	..	1.2.2.1. Poste et courrier		641
..	..	..	..	..	1.2.2.2. Télécommunications		642
337	363	383	382	..	2. Banques, assurances, affaires immobilières et services aux entreprises	**J_K**	**65_74**
..	..	..	..	..	2.1. Établissements financiers	J	65_67
..	..	..	..	..	2.1.1. Intermédiation financière		65
..	..	..	..	..	2.1.2. Assurances et caisses de retraite		66
..	..	..	..	..	2.1.3. Activités financières auxiliaires		67
..	..	..	..	..	2.2. Affaires immobilières et services fournis aux entreprises	K	70_74
..	..	..	..	..	2.2.1. Affaires immobilières		70
..	..	..	..	..	2.2.2. Services fournis aux entreprises		71_74
..	..	..	..	..	2.2.2.1. Location, etc.		71
..	..	..	..	..	2.2.2.2. Activités informatiques et activités connexes		72
..	..	..	..	..	2.2.2.3. Recherche et développement		73
..	..	..	..	..	2.2.2.4. Autres services fournis aux entreprises		74
..	..	..	..	..	2.2.2.4.1. Activités juridiques, comptables, etc.		741
..	..	..	..	..	2.2.2.4.2. Activ. d'architect., d'ingénierie, aut. serv. tech.		742
..	..	..	..	..	2.2.2.4.3. Publicité		743
..	..	..	..	..	2.2.2.4.4. Autres serv. fournis aux entreprises n.c.a.		749
2 436	2 589	2 624	2 717	..	3. Autres services (3)	**L_Q**	**75_99**
..	..	..	..	..	3.1. Administration publique et défense	L	75
..	..	..	..	..	3.2. Enseignement, santé, action sociale, autres activités de services collectifs, sociaux et personnels	M_Q	80_99
..	..	..	..	..	3.2.1. Enseignement	M	80
..	..	..	..	..	3.2.2. Santé et action sociale	N	85
..	..	..	..	..	3.2.3. Autres activités de services collectifs, sociaux et personnels	O	90_93
..	..	..	..	..	3.2.3.1. Services sanitaires et analogues		90
..	..	..	..	..	3.2.3.2. Activités associatives diverses		91
..	..	..	..	..	3.2.3.3. Activités récréatives et culturelles		92
..	..	..	..	..	3.2.3.4. Autres services personnels		93
..	..	..	..	..	3.2.4. Ménages privés employant du personnel domestique	P	95
..	..	..	..	..	3.2.5. Organisations extraterritoriales	Q	99
4 218	**4 456**	**4 572**	**4 740**	**..**	**TOTAL, SERVICES**	**G_Q**	**50_99**
8 233	**8 881**	**9 206**	**9 339**	**..**	**EMPLOI SALARIÉ TOTAL, Toutes activités**		
51.23	50.17	49.66	50.75	..	% des services dans l'emploi salarié total, toutes activités		

Sources:

Value Added:
> State Institute of Statistics (SIS), Ankara, data sent directly.

Employment:
> "Statistical Yearbook of Turkey", SIS, Ankara and Household Labour Force Survey, data sent directly.

General notes:

Value Added:
> * These national accounts estimates are compiled according to the 1968 System of National Accounts.
> ** Provisional data.

Employment:
> * Employment estimates include persons of 12 years and over, employees, employers, self-employed and family workers.
>
> ** Employees include persons of 12 years and over.

(1) For Value added item Real estate services refers to dwellings. Other real estate services and item Business services are included in item Other services (see memorandum item Community social and personal services).

(2) For Value added item Other services refers to memorandum items Community, social and personal services, Producers of government services and Other producers.

(3) For Employment data, item Other services refers to community, social and personal services, producers of government services and other producers.

Sources :

Valeur ajoutée :
> State Institute of Statistics (SIS), Ankara, données transmises directement.

Emploi :
> "Statistical Yearbook of Turkey", SIS, Ankara et données d'enquête auprès des ménages sur la population active transmises directement.

Notes générales :

Valeur ajoutée :
> * Ces estimations de comptes nationaux sont compilées suivant le Système de comptabilité nationale de 1968.
> ** Données provisoires.

Emploi :
> * Les estimations de l'emploi incluent les personnes de 12 ans et plus, employés, employeurs, travailleurs indépendants et travailleurs familiaux.
> ** Les salariés incluent les personnes de 12 ans et plus.

(1) Pour la valeur ajoutée la rubrique Affaires immobilières se réfère aux logements. Les autres activités immobilières et la rubrique Services fournis aux entreprises sont incluses dans la rubrique Autres services (voir la rubrique pour mémoire Services fournis à la collectivité, services sociaux et services personnels).

(2) Pour la valeur ajoutée la rubrique Autres services se réfère aux rubriques pour mémoire Services fournis à la collectivité, services sociaux et services personnels, Branches non marchandes des administrations publiques et Autres branches non marchandes.

(3) Pour l'emploi, la rubrique Autres services se réfère aux services fournis à la collectivité, services sociaux et services personnels, les branches non marchandes des administrations publiques et les autres branches non marchandes.

United Kingdom – Royaume-Uni

UNITED KINGDOM

I. GROSS VALUE ADDED at basic prices

A. Current prices

Billions of pounds sterling

ISIC Rev. 3			1989	1990	1991	1992	1993	1994
G_I	**50_64**	1. Motor, wholesale and retail trade; restaurants and hotels; transport and communication	103.5	112.9	119.3	125.4	131.1	138.9
G_H	50_55	1.1. Motor, wholesale and retail trade; restaurants and hotels	64.7	70.9	75.3	79.7	83.8	88.2
G	50_52	1.1.1. Motor, wholesale and retail trade	52.4	57.1	61.0	64.4	67.8	71.2
	50	1.1.1.1. Motor trade and repairs	..	..	..	11.2	11.9	12.6
	51	1.1.1.2. Wholesale and commission trade	..	..	..	25.3	26.4	27.7
	52	1.1.1.3. Retail trade and repairs	..	..	..	27.8	29.6	30.9
H	55	1.1.2. Restaurants and hotels	12.3	13.9	14.4	15.3	16.0	17.0
I	60_64	1.2. Transport, storage and communication	38.8	41.9	43.9	45.7	47.3	50.7
	60_63	1.2.1. Transport and storage	25.7	27.3	27.4	28.6	29.9	32.5
	60	1.2.1.1. Land transport, transport via pipelines	..	..	..	14.8	14.8	15.6
		1.2.1.1.1. Transport via railways	..	..	..	3.3	3.2	3.2
		1.2.1.1.2. Other land transport	..	..	..	11.4	11.6	12.4
	61	1.2.1.2. Water transport	..	..	..	1.2	1.4	1.6
	62	1.2.1.3. Air transport	..	..	..	2.9	3.4	3.7
	63	1.2.1.4. Auxiliary transport services, travel agencies	..	..	..	9.8	10.2	11.5
	64	1.2.2. Communication	13.1	14.7	16.5	17.1	17.4	18.2
	641	1.2.2.1. Postal and courier services	..	..	..	5.1	5.1	5.4
	642	1.2.2.2. Telecommunications	..	..	..	12.0	12.3	12.8
J_K	**65_74**	2. Finance, insurance, real estate and business services	104.3	116.8	121.9	133.5	141.7	154.5
J	65_67	2.1. Financial and insurance services	28.9	31.4	30.2	37.2	39.6	45.4
	65	2.1.1. Financial intermediation	..	..	..	26.6	24.4	29.3
	66	2.1.2. Insurance and pension funding	..	..	..	7.2	11.8	12.5
	67	2.1.3. Auxiliary financial services	..	..	..	3.4	3.5	3.7
K	70_74	2.2. Real estate and business services	75.3	85.4	91.7	96.3	102.1	109.1
	70	2.2.1. Real estate services	27.4	31.7	35.6	48.1	52.1	55.3
		2.2.1.1. Owning and dealing in real estate	..	..	..	7.0	8.7	9.5
		2.2.1.2. Letting of dwellings	..	..	..	38.6	40.9	43.2
		2.2.1.3. Real estate agents	..	..	..	2.4	2.5	2.6
	71_74	2.2.2. Business services	48.0	53.7	56.1	48.2	50.0	53.7
	71	2.2.2.1. Renting, etc.	..	..	..	4.4	4.6	5.1
	72	2.2.2.2. Computer and related activities	..	..	..	6.5	6.7	7.4
	73	2.2.2.3. Research and development	..	..	..	2.8	2.8	2.9
	74	2.2.2.4. Other business activities	..	..	..	34.4	35.8	38.3
	741	2.2.2.4.1. Legal, accounting services, etc.	..	..	..	13.1	13.8	14.8
		2.2.2.4.1.1. Legal services	..	..	..	5.4	5.7	6.1
		2.2.2.4.1.2. Accounting services	..	..	..	4.5	4.7	4.9
		2.2.2.4.1.3. Market research, consult.	..	..	..	3.2	3.4	3.7
	742	2.2.2.4.2. Architect., engineering, other tech. serv.	..	..	..	8.8	9.0	9.3
	743	2.2.2.4.3. Advertising services	..	..	..	2.1	2.1	2.3
	749	2.2.2.4.4. Other business activities n.e.c.	..	..	..	10.4	11.0	12.0
L_Q	**75_99**	3. Other services	96.1	107.0	117.2	125.7	132.6	137.9
L	75	3.1. Public administration and defence	30.5	34.0	36.6	39.4	40.2	39.7
M_Q	80_99	3.2. Education, health, social work related, other community, social and personal services	65.6	73.0	80.6	86.3	92.4	98.2
M	80	3.2.1. Education	22.6	24.7	28.2	30.0	31.5	32.8
N	85	3.2.2. Health and social work	26.2	29.3	32.5	35.1	37.7	39.9
		3.2.2.1. Health and veterinary services	..	..	..	27.0	28.9	30.3
		3.2.2.2. Social work	..	..	..	8.1	8.7	9.6
O	90_93	3.2.3. Other community, social and personal services	15.4	17.3	17.9	19.0	20.8	22.7
	90	3.2.3.1. Sanitary and similar services	..	..	..	2.7	3.0	3.3
	91	3.2.3.2. Membership organisations n.e.c.	..	..	..	2.9	3.2	3.4
	92	3.2.3.3. Recreational and cultural services	..	..	..	10.8	11.9	13.1
	93	3.2.3.4. Other personal services	..	..	..	2.7	2.7	2.9
P	95	3.2.4. Private households with employed persons	1.5	1.7	2.0	2.2	2.5	2.7
Q	99	3.2.5. Extra-territorial organisations	..	..	..	..	..	..
		FISIM (Financial Intermediation Services Indirectly Measured)	- 18.6	- 19.3	- 15.8	- 21.0	- 20.0	- 26.4
G_Q	**50_99**	**TOTAL, SERVICES**	**285.3**	**317.4**	**342.5**	**363.6**	**385.4**	**404.9**
		GROSS VALUE ADDED, All activities, at basic prices	**461.9**	**501.5**	**523.1**	**545.5**	**573.4**	**605.7**
		% of services in gross value added, all activities	61.76	63.29	65.46	66.65	67.22	66.85
		Memorandum item:						
		Gross domestic product at market prices	513.3	556.2	584.5	608.2	639.4	677.6

I. VALEUR AJOUTÉE BRUTE aux prix de base

A. Prix courants

Milliards de livres sterling

1995	1996	1997	1998	1999		CITI Rév. 3	
144.9	153.2	166.4	177.9	186.8	1. Commerce d'automobiles, de gros et de détail ; restaurants et hôtels ; transports et communication	**G_I**	**50_64**
92.6	99.2	108.5	115.7	117.6	1.1. Commerce d'automobiles, de gros et de détail ; restaurants et hôtels	G_H	50_55
74.1	78.7	85.9	91.4	92.5	1.1.1. Commerce d'automobiles, de gros et de détail	G	50_52
13.3	14.3	15.6	16.6	..	1.1.1.1. Commerce et réparations automobiles		50
28.8	30.3	33.4	34.6	..	1.1.1.2. Commerce de gros et intermédiaires		51
32.1	34.1	36.8	40.1	..	1.1.1.3. Commerce de détail et réparations		52
18.4	20.5	22.6	24.2	25.0	1.1.2. Restaurants et hôtels	H	55
52.3	54.0	57.9	62.2	69.2	1.2. Transports, entreposage et communications	I	60_64
34.0	35.4	37.9	39.9	44.3	1.2.1. Transports et entreposage		60_63
15.9	15.9	17.1	18.3	..	1.2.1.1. Transports terrestres, transports par conduites		60
3.0	2.0	2.1	2.3	..	1.2.1.1.1. Transports par chemin de fer		
12.9	13.8	15.0	15.9	..	1.2.1.1.2. Autres transports terrestres		
1.8	1.9	2.0	2.0	..	1.2.1.2. Transports par eau		61
4.2	4.6	4.8	4.7	..	1.2.1.3. Transports aériens		62
12.1	13.0	13.9	14.9	..	1.2.1.4. Services auxiliaires des transports, agences de voyages		63
18.3	18.6	20.1	22.3	24.9	1.2.2. Communications		64
5.6	6.0	6.6	7.2	..	1.2.2.1. Poste et courrier		641
12.7	12.6	13.5	15.1	..	1.2.2.2. Télécommunications		642
159.1	168.5	184.2	205.5	222.4	2. Banques, assurances, affaires immobilières et services aux entreprises	**J_K**	**65_74**
42.7	42.7	43.9	46.2	45.8	2.1. Établissements financiers	J	65_67
26.8	25.9	25.1	28.0	..	2.1.1. Intermédiation financière		65
11.9	12.5	14.0	12.8	..	2.1.2. Assurances et caisses de retraite		66
4.0	4.3	4.8	5.5	..	2.1.3. Activités financières auxiliaires		67
116.3	125.7	140.3	159.3	176.6	2.2. Affaires immobilières et services fournis aux entreprises	K	70_74
58.4	60.4	64.2	71.3	62.3	2.2.1. Affaires immobilières		70
10.0	10.3	10.6	13.1	..	2.2.1.1. Marchands immobiliers		
45.8	47.3	50.6	54.9	..	2.2.1.2. Location de logements		
2.7	2.8	3.0	3.2	..	2.2.1.3. Agents immobiliers		
57.9	65.3	76.1	88.1	114.3	2.2.2. Services fournis aux entreprises		71_74
5.4	5.9	7.0	7.8	..	2.2.2.1. Location, etc.		71
8.1	9.4	12.0	15.0	..	2.2.2.2. Activités informatiques et activités connexes		72
2.8	3.2	3.3	3.6	..	2.2.2.3. Recherche et développement		73
41.7	46.9	53.8	61.7	..	2.2.2.4. Autres services fournis aux entreprises		74
16.1	17.6	19.9	22.5	..	2.2.2.4.1. Activités juridiques, comptables, etc.		741
6.6	7.3	7.9	8.7	..	2.2.2.4.1.1. Activités juridiques		
5.3	5.7	6.4	7.4	..	2.2.2.4.1.2. Activités comptables		
4.2	4.6	5.5	6.4	..	2.2.2.4.1.3. Études de marché, conseil		
9.6	10.8	12.3	13.8	..	2.2.2.4.2. Activ. d'architect., d'ingénierie, aut. serv. tech.		742
2.5	2.8	3.3	3.7	..	2.2.2.4.3. Publicité		743
13.5	15.7	18.4	21.7	..	2.2.2.4.4. Autres serv. fournis aux entreprises n.c.a.		749
144.0	152.4	160.3	168.9	174.9	3. Autres services	**L_Q**	**75_99**
39.9	39.8	39.6	39.7	40.2	3.1. Administration publique et défense	L	75
104.1	112.6	120.6	129.2	134.7	3.2. Enseignement, santé, action sociale, autres activités de services collectifs, sociaux et personnels	M_Q	80_99
34.2	36.6	38.9	41.2	41.8	3.2.1. Enseignement	M	80
42.5	45.3	47.0	49.9	51.5	3.2.2. Santé et action sociale	N	85
31.8	33.4	34.1	36.1	..	3.2.2.1. Santé et activités vétérinaires		
10.6	11.9	12.8	13.8	..	3.2.2.2. Action sociale		
24.5	27.5	31.4	34.5	37.4	3.2.3. Autres activités de services collectifs, sociaux et personnels	O	90_93
3.6	4.0	4.6	4.9	..	3.2.3.1. Services sanitaires et analogues		90
3.6	3.8	4.3	4.6	..	3.2.3.2. Activités associatives diverses		91
14.2	16.1	18.7	20.7	..	3.2.3.3. Activités récréatives et culturelles		92
3.1	3.5	3.8	4.2	..	3.2.3.4. Autres services personnels		93
2.9	3.1	3.4	3.6	4.1	3.2.4. Ménages privés employant du personnel domestique	P	95
..	..	..	..	..	3.2.5. Organisations extraterritoriales	Q	99
- 25.5	- 25.6	- 25.7	- 27.7	- 31.1	SIFIM (Services d'intermédiation financière indirectement mesurés)		
422.4	**448.5**	**485.1**	**524.5**	**552.9**	**TOTAL, SERVICES**	**G_Q**	**50_99**
635.5	**674.0**	**715.1**	**755.3**	**786.7**	**VALEUR AJOUTÉE BRUTE, Toutes activités, aux prix de base**		
66.47	66.53	67.84	69.45	70.29	% des services dans la valeur ajoutée brute, toutes activités		
					Pour mémoire :		
714.0	756.1	805.4	851.7	891.0	Produit intérieur brut aux prix du marché		

UNITED KINGDOM

I. GROSS VALUE ADDED at basic prices *(cont.)*

B. Constant 1995 prices *

Billions of pounds sterling

ISIC Rev. 3			1989	1990	1991	1992	1993	1994
G_I	**50_64**	1. Motor, wholesale and retail trade; restaurants and hotels; transport and communication	129.3	129.3	125.3	126.7	132.3	140.2
G_H	50_55	1.1. Motor, wholesale and retail trade; restaurants and hotels	85.8	85.3	82.5	82.6	86.7	90.9
G	50_52	1.1.1. Motor, wholesale and retail trade	66.3	65.5	64.0	64.9	68.6	72.3
	50	1.1.1.1. Motor trade and repairs	13.7	13.4	12.0	11.8	12.1	12.4
	51	1.1.1.2. Wholesale and commission trade	25.0	24.5	23.7	24.4	26.5	28.1
	52	1.1.1.3. Retail trade and repairs	27.9	28.0	28.4	28.8	30.0	31.7
H	55	1.1.2. Restaurants and hotels	19.5	19.8	18.5	17.7	18.1	18.6
I	60_64	1.2. Transport, storage and communication	44.0	44.5	43.2	44.2	45.7	49.3
	60_63	1.2.1. Transport and storage	30.0	29.9	28.7	29.7	30.3	32.7
	60	1.2.1.1. Land transport, transport via pipelines	13.2	14.5	13.7	13.7	14.0	15.0
		1.2.1.1.1. Transport via railways	..	..	..	..	..	..
		1.2.1.1.2. Other land transport	..	..	..	..	..	..
	61	1.2.1.2. Water transport	1.7	1.5	1.5	1.6	1.6	1.8
	62	1.2.1.3. Air transport	2.7	2.9	2.8	3.2	3.4	3.8
	63	1.2.1.4. Auxiliary transport services, travel agencies	11.6	11.2	10.9	11.3	11.3	12.1
	64	1.2.2. Communication	14.1	14.7	14.6	14.6	15.3	16.6
	641	1.2.2.1. Postal and courier services	..	..	..	..	..	..
	642	1.2.2.2. Telecommunications	..	..	..	..	..	..
J_K	**65_74**	2. Finance, insurance, real estate and business services	139.5	144.0	143.3	140.9	144.3	152.3
J	65_67	2.1. Financial and insurance services	39.4	41.9	42.2	40.2	41.1	41.6
	65	2.1.1. Financial intermediation	24.9	25.8	25.4	24.5	24.6	25.7
	66	2.1.2. Insurance and pension funding	11.0	12.5	13.1	12.2	12.7	11.9
	67	2.1.3. Auxiliary financial services	3.4	3.7	4.0	3.8	4.2	4.0
K	70_74	2.2. Real estate and business services	101.6	103.5	102.3	101.0	103.4	110.8
	70	2.2.1. Real estate services	..	..	..	..	..	..
		2.2.1.1. Owning and dealing in real estate	9.2	9.3	9.5	9.5	9.6	9.8
		2.2.1.2. Letting of dwellings	..	..	..	..	..	..
		2.2.1.3. Real estate agents	..	..	..	..	..	..
	71_74	2.2.2. Business services	47.8	49.2	47.6	46.5	47.9	52.9
	71	2.2.2.1. Renting, etc.	4.6	4.8	4.5	4.3	4.6	4.9
	72	2.2.2.2. Computer and related activities	4.7	5.1	5.4	5.9	6.1	7.1
	73	2.2.2.3. Research and development	2.9	2.6	2.3	2.4	2.5	2.8
	74	2.2.2.4. Other business activities	35.7	36.7	35.4	33.8	34.7	38.1
	741	2.2.2.4.1. Legal, accounting services, etc.	..	..	..	..	..	..
		2.2.2.4.1.1. Legal services	..	..	..	..	..	..
		2.2.2.4.1.2. Accounting services	..	..	..	..	..	..
		2.2.2.4.1.3. Market research, consult.	..	..	..	..	..	..
	742	2.2.2.4.2. Architect., engineering, other tech. serv.	..	..	..	..	..	..
	743	2.2.2.4.3. Advertising services	..	..	..	..	..	..
	749	2.2.2.4.4. Other business activities n.e.c.	..	..	..	..	..	..
L_Q	**75_99**	3. Other services	126.4	127.9	132.0	134.4	137.4	140.8
L	75	3.1. Public administration and defence	40.7	41.3	42.1	41.9	41.0	40.4
M_Q	80_99	3.2. Education, health, social work related, other community, social and personal services	86.5	87.4	90.6	93.1	96.6	100.4
M	80	3.2.1. Education	30.0	30.5	31.5	32.5	32.5	33.8
N	85	3.2.2. Health and social work	33.9	34.2	36.6	37.6	39.3	40.4
		3.2.2.1. Health and veterinary services	..	..	..	..	..	..
		3.2.2.2. Social work	..	..	..	..	..	..
O	90_93	3.2.3. Other community, social and personal services	20.6	20.6	20.3	20.6	22.2	23.4
	90	3.2.3.1. Sanitary and similar services	2.3	2.4	2.5	2.6	3.0	3.3
	91	3.2.3.2. Membership organisations n.e.c.	2.6	2.5	2.7	2.9	3.5	3.6
	92	3.2.3.3. Recreational and cultural services	12.0	12.0	11.8	12.0	12.8	13.5
	93	3.2.3.4. Other personal services	3.7	3.6	3.3	3.0	2.9	3.0
P	95	3.2.4. Private households with employed persons	2.1	2.1	2.2	2.3	2.5	2.8
Q	99	3.2.5. Extra-territorial organisations	..	..	..	..	..	..
		FISIM (Financial Intermediation Services Indirectly Measured)	- 23.4	- 24.4	- 24.0	- 23.2	- 23.4	- 24.4
G_Q	**50_99**	**TOTAL, SERVICES**	**373.0**	**378.1**	**377.2**	**378.9**	**390.7**	**408.9**
		GROSS VALUE ADDED, All activities, at basic prices	**579.1**	**584.5**	**577.7**	**578.9**	**592.2**	**618.8**
		% of services in gross value added, all activities	64.41	64.68	65.30	65.46	65.98	66.07
		Memorandum item:						
		Gross domestic product at market prices	655.2	659.5	649.8	650.3	665.4	694.6

I. VALEUR AJOUTÉE BRUTE aux prix de base *(suite)*

B. Prix constants de 1995 *

Milliards de livres sterling

1995	1996	1997	1998	1999		CITI Rév. 3	
144.9	150.1	157.9	164.6	171.7	1. Commerce d'automobiles, de gros et de détail ; restaurants et hôtels ; transports et communication	G_I	50_64
92.6	95.5	98.6	101.1	103.0	1.1. Commerce d'automobiles, de gros et de détail ; restaurants et hôtels	G_H	50_55
74.1	76.7	79.6	81.6	83.2	1.1.1. Commerce d'automobiles, de gros et de détail	G	50_52
13.3	13.8	14.6	14.8	14.8	1.1.1.1. Commerce et réparations automobiles		50
28.8	29.4	29.9	30.2	30.5	1.1.1.2. Commerce de gros et intermédiaires		51
32.1	33.5	35.1	36.5	37.9	1.1.1.3. Commerce de détail et réparations		52
18.4	18.9	19.1	19.5	19.8	1.1.2. Restaurants et hôtels	H	55
52.3	54.5	59.3	63.5	68.4	1.2. Transports, entreposage et communications	I	60_64
34.0	34.2	36.2	38.7	39.8	1.2.1. Transports et entreposage		60_63
15.9	16.3	16.7	17.4	18.1	1.2.1.1. Transports terrestres, transports par conduites		60
3.0	..	..	..	..	1.2.1.1.1. Transports par chemin de fer		
12.9	..	..	..	..	1.2.1.1.2. Autres transports terrestres		
1.8	1.8	1.8	1.9	1.8	1.2.1.2. Transports par eau		61
4.2	4.4	5.0	5.4	5.6	1.2.1.3. Transports aériens		62
12.1	11.6	12.6	14.0	14.2	1.2.1.4. Services auxiliaires des transports, agences de voyages		63
18.3	20.3	23.1	24.8	28.6	1.2.2. Communications		64
5.6	..	..	..	..	1.2.2.1. Poste et courrier		641
12.7	..	..	..	..	1.2.2.2. Télécommunications		642
159.1	166.3	177.3	188.0	194.0	2. Banques, assurances, affaires immobilières et services aux entreprises	J_K	65_74
42.7	44.6	47.0	48.3	48.1	2.1. Établissements financiers	J	65_67
26.8	27.9	29.1	30.2	30.7	2.1.1. Intermédiation financière		65
11.9	12.5	13.4	13.4	12.7	2.1.2. Assurances et caisses de retraite		66
4.0	4.2	4.5	4.7	4.7	2.1.3. Activités financières auxiliaires		67
116.3	121.8	130.3	139.7	146.2	2.2. Affaires immobilières et services fournis aux entreprises	K	70_74
58.4	..	..	..	..	2.2.1. Affaires immobilières		70
10.0	10.1	10.3	10.7	11.0	2.2.1.1. Marchands immobiliers		
45.8	..	..	..	..	2.2.1.2. Location de logements		
2.7	..	..	..	..	2.2.1.3. Agents immobiliers		
57.9	62.5	69.1	76.6	81.1	2.2.2. Services fournis aux entreprises		71_74
5.4	5.7	6.4	6.4	7.0	2.2.2.1. Location, etc.		71
8.1	9.5	10.6	12.6	13.9	2.2.2.2. Activités informatiques et activités connexes		72
2.8	2.2	2.2	2.3	2.2	2.2.2.3. Recherche et développement		73
41.7	45.2	49.9	55.3	58.1	2.2.2.4. Autres services fournis aux entreprises		74
16.1	..	..	..	..	2.2.2.4.1. Activités juridiques, comptables, etc.		741
6.6	..	..	..	..	2.2.2.4.1.1. Activités juridiques		
5.3	..	..	..	..	2.2.2.4.1.2. Activités comptables		
4.2	..	..	..	..	2.2.2.4.1.3. Études de marché, conseil		
9.6	..	..	..	..	2.2.2.4.2. Activ. d'architect., d'ingénierie, aut. serv. tech.		742
2.5	..	..	..	..	2.2.2.4.3. Publicité		743
13.5	..	..	..	..	2.2.2.4.4. Autres serv. fournis aux entreprises n.c.a.		749
144.0	146.8	149.0	152.0	153.5	3. Autres services	L_Q	75_99
39.9	39.3	38.6	38.4	38.4	3.1. Administration publique et défense	L	75
104.1	107.6	110.5	113.7	115.0	3.2. Enseignement, santé, action sociale, autres activités de services collectifs, sociaux et personnels	M_Q	80_99
34.2	34.8	35.2	35.3	35.5	3.2.1. Enseignement	M	80
42.5	44.3	46.0	47.5	48.6	3.2.2. Santé et action sociale	N	85
31.8	..	..	..	..	3.2.2.1. Santé et activités vétérinaires		
10.6					3.2.2.2. Action sociale		
24.5	25.4	26.2	27.7	27.9	3.2.3. Autres activités de services collectifs, sociaux et personnels	O	90_93
3.6	3.6	3.8	4.1	4.3	3.2.3.1. Services sanitaires et analogues		90
3.6	3.8	3.9	4.0	4.0	3.2.3.2. Activités associatives diverses		91
14.2	14.8	15.0	16.0	15.9	3.2.3.3. Activités récréatives et culturelles		92
3.1	3.2	3.5	3.7	3.8	3.2.3.4. Autres services personnels		93
2.9	3.0	3.1	3.1	3.0	3.2.4. Ménages privés employant du personnel domestique	P	95
..	..	..	..	..	3.2.5. Organisations extraterritoriales	Q	99
- 25.5	- 26.9	- 28.8	- 30.5	- 30.9	SIFIM (Services d'intermédiation financière indirectement mesurés)		
422.4	**436.4**	**455.4**	**474.4**	**488.3**	**TOTAL, SERVICES**	**G_Q**	**50_99**
635.5	**651.7**	**673.4**	**693.6**	**708.7**	**VALEUR AJOUTÉE BRUTE, Toutes activités, aux prix de base**		
66.47	66.96	67.62	68.40	68.91	% des services dans la valeur ajoutée brute, toutes activités		
					Pour mémoire :		
714.0	732.2	757.9	777.9	795.7	Produit intérieur brut aux prix du marché		

UNITED KINGDOM

II. EMPLOYMENT

A. Total employment *

Thousand jobs

ISIC Rev. 3			1989	1990	1991	1992	1993	1994
G_I	**50_64**	1. Motor, wholesale and retail trade; restaurants and hotels; transport and communication	7 466	7 612	7 399	7 402	7 243	7 254
G_H	50_55	1.1. Motor, wholesale and retail trade; restaurants and hotels	5 864	5 977	5 802	5 795	5 695	5 725
G	50_52	1.1.1. Motor, wholesale and retail trade	..	..	..	..	..	..
	50	1.1.1.1. Motor trade and repairs	..	..	..	..	..	..
	51	1.1.1.2. Wholesale and commission trade	..	..	..	..	..	..
	52	1.1.1.3. Retail trade and repairs	..	..	..	..	..	..
H	55	1.1.2. Restaurants and hotels	..	..	..	..	..	..
I	60_64	1.2. Transport, storage and communication	1 602	1 635	1 597	1 607	1 548	1 529
	60_63	1.2.1. Transport and storage	..	..	..	..	..	..
	60	1.2.1.1. Land transport, transport via pipelines	..	..	..	..	..	..
		1.2.1.1.1. Transport via railways	..	..	..	..	..	..
		1.2.1.1.2. Other land transport	..	..	..	..	..	..
	61	1.2.1.2. Water transport	..	..	..	..	..	..
	62	1.2.1.3. Air transport	..	..	..	..	..	..
	63	1.2.1.4. Auxiliary transport services, travel agencies	..	..	..	..	..	..
	64	1.2.2. Communication	..	..	..	..	..	..
	641	1.2.2.1. Postal and courier services	..	..	..	..	..	..
	642	1.2.2.2. Telecommunications	..	..	..	..	..	..
J_K	**65_74**	2. Finance, insurance, real estate and business services	4 053	4 254	4 177	4 152	4 166	4 232
J	65_67	2.1. Financial and insurance services	..	..	..	..	..	..
	65	2.1.1. Financial intermediation	..	..	..	..	..	..
	66	2.1.2. Insurance and pension funding	..	..	..	..	..	..
	67	2.1.3. Auxiliary financial services	..	..	..	..	..	..
K	70_74	2.2. Real estate and business services	..	..	..	..	..	..
	70	2.2.1. Real estate services	..	..	..	..	..	..
		2.2.1.1. Owning and dealing in real estate	..	..	..	..	..	..
		2.2.1.2. Letting of dwellings	..	..	..	..	..	..
		2.2.1.3. Real estate agents	..	..	..	..	..	..
	71_74	2.2.2. Business services	..	..	..	..	..	..
	71	2.2.2.1. Renting, etc.	..	..	..	..	..	..
	72	2.2.2.2. Computer and related activities	..	..	..	..	..	..
	73	2.2.2.3. Research and development	..	..	..	..	..	..
	74	2.2.2.4. Other business activities	..	..	..	..	..	..
	741	2.2.2.4.1. Legal, accounting services, etc.	..	..	..	..	..	..
		2.2.2.4.1.1. Legal services	..	..	..	..	..	..
		2.2.2.4.1.2. Accounting services	..	..	..	..	..	..
		2.2.2.4.1.3. Market research, consult.	..	..	..	..	..	..
	742	2.2.2.4.2. Architect., engineering, other tech. serv.	..	..	..	..	..	..
	743	2.2.2.4.3. Advertising services	..	..	..	..	..	..
	749	2.2.2.4.4. Other business activities n.e.c.	..	..	..	..	..	..
L_Q	**75_99**	3. Other services	7 533	7 607	7 656	7 535	7 638	7 716
L	75	3.1. Public administration and defence (1)	6 128	6 219	6 295	6 122	6 305	6 335
M_Q	80_99	3.2. Education, health, social work related, other community, social and personal services	..	..	..	..	..	..
M	80	3.2.1. Education (1)	..	..	..	..	..	..
N	85	3.2.2. Health and social work (1)	..	..	..	..	..	..
		3.2.2.1. Health and veterinary services	..	..	..	..	..	..
		3.2.2.2. Social work	..	..	..	..	..	..
O	90_93	3.2.3. Other community, social and personal services	1 405	1 388	1 361	1 413	1 333	1 381
	90	3.2.3.1. Sanitary and similar services	..	..	..	..	..	..
	91	3.2.3.2. Membership organisations n.e.c.	..	..	..	..	..	..
	92	3.2.3.3. Recreational and cultural services	..	..	..	..	..	..
	93	3.2.3.4. Other personal services	..	..	..	..	..	..
P	95	3.2.4. Private households with employed persons	..	..	..	..	..	..
Q	99	3.2.5. Extra-territorial organisations	..	..	..	..	..	..
G_Q	**50_99**	**TOTAL, SERVICES**	**19 052**	**19 473**	**19 232**	**19 089**	**19 047**	**19 202**
		TOTAL EMPLOYMENT, All activities	**27 740**	**28 013**	**27 103**	**26 406**	**26 050**	**26 198**
		% of services in total employment, all activities	68.68	69.51	70.96	72.29	73.12	73.30

II. EMPLOI

A. Emploi total *

Milliers d'emplois

1995	1996	1997	1998	1999		CITI Rév. 3	
					1. Commerce d'automobiles, de gros et de détail ; restaurants et hôtels ;	**G_I**	**50_64**
7 330	7 348	7 564	7 634	7 768	transports et communication		
5 798	5 823	5 980	6 060	6 120	1.1. Commerce d'automobiles, de gros et de détail ; restaurants et hôtels	G_H	50_55
..	..	..	..	..	1.1.1. Commerce d'automobiles, de gros et de détail	G	50_52
..	..	..	..	..	1.1.1.1. Commerce et réparations automobiles		50
..	..	..	..	..	1.1.1.2. Commerce de gros et intermédiaires		51
..	..	..	..	..	1.1.1.3. Commerce de détail et réparations		52
..	..	..	..	..	1.1.2. Restaurants et hôtels	H	55
1 532	1 525	1 584	1 574	1 648	1.2. Transports, entreposage et communications	I	60_64
..	..	..	..	..	1.2.1. Transports et entreposage		60_63
..	..	..	..	..	1.2.1.1. Transports terrestres, transports par conduites		60
..	..	..	..	..	1.2.1.1.1. Transports par chemin de fer		
..	..	..	..	..	1.2.1.1.2. Autres transports terrestres		
..	..	..	..	..	1.2.1.2. Transports par eau		61
..	..	..	..	..	1.2.1.3. Transports aériens		62
..	..	..	..	..	1.2.1.4. Services auxiliaires des transports, agences de voyages		63
..	..	..	..	..	1.2.2. Communications		64
..	..	..	..	..	1.2.2.1. Poste et courrier		641
..	..	..	..	..	1.2.2.2. Télécommunications		642
4 431	4 576	4 824	4 989	5 161	2. Banques, assurances, affaires immobilières et services aux entreprises	**J_K**	**65_74**
..	..	..	..	..	2.1. Établissements financiers	J	65_67
..	..	..	..	..	2.1.1. Intermédiation financière		65
..	..	..	..	..	2.1.2. Assurances et caisses de retraite		66
..	..	..	..	..	2.1.3. Activités financières auxiliaires		67
..	..	..	..	..	2.2. Affaires immobilières et services fournis aux entreprises	K	70_74
..	..	..	..	..	2.2.1. Affaires immobilières		70
..	..	..	..	..	2.2.1.1. Marchands immobiliers		
..	..	..	..	..	2.2.1.2. Location de logements		
..	..	..	..	..	2.2.1.3. Agents immobiliers		
..	..	..	..	..	2.2.2. Services fournis aux entreprises		71_74
..	..	..	..	..	2.2.2.1. Location, etc.		71
..	..	..	..	..	2.2.2.2. Activités informatiques et activités connexes		72
..	..	..	..	..	2.2.2.3. Recherche et développement		73
..	..	..	..	..	2.2.2.4. Autres services fournis aux entreprises		74
..	..	..	..	..	2.2.2.4.1. Activités juridiques, comptables, etc.		741
..	..	..	..	..	2.2.2.4.1.1. Activités juridiques		
..	..	..	..	..	2.2.2.4.1.2. Activités comptables		
..	..	..	..	..	2.2.2.4.1.3. Études de marché, conseil		
..	..	..	..	..	2.2.2.4.2. Activ. d'architect., d'ingénierie, aut. serv. tech.		742
..	..	..	..	..	2.2.2.4.3. Publicité		743
..	..	..	..	..	2.2.2.4.4. Autres serv. fournis aux entreprises n.c.a.		749
7 755	7 849	7 879	7 902	8 089	3. Autres services	**L_Q**	**75_99**
6 338	6 395	6 364	6 372	6 485	3.1. Administration publique et défense (1)	L	75
					3.2. Enseignement, santé, action sociale, autres activités de services	M_Q	80_99
					collectifs, sociaux et personnels		
..	..	..	..	..	3.2.1. Enseignement (1)	M	80
..	..	..	..	..	3.2.2. Santé et action sociale (1)	N	85
..	..	..	..	..	3.2.2.1. Santé et activités vétérinaires		
..	..	..	..	..	3.2.2.2. Action sociale		
1 417	1 454	1 515	1 530	1 604	3.2.3. Autres activités de services collectifs, sociaux et personnels	O	90_93
..	..	..	..	..	3.2.3.1. Services sanitaires et analogues		90
..	..	..	..	..	3.2.3.2. Activités associatives diverses		91
..	..	..	..	..	3.2.3.3. Activités récréatives et culturelles		92
..	..	..	..	..	3.2.3.4. Autres services personnels		93
..	..	..	..	..	3.2.4. Ménages privés employant du personnel domestique	P	95
..	..	..	..	..	3.2.5. Organisations extraterritoriales	Q	99
19 516	**19 773**	**20 267**	**20 525**	**21 018**	**TOTAL, SERVICES**	**G_Q**	**50_99**
26 492	**26 769**	**27 305**	**27 629**	**27 921**	**EMPLOI TOTAL, Toutes activités**		
73.67	73.87	74.22	74.29	75.28	% des services dans l'emploi total, toutes activités		

II. EMPLOYMENT (cont.)

B. Employees **

Thousand jobs

ISIC Rev. 3			1989	1990	1991	1992	1993	1994
G_I	50_64	1. Motor, wholesale and retail trade; restaurants and hotels; transport and communication	6 211	6 365	6 261	6 311	6 128	6 227
G_H	50_55	1.1. Motor, wholesale and retail trade; restaurants and hotels	4 827	4 951	4 866	4 903	4 789	4 890
G	50_52	1.1.1. Motor, wholesale and retail trade	3 651	3 718	3 657	3 680	3 630	3 719
	50	1.1.1.1. Motor trade and repairs	562	573	577	632	570	561
	51	1.1.1.2. Wholesale and commission trade	1 040	1 037	968	935	922	956
	52	1.1.1.3. Retail trade and repairs	2 049	2 108	2 112	2 113	2 138	2 202
H	55	1.1.2. Restaurants and hotels	1 176	1 233	1 209	1 223	1 159	1 171
		1.1.2.1. Restaurants, bars and canteens	..	..	..	..	..	..
		1.1.2.2. Hotels and other short stay accommodation	..	..	..	..	..	..
I	60_64	1.2. Transport, storage and communication	1 384	1 414	1 395	1 408	1 339	1 337
	60_63	1.2.1. Transport and storage	913	943	931	960	910	906
	60	1.2.1.1. Land transport, transport via pipelines	518	541	543	549	516	504
		1.2.1.1.1. Transport via railways	..	..	..	..	..	..
		1.2.1.1.2. Other land transport	..	..	..	..	..	..
	61	1.2.1.2. Water transport	45	41	36	49	21	24
	62	1.2.1.3. Air transport	54	59	62	70	61	58
	63	1.2.1.4. Auxiliary transport services, travel agencies	296	302	290	292	312	320
	64	1.2.2. Communication	471	471	464	448	429	431
	641	1.2.2.1. Postal and courier services	..	..	..	..	..	..
	642	1.2.2.2. Telecommunications	..	..	..	..	..	..
J_K	65_74	2. Finance, insurance, real estate and business services	3 512	3 670	3 608	3 614	3 642	3 664
J	65_67	2.1. Financial and insurance services	1 043	1 054	1 033	1 014	970	976
	65	2.1.1. Financial intermediation	641	638	621	594	577	577
	66	2.1.2. Insurance and pension funding	231	240	247	240	222	220
	67	2.1.3. Auxiliary financial services	171	176	165	180	171	179
K	70_74	2.2. Real estate and business services	2 469	2 616	2 575	2 600	2 672	2 688
	70	2.2.1. Real estate services	196	205	200	226	253	267
		2.2.1.1. Owning and dealing in real estate	..	..	..	..	..	..
		2.2.1.2. Letting of dwellings	..	..	..	..	..	..
		2.2.1.3. Real estate agents	..	..	..	..	..	..
	71_74	2.2.2. Business services	2 273	2 411	2 375	2 374	2 419	2 421
	71	2.2.2.1. Renting, etc.	131	140	133	136	125	124
	72	2.2.2.2. Computer and related activities	206	211	212	206	227	235
	73	2.2.2.3. Research and development	102	91	86	116	94	92
	74	2.2.2.4. Other business activities	1 834	1 969	1 944	1 916	1 973	1 970
	741	*2.2.2.4.1. Legal, accounting services, etc.*	..	..	..	..	..	..
		2.2.2.4.1.1. Legal services	..	..	..	..	..	..
		2.2.2.4.1.2. Accounting services	..	..	..	..	..	..
		2.2.2.4.1.3. Market research, consult.	..	..	..	..	..	..
	742	*2.2.2.4.2. Architect., engineering, other tech.*	..	..	..	..	..	..
	743	*2.2.2.4.3. Advertising services*	..	..	..	..	..	..
	749	*2.2.2.4.4. Other business activities n.e.c.*	..	..	..	..	..	..
		2.2.2.4.4.1. Labour recruit., prov. of pers.	..	..	..	..	..	..
		2.2.2.4.4.2. Investigation, security serv.	..	..	..	..	..	..
		2.2.2.4.4.3. Building-cleaning services	..	..	..	..	..	..
		2.2.2.4.4.4. Other	..	..	..	..	..	..
L_Q	75_99	3. Other services	6 527	6 610	6 657	6 654	6 748	6 762
L	75	3.1. Public administration and defence	1 395	1 436	1 456	1 403	1 455	1 436
M_Q	80_99	3.2. Education, health, social work related, other community, social and personal services	5 132	5 174	5 201	5 251	5 293	5 326
M	80	3.2.1. Education	1 847	1 873	1 861	1 783	1 823	1 847
N	85	3.2.2. Health and social work	2 293	2 311	2 367	2 351	2 447	2 461
		3.2.2.1. Health and veterinary services	..	..	..	..	..	..
		3.2.2.2. Social work	..	..	..	..	..	..
O	90_93	3.2.3. Other community, social and personal services	992	990	973	1 117	1 023	1 018
	90	3.2.3.1. Sanitary and similar services	50	51	51	83	80	77
	91	3.2.3.2. Membership organisations n.e.c.	145	142	143	212	188	192
	92	3.2.3.3. Recreational and cultural services	553	566	559	607	554	555
	93	3.2.3.4. Other personal services (2)	244	231	220	215	201	194
P	95	3.2.4. Private households with employed persons (2)	..	..	..	..	..	..
Q	99	3.2.5. Extra-territorial organisations (2)	..	..	..	..	..	..
G_Q	50_99	**TOTAL, SERVICES**	**16 250**	**16 645**	**16 526**	**16 579**	**16 518**	**16 653**
		TOTAL EMPLOYEES, All activities	**23 100**	**23 364**	**22 702**	**22 356**	**22 032**	**22 121**
		% of services in total employees, all activities	70.35	71.24	72.80	74.16	74.97	75.28

II. EMPLOI *(suite)*

B. Salariés **

Milliers d'emplois

1995	1996	1997	1998	1999		CITI Rév. 3	
6 328	6 415	6 578	6 733	6 857	1. Commerce d'automobiles, de gros et de détail ; restaurants et hôtels ; transports et communication	G_I	50_64
5 001	5 090	5 232	5 334	5 433	1.1. Commerce d'automobiles, de gros et de détail ; restaurants et hôtels	G_H	50_55
3 770	3 816	3 933	4 025	4 042	1.1.1. Commerce d'automobiles, de gros et de détail	G	50_52
556	563	557	553	552	1.1.1.1. Commerce et réparations automobiles		50
998	1 009	1 080	1 104	1 098	1.1.1.2. Commerce de gros et intermédiaires		51
2 216	2 244	2 296	2 368	2 392	1.1.1.3. Commerce de détail et réparations		52
1 231	1 274	1 299	1 309	1 391	1.1.2. Restaurants et hôtels	H	55
933	*969*	*987*	*987*	*1 017*	*1.1.2.1. Restaurants, cafés and cantines*		
313	*301*	*289*	*306*	*340*	*1.1.2.2. Hôtels et autres équipements pour séjour de courte durée*		
1 327	1 325	1 346	1 399	1 424	1.2. Transports, entreposage et communications	I	60_64
896	880	899	938	952	1.2.1. Transports et entreposage		60_63
487	470	466	482	500	1.2.1.1. Transports terrestres, transports par conduites		60
75	*43*	*34*	*32*	*48*	*1.2.1.1.1. Transports par chemin de fer*		
385	*412*	*438*	*455*	*440*	*1.2.1.1.2. Autres transports terrestres*		
28	25	22	20	20	1.2.1.2. Transports par eau		61
56	61	71	78	87	1.2.1.3. Transports aériens		62
325	324	340	358	345	1.2.1.4. Services auxiliaires des transports, agences de voyages		63
431	445	447	461	472	1.2.2. Communications		64
256	*249*	*262*	*269*	*276*	*1.2.2.1. Poste et courrier*		641
182	*190*	*191*	*207*	*188*	*1.2.2.2. Télécommunications*		642
3 848	3 949	4 170	4 329	4 469	2. Banques, assurances, affaires immobilières et services aux entreprises	J_K	65_74
993	972	996	1 028	1 011	2.1. Établissements financiers	J	65_67
599	572	575	588	581	2.1.1. Intermédiation financière		65
214	216	231	233	234	2.1.2. Assurances et caisses de retraite		66
180	184	190	207	196	2.1.3. Activités financières auxiliaires		67
2 855	2 977	3 174	3 301	3 458	2.2. Affaires immobilières et services fournis aux entreprises	K	70_74
277	271	288	282	302	2.2.1. Affaires immobilières		70
..	..	..	..	..	2.2.1.1. Marchands immobiliers		
..	..	..	..	..	2.2.1.2. Location de logements		
..	..	..	..	..	2.2.1.3. Agents immobiliers		
2 578	2 706	2 886	3 019	3 156	2.2.2. Services fournis aux entreprises		71_74
119	124	139	131	156	2.2.2.1. Location, etc.		71
259	293	340	388	443	2.2.2.2. Activités informatiques et activités connexes		72
88	94	93	92	97	2.2.2.3. Recherche et développement		73
2 112	2 195	2 314	2 408	2 460	2.2.2.4. Autres services fournis aux entreprises		74
612	*615*	*644*	*663*	*687*	*2.2.2.4.1. Activités juridiques, comptables, etc.*		741
..	..	..	..	*212*	*2.2.2.4.1.1. Activités juridiques*		
..	..	..	..	*175*	*2.2.2.4.1.2. Activités comptables*		
..	..	..	..	*300*	*2.2.2.4.1.3. Études de marché, conseil*		
338	*322*	*310*	*318*	*304*	*2.2.2.4.2. Activ. d'architect., d'ingénierie, aut. serv. tech.*		742
81	*83*	*85*	*95*	*93*	*2.2.2.4.3. Publicité*		743
1 139	*1 266*	*1 340*	*1 352*	*1 343*	*2.2.2.4.4. Autres serv. fournis aux entreprises n.c.a.*		749
405	*482*	*514*	*518*	*602*	*2.2.2.4.4.1. Sélection et fourniture de personnel*		
97	*101*	*108*	*110*	*123*	*2.2.2.4.4.2. Activités d'enquête et de sécurité*		
398	*387*	*401*	*402*	*321*	*2.2.2.4.4.3. Activités de nettoyage de bâtiments*		
239	*296*	*317*	*322*	*297*	*2.2.2.4.4.4. Autres*		
6 788	6 848	6 857	6 972	7 051	3. Autres services	L_Q	75_99
1 399	1 406	1 358	1 396	1 453	3.1. Administration publique et défense	L	75
5 389	5 442	5 499	5 576	5 598	3.2. Enseignement, santé, action sociale, autres activités de services collectifs, sociaux et personnels	M_Q	80_99
1 858	1 883	1 888	1 886	1 907	3.2.1. Enseignement	M	80
2 502	2 510	2 537	2 550	2 530	3.2.2. Santé et action sociale	N	85
1 465	*1 536*	*1 551*	*1 561*	*1 540*	*3.2.2.1. Santé et activités vétérinaires*		
954	*908*	*907*	*890*	*896*	*3.2.2.2. Action sociale*		
1 029	1 049	1 074	1 140	1 161	3.2.3. Autres activités de services collectifs, sociaux et personnels	O	90_93
75	71	78	110	124	3.2.3.1. Services sanitaires et analogues		90
188	202	201	220	200	3.2.3.2. Activités associatives diverses		91
564	559	573	588	590	3.2.3.3. Activités récréatives et culturelles		92
202	217	222	222	247	3.2.3.4. Autres services personnels (2)		93
..	..	..	..	..	3.2.4. Ménages privés employant du personnel domestique (2)	P	95
..	..	..	..	..	3.2.5. Organisations extraterritoriales (2)	Q	99
16 964	**17 212**	**17 605**	**18 034**	**18 377**	**TOTAL, SERVICES**	**G_Q**	**50_99**
22 454	**22 706**	**23 253**	**23 784**	**24 043**	**EMPLOI SALARIÉ TOTAL, Toutes activités**		
75.55	75.80	75.71	75.82	76.43	% des services dans l'emploi salarié total, toutes activités		

Sources:

Value Added:

"United Kingdom National Accounts, The ONS Blue Book", Office for National Statistics (ONS), London and data sent directly.

Employment:

"Labour Market Trends", ONS, London and data sent directly.

General notes:

Value Added:

* For the constant prices Value Added table, data are derived from index numbers. Aggregate figures may not add up to the sum of their components.

Employment:

* Total workforce jobs include employee jobs (source: quarterly surveys of employers carried out by Prices & Business Group of ONS), self-employment jobs (source: Labour Force Survey), HM Forces (source: Ministry of Defence) and Government supported trainees (source: DfEE Training Data Systems).

** Figures are mid-year employee jobs. Employee series in *italics* refer to employee jobs for Great Britain only (i.e. excluding Northern Ireland). Data come from quarterly surveys of employers carried out by Prices & Business Group of ONS.

(1) For Total employment, item Public administration and defence includes items Education and Health and social work.

(2) For Employees, item Other personal services includes Private households with employed persons and Extra-territorial organisations.

Sources :

Valeur ajoutée :

"United Kingdom National Accounts, The ONS Blue Book", Office for National Statistics (ONS), Londres et données transmises directement.

Emploi :

"Labour Market Trends", ONS, Londres et données transmises directement.

Notes générales :

Valeur ajoutée :

* Pour la valeur ajoutée à prix constants les données sont dérivées d'indices. Les agrégats ne sont donc pas toujours égaux à la somme de leurs composantes.

Emploi :

* Le nombre d'emplois total inclut les emplois salariés (source : enquêtes trimestrielles auprès des employeurs fait par le Prices and Business Group de l'ONS), le nombre d'emplois indépendants (source : Enquête sur la population active), les forces armées (source : ministère de la défense) et les stagiaires subventionnés par le gouvernement (source : DfEE Training Data Systems).

** Les chiffres sont des estimations en milieu d'année d'emploi salarié. Les séries d'emploi salarié en *italique* se réfère au nombre d'emplois en Grande Bretagne uniquement, c'est à dire en excluant l'Irlande du Nord. Les données proviennent d'enquêtes trimestrielles auprès des employeurs fait par le Prices and Business Group de l'ONS.

(1) Pour l'emploi total, la rubrique Administration publique et défense inclut les rubriques Enseignement et Santé et action sociale.

(2) Pour l'emploi salarié, la rubrique Autres services personnels inclut les rubriques Ménages privés employant du personnel domestique et Organisations extraterritoriales.

United States – États-Unis

UNITED STATES

I. GROSS VALUE ADDED at producer prices *

A. Current prices

Billions of United States dollars

ISIC Rev. 3			1989	1990	1991	1992	1993	1994
G_I	**50_64**	1. Motor, wholesale and retail trade; restaurants and hotels; transport and communication	1 289.1	1 335.4	1 392.6	1 459.7	1 531.6	1 659.0
G_H	50_55	1.1. Motor, wholesale and retail trade; restaurants and hotels	964.5	998.2	1 036.0	1 086.5	1 137.4	1 235.6
G	50_52	1.1.1. Motor, wholesale and retail trade (1)	920.5	951.9	987.7	1 036.0	1 084.4	1 179.1
	50	1.1.1.1. Motor trade and repairs (1)	..	..	..	..	..	..
	51	1.1.1.2. Wholesale and commission trade (1)	364.7	376.1	395.6	414.6	432.5	479.2
	52	1.1.1.3. Retail trade and repairs (1)	492.7	507.8	523.7	551.7	578.0	620.6
H	55	1.1.2. Restaurants and hotels (1)	44.0	46.3	48.3	50.4	53.0	56.6
I	60_64	1.2. Transport, storage and communication	324.6	337.2	356.6	373.3	394.2	423.4
	60_63	1.2.1. Transport and storage	172.2	177.4	186.1	193.4	206.0	223.2
	60	1.2.1.1. Land transport, transport via pipelines	102.0	103.9	108.6	112.5	118.0	126.7
		1.2.1.1.1. Railway transport and related services	19.9	19.8	22.0	21.6	22.0	23.3
		1.2.1.1.2. Local and interurban passenger transp.	9.3	9.1	10.2	10.9	11.3	11.6
		1.2.1.1.3. Trucking and warehousing (2)	67.4	69.4	70.9	74.5	79.2	86.4
		1.2.1.1.4. Pipelines except natural gas (3)	5.5	5.5	5.5	5.5	5.6	5.5
	61	1.2.1.2. Water transport (4)	9.6	10.0	11.1	10.7	10.7	11.5
	62	1.2.1.3. Air transport (2) (5)	43.9	45.3	47.0	50.3	56.4	62.5
	63	1.2.1.4. Auxiliary transport services, travel agencies	16.7	18.2	19.5	19.9	20.8	22.6
	64	1.2.2. Communication (2) (6)	152.4	159.8	170.5	179.8	188.2	200.2
	641	1.2.2.1. Postal and courier services (2) (6)	..	..	..	..	..	..
	642	1.2.2.2. Telecommunications (7)	112.9	119.4	124.0	128.7	139.0	148.0
J_K	**65_74**	2. Finance, insurance, real estate and business services	1 350.0	1 446.2	1 513.1	1 624.2	1 716.6	1 801.2
J	65_67	2.1. Financial and insurance services	323.8	344.7	383.1	415.7	453.7	463.4
	65	2.1.1. Financial intermediation	228.9	242.4	261.8	294.2	312.1	313.8
		2.1.1.1. Depository institutions	157.2	171.3	193.9	205.3	200.9	200.7
		2.1.1.2. Non depository institutions	23.7	23.3	23.2	27.2	32.5	29.4
		2.1.1.3. Security and commodity brokers	45.3	42.3	40.5	54.5	67.6	77.8
		2.1.1.4. Holding and other investment companies	2.7	5.5	4.2	7.1	11.0	5.8
	66	2.1.2. Insurance and pension funding	94.9	102.3	121.3	121.5	141.6	149.6
		2.1.2.1. Insurance carriers	60.5	64.6	83.3	82.1	99.8	104.3
		2.1.2.2. Insurance agents, brokers and services	34.4	37.7	38.0	39.4	41.8	45.3
	67	2.1.3. Auxiliary financial services						
K	70_74	2.2. Real estate and business services	1 026.2	1 101.5	1 130.0	1 208.5	1 262.9	1 337.8
	70	2.2.1. Real estate services	630.7	665.7	689.1	725.2	751.6	791.4
		2.2.1.1. Non farm housing services	456.7	488.3	515.5	543.4	558.1	593.9
		2.2.1.2. Other real estate	174.0	177.3	173.6	181.8	193.5	197.5
	71_74	2.2.2. Business services (8)	395.5	435.8	440.9	483.3	511.3	546.4
	71	2.2.2.1. Renting, etc.	..	..	..	..	..	..
	72	2.2.2.2. Computer and related activities	..	..	..	..	..	..
	73	2.2.2.3. Research and development	..	..	..	..	..	..
	74	2.2.2.4. Other business activities	..	..	..	..	..	..
	741	2.2.2.4.1. Legal, accounting services, etc.	..	..	..	..	..	..
	742	2.2.2.4.2. Architect., engineering, other tech. serv.	..	..	..	..	..	..
	743	2.2.2.4.3. Advertising services	..	..	..	..	..	..
	749	2.2.2.4.4. Other business activities n.e.c.	..	..	..	..	..	..
L_Q	**75_99**	3. Other services	1 251.6	1 356.7	1 455.0	1 545.6	1 613.8	1 683.1
L	75	3.1. Public administration and defence (9)	753.6	806.6	857.1	894.4	924.8	957.6
M_Q	80_99	3.2. Education, health, social work related, other community, social and personal services	498.0	550.1	597.9	651.2	689.1	725.5
M	80	3.2.1. Education (9)	37.1	39.6	43.7	46.5	49.3	52.6
N	85	3.2.2. Health and social work (10)	307.4	344.4	378.9	415.1	435.5	458.1
		3.2.2.1. Health (10)	280.7	314.4	345.3	377.8	394.5	413.9
		3.2.2.2. Social services	26.7	30.1	33.6	37.3	41.0	44.2
O	90_93	3.2.3. Other community, social and personal services	144.5	156.7	166.2	179.5	193.5	203.7
	90	3.2.3.1. Sanitary and similar services (3)	..	..	..	..	..	..
	91	3.2.3.2. Membership organisations n.e.c.	33.2	35.8	38.4	39.9	43.4	46.2
	92	3.2.3.3. Recreational and cultural services	74.5	82.9	89.0	98.6	105.9	112.0
		3.2.3.3.1. Motion pictures	17.9	17.7	17.9	18.2	20.8	20.0
		3.2.3.3.2. Amusement and recreation services	32.0	36.5	39.4	45.2	45.4	49.2
		3.2.3.3.3. Radio and television (7)	24.6	28.7	31.7	35.2	39.6	42.8
	93	3.2.3.4. Other personal services	36.8	38.0	38.8	40.9	44.2	45.5
P	95	3.2.4. Private households with employed persons	8.9	9.4	9.1	10.1	10.7	11.1
Q	99	3.2.5. Extra-territorial organisations	..	..	..	..	..	..
		FISIM (Financial Intermediation Services Indirectly Measured) *	..	..	..	..	..	..

I. VALEUR AJOUTÉE BRUTE aux prix du producteur *

A. Prix courants

Milliards de dollars États-Unis

1995	1996	1997	1998	1999		CITI Rév. 3	
					1. Commerce d'automobiles, de gros et de détail ; restaurants et hôtels ;	**G_I**	**50_64**
1 735.5	1 835.4	1 960.6	2 112.9	2 260.1	transports et communication		
1 295.0	1 373.2	1 472.9	1 589.0	1 695.7	1.1. Commerce d'automobiles, de gros et de détail ; restaurants et hôtels	G_H	50_55
1 233.3	1 307.0	1 402.4	1 513.0	1 612.2	1.1.1. Commerce d'automobiles, de gros et de détail (1)	G	50_52
..	..	..	..	..	1.1.1.1. Commerce et réparations automobiles (1)		50
500.6	529.6	566.8	610.9	643.3	1.1.1.2. Commerce de gros et intermédiaires (1)		51
646.8	687.1	740.5	796.8	856.4	1.1.1.3. Commerce de détail et réparations (1)		52
61.7	66.3	70.5	76.0	83.5	1.1.2. Restaurants et hôtels (1)	H	55
440.5	462.2	487.7	523.8	564.4	1.2. Transports, entreposage et communications	I	60_64
233.4	243.4	261.8	287.8	303.4	1.2.1. Transports et entreposage		60_63
130.6	134.7	143.0	157.0	163.8	1.2.1.1. Transports terrestres, transports par conduites		60
23.6	23.4	23.0	25.4	23.4	1.2.1.1.1. Transports par chemin de fer et services relatifs		
12.4	13.4	14.9	16.2	17.1	1.2.1.1.2. Transit local et interurbain de passagers		
89.0	92.1	99.4	109.3	116.6	1.2.1.1.3. Transports par camionnage et entrepôts (2)		
5.5	5.7	5.8	6.1	6.6	1.2.1.1.4. Transports par conduite, gaz naturel excepté (3)		
11.6	12.2	13.1	14.1	14.4	1.2.1.2. Transports par eau (4)		61
67.7	70.8	78.6	88.2	95.0	1.2.1.3. Transports aériens (2) (5)		62
23.5	25.7	27.1	28.5	30.2	1.2.1.4. Services auxiliaires des transports, agences de voyages		63
207.1	218.8	225.9	236.0	261.0	1.2.2. Communications (2) (6)		64
..	..	..	..	..	1.2.2.1. Poste et courrier (2) (6)		641
151.6	163.9	166.7	173.9	195.1	1.2.2.2. Télécommunications (7)		642
1 944.7	2 086.0	2 304.1	2 504.4	2 700.8	2. Banques, assurances, affaires immobilières et services aux entreprises	**J_K**	**65_74**
514.7	565.2	649.8	720.3	758.1	2.1. Établissements financiers	J	65_67
347.3	392.9	452.4	513.3	536.2	2.1.1. Intermédiation financière		65
227.4	241.0	273.9	292.7	305.3	2.1.1.1. Institutions de crédit monétaires		
34.1	39.2	49.9	48.4	45.3	2.1.1.2. Institutions de crédit non monétaires		
77.7	108.0	120.8	135.3	152.1	2.1.1.3. Courtage en valeurs mobilières et de marchandises		
8.0	4.6	7.7	36.8	33.5	2.1.1.4. Holdings et autres sociétés d'investissement		
167.4	172.2	197.4	207.0	221.9	2.1.2. Assurances et caisses de retraite		66
120.2	123.4	146.1	154.4	165.0	2.1.2.1. Compagnies d'assurance		
47.2	48.9	51.3	52.6	56.9	2.1.2.2. Agents, courtiers et services d'assurance		
					2.1.3. Activités financières auxiliaires		67
1 430.1	1 520.8	1 654.3	1 784.1	1 942.6	2.2. Affaires immobilières et services fournis aux entreprises	K	70_74
832.6	871.6	920.1	969.2	1 034.0	2.2.1. Affaires immobilières		70
628.9	654.6	679.1	714.6	756.8	2.2.1.1. Services de logement non agricole		
203.7	217.0	241.0	254.6	277.2	2.2.1.2. Autres affaires immobilières		
597.5	649.2	734.2	814.9	908.7	2.2.2. Services fournis aux entreprises (8)		71_74
..	..	..	..	..	2.2.2.1. Location, etc.		71
..	..	..	..	..	2.2.2.2. Activités informatiques et activités connexes		72
..	..	..	..	..	2.2.2.3. Recherche et développement		73
..	..	..	..	..	2.2.2.4. Autres services fournis aux entreprises		74
..	..	..	..	..	2.2.2.4.1. Activités juridiques, comptables, etc.		741
..	..	..	..	..	2.2.2.4.2. Activ. d'architect., d'ingénierie, aut. serv. tech.		742
..	..	..	..	..	2.2.2.4.3. Publicité		743
..	..	..	..	..	2.2.2.4.4. Autres serv. fournis aux entreprises n.c.a.		749
1 757.6	1 829.6	1 910.6	2 006.9	2 105.7	3. Autres services	**L_Q**	**75_99**
989.5	1 020.4	1 064.8	1 105.8	1 158.4	3.1. Administration publique et défense (9)	L	75
					3.2. Enseignement, santé, action sociale, autres activités de services	M_Q	80_99
768.1	809.2	845.8	901.1	947.3	collectifs, sociaux et personnels		
55.7	58.0	61.2	66.7	71.1	3.2.1. Enseignement (9)	M	80
480.5	508.8	524.7	549.7	575.5	3.2.2. Santé et action sociale (10)	N	85
433.1	459.1	472.2	492.6	514.2	3.2.2.1. Santé (10)		
47.4	49.7	52.6	57.1	61.3	3.2.2.2. Action sociale		
220.1	230.3	247.8	270.7	289.2	3.2.3. Autres activités de services collectifs, sociaux et personnels	O	90_93
..	..	..	..	..	3.2.3.1. Services sanitaires et analogues (3)		90
46.7	49.2	51.6	54.0	57.4	3.2.3.2. Activités associatives diverses		91
126.6	133.7	145.3	161.3	173.6	3.2.3.3. Activités récréatives et culturelles		92
22.4	24.6	26.3	28.8	29.8	3.2.3.3.1. Films cinématographiques		
53.5	58.3	64.9	72.2	78.7	3.2.3.3.2. Services récréatifs et de divertissement		
50.7	50.7	54.1	60.2	65.1	3.2.3.3.3. Radio et télévision (7)		
46.7	47.5	51.0	55.4	58.2	3.2.3.4. Autres services personnels		93
11.9	12.0	12.0	14.0	11.5	3.2.4. Ménages privés employant du personnel domestique	P	95
..	..	..	..	..	3.2.5. Organisations extraterritoriales	Q	99
..	..	..	..	..	SIFIM (Services d'intermédiation financière indirectement mesurés) *		

UNITED STATES

I. GROSS VALUE ADDED at producer prices *(cont.)* *

A. Current prices

Billions of United States dollars

ISIC Rev. 3	1989	1990	1991	1992	1993	1994
G_Q 50_99 TOTAL, SERVICES (3)	3 890.7	4 138.2	4 360.8	4 629.5	4 862.0	5 143.3
GROSS VALUE ADDED, All activities, at producer prices (11)	**5 472.7**	**5 772.7**	**5 966.6**	**6 275.2**	**6 578.6**	**6 995.8**
% of services in gross value added, all activities	71.09	71.69	73.09	73.77	73.91	73.52
Memorandum items:						
1. Gross domestic product at market prices	5 489.1	5 803.2	5 986.2	6 318.9	6 642.3	7 054.3
2. Statistical discrepancy (11)	16.3	30.6	19.6	43.7	63.8	58.5
3. Electricity, gas and sanitary services (3)	159.0	165.4	176.5	181.2	188.7	197.4
4. Auto repair services and parking (1)	46.5	50.3	51.3	52.1	54.7	60.0
5. Miscellaneous repair services (1)	16.6	17.7	17.0	17.6	19.2	19.3
6. Services to enterprises (8)	183.7	203.9	205.3	229.4	247.6	273.2
7. Legal services (8)	76.0	82.7	85.6	92.7	93.0	94.6
8. Other business services (8)	135.8	149.2	150.0	161.1	170.6	178.6
9. General government, federal (9)	247.6	259.7	275.8	282.8	287.0	287.4
10. General government, state and local (9)	426.0	463.6	490.4	514.5	540.3	567.0
11. Government enterprises, federal (6)	39.5	40.4	46.5	51.1	49.2	52.2
12. Government enterprises, state and local (9)	40.5	42.8	44.3	46.0	48.2	50.9

I. VALEUR AJOUTÉE BRUTE aux prix du producteur *(suite)* *

A. Prix courants

Milliards de dollars États-Unis

1995	1996	1997	1998	1999		CITI Rév. 3
5 437.8	**5 751.0**	**6 175.3**	**6 624.1**	**7 066.5**	**TOTAL, SERVICES (3)**	**G_Q 50_99**
7 374.0	**7 780.3**	**8 288.6**	**8 815.0**	**9 371.1**	**VALEUR AJOUTÉE BRUTE, Toutes activités, aux prix du producteur (11)**	
73.74	73.92	74.50	75.15	75.41	% des services dans la valeur ajoutée brute, toutes activités	
					Pour mémoire :	
7 400.5	7 813.2	8 318.4	8 790.2	9 299.2	1. Produit intérieur brut aux prix du marché	
26.5	32.8	29.7	- 24.8	- 71.9	2. Divergence statistique (11)	
206.9	208.3	205.9	206.0	216.0	3. Électricité, gaz et services sanitaires (3)	
65.1	68.5	72.8	80.9	86.8	4. Réparation de véhicules à moteur et parkings (1)	
20.7	21.8	22.3	24.5	25.8	5. Services divers de réparation (1)	
302.0	342.3	395.5	447.1	510.8	6. Services aux entreprises (8)	
101.1	98.0	109.0	116.4	125.1	7. Services juridiques divers aux entreprises (8)	
194.4	208.9	229.7	251.5	272.8	8. Autres services fournis aux entreprises (8)	
286.8	292.0	295.4	298.6	309.5	9. Services d'administration publique fédérale (9)	
593.3	616.7	649.2	680.7	715.5	10. Services d'administration publique, États et collectivités locales (9)	
55.5	54.9	59.2	62.1	65.9	11. Entreprises publiques fédérales (6)	
53.9	56.9	60.9	64.4	67.5	12. Entreprises publiques, États et collectivités locales (9)	

I. GROSS VALUE ADDED at producer prices *(cont.)* *

B. Chain volume measures, 1996 base **

Billions of United States dollars

ISIC Rev. 3			1989	1990	1991	1992	1993	1994
G_I	50_64	1. Motor, wholesale and retail trade; restaurants and hotels; transport and communication	1 431.3	1 444.5	1 465.2	1 523.9	1 561.5	1 659.0
G_H	50_55	1.1. Motor, wholesale and retail trade; restaurants and hotels	1 099.6	1 094.9	1 107.5	1 149.8	1 171.0	1 241.4
G	50_52	1.1.1. Motor, wholesale and retail trade (1)	1 045.1	1 039.8	1 053.6	1 094.7	1 114.9	1 183.0
	50	1.1.1.1. Motor trade and repairs (1)	..	..	..	..	..	..
	51	1.1.1.2. Wholesale and commission trade (1)	399.3	395.1	416.6	444.9	452.4	481.6
	52	1.1.1.3. Retail trade and repairs (1)	562.5	559.5	554.6	569.7	581.8	617.2
H	55	1.1.2. Restaurants and hotels (1)	54.5	55.2	53.9	55.0	56.1	58.3
I	60_64	1.2. Transport, storage and communication	333.5	350.2	358.2	374.5	390.5	417.6
	60_63	1.2.1. Transport and storage	172.6	180.6	185.9	193.6	201.2	218.6
	60	1.2.1.1. Land transport, transport via pipelines	103.6	104.3	111.0	114.8	118.6	125.7
		1.2.1.1.1. Railway transport and related services	17.3	18.1	20.9	20.8	21.0	22.1
		1.2.1.1.2. Local and interurban passenger transp.	13.2	12.8	12.5	12.4	12.7	12.8
		1.2.1.1.3. Trucking and warehousing (2)	67.3	68.1	71.6	75.7	79.1	85.3
		1.2.1.1.4. Pipelines except natural gas (3)	6.5	5.7	6.2	5.9	6.0	5.5
	61	1.2.1.2. Water transport (4)	9.2	10.2	10.5	10.3	10.5	11.3
	62	1.2.1.3. Air transport (2) (5)	41.3	46.9	45.0	49.2	51.9	59.6
	63	1.2.1.4. Auxiliary transport services, travel agencies	18.9	19.5	19.8	19.6	20.4	22.1
	64	1.2.2. Communication (2) (6)	161.0	169.7	172.3	181.0	189.4	199.0
	641	1.2.2.1. Postal and courier services (2) (6)	..	..	..	..	..	..
	642	1.2.2.2. Telecommunications (7)	110.2	117.1	120.8	125.5	135.8	142.2
J_K	65_74	2. Finance, insurance, real estate and business services	1 751.2	1 791.2	1 794.1	1 841.5	1 891.3	1 936.5
J	65_67	2.1. Financial and insurance services	479.5	487.3	504.0	497.6	524.1	519.9
	65	2.1.1. Financial intermediation	305.9	315.0	311.8	319.8	342.5	341.2
		2.1.1.1. Depository institutions	230.9	244.0	246.5	234.7	233.9	227.7
		2.1.1.2. Non depository institutions	27.5	26.3	25.2	29.3	34.4	29.9
		2.1.1.3. Security and commodity brokers	45.2	42.0	40.0	50.9	63.1	75.9
		2.1.1.4. Holding and other investment companies	6.1	10.2	7.7	10.4	15.7	8.5
	66	2.1.2. Insurance and pension funding	176.8	174.2	199.0	180.0	182.4	179.4
		2.1.2.1. Insurance carriers	114.7	112.2	136.8	123.1	131.5	127.7
		2.1.2.2. Insurance agents, brokers and services	61.6	61.4	61.8	56.5	50.9	51.6
	67	2.1.3. Auxiliary financial services						
K	70_74	2.2. Real estate and business services	1 271.9	1 303.5	1 292.1	1 343.9	1 368.1	1 416.6
	70	2.2.1. Real estate services	754.6	763.4	768.2	799.3	805.5	827.7
		2.2.1.1. Non farm housing services	569.6	580.1	595.1	608.8	609.5	631.4
		2.2.1.2. Other real estate	184.1	182.9	174.1	190.7	195.8	196.5
	71_74	2.2.2. Business services (8)	516.7	540.5	523.4	544.1	562.3	588.7
	71	2.2.2.1. Renting, etc.	..	..	..	..	..	..
	72	2.2.2.2. Computer and related activities	..	..	..	..	..	..
	73	2.2.2.3. Research and development	..	..	..	..	..	..
	74	2.2.2.4. Other business activities	..	..	..	..	..	..
	741	2.2.2.4.1. Legal, accounting services, etc.	..	..	..	..	..	..
	742	2.2.2.4.2. Architect., engineering, other tech. serv.	..	..	..	..	..	..
	743	2.2.2.4.3. Advertising services	..	..	..	..	..	..
	749	2.2.2.4.4. Other business activities n.e.c.	..	..	..	..	..	..
L_Q	75_99	3. Other services	1 679.0	1 726.0	1 746.6	1 772.0	1 778.5	1 791.5
L	75	3.1. Public administration and defence (9)	984.3	1 008.2	1 012.1	1 015.3	1 013.1	1 016.0
M_Q	80_99	3.2. Education, health, social work related, other community, social and personal services	693.6	716.9	733.9	756.5	765.3	775.5
M	80	3.2.1. Education (9)	50.0	50.3	52.6	53.4	55.0	56.7
N	85	3.2.2. Health and social work (10)	443.7	461.0	472.6	484.3	482.4	485.5
		3.2.2.1. Health (10)	408.3	423.2	432.9	442.5	437.4	438.2
		3.2.2.2. Social services	35.7	38.0	39.9	41.9	45.0	47.2
O	90_93	3.2.3. Other community, social and personal services	188.5	194.0	198.2	207.4	216.1	221.4
	90	3.2.3.1. Sanitary and similar services (3)	..	..	..	..	..	..
	91	3.2.3.2. Membership organisations n.e.c.	40.8	43.4	45.2	45.3	48.2	50.8
	92	3.2.3.3. Recreational and cultural services	100.1	104.0	107.7	116.0	119.8	122.8
		3.2.3.3.1. Motion pictures	22.7	21.2	20.3	20.4	23.3	21.7
		3.2.3.3.2. Amusement and recreation services	41.5	45.0	46.1	51.6	50.3	52.6
		3.2.3.3.3. Radio and television (7)	35.5	37.5	41.2	43.9	46.2	48.6
	93	3.2.3.4. Other personal services	47.4	46.4	45.0	46.0	48.0	47.8
P	95	3.2.4. Private households with employed persons	11.1	11.4	10.5	11.3	11.7	11.8
Q	99	3.2.5. Extra-territorial organisations	..	..	..	..	..	..
		FISIM (Financial Intermediation Services Indirectly Measured) *	..	..	..	..	..	..

I. VALEUR AJOUTÉE BRUTE aux prix du producteur *(suite)* *

B. Volumes (prix chaînés), base 1996 **

Milliards de dollars États-Unis

1995	1996	1997	1998	1999		CITI Rév. 3	
1 703.1	1 835.4	1 960.3	2 128.3	2 268.9	1. Commerce d'automobiles, de gros et de détail ; restaurants et hôtels ; transports et communication	**G_I**	**50_64**
1 275.3	1 373.2	1 484.4	1 629.8	1 718.1	1.1. Commerce d'automobiles, de gros et de détail ; restaurants et hôtels	G_H	50_55
1 212.6	1 307.0	1 420.1	1 565.5	1 652.5	1.1.1. Commerce d'automobiles, de gros et de détail (1)	G	50_52
..	..	..	..	..	1.1.1.1. Commerce et réparations automobiles (1)		50
483.0	529.6	584.1	665.3	709.3	1.1.1.2. Commerce de gros et intermédiaires (1)		51
641.4	687.1	745.3	805.5	847.3	1.1.1.3. Commerce de détail et réparations (1)		52
62.7	66.3	64.7	65.5	67.3	1.1.2. Restaurants et hôtels (1)	H	55
427.9	462.2	476.2	499.7	551.1	1.2. Transports, entreposage et communications	I	60_64
225.1	243.4	248.9	257.1	272.4	1.2.1. Transports et entreposage		60_63
127.5	134.7	134.2	136.4	142.7	1.2.1.1. Transports terrestres, transports par conduites		60
22.7	23.4	22.8	23.9	22.8	1.2.1.1.1. Transports par chemin de fer et services relatifs		
13.2	13.4	14.7	15.6	17.2	1.2.1.1.2. Transit local et interurbain de passagers		
86.6	92.1	90.5	90.7	95.7	1.2.1.1.3. Transports par camionnage et entrepôts (2)		
5.0	5.7	6.2	6.5	7.2	1.2.1.1.4. Transports par conduite, gaz naturel excepté (3)		
11.3	12.2	13.2	13.5	12.5	1.2.1.2. Transports par eau (4)		61
62.9	70.8	75.2	79.0	87.5	1.2.1.3. Transports aériens (2) (5)		62
23.4	25.7	26.4	28.2	30.1	1.2.1.4. Services auxiliaires des transports, agences de voyages		63
202.8	218.8	227.3	243.1	281.2	1.2.2. Communications (2) (6)		64
..	..	..	..	..	1.2.2.1. Poste et courrier (2) (6)		641
147.6	163.9	167.9	180.9	215.1	1.2.2.2. Télécommunications (7)		642
2 012.1	2 086.0	2 230.3	2 363.8	2 509.6	2. Banques, assurances, affaires immobilières et services aux entreprises	**J_K**	**65_74**
540.3	565.2	616.8	671.1	717.3	2.1. Établissements financiers	J	65_67
360.7	392.9	432.3	483.1	525.2	2.1.1. Intermédiation financière		65
242.4	241.0	246.1	249.5	255.0	2.1.1.1. Institutions de crédit monétaires		
33.4	39.2	53.6	53.1	52.5	2.1.1.2. Institutions de crédit non monétaires		
76.5	108.0	128.4	153.7	207.8	2.1.1.3. Courtage en valeurs mobilières et de marchandises		
9.9	4.6	5.8	25.1	21.5	2.1.1.4. Holdings et autres sociétés d'investissement		
179.8	172.2	184.5	188.4	193.2	2.1.2. Assurances et caisses de retraite		66
129.9	123.4	135.5	139.9	142.6	2.1.2.1. Compagnies d'assurance		
49.9	48.9	48.9	48.5	50.5	2.1.2.2. Agents, courtiers et services d'assurance		
					2.1.3. Activités financières auxiliaires		67
1 471.8	1 520.8	1 613.4	1 692.1	1 791.7	2.2. Affaires immobilières et services fournis aux entreprises	K	70_74
852.8	871.6	903.7	933.5	973.5	2.2.1. Affaires immobilières		70
648.0	654.6	661.1	674.2	694.6	2.2.1.1. Services de logement non agricole		
204.9	217.0	243.0	260.1	280.7	2.2.1.2. Autres affaires immobilières		
619.0	649.2	709.5	758.1	817.0	2.2.2. Services fournis aux entreprises (8)		71_74
..	..	..	..	..	2.2.2.1. Location, etc.		71
..	..	..	..	..	2.2.2.2. Activités informatiques et activités connexes		72
..	..	..	..	..	2.2.2.3. Recherche et développement		73
..	..	..	..	..	2.2.2.4. Autres services fournis aux entreprises		74
..	..	..	..	..	2.2.2.4.1. Activités juridiques, comptables, etc.		741
..	..	..	..	..	2.2.2.4.2. Activ. d'architect., d'ingénierie, aut. serv. tech.		742
..	..	..	..	..	2.2.2.4.3. Publicité		743
..	..	..	..	..	2.2.2.4.4. Autres serv. fournis aux entreprises n.c.a.		749
1 812.6	1 829.6	1 852.5	1 885.9	1 912.3	3. Autres services	**L_Q**	**75_99**
1 017.1	1 020.4	1 035.5	1 049.8	1 070.4	3.1. Administration publique et défense (9)	L	75
					3.2. Enseignement, santé, action sociale, autres activités de services collectifs, sociaux et personnels	M_Q	80_99
795.5	809.2	817.0	836.0	842.0			
58.5	58.0	58.7	61.2	61.2	3.2.1. Enseignement (9)	M	80
493.5	508.8	510.0	514.0	516.5	3.2.2. Santé et action sociale (10)	N	85
444.3	459.1	459.5	462.0	463.5	3.2.2.1. Santé (10)		
49.3	49.7	50.5	52.0	53.0	3.2.2.2. Action sociale		
231.3	230.3	236.6	247.5	253.4	3.2.3. Autres activités de services collectifs, sociaux et personnels	O	90_93
..	..	..	..	..	3.2.3.1. Services sanitaires et analogues (3)		90
49.0	49.2	49.0	49.0	50.8	3.2.3.2. Activités associatives diverses		91
134.3	133.7	138.5	146.4	149.5	3.2.3.3. Activités récréatives et culturelles		92
23.6	24.6	25.8	27.8	27.2	3.2.3.3.1. Films cinématographiques		
55.6	58.3	62.9	67.4	70.7	3.2.3.3.2. Services récréatifs et de divertissement		
55.2	50.7	49.9	51.4	51.9	3.2.3.3.3. Radio et télévision (7)		
48.1	47.5	49.2	52.2	53.1	3.2.3.4. Autres services personnels		93
12.2	12.0	11.7	13.3	10.6	3.2.4. Ménages privés employant du personnel domestique	P	95
..	..	..	..	..	3.2.5. Organisations extraterritoriales	Q	99
..	..	..	..	..	SIFIM (Services d'intermédiation financière indirectement mesurés) *		

UNITED STATES

I. GROSS VALUE ADDED at producer prices *(cont.)* *

B. Chain volume measures, 1996 base **

Billions of United States dollars

ISIC Rev. 3		1989	1990	1991	1992	1993	1994
G_Q 50_99	**TOTAL, SERVICES (3)**	**4 855.8**	**4 952.9**	**4 998.1**	**5 131.6**	**5 226.4**	**5 385.7**
	GROSS VALUE ADDED, All activities, at producer prices (11)	**6 572.8**	**6 673.1**	**6 655.0**	**6 832.8**	**6 995.1**	**7 286.9**
	% of services in gross value added, all activities	73.88	74.22	75.10	75.10	74.72	73.91
	Memorandum items:						
	1. Gross domestic product at market prices	6 591.8	6 707.9	6 676.4	6 880.0	7 062.6	7 347.7
	2. Statistical discrepancy (11)	19.3	34.9	21.7	47.3	67.5	60.7
	3. Electricity, gas and sanitary services (3)	182.5	190.0	195.9	193.2	193.3	196.7
	4. Auto repair services and parking (1)	59.7	61.9	60.1	58.6	59.1	62.9
	5. Miscellaneous repair services (1)	25.3	25.4	23.1	21.7	21.6	21.4
	6. Services to enterprises (8)	226.0	241.3	235.7	254.7	269.8	295.0
	7. Legal services (8)	108.4	108.8	105.9	108.3	103.6	101.6
	8. Other business services (8)	183.7	191.3	182.5	181.4	189.0	192.1
	9. General government, federal (9)	325.6	331.4	333.3	326.2	319.7	309.9
	10. General government, state and local (9)	548.5	564.7	571.2	579.4	587.1	596.1
	11. Government enterprises, federal (6)	52.0	53.6	52.1	56.2	53.8	57.1
	12. Government enterprises, state and local (9)	60.1	60.1	56.8	54.2	53.1	53.3

I. VALEUR AJOUTÉE BRUTE aux prix du producteur *(suite)* *

B. Volumes (prix chaînés), base 1996 **

Milliards de dollars États-Unis

1995	1996	1997	1998	1999		CITI Rév. 3
5 526.3	5 751.0	6 042.8	6 374.5	6 683.7	**TOTAL, SERVICES (3)**	**G_Q 50_99**
7 516.8	7 780.3	8 130.3	8 539.6	8 944.5	**VALEUR AJOUTÉE BRUTE, Toutes activités, aux prix du producteur (11)**	
73.52	73.92	74.32	74.65	74.72	% des services dans la valeur ajoutée brute, toutes activités	
					Pour mémoire :	
7 543.8	7 813.2	8 159.5	8 515.7	8 875.8	1. Produit intérieur brut aux prix du marché	
27.0	32.8	29.2	- 24.1	- 69.0	2. Divergence statistique (11)	
207.2	208.3	202.0	197.4	216.3	3. Électricité, gaz et services sanitaires (3)	
65.9	68.5	69.8	74.8	78.3	4. Réparation de véhicules à moteur et parkings (1)	
22.4	21.8	21.1	21.6	20.5	5. Services divers de réparation (1)	
313.9	342.3	384.1	417.4	463.5	6. Services aux entreprises (8)	
105.1	98.0	104.3	107.0	111.9	7. Services juridiques divers aux entreprises (8)	
199.9	208.9	221.2	233.9	241.9	8. Autres services fournis aux entreprises (8)	
299.1	292.0	287.9	286.4	286.5	9. Services d'administration publique fédérale (9)	
607.7	616.7	629.3	642.2	655.4	10. Services d'administration publique, États et collectivités locales (9)	
55.3	54.9	59.4	62.2	66.4	11. Entreprises publiques fédérales (6)	
55.2	56.9	58.9	59.1	62.2	12. Entreprises publiques, États et collectivités locales (9)	

II. EMPLOYMENT

A. Total employment *

Thousand full-time equivalents

ISIC Rev. 3			1989	1990	1991	1992	1993	1994
G_I	**50_64**	1. Motor, wholesale and retail trade; restaurants and hotels; transport and communication	33 059	33 190	32 450	32 445	33 198	34 230
G_H	50_55	1.1. Motor, wholesale and retail trade; restaurants and hotels	27 775	27 860	27 159	27 205	27 822	28 677
G	50_52	1.1.1. Motor, wholesale and retail trade (1)	26 254	26 311	25 655	25 722	26 314	27 128
	50	1.1.1.1. Motor trade and repairs (1)	..	..	..	..	..	..
	51	1.1.1.2. Wholesale and commission trade (1)	6 413	6 347	6 201	6 205	6 141	6 324
	52	1.1.1.3. Retail trade and repairs (1)	18 020	18 099	17 668	17 697	18 261	18 898
H	55	1.1.2. Restaurants and hotels (1)	1 521	1 549	1 504	1 483	1 508	1 549
I	60_64	1.2. Transport, storage and communication	5 284	5 330	5 291	5 240	5 376	5 553
	60_63	1.2.1. Transport and storage	3 580	3 591	3 577	3 583	3 753	3 914
	60	1.2.1.1. Land transport, transport via pipelines	2 201	2 159	2 154	2 169	2 273	2 388
		1.2.1.1.1. Railway transport and related services	262	246	237	229	226	220
		1.2.1.1.2. Local and interurban passenger transp.	377	382	385	389	418	437
		1.2.1.1.3. Trucking and warehousing (2)	1 544	1 513	1 513	1 532	1 610	1 714
		1.2.1.1.4. Pipelines except natural gas (3)	18	18	19	19	19	17
	61	1.2.1.2. Water transport (4)	171	175	181	167	171	175
	62	1.2.1.3. Air transport (2) (5)	858	907	895	893	929	959
	63	1.2.1.4. Auxiliary transport services, travel agencies	350	350	347	354	380	392
	64	1.2.2. Communication (2) (6)	1 704	1 739	1 714	1 657	1 623	1 639
	641	1.2.2.1. Postal and courier services (2) (6)	..	..	..	..	..	..
	642	1.2.2.2. Telecommunications (7)	848	880	865	837	840	844
J_K	**65_74**	2. Finance, insurance, real estate and business services	16 473	16 932	16 679	16 842	17 562	18 226
J	65_67	2.1. Financial and insurance services	5 451	5 537	5 492	5 435	5 560	5 616
	65	2.1.1. Financial intermediation	3 237	3 248	3 171	3 152	3 247	3 295
		2.1.1.1. Depository institutions	2 159	2 156	2 069	2 005	1 989	1 973
		2.1.1.2. Non depository institutions	358	372	379	406	461	485
		2.1.1.3. Security and commodity brokers	494	489	482	508	553	592
		2.1.1.4. Holding and other investment companies	226	231	241	233	244	245
	66	2.1.2. Insurance and pension funding	2 214	2 289	2 321	2 283	2 313	2 321
		2.1.2.1. Insurance carriers	1 412	1 457	1 479	1 463	1 466	1 468
		2.1.2.2. Insurance agents, brokers and services	802	832	842	820	847	853
	67	2.1.3. Auxiliary financial services	..	..	..	..	..	..
K	70_74	2.2. Real estate and business services	11 022	11 395	11 187	11 407	12 002	12 610
	70	2.2.1. Real estate services	1 592	1 593	1 572	1 564	1 602	1 635
		2.2.1.1. Non farm housing services	..	..	..	..	..	..
		2.2.1.2. Other real estate	..	..	..	..	..	..
	71_74	2.2.2. Business services (8)	9 430	9 802	9 615	9 843	10 400	10 975
	71	2.2.2.1. Renting, etc.	..	..	..	..	..	..
	72	2.2.2.2. Computer and related activities	..	..	..	..	..	..
	73	2.2.2.3. Research and development	..	..	..	..	..	..
	74	2.2.2.4. Other business activities	..	..	..	..	..	..
	741	2.2.2.4.1. Legal, accounting services, etc.	..	..	..	..	..	..
	742	2.2.2.4.2. Architect., engineering, other tech. serv.	..	..	..	..	..	..
	743	2.2.2.4.3. Advertising services	..	..	..	..	..	..
	749	2.2.2.4.4. Other business activities n.e.c.	..	..	..	..	..	..
L_Q	**75_99**	3. Other services	33 762	34 652	35 472	35 824	36 374	36 998
L	75	3.1. Public administration and defence (9)	11 077	11 231	11 226	11 130	10 999	10 858
M_Q	80_99	3.2. Education, health, social work related, other community, social and personal services	22 685	23 421	24 246	24 694	25 375	26 140
M	80	3.2.1. Education (9)	7 715	7 866	7 965	8 135	8 294	8 455
N	85	3.2.2. Health and social work (10)	9 197	9 659	10 123	10 453	10 784	11 240
		3.2.2.1. Health (10)	7 190	7 507	7 829	8 205	8 451	8 677
		3.2.2.2. Social services	2 007	2 152	2 294	2 248	2 333	2 563
O	90_93	3.2.3. Other community, social and personal services	4 948	5 085	5 355	5 248	5 447	5 624
	90	3.2.3.1. Sanitary and similar services (3)	..	..	..	..	..	..
	91	3.2.3.2. Membership organisations n.e.c.	1 610	1 694	1 885	1 657	1 733	1 788
	92	3.2.3.3. Recreational and cultural services	1 735	1 808	1 809	1 884	1 977	2 111
		3.2.3.3.1. Motion pictures	441	451	451	460	468	499
		3.2.3.3.2. Amusement and recreation services	970	1 018	1 025	1 090	1 169	1 264
		3.2.3.3.3. Radio and television (7)	324	339	333	334	340	348
	93	3.2.3.4. Other personal services	1 603	1 583	1 661	1 707	1 737	1 725
P	95	3.2.4. Private households with employed persons	825	811	803	858	850	821
Q	99	3.2.5. Extra-territorial organisations	..	..	..	..	..	..

II. EMPLOI

A. Emploi total *

Milliers d'équivalents plein-temps

1995	1996	1997	1998	1999		CITI Rév. 3	
					1. Commerce d'automobiles, de gros et de détail ; restaurants et hôtels ;	**G_I**	**50_64**
35 250	35 965	36 769	37 338	38 254	transports et communication		
29 549	30 108	30 755	31 154	31 886	1.1. Commerce d'automobiles, de gros et de détail ; restaurants et hôtels	G_H	50_55
27 966	28 488	29 090	29 453	30 126	1.1.1. Commerce d'automobiles, de gros et de détail (1)	G	50_52
..	..	..	..	..	1.1.1.1. Commerce et réparations automobiles (1)		50
6 555	6 587	6 739	6 922	7 024	1.1.1.2. Commerce de gros et intermédiaires (1)		51
19 462	19 851	20 258	20 417	20 988	1.1.1.3. Commerce de détail et réparations (1)		52
1 583	1 620	1 665	1 701	1 760	1.1.2. Restaurants et hôtels (1)	H	55
5 701	5 857	6 014	6 184	6 368	1.2. Transports, entreposage et communications	I	60_64
4 041	4 181	4 283	4 435	4 565	1.2.1. Transports et entreposage		60_63
2 443	2 523	2 583	2 664	2 745	1.2.1.1. Transports terrestres, transports par conduites		60
220	211	208	211	210	1.2.1.1.1. Transports par chemin de fer et services relatifs		
432	445	481	486	504	1.2.1.1.2. Transit local et interurbain de passagers		
1 776	1 853	1 880	1 954	2 018	1.2.1.1.3. Transports par camionnage et entrepôts (2)		
15	14	14	13	13	1.2.1.1.4. Transports par conduite, gaz naturel excepté (3)		
178	174	178	185	184	1.2.1.2. Transports par eau (4)		61
1 001	1 050	1 067	1 122	1 163	1.2.1.3. Transports aériens (2) (5)		62
419	434	455	464	473	1.2.1.4. Services auxiliaires des transports, agences de voyages		63
1 660	1 676	1 731	1 749	1 803	1.2.2. Communications (2) (6)		64
..	..	..	..	..	1.2.2.1. Poste et courrier (2) (6)		641
852	873	938	958	1 013	1.2.2.2. Télécommunications (7)		642
18 911	19 680	20 682	21 836	22 706	2. Banques, assurances, affaires immobilières et services aux entreprises	**J_K**	**65_74**
5 568	5 634	5 741	5 928	6 064	2.1. Établissements financiers	J	65_67
3 263	3 314	3 404	3 546	3 664	2.1.1. Intermédiation financière		65
1 938	1 923	1 927	1 934	1 932	2.1.1.1. Institutions de crédit monétaires		
467	507	563	643	692	2.1.1.2. Institutions de crédit non monétaires		
620	646	679	732	796	2.1.1.3. Courtage en valeurs mobilières et de marchandises		
238	238	235	237	244	2.1.1.4. Holdings et autres sociétés d'investissement		
2 305	2 320	2 337	2 382	2 400	2.1.2. Assurances et caisses de retraite		66
1 451	1 449	1 462	1 502	1 527	2.1.2.1. Compagnies d'assurance		
854	871	875	880	873	2.1.2.2. Agents, courtiers et services d'assurance		
..	..	..	..	..	2.1.3. Activités financières auxiliaires		67
13 343	14 046	14 941	15 908	16 642	2.2. Affaires immobilières et services fournis aux entreprises	K	70_74
1 643	1 676	1 684	1 706	1 762	2.2.1. Affaires immobilières		70
..	..	..	..	..	2.2.1.1. Services de logement non agricole		
..	..	..	..	..	2.2.1.2. Autres affaires immobilières		
11 700	12 370	13 257	14 202	14 880	2.2.2. Services fournis aux entreprises (8)		71_74
..	..	..	..	..	2.2.2.1. Location, etc.		71
..	..	..	..	..	2.2.2.2. Activités informatiques et activités connexes		72
..	..	..	..	..	2.2.2.3. Recherche et développement		73
..	..	..	..	..	2.2.2.4. Autres services fournis aux entreprises		74
..	..	..	..	..	2.2.2.4.1. Activités juridiques, comptables, etc.		741
..	..	..	..	..	2.2.2.4.2. Activ. d'architect., d'ingénierie, aut. serv. tech.		742
..	..	..	..	..	2.2.2.4.3. Publicité		743
..	..	..	..	..	2.2.2.4.4. Autres serv. fournis aux entreprises n.c.a.		749
37 664	38 267	38 971	39 660	40 258	3. Autres services	**L_Q**	**75_99**
10 758	10 638	10 572	10 588	10 607	3.1. Administration publique et défense (9)	L	75
					3.2. Enseignement, santé, action sociale, autres activités de services	M_Q	80_99
26 906	27 629	28 399	29 072	29 651	collectifs, sociaux et personnels		
8 682	8 849	9 076	9 329	9 537	3.2.1. Enseignement (9)	M	80
11 571	11 919	12 283	12 514	12 725	3.2.2. Santé et action sociale (10)	N	85
8 902	9 167	9 402	9 521	9 638	3.2.2.1. Santé (10)		
2 669	2 752	2 881	2 993	3 087	3.2.2.2. Action sociale		
5 818	6 033	6 206	6 347	6 527	3.2.3. Autres activités de services collectifs, sociaux et personnels	O	90_93
..	..	..	..	..	3.2.3.1. Services sanitaires et analogues (3)		90
1 815	1 866	1 937	1 999	2 070	3.2.3.2. Activités associatives diverses		91
2 234	2 369	2 480	2 544	2 624	3.2.3.3. Activités récréatives et culturelles		92
555	583	610	645	664	3.2.3.3.1. Films cinématographiques		
1 310	1 400	1 485	1 494	1 547	3.2.3.3.2. Services récréatifs et de divertissement		
369	386	385	405	413	3.2.3.3.3. Radio et télévision (7)		
1 769	1 798	1 789	1 804	1 833	3.2.3.4. Autres services personnels		93
835	828	834	882	862	3.2.4. Ménages privés employant du personnel domestique	P	95
..	..	..	..	..	3.2.5. Organisations extraterritoriales	Q	99

SERVICES : Statistiques sur la valeur ajoutée et l'emploi
© OCDE 2001

II. EMPLOYMENT *(cont.)*

A. Total employment *

Thousand full-time equivalents

ISIC Rev. 3		1989	1990	1991	1992	1993	1994
G_Q 50_99	**TOTAL, SERVICES (3)**	**83 294**	**84 774**	**84 601**	**85 111**	**87 134**	**89 454**
	TOTAL EMPLOYMENT, All activities	**113 907**	**115 122**	**113 811**	**113 668**	**116 008**	**118 993**
	% of services in total employment, all activities	73.12	73.64	74.33	74.88	75.11	75.18
	Memorandum items:						
	1. Electricity, gas and sanitary services (3)	922	944	952	950	942	931
	2. Auto repair services and parking (1)	1 254	1 277	1 245	1 266	1 325	1 338
	3. Miscellaneous repair services (1)	567	588	541	554	587	568
	4. Services to enterprises (8)	5 363	5 679	5 547	5 554	6 011	6 537
	5. Legal services (8)	1 153	1 122	1 148	1 148	1 163	1 184
	6. Other business services (8)	2 914	3 001	2 920	3 141	3 226	3 254
	7. General government, federal (9)	4 498	4 486	4 411	4 240	4 046	3 866
	8. General government, state and local (9)	11 862	12 151	12 274	12 404	12 571	12 710
	9. Government enterprises, federal (6)	856	859	849	820	783	795
	10. Government enterprises, state and local (9)	829	844	849	863	861	877

II. EMPLOI *(suite)*

A. Emploi total *

Milliers d'équivalents plein-temps

1995	1996	1997	1998	1999		CITI Rév. 3
91 825	**93 912**	**96 422**	**98 834**	**101 218**	**TOTAL, SERVICES (3)**	**G_Q 50_99**
121 982	**124 240**	**127 237**	**130 166**	**132 689**	**EMPLOI TOTAL, Toutes activités**	
75.28	75.59	75.78	75.93	76.28	% des services dans l'emploi total, toutes activités	
					Pour mémoire :	
910	878	866	852	861	1. Électricité, gaz et services sanitaires (3)	
1 363	1 481	1 511	1 523	1 561	2. Réparation de véhicules à moteur et parkings (1)	
586	569	582	591	553	3. Services divers de réparation (1)	
7 096	7 651	8 260	8 988	9 577	4. Services aux entreprises (8)	
1 170	1 145	1 200	1 223	1 216	5. Services juridiques divers aux entreprises (8)	
3 434	3 574	3 797	3 991	4 087	6. Autres services fournis aux entreprises (8)	
3 722	3 575	3 476	3 417	3 367	7. Services d'administration publique fédérale (9)	
12 922	13 079	13 304	13 529	13 737	8. Services d'administration publique, États et collectivités locales (9)	
808	803	793	791	790	9. Entreprises publiques fédérales (6)	
883	871	862	870	876	10. Entreprises publiques, États et collectivités locales (9)	

UNITED STATES

II. EMPLOYMENT *(cont.)*

B. Employees **

Thousand full-time equivalents

ISIC Rev. 3			1989	1990	1991	1992	1993	1994
G_I	50_64	1. Motor, wholesale and retail trade; restaurants and hotels; transport and communication	30 244	30 427	29 634	29 695	30 242	31 272
G_H	50_55	1.1. Motor, wholesale and retail trade; restaurants and hotels	25 274	25 389	24 648	24 776	25 222	26 083
G	50_52	1.1.1. Motor, wholesale and retail trade (1)	23 811	23 896	23 204	23 349	23 781	24 604
	50	1.1.1.1. Motor trade and repairs (1)	..	..	..	..	..	..
	51	1.1.1.2. Wholesale and commission trade (1)	6 064	6 013	5 851	5 856	5 787	5 971
	52	1.1.1.3. Retail trade and repairs (1)	16 472	16 560	16 124	16 258	16 692	17 308
H	55	1.1.2. Restaurants and hotels (1)	1 463	1 493	1 444	1 427	1 441	1 479
I	60_64	1.2. Transport, storage and communication	4 970	5 038	4 986	4 919	5 020	5 189
	60_63	1.2.1. Transport and storage	3 272	3 305	3 278	3 268	3 408	3 556
	60	1.2.1.1. Land transport, transport via pipelines	1 933	1 913	1 892	1 890	1 979	2 065
		1.2.1.1.1. Railway transport and related services	262	246	237	229	226	220
		1.2.1.1.2. Local and interurban passenger transp.	320	323	330	335	353	371
		1.2.1.1.3. Trucking and warehousing (2)	1 333	1 326	1 306	1 307	1 381	1 457
		1.2.1.1.4. Pipelines except natural gas (3)	18	18	19	19	19	17
	61	1.2.1.2. Water transport (4)	164	166	172	164	163	167
	62	1.2.1.3. Air transport (2) (5)	851	899	889	887	921	953
	63	1.2.1.4. Auxiliary transport services, travel agencies	324	327	325	327	345	371
	64	1.2.2. Communication (2) (6)	1 698	1 733	1 708	1 651	1 612	1 633
	641	1.2.2.1. Postal and courier services (2) (6)	..	..	..	..	..	..
	642	1.2.2.2. Telecommunications (7)	842	874	859	831	829	838
J_K	65_74	2. Finance, insurance, real estate and business services	14 359	14 756	14 477	14 753	15 373	15 996
J	65_67	2.1. Financial and insurance services	5 226	5 289	5 244	5 185	5 282	5 361
	65	2.1.1. Financial intermediation	3 165	3 171	3 095	3 069	3 150	3 206
		2.1.1.1. Depository institutions	2 156	2 152	2 067	2 003	1 988	1 972
		2.1.1.2. Non depository institutions	352	360	364	392	444	468
		2.1.1.3. Security and commodity brokers	431	428	423	441	474	521
		2.1.1.4. Holding and other investment companies	226	231	241	233	244	245
	66	2.1.2. Insurance and pension funding	2 061	2 118	2 149	2 116	2 132	2 155
		2.1.2.1. Insurance carriers	1 412	1 457	1 479	1 462	1 466	1 468
		2.1.2.2. Insurance agents, brokers and services	649	661	670	654	666	687
	67	2.1.3. Auxiliary financial services	..	..	..	..	..	..
K	70_74	2.2. Real estate and business services	9 133	9 467	9 233	9 568	10 091	10 635
	70	2.2.1. Real estate services	1 196	1 207	1 202	1 184	1 219	1 259
		2.2.1.1. Non farm housing services	..	..	..	..	..	..
		2.2.1.2. Other real estate	..	..	..	..	..	..
	71_74	2.2.2. Business services (8)	7 937	8 260	8 031	8 384	8 872	9 376
	71	2.2.2.1. Renting, etc.	..	..	..	..	..	..
	72	2.2.2.2. Computer and related activities	..	..	..	..	..	..
	73	2.2.2.3. Research and development	..	..	..	..	..	..
	74	2.2.2.4. Other business activities	..	..	..	..	..	..
	741	2.2.2.4.1. Legal, accounting services, etc.	..	..	..	..	..	..
	742	2.2.2.4.2. Architect., engineering, other tech. serv.	..	..	..	..	..	..
	743	2.2.2.4.3. Advertising services	..	..	..	..	..	..
	749	2.2.2.4.4. Other business activities n.e.c.	..	..	..	..	..	..
L_Q	75_99	3. Other services	31 928	32 832	33 505	33 955	34 508	35 078
L	75	3.1. Public administration and defence (9)	11 077	11 231	11 226	11 130	10 999	10 858
M_Q	80_99	3.2. Education, health, social work related, other community, social and personal services	20 851	21 601	22 279	22 825	23 509	24 220
M	80	3.2.1. Education (9)	7 612	7 774	7 876	8 030	8 180	8 342
N	85	3.2.2. Health and social work (10)	8 299	8 705	9 107	9 573	9 940	10 308
		3.2.2.1. Health (10)	6 785	7 102	7 412	7 786	8 040	8 288
		3.2.2.2. Social services	1 514	1 603	1 695	1 787	1 900	2 020
O	90_93	3.2.3. Other community, social and personal services	4 115	4 311	4 493	4 364	4 539	4 749
	90	3.2.3.1. Sanitary and similar services (3)	..	..	..	..	..	..
	91	3.2.3.2. Membership organisations n.e.c.	1 571	1 657	1 846	1 657	1 733	1 788
	92	3.2.3.3. Recreational and cultural services	1 515	1 594	1 597	1 639	1 712	1 843
		3.2.3.3.1. Motion pictures	303	317	315	315	325	356
		3.2.3.3.2. Amusement and recreation services	891	943	954	996	1 053	1 143
		3.2.3.3.3. Radio and television (7)	321	334	328	328	334	344
	93	3.2.3.4. Other personal services	1 029	1 060	1 050	1 068	1 094	1 118
P	95	3.2.4. Private households with employed persons	825	811	803	858	850	821
Q	99	3.2.5. Extra-territorial organisations	..	..	..	..	..	..

II. EMPLOI *(suite)*

B. Salariés **

Milliers d'équivalents plein-temps

1995	1996	1997	1998	1999		CITI Rév. 3	
					1. Commerce d'automobiles, de gros et de détail ; restaurants et hôtels ;	**G_I**	**50_64**
32 487	33 158	33 957	34 689	35 687	transports et communication		
27 157	27 718	28 366	28 914	29 727	1.1. Commerce d'automobiles, de gros et de détail ; restaurants et hôtels	G_H	50_55
25 635	26 157	26 763	27 267	28 016	1.1.1. Commerce d'automobiles, de gros et de détail (1)	G	50_52
..	..	..	..	..	1.1.1.1. Commerce et réparations automobiles (1)		50
6 201	6 280	6 462	6 621	6 734	1.1.1.2. Commerce de gros et intermédiaires (1)		51
18 030	18 383	18 759	19 063	19 643	1.1.1.3. Commerce de détail et réparations (1)		52
1 522	1 561	1 603	1 647	1 711	1.1.2. Restaurants et hôtels (1)	H	55
5 330	5 440	5 591	5 775	5 960	1.2. Transports, entreposage et communications	I	60_64
3 684	3 783	3 885	4 036	4 165	1.2.1. Transports et entreposage		60_63
2 134	2 178	2 237	2 316	2 395	1.2.1.1. Transports terrestres, transports par conduites		60
220	211	208	211	210	1.2.1.1.1. Transports par chemin de fer et services relatifs		
384	402	418	432	448	1.2.1.1.2. Transit local et interurbain de passagers		
1 515	1 551	1 597	1 660	1 724	1.2.1.1.3. Transports par camionnage et entrepôts (2)		
15	14	14	13	13	1.2.1.1.4. Transports par conduite, gaz naturel excepté (3)		
167	166	170	173	175	1.2.1.2. Transports par eau (4)		61
995	1 043	1 062	1 116	1 159	1.2.1.3. Transports aériens (2) (5)		62
388	396	416	431	436	1.2.1.4. Services auxiliaires des transports, agences de voyages		63
1 646	1 657	1 706	1 739	1 795	1.2.2. Communications (2) (6)		64
..	..	..	..	..	1.2.2.1. Poste et courrier (2) (6)		641
838	854	913	948	1 005	1.2.2.2. Télécommunications (7)		642
16 669	17 421	18 396	19 488	20 394	2. Banques, assurances, affaires immobilières et services aux entreprises	**J_K**	**65_74**
5 300	5 363	5 495	5 682	5 796	2.1. Établissements financiers	J	65_67
3 152	3 207	3 309	3 441	3 526	2.1.1. Intermédiation financière		65
1 935	1 920	1 926	1 930	1 926	2.1.1.1. Institutions de crédit monétaires		
447	492	547	628	670	2.1.1.2. Institutions de crédit non monétaires		
532	557	601	646	686	2.1.1.3. Courtage en valeurs mobilières et de marchandises		
238	238	235	237	244	2.1.1.4. Holdings et autres sociétés d'investissement		
2 148	2 156	2 186	2 241	2 270	2.1.2. Assurances et caisses de retraite		66
1 451	1 449	1 462	1 502	1 527	2.1.2.1. Compagnies d'assurance		
697	707	724	739	743	2.1.2.2. Agents, courtiers et services d'assurance		
..	..	..	..	..	2.1.3. Activités financières auxiliaires		67
11 369	12 058	12 901	13 806	14 598	2.2. Affaires immobilières et services fournis aux entreprises	K	70_74
1 252	1 274	1 302	1 343	1 368	2.2.1. Affaires immobilières		70
..	..	..	..	..	2.2.1.1. Services de logement non agricole		
..	..	..	..	..	2.2.1.2. Autres affaires immobilières		
10 117	10 784	11 599	12 463	13 230	2.2.2. Services fournis aux entreprises (8)		71_74
..	..	..	..	..	2.2.2.1. Location, etc.		71
..	..	..	..	..	2.2.2.2. Activités informatiques et activités connexes		72
..	..	..	..	..	2.2.2.3. Recherche et développement		73
..	..	..	..	..	2.2.2.4. Autres services fournis aux entreprises		74
..	..	..	..	..	2.2.2.4.1. Activités juridiques, comptables, etc.		741
..	..	..	..	..	2.2.2.4.2. Activ. d'architect., d'ingénierie, aut. serv. tech.		742
..	..	..	..	..	2.2.2.4.3. Publicité		743
..	..	..	..	..	2.2.2.4.4. Autres serv. fournis aux entreprises n.c.a.		749
35 711	36 293	36 954	37 668	38 311	3. Autres services	**L_Q**	**75_99**
10 758	10 638	10 572	10 588	10 607	3.1. Administration publique et défense (9)	L	75
					3.2. Enseignement, santé, action sociale, autres activités de services	M_Q	80_99
24 953	25 655	26 382	27 080	27 704	collectifs, sociaux et personnels		
8 568	8 731	8 971	9 220	9 436	3.2.1. Enseignement (9)	M	80
10 614	10 977	11 293	11 552	11 787	3.2.2. Santé et action sociale (10)	N	85
8 496	8 778	8 989	9 122	9 248	3.2.2.1. Santé (10)		
2 118	2 199	2 304	2 430	2 539	3.2.2.2. Action sociale		
4 936	5 119	5 284	5 426	5 619	3.2.3. Autres activités de services collectifs, sociaux et personnels	O	90_93
..	..	..	..	..	3.2.3.1. Services sanitaires et analogues (3)		90
1 815	1 866	1 937	1 999	2 070	3.2.3.2. Activités associatives diverses		91
1 981	2 090	2 186	2 251	2 343	3.2.3.3. Activités récréatives et culturelles		92
394	421	447	468	490	3.2.3.3.1. Films cinématographiques		
1 228	1 294	1 360	1 392	1 449	3.2.3.3.2. Services récréatifs et de divertissement		
359	375	379	391	404	3.2.3.3.3. Radio et télévision (7)		
1 140	1 163	1 161	1 176	1 206	3.2.3.4. Autres services personnels		93
835	828	834	882	862	3.2.4. Ménages privés employant du personnel domestique	P	95
..	..	..	..	..	3.2.5. Organisations extraterritoriales	Q	99

UNITED STATES

II. EMPLOYMENT *(cont.)*

B. Employees **

Thousand full-time equivalents

ISIC Rev. 3	1989	1990	1991	1992	1993	1994
G_Q 50_99 TOTAL, SERVICES (3)	**76 531**	**78 015**	**77 616**	**78 403**	**80 123**	**82 346**
TOTAL EMPLOYEES, All activities	**103 837**	**104 990**	**103 438**	**103 628**	**105 503**	**108 429**
% of services in total employees, all activities	73.70	74.31	75.04	75.66	75.94	75.94
Memorandum items:						
1. Electricity, gas and sanitary services (3)	916	937	944	942	931	918
2. Auto repair services and parking (1)	922	955	909	911	962	1 005
3. Miscellaneous repair services (1)	353	368	320	324	340	320
4. Services to enterprises (8)	4 543	4 782	4 642	4 934	5 338	5 794
5. Legal services (8)	935	919	918	927	939	940
6. Other business services (8)	2 459	2 559	2 471	2 523	2 595	2 642
7. General government, federal (9)	4 498	4 486	4 411	4 240	4 046	3 866
8. General government, state and local (9)	11 862	12 151	12 274	12 404	12 571	12 710
9. Government enterprises, federal (6)	856	859	849	820	783	795
10. Government enterprises, state and local (9)	829	844	849	863	861	877

II. EMPLOI *(suite)*

B. Salariés **

Milliers d'équivalents plein-temps

1995	1996	1997	1998	1999		CITI Rév. 3
84 867	86 872	89 307	91 845	94 392	**TOTAL, SERVICES (3)**	G_Q 50_99
111 468	113 716	116 693	119 825	122 568	**EMPLOI SALARIÉ TOTAL, Toutes activités**	
76.14	76.39	76.53	76.65	77.01	% des services dans l'emploi salarié total, toutes activités	
					Pour mémoire :	
896	872	859	846	850	1. Électricité, gaz et services sanitaires (3)	
1 061	1 136	1 182	1 215	1 273	2. Réparation de véhicules à moteur et parkings (1)	
343	358	360	368	366	3. Services divers de réparation (1)	
6 372	6 876	7 525	8 169	8 797	4. Services aux entreprises (8)	
937	945	963	989	1 013	5. Services juridiques divers aux entreprises (8)	
2 808	2 963	3 111	3 305	3 420	6. Autres services fournis aux entreprises (8)	
3 722	3 575	3 476	3 417	3 367	7. Services d'administration publique fédérale (9)	
12 922	13 079	13 304	13 529	13 737	8. Services d'administration publique, États et collectivités locales (9)	
808	803	793	791	790	9. Entreprises publiques fédérales (6)	
883	871	862	870	876	10. Entreprises publiques, États et collectivités locales (9)	

UNITED STATES

ÉTATS-UNIS

Source:

GDP by Industry Branch, United States Department of Commerce, Bureau of Economic Analysis (BEA), Industry Economics Division, Washington.

General notes:

Estimates are consistent with the revision of the United States National Income and Product Accounts (NIPA, in line with the System of National Accounts - SNA 1993) that was released in August 2000.

Value Added:

* FISIM are treated as intermediate consumption in the United States NIPA.

** Volume indices are calculated using a Fisher formula that incorporates weights from two adjacent periods. Chain volume measures, 1996 base are available from 1987 onwards. An unavoidable aspect of such measures is that the components do not sum to the chain volume estimates of totals, except for the reference year. The data shown in this table have been calculated by the BEA (aggregates were estimated by the OECD Secretariat). The BEA also calculates chained volume indices back to 1977.

Employment:

* Total employment covers "persons engaged in production" in domestic industries. It includes full-time equivalent employees and the number of self-employed persons and excludes unpaid family workers.

** Employees correspond to full-time equivalent employees in domestic industries. They equal the number of employees on a full-time schedule plus the number of employees on part-time schedules converted to a full-time basis.

(1) Item Motor, wholesale and retail trade includes memorandum items Auto repair services and parking and Miscellaneous repair services. Items Wholesale and commission trade and Retail trade and repairs include respectively wholesale trade and retail trade of motor vehicles. Item Retail trade and repairs includes restaurants and other eating and drinking places.

(2) Items Trucking and warehousing and Air transport include private courier services.

(3) Natural gas pipeline transportation and item Sanitary and similar services are included in memorandum item Electricity, gas and sanitary services, which is not included in item Total, services.

(4) Item Water transport refers to water transport and related services.

(5) Item Air transport refers to air transport and related services. It includes air courier services.

(6) Item Communication includes memorandum item Government enterprises, federal, which is principally composed of the United States postal services.

(7) Item Telecommunications refers to telephone and telegraph. Cable and other pay television services are included in item Radio and television.

Source :

GDP by Industry Branch, United States Department of Commerce, Bureau of Economic Analysis (BEA), Industry Economics Division, Washington.

Notes générales :

Les données sont compatibles avec la révision des Comptes de revenu national et de production des États-Unis (NIPA, cohérent avec le Système de comptabilité nationale - SCN 1993) qui a été publiée en août 2000.

Valeur ajoutée :

* Les SIFIM sont traités en consommation intermédiaire dans le NIPA.

** Les indices de volume sont calculés en utilisant la formule de Fisher, qui tient compte des poids de deux périodes consécutives. Les données de volume (prix chaînés), base 1996 sont disponibles depuis 1987. Un aspect inévitable de ces mesures est que les agrégats ne sont pas égaux à la somme de leurs composantes, à l'exception de l'année de référence. Les données présentées dans ce tableau ont été calculées par le BEA (les agrégats sont des estimations du Secrétariat de l'OCDE). Le BEA calcule également des indices chaînes de volume à partir de 1977.

Emploi :

* L'emploi total couvre les "personnes engagées dans la production " dans les industries résidentes. Il inclut les salariés équivalents plein temps et le nombre de travailleurs indépendants et exclut les aides familiaux.

** Les salariés correspondent aux salariés équivalent plein temps dans les industries résidentes. Ils sont égaux au nombre de salariés employés à plein temps plus le nombre de salariés employés à temps partiel converti en équivalent plein temps.

(1) La rubrique Commerce d'automobiles, de gros et de détail comprend les rubriques pour mémoire Réparation de véhicules à moteur et parkings et Services divers de réparation. Les rubriques Commerce de gros et intermédiaires et Commerce de détail et réparations comprend respectivement le commerce de gros et de détail de véhicules automobiles. La rubrique Commerce de détail inclut les restaurants et autres lieux de restauration et débits de boissons.

(2) Les rubriques Transports par camionnage et entrepôts et Transports aériens incluent les services privés d'acheminement du courrier.

(3) Le transport par conduite de gaz naturel et la rubrique Services sanitaires et analogues sont inclus dans la rubrique pour mémoire Électricité, gaz et services sanitaires qui n'est pas incluse dans la rubrique Total, services.

(4) La rubrique Transports par eau se réfère aux transports par eau et aux services relatifs.

(5) La rubrique Transports aériens se réfère aux transports aériens et aux services relatifs. Elle inclut les services de courrier aériens.

(6) La rubrique Communications inclut la rubrique pour mémoire Entreprises publiques fédérales, qui se réfère principalement aux services postaux des États-Unis.

(7) La rubrique Télécommunications se réfère au téléphone et au télégraphe. Le câble et les autres services de télévision payante sont inclus dans la rubrique Radio et télévision.

(8) Item Business services refers to memorandum items Services to enterprises, Legal services and Other business services. Memorandum item Services to enterprises refers to advertising, building-cleaning, renting, labour recruitment, provision of personnel, computer services, security and investigation activities, etc. Memorandum item Other business services refers to museums and art galleries, gardens and zoos, engineering and architectural services, research and development, accounting and bookkeeping services, management and business consulting, etc.

(9) For Value added item Public administration refers to memorandum items General government, federal, General government, state and local and Government enterprises, state and local. It includes public education services and item Education refers to private education services.
For Employment memorandum items General government, federal, General government, state and local and Government enterprises, state and local are included in items Public administration and defence and Education. For Employment, item Education therefore includes all persons engaged in education (private and public).

(10) Item Health services excludes veterinary services, which are included in agricultural activities in the US 1987 Standard Industrial Classification (SIC).

(11) For Value added the statistical discrepancy refers to the difference between gross domestic product measured as the sum of expenditures less gross domestic income. The components of the gross domestic income are used to compute the Gross domestic product by industry. In the NIPA the statistical discrepancy is therefore included in the total gross domestic product by industry (in privates industries). The item Gross value added, All activities has therefore been estimated by deducting the statistical discrepancy from the memorandum item Gross domestic product at market prices. (refer to the "Survey of Current Business, December 2000", page 24).

(8) La rubrique Services fournis aux entreprises se réfère aux rubriques pour mémoire Services aux entreprises, Services juridiques divers aux entreprises et Autres services fournis aux entreprises. La rubrique pour mémoire Services aux entreprises se réfère à la publicité, le nettoyage des bâtiments, la location, la sélection et la fourniture de personnel, les services informatiques, les activités d'enquêtes et de sécurité, etc. La rubrique pour mémoire Autres services fournis aux entreprises se réfère aux zoos et jardins, les activités d'ingénierie et d'architecture, la recherche et le développement, la comptabilité, les conseils pour la gestion et l'administration d'entreprises, etc.

(9) Pour la valeur ajoutée la rubrique Administration publique et défense se réfère aux rubriques pour mémoire Services d'administration publique fédérale, Services d'administration publique, États et collectivités locales et Entreprises publiques, États et collectivités locales. Elle inclut les services d'enseignement publique et la rubrique Enseignement se réfère à l'enseignement privé.
Pour l'emploi les rubriques pour mémoire Services d'administration publique fédérale, Services d'administration publique, États et collectivités locales et Entreprises publiques, États et collectivités locales sont partagés entre les rubriques Administration publique et défense et Enseignement. Pour l'emploi, la rubrique Enseignement inclut donc toutes les personnes travaillant dans l'enseignement (privé et publique).

(10) La rubrique services de santé exclut les services vétérinaires, qui sont inclus dans les activités agricoles dans la classification industrielle (SIC) des États-Unis de 1987.

(11) Pour la valeur ajoutée la différence statistique correspond à la différence entre le produit intérieur brut mesuré comme somme des dépenses et le revenu intérieur brut. Les composantes du revenu intérieur brut sont utilisées pour calculer le produit intérieur brut par industrie. Dans le NIPA la différence statistique est donc incluse dans le total du produit intérieur brut par industrie (dans "industries privées"). La rubrique Valeur ajoutée brute, Toutes activités a donc été estimée en déduisant la différence statistique de la rubrique pour mémoire Produit intérieur brut aux prix du marché. (cf "Survey of Current Business, December 2000", page 24).